ein Ullstein Buch

Ullstein Buch Nr. 3273
im Verlag Ullstein GmbH
Frankfurt/M – Berlin – Wien

Ungekürzte Ausgabe

Mit 99 zum Teil unbekannten
Bild- und Textdokumenten
im ersten Band

Alle Rechte vorbehalten
Bilddokumentation:
Christian Herrendorfer
Bildlayout: Jürgen Stockmeier
Originalausgabe im
Propyläen Verlag Berlin
© 1973 by Verlag Ullstein GmbH
Frankfurt/M – Berlin – Wien
Printed in Germany 1976
Gesamtherstellung:
Ebner, Ulm
ISBN 3 548 03273 7

CIP-Kurztitelaufnahme
der Deutschen Bibliothek

Fest, Joachim C.
Hitler: e. Biographie; mit 212 z. T.
unbekannten Bild- und Text-
dokumenten. – Frankfurt/M.,
Berlin, Wien: Ullstein
   ([Ullstein-Bücher] Ullstein-Buch;
   Nr. 3275)
   ISBN 3-548-03275-3
Bd. 1. Der Aufstieg. – 1976.
   ([Ullstein-Bücher] Ullstein-Buch;
   Nr. 3273)
   ISBN 3-548-03273-7

Joachim C. Fest

Hitler

Eine Biographie

Erster Band:
Der Aufstieg

ein Ullstein Buch

INHALTSVERZEICHNIS

VORBETRACHTUNG:
HITLER UND DIE HISTORISCHE GRÖSSE 17

Hitlers exzessiver Charakter · Die Verachtung des Zeitgeistes · Koinzidenz mit dem Gesamtwillen · Zweifel an Hitlers historischer Größe · Die Problematik des Begriffs · Einwände gegen die biographische Darstellung · Der Zusammenhang von individueller und sozialer Psychologie · Die entscheidende Rolle Hitlers

ERSTES BUCH: EIN ZIELLOSES LEBEN

I. KAPITEL: HERKUNFT UND AUFBRUCH 29
Der Versuch der Selbstverheimlichung · Die Funktion der Fremdheit · Der Hintergrund · Der unaufgefundene Vorfahre · Die Namensänderung · Vater und Mutter · Legenden · Das Schulversagen · »Keine Freunde und Kameraden« · Erhöhung durch die Kunst · Das Lotterielos · Erste Begegnung mit Richard Wagner · Wien

II. KAPITEL: DER GESCHEITERTE TRAUM 45
Wien am Ende seiner Epoche · Die Krise des Vielvölkerstaates · Abwehrideologien · Die Überwältigungsangst der Deutschen · Antisemitismus · Die Zurückweisung durch die Akademie · Der Tod der Mutter · »Herr Vormund, ich geh nach Wien!« · Projektenmacherei · Erneutes Scheitern · Die Wendung gegen die bürgerliche Welt und das Bedürfnis nach Zugehörigkeit

III. KAPITEL: DAS GRANITENE FUNDAMENT 59
Lanz v. Liebenfels · Das ideologische Milieu der frühen Jahre · Der zweijährige Seelenkampf · Die Wandlung zum »fanatischen Antisemiten« · Georg Ritter v. Schönerer und Karl Lueger · Der böhmische Nationalsozialismus · Das Männerheim · Die Kumpanei mit Hanisch ·

Hitler und Richard Wagner · Der romantische Königsweg · »Bruder
Hitler« · Theatralische Weltbeziehung · Streit mit Hanisch · Sozial-
darwinismus · Gobineau und Chamberlain · Noch einmal Richard
Wagner · Träume gegen die Realität

IV. KAPITEL: DIE FLUCHT NACH MÜNCHEN   90
München oder Berlin · Anhaltende Kontaktarmut · Die Schule der
Angst · Das Fluchtmotiv · Die wiederaufgefundenen Militärpapiere ·
Hitlers Verhaftung · Der Brief an den Magistrat der Stadt Linz · Waffen-
unfähig · Vorahnungen · Der Dank der Epoche · Das Freiwilligengesuch

V. KAPITEL: ERLÖSUNG DURCH DEN KRIEG   101
Der erste Einsatz · Meldegänger beim Regimentsstab · Der Sonderling ·
Hitlers Bildungserlebnis · Der Heimatschock · Die alliierte Kriegs-
propaganda · Versagende Führungsschicht · Weltanschauung gegen
Weltanschauung · Die große Offensive 1918 · Pasewalk · Die Revolution
und das Sentiment gegen die Republik · Versailles · Das Ende des alten
Europa · Die Politisierung des öffentlichen Bewußtseins · Kein Ent-
schluß, Politiker zu werden · »Wo war Hitler?« · Der unpolitische
Politiker

ZWISCHENBETRACHTUNG:
DIE GROSSE ANGST   129

Triumph und Krise des demokratischen Gedankens · Die Revolutionsdrohung · Die große Angst · Der europäische Zivilisationspessimismus ·
Der große Hang gegen die Aufklärung · Der Verrat von Versailles · Die
Angst in Waffen · Hitler als der »faschistische« Typus · Der Führergedanke · Mittelalter und Modernität · Der Faschismus als Kulturrevolution · Defensive Grundhaltung · Das Bündnis mit dem Instinkt ·
Aufstand für die Autorität · Die Umkehrung der Epochentendenz

ZWEITES BUCH: DER WEG IN DIE POLITIK

I. KAPITEL: TEIL DER DEUTSCHEN ZUKUNFT 155
Eisner und der Münchener Revolutionsversuch · Die Organisation der
Gegenrevolution · Freikorps und Einwohnerwehren · Der Auftrag des
Reichswehrgruppenkommandos · Hitlers Brief an Adolf Gemlich

Thule-Gesellschaft und Deutsche Arbeiterpartei · »Der entscheidendste Entschluß meines Lebens« · Der 16. Oktober 1919: Das wirkliche Erweckungserlebnis · Der Schritt in die Öffentlichkeit · Die Verkündung der fünfundzwanzig Punkte · Der Entschluß, Politiker zu werden

II. KAPITEL: LOKALE TRIUMPHE 186

Hitlers Rationalität · Das »kombinierende Talent« · Agitationsstil · Ernst Röhm · Fahnen und Feldzeichen · Wachsender Ruf als Redner · Der Kapp-Putsch · Die Rolle Bayerns · Gunst der Mächtigen · Dietrich Eckart · Die Münchener Gesellschaft · Die Entourage · Hitler in Berlin · Die Sommerkrise 1921 · »Der Führer« · Die SA · Die Schlacht im Hofbräuhaus · Soziologie der NSDAP · Zirkus, Grand Opéra, kirchliche Liturgie: Hitlers Demagogie · Drohende Ausweisung · Der Tag von Coburg · Beginnende Selbststilisierung · Katalysator und Katalysierter

III. KAPITEL: DIE HERAUSFORDERUNG 231

Parteitag in München · Der Ruhrkampf · Hitler schert aus · Primat der Innenpolitik · Die Finanzquellen der Partei · Der Kampfbund · Die Niederlage vom 1. Mai · Entmutigung · Führer des Kampfbundes · Putschgerüchte · Der Beruf, Deutschland zu retten · Eifersüchtige Rivalen · Der Entschluß zum Putsch · Hitlers Dilemma und Rechtfertigung · Bayreuth und Houston Stewart Chamberlain

IV. KAPITEL: DER PUTSCH 260

Die Versammlung im Bürgerbräu · Der Schuß in die Decke · Sieger oder tot! · Der Auftritt Ludendorffs · Die Wendung · Wortbruch gegen Wortbruch · Krise und Ausweg · Der Marsch zur Feldherrnhalle · Der Kniefall vor der Staatsmacht · Die Verhaftung · Der Prozeß vor dem Volksgerichtshof · Die gewonnene Niederlage · Geburtsstunde der Bewegung · Adolphe Légalité · Die Selbstmörderkonstitution

DRITTES BUCH: JAHRE DES WARTENS

I. KAPITEL: DIE VISION 287

Landsberg · Die Lektüre · »Mein Kampf« · Hitlers programmatischer Ehrgeiz · Stil und Tonlage · Revolution des Nihilismus? · Die Konstanten im Weltbild Hitlers · Die große Weltkrankheit · Das eherne Naturgesetz · Die Lehre von den schöpferischen Rassekernen · Der Herr der Gegenwelt · Ideologie und Außenpolitik · Die Wendung nach Osten · Weltmacht oder Untergang · Entlassung

II. KAPITEL: KRISEN UND WIDERSTÄNDE 314

Die veränderte Szenerie · Zerfallener Anhang · Die Unterredung mit Held · Unterwerfung oder Ausschluß · Der Bruch mit Ludendorff · »Alles zu Hitler!« · Die Neugründung der Partei · Das Redeverbot · Gregor Strasser · Der Streit mit Ernst Röhm · Auf dem Tiefpunkt · »Der neue Typ«: Joseph Goebbels · Die Strassergruppe und ihr Konzept · Die Tagung von Hannover · Katastrophentaktik · Hitlers Rückzug in die Bergidylle

III. KAPITEL: DIE AUFSTELLUNG ZUM KAMPF 337

Die Bamberger Tagung · »Der gute, ehrliche Strasser!« · Das Ende der Linken · Institutionelle Machtsicherung und Siegesfeier · Der »tote Nationalsozialismus« · Das Rollenproblem der SA · Goebbels schwenkt um · Ausbau der Parteiorganisation · Der Schattenstaat · Der erste Nürnberger Parteitag · Das Haus auf dem Obersalzberg · Die Rückkehr ins Zirkuszelt · Unfehlbarkeitsansprüche · »Laßt das Theater nur mal anfangen!« · Der dritte Wert

VIERTES BUCH: DIE ZEIT DES KAMPFES

I. KAPITEL: VORSTOSS IN DIE GROSSE POLITIK 367

Der Wendepunkt · Hugenberg und der Reichsausschuß gegen den Young-Plan · Hitler als Taktiker · Die Kampagne · Kontakte · Das Braune Haus · Bruch mit Hugenberg · Vorstoß in neue Schichten · Der schwarze Freitag · Totale Krise · Der Durchbruch zur Massenpartei · Stiller Bürgerkrieg · »Adolf Hitler frißt Karl Marx!« · Eine Jugendbewegung eigenen Stils · Regierung Brüning · Der Bruch mit Otto Strasser · Hitlers Sozialismus · Stennes-Revolte · Der Führer-Papst · Wahlkampf

II. KAPITEL: DER ERDRUTSCH 401

Die Wahl vom 14. September 1930 · Die Welle der Zukunft · Werbung um die Reichswehr · Verhöhnte Legalität · Die Rückkehr Ernst Röhms · Politische Kriminalität · Die Agonie des Parteienstaats · Kurt v. Schleicher · Allüren, Kontakte, Unterredungen · Harzburg · Hitler und das Bürgertum · Die monopolkapitalistische Verschwörungstheorie · Vor dem Düsseldorfer Industrieklub · Die Boxheimer Dokumente · »Armes System!«

III. KAPITEL: VOR DEN TOREN ZUR MACHT 437

Wahlkämpfe · Brünings Schachzug und Hitlers Dilemma · Die Entscheidung · Hindenburgs Sieg · »Hitler über Deutschland« · Der Tod Geli Raubals · Reden wie Lustmorde · Das demagogische Ritual · Die Ausschaltung des Denkens · Selbstverzauberungen · Motive des Massenzulaufs · Parolen und Formeln · Wahlergebnisse · Intrigen · Brünings Sturz · Franz v. Papen · Staatsstreich gegen Preußen · Die Absage des Präsidenten · Meditationen über die Grausamkeit

IV. KAPITEL: AM ZIEL 479

Erneuter Wahlkampf · Der Berliner Verkehrsstreik · Die Niederlage vom 6. November · Papens Diktaturkonzept · Widerstand und Kanzlerschaft Schleichers · Schleichers großer Plan · Die Krise der NSDAP · »Wenn die Partei zerfällt...« · Die Ohnmacht der Gegenspieler · Papens Intrige · Das Kölner Gespräch · Am Ende aller Politik · Das Einrahmungskonzept · Hindenburgs Schwenkung · Letzte Schwierigkeiten · »Vorwärts mit Gott!« · Der Fackelzug · Sieg oder Intrige? · Der Monolog in der Reichskanzlei

ZWISCHENBETRACHTUNG: DEUTSCHE KATASTROPHE ODER DEUTSCHE KONSEQUENZ? 513

Umbruchstimmung · Die Irritation der Chronisten · Die Theorie der deutschen Disposition für den Nationalsozialismus · Die Epochentheorie · Die nationalen Elemente · Der Realitätsverlust · Die versäumte Revolution · Das Bedürfnis nach unpolitischer Politik · Der antipolitische Affekt · Erlösung durch die Kunst · Ästhetisierung der Politik · Das romantische Weltverhalten · Die realisierten Fiktionen · Das Risiko

FÜNFTES BUCH: DIE MACHTERGREIFUNG

I. KAPITEL: LEGALE REVOLUTION 533

Die ersten Schritte · Vor den Generalen · Kontinuität der Ziele · Das Konzept der Machtergreifung · Erste Notverordnungen · Noch einmal: Wahlkampf · Vor den Unternehmern · Der Reichstagsbrand · Das Grundgesetz des Dritten Reiches · Die Wahlen vom 5. März · Revolu-

tion der SA · »Nationale Erhebung« · Der Tag von Potsdam · Das
Ermächtigungsgesetz · Der Selbstverzicht Hindenburgs · Revolution
auf offener Bühne · Ruhmlose Untergänge · Der innere Abschied von
Weimar

II. KAPITEL: AUF DEM WEG ZUM FÜHRERSTAAT 571

Hitler und die Macht · »Ich bin kein Diktator!« · Gebremste Revolution · Die Ausrichtung der Nation · Der Judenboykott vom 1. April ·
Nationale Verbrüderungen · Kulturelle Gleichschaltung · Die Intellektuellen · Soziale Mobilmachung · Pragmatischer Programmverzicht ·
Die Überwindung der Wirtschaftskrise · Die Arbeiter · Die ersten
außenpolitischen Schritte · Der Coup gegen den Völkerbund · »Das
Recht auf Deutschlands Seite!« · Vertrag mit Polen · Hitlers Verhandlungsgeschick · Der Führerkult · Nichtsnutzigkeit und Genie · Zwangsversöhnung

III. KAPITEL: DIE AFFÄRE RÖHM 619

Revolution ohne Gegner · Das Schlagwort der Zweiten Revolution ·
»Adolf verrät uns alle!« · Hitler und die Reichswehr · Entscheidung
gegen Röhm · Die Rede vor den Gauleitern · Die Treibjagd beginnt ·
Letzte Unterredung mit Röhm · Papens Marburger Rede · Der intrigierte SA-Putsch · »Röhm, Du bist verhaftet!« · Auftragserweiterungen ·
Die Gartenparty vom 1. Juli · Hitler vor dem Reichstag · Les institutions
périssent par leurs victoires · Der Aufstieg der SS · Der Tod Hindenburgs · Die ganze Macht · Der Beginn der stillen Revolution

SECHSTES BUCH:
DIE JAHRE DER VORBEREITUNG

I. KAPITEL: ZURÜCKGEWONNENE AUSSENPOLITIK 663

Hitlers Zielsetzungen und die europäischen Nationen · Die antikommunistische Grundstimmung · Andere Anfälligkeiten · Hitler und England · Die brüchige europäische Solidarität · Das Flottenabkommen mit
England · Der Abessinienkonflikt · Mussolini schwenkt um · Die Rheinlandbesetzung · Der Spanische Bürgerkrieg · Hitler und Mussolini ·
Mussolinis Deutschlandbesuch · Erneute Werbung um England ·
Das Bündnis mit Japan · Innenpolitische Rückwirkungen

II. KAPITEL: BLICK AUF EINE UNPERSON 697

Der gebrochene Lebensweg · Hitlers Regietalent · Ästhetische Todesverklärung · Feste und Massenfeiern · Der psychologische Zusammenhang · Selbststilisierungen und Angst · Hitlers theatralisches Temperament · Die Beziehung zur Musik · Pläne für Linz · Die Mythologisierung der eigenen Existenz · Soziale Beziehungslosigkeit · Frauen · Die Umgebung · Hitlers Infantilismus · Kunst und Architektur · Antike und Germanentum · Der neue Mensch · Zeitangst · Krankheiten

III. KAPITEL: »DER GRÖSSTE DEUTSCHE« 742

Die Konferenz vom 5. November 1937 · Die Affäre Blomberg · Die Fritsch-Krise · Der Anschluß Österreichs · Die Tschechoslowakei: »Ein zum Tode verurteiltes Land« · Hitlers Italienreise · Chamberlain in Berchtesgaden · Godesberg · Der deutsche Widerstand · Münchener Konferenz · Hitlers Verstimmungen · Psychologische Mobilmachung · Das Ende der Tschechoslowakei · Der Wendepunkt

IV. KAPITEL: ENTFESSELUNG DES KRIEGES 788

Das Angebot an Polen · Becks Zurückweisung · Englands Beistandsversprechen · Der Fall Weiß · Zeiger auf Krieg · Die Sowjetunion auf der Szene · Der Stahlpakt · Hitlers Ansprache vom 23. Mai 1939 · Moskauer Initiative · Wettlauf mit dem Verhängnis · Der Moskauer Pakt · Vor den Generalen · Der verschobene Krieg · Weisung Nr. 1 für die Kriegführung · Der Angriff · Die Kriegserklärungen der Westmächte · Der erste Blitzkrieg

ZWISCHENBETRACHTUNG: DER VERFEHLTE KRIEG 831

Der Krieg als das letzte Ziel der Politik · Die verkehrte Front · Irrtum über Englands Haltung? · Der Abschied von der Politik · Die wiedergewonnene Putschistenfreiheit · Ideologische Verhärtungen · Die Motive · Der improvisierte Krieg · Die Blitzkriegkonzeption · Die Kontinuität des deutschen Weltmachtwillens · Bruch der Kontinuität · Hitler nicht Wilhelm III. · Aufteilung und Terrorisierung Polens · Der unwiderruflich gewordene Krieg

SIEBTES BUCH: SIEGER UND BESIEGTER

I. KAPITEL: DER FELDHERR 853
Widerstrebende Generale · Die Westfeldzüge · Der veränderte Operationsplan · Dünkirchen · Der Himmel stürzt ein · Kriegseintritt Italiens · Die Kapitulation Frankreichs · Feldherr Hitler · Compiègne · Hitler in Paris · Churchill · Friedensangebot Hitlers · »Battle of Britain« und Unternehmen »Seelöwe« · Die Kontinentalblockidee · Diplomatisches Scheitern · Das neue Konzept: Blitzkrieg nach Osten · Balkanfeldzüge · Rudolf Heß' Englandflug · Selbstüberredungen · Der Entschluß fällt

II. KAPITEL: DER »DRITTE« WELTKRIEG 884
Der Doppelcharakter des Krieges · Kommissarbefehl und Einsatzgruppen · Siegesgewißheiten · An den Grenzen der Leistungsfähigkeit · Moskau oder die Ukraine · Die Winterkatastrophe · Gegenoffensive der Roten Armee · Der gescheiterte Kriegsplan · »Dem deutschen Volke keine Träne« · Pearl Harbor · Kriegserklärung an die USA · »Europäische Solidarität« · Noch einmal Offensiven · Zerwürfnis mit der Generalität · Am Wendepunkt des Krieges · Das Aushaltekonzept · Stalingrad · Das Untergangskonzept

III. KAPITEL: DIE VERLORENE REALITÄT 912
Im Führerhauptquartier · Isolierung von der Welt · Die Tischgespräche · Reduktionserscheinungen · Medikamente und Krankheiten · »Führerkrise« · Kein totaler Krieg · Martin Bormann · Abwendung von der Realität · Die wirkliche Wirklichkeit · Das »wahrhaft goldene Zeitalter« · Die Endlösung · Lebensraumvisionen · Neue Ehegesetzgebung · Annexionen · Der Grundwiderspruch des Nationalsozialismus · »Mussolini defunto« · Hitlers gesteigerte Entschlossenheit

ACHTES BUCH: DER UNTERGANG

I. KAPITEL: WIDERSTÄNDE 953
Europäischer Widerstand · Das Dilemma des deutschen Widerstands · Attentatsversuche · Die Zurückhaltung der Westmächte · Gruppen und Gegensätze · v. Stauffenberg · Die Invasion · Der 20. Juli 1944 · Überschießende Reaktion: Foltern, Hinrichtungen, Sippenhaft · Ursachen des Scheiterns · Der spurenlose Staatsstreich · Radikalisierungen · Der Entschluß zum Angriff nach Westen · Die Ardennenoffensive · Die Großoffensive von Osten

II. KAPITEL: GÖTTERDÄMMERUNG 988

Rückkehr in die Reichskanzlei · Die Strategie des grandiosen Untergangs · Der Verfall der Erscheinung · Stimmungsumschwünge · Mißtrauen · Offensiven an allen Fronten · Mythologisierungstendenzen · Speers Gegenaktivität · Der 20. April 1945 · Steiners ausgebliebene Offensive · Die Konferenz vom 22. April und der Entschluß, in Berlin zu sterben · Görings »Verrat« · Die Bunkermeditationen · Auch Himmler Verräter · Heirat und Testamente · Das Ende · Der Verbleib der Leiche

SCHLUSSBETRACHTUNG: DIE UNFÄHIGKEIT ZU ÜBERLEBEN 1027

Bestandslosigkeit des Regimes · Die Rettung der Welt · Selbstbehauptung Europas · Hitlers Modernität und Anachronismus · Der Zusammenhang mit dem 19. Jahrhundert · Die deutsche Gestalt der Revolution · Die Zerstörung der privaten Welt · Das veränderte deutsche Politikverhältnis · Überdauernde faschistische Tendenzen · Die Unfähigkeit zu überleben

ANHANG

Anmerkungen 1045

Bibliographie 1157

Personenregister 1173

Bildnachweis 1187

VORBETRACHTUNG:

HITLER UND DIE HISTORISCHE GRÖSSE

>»Nicht Blindheit ist es, nicht Unwissenheit, was die Menschen und Staaten verdirbt. Nicht lange bleibt ihnen verborgen, wohin die eingeschlagene Bahn sie führen wird. Aber es ist in ihnen ein Trieb, von ihrer Natur begünstigt, von der Gewohnheit verstärkt, dem sie nicht widerstehen, der sie weiter vorwärts reißt, solange sie noch einen Rest von Kraft haben. Göttlich ist der, welcher sich selbst bezwingt. Die meisten sehen ihren Ruin vor Augen; aber sie gehen hinein.«[1]
> Leopold v. Ranke

Die bekannte Geschichte verzeichnet keine Erscheinung wie ihn; soll man ihn »groß« nennen? Niemand hat soviel Jubel, Hysterie und Heilserwartung erweckt wie er; niemand soviel Haß. Kein anderer hat, in einem nur wenige Jahre dauernden Alleingang, dem Zeitlauf so unglaubliche Beschleunigungen gegeben und den Weltzustand verändert wie er; keiner hat eine solche Spur von Trümmern hinterlassen. Erst eine Koalition fast aller Weltmächte hat ihn in einem annähernd sechs Jahre dauernden Krieg gleichsam vom Erdboden getilgt: totgeschlagen, mit den Worten eines Offiziers aus dem deutschen Widerstand, »wie einen tollen Hund«.[2]

Hitlers eigentümliche Größe ist ganz wesentlich an diesen exzessiven Charakter gebunden: ein ungeheurer, alle geltenden Maßstäbe sprengender Energieausbruch. Gewiß ist das Riesenhafte nicht schon das historisch Große, und auch das Triviale ist mächtig. Aber er war nicht nur riesenhaft und nicht nur trivial. Die Eruption, die er entfesselte, verriet in fast jedem Stadium, bis in die Wochen des Untergangs, seinen lenkenden Willen. In zahlreichen Reden hat er sich, mit deutlich entrücktem Unterton, an die Zeit seines Anfangs erinnert, als er »gar nichts hinter sich (hatte); nichts, keinen Namen, kein Vermögen, keine Presse, gar nichts, überhaupt nichts«, und wie er ganz aus eigener Kraft vom »armen

Teufel« zur Herrschaft über Deutschland und bald auch über einen Teil der Welt gekommen sei: »Das ist etwas Wundervolles gewesen!«[3] Tatsächlich war er in einem wohl beispiellosen Grade alles aus sich und alles in einem: Lehrer seiner selbst, Organisator einer Partei und Schöpfer ihrer Ideologie, Taktiker und demagogische Heilsgestalt, Führer, Staatsmann und, während eines Jahrzehnts, Bewegungszentrum der Welt. Er hat den Erfahrungssatz widerlegt, daß alle Revolutionen ihre Kinder verschlingen; denn er war, wie man gesagt hat, »der Rousseau, der Mirabeau, der Robespierre und der Napoleon seiner Revolution, er war ihr Marx, ihr Lenin, ihr Trotzki und ihr Stalin. Nach Charakter und Wesensart mag er den meisten der Genannten weit unterlegen gewesen sein, doch immerhin gelang ihm, was keinem vor ihm gelungen ist: er beherrschte seine Revolution in jeder Phase, selbst noch im Augenblick der Niederlage. Das spricht für ein beträchtliches Verständnis der Kräfte, die er heraufbeschworen hat.«[4]

Er besaß aber auch ein außerordentliches Gespür dafür, welche Kräfte überhaupt mobilisierbar waren, und ließ sich von der herrschenden Tendenz nicht irreführen. Die Zeit seines Eintritts in die Politik stand ganz im Zeichen des liberalen bürgerlichen Systems. Aber er erfaßte die verborgenen Widerstände dagegen und machte sie, in kühnen und überspannten Konstruktionen, zu seinem Programm. Dem politischen Verstand erschien sein Verhalten widersinnig, und der hochmütige Zeitgeist hat ihn jahrelang nicht ernst genommen. Doch wie sehr der Hohn, den er auf sich gezogen hat, auch in seiner Erscheinung, seinen rhetorischen Exaltationen und dem Auftrittstheater begründet war, das er um sich herum entfaltete: er stand stets auf eine schwer beschreibbare Weise über seinen banalen und dumpfen Zügen. Seine besondere Stärke beruhte nicht zuletzt darauf, daß er mit einer unerschrockenen und scharfen Rationalität Luftschlösser errichten konnte: das meinte jener frühe Hitler-Biograph, der 1935 in Holland ein Buch unter dem Titel »Don Quichotte van München« erscheinen ließ.[5]

Zehn Jahre zuvor hatte Hitler als gescheiterter bayerischer Lokalpolitiker in einem möblierten Münchener Zimmer gesessen und seinem aberwitzig scheinenden Konzept die Triumphbögen und Kuppelhallen entworfen. Trotz des Zusammenbruchs aller Hoffnungen nach dem Putschversuch vom November 1923 nahm er keines seiner Worte zurück, minderte er keine Kampfansage und duldete keinen Abstrich an seinen Weltherrschaftsabsichten. Alle hätten ihm damals entgegengehalten, bemerkte er später, er sei nur ein Phantast: »Sie sagten immer, ich sei wahnsinnig.« Aber nur wenige Jahre später war alles, was er gewollt hatte, Wirklichkeit oder doch realisierbares Projekt, und jene Mächte im Niedergang, die soeben noch Dauer und Unangefochtenheit beansprucht hatten: Demokratie und Parteienstaat, Gewerkschaften, internationale Arbeitersolidarität, das europäische Bündnissystem und der Völkerbund. »Wer hat nun recht gehabt«, triumphierte Hitler, »der Phantast oder die andern? – Ich habe recht gehabt.«[6]

In dieser unbeirrbaren Sicherheit, selber die tiefere Übereinstimmung mit Geist und Tendenz der Epoche auszudrücken, sowie in der Fähigkeit, diese Tendenz zur Offenbarung zu bringen, liegt sicherlich ein Element historischer Größe: »Die Bestimmung der Größe scheint zu sein«, hat Jacob Burckhardt in seinem berühmten Essay aus den »Weltgeschichtlichen Betrachtungen« geschrieben, »daß sie einen Willen vollzieht, der über das Individuelle hinausgeht« und dabei von der »geheimnisvollen Koinzidenz« zwischen dem Egoismus des bedeutenden Einzelnen und dem Gesamtwillen gesprochen: in seinen allgemeinen Voraussetzungen sowie streckenweise auch im besonderen Verlauf, erscheint Hitlers Lebensbahn wie eine einzige Demonstration dieses Gedankens, die folgenden Kapitel enthalten eine Fülle von Belegen dafür. Ähnlich verhält es sich mit den übrigen Voraussetzungen, die nach Burckhardt den historischen Charakter ausmachen. Dessen Unersetzlichkeit; daß er ein Volk aus einem älteren Zustand in einen neuen hinüberführe, der ohne ihn nicht mehr gedacht werden kann; daß er die Phantasie des Zeitalters beschäftige; daß er nicht »nur das Programm und die Wut einer Partei«, sondern ein allgemeineres Bedürfnis verkörpere und das Vermögen zeige, »sich rittlings über den Abgrund zu setzen«; auch müsse er die Fähigkeit zur Vereinfachung besitzen, die Gabe der Unterscheidung zwischen wirklichen Mächten und bloßen Scheinmächten, sowie schließlich eine abnorme, mit einer Art magischen Zwanges ausgestattete Willenskraft: »Der Widerspruch in der Nähe wird völlig unmöglich; wer noch widerstehen will, muß außer dem Bereich des Betreffenden, bei seinen Feinden leben und kann ihm nur noch auf dem Schlachtfeld begegnen.«[7]

Und doch zögert man, Hitler »groß« zu nennen. Es sind weniger die verbrecherischen Züge im Psychopathengesicht dieses Mannes, die den Zweifel wecken. In der Tat bewegt sich die Weltgeschichte nicht auf dem Boden, auf dem »die Moralität ihre eigentliche Stätte« hat, und Burckhardt sprach denn auch von der »merkwürdigen Dispensation von dem gewöhnlichen Sittengesetz«, die das Bewußtsein den großen Individuen gewährt.[8] Zwar kann man fragen, ob das von Hitler geplante und verübte absolute Verbrechen der Massenausrottung nicht anderer Art ist und die Grenzen des von Hegel und Burckhardt mitgedachten Gesittungszusammenhangs überschreitet; doch der Zweifel an der historischen Größe Hitlers entstammt einem anderen Motiv. Das Phänomen des großen Mannes ist vorab ästhetischer, nur äußerst selten auch moralischer

Natur, und wie sehr er auch auf d i e s e m Felde Dispensation erwarten darf, auf j e n e m kann er es nicht. Ein alter Lehrsatz der Ästhetik lautet, daß zum Helden nicht tauge, wer bei allen herausragenden Eigenschaften ein unangenehmer Mensch ist. Die Vermutung liegt nahe und wird ihre Beweise finden, daß Hitler eben dies in hohem Grade gewesen ist: die zahlreichen trüben, instinktgebundenen Züge, die ihm eigen waren, seine Unduldsamkeit und Rachsucht, der Mangel an Generosität, sein platter und nackter Materialismus, der nur das Machtmotiv gelten ließ und alles andere als »Mumpitz« wieder und wieder dem Hohn der Tischrunde preisgab – überhaupt die unverkennbar ordinären Eigenschaften bringen ein Element abstoßender Gewöhnlichkeit ins Bild, das von dem herkömmlichen Begriff der Größe nicht mehr gedeckt wird: Das »irdisch Imponierende«, schrieb Bismarck in einem Brief, »steht immer in Verwandschaft mit dem gefallenen Engel, der schön ist ohne Frieden, groß in seinen Plänen und Anstrengungen, aber ohne Gelingen, stolz und traurig«[9]: der Abstand ist unermeßlich.

Es kann aber sein, daß der Begriff selber problematisch geworden ist. In einem der pessimistisch gestimmten politischen Essays, die Thomas Mann in der Emigration verfaßt hat, sprach er im Blick auf den triumphierenden Hitler zwar von »Größe« und »Genie«, doch von »verhunzter Größe« und von Genie auf inferiorer Stufe[10]: in solchen Widersprüchen nimmt ein Begriff Abschied von sich selbst. Vielleicht entstammt er denn auch dem Geschichtsverständnis einer vergangenen Epoche, das weit stärker an den Akteuren und Ideen des historischen Prozesses orientiert war und das weitläufige Geflecht der Kräfte vernachlässigte.

Tatsächlich ist diese Auffassung verbreitet. Sie behauptet die geringere Bedeutung der Persönlichkeit gegenüber den Interessen, Verhältnissen und materiellen Konflikten innerhalb der Gesellschaft und sieht ihre These gerade am Beispiel Hitlers auf unwiderlegliche Weise bestätigt: als »Knecht« oder »Schwertarm« des Großkapitals habe er den Klassenkampf von oben organisiert und 1933 die auf politische und soziale Selbstbestimmung drängenden Massen in Abhängigkeit gebracht, ehe er durch die Entfesselung des Krieges den expansiven Zielsetzungen seiner Auftraggeber Folge leistete. Hitler erscheint in diesen, vielfach variierten Thesen als grundsätzlich austauschbar, die »ordinärste Blechfigur«, wie einer der linken Faschismus-Analytiker schon 1929 schrieb,[11] und jedenfalls nur ein Faktor unter anderen, doch keine bestimmende Ursache.

Im Grunde zielt der Einwand gegen die Möglichkeit historischer Erkenntnis mittels biographischer Darstellung überhaupt. Keine einzelne Person, lautet der Vorwurf, könne je den geschichtlichen Prozeß in allen seinen Verwicklungen und Widersprüchen, auf den zahlreichen, unentwegt wechselnden Spannungsebenen, annähernd authentisch zur Erscheinung bringen. Strenggenommen setze die personalisierende Geschichtsschreibung nur die Tradition der alten Hof- und Huldigungsliteratur fort und habe 1945, mit dem Zusammenbruch des Regimes, bei grundsätzlich gleicher Methodik, lediglich das Vorzeichen ausgetauscht. Hitler blieb die allesbewegende, unwiderstehliche Kraft und »wechselte nur seine Qualität: der Retter wurde zum teuflischen Verführer«.[12] Am Ende diene, geht der Einwand weiter, jede biographische Darstellung, gewollt oder ungewollt, den Rechtfertigungsbedürfnissen des einstigen Millionenanhangs, der sich vor so viel »Größe« unschwer als Opfer sehen oder jedenfalls alle Verantwortung für das Geschehene den pathologischen Launen des dämonischen und unerreichbar gebietenden Führers überantworten darf; die Biographie, kurzum, sei ein verdecktes Entlastungsmanöver im Zuge einer umfassenden Exkulpationsstrategie.[13]

Verstärkt wird dieser Einwand noch dadurch, daß Hitler in seiner individuellen Eigenart tatsächlich nur mühsam unser Interesse mobilisieren kann; die Person bleibt über die Jahre hin merkwürdig blaß und ausdruckslos. Erst im Kontakt mit der Epoche gewinnt sie Spannung und Faszination. Hitler enthielt viel von dem, was Walter Benjamin den »Sozialcharakter« genannt hat: eine nahezu exemplarische Verbindung aller Ängste, Protestgefühle und Hoffnungen der Zeit; dies alles zwar gewaltig übersteigert, verzerrt und mit manchen abseitigen Zügen versetzt, aber doch nie beziehungslos oder inkongruent zum geschichtlichen Hintergrund. Hitlers Leben lohnte denn auch die Beschreibung und Interpretation kaum, wenn nicht überpersönliche Tendenzen oder Verhältnisse darin zum Vorschein kämen, und seine Biographie nicht stets auch ein Stück Biographie der Epoche wäre. Daß sie es ist, setzt ihre Darstellung gegen alle Einwände ins Recht.

Das rückt jedoch zugleich den Hintergrund schärfer als gewohnt ins Bild. Hitler entfaltet sich vor einem dichten Muster objektiver Faktoren, die ihn prägten, förderten, vorantrieben und mitunter auch aufhielten. Dazu zählt ebenso das romantische deutsche Politikverständnis wie das eigentümlich unmutige »Grau« über der Weimarer Republik; die nationale Deklassierung durch den Versailler Vertrag und die zwiefache soziale Deklassierung breiter Schichten durch Inflation und Weltwirtschaftskrise; die Schwäche der demokratischen Tradition in Deutschland; die Schrecken der kommunistischen Revolutionsdrohung, das Kriegserlebnis und die Fehlrechnungen eines unsicher gewordenen Kon-

servatismus; schließlich die verbreiteten Ängste im Übergang von einer
vertrauten in eine neue, noch ungewisse Ordnung: dies alles überlagert
von dem Verlangen, den undurchschaubaren, vielfach verschlungenen
Unmutsursachen einfache Lösungsformeln entgegenzuhalten und mit allen Irritationen, die die Epoche bereitete, in den Schutz einer gebietenden Autorität zu flüchten.

Als der Vereinigungspunkt so vieler Sehnsüchte, Ängste und Ressentiments ist Hitler zu einer Figur der Geschichte geworden. Was geschehen
ist, kann ohne ihn nicht gedacht werden. In seiner Person hat ein Einzelner noch einmal seine stupende Gewalt über den Geschichtsprozeß demonstriert. Die Darstellung wird zeigen, zu welcher Virulenz und Mächtigkeit die vielen sich durchkreuzenden Stimmungen einer Zeit gebracht
werden können, wenn demagogisches Genie, eine überlegene taktisch-politische Gabe und das Vermögen zu jener »magischen Koinzidenz«,
von der die Rede war, in einem Einzelnen zusammentreffen: »Die Geschichte liebt es bisweilen, sich auf einmal in einem Menschen zu verdichten, welchem hierauf die Welt gehorcht.«[14] Nicht stark genug kann
man betonen, daß Hitlers Aufstieg erst möglich wurde durch das einzigartige Zusammentreffen individueller mit allgemeinen Voraussetzungen,
durch die schwer entschlüsselbare Korrespondenz, die der Mann mit dieser Zeit und die Zeit mit diesem Mann eingingen.

Dieser enge Zusammenhang entfernt Hitler zugleich von allen Auffassungen, die ihm übermenschliche Fähigkeiten attestieren. Nicht die
dämonischen, sondern die exemplarischen, gleichsam »normalen« Eigenschaften haben seinen Weg vor allem ermöglicht. Der Verlauf dieses
Lebens wird zeigen, wie fragwürdig und dem Ideologieverdacht ausgesetzt alle Theorien sind, die Hitler aus einem prinzipiellen Gegensatz zur Epoche und ihren Menschen begreifen. Er war weit weniger
der große Widerspruch der Zeit als deren Spiegelbild; unablässig stößt
man auf die Spuren einer verborgenen Identität.

Das starke Gewicht objektiver Voraussetzungen, dem die vorliegende
Arbeit nicht zuletzt durch eigens eingefügte Zwischenbetrachtungen
auch formal Rechnung zu tragen versucht, legt aber auch die Frage
nahe, worin die besondere Wirkung Hitlers für den Gang des Geschehens bestand. Gewiß ist es zutreffend, daß eine völkische Sammlungsbewegung im Verlauf der zwanziger Jahre auch ohne sein Dazwischentreten Resonanz und Anhängerschaft gefunden hätte.[15] Aber vermutlich
wäre sie nur eine mehr oder minder bemerkenswerte politische Gruppe
im Zusammenhang des Systems gewesen. Was Hitler ihr vermittelte, war
jene unverwechselbare Mischung von Phantastik und Konsequenz, die,
wie man sehen wird, sein Wesen in hohem Maße ausdrückt. Der Radikalismus von Gregor Strasser oder Joseph Goebbels war immer nur der

Verstoß gegen die gültigen Spielregeln, die gerade im Verstoß ihre anhaltende Geltung behaupteten; Hitlers Radikalismus dagegen setzte alle bestehenden Voraussetzungen außer Kraft und brachte ein neues, unerhörtes Element ins Spiel. Die zahlreichen Notstände und Unmutskomplexe der Zeit hätten wohl immer zu Krisen geführt, doch ohne die Person dieses Mannes sicherlich nicht zu jenen Zuspitzungen und Explosionen, deren Zeuge wir sein werden. Von der ersten Parteikrise im Sommer 1921 bis in die letzten Apriltage 1945, als er Göring und Himmler verstieß, blieb seine Position gänzlich unangefochten; er duldete nicht einmal die Autorität einer Idee über sich. Und in grandioser Willkür hat er noch einmal auf eine Weise Geschichte gemacht, die schon zu seiner Zeit anachronistisch wirkte und so wohl nie mehr gemacht werden wird: als eine Kette subjektiver Einfälle, mit überraschenden Coups und Schwenkungen, atemberaubenden Treulosigkeiten, ideologischen Selbstverleugnungen, aber immer mit einer zähe verfolgten Vision im Hintergrund. Etwas von seinem singulären Charakter, von dem subjektiven Element, das er dem Geschichtsverlauf aufnötigte, kommt in der Formel vom »Hitler-Faschismus« zum Ausdruck, die bis in die dreißiger Jahre in der marxistischen Theorie verbreitet war; und in diesem Sinne hat man den Nationalsozialismus nicht zu Unrecht als Hitlerismus definiert.[16]

Die Frage ist aber, ob Hitler nicht der letzte Politiker gewesen ist, der das Gewicht der Verhältnisse und Interessen so weitgehend ignorieren konnte; ob nicht der Zwang der objektiven Faktoren zusehends stärker wird und gleichzeitig damit die historische Möglichkeit des großen Täters immer geringer; denn fraglos ist der geschichtliche Rang von der Freiheit abhängig, die der Handelnde gegenüber den Umständen behauptet: »Es darf nicht der Grundsatz gelten«, hat Hitler in einer Geheimrede vom Frühsommer 1939 erklärt, »sich durch Anpassung an die Umstände einer Lösung der Probleme zu entziehen. Es heißt vielmehr, die Umstände den Forderungen anzupassen.«[17] Nach dieser Devise hat er, der »Phantast«, in einem abenteuerlichen, bis an die äußerste Grenze getriebenen und endlich gescheiterten Versuch noch einmal dem Bild vom großen Mann nachgelebt. Einiges spricht wohl dafür, daß mit ihm, wie so vieles andere, auch dies endete: »Weder in Peking noch in Moskau noch in Washington kann seinesgleichen, die Welt nach wirren Träumen ummodelnd, je wieder sitzen ... Der einzelne an der Spitze hat keinen Spielraum der Entscheidung mehr. Er moderiert Entscheidungen. Gewebt wird nach Mustern von langer Hand. Hitler, so darf man wähnen, war der letzte Exekutor klassischer ›großer‹ Politik.«[18]

Wenn Männer nicht oder doch weit weniger Geschichte machen als die traditionelle Verklärungsliteratur es lange voraussetzte: dieser eine hat sicherlich mehr gemacht als viele andere. Zugleich aber hat, in einem ganz ungewöhnlichen Grade, die Geschichte ihn gemacht. In diese »Unperson«, wie eines der folgenden Kapitel ihn nennt, ging nichts ein, was nicht schon vorhanden war; doch was in ihn einging, erhielt dadurch eine ungeheure Dynamik. Die Biographie Hitlers ist die Geschichte eines unablässigen, intensiven Austauschprozesses.

So bleibt, nach alledem, die Frage, ob historische Größe mit nichtigen oder unansehnlichen individuellen Verhältnissen gepaart sein kann. Es ist nicht ohne Sinn, sich das Schicksal Hitlers auszumalen, wenn die Geschichte ihm jene Umstände vorenthalten hätte, die ihn überhaupt erst erweckt und zum Sprachrohr millionenfacher Empörungs- und Abwehrkomplexe gemacht haben: ein ignoriertes Dasein irgendwo am Rande der Gesellschaft, das sich, verbittert und voller Misanthropie, nach einem großen Schicksal sehnt und dem Leben nicht vergeben kann, daß es kein Einsehen gehabt habe, als es ihm die allesüberwältigende Heldenrolle verweigerte: »Das Niederdrückende lag nur in der vollständigen Nichtbeachtung, unter der ich damals am meisten litt«, hat Hitler über die Zeit seines Eintritts in die Politik geschrieben.[19] Der Zusammenbruch der Ordnung, die Angst und Veränderungsstimmung der Epoche, spielten ihm erst die Chance zu, aus dem Schatten der Anonymität zu treten. Die Größe, meinte Jacob Burckhardt, sei ein Bedürfnis schrecklicher Zeiten.[20]

Daß diese Größe auch mit individueller Armut einhergehen kann, lehrt die Erscheinung Hitlers in einem alle Erfahrungen übersteigenden Maße. Über beträchtliche Strecken hin wirkt die Person wie aufgelöst, ins Irreale verflüchtigt, und nichts anderes als dieser gleichsam fiktive Charakter war es, der so viele konservative Politiker und marxistische Historiker in seltsamer Urteilsübereinstimmung dazu verleitet hat, Hitler als Instrument fremder Zwecke zu sehen. Weit entfernt von aller Größe und allem politischen oder gar geschichtlichen Rang schien er den Typus des »Agenten« ideal zu verkörpern. Doch täuschten die einen wie die anderen sich; es zählte gerade zum taktischen Erfolgsrezept Hitlers, daß er mit diesem Irrtum, in dem das Klassenressentiment gegen den Kleinbürger wirksam war und ist, Politik gemacht hat. Seine Biographie ist auch die Geschichte einer allmählichen Desillusionierung nach allen Seiten; und gewiß verfehlt ihn jene ironische Geringschätzung, die sich so vielen angesichts seiner Erscheinung noch immer aufdrängt und nur im Blick auf die Opfer innehält.

Der Verlauf dieses Lebens, der Gang der Ereignisse selber, wird darüber Aufschluß vermitteln. Daneben rät auch ein gedankliches Experiment zur Skepsis. Wenn Hitler Ende 1938 einem Attentat zum Opfer gefallen wäre, würden nur wenige zögern, ihn einen der größten Staatsmänner der Deutschen, vielleicht den Vollender ihrer Geschichte, zu nennen. Die aggressiven Reden und »Mein Kampf«, der Antisemitismus und das Weltherrschaftskonzept wären vermutlich als Phantasienwerk früher Jahre in die Vergessenheit geraten und nur gelegentlich einer ungehaltenen Nation von ihren Kritikern zum Bewußtsein gebracht worden. Sechseinhalb Jahre trennten Hitler von diesem Ruhm. Gewiß hätte nur ein gewaltsames Ende ihm dazu verhelfen können; denn er war seinem Wesen nach auf Zerstörung angelegt und nahm die eigene Person davon nicht aus. Aber nahe, immerhin, war er ihm. Kann man ihn »groß« nennen?

ERSTES BUCH:

EIN ZIELLOSES LEBEN

I. KAPITEL: HERKUNFT UND AUFBRUCH

> »Das Bedürfnis, sich zu vergrößern,
> sich überhaupt zu rühren, ist allen
> Illegitimen eigen.«
> Jacob Burckhardt

Die eigene Person zu verhüllen wie zu verklären, war eine der Grundanstrengungen seines Lebens. Kaum eine Erscheinung der Geschichte hat sich so gewaltsam, mit so pedantisch anmutender Konsequenz stilisiert und im Persönlichen unauffindbar gemacht. Die Vorstellung, die er von sich hatte, kam einem Monument näher als dem Bilde eines Menschen. Zeitlebens war er bemüht, sich dahinter zu verbergen. Ausdrucksstarr, im frühen Bewußtsein der Berufung, hat sich der Fünfunddreißigjährige schon in die konzentrierte, gefrorene Unnahbarkeit des großen Führers zurückgezogen. Das Halbdunkel, in dem Legenden sich bilden, und die Aura besonderer Erwähltheit liegen über der Vorgeschichte seines Lebens; es hat zugleich aber auch die Ängste, die Heimlichkeiten und den merkwürdigen Rollencharakter seiner Existenz mitgeprägt.

Schon als Führer der aufstrebenden NSDAP fand er das Interesse an seinen privaten Lebensumständen beleidigend, als Reichskanzler verbat er sich alle Veröffentlichungen darüber.[1] Die Bekundungen derer, die ihm je näherkamen, vom Jugendfreund bis zu den Angehörigen der engsten nächtlichen Tischrunde, betonen durchweg die besorgte Neigung zu Abstand und Selbstverheimlichung: »Er hatte in seinem ganzen Leben etwas unbeschreiblich Distanzierendes.«[2] Mehrere Jahre seiner Jugend verbrachte er in einem Männerheim; doch von den zahlreichen Menschen, die ihm dort begegneten, konnte sich später kaum einer an ihn erinnern, fremd und unauffällig bewegte er sich an ihnen vorbei, alle Nachforschungen liefen nahezu ins Leere. Zu Beginn seiner politischen Laufbahn wachte er eifersüchtig darüber, daß kein Bild von ihm veröffentlicht werde, und mitunter hat man darin den wohlüberlegten Zug des seiner Wirkungen sicheren Propagandisten gesehen: als der

Mann, dessen Gesicht unbekannt war, machte er sich erstmals zu einem Gegenstand geheimnisumwitterten Interesses.

Aber es war nicht nur »altes Prophetenrezept«, nicht nur die Absicht, ein Element charismatischen Zaubers in sein Leben zu bringen, was seine Verdunkelungsbemühungen motivierte und trug; vielmehr kamen darin auch die Besorgnisse einer versteckten, unfreien, vom Gefühl eigener Fragwürdigkeit überwältigten Natur zum Vorschein. Immer war er darauf bedacht, Spuren zu verwirren, Identitäten unkenntlich zu machen, den schwer durchsichtigen Hintergrund von Herkunft und Familie weiter zu trüben. Als ihm 1942 berichtet wurde, daß sich in dem Dorf Spital eine Gedenktafel für ihn finde, bekam er einen seiner hemmungslosen Wutanfälle. Aus seinen Vorfahren machte er »arme kleine Häusler«, den Beruf des Vaters verfälschte er vom Zollbeamten zum »Postoffizial«, die Verwandten, die sich ihm zu nähern suchten, drängte er unnachsichtig von sich fort, und seine jüngere Schwester Paula, die ihm zeitweilig auf dem Obersalzberg den Haushalt führte, zwang er, sich einen anderen Namen zuzulegen.[3] Bezeichnenderweise führte er nahezu keine private Korrespondenz. Dem verschrobenen Begründer einer rassischen Philosophie, Jörg Lanz v. Liebenfels, dem er einige vage, frühe Anstöße verdankte, erteilte er nach dem Einmarsch in Österreich Schreibverbot, seinen einstigen Kumpan aus Männerheimtagen, Reinhold Hanisch, ließ er umbringen, und wie er niemandes Schüler sein und alle Erkenntnis der eigenen Inspiration, Begnadung und Zwiesprache mit dem Geiste verdanken wollte, so auch niemandes Sohn; das Bild der Eltern taucht, schemenhaft, in den autobiographischen Kapiteln seines Buches »Mein Kampf« nur auf, soweit es die Legende seines Lebens stützt.

Begünstigt wurden seine Verdunkelungsbemühungen durch den Umstand, daß er von jenseits der Grenzen kam. Wie viele Revolutionäre und Eroberer der Geschichte, von Alexander über Napoleon bis hin zu Stalin, war er ein Fremder unter seinesgleichen. Der psychologische Zusammenhang, der zwischen diesem Außenseitergefühl und der Bereitschaft besteht, ein Volk, bis in den Untergang, als Material für wilde und ausgreifende Projekte einzusetzen, gilt sicherlich auch für ihn. Als er im Wendepunkt des Krieges, in einer der blutigen Aushalteschlachten, auf die gewaltigen Verluste unter den neueingesetzten Offizieren hingewiesen wurde, entgegnete er kurz: »Aber dafür sind die jungen Leute doch da!«[4]

Immerhin verschleierte die Fremdheit nicht genug. Stets hat sein Empfinden für Ordnung, Regel und Bürgerlichkeit im Widerstreit mit der eher dunklen Familiengeschichte gelegen, und nie hat ihn offenbar ein Bewußtsein von dem Abstand zwischen Herkunft und Anspruch verlassen, die Angst vor der eigenen Vergangenheit. Als 1930 Absichten ruchbar wurden, den familiären Hintergrund aufzuhellen, zeigte Hitler sich überaus beunruhigt: »Diese Leute dürfen nicht wissen, wer ich bin. Sie dürfen nicht wissen, woher ich komme und aus welcher Familie ich stamme.«[5]

Der väterlichen wie der mütterlichen Linie nach stammte die Familie aus der abseits gelegenen Armengegend der Doppelmonarchie, dem Waldviertel zwischen Donau und böhmischer Grenze. Eine durchweg bäuerliche Bevölkerung, durch generationenlange Inzucht vielfach untereinander verwandt und in den Ruf der Enge und Zurückgebliebenheit geraten, bewohnte die Ortschaften, die in der Vorgeschichte immer wieder auftauchen: Döllersheim, Strones, Weitra, Spital, Walterschlag, durchweg kleine, verstreute Ansiedlungen in einem kärglichen waldreichen Landstrich. Der Name Hitler, Hiedler oder Hüttler ist denkbarerweise tschechischen Ursprungs (Hidlar, Hidlarcek) und, in einer der verschiedenen Abwandlungen, im Waldviertel erstmals in den dreißiger Jahren des 15. Jahrhunderts nachweisbar.[6] Doch bleibt er, durch die Generationen, an kleinbäuerliche Träger gebunden, keiner durchbricht den vorgegebenen sozialen Rahmen.

Im Hause des Kleinbauern Johann Trummelschlager in Strones Nr. 13 brachte die ledige Magd Maria Anna Schicklgruber am 7. Juni 1837 ein Kind zur Welt, das noch am gleichen Tag auf den Namen Alois getauft wurde. Im Geburtenbuch der Gemeinde Döllersheim blieb die Rubrik, die über die Person des Kindesvaters Auskunft gibt, unausgefüllt. Daran änderte sich auch nichts, als die Mutter fünf Jahre später den stellungslosen, »vazierenden« Müllergesellen Johann Georg Hiedler heiratete. Vielmehr gab sie ihren Sohn im gleichen Jahr zum Bruder ihres Mannes, dem Bauern Johann Nepomuk Hüttler aus Spital – vermutlich nicht zuletzt, weil sie fürchtete, das Kind nicht gehörig aufziehen zu können; jedenfalls waren die Hiedlers, der Überlieferung nach, so verarmt, daß sie »schließlich nicht einmal mehr eine Bettstelle hatten, sondern in einem Viehtrog schliefen.«[7]

Mit den beiden Brüdern, dem Müllergesellen Johann Georg Hiedler und dem Bauern Johann Nepomuk Hüttler, sind zwei der mutmaßlichen Väter Alois Schicklgrubers benannt. Der dritte ist, einer eher abenteuerlichen, immerhin aus der engeren Umgebung Hitlers stammenden Versicherung zufolge, ein Grazer Jude namens Frankenberger, in dessen Haushalt Maria Anna Schicklgruber tätig gewesen sein soll, als sie schwanger wurde. Jedenfalls hat Hans Frank, Hitlers langjähriger

Anwalt und späterer Generalgouverneur in Polen, im Rahmen seines Nürnberger Rechenschaftsberichts bezeugt, Hitler habe im Jahre 1930 von einem Sohn seines Halbbruders Alois in möglicherweise erpresserischer Absicht einen Brief erhalten, der sich in dunklen Andeutungen über »sehr gewisse Umstände« der hitlerschen Familiengeschichte erging. Frank erhielt den Auftrag, der Sache vertraulich nachzugehen, und fand einige Anhaltspunkte für die Vermutung, daß Frankenberger der Großvater Hitlers gewesen sei. Der Mangel an nachprüfbaren Belegen läßt diese These freilich überaus fragwürdig erscheinen, wie wenig Anlaß Frank auch gehabt haben mag, Hitler von Nürnberg aus einen jüdischen Vorfahren zuzuschreiben; jüngere Untersuchungen haben die Glaubwürdigkeit seiner Versicherung weiter erschüttert, so daß die These der ernsthaften Erörterung kaum noch standhält. Ihre eigentliche Bedeutung liegt denn auch weniger in ihrer objektiven Stichhaltigkeit; weit entscheidender und psychologisch von Bedeutung war, daß Hitler seine Herkunft durch die Ergebnisse Franks in Zweifel gezogen sehen mußte. Eine erneute Nachforschungsaktion, im August 1942 von der Gestapo im Auftrag Heinrich Himmlers unternommen, blieb ohne greifbaren Erfolg, und nicht viel gesicherter als alle übrigen Großvaterschaftstheorien, wenn auch von einigem kombinatorischen Ehrgeiz zeugend, ist die Version, die Johann Nepomuk Hüttler »mit an absolute Sicherheit grenzender Wahrscheinlichkeit« als Vater Alois Schicklgrubers bezeichnet.[8] Zuletzt endet die eine wie die andere dieser Thesen im Dunkel verworrener, von Not, Dumpfheit und ländlicher Bigotterie geprägter Verhältnisse: Adolf Hitler wußte nicht, wer sein Großvater war.

Neunundzwanzig Jahre, nachdem Maria Anna Schicklgruber an »Auszehrung infolge Brustwassersucht« in Klein-Motten bei Strones verstorben war, und neunzehn Jahre nach dem Tode ihres Mannes erschien dessen Bruder Johann Nepomuk zusammen mit drei Bekannten beim Pfarrer Zahnschirm in Döllersheim und beantragte die Legitimierung seines inzwischen nahezu vierzigjährigen »Ziehsohnes«, des Zollbeamten Alois Schicklgruber; allerdings sei nicht er selber, sondern sein verstorbener Bruder Johann Georg der Vater, dieser habe das auch zugestanden, seine Begleiter könnten den Sachverhalt bezeugen.

Tatsächlich ließ sich der Pfarrer täuschen oder überreden. In dem alten Standesbuch ersetzte er unter der Eintragung vom 7. Juni 1837 kurzerhand den Vermerk »unehelich« durch »ehelich«, füllte die Rubrik zur Person des Vaters wie gewünscht aus und notierte am Rande fälschlich: »Daß der als Vater eingetragene Georg Hitler, welcher den gefertigten Zeugen wohl bekannt, sich als der von der Kindesmutter Anna Schicklgruber angegebene Vater des Kindes Alois bekannt und um die Eintragung seines Namens in das hiesige Taufbuch nachgesucht habe, wird durch die Gefertigten bestätigt +++ Josef Romeder, Zeuge; +++ Johann Breiteneder, Zeuge; +++ Engelbert Paukh.« Da die drei Zeugen nicht schreiben konnten, unterzeichneten sie mit drei Kreuzen, und der Pfarrer setzte ihre Namen hinzu. Doch versäumte er es, das Datum einzutragen, auch fehlten die eigene Unterschrift sowie die der (lange verstorbenen) Eltern. Wenn auch gesetzwidrig, war die Legitimierung doch wirksam; vom Januar 1877 an nannte Alois Schicklgruber sich Alois Hitler.

Der Anstoß zu dieser dörflichen Intrige ist zweifellos von Johann Nepomuk Hüttler ausgegangen; denn er hatte Alois erzogen und war begreiflicherweise stolz auf ihn. Alois war gerade erneut befördert worden, er hatte geheiratet und es weiter gebracht als je ein Hüttler oder Hiedler zuvor: nichts war verständlicher, als daß Johann Nepomuk das Bedürfnis empfand, den eigenen Namen in dem seines Ziehsohnes zu erhalten. Doch auch Alois mochte ein Interesse an der Namensänderung reklamieren; denn immerhin hatte er, ein energischer und pflichtbedachter Mann, inzwischen eine bemerkenswerte Karriere gemacht, so daß sein Bedürfnis einleuchtete, ihr durch einen »ehrlichen« Namen Gewähr und festen Grund zu verschaffen. Erst dreizehn Jahre alt, war er nach Wien zu einem Schuhmacher in die Lehre gegangen, hatte dann jedoch entschlossen das Handwerk aufgegeben, um in den österreichischen Finanzdienst einzutreten. Er war rasch avanciert und am Ende als Zollamtsoberoffizial in die höchste Rangklasse befördert worden, die ihm aufgrund seiner Vorbildung überhaupt offenstand. Mit Vorliebe zeigte er sich, als Repräsentant der Obrigkeit, bei öffentlichen Anlässen und legte Wert darauf, mit seinem korrekten Titel angesprochen zu werden. Einer seiner Zollamtskollegen hat ihn als »streng, genau, sogar pedantisch« bezeichnet, und er selber hat einem Verwandten, der ihn um Rat bei der Berufswahl seines Sohnes bat, erklärt, der Finanzdienst verlange absoluten Gehorsam, Pflichtbewußtsein und sei nichts für »Trinker, Schuldenmacher, Kartenspieler und andere Leute mit unmoralischer Lebensführung«[9]. Die photographischen Porträts, die er meist aus Anlaß seiner Beförderungen anfertigen ließ, zeigen unverändert einen stattlichen Mann, der unterm mißtrauischen Amtsgesicht rauhe, bürgerliche Lebenstüchtigkeit und bürgerliche Repräsentationslust erkennen läßt: nicht ohne Würde und Selbstgefallen stellt er sich, mit blitzenden Uniformknöpfen, dem Betrachter.

Doch verbargen Biederkeit und Strenge ein offenbar unstetes Temperament, das eine auffällige Neigung zu impulsiven Entschlüssen bewies. Nicht zuletzt die zahlreichen Wohnungswechsel deuten auf eine Unrast, die von der nüchternen Praxis des Zolldienstes nur unzureichend aufgefangen wurde: nachweisbar sind mindestens elf Umzüge in knapp fünfundzwanzig Jahren, einige davon freilich aus dienstlichem Anlaß. Dreimal war Alois Hitler verheiratet, noch zu Lebzeiten seiner ersten Frau erwartete er ein Kind von der späteren zweiten, und zu Lebzeiten der zweiten eines von der dritten. Während die erste Frau, Anna Glassl, vierzehn Jahre älter war als er, war die letzte, Klara Pölzl, dreiundzwanzig Jahre jünger. Sie hatte zunächst als Hausgehilfin bei ihm gearbeitet, stammte wie die Hiedlers oder Hüttlers aus Spital und war, seit der Namensänderung, zumindest gesetzlich, seine Nichte, so daß für die Eheschließung ein kirchlicher Dispens eingeholt werden mußte. Die Frage, ob sie mit ihm blutsverwandt war, bleibt so unbeantwortbar wie die Frage nach dem Vater Alois Hitlers. Sie kam ihren häuslichen Pflichten unauffällig und gewissenhaft nach, besuchte regelmäßig, dem Wunsch ihres Mannes entsprechend, die Kirche, und hat auch nach der Eheschließung nie ganz den Status von Magd und Mätresse überwinden können, in dessen Zeichen sie in das Haus gekommen war. Noch jahrelang hatte sie Mühe, sich als die Frau des Zollozfifials zu sehen, und redete ihren Mann als »Onkel Alois« an.[10] Die von ihr erhaltenen Bilder zeigen das Gesicht eines bescheidenen Dorfmädchens, ernst, regungslos und nicht ohne einen Zug von Bedrückung.

Adolf Hitler, am 20. April 1889 in Braunau am Inn, Vorstadt Nr. 219, geboren, war das vierte Kind dieser Ehe. Drei ältere Geschwister, 1885, 1886 und 1887 zur Welt gekommen, waren im Kindesalter gestorben, von den zwei jüngeren Geschwistern überlebte nur die Schwester Paula. Zur Familie zählten darüber hinaus die Kinder aus zweiter Ehe, Alois und Angela. Für die Entwicklung Adolfs blieb die kleine Grenzstadt allerdings bedeutungslos. Denn schon im folgenden Jahr wurde der Vater nach Groß-Schönau in Niederösterreich versetzt. Adolf war drei Jahre alt, als die Familie weiter nach Passau übersiedelte, und fünf Jahre, als der Vater nach Linz versetzt wurde. In der Nähe der Gemeinde Lambach, in dessen altem, berühmtem Benediktinerstift der Siebenjährige als Chorknabe und Meßdiener wirkte und, eigener Darstellung zufolge, Gelegenheit fand, sich »oft und oft am feierlichen Prunke der äußerst glanzvollen kirchlichen Feste zu berauschen«[11], erwarb der Vater 1895 ein Anwesen von nahezu vier Hektar, das er jedoch bald wieder aufgab. Zwei Jahre später, inzwischen vorzeitig pensioniert, kaufte er sich in Leonding, einer kleinen Gemeinde vor den Toren von Linz, ein Haus und setzte sich zur Ruhe.

Im Gegensatz zu diesem Bilde, in dem trotz aller nervösen Elemente Konsequenz und Gemessenheit, bürgerliche Solidität und Sicherheitsbewußtsein vorherrschen, weiß das von Hitler selber verfertigte Legen-

Nicht ohne Würde und Selbstgefallen stellte sich Alois Hitler, mit blitzenden Uniformknöpfen, dem Fotografen. – Das Gesicht eines bescheidenen Dorfmädchens, ernst, regungslos, mit einem Zug von Bedrückung: die Mutter Adolf Hitlers. – Adolf Hitler im ersten Lebensjahr.

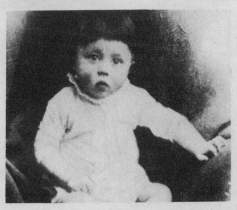

Schulzeugnis aus dem Jahre 1905. – Auf dem Klassenbild von 1899 posiert der Zehnjährige, mit einer Geste demonstrativer Überlegenheit, in der obersten Reihe.

denwerk von ärmlichen Verhältnissen, von Dürftigkeit und häuslicher
Enge, über die jedoch der sieghafte Wille des ausersehenen Knaben nicht
minder eindeutig triumphierte wie über die tyrannischen Parieransprüche eines verständnislosen Vaters. Ihn hat der Sohn später sogar, um
einige effektvolle Schwärze ins Bild zu bringen, zum Trunksüchtigen
gemacht, den er bettelnd und schimpfend, in Szenen »gräßlicher Scham«,
aus »stinkenden, rauchigen Kneipen« nach Hause zerren mußte. Wie es
genialischer Frühreife ziemt, hat er sich nicht nur auf dem Dorfanger
und nahe dem alten Festungsturm immer nur siegreich bewährt, sondern sich seinen Altersgenossen auch mit umsichtig entwickelten Plänen zu ritterlichen Abenteuern und kühn vorausschauenden Forschungsprojekten als geborene Führernatur offenbart. Das von den unschuldigen
Spielen inspirierte Interesse an Kriegs- und Soldatenhandwerk verlieh
dem sich bildenden Profil einen ersten zukunftsweisenden Akzent, und
schon an dem »kaum Elfjährigen« entdeckte der Verfasser von »Mein
Kampf« im Rückblick »zwei hervorstechende Tatsachen als besonders
bedeutungsvoll«: daß er Nationalist geworden sei und Geschichte
»ihrem Sinne nach verstehen und begreifen« gelernt habe.[12] Den so
wirkungsvollen wie bewegenden Abschluß der Fabel bildeten das unerwartete Ende des Vaters, Entbehrung, Krankheit und Tod der geliebten
Mutter sowie der Auszug des armen Waisenknaben, »der schon mit
siebzehn Jahren in die Fremde ziehen und sich sein Brot verdienen
mußte«.

In Wirklichkeit war Adolf Hitler ein aufgeweckter, lebhafter und
offenbar begabter Schüler, dessen Anlagen freilich durch ein schon frühzeitig hervortretendes Unvermögen zu geregelter Arbeit beeinträchtigt
wurden. Ein auffallender Hang zur Bequemlichkeit, unterstützt und
abgesichert von einem störrischen Temperament, ließ ihn immer ausschließlicher seinen Launen und dem enthusiastisch verspürten Bedürfnis nach Schönheit folgen. Zwar weisen ihn die Zeugnisse der verschiedenen von ihm besuchten Volksschulen durchweg als guten Schüler aus,
und in dem Klassenbild von 1899 posiert er, in einer Geste demonstrativer Überlegenheit, in der obersten Reihe. Doch als die Eltern ihn
daraufhin auf die Realschule in Linz schickten, versagte er, überraschenderweise, gänzlich. Er wurde zweimal nicht versetzt und ein weiteres Mal erst nach Ableistung einer Wiederholungsprüfung. Die Zeugnisse bewerteten seinen Fleiß nahezu regelmäßig mit der Note vier
(»ungleichmäßig«), lediglich in Betragen, Zeichnen und Turnen erhielt er befriedigende oder bessere Beurteilungen, in allen übrigen Fächern kam er kaum je über mangelhafte oder ausreichende Noten hinaus. Das Zeugnis vom September 1905 verzeichnete in Deutsch, Mathematik und Stenographie ein »Nicht genügend«, billigte ihm selbst in

Geographie und Geschichte, seinen »Lieblingsfächern«, wie er selber gesagt hat, in denen er angeblich »der Klasse vorschoß«[13], nur die Note vier zu und war im ganzen so unbefriedigend ausgefallen, daß er die Schule verließ.

Dieses auffällige Versagen ist fraglos auf einen Komplex von Ursachen und Motiven zurückzuführen. Einiges deutet darauf hin, daß nicht an letzter Stelle die Erfahrung des Beamtensohnes steht, der im bäuerlichen Leonding sein Sonderbewußtsein als Anführer der Spielgefährten unbestritten zur Geltung zu bringen vermocht hatte, während er nun, im städtischen Linz, unter den Söhnen von Akademikern, Kaufleuten und Standespersonen, ein vom Lande kommender, verschmähter Außenseiter blieb. Zwar war das Linz der Jahrhundertwende trotz seiner 50 000 Einwohner und obwohl es mit einem Theater sowie einer elektrischen Straßenbahn über die städtischen Statussymbole der Zeit verfügte, nicht ohne Züge ländlicher Öde und Verschlafenheit, doch zum Bewußtsein sozialer Rangordnungen hat die Stadt dem jungen Hitler offenbar verholfen. Jedenfalls fand er auf der Realschule »keine Freunde und Kameraden«, und auch bei der häßlichen alten Frau Sekira, bei der er zeitweilig zusammen mit fünf gleichaltrigen Kameraden in Pension war, blieb er fremd, steif und auf Distanz bedacht: »Näher«, so hat sich einer der ehemaligen Wohngefährten erinnert, »kam ihm von den fünf anderen Kostschülern keiner. Während wir Lehramtszöglinge untereinander selbstverständlich ›Du‹ sagten, sprach er uns mit ›Sie‹ an, und wir sagten auch ›Sie‹ zu ihm und fanden nicht einmal etwas Auffälliges daran.«[14] Bezeichnenderweise tauchen von Hitler selber zu dieser Zeit erstmals jene Beteuerungen der Herkunft aus gutem Hause auf, die im weiteren seinen Stil sowie sein Auftreten unverkennbar geprägt und sowohl dem halbwüchsigen Elegant in Linz wie dem Proletarier in Wien »Klassenbewußtsein« und Durchhaltewillen verliehen haben.

Hitler hat das Versagen auf der Realschule später als Trotzreaktion auf den Versuch des Vaters hingestellt, ihm jene Beamtenlaufbahn aufzuzwingen, die er selber so erfolgreich und gesichert abgeschlossen hatte. Aber auch die Schilderung dieser angeblich lange währenden Auseinandersetzung, die er zum erbitterten Ringen zweier unnachgiebiger Willensmenschen dramatisiert hat, ist, wie sich inzwischen erwiesen hat, weitgehend erfunden – wie anschaulich er auch nach vielen Jahren noch von einem Besuch auf dem Linzer Hauptzollamt zu erzählen wußte, mit dem der Vater ihn für seinen Beruf zu begeistern trachtete, während er selber, voller »Abscheu und Haß«, nur einen »Staatskäfig« zu entdecken vermochte, in dem »die alten Herren aufeinandergehockt gesessen seien, so dicht wie die Affen.«[15]

Tatsächlich muß man eher davon ausgehen, daß der Vater sich um den beruflichen Werdegang seines Sohnes kaum mit dem gereizten Nachdruck gekümmert hat, den Hitler ihm in dem Bestreben anzudichten versuchte, das Schulversagen zu erklären und schon der frühen Jugend einen Ton metallischer Entschlossenheit zu geben; immerhin hätte er seinen Sohn gern als Beamten in jenen hohen Rängen gesehen, die ihm selber aufgrund seiner geringen Schulbildung verschlossen geblieben waren. Zutreffend aber ist dennoch die von Hitler beschriebene Atmosphäre anhaltender Spannung, die teils im unterschiedlichen Temperament, teils aber auch in dem Entschluß des Vaters begründet war, den langgehegten, ebenfalls in seinem Sohn merkwürdig wiederkehrenden Traum zu verwirklichen und sich bereits im Sommer 1895, mit achtundfünfzig Jahren, pensionieren zu lassen, um endlich, befreit vom Pflichtendruck des Berufs, der Muße und seinen Neigungen zu leben. Für den Sohn bedeutete das eine unvermittelte Reduktion seiner Bewegungsfreiheit, plötzlich stieß er überall auf die mächtige Figur des Vaters, der Respekt und Disziplin verlangte und den Stolz über das Erreichte in unerbittliche Gehorsamsansprüche umsetzte. Hier viel eher als in konkreten Meinungsverschiedenheiten über das Berufsziel des Sohnes lagen offenbar die Gründe für den Konflikt.

Im übrigen hat der Vater nur den Anfang der Realschulzeit erlebt. Denn zu Beginn des Jahres 1903 war er im Wirtshaus Wiesinger in Leonding über dem ersten Schluck aus einem Glas Wein zur Seite gesunken und unmittelbar darauf in einem Nebenraum, noch bevor Arzt und Geistlicher zur Stelle sein konnten, verschieden. Die freisinnige Linzer ›Tagespost‹ widmete ihm einen längeren Nachruf, der auf seine fortschrittliche Gesinnung, seine rauhe Heiterkeit sowie seinen energischen Bürgersinn verwies, und ihn sowohl als »Freund des Gesanges« wie als Autorität auf dem Gebiet der Bienenzucht, aber auch als genügsamen, haushälterischen Mann rühmte. Als sein Sohn aus Unlust und launischer Verwöhntheit die Schule hinwarf, war Alois Hitler bereits über zweieinhalb Jahre tot, und die angebliche Drohung mit der Beamtenlaufbahn von der kränkelnden Mutter gewiß nicht aufrechterhalten worden. Obwohl auch sie sich dem unablässigen Drängen ihres Sohnes, die Schule aufzugeben, eine Zeitlang widersetzt zu haben scheint, wußte sie gegen sein eigensüchtiges und rechthaberisches Temperament bald kein Mittel mehr: nach so vielen verlorenen Kindern war ihre Sorge um die beiden verbliebenen seit je als Schwäche und Nachgiebigkeit in Erscheinung getreten, die der Sohn bald auszunutzen gelernt hatte. Als er im September 1904 nur unter der Bedingung seines Abgangs von der Schule versetzt worden war, hatte die Mutter einen letzten Versuch unternommen und ihn auf die Realschule nach

Steyr geschickt. Aber auch dort blieben seine Leistungen unzureichend, das erste Zeugnis fiel so mangelhaft aus, daß Hitler sich, wie er selber berichtet hat, betrank und das Dokument als Toilettenpapier verwendete, so daß er um ein Duplikat nachsuchen mußte. Als auch das Zeugnis vom Herbst 1905 keine Verbesserungen zeigte, gab die Mutter endlich nach und erlaubte ihm den Abgang von der Schule. Freilich traf sie ihren Entschluß auch jetzt nicht ganz aus freien Stükken. Dem Sohn nämlich kam, wie er in »Mein Kampf« nicht ohne verräterischen Unterton gestanden hat, »plötzlich eine Krankheit zu Hilfe«[16], für die es allerdings im übrigen keinen Beleg gibt; gewichtiger scheint, daß er erneut nicht versetzt worden war.

Es war einer jener katastrophalen Triumphe, wie Hitler sie noch gelegentlich gefeiert hat: weit über dessen Tod hinaus hatte er dem mächtigen Vater durch eine Fülle unzureichender Schulzeugnisse bewiesen, daß ihm für immer der Weg in die Ränge der Beamtenschaft versperrt war, in die jener ihn hatte haben wollen. Gleichzeitig hat er die Schule »mit einem elementaren Haß«[17] verlassen, sie war eines der großen Erbitterungsthemen seines Lebens, und alle unentwegt unternommenen Versuche, die Unruhe über das eigene Versagen mit dem Hinweis auf die künstlerische Berufung zu beschwichtigen, haben doch das Ressentiment des Gescheiterten nie verdrängen können. Den Anforderungen des sachlichen Lernbetriebes entkommen, war er nun entschlossen, sein Leben »ganz der Kunst zu widmen«. Er wollte Maler werden. Die Wahl war von dem ansprechenden Talent zur getreuen Zeichnung, über das er gebot, ebenso bestimmt wie von den ziemlich grellen Vorstellungen, die ein Beamtensohn aus der Provinz mit dem Begriff eines freien und ungezügelten Künstlerlebens verband. Schon frühzeitig ließ er das Bedürfnis erkennen, sich exzentrisch zu stilisieren, ein Kostgänger aus dem Hause der Mutter hat später berichtet, wie er mitunter während des Essens unvermittelt zu zeichnen begonnen und wie besessen Skizzen von Gebäuden, Torbögen oder Säulen aufs Papier geworfen habe. Gewiß war dabei auch das legitime Bedürfnis im Spiel, sich mit Hilfe der Kunst aus den Zwängen und Beschränkungen der engen Bürgerwelt, der er entstammte, in ideale Bereiche zu erheben, und nur die eigentlich manische Gier, mit der er nun, alles andere vergessend und verwerfend, sich seinen Malübungen, der Musik und den Träumen ergab, wirft ein irritierendes Licht auf diese Passion. Er lehnte eine bestimmte Arbeit, einen »Brotberuf«, wie er verächtlich meinte, für sich ab.[18]

Denn Erhöhung durch die Kunst suchte er offenbar auch im sozialen

Sinne. Wie hinter allen Neigungen und Entschlüssen seiner Formationsjahre ein übermächtiges Bedürfnis spürbar wird, etwas »Höheres« zu sein oder zu werden, so hat auch seine exzentrische Leidenschaft für die Kunst nicht zuletzt mit der Vorstellung zu tun, daß sie ein Vorrecht der »besseren Gesellschaft« sei. Die Mutter hatte nach dem Tode des Vaters das Haus in Leonding verkauft und eine Wohnung in Linz bezogen. Hier saß der Sechzehnjährige nun untätig herum, dank der beträchtlichen Pension der Mutter in die Lage versetzt, alle Zukunftspläne aufzuschieben und sich den Anschein privilegierten Müßiggängertums zu geben, an dem ihm so viel lag. Täglich pflegte er sich zum Bummel auf der Promenade einzufinden, er besuchte regelmäßig das »Landschaftliche Theater«, trat dem Musealverein bei und wurde Mitglied der Bücherei des Volksbildungsvereins. Das erwachende Interesse für sexuelle Fragen trieb ihn, wie er später erzählt hat, in die Erwachsenenabteilung eines Wachsmuseums, und um die gleiche Zeit sah er in einem kleinen Kino der Stadt seinen ersten Film.[19] Den Schilderungen zufolge, die wir besitzen, war er hochaufgeschossen, bleich, scheu und immer überaus sorgfältig gekleidet, meist schwang er ein schwarzes Spazierstöckchen mit zierlichem Elfenbeinschuh und gab sich Art und Auftreten eines Studenten. Schon den Vater hatte der soziale Ehrgeiz vorangetrieben, doch hatte er nur erreicht, was der Sohn als eine Bagatellkarriere ansah. Die nachsichtigen Worte, die er der Laufbahn des »alten Herrn« in der Erinnerung gewidmet hat, weisen darauf hin, daß sein eigenes Ziel weit höher gesteckt war: in der Traumwelt, die er sich neben und über der Realität errichtete, kultivierte er die Erwartungen und das Selbstbewußtsein des Genies.

In seine selbstgeschaffenen Phantasiewelten wich er nun zusehends aus, seit er erstmals vor einem Bewährungsanspruch gescheitert war; hier hielt er sich für die frühen Ohnmachtserfahrungen vor Vater und Lehrern schadlos, hier feierte er seine einsamen Triumphe über eine Welt von Feinden, und von hier aus schleuderte er seine ersten Verdammungsurteile gegen eine übelwollende Mitwelt. Alle, die sich seiner später erinnerten, vermerken sein ernstes, verschlossenes, »geschrecktes« Wesen. Ohne Beschäftigung wie er war, beschäftigte ihn alles, die Welt, so versicherte er, müsse »gründlich und in allen Teilen geändert« werden.[20] Bis tief in die Nacht erhitzte er sich über unbeholfenen Projekten für die städtebauliche Umgestaltung der Stadt Linz, zeichnete er Entwürfe für Theaterbauten, Prunkvillen, Museen oder jene Brücke über die Donau, die er fünfunddreißig Jahre später mit rechthaberischer Genugtuung nach den Plänen des Halbwüchsigen errichten ließ.

Zu aller systematischen Arbeit war er weiterhin unfähig, unentwegt bedurfte er neuer Beschäftigungen, Reize, Ziele. Auf sein Drängen kaufte die Mutter ein Klavier, und kurze Zeit nahm er Unterricht; doch dann, nach vier Monaten bereits, stellte der Überdruß sich ein, und er gab auf. Seinem einzigen zeitweiligen Jugendfreund August Kubizek, dem Sohn eines Linzer Dekorateurs, mit dem ihn die Schwärmerei für die Musik verband, schenkte er zum Geburtstag aus dem Bestand seiner Traumwelt ein Haus im italienischen Renaissancestil: »Er machte keinen Unterschied, ob er von etwas Fertigem oder etwas Geplantem sprach.«[21] Der Erwerb eines Lotterieloses entführte ihn für einige Zeit in eine irreale Welt, in der er den zweiten Stock eines herrschaftlichen Hauses (Linz-Urfahr, Kirchengasse 2) mit Rundblick über das jenseitige Donauufer bewohnte. Wochen vor dem Tag der Ziehung wählte er die Einrichtung, prüfte Möbel und Stoffe, entwarf Dekorationsmuster und entwickelte dem Freund seine Pläne für ein Leben edler Ungebundenheit und großzügiger Liebe zur Kunst, das von einer »älteren, schon etwas grauhaarigen, aber unerhört vornehmen Dame« betreut werden sollte, und erlebte bereits, wie sie »im festlich beleuchteten Treppenhause« die Gäste empfangen würde, die »zu dem ausgewählten, hochgestimmten Freundeskreise gehören« – ehe der Tag der Ziehung ihm den schon sicher geglaubten Traum zerschlug, und er in einem maßlosen Tobsuchtsanfall nicht nur das eigene Mißgeschick, sondern in bezeichnender Steigerung die Leichtgläubigkeit der Menschen, das staatliche Lotteriewesen und schließlich den betrügerischen Staat selbst bis auf den Grund verdammte.

Zutreffend hatte er sich selber für diese Zeit einen »Sonderling« genannt[22] und tatsächlich auf eine konzentrierte und verbissene Weise nur sich selbst gelebt. Außer der Mutter und dem einen naiv-bewundernden »Gustl«, der ihm als erster Zuhörer diente, blieb die Szenerie der wichtigsten Jugendjahre menschenleer; mit der Schule hatte er im Grunde auch die Gesellschaft verlassen. Als er auf dem täglichen Bummel durch die Innenstadt einem jungen Mädchen begegnete, das in Begleitung seiner Mutter regelmäßig zu bestimmter Stunde am Schmiedtoreck vorbeikam, faßte er zwar, wie der Freund berichtet hat, eine leidenschaftliche Zuneigung, die sich bald auch zu einer intensiv erlebten romantischen Bindung vergegenständlichte und über Jahre andauerte. Gleichwohl lehnte er es immer wieder ab, das Mädchen anzusprechen und sich zu erkennen zu geben. Einiges spricht dafür, daß seine Weigerung nicht nur auf eine natürliche Scheu zurückzuführen war, sondern auch mit dem Wunsch zu tun hatte, die Vorstellung gegenüber der Wirklichkeit zu verteidigen, die immer abgeschmackte Realität nicht ins Reich der Phantasie einzulassen. Wenn wir den Versicherungen des Freundes glauben können, richtete Hitler »ungezählte Liebesgedichte« an die Adresse der Freundin, in einem davon ritt sie »als

Burgfräulein in dunkelblauem, wallendem Samtkleid auf weißem Zelter über blumenbesäte Wiesen; das offene Haar«, so fährt die Wiedergabe fort, »fiel ihr wie eine goldene Flut von den Schultern. Ein heller Frühlingshimmel stand darüber. Alles war reines, strahlendes Glück.«[23]

Auch die Musik Richard Wagners, ihr pathetischer Affekt, der eigentlich ziehende, sehrende Ton, der so viel entführende Macht besitzt, hat ihm offenbar, seit er ihm verfiel und oft Abend für Abend die Oper besuchte, nicht zuletzt als Mittel hypnotischer Selbstverführung gedient: nichts konnte so wie diese Musik seinen wirklichkeitsflüchtigen Neigungen entgegenkommen, nichts ihn unwiderstehlicher über die Realität emportragen. Bezeichnenderweise liebte er zu jener Zeit in der Malerei, was dieser Musik eigentümlich entsprach: den Pomp von Rubens und dessen dekadenten Nachvollzug in Hans Makart. Kubizek hat die ekstatische Reaktion Hitlers geschildert, nachdem sie gemeinsam einer Aufführung der Wagner-Oper »Rienzi« beigewohnt hatten. Überwältigt von der prunkvollen, dramatischen Musikalität des Werkes, aber auch ergriffen vom Schicksal des spätmittelalterlichen Empörers und Volkstribunen Cola di Rienzo, der fremd und tragisch am Unverständnis der Umwelt zerbricht, habe Hitler ihn auf den Freinberg geführt und, das nächtlich dunkle Linz zu Füßen, zu reden begonnen: »Wie eine angestaute Flut durch die berstenden Dämme bricht, brachen die Worte aus ihm hervor. In großartigen, mitreißenden Bildern entwickelte er mir seine Zukunft und die seines Volkes.« Als sich die Jugendfreunde über dreißig Jahre später in Bayreuth wieder begegneten, meinte Hitler: »In jener Stunde begann es!«[24]

Im Mai 1906 fuhr Hitler erstmals für vierzehn Tage nach Wien. Er war wie geblendet von dem hauptstädtischen Glanz, von der Pracht der Ringstraße, die »wie ein Zauber aus Tausendundeiner Nacht« auf ihn wirkte, von den Museen und der, wie er auf einer Postkarte schrieb, »mächtigen Majestät« der Oper. Er besuchte das Burgtheater sowie Aufführungen des »Tristan« und des »Fliegenden Holländers«: »Wenn die mächtigen Tonwellen durch den Raum fluten und das Säuseln des Windes dem furchtbaren Rauschen der Tonwogen weichen (!), dann fühlt man Erhabenheit«, schrieb er an Kubizek.[25]

Unklar allerdings ist, warum er nach seiner Rückkehr aus Wien zunächst eineinhalb Jahre wartete, ehe er erneut aufbrach, um sich für einen Platz an der Akademie der Bildenden Künste zu bewerben. Was immer das Widerstreben der besorgten und seit Januar 1907 zusehends dahinkrankenden Mutter bewirkt haben mag: entscheidend war wohl, daß er selber sich scheute, den Schritt zu tun, der das Dasein idealischer Herumtreiberei beenden und ihn erneut dem Schulbetrieb unterwerfen würde. Denn noch immer ging er Tag für Tag seinen Launen nach, träumte, zeichnete, promenierte, bis tief in die Nacht pflegte er zu lesen oder auch, so hören wir, ohne Unterbrechung in seinem Zimmer auf und ab zu gehen. Wiederholt hat er die Jahre in Linz die glücklichste Zeit seines Lebens genannt, einen »schönen Traum«, dessen Bild lediglich vom Bewußtsein des Versagens auf der Schule leicht verdunkelt wurde. In »Mein Kampf« hat er beschrieben, wie sein Vater einst in die Stadt gezogen war und sich gelobt hatte, »nicht eher in das liebe väterliche Dorf zurückzukehren, als bis er etwas geworden wäre«[26].

Mit dem gleichen Vorsatz machte er sich nun, im September 1907, auf die Reise. Und so weit er sich auch in den Jahren darauf von den einstigen Plänen und Hoffnungen entfernt hat: der Wunsch, erfolgreich und gerechtfertigt nach Linz zurückzukehren, die Stadt in Furcht, Scham und Bewunderung zu seinen Füßen zu sehen und den »schönen Traum« von einst in die Wirklichkeit zu holen, blieb immer lebendig. Während des Krieges sprach er des öfteren müde und ungeduldig von seiner Absicht, sich in Linz seinen Alterssitz zu errichten, ein Museum aufzubauen, Musik zu hören, zu lesen, zu schreiben, seinen Gedanken nachzuhängen; es war nichts anderes als das einstige Wunschbild vom herrschaftlichen Haus mit der unerhört vornehmen Dame und dem hochgestimmten Freundeskreis, das ihn, unverlierbar, noch immer bewegte. Im März 1945, als die Rote Armee schon vor den Toren Berlins stand, ließ er sich im Bunker unter der Reichskanzlei die Pläne für die Neugestaltung von Linz bringen und stand lange, wird berichtet, und träumend davor.[27]

II. KAPITEL: DER GESCHEITERTE TRAUM

> »Sie Idiot! Wenn ich nie in meinem
> Leben ein Phantast gewesen wäre,
> wo wären Sie und wo wären wir
> heute alle?« Adolf Hitler

Wien war um die Jahrhundertwende eine europäische Metropole, die den Ruhm und das Erbe von Jahrhunderten bewahrte. Glanzvoll beherrschte sie ein Imperium, das bis ins heutige Rußland und tief in den Balkan reichte. Fünzig Millionen Menschen, Angehörige mehr als zehn verschiedener Völker und Rassen, wurden von hier aus regiert und zur Einheit zusammengehalten: Deutsche, Magyaren, Polen, Juden, Slowenen, Kroaten, Serben, Italiener, Tschechen, Slowaken, Rumänen und Ruthenen. Es war das »Genie dieser Stadt«, alle Gegensätze zu mildern, die Spannungen des Vielvölkerstaates aufeinander zu beziehen und dadurch fruchtbar zu machen.

Alles schien auf Dauer gegründet. Kaiser Franz Joseph hatte im Jahre 1908 sein sechzigjähriges Regierungsjubiläum begangen und war wie ein Symbol des Staates selbst: seiner Würde, seiner Kontinuität und seiner Verspätungen. Auch die Stellung des hohen Adels, der sowohl politisch als auch gesellschaftlich das Land beherrschte, schien unerschütterlich, während das Bürgertum zwar zu Reichtum, nicht jedoch zu nennenswertem Einfluß gelangt war. Noch gab es kein allgemeines, gleiches Wahlrecht, doch Kleinbürgertum und Arbeiterschaft des stürmisch wachsenden Industrie- und Handelszentrums sahen sich mit steigendem Nachdruck von Parteien und Demagogen umworben.

Es war aber doch, in aller Gegenwärtigkeit und Blüte, schon eine Welt von gestern: voller Skrupel, Gebrochenheit und tiefsitzenden Zweifeln an sich selber. Der Glanz, den das Wien der Jahrhundertwende noch einmal entfaltet hat, ist von Untergangsstimmungen geprägt worden, und in all den verschwenderischen Festen, die es bis in die Literatur gefeiert hat, war auf dem Grunde das Bewußtsein greifbar, daß die Epoche ihre Lebenskraft ausgegeben habe und nur noch in der schönen

Erscheinung überdauere. Müdigkeiten, Niederlagen und Ängste, die immer erbitterter ausgetragenen Querelen der Staatsvölker und die Kurzsichtigkeit der herrschenden Gruppen ließen das schüttere, von reichen Erinnerungen volle Gebäude allmählich einstürzen. Noch stand es mächtig. Aber nirgendwo sonst war die Atmosphäre von Abschied und Erschöpfung so spürbar. Glanzvoller und wehmütiger als in Wien ist der Untergang der bürgerlichen Epoche nicht erlebt worden.

Schon am Ende des 19. Jahrhunderts hatten sich die inneren Widersprüche des Vielvölkerstaates mit zunehmender Schärfe hervorgekehrt, vor allem seit 1867 die Ungarn in dem berühmten »Ausgleich« bedeutende Sonderrechte durchgesetzt hatten. Die Doppelmonarchie sei nur noch ein Topf mit vielen Sprüngen, von einem alten Draht notdürftig zusammengehalten, pflegte es zu heißen. Denn inzwischen verlangten die Tschechen die Gleichstellung ihrer Sprache mit dem Deutschen, Konflikte brachen in Kroatien und Slowenien aus, und im Geburtsjahr Hitlers entzog sich der Kronprinz Rudolf in Mayerling einem Netz politischer und persönlicher Verstrickungen durch den Tod; in Lemberg wurde zu Beginn des Jahrhunderts der Gouverneur von Galizien auf offener Straße ermordet, die Zahl der Wehrdienstflüchtigen stieg Jahr um Jahr, an der Wiener Universität kam es zu studentischen Demonstrationen nationaler Minderheiten, auf dem Ring formierten sich, unter schmutzigroten Fahnen, die Arbeiterkolonnen zu gewaltigen Aufmärschen: Symptome der Unruhe und Entkräftung in allen Teilen des Imperiums, die durchweg dahin gedeutet wurden, daß Österreich dabei sei, auseinanderzubrechen. Im Jahre 1905 tauchten in der deutschen und der russischen Presse zahlreiche Gerüchte auf, die zu wissen vorgaben, es hätten zwischen Berlin und Petersburg Fühlungnahmen stattgefunden, ob es nicht angebracht sei, vorsorglich Vereinbarungen über die Gebietserweiterungen zu treffen, mit denen Nachbarn und Interessenten beim Ende des Kaiserreiches rechnen könnten. Die Gerüchte verdichteten sich immerhin soweit, daß das Auswärtige Amt in Berlin sich am 29. November genötigt sah, den österreichischen Botschafter in einem eigens anberaumten Gespräch zu beruhigen.[28]

Naturgemäß erwiesen die Bestrebungen der Zeit, Nationalismus und rassisches Sonderbewußtsein, Sozialismus und Parlamentarismus, ihre sprengende Kraft in diesem prekär balancierten Staatsverband mit besonderem Nachdruck. Im Parlament des Landes konnte seit langem kein Gesetz verabschiedet werden, ohne daß die Regierung einzelnen Gruppen durch sachlich ungerechtfertigte Zugeständnisse entgegenkam. Die Deutschen, rund ein Viertel der Bevölkerung, waren zwar an Bildung, Prosperität und zivilisatorischem Standard allen Reichsvölkern überlegen; doch ihr Einfluß, wiewohl mächtig, blieb dahinter zurück.

Die Politik der gleichmütigen Aushilfen benachteiligte sie gerade wegen der Loyalität, die man von ihnen erwartete, in eben dem Maße, in dem sie die unsicheren Nationalitäten zu befriedigen trachtete.

Hinzu kam, daß der anbrandende Nationalismus der einzelnen Völkerschaften nicht mehr auf die traditionelle Gelassenheit einer selbstgewissen deutschen Führungsschicht stieß. Der epidemisch ausgreifende Nationalismus hatte sie vielmehr mit besonderer Intensität erfaßt, seit Österreich 1866 aus der deutschen Politik ausgeschlossen worden war: die Schlacht von Königgrätz hatte Österreichs Gesicht von Deutschland weg zum Balkan gedreht und die Deutschen in ihrem »eigenen« Staat in die Rolle einer Minderheit gedrängt. Ihr erbitterter Selbstbehauptungswille gipfelte einerseits in dem Vorwurf gegenüber der Monarchie, durch eine vor allem slawenfreundliche Politik die Gefahren völkischer Überfremdung zu mißachten, sowie andererseits in einer immer maßloser sich äußernden Verherrlichung der eigenen Art: »deutsch« wurde zu einem Begriff von eigentlich ethischem Gehalt und allem Fremden mit gebieterischer Prätention entgegengesetzt.

Die Angst, die auf dem Grunde solcher Reaktionsweisen zum Vorschein kam, wird freilich ganz verständlich erst vor dem weiten Hintergrund einer allgemeinen Anpassungskrise. In einer lautlosen Revolution ging das alte, kosmopolitische, feudale und bäuerliche Europa, das sich auf dem Gebiet der Doppelmonarchie in besonders anachronistischer Weise selber überdauert hatte, zugrunde, und die Erschütterungen und Konflikte, die damit verbunden waren, ließen niemanden verschont. Vor allem die bürgerlichen und kleinbürgerlichen Schichten fühlten sich von allen Seiten bedroht: durch den Fortschritt, durch das unheimliche Wachstum der Städte, durch Technik, Massenerzeugung und Konzentration in der Wirtschaft. Die Zukunft, die so lange ein Bereich zuversichtlicher privater oder gesellschaftlicher Utopien gewesen war, wurde seit jener Zeit für immer breitere Gruppen eine Kategorie der Angst. Allein in Wien waren seit Aufhebung der Zunftordnung 1859 binnen dreißig Jahren fast 40 000 Handwerksbetriebe in Konkurs gegangen.

Diese Beunruhigungen riefen naturgemäß zahlreiche Gegenbewegungen auf den Plan, die das wachsende Fluchtbedürfnis vor der Realität spiegelten. Vor allem waren es völkisch und rassisch bestimmte Abwehrideologien, die sich als Heilslehren einer bedrohten Welt ausgaben; sie erlaubten es, die schwer greifbaren Angstgefühle in jedermann geläufigen Bildern zu konkretisieren.

In zugespitzter Form äußerte sich dieser Verteidigungskomplex im Antisemitismus, der die vielfältig untereinander konkurrierenden Parteien und Bünde, von den Alldeutschen Georg Ritter v. Schönerers bis zu den Christlich-Sozialen Karl Luegers, einte. Schon im Verlauf der Wirtschaftskrise zu Beginn der siebziger Jahre war es zum Ausbruch antijüdischer Empfindungen gekommen, die später, als der Zuwandererstrom aus Galizien, Ungarn und der Bukowina breiter wurde, erneut hervortraten. Zwar hatte die Emanzipation der Juden, inspiriert vom mäßigenden und ausgleichenden Einfluß der habsburgischen Metropole, erhebliche Fortschritte gemacht; aber gerade deshalb drängten sie in wachsender Zahl aus dem Osten in die liberaleren Zonen. In den rund fünfzig Jahren von 1857 bis 1910 stieg ihr Anteil an der Bevölkerung Wiens von zwei Prozent um über das Vierfache auf mehr als achteinhalb Prozent, höher als in jeder anderen Stadt Mitteleuropas. In einzelnen Gemeindebezirken, beispielsweise der Leopoldstadt, bildeten sie rund ein Drittel der Bevölkerung. Wie die Lebensgewohnheiten hatten viele von ihnen auch ihre Kleidung beibehalten. In den langen schwarzen Kaftans, die hohen Hüte auf dem Kopf, beherrschten ihre fremdartig anmutenden Erscheinungen, von denen vielfache Schauder einer geheimnisvollen Welt ausgingen, in auffälliger Weise das Straßenbild.

Die historischen Umstände hatten die Juden auf bestimmte Rollen und wirtschaftliche Tätigkeiten verwiesen, die zugleich eine besondere Vorurteilslosigkeit und Mobilität im Gefolge hatten. Was das Gefühl von Gefahr und Überwältigung wachrief, war nicht nur, daß sie in unverhältnismäßiger Zahl in die akademischen Berufe drängten, überragenden Einfluß auf die Presse übten sowie über nahezu sämtliche Großbanken Wiens und einen erheblichen Teil der ansässigen Industrie geboten;[29] vielmehr entsprach auch ihr Typus dem großstädtischen, rationalistischen Stil des Zeitalters genauer als die Vertreter des alten bürgerlichen Europa, die sich mit ihren Traditionen, ihren Sentiments und Verzweiflungen weitaus befangener der Zukunft stellten. Das Bewußtsein der Bedrohung verdichtete sich denn auch insbesondere in dem Vorwurf, die Juden seien wurzellos, zersetzend, revolutionär und nichts sei ihnen heilig, während ihr »kalter« Intellekt deutscher Innerlichkeit und deutschem Gemüt polemisch entgegengesetzt wurde. Diese Vorstellung sah sich noch durch die zahlreichen jüdischen Intellektuellen gestützt, die mit dem zu Aufruhr und Utopie neigenden Temperament einer generationenlang verfemten Minderheit in der Arbeiterbewegung führend hervortraten, so daß alsbald das fatale Bild einer großen Verschwörung mit verteilten Rollen entstand: sowohl der Kapitalismus als auch die Revolution, die da heraufzogen, weckten in dem verängstigten Kleingewerbetum die Befürchtung, Geschäft und bürgerlicher Status seien von den Juden in einer Art Doppelangriff bedroht, und die rassische Eigenart noch dazu. Das Buch Hermann

Ahlwardts mit dem bezeichnenden Titel »Der Verzweiflungskampf der arischen Völker mit dem Judentum« bezog das Material seiner »Dokumentation« zwar aus deutschen Vorgängen und Verhältnissen; aber was im Berlin der neunziger Jahre, allen antisemitischen Modeströmungen zum Trotz, wie die etwas fiebrige Marotte eines Außenseiters wirkte, beherrschte in Wien die Phantasie breiter Schichten.

In dieser Stadt, vor diesem Hintergrund, verbrachte Adolf Hitler die folgenden Jahre. Er war voller hochgestellter Erwartungen nach Wien gekommen, begierig nach überwältigenden Eindrücken und in der Absicht, den verwöhnten Lebensstil der vergangenen Jahre dank der finanziellen Mittel der Mutter in einer glanzvolleren, urbaneren Szenerie fortzusetzen. Auch an seiner künstlerischen Berufung zweifelte er nicht, vielmehr war er, wie er selber schrieb, voller »stolzer Zuversicht«[30]. Im Oktober 1907 meldete er sich auf der Akademie am Schillerplatz zum Probezeichnen, ohne offenbar von den berüchtigt hohen Anforderungen der Schule einen zutreffenden Begriff zu haben. Zwar bestand er die Klausur des ersten Tages, in der immerhin dreiunddreißig von einhundertzwölf Bewerbern scheiterten, doch die Classifikationsliste vom folgenden Tag, die das Gesamtergebnis verzeichnet, enthält die Eintragung: »Die Probezeichnung machten mit ungenügendem Erfolg oder wurden zur Probe nicht zugelassen die Herren: ... Adolf Hitler, Braunau a. Inn, 20. April 1889, deutsch, kath., Vt. Oberoffizial, 4 Realsch. Wenig Köpfe, Probez. ungenügend.«

Es war ein unvermittelter, harter Sturz. Aufs tiefste enttäuscht, suchte Hitler den Direktor der Akademie auf, der ihm ein Studium der Architektur nahelegte, zugleich aber versicherte, seine Zeichnungen verrieten »einwandfrei ... (die) Nichteignung zum Maler«. Hitler hat dieses Erlebnis später als »jähen Schlag« beschrieben, als »grellen Blitz«[31], und tatsächlich sind wohl nie wieder Traum und Wirklichkeit seines Lebens so heftig aufeinandergestoßen. Nun rächte sich auch, daß er die Realschule vorzeitig aufgegeben hatte; denn für das Architekturstudium benötigte er die Reifeprüfung. Doch seine Abneigung gegen die Schule und ihren geregelten Lernbetrieb war so groß, daß er nicht einmal auf den Gedanken kam, an die Schule zurückzukehren. Noch als erwachsener Mann hat er diese Voraussetzung des Ausbildungsganges »unerhört schwer« genannt und die Reifeprüfung als unübersteigbares Hindernis beschrieben: »Nach menschlichem Ermessen also war eine Erfüllung meines Künstlertraumes nicht mehr möglich.«[32]

Wahrscheinlicher jedoch ist, daß er, so elend gescheitert, den demütigenden Heimweg nach Linz und vor allem die Rückkehr an die ehemalige Schule scheute, die sein voraufgegangenes erstes Scheitern gesehen hatte. Ratlos verharrte er zunächst in Wien und ließ offenbar kein Wort über die nicht bestandene Aufnahmeprüfung verlauten. Aber er machte auch keine Anstalten, das jugendliche Pensionärsdasein mit den Promenaden, den Opernbesuchen und den tausend dilettantischen Projekten, das er mit großer Geste als »Studium« zu bezeichnen pflegte, zugunsten einer ernsthaften Tätigkeit aufzugeben. Selbst als der Zustand der Mutter sich rasch verschlechterte und ihr Ende abzusehen war, wagte er sich nicht zurück. Adolf werde, hatte sie in diesen Wochen nicht ohne Bekümmerung bemerkt, seinen Weg schon machen, rücksichtslos, »als wäre er allein auf der Welt«. Erst unmittelbar nach ihrem Tod, am 21. Dezember 1907, war der Sohn wieder in Linz. Der Arzt der Familie, der die Mutter vor ihrem Ende behandelt hatte, vermerkte, er habe »nie einen jungen Menschen so schmerzgebrochen und leiderfüllt gesehen«. Seinen eigenen Worten zufolge weinte er.[33]

Tatsächlich sah er sich nicht nur unvermittelt gescheitert, sondern von nun an auch ohne Zufluchtsmöglichkeit sich selbst überlassen. Die Erfahrung hat seine ohnehin extreme Neigung zur Einzelgängerei und zum Selbstmitleid weiter verstärkt; mit dem Tod der Mutter endete, von einer einzigen Emotion abgesehen, die sich auffälligerweise wiederum auf ein Mitglied der Familie richtete, was er an Affektion zu den Menschen je besessen hat.

Möglicherweise hat denn auch dieser doppelte Schock seine Absicht, nach Wien zurückzukehren, nur noch bestärkt. Vermutlich hat dabei aber auch der Wunsch eine Rolle gespielt, vor den fragenden Blicken und Mahnungen der Linzer Verwandtschaft in die Anonymität zu entkommen. Auch mußte er, um in den Genuß der Waisenrente zu gelangen, den Eindruck erwecken, er absolviere ein Studium. Kaum waren daher die Formalitäten und Nachlaßfragen geregelt, erschien er bei seinem Vormund, dem Bürgermeister Mayrhofer, und erklärte, wie dieser später berichtet hat, »fast trotzig« und ohne sich lange auf ein Gespräch einzulassen: »Herr Vormund, ich geh nach Wien!« Wenige Tage später, Mitte Februar 1908, verließ er endgültig Linz.

Ein Empfehlungsschreiben gab ihm neue Hoffnung. Magdalena Hanisch, die Besitzerin des Hauses, in dem die Mutter bis zu ihrem Tode gewohnt hatte, besaß Verbindung zu Alfred Roller, einem der bekanntesten Bühnenbildner der Zeit, der als Ausstattungsdirektor der Hofoper und Lehrer an der Wiener Kunstgewerbeschule tätig war. In einem Brief vom 4. Februar 1908 bat sie ihre in Wien lebende Mutter, dem jungen Hitler Zugang zu Roller zu verschaffen: »Er ist ein ernster, strebsamer junger Mensch«, schrieb sie, »19 Jahre alt, reifer, gesetzter über sein Alter, nett und solid, aus hochanständiger Familie... Er hat den festen Vorsatz, etwas Ordentliches zu lernen! Soweit ich ihn jetzt kenne, wird er sich nicht ›verbummeln‹, da er ein ernstes Ziel vor Augen hat; ich hoffe, Du verwendest Dich für keinen Unwürdigen! Tust vielleicht ein gutes Werk.« Schon wenige Tage später lag die Antwort vor, daß Roller bereit sei, Hitler zu empfangen, und die Linzer Hausbesitzerin dankte ihrer Mutter in einem zweiten Schreiben: »Du wärst für Deine Mühe belohnt gewesen, wenn Du das glückliche Gesicht des jungen Menschen gesehen hättest, als ich ihn herüberrufen ließ... Ich gab ihm Deine Karte und ließ ihn Direktor Rollers Brief lesen! Langsam, Wort für Wort, als ob er den Brief auswendig lernen wollte, wie mit Andacht, ein glückliches Lächeln im Gesicht, so las er den Brief, still für sich. Mit innigem Dank legte er ihn dann wieder vor mich hin. Er fragte mich, ob er Dir schreiben dürfe, um seinen Dank auszusprechen.«

Auch der zwei Tage später datierte Brief Hitlers, in bemühter Nachahmung des Zierstils der K. k. Kanzlisten verfaßt, ist erhalten geblieben: »Drücke Ihnen hiermit, hochverehrte gnädige Frau, für Ihre Bemühungen, mir Zutritt zum großen Meister der Bühnendekoration, Prof. Roller, zu verschaffen, meinen innigsten Dank aus. Es war wohl etwas unverschämt von mir, Ihre Güte, gnädigste Frau, so stark in Anspruch zu nehmen, wo Sie dies doch einem für Sie ganz Fremden tun mußten. Um so mehr aber bitte ich auch meinen innigsten Dank für Ihre Schritte, die von solchen Erfolgen begleitet waren, sowie für die Karte, welche mir gnädige Frau so liebenswürdig zur Verfügung stellten, entgegennehmen zu wollen. Ich werde von der glücklichen Möglichkeit sofort Gebrauch machen. Also nochmals meinen tiefgefühltesten Dank, und ich zeichne mit ehrerbietigem Handkuß – Adolf Hitler.«[34]

In der Tat schien ihm die Empfehlung den Weg in seine Traumwelt zu öffnen: zu einer freien Künstlerexistenz, die Musik und Malerei mit der grandiosen Scheinwelt der Oper verband. Doch existiert kein Hinweis, wie die Begegnung mit Roller verlief, Hitler selber hat sich nie darüber geäußert, am naheliegendsten ist, daß der bewunderte Mann ihm den Rat erteilte zu arbeiten, zu lernen und sich im Herbst erneut an der Akademie zu bewerben.

Die folgenden fünf Jahre hat Hitler später die »traurigste Zeit« seines Lebens genannt,[35] es war in mancher Hinsicht zugleich die wichtigste. Denn die Krise, in die er geriet, prägte seinen Charakter und ließ ihn jene nie mehr aufgegebenen, wie versteinert wirkenden Bewältigungsformeln finden, denen sein bewegungssüchtiges Leben den gleichzeitigen Eindruck der Starre verdankt.

Es gehört zu den weiterwirkenden Elementen der Legende, die Hitler selber über der sorgsam verwischten Lebensspur errichtet hat, daß »Not und harte Wirklichkeit« die große unvergeßliche Erfahrung jener Zeit gewesen seien: »Fünf Jahre Elend und Jammer sind im Namen dieser Phäakenstadt für mich enthalten. Fünf Jahre, in denen ich erst als Hilfsarbeiter, dann als kleiner Maler mir mein Brot verdienen mußte; mein wahrhaft kärglich Brot, das doch nie langte, um auch nur den gewöhnlichen Hunger zu stillen. Er war damals mein getreuer Wächter, der mich als einziger fast nie verließ.«[36] Die sorgfältige Berechnung seiner Einkünfte hat indessen ergeben, daß er während der ersten Zeit seines Wien-Aufenthaltes dank dem Erbteil des Vaters, der Hinterlassenschaft der Mutter sowie der Waisenrente, alle eigenen Einkünfte ungerechnet, zwischen achtzig und hundert Kronen im Monat zur Verfügung hatte.[37] Das war der gleiche Betrag oder sogar mehr, als ein Assessor der Rechte monatlich verdiente.

In der zweiten Februar-Hälfte kam auch August Kubizek, von Hitler überredet, nach Wien, um am Konservatorium Musik zu studieren. Gemeinsam behausten sie von nun an in der Stumpergasse 29, Hinterhaus, bei einer alten Polin namens Maria Zakreys ein »trostloses und ärmliches« Zimmer. Doch während Kubizek seinem Studium nachging, setzte Hitler das planlose, müßiggängerische Leben fort, an das er sich inzwischen gewöhnt hatte: Herr seiner eigenen Zeit, wie er übermütig betonte. Erst gegen Mittag pflegte er aufzustehen, durch die Straßen oder den Park von Schönbrunn zu schlendern, die Museen zu besuchen und abends in die Oper zu gehen, wo er, beseligt, dreißig bis vierzig Mal in jenen Jahren allein »Tristan und Isolde« hörte, wie er später versichert hat. Dann wieder vergrub er sich in öffentlichen Büchereien, wo er mit autodidaktischer Willkür zusammenlas, was Eingebung und Laune geboten, oder stand gedankenverloren vor den Prachtbauten der Ringstraße und träumte von noch gewaltigeren Bauwerken, die er selber einst errichten würde.

Mit nahezu süchtigem Interesse verlor er sich in seinen Phantasien. Bis tief in die Nacht erhitzte er sich über Projekten, in denen sachliche Inkompetenz, Besserwisserei und Unduldsamkeit miteinander wetteiferten: »Er konnte ja nichts, was ihm nahe kam, in Ruhe lassen«, erfahren wir. Weil Ziegelsteine, wie er entschied, ein »für Monumentalbauten unsolides Material« seien, plante er den Abriß und Neubau der Hofburg, er entwarf Theaterbauten, Schlösser, Ausstellungshallen, entwickelte die Idee für ein alkoholfreies Volksgetränk, suchte nach Ersatzlösungen für den Tabakgenuß oder fertigte, neben Reformplänen für den Schulbetrieb, Angriffen auf Hausvermieter und Beamte, Entwürfe für einen »deutschen Idealstaat«, der seinen Kümmernissen, seinen

Ressentiments und pedantischen Visionen Rechnung trug. Obwohl er nichts gelernt und nichts erreicht hatte, verwarf er jeden Ratschlag und haßte Belehrungen. Ohne Kenntnis des kompositorischen Handwerks machte er sich daran, die von Richard Wagner fallengelassene Idee zu einer Oper »Wieland der Schmied«, die erfüllt war von blutigem und inzestuösem Dunst, wieder aufzunehmen; er versuchte sich als Dramatiker germanischer Sagenstoffe und schrieb unterdessen »Teater« oder »Iede« (statt »Idee«). Gelegentlich malte er auch, aber die kleinen, detailversessenen Aquarelle lassen nichts von dem Druck ahnen, unter dem er offenbar stand. Unaufhörlich redete, plante, schwärmte er, besessen von dem Drang, sich rechtfertigen und genialisch beweisen zu müssen. Seinem Zimmergenossen gegenüber verschwieg er hingegen, daß er die Aufnahmeprüfung an der Akademie nicht bestanden habe. Auf die gelegentliche Frage, was er oft tagelang angespannt treibe, gab er zur Antwort: »Ich arbeite an der Lösung des Wohnungselends in Wien und mache zu diesem Zweck bestimmte Studien.«[38]

Zweifellos wird in diesen Verhaltensweisen, ungeachtet aller Elemente bizarrer Überspanntheit und reinen Phantastentums, ja gerade darin schon der spätere Hitler kenntlich, seine eigene Bemerkung verweist auf den Zusammenhang, der zwischen seinem Weltverbesserertum und seinem Aufstieg existiert; desgleichen deutet die eigentümliche Verbindung von Lethargie und Angespanntheit, von Phlegma und überfallartiger Aktivität auf künftige Züge. Nicht ohne Beunruhigung verzeichnete Kubizek die plötzlichen Wut- und Verzweiflungsanfälle, die Vielzahl und Intensität der hitlerschen Aggressionen sowie das offenbar unbegrenzte Vermögen, zu hassen; sein Freund sei in Wien »ganz aus dem Gleichgewicht« gewesen, hat er unglücklich bemerkt. Häufig wechselten Zustände hochgestimmter Erregtheit abrupt mit Stimmungen tiefer Depression, in denen er »nur Ungerechtigkeit, Haß, Feindschaft« sah und, »allein und einsam, gegen die gesamte Menschheit (antrat), die ihn nicht verstand, die ihn nicht gelten ließ, von der er sich verfolgt und betrogen fühlte« und die überall »Fallstricke« ausgelegt hatte, »nur zu dem einzigen Zweck, um ihn an seinem Aufstieg zu hindern«[39].

Im September 1908 unternahm Hitler noch einmal einen Versuch, in die Malklasse der Akademie aufgenommen zu werden. Wie die Bewerberliste unter Nummer 24 vermerkt, wurde er jedoch diesmal bereits »nicht zur Probe zugelassen«, die von ihm vorab eingereichten Arbeiten entsprachen nicht den Prüfungsvoraussetzungen.[40]

Die neuerliche, noch bestimmter erfolgte Zurückweisung scheint die kränkende Erfahrung des Vorjahres vertieft und befestigt zu haben. Sein lebenslanger unverminderter Haß gegen Schulen und Akademien, die »auch Bismarck und Wagner« falsch beurteilt und Anselm Feuerbach abgelehnt hätten, die nur von »Würstchen« besucht und darauf angelegt seien, »jedes Genie umzubringen«: diese wütend sprudelnden Tiraden noch im Hauptquartier, fünfunddreißig Jahre später, in denen er sich, Führer und Feldherr, selbst an den ärmlichen Dorflehrern von einst, an ihrem »schmutzigen« Äußeren, ihren »drekkigen Kragen, ungepflegten Bärten und dergleichen«[41] schadlos zu halten versuchte, zeugen von dem Grad der erlittenen Verletzung. In seinem Rechtfertigungsbedürfnis hat er immer wieder nach Linderungsgründen für diese »nie heilende Gemütswunde« gesucht: »Ich war ja nicht das Kind vermögender Eltern«, schrieb er beispielsweise in einem Offenen Brief anläßlich einer Parteikrise zu Beginn der dreißiger Jahre, als habe er allen Grund, einem ungerechten Schicksal zu grollen, »nicht auf Universitäten vorgebildet, sondern durch die härteste Schule des Lebens gezogen worden, durch Not und Elend. Die oberflächliche Welt fragt ja nie nach dem, was einer gelernt hat, ... sondern leider meist nur nach dem, was er durch Zeugnis zu belegen vermag. Daß ich mehr gelernt hatte, als Zehntausende unserer Intellektuellen, wurde nie geachtet, sondern nur darauf gesehen, daß mir Zeugnisse fehlten.«[42]

Gedemütigt und offenbar aufs äußerste geniert, zog Hitler sich nach seinem neuerlichen Scheitern gleichsam von allen Menschen zurück. Die in Wien verheiratete Halbschwester Angela hörte nichts mehr von ihm, auch der Vormund erhielt nur noch eine kurzgehaltene Postkarte, gleichzeitig brach auch die Freundschaft zu Kubizek ab; jedenfalls nutzte er dessen vorübergehende Abwesenheit von Wien, um kurzerhand, ohne ein Wort zurückzulassen, aus der gemeinsamen Wohnung auszuziehen und in der Stadt, der Dunkelheit ihrer Obdachlosen-Asyle und Männerheime, unterzutauchen. Erst dreißig Jahre später sah Kubizek ihn wieder.

Zunächst mietete Hitler eine Wohnung unweit der Stumpergasse, im 15. Gemeindebezirk, Felberstraße 22, Tür 16; und von hier aus geriet er erstmals mit einiger Intensität in den Wirkungsbereich von Ideen und Vorstellungen, die die dumpferen Schichten seines Wesens geprägt und seinem Weg die allgemeine Richtung gewiesen haben. Sein Versagen, das er so lange vor allem als Beweis für Charakterstärke, frühreife Genialität und den Unverstand der Welt interpretiert hatte, verlangte nun nach konkreten Deutungen und faßbaren Gegnern.

Hitlers spontanes Gefühl wandte sich gegen die bürgerliche Welt, an deren Leistungsnormen, an deren Strenge und Anspruchswillen er gescheitert war, obwohl er sich ihr nach Neigung und Bewußtsein zugehörig empfand. Die Erbitterung, die er ihr von nun an entgegenbrachte und in einer kaum übersehbaren Anzahl von Äußerungen wieder und wieder zum Ausdruck gebracht hat, gehört zu den Paradoxien seiner Existenz. Sie sah sich zugleich genährt und begrenzt von der Angst vor sozialem Absturz, vor den überdeutlich empfundenen Schrecken der Proletarisierung. Mit unvermuteter Offenheit hat er in »Mein Kampf« die milieubedingte »Feindschaft des Kleinbürgers gegen die Arbeiterschaft« beschrieben, die auch ihn erfüllte, und sie mit der Furcht begründet, »wieder zurückzusinken in den alten, wenig geachteten Stand, oder wenigstens noch zu ihm gerechnet zu werden«[43]. Zwar verfügte er weiterhin über Mittel aus dem elterlichen Nachlaß, und auch die monatlichen Zuwendungen erhielt er nach wie vor; aber die Ungewißheit seiner persönlichen Zukunft bedrückte ihn doch. Er kleidete sich sorgfältig, besuchte weiterhin die Oper, die Theater und Caféhäuser der Stadt und brachte auch, wie er selber bemerkt hat, durch gepflegte Sprache und zurückhaltendes Wesen sein bürgerliches Rangbewußtsein dem geringeren Stand gegenüber zur Geltung. Einer Nachbarin ist er, wie noch vielen anderen Beobachtern in späteren Jahren, durch ein höfliches und zugleich ungewöhnlich reserviertes Verhalten aufgefallen. Wenn wir einer anderen, freilich eher trüben Quelle über jene Wiener Jahre glauben wollen, pflegte er in einem Briefkuvert Photographien bei sich zu tragen, die seinen Vater in Paradeuniform zeigten, und dazu befriedigt zu versichern, »als k.k.-Zollamtsoberoffizial« sei sein »seliger Herr Vater in Pension gegangen«[44].

Aller gelegentlichen rebellischen Gestik zum Trotz haben solche Verhaltensweisen sein eigentliches Wesen als Bedürfnis nach Bejahung und Zugehörigkeit enthüllt, das ein Grundbedürfnis des bürgerlichen Menschen ist. In diesem Lichte hat man seine Bemerkung zu sehen, er sei von früh auf in künstlerischer wie in politischer Hinsicht ein »Revolutionär« gewesen.[45] In Wirklichkeit sind dem Zwanzigjährigen die bürgerliche Welt und ihre Wertvorstellungen nie fraglich geworden, mit unverhohlener Hochachtung, überwältigt von ihrem Glanz und ihrem Reichtum, hat er sich ihr genähert: ein schwärmerischer Beamtensohn aus Linz, der sie bewundern, aber nicht umstürzen wollte und die Teilhabe eher als die Auflehnung suchte.

Dieses Bedürfnis war unabweisbar. Es zählt zu den bemerkenswertesten Vorgängen im Verlauf dieses vielfach merkwürdigen Lebensbeginns, wie Hitler die Zurückweisung durch die bürgerliche Welt, trotz aller tiefempfundenen Kränkung, nicht in deren Verneinung umsetzt, sondern in das gesteigerte Verlangen nach Aufnahme und Anerkennung. Die erbitterten Anklagen gegen die bürgerliche Scheinwelt, von denen Europa seit nahezu zwanzig Jahren widerhallte, gaben ihm zahlreiche Vorwände an die Hand, die erlittene Demütigung gesellschaftskritisch zu rationalisieren und sich durch das Gericht über diese Ordnung an ihr zu rächen – doch hielt er sich statt dessen, gescheitert und ergeben, schweigend abseits. Die Zeitstimmung der totalen Demaskerade, inzwischen nicht ohne modische Züge, erfaßte ihn nicht, wie denn überhaupt alle künstlerische Erregtheit und aller Ideenstreit der Epoche an ihm verloren waren, ihre intellektuelle Abenteuerlust desgleichen.

Die österreichische Hauptstadt war kurz nach der Jahrhundertwende eines der Zentren dieses Aufbruchs, doch Hitler nahm es nicht wahr. Ein sensibler, zum Protest gedrängter junger Mann, dem die Musik zum großen Befreiungserlebnis seiner Jugend verholfen hatte, wußte er weder etwas von Schönberg und dem »seit Menschengedenken größten Aufruhr ... in Wiens Konzertsälen«, den der Komponist zusammen mit seinen Schülern Anton v. Webern und Alban Berg zur Zeit seines Wiener Aufenthalts ausgelöst hatte, und selbst nichts von Gustav Mahler oder Richard Strauss, dessen Werk einem zeitgenössischen Kritiker des Jahres 1907 als das »Orkanzentrum der musikalischen Welt« erschienen war; statt dessen holte er in Wagner und Bruckner die Rauscherlebnisse der Väter nach. Kubizek hat versichert, Namen wie Rilke, dessen »Stundenbuch« 1905 erschienen war, oder Hofmannsthal hätten sie »nie erreicht«[46]. Und obwohl Hitler sich an der Malakademie beworben hatte, nahm er keinen Anteil an den Affären der Sezessionisten und blieb unbeeindruckt von den Sensationen, die Gustav Klimt, Egon Schiele oder Oskar Kokoschka machten; er inspirierte statt dessen seinen Kunstsinn an der vorvergangenen Generation und verehrte Anselm Feuerbach, Ferdinand Waldmüller, Carl Rottmann oder Rudolf v. Alt. Auch stand er, ein künftiger Baumeister mit hochfliegenden Plänen, eigenem Bekenntnis zufolge, stundenlang wie verzaubert vor den klassischen oder neobarocken Fassaden der Ringstraße und ahnte nichts von der Nachbarschaft mit den revolutionären Wortführern des neuen Bauens: Otto Wagner, Josef Hoffmann sowie Adolf Loos, der 1911 mit der glatten, schmucklosen Fassade des Geschäftshauses am Michaeler Platz, unmittelbar gegenüber einem der Barockportale der Hofburg, einen leidenschaftlichen Streit entfacht und in einem skandalös empfundenen Artikel den inneren Zusammenhang von »Ornament und Verbrechen« behauptet hatte. Durchweg war es vielmehr der etablierte, in den Wiener Salons und guten Stuben durchgesetzte Stil, dem sein so naiver wie unbeirrter Enthusiasmus gehörte. Wie unberührt ging er an den Symptomen von Unruhe und Durchbruch in der Kunst vorbei, der Lärm der Epoche, die eine »so dichte Folge von künstlerischen Revolutionen gesehen« hat wie keine andere, erreichte ihn nicht. Allenfalls schien er eine Tendenz zur

Herabwürdigung des Erhabenen zu spüren, den Einbruch, wie er schrieb, von etwas Fremdem und Unbekanntem, vor dem er mit seinen Bürgerinstinkten zurückschreckte.[47]

Unter vergleichbaren Vorzeichen hat sich bemerkenswerterweise auch eine seiner ersten Begegnungen mit der politischen Wirklichkeit vollzogen. Wiederum übten, ungeachtet aller seiner Protestgefühle, die revolutionären Ideen keine Anziehungskraft auf ihn aus, wiederum enthüllte er sich vielmehr als der paradoxe Parteigänger des Approbierten, der eine Ordnung verteidigte, die er zugleich verwarf. Indem der Zurückgewiesene sich die Sache des Zurückweisenden zu eigen machte, hob er die Demütigung scheinbar auf: hinter dieser psychologischen Mechanik barg sich eine der Bruchlinien im Charakter Hitlers. Er selber hat erzählt, wie er angeblich als Bauarbeiter während einer Mittagspause »irgendwo seitwärts« seine Flasche Milch und ein Stück Brot zu sich genommen habe und »aufs Äußerste« gereizt gewesen sei angesichts der kritisch verneinenden Stimmung unter den Arbeitern: »Man lehnte da alles ab: die Nation, als eine Erfindung der ›kapitalistischen‹ ... Klassen; das Vaterland, als Instrument der Bourgeoisie zur Ausbeutung der Arbeiterschaft; die Autorität des Gesetzes, als Mittel zur Unterdrückung des Proletariats; die Schule, als Institut zur Züchtung des Sklavenmaterials, aber auch der Sklavenhalter; die Religion, als Mittel der Verblödung des zur Ausbeutung bestimmten Volkes; die Moral, als Zeichen dummer Schafsgeduld usw. Es gab da aber rein gar nichts, was so nicht in den Kot einer entsetzlichen Tiefe gezwungen wurde.«[48]

Bezeichnenderweise enthält die gegen die Bauarbeiter verteidigte Begriffsreihe: Nation, Vaterland, Gesetzesautorität, Schule, Religion und Moral den nahezu vollständigen Normenkatalog der bürgerlichen Gesellschaft, gegen die er selber um diese Zeit die ersten Ressentiments faßte; und es ist dieses gespaltene Verhältnis, das im Verlauf seines Lebens auf den unterschiedlichsten Ebenen immer erneut zum Vorschein kommen wird: in der politischen Taktik des beständig gesuchten Bündnisses mit den verachteten Bürgerlichen ebensosehr wie in dem, von komischen Zügen keineswegs freien Formenritual, das ihn beispielsweise veranlaßte, seine Sekretärinnen mit Handkuß zu begrüßen oder ihnen beim Nachmittagstee im Führerhauptquartier die süßen Sahneschnitten vorzulegen: in allem antibürgerlichen Ressentiment kultivierte er, einem Provinzkönig gleich, die Züge eines Mannes »alter Schule«. Sie waren das Mittel, eine begehrte soziale Zugehörigkeit zu demonstrieren, und wenn etwas im Bilde des jungen Hitler schlechthin österreichische Züge verrät, dann dieses besondere Statusbewußtsein, mit dem er das Privileg verteidigte, ein Bürger zu sein. Inmitten einer Gesellschaft lebend, deren exzessive Titelsucht die Neigung bezeugte, jeder

Existenz und jeder Tätigkeit einen sozialen Rang zuzuweisen, wollte er, aller Beengtheit seines möblierten Daseins zum Trotz, wenigstens ein »Herr« sein, und kein anderes Motiv war im Spiel, als er den Anschluß an die künstlerisch wie politisch oppositionellen Kräfte der Zeit verfehlte. Nicht nur ein Gutteil seiner Verhaltensweisen nach außen, in Sprache beispielsweise und Kleidung, sondern auch seine ideologischen und ästhetischen Optionen erklären sich aus dem Bestreben, der unreflektiert verklärten Bürgerwelt bis in den Dünkel hinein gerecht zu werden. Soziale Mißachtung empfand er weitaus bedrückender als soziales Elend, und wenn er verzweifelt war, so litt er nicht an der fehlerhaften Ordnung der Welt, sondern an der unzureichenden Rolle, die ihm darin gewährt war.

Ängstlich vermied er daher jeden Widerspruch, er suchte Anlehnung und Übereinstimmung. Wie betäubt von der Größe und dem Zauber der Metropole, sehnsüchtig vor versperrten Toren, war er nicht revolutionär gesinnt, sondern nur einsam. Niemand schien weniger zum Empörer bestimmt und geeignet als er.

III. KAPITEL: DAS GRANITENE FUNDAMENT

>»Der Fanatismus ist nämlich die
einzige ›Willensstärke‹, zu der auch
die Schwachen und Unsicheren gebracht
werden können.«
Friedrich Nietzsche

In der Felberstraße, unweit seiner Unterkunft, befand sich, wie eine Studie nachgewiesen hat, eine Tabaktrafik, in der ein rassekundliches Magazin vertrieben wurde, das eine Auflage bis zu hunderttausend Exemplaren erreichte und vorwiegend unter Studenten und im akademischen Mittelstand verbreitet war. »Sind Sie blond? Dann sind Sie Kultur-Schöpfer und Kultur-Erhalter! Sind Sie blond? Dann drohen Ihnen Gefahren! Lesen Sie daher die Bücherei der Blonden und Mannesrechtler!«, warb die Titelseite in Balkenüberschriften. Herausgegeben von einem entlaufenen Mönch mit dem angemaßten Adelsnamen Jörg Lanz v. Liebenfels, entwickelte und verkündete es unter dem Namen der germanischen Frühlingsgöttin Ostara eine ebenso schrullenhafte wie mörderische Lehre vom Kampf der Asinge (oder Heldlinge) gegen die Äfflinge (oder Schrättlinge). Von seiner Ordensburg Werfenstein in Niederösterreich aus, deren Erwerb ihm industrielle Förderer ermöglicht hatten, betrieb Lanz die Gründung und Organisation eines arioheroischen Männerordens, der den Vortrupp der blonden und blauäugigen Herrenrasse in der blutigen Auseinandersetzung mit den minderwertigen Mischrassen bilden sollte. Unter der Hakenkreuzfahne, die er bereits im Jahre 1907 dort aufgezogen hatte, versprach er, dem sozialistischen Klassenkampf durch den Rassenkampf »bis aufs Kastrationsmesser« zu begegnen, und beschwor die Systematisierung von Züchtungs- und Vernichtungspraktiken: »für die Ausrottung des Tiermenschen und die Entwicklung des höheren Neumenschen«. Der planmäßigen Zuchtwahl und Rassenhygiene entsprach ein Programm von Sterilisierungsmaßnahmen, von Deportationen in den »Affenwald« sowie von Liquidationen durch Zwangsarbeit oder Mord: »Bringt Frauja

Opfer dar, ihr Göttersöhne«, jubelte er verworren; »Auf, und bringt ihm dar die Schrättlingskinder!« Zur Popularisierung des arischen Ideals schlug er rassische Schönheitskonkurrenzen vor. Hitler hat Lanz gelegentlich besucht, weil ihm, wie Lanz erklärt hat, einige ältere Hefte der Zeitschrift fehlten. Er hinterließ den Eindruck von Jugend, Blässe und Bescheidenheit.[49]

Die Analyse des vorhandenen Materials erlaubt nicht den Schluß, Lanz habe einen nennenswerten Einfluß auf Hitler ausgeübt oder habe ihm gar »die Ideen gegeben«. Die Bedeutung des eher skurrilen Ordensgründers liegt überhaupt weniger in konkreten Anstößen und Vermittlungen als vielmehr im symptomatischen Rang seiner Erscheinung: er war einer der auffälligsten Wortführer einer neurotischen Zeitstimmung und hat der brütenden, eigentümlich phantastisch durchwucherten ideologischen Atmosphäre im Wien jener Zeit eine charakteristische Farbe beigesteuert. Dies beschreibt und begrenzt zugleich seinen Einfluß auf Hitler: er hat weniger dessen Ideologie als vielmehr die Pathologie mitgeprägt, die ihr zugrunde lag.

Man hat aus diesen und anderen Einflüssen, den Belehrungen durch Zeitungsartikel und Groschenhefte, die Hitler selber als frühe Erkenntnisquellen benannt hat, den Schluß gezogen, sein Weltbild sei das Produkt einer pervertierten, der bürgerlichen Kultur entgegengesetzten Subkultur gewesen. In der Tat schlägt der plebejische Widerspruch zu bürgerlicher Gesittung, bürgerlicher Humanität in seiner Ideologie immer wieder durch. Das Dilemma bestand jedoch darin, daß diese Kultur von ihrer Subkultur gleichsam durchsetzt und längst zur Diffamierung und Verneinung alles dessen gelangt war, worauf sie beruhte; oder anders formuliert: die Subkultur, der Hitler in Lanz von Liebenfels und anderen Erscheinungen im Wien der Jahrhundertwende begegnete, war nicht, wie es dem strengen Begriff entspricht, die Negation des herrschenden Wertsystems, sondern nur dessen heruntergekommenes Abbild. Wohin immer er in seinem Bedürfnis nach bürgerlichem Anschluß geriet, stieß er auf die gleichen Vorstellungen, Komplexe und Paniken wie in den Groschenheften, nur in sublimierter und anspruchsvollerer Form. Keinen der Trivialgedanken, die ihm zu ersten Orientierungen in der Welt verholfen hatten, brauchte er aufzugeben, nichts, was er mit ehrfürchtigem Staunen den Reden der einflußreichsten Politiker der Metropole entnahm, war ihm fremd, und vom Rang der Hofoper aus, in den Werken des gefeiertsten und meistaufgeführten Komponisten der Epoche, begegnete er nur dem artistischen Ausdruck des ordinär Vertrauten. Lanz, die

Ostarahefte und Schundtraktate öffneten ihm zwar lediglich den Hintereingang in die Gesellschaft, der er angehören wollte. Aber es war ein Eingang.

Das Bedürfnis, diese Zugehörigkeit zu legitimieren und zu festigen, lag auch den ersten, noch tastenden Bemühungen zugrunde, seinen Ressentiments ideologischen Umriß zu geben. Mit dem krankhaft gesteigerten Selbstwertgefühl dessen, der sich von sozialem Abgleiten bedroht sah, übernahm er mehr und mehr die Vorurteile, Schlagworte, Ängste und Ansprüche der guten Wiener Gesellschaft. Dazu gehörten der Antisemitismus so gut wie jene Herrenmenschentheorien, in denen sich die Besorgnisse des bedrängten deutschen Volkstums widerspiegelten, aber auch Sozialistenfeindschaft und sogenannte sozialdarwinistische Vorstellungen, dies alles gegründet und bezogen auf einen überreizten Nationalismus. Es waren in der Tat herrschende Gedanken, in denen er sich den Gedanken der Herrschenden zu nähern trachtete.

Ungeachtet dessen hat Hitler sich stets bemüht, sein Weltbild als das Ergebnis persönlicher Auseinandersetzungen: einer durchdringenden Beobachtungsgabe und arbeitender Erkenntnis darzustellen. Um alle bestimmenden Einflüsse zu verleugnen, hat er sich im Rückblick sogar ursprüngliche Vorurteilslosigkeit attestiert und beispielsweise den Abscheu hervorgehoben, den während der Linzer Jahre »ungünstige Äußerungen« über die Juden in ihm wachgerufen hätten. Wahrscheinlicher und von verschiedenen Seiten bezeugt ist indessen, daß zumindest Ansatz und Richtung seines Weltbildes vom ideologischen Milieu der oberösterreichischen Landeshauptstadt vorgeprägt worden sind.

Denn Linz war um die Jahrhundertwende nicht nur eines der Zentren nationalistischer Gruppen und Bestrebungen, vielmehr herrschte gerade auch an der von Hitler besuchten Realschule eine entschieden nationalgesinnte Atmosphäre. Ostentativ steckten sich die Schüler die deutschvölkische blaue Kornblume ins Knopfloch, mit Vorliebe verwendeten sie die Farben der deutschen Einheitsbewegung schwarz-rot-gold, grüßten mit deutschem »Heil!« oder sangen statt der habsburgischen Kaiserhymne das auf die gleiche Melodie lautende Deutschlandlied; ihr oppositioneller Nationalismus wandte sich vor allem gegen die Dynastie und identifizierte sich sogar in der jugendlichen Resistenz gegen Schulgottesdienste und Fronleichnamsprozessionen mit dem »protestantischen« Reich. Unter dem Beifall seiner Mitschüler hat Hitler, wie er während des Krieges seiner Tischrunde gegenüber äußerte, vor allem den Religionslehrer Sales Schwarz durch freigeistige Bemerkungen »so in die Verzweiflung getrieben, daß er oft nicht mehr ein und aus wußte« [50].

Wortführer dieser Stimmungen war der deutschnationale Gemeinderat und Lehrer für Geschichte an der Realschule, Dr. Leopold Pötsch, der auf den jungen Hitler offenbar tiefen Eindruck gemacht und ebenso durch seine Beredsamkeit wie durch die bunten Öldrucke aus der Vorväterwelt, mit denen er den Unterricht veranschaulichte, der Phantasie der Zöglinge die Richtung gewiesen hat. Zwar sind die Seiten, die Hitler ihm in »Mein Kampf« gewidmet hat, von nachträglichem Überschwang nicht frei, zumal er in Geschichte nur mit der Note »genügend« abschloß; aber die Bedrohungsängste des Grenzlandbewohners, der Affekt gegen die Donaumonarchie mit ihrem Völker- und Rassengemisch sowie schließlich die antisemitische Grundneigung Hitlers kamen zweifellos von dort her. Wahrscheinlich ist auch, daß er die vorwiegend satirische Zeitschrift der Schönerer-Bewegung ›Der Scherer, Illustrierte Tiroler Monatsschrift für Politik und Laune in Kunst und Leben‹ gelesen hat, die während jener Jahre in Linz erschien. Sie polemisierte in Beiträgen und ätzenden Karikaturen gegen die »Römlinge«, die Juden und das Parlament, gegen die Frauenemanzipation, den Sittenverfall und den Alkoholismus. Schon in der ersten Nummer vom Mai 1899 brachte sie eine Abbildung des Hakenkreuzes, das sich zusehends als Bekenntnissymbol deutschvölkischer Gesinnungen durchsetzte, hier freilich als jener »Feuerquirl« beschrieben, der nach germanischem Mythos den Urstoff zur Weltschöpfung gequirlt hat. Erwiesen scheint ferner, daß der junge Hitler sowohl während der Schulzeit als auch in den folgenden ziellosen Jahren das ›Alldeutsche Tageblatt‹, den im nationaldeutschen Bürgertum verbreiteten ›Südmark-Kalender‹ sowie die alldeutsch und aggressiv antisemitisch gestimmten ›Linzer Fliegenden Blätter‹ gelesen hat; denn als eines der Begleitphänomene politischer und sozialer Veränderungen war der Antisemitismus nicht, wie der Verfasser von »Mein Kampf« glauben machen möchte, auf Wien beschränkt, sondern kaum minder heftig in der Provinz anzutreffen.[51]

Was Hitler als einen zwei Jahre anhaltenden »Seelenkampf« beschrieben hat, als seine wohl »schwerste Wandlung überhaupt«, in deren Verlauf sich sein Gefühl »noch tausendmal« gegen den angeblich unerbittlichen Verstand gesträubt habe, ehe die Wandlung »vom schwächlichen Weltbürger zum fanatischen Antisemiten« vollzogen gewesen sei, war lediglich die Entwicklung von der schwer greifbaren Abneigung zur bewußten Gegnerschaft, von der bloßen Stimmung zur Ideologie. Der bis dahin eher idyllische, zu nachbarschaftlichen Kompromissen bereite Antisemitismus der Linzer Umgebung erhielt dabei prinzipielle Schärfe, universelle Weite sowie die Anschaulichkeit des konkreten Feindbildes. Der jüdische Hausarzt der Eltern, Dr. Eduard Bloch, dem Hitler von Wien aus anfangs noch »ergebenst dankbare« Grüße geschickt hatte, der Rechtsanwalt Dr. Josef Feingold und der Rahmentischler Morgenstern, von denen er durch den wiederholten Ankauf seiner kleinen Aquarelle nach Postkartenmotiven künstlerisch ermutigt worden war, oder beispielsweise auch der zeitweilige jüdische Gefährte aus dem Männerheim, Neumann, dem er sich überschwenglich verpflichtet gefühlt hatte: sie alle, deren Figuren, oft schattenhaft genug, am Rande seines frühen Weges auftauchen, begannen während dieses mehrjährigen Prozesses sich im Hintergrund zu verlieren. An ihre Stelle trat jene immer mehr sich verdichtende, zum mythologischen Gespenst emporwachsende »Erscheinung in langem Kaftan mit schwarzen Locken«, deren Urbild ihm, als er »einmal so durch die innere Stadt strich«, aufgefallen war. In der Erinnerung daran hat er einprägsam festgehalten, wie sich der unvermittelte Zufallseindruck in seinem Gehirn »verdrehte« und allmählich zur alles beherrschenden fixen Vorstellung zu werden begann:

> »Seit ich mich mit dieser Frage zu beschäftigen begonnen hatte, auf den Juden erst einmal aufmerksam wurde, erschien mir Wien in einem anderen Lichte als vorher. Wo immer ich ging, sah ich nun Juden, und je mehr ich sah, umso schärfer sonderten sie sich für das Auge von den anderen Menschen ab. Besonders die innere Stadt und die Bezirke nördlich des Donaukanals wimmelten von einem Volke, das schon äußerlich eine Ähnlichkeit mit dem deutschen nicht mehr besaß ... Dies alles konnte schon nicht sehr anziehend wirken; abgestoßen mußte man aber werden, wenn man über die körperliche Unsauberkeit hinaus plötzlich die moralischen Schmutzflecken des auserwählten Volkes entdeckte. Gab es denn da einen Unrat, eine Schamlosigkeit in irgendeiner Form, vor allem des kulturellen Lebens, an der nicht wenigstens ein Jude beteiligt gewesen wäre? Sowie man nur vorsichtig in eine solche Geschwulst hineinschnitt, fand man, wie die Made im faulenden Leibe, oft ganz geblendet vom plötzlichen Lichte, ein Jüdlein ... Ich begann sie allmählich zu hassen.«[52]

Vermutlich ist die bestimmende Ursache für den Umschlag vom gewöhnlichen Antisemitismus der Linzer Jahre zum manisch sich steigernden, besessenen und buchstäblich bis in die letzte Stunde seines Lebens anhaltenden Haß nicht mehr greifbar zu machen. Einer der zweifelhaften Kumpane Hitlers aus diesen Jahren hat ihn auf den erbitterten Sexualneid des abgerutschten Bürgersohnes zurückgeführt und dazu Einzelheiten überliefert, in denen eine blonde Frau, ein halbjüdischer Rivale sowie ein Vergewaltigungsversuch Hitlers an dem modellsitzenden Mädchen eine ebenso groteske wie einfallslos plausible Rolle spielen.[53] Nicht nur die von frühauf merkwürdig unstete, zwischen idealischer Überspannung und dunklen Angstgefühlen schwankende Vorstellung Hitlers von der Geschlechterbeziehung verschafft der Vermutung sexualpathologischer Zusammenhänge gleichwohl Gewicht; auch Ausdruck und Argumentation seiner Darstellung, wo immer ihr künftig die Figur eines Juden ins Bild gerät, stützen sie. Der Geruch nackter Obszönität, der auf den Seiten seines Buches »Mein Kampf«

überall dort weht, wo er seinen Abscheu zu fassen versucht, ist gewiß nicht ein zufälliges äußeres Merkmal, nicht nur Erinnerung an Ton und Stilart von Ostaraheften oder Schundbroschüren, denen er die Erleuchtung seiner Jugend verdankte; vielmehr enthüllt sich daran die spezifische Natur seines Ressentiments.

Aus Hitlers Umgebung ist nach dem Kriege eine umfangreiche Liste seiner Geliebten veröffentlicht worden, auf der bezeichnenderweise auch die schöne Jüdin aus begütertem Hause nicht fehlt; glaubhafter klingt indessen die Versicherung, er habe weder in Linz noch in Wien eine »tatsächliche Begegnung mit einem Mädchen« gehabt, und jedenfalls fehlt mit Sicherheit eine Leidenschaft, die ihn aus seiner theatralischen Ichbezogenheit hätte befreien können.

Diesem Mangel steht eine bezeichnende Traumerfahrung gegenüber, die – wie er selber versichert hat – »Alpdruckvision der Verführung von Hunderten und Tausenden von Mädchen durch widerwärtige, krummbeinige Judenbastarde«. Schon Lanz war gepeinigt gewesen von dem unentwegt wiederkehrenden Schreckbild blonder Edelfrauen in den Armen zotteliger, dunkler Verführer. Seine Rassentheorie war durchsetzt von sexuellen Neidkomplexen und einem tiefsitzenden antiweiblichen Affekt: das Weib, so versichert er, habe die Sünde in die Welt gebracht, und seine Anfälligkeit für die wollüstigen Künste der tierischen Untermenschen sei die Hauptursache für die Verpestung des nordischen Blutes. Die nämliche Zwangsvorstellung, in der sich die Drangsal verspäteter und gehemmter Männlichkeit äußerte, hat Hitler in einem gleichartigen Bilde festgehalten: »Der schwarzhaarige Judenjunge lauert stundenlang, satanische Freude in seinem Gesicht, auf das ahnungslose Mädchen, das er mit seinem Blute schändet und damit seinem, des Mädchens Volke raubt«: hier wie dort ist es die schwüle, abgeschmackte Bilderwelt des unbefriedigten Tagträumers, und einiges spricht dafür, daß die eigentümlich schmuddelige Ausdünstung, die über weite Strecken hin dem Prospekt der nationalsozialistischen Weltanschauung entsteigt, auf das Phänomen der verbannten Sexualität innerhalb der bürgerlichen Welt zurückzuführen ist.[54]

Kubizek, der Jugendfreund, und andere Gefährten aus dem trüben Halblicht des Wiener Untergrunds haben darauf hingewiesen, daß Hitler von früh auf mit aller Welt überworfen war und Haß empfand, wohin er blickte. Denkbar ist daher, daß sein Antisemitismus nur die gebündelte Form seines bis dahin ziellos vagabundierenden Hasses war, der im Juden endlich sein Objekt gefunden hatte. In »Mein Kampf« hat Hitler die Auffassung vertreten, man dürfe der Masse nie mehr als einen Gegner zeigen, weil die Erkenntnis verschiedener Feinde nur den Zweifel wecke, und zutreffend hat man darauf verwiesen, daß dieser Grundsatz mehr noch für ihn selber gegolten habe: immer hat er seinen Affekt mit ungeteilter Intensität auf eine einzige Erscheinung konzentriert, in der sich alle Übel der Welt ursächlich zusammenfanden; und immer war es eine konkret vorstellbare Figur, auf die der Vorwurf geballt zulief, niemals dagegen ein schwer greifbares Geflecht von Gründen.[55]

Aber auch wenn das Motiv, das der überwältigenden Natur des hitlerischen Judenkomplexes gerecht würde, nicht mehr eindeutig zu fassen ist, kann man doch im ganzen davon ausgehen, daß es sich um die Politisierung der persönlichen Problematik eines ebenso ehrgeizigen wie verzweifelten Außenseiters handelt; denn Schritt für Schritt sah er sich auf abschüssige Bahn geraten und folglich genötigt, seinen Deklassierungsängsten Genüge zu tun. Von der Erscheinung des Juden ließ er sich lehren, daß er, der »arme Teufel«, das Gesetz der Geschichte wie der Natur auf seiner Seite habe. Hitlers eigene Darstellung stützt im übrigen die Auffassung, daß er die Wendung zur antisemitischen Ideologie durchmachte, als das elterliche Erbteil aufgebraucht war, und er zwar nicht in die geltend gemachte bittere Not, aber doch in Bedrängnis und jedenfalls sozial viel tiefer geraten war, als es seinen sehnsüchtigen Träumen von Künstlertum, Genie und öffentlicher Bestaunung je zumutbar erschienen war.

Wien, das deutschbürgerliche Wien der Jahrhundertwende, dem er sich in all seinem sozialen Anschlußverlangen zuwandte, stand im Zeichen dreier beherrschender Erscheinungen: politisch unter dem Eindruck Georg Ritter v. Schönerers und Karl Luegers, im eigentümlich illuminierten Zwischenfeld von Politik und Kunst dagegen, das für den Weg Hitlers von so bestimmender Bedeutung geworden ist, dominierte übermächtig Richard Wagner. Es waren die drei ideologischen Schlüsselfiguren seiner Formationsjahre.

Hitler sei als ein »Anhänger und Nachbeter« Georg Ritter v. Schönerers in Wien aufgetreten, wird uns versichert, und über seinem Bett hätten gerahmte Kernsprüche dieses Mannes gehangen: »Ohne Juda, ohne Rom / Wird gebaut Germaniens Dom. Heil!«, lautete der eine, während ein anderer die Anschlußsehnsucht der Deutschösterreicher an das Vaterland jenseits der Grenzen ausdrückte,[56] und diese beiden Maximen formulierten bereits auf populäre Weise die wesentlichen Programmelemente der Alldeutschen Bewegung v. Schönerers, die, anders als der Verband gleichen Namens in Deutschland, nicht expansiv-imperialistische Zielsetzungen unter dem Schlagwort einer »deutschen Weltpolitik« verfolgte, sondern statt dessen auf den Zusammenschluß aller

Deutschen in einem Staatsverband hinarbeitete. In betontem Gegensatz zum Alldeutschen Verband erklärte sie sich für den Verzicht auf die nichtdeutschen Gebiete der Donaumonarchie sowie überhaupt gegen die Existenz des Vielvölkerstaates.

Der Begründer und Führer dieser Bewegung, Georg Ritter v. Schönerer, ein Gutsbesitzer aus jenem grenznahen Waldviertel, in dem auch die Familie Hitlers zu Hause war, hatte als radikaler Demokrat seine Laufbahn begonnen, die politischen und sozialen Reformvorstellungen jedoch mehr und mehr einem extremen Nationalismus untergeordnet. Wie besessen vom Überfremdungskomplex, sah er, wo immer auch, nur noch tödliche Bedrohungen seines Deutschtums: durch die Juden ebenso wie durch den römischen Katholizismus, durch Slawen und Sozialisten, durch die Habsburger Monarchie und jede Form des Internationalismus. Seine Briefe unterschrieb er »mit deutschem Gruß«, er traf vielfältige Anstalten zur Wiederbelebung germanischen Brauchtums und empfahl, die deutsche Zeitrechnung 113 vor Chr. mit der Schlacht von Noreia, dem Vernichtungssieg der Cimbern und Teutonen über die römischen Legionen, zu beginnen.

Schönerer war eine verzweifelte Natur, prinzipienfest und erbittert. Er organisierte als Antwort auf die nationalitätenfreundliche Haltung des niederen slawischen Klerus die »Los-von-Rom-Bewegung«, mit der er sich die katholische Kirche zum Gegner machte, und gab dem bis dahin überwiegend religiös und ökonomisch motivierten europäischen Judenhaß erstmals die formierte Wendung zum politisch-sozial und vor allem biologisch begründeten Antisemitismus. Ein Demagoge mit ausgeprägtem Gespür für die unübertrefflichen Wirkungen des Primitiven, mobilisierte er den Widerstand gegen alle Assimilierungstendenzen unter dem Slogan, die Religion sei einerlei, im Blute liege die Schweinerei. Nicht nur aufgrund der Monomanie, mit der er die Juden als die bewegende Ursache aller Übel und Ängste der Welt ansah, sondern aufgrund der Radikalität seiner Kampfansage ist er zu einem der Vorbilder Hitlers geworden. In der lauen und toleranten Lebensatmosphäre des alten Österreich demonstrierte er als erster die Möglichkeiten, die sich aus der Organisation rassischer und nationaler Angst ergaben. Tief beunruhigt fühlte er den Tag herannahen, an dem die deutsche Minderheit überwältigt und »abgeschlachtet« würde; um ihm zu begegnen, forderte er antijüdische Sondergesetze, seine Anhänger trugen an der Uhrkette das Antisemitenzeichen, das einen gehenkten Juden darstellte, und schreckten im Wiener Parlament nicht davor zurück, für jeden niedergemachten Juden eine Prämie, sei es in Geld, sei es aus der Habe des Ermordeten, zu verlangen.[57]

Noch nachhaltiger war aber offenbar der Eindruck, den der andere

Wortführer des kleinbürgerlichen Antisemitismus, Dr. Karl Lueger, auf Hitler machte. Ihm, dem Bürgermeister von Wien und wortgewaltigen Führer der Christlich-Sozialen Partei, hat er in »Mein Kampf« wie keinem anderen Bewunderung bezeugt und ihn nicht nur den »wahrhaft genialen« und »gewaltigsten deutschen Bürgermeister aller Zeiten« genannt, sondern sogar als »den letzten großen Deutschen der Ostmark« gefeiert.[58] An seinem Programm, vor allem seinem lässig und opportunistisch begründeten Antisemitismus sowie seinem Glauben an die Überlebenskraft des morsch und hinfällig gewordenen Vielvölkerstaates, hat Hitler zwar unverhohlene Kritik geübt; desto tiefer jedoch hat ihn die demagogische Virtuosität Luegers beeindruckt sowie die taktische Wendigkeit, mit der er die herrschenden sozialen, christlichen und antijüdischen Affekte oder Überzeugungen seinen Zwecken dienstbar zu machen wußte.

Anders als Schönerer, der sich durch arrogante Prinzipienfestigkeit zu übermächtigen Gegnerschaften und damit auch zur Einflußlosigkeit verurteilte, war Lueger konziliant, geschickt und populär. Ideologien benutzte er nur, insgeheim verachtete er sie, er dachte taktisch und pragmatisch, die Sachen bedeuteten ihm mehr als die Ideen. In den rund fünfzehn Jahren seiner Amtsführung wurden das Verkehrsnetz modernisiert, das Bildungssystem ausgebaut, die Sozialfürsorge verbessert, Grünbezirke angelegt und fast eine Million Arbeitsplätze in Wien geschaffen. Seinen Aufstieg stützte Lueger auf die katholische Arbeiterschaft sowie auf das Kleinbürgertum: auf die Angestellten und niederen Beamten, die kleinen Ladenbesitzer, die Hausmeister und Kapläne, die sich vom Lauf der Zeiten, von Industrialisierung, sozialem Absturz oder Armut bedroht sahen. Auch er zog, darin Schönerer gleich, Nutzen aus dem verbreiteten Angstgefühl, doch wandte er es nur gegen ausgesuchte, bezwingbare Gegner. Zudem beschwor er es nicht in düsteren Farben, sondern setzte ihm jene unfehlbaren humanen Gemeinplätze entgegen, die in seiner stehenden Redensart »Dem kleinen Manne muß geholfen werden!« ihren anschaulichen Ausdruck gefunden haben.

Hitlers anhaltende Bewunderung galt jedoch offenbar nicht nur dem versierten Machiavellisten des Rathauses, sondern hatte ihren eigentlichen Grund in den persönlichen Übereinstimmungen, die er entdeckt zu haben glaubte, in den nicht nur lehrreichen, sondern verwandten Zügen dieses Mannes. Wie er selber aus einfachen Kreisen stammend, hatte Lueger gegen alle Widerstände und soziale Geringschätzung, sogar schließlich gegen den Einspruch des Kaisers, der ihm dreimal die Bestätigung als Bürgermeister verwehrt hatte, jene Anerkennung der Gesellschaft errungen, die auch er beharrlich erstrebte. Nicht wie Schönerer in tapfer, aber sinnlos herausgekehrten Feindschaften, sondern im unablässig gesuchten und organisierten Bündnis mit den herrschenden Gruppen hatte Lueger seinen Weg nach oben gemacht, entschlossen, wie Hitler in seiner Huldigung die nie mehr vergessene Lehre beschrieb, »sich all der einmal schon vorhandenen Machtmittel zu bedienen, bestehende mächtige Einrichtungen sich geneigt zu machen, um aus solchen alten Kraftquellen für die eigene Bewegung möglichst großen Nutzen ziehen zu können«.

Die von Lueger mit Hilfe emotionaler Sammlungsparolen geformte Massenpartei demonstrierte, daß die Angst, wie hundert Jahre zuvor das Glück, eine neue Vorstellung in Europa war, mächtig genug, sogar das Klasseninteresse zu überwinden.

In die gleiche Richtung wirkte die Idee eines nationalen Sozialismus. Deutsche Arbeiter in den rasch sich ausbreitenden Industriegebieten der böhmischen und mährischen Teile der Donaumonarchie schlossen sich 1904 in Trautenau zu einer Deutschen Arbeiterpartei (DAP) zusammen, um gegen die billigen tschechischen Arbeitskräfte, die vom Lande in die Fabriken strömten und häufig als Streikbrecher dienten, ihre Interessen zu verteidigen. Es war ein Ansatz für den naheliegenden, bald unter den verschiedensten Vorzeichen in ganz Europa wirksam werdenden Versuch, das Dilemma des marxistischen Sozialismus zu lösen, der die nationalen Gegensätze nie wirklich zu überwinden und seinen Menschheitsparolen keine suggestive Anschaulichkeit zu geben vermocht hatte: in der Theorie vom Klassenkampf war für das nationale Sonderbewußtsein des deutschen Arbeiters in Böhmen oder Mähren kein Raum. Die Anhänger der neuen Partei rekrutierten sich denn auch in erheblichem Maße aus ehemaligen Mitgliedern der Sozialdemokratie, die sich von ihren einstigen politischen Überzeugungen in der bezeichnenden Sorge abgewandt hatten, daß die Politik der proletarischen Solidarität nur der tschechischen Mehrheit des Gebietes zugute komme; sie sei, so formulierte es das Programm der DAP, »verfehlt und für die Deutschen Mitteleuropas von unermeßlichem Schaden«.

Die Identität ihrer nationalen und sozialen Interessen schien diesen Deutschen eine unmittelbar einleuchtende, allgemeine Wahrheit zu enthalten, die sie dem Internationalismus der Marxisten entgegensetzten: in der Idee der Volksgemeinschaft suchten sie die Versöhnung von Sozialismus und nationalem Gefühl. Das Programm ihrer Partei vereinigte, was immer dem erregten Bedürfnis nach Abwehr und Selbstbehauptung entsprach. Es verfolgte vorwiegend antikapitalistische, revolutionär-freiheitliche, demokratische Zielsetzungen, aber dazwischen fanden sich, von Beginn an, auch autoritäre und irrationale Formeln, verbunden mit der aggressiven Wendung gegen Tschechen, Juden und sogenannte Fremdvölkische. Die frühen Anhänger waren Arbeiter aus den Kleinbetrieben des Bergbaus und aus der Textilindustrie, Eisenbahner, Handwerker, Gewerkschaftler. Sie fühlten sich den deutschen Bürgern, dem Apotheker, Industriellen, höheren Beamten oder Kaufmann näher als dem ungelernten tschechischen Arbeiter. Bald schon nannten sie sich Nationalsozialisten.

Hitler hat sich nur ungern dieser Vorläuferschaft erinnert, obwohl die Verbindungen zu den Urgemeinden des Nationalsozialismus, vor allem unmittelbar nach dem Ersten Weltkrieg, zeitweilig sehr eng waren. Allzu offenkundig stellten die böhmischen Gesinnungsgenossen in Frage, was der Führer der NSDAP mehr und mehr als seine eigene, das Jahrhundert bestimmende Idee in Anspruch nahm. In »Mein Kampf« hat er diese Idee aus dem abschließenden Vergleich zwischen Lueger und Schönerer zu entwickeln versucht und sie gewissermaßen als selbst konzipierte Vereinigung von Elementen des einen und anderen dargestellt:

> »Hätte die christlich-soziale Partei zu ihrer klugen Kenntnis der breiten Masse noch die richtige Vorstellung von der Bedeutung des Rassenproblems, wie dies die alldeutsche Bewegung erfaßt hatte, besessen, und wäre sie selber endlich nationalistisch gewesen, oder würde die alldeutsche Bewegung zu ihrer richtigen Erkenntnis des Zieles der Judenfrage und der Bedeutung des Nationalgedankens noch die praktische Klugheit der christlich-sozialen Partei, besonders aber deren Einstellung zum Sozialismus, angenommen haben, dann würde dies jene Bewegung ergeben haben, die schon damals meiner Überzeugung nach mit Erfolg in das deutsche Schicksal hätte eingreifen können.«[59]

Mit diesem Einwand hat er auch begründet, warum er sich keiner dieser beiden Parteien angeschlossen hat. Viel eher trifft aber wohl zu, daß er für die längste Zeit seiner Wiener Jahre kein durchräsoniertes politisches Konzept besaß, sondern nur von den allgemeinsten, an Schönerer orientierten nationalen Haß- und Abwehrempfindungen erfüllt war. Hinzu kamen ein paar dumpf quellende Vorurteile vor allem gegen Juden und andere »Minderrassen« sowie ein impulsives Mitredebedürfnis, das aus seinen enttäuschten Hoffnungen stammte. Er erfaßte, was um ihn herum geschah, eher stimmungsmäßig als rational und rechnete in der überaus subjektiven Färbung seines Interesses an den öffentlichen Angelegenheiten weniger zur politischen als zur politisierenden Welt. Er selber hat bekannt, er habe sich zunächst, von seinen künstlerischen Aspirationen erfüllt, nur »nebenbei« für die Politik interessiert, erst die »Faust des Schicksals«, so will es das verwendete Bild, habe ihm dann das Auge geöffnet. Selbst in der Geschichte vom jungen, bitter angefeindeten Bauarbeiter, die später in alle Schulbücher Eingang fand und zum festen Bestand der Hitler-Legende zählt, widersetzt er sich der Aufforderung, in die Gewerkschaft einzutreten, mit dem auffallenden

Argument, daß er »die Sache nicht verstünde«. Vieles deutet darauf hin, daß die Politik ihm auf lange Zeit vor allem ein Mittel der Selbstentlastung war, eine Möglichkeit, Schuldvorwürfe an die Adresse der Welt zu artikulieren, das eigene Schicksal mit ihrer fehlerhaften Ordnung zu erklären, endlich auch Opfer zu finden. Bezeichnenderweise trat er lediglich dem Antisemitenbund bei.[60]

Die Wohnung in der Felberstraße, in die Hitler nach der Trennung von Kubizek gezogen war, hatte er bald wieder aufgegeben und war bis November 1909 mehrfach umgezogen, als Beruf gab er kurzerhand »akademischer Maler«, einmal auch »Schriftsteller« an. Einiges spricht für die Vermutung, er habe der »Verzeichnung« zum Wehrdienst, zu der er gesetzlich verpflichtet war, ausweichen und sich auf diese Weise dem Zugriff der Behörden entziehen wollen; doch mochte in seinem Umzugsbedürfnis auch väterliches Erbe sowie seine ziellose Unruhe zum Vorschein kommen. Die Schilderungen aus dieser Zeit nennen ihn blaß, eingefallen, die Haare tief in die Stirn, mit hastigen Bewegungen. Er selber versicherte später, er sei damals sehr befangen gewesen und würde es weder gewagt haben, an einen großen Mann heranzutreten noch vor fünf Menschen zu reden.[61]

Seinen Lebensunterhalt bestritt er nach wie vor aus der Waisenrente, die er sich auf betrügerische Weise mit der Behauptung zu sichern wußte, er besuche die Akademie. Das väterliche Erbteil jedoch sowie der Anteil an der Hinterlassenschaft aus dem Verkauf des elterlichen Hauses, die ihm so lange eine sorgenfreie und ungebundene Existenz ermöglicht hatten, scheinen Ende 1909 verbraucht gewesen zu sein. Jedenfalls gab er das Zimmer in der Simon-Denk-Gasse, wo er seit September zur Untermiete gewohnt hatte, im November auf. Konrad Heiden, der Verfasser der ersten bedeutenden Hitler-Biographie, hat ausfindig gemacht, Hitler sei damals in »bitterstes Elend« geraten, habe ein paar Nächte obdachlos zugebracht, auf Parkbänken und in Caféhäusern geschlafen, bis die vorgeschrittene Jahreszeit ihn von dort vertrieb; der November 1909 war ungewöhnlich kalt, es regnete viel, und in dem Regen trieb nicht selten nasser Schnee.[62] Noch im gleichen Monat reihte Hitler sich in die Menschenschlange ein, die sich Abend für Abend vor dem Meidlinger Obdachlosen-Asyl einfand. Hier lernte er einen Landstreicher namens Reinhold Hanisch kennen, der in einem später verfaßten handschriftlichen Bericht dargestellt hat, wie »ich nach langer Irrfahrt auf den Landstraßen Deutschlands und Österreichs das Asyl für Obdachlose in Meidling aufsuchte. Zur linken auf der Drahtpritsche war ein magerer junger Mensch mit ganz wund gelaufenen Füßen. Da ich noch Brod von den Bauern hatte teilte ich mit ihm. Ich sprach damals stark den Berliner Dialekt, er schwärmte für Deutschland. Seine Heimath Braunau am Inn hatte ich durchwandert, so konnte ich leicht seinen Erzählungen folgen.«

Bis zum Sommer 1910, ungefähr sieben Monate lang, haben Hitler und Hanisch in enger Freundschaft und geschäftlicher Kumpanei verbracht. Gewiß ist auch dieser Zeuge nicht viel glaubwürdiger als alle anderen aus dieser frühen Lebensphase; gleichwohl hat es zumindest erhebliche psychologische Wahrscheinlichkeit für sich, wenn Hanisch die Neigung Hitlers betont, untätig vor sich hinzubrüten, und vom Scheitern der Bemühungen spricht, ihn zu gemeinsamer Arbeitssuche zu bewegen. In der Tat ist der Widerspruch zwischen Hitlers Bürgersehnsucht und der Wirklichkeit nie empfindlicher zutage getreten als während der Wochen im Asyl unter gescheiterten und fragwürdigen Existenzen sowie mit jenem primitiv durchtriebenen Reinhold Hanisch als Freund, den er, als er seiner 1938 habhaft werden konnte, denn auch ermorden ließ. Noch auf der Höhe seines Lebens hat er rückblickend, in einer Wendung der eigenartigsten Rechthaberei gegenüber der bedrückenden Realität dieser Jahre beharrt: »Aber in der Phantasie lebte ich in Palästen.«[63]

Der unternehmende Hanisch, lebensklug und vertraut mit allen Nöten, Kniffen und Chancen seiner Klasse, erhielt eines Tages auf die Frage, welchen Beruf Hitler denn erlernt habe, zur Antwort, er sei Maler. In der Meinung, Hitler sei Anstreicher, erwiderte er, es müsse doch möglich sein, in diesem Beruf Geld zu verdienen. Und wieder tritt, ungeachtet aller Einwände gegen Hanischs Verläßlichkeit, der junge Hitler selber ins Bild, wenn der Bericht fortfährt: »Er war beleidigt und erwiderte, er gehöre nicht zu der Sorte Maler, sondern sei Akademiker und Künstler.« Offenbar auf Vorschlag Hanischs taten sie sich daraufhin zusammen. Kurz vor Weihnachten zogen sie in eine Art Massenhotel, das Männerheim im 20. Bezirk, Meldemannstraße. Tagsüber, wenn die Schlafkabinen geräumt werden mußten, saß Hitler im Lesesaal über den ausliegenden Zeitungen, las populär-wissenschaftliche Blätter oder malte Postkarten mit überwiegend Wiener Motiven ab: exakte Aquarelle, die Hanisch bei Bilderhändlern, Rahmentischlern und mitunter auch bei Tapezierern verkaufte, die sie nach damaliger Mode »in die hohen Rückenlehnen von Sesseln oder Sofas einarbeiteten«, der Erlös wurde geteilt. Hitler selber meinte, er sei nicht in der Lage, seine Arbeiten zu verkaufen, da er sich »in seinen schlechten Kleidern nicht blicken lassen« könne. Hanisch dagegen versichert, es sei ihm gelungen, »mitunter eine ganz gute Bestellung zu erreichen. So daß wir schlecht und recht leben konnten ... So zogen die wochen dahin«[64].

Die Bewohner des Männerheims kamen aus allen Schichten, zahlenmäßig vorherrschend waren junge Arbeiter und Angestellte, die in den umliegenden Fabriken und Betrieben arbeiteten; daneben gab es solide, fleißige Kleinexistenzen, Hanisch erwähnt in seinem Bericht Notenschreiber, Preistafelmaler und Monogrammschnitzer. Doch bestimmender für Bild und Verfassung des Quartiers waren die entgleisten Existenzen, die mancherlei Abenteurer, bankrotten Kaufleute, Spieler, Bettler, Geldverleiher oder entlassenen Offiziere: Treibgut aus allen Provinzen des Vielvölkerstaates, sowie schließlich die sogenannten »Handelees«, Juden aus den östlichen Gebieten der Donaumonarchie, die als Hausierer oder Straßenhändler den sozialen Aufstieg versuchten. Was sie alle verband, war das gemeinsame Elend, was sie dagegen trennte, der angespannt lauernde Wille, ihm zu entkommen, den Sprung nach oben zu schaffen, und sei es auf Kosten aller anderen: »Der Mangel an Solidarität ist das große Hauptmerkmal der großen Klasse der Deklassierten.«[65]

Hanisch ausgenommen, besaß Hitler auch im Männerheim keine Freunde; die ihn kannten, betonen wiederum seine Unduldsamkeit, er selber dagegen hat auf seine Abneigung gegen den Typus des Wieners verwiesen, der ihm »in der Seele zuwider« gewesen sei.[66] Denkbar ist immerhin, daß er keine Freundschaften suchte, seit er mit Hanischs Hilfe dem Asyl entronnen war, alle Intimität irritierte und erschöpfte ihn nur. Was er dagegen kennenlernte, war jene Art Kameraderie unter gemeinen Leuten, die Kontakt und Anonymität zugleich gewährt und eine Loyalität bietet, die jederzeit widerruflich ist; es war eine nie mehr vergessene, auf den unterschiedlichsten sozialen Ebenen mit nahezu gleichbleibendem Personal stets erneuerte Erfahrung: in den Schützengräben des Krieges, inmitten seiner Ordonnanzen und Chauffeure, deren Gegenwart er als Parteiführer wie später als Reichskanzler bevorzugte, sowie schließlich in der Bunkerwelt des Führerhauptquartiers – stets schien Hitler die Lebensform des Männerheims zu repetieren, die nur entrückte Formen des Zusammenlebens kannte und seiner Vorstellung von den menschlichen Beziehungen überhaupt ziemlich genau entsprach. Bei der Leitung des Hauses galt er als unverträglich, ein aufreizender Politisierer, »es ging heiß oft her«, erinnerte Hanisch sich später in seinem Bericht, »feindliche Blicke flogen recht ungemütlich mitunter«.

Seine Auffassungen vertrat Hitler offenbar mit Schärfe und Konsequenz. Die radikalen Alternativen, die Überspannung jeden Einfalls, gehörten zur Grundbewegung seines Denkens, sein perhorresziertes Bewußtsein trieb alles gewaltig hoch und verdrehte Ereignisse von bescheidener Bedeutung zu metaphysischen Katastrophen. Von früh auf

sah er sich nur durch die großen Motive verlockt. Seine so naive wie
künstlerisch rückwärtsgewandte Neigung für das Heroische, erhaben
Dekorative, für das Idealische hat hier eine ihrer Ursachen. Götter,
Helden, ins Riesenhafte geweitete Vorhaben oder horrende Superlative
stimulierten ihn und verdeckten ihm die Banalität seiner Lebensumstände. »In Musick Richard Wagner brachte ihn in helle Flammen«,
schreibt Hanisch so unbeholfen wie anschaulich, während Hitler selber
später äußerte, er habe schon damals die ersten Pläne für die Umgestaltung Berlins entworfen. In der Tat rechnet auch der Drang zu
unablässiger Projektenmacherei in diesen Zusammenhang. Die Anstellung im Schreibbüro eines Bauunternehmens weckte augenblicklich die
alten Architektenträume, so hören wir, und auf ein paar Modellflugversuche hin sah er sich bereits als Inhaber einer großen Flugzeugfabrik
und »reich, sehr reich«.[67]

Unterdessen malte er, angeblich durch Vermittlung Greiners, ein
Reklameplakat für eine Haarbrillantine, für ein Bettfederngeschäft in
der Schmalzhofgasse und schließlich für einen Schweißpuder, der unter
dem Markennamen »Teddy« vertrieben wurde; die Arbeit, mit der unzweideutigen Unterschrift Hitlers, hat sich wiedergefunden. Sie zeigt in
eher unbeholfener Manier, steif und schülerhaft, die Figuren zweier
Briefträger; während der eine sich erschöpft niedergelassen hat und
dicke blaue Schweißtropfen aus seinem Strumpf windet, belehrt der
andere seinen »lieben Bruder«, die zehntausend Stufen täglich seien
»eine Lust mit Teddy-Puder«. Auf einem anderen erhaltenen Plakat
erhebt sich der Turm von Sankt Stephan gebieterisch über einem Seifenberg. Hitler selber fand für die Lebensumstände jener Phase vor
allem erinnernswert, daß er endlich Herr seiner eigenen Zeit gewesen
sei. Stundenlang hockte er über den Zeitungen in kleinen, billigen
Vorstadtcafés, mit Vorliebe las er das antisemitische ›Deutsche Volksblatt‹.

Ganz unverkennbar und bestimmend sind, nimmt man alles zusammen, die eigenbrötlerischen, lebensabgewandten, im strengen Sinne
unpolitischen Züge im Bild des Zwanzigjährigen. Auch für diese Zeit
hat er sich einen Sonderling genannt.[68] Nicht nur »in Musick« war
Richard Wagner offenbar das vergötterte Idol jener Jahre; vielmehr hat
er dessen von frühen Enttäuschungen und verbissenem Berufungsglauben erfülltes, am Ende »in Weltruhmesglanz mündendes Leben«[69] als
Vorbild seiner eigenen Lebensvision angesehen. Die Nachfolge machte
die Verführung durch den romantischen Geniebegriff deutlich, der in
dem Bayreuther Meister seine Erfüllung und gleichzeitige Entgleisung
gefunden hatte. Durch ihn war eine Generation verwirrt, bezwungen
und der bürgerlichen Welt entfremdet worden.

Die Bewunderung für Richard Wagner vervollständigt das Bild, das durch die Schulflucht des jungen Hitler und seinen Drang in die verlockende, von grandiosen Verheißungen erfüllte Großstadt seine ersten Umrisse empfangen hatte. Es war ein Weg, den zahlreiche seiner Altersgenossen mit ähnlich hochgespannten Erwartungen antraten, eine Art Königsweg begabter und gefährdeter Außenseiter. Unversehens taucht die graue, bedrückte Erscheinung des Linzer Zollbeamtensohns inmitten einer romantischen Galerie entlaufener Schüler auf, Thomas und Heinrich Mann, Gerhart Hauptmann und Hermann Hesse gehören neben vielen anderen dazu, und auch literarisch ist der Typus des eskapierenden Jugendlichen in zahlreichen Werken der Jahrhundertwende präsent: bei Emil Strauß 1901 in der Novelle »Freund Hein«, in Rilkes »Turnstunde« (1902), Robert Musils »Der junge Törless« (1906), Hermann Hesses »Unterm Rad« (1906), Frank Wedekinds »Frühlings Erwachen« (1906) oder ein Jahr später in »Mao« von Friedrich Huch. In Flucht oder Untergang verband sie alle, daß sie ihr Leiden an der Bürgerwelt ästhetisierten und der vom täglichen Pflichtenkatalog beherrschten, trivialen Welt der Väter das Ideal der sozial unergiebigen »Künstlerexistenz« entgegensetzten. Dahinter entfaltete sich stets der romantische Gegensatz von Künstler und Bürgerlichkeit, Genie und Bürgerlichkeit, dem das selbstzweiflerische bürgerliche Bewußtsein seit Karl Moor und mancherlei anderen Räuberhauptleuten und melancholischen Rebellen seine bewunderten Antihelden verdankte. Aus sich selber bedeutete Bürgerlichkeit nur Ordnung, Hingabe, Dauer, die zwar allezeit das Tüchtige gewährleisteten; die unerhörten Selbststeigerungen des Geistes dagegen, seine Ruhmestaten, würden nur in der äußersten menschlichen und sozialen Distanz vollbracht. Der Künstler, das Genie, der komplizierte Mensch überhaupt, sei der Bürgerwelt tief unzugehörig und sein sozialer Ort weit draußen an den Rändern der Gesellschaft, von wo die Leichenhalle für Selbstmörder und das Pantheon der Unsterblichkeit, wie der erste Analytiker dieses Typus pathetisch bemerkt hat, gleichweit entfernt lägen.[70] Wie lächerlich und verlottert daher die Anstalten scheinen, die der junge Hitler zur Verwirklichung seiner hochtrabenden Künstlerhoffnungen machte, wie fragwürdig sein Talent sich zeigte, wieviel überhaupt an plattester Hochstapelei, parasitärer Gewöhnlichkeit und Asozialität sein Männerheimdasein prägen: in der spätbürgerlichen Genievorstellung fand dies alles seine heimliche Rechtfertigung und in Richard Wagner das unwiderlegbare Vorbild.

In der Tat hat Hitler später selber versichert, er habe mit der einen Ausnahme Richard Wagners »keine Vorläufer« gehabt und sich ausdrücklich nicht bloß auf den Musiker und dramatischen Dichter, sondern die überwältigende Persönlichkeit berufen, »die größte

Prophetengestalt, die das deutsche Volk besessen« habe; mit Vorliebe pflegte er auf die überragende Bedeutung Wagners »für die Entwicklung des deutschen Menschen« zu verweisen, er bewunderte den Mut, die Energie, mit der jener politisch wirkte, »ohne eigentlich politisch sein zu wollen«, und versicherte gelegentlich, von der Erkenntnis der inneren Verwandtschaft mit dem großen Mann sei für ihn eine »geradezu hysterische Erregung« ausgegangen.[71]

Die Übereinstimmungen sind tatsächlich unschwer zu entdecken, die Berührungen der Temperamente, dank der bewundernden Nachfolge des jungen Postkartenabmalers noch intensiviert, ergeben eine seltsam unverkennbare Familienähnlichkeit, das irritierende Porträt vom »Bruder Hitler«, das Thomas Mann erstmals identifiziert hat. »Muß man nicht«, schrieb er 1938 auf dem Höhepunkt hitlerscher Triumphe, »ob man will oder nicht, in dem Phänomen eine Erscheinungsform des Künstlertums wiedererkennen? Es ist, auf eine gewisse beschämende Weise, alles da: die ›Schwierigkeit‹, Faulheit und klägliche Undefinierbarkeit der Frühe, das Nichtunterzubringensein, das Was-willst-du-nun-eigentlich?, das halb blöde Hinvegetieren in tiefster sozialer und seelischer Bohème, das im Grunde hochmütige, im Grunde sich für zu gut haltende Abweisen jeder vernünftigen und ehrenwerten Tätigkeit – auf Grund wovon? Auf Grund einer dumpfen Ahnung, vorbehalten zu sein für etwas ganz Unbestimmbares, bei dessen Nennung, wenn es zu nennen wäre, die Menschen in Gelächter ausbrechen würden. Dazu das schlechte Gewissen, das Schuldgefühl, die Wut auf die Welt, der revolutionäre Instinkt, die unterbewußte Ansammlung explosiver Kompensationswünsche, das zäh arbeitende Bewußtsein, sich zu rechtfertigen, zu beweisen... Es ist eine reichlich peinliche Verwandtschaft. Ich will trotzdem die Augen nicht davor verschließen«.[72]

Darüber hinaus gibt es Übereinstimmungen der auffälligsten Art: die subjektiv ungeklärte Identität der Vorfahren hier wie dort, das Schulversagen, die Flucht vor dem Militärdienst, der krankhafte Judenhaß ebenso wie der Vegetarismus, der bei Wagner sich schließlich zu der Wahnidee entwickelt, daß die Menschheit durch Pflanzenkost erlöst werden müsse. Gemeinsam ist beiden auch der extreme Charakter aller ihrer Zustände, das immerwährende Hinausgetriebensein an die äußerste Grenze, wo Depressionen und Hochgefühle, Triumphe und Katastrophen unvermittelt wechseln. In zahlreichen Opern Richard Wagners geht es um den klassischen Konflikt des dem eigenen Gesetz unterworfenen Außenseiters mit einer ans Herkommen gebundenen starren Ordnung. In ihnen: in Rienzi oder Lohengrin, Stolzing oder Tannhäuser erkannte der abgewiesene Akademiebewerber vor dem Tuschkasten im Lesesaal des Männerheims überhöhte Formen seiner eigenen Auseinandersetzung mit der Welt, und mitunter scheint es geradezu, als habe er dem bewunderten Vorbild nachgelebt oder sich doch auf ihn hin stilisiert. Zum einen wie zum anderen gehörte überdies ein überreizter Machtwille, eine von Grund auf despotische Neigung, und nie hat die Kunst Richard Wagners ganz vergessen machen können, wie sehr sie das Instrument eines unbändigen und weitausholenden Überwältigungsvorsatzes ist. Der so unwiderstehliche wie künstlerisch zweideutige Geschmack am Massenhaften, Imposanten, an den berauschenden Formaten, hat darin seine Ursache, die erste größere Komposition Wagners nach »Rienzi« und dem »Fliegenden Holländer« ist ein Chorwerk für zwölfhundert Männerstimmen und hundertköpfiges Orchester: dieser ungenierte, nackte Blick auf Wirkungen kennzeichnet Wagners Musik wie keine andere, die stete Selbstverführung durch den windigen Zampanoeffekt, wenn unter scharfen Kolophoniumblitzen die unverwechselbare Mischung von Walhall, Revue und Tempeldienst entfaltet wird. Mit ihm beginnt die Epoche der unlauteren Massenverzauberung in der Kunst. Der Veranstaltungsstil des Dritten Reiches ist ohne diese Operntradition, ohne das eigentlich demagogische Künstlertum Richard Wagners nicht zu denken.

Den einen wie den anderen verbanden aber auch ein hochentwickelter Sinn für psychologisches Raffinement, der einherging mit einer bemerkenswerten Unempfindlichkeit gegenüber dem Banalen. Das verschaffte ihnen jenen Zug plebejischer Prätention, der sich in eigentümlich gleichlautenden Urteilen über die Jahrzehnte hinweg widergespiegelt hat. Einen »Friseur und Charlatan« hat Gottfried Keller den Dichterkomponisten gelegentlich genannt, während ein zeitgenössischer Beobachter, mit dem Scharfsinn des Hassenden, Hitler als einen »stigmatisierten Oberkellner« beschrieben hat, ein anderer von einem rhetorischen Lustmörder sprach [73]: das Element des Vulgären, Anrüchigen, das solche Wendungen vor Augen haben, gehört ebenfalls zum einen wie zum anderen, ein Zug genialischen Betrügertums und inspirierter Bauernfängerei desgleichen. Und wie Richard Wagner die Rolle des Revolutionärs mit der des Königsfreundes verbunden hatte, der »Staatsmusikant Wagner«, wie Karl Marx höhnte, so träumte auch der junge Adolf Hitler auf ungenaue Weise von einem Aufstieg, in dem sein Haß auf die Gesellschaft mit seinen opportunistischen Instinkten versöhnt wäre. Wagner hatte alle offenkundigen Lebenswidersprüche aufgehoben, indem er die Kunst zu Ziel und Bestimmung des Daseins erklärt und den Künstler als dessen höchste Instanz ausgerufen hatte, die rettend stets dort eingreife, wo »der Staatsmann verzweifelt, der Politiker die Hände sinken läßt, der Sozialist mit fruchtlosen Systemen sich plagt, ja selbst der Philosoph nur noch deuten, nicht aber vorausverkünden« könne: es war die gänzliche Ästhetisierung des Lebens unter der Führerschaft der Kunst, die er proklamierte.[74] Auf diese Weise sollte der Staat zur Höhe eines Kunstwerks erhoben und die Politik aus dem Geist der Kunst erneuert und vollendet werden. In der Theatralisierung des öffentlichen Lebens im Dritten Reich, der inszenatorischen Passion des Regimes, der Dramaturgie seiner politischen Praxis, die nicht selten zum Zweck der Politik zu werden schien, sind Elemente dieser Programmatik unschwer greifbar.

Es finden sich Übereinstimmungen darüber hinaus. Die angeborene Neigung zum »Dilettantisieren«, die Friedrich Nietzsche in der berühmten »Vierten Unzeitgemäßen Betrachtung« an dem damals noch bewunderten Freund registriert hatte, war auch dem Jüngeren eigen. Beide zeigten das gleiche auffallende Bedürfnis nach rechthaberischer Intervention auf allen Gebieten, einen quälenden Ehrgeiz, sich beweisen, blenden, imponieren zu müssen, den rasch schal gewordenen Ruhm von gestern noch heute spektakulär zu übertrumpfen, und hier wie dort stößt man auf irritierende Kleinleuteverhältnisse in unmittelbarer Nachbarschaft, wenn nicht gar untrennbar verknüpft mit einer ins Weite wuchernden Eingebung, ganz so, als definiere eben dieses Nebeneinander ihr eigentümliches Ingenium. Was den einen vom anderen trennte, war der gänzliche Mangel an Selbstzucht und Künstlermühsal auf seiten Hitlers, seine fast narkotische Lethargie. Dazwischen jedoch und auf dem Grunde stößt man gleichzeitig auf ein erbittertes Sich-zur-Wehr-Setzen gegen die Gefahren der Proletarisierung: eine respektgebietende Willensleistung, die bestärkt wird von der immer wieder aufblitzenden Ahnung, daß eines fernen Tages etwas Unerhörtes geschehen und alle erlittene Demütigung, aller Jammer dieser Jahre sich furchtbar rächen werde.

Hitlers eigentlich unpolitische, theatralische Beziehung zur Welt im Zeichen Richard Wagners wird von verschiedenen Ansatzpunkten her faßbar. Einmal, nach Tagen des »Grübelns und Hineinbohrens«, wie er selber schreibt, stieß der planlos Herumstreunende auf eine Massendemonstration Wiener Arbeiter. Die bloße erinnernde Schilderung des Erlebnisses ließ noch rund fünfzehn Jahre später einen Nachhall des unauslöschlichen Eindrucks hörbar werden, den der Anblick jener »endlosen Viererreihen« auf ihn gemacht hat: fast zwei Stunden lang, so hat er erzählt, habe er am Rande der Ringstraße gestanden und »mit angehaltenem Atem den ungeheuren menschlichen Drachenwurm, der sich da langsam vorbeiwälzte«, angestarrt, ehe er sich »in banger Gedrücktheit«

abwandte und nach Hause lief, tief und dem Anschein nach vor allem
bewegt von dem szenischen Effekt, den der Umzug in ihm hinterlassen
hatte. Jedenfalls übermittelt er keinen Hinweis auf den politischen Anlaß oder Hintergrund des Ereignisses, sie berührten ihn offenbar weit
weniger als die Frage, welche Wirkungen mit Menschenmassen zu erzielen seien: es waren Theaterprobleme, die ihn beschäftigten, und dem
Politiker waren, wie er es sah, vor allem Inszenierungsaufgaben gestellt. Bereits Kubizek war aufgefallen, welche Bedeutung der Freund
bei seinen gelegentlichen dramatischen Versuchen »einer möglichst großartigen Inszenierung« gegeben hatte, und so wenig dieser frühe naive
Bewunderer Hitlers sich später an den Inhalt der Stücke erinnern konnte, so unvergeßlich war ihm angeblich der »ungeheure Aufwand«, den
jener trieb und der sogar alles, was Richard Wagner je für die Bühne
gefordert habe, »völlig in den Schatten« stellte.[75]

Rückschauend hat Hitler zwar ein intellektuelles Bildungserlebnis für
sich reklamiert und darauf verwiesen, daß er in den rund fünf Wiener
Jahren »unendlich viel und zwar gründlich« gelesen habe. Außer der
Baukunst und dem Besuch der Oper habe er »als einzige Freude nur
mehr Bücher« gehabt. Aber zutreffender ist es wohl, die prägenden
Eindrücke dieser Phase weniger auf intellektueller als vielmehr auf demagogischer und politisch-taktischer Ebene zu suchen. Als die Bauarbeiter
den sorgfältig sich abseits haltenden, von Dünkel und Kontaktangst
gleichermaßen erfüllten Bürgersohn angeblich vom Gerüst stoßen wollten, lernte er aus dem Zusammenstoß, daß eine Methode existiere, mit
Argumenten höchst einfach fertig zu werden: »jedem den Schädel einzuschlagen, der zu opponieren wagte«, wie er dazu nicht ohne bewundernden Unterton bemerkt hat.[76] Die Seiten seines Buches »Mein
Kampf« jedenfalls, die sich mit seinem politischen Erwachen beschäftigen, lassen in ihrer theoretischen Dürftigkeit nichts von jener kritisch
ringenden Auseinandersetzung mit den Ideen der Zeit spürbar werden,
die er geltend gemacht hat; vielmehr folgte er eher widerspruchslos der
verbreiteten deutsch-bürgerlichen Ideologie. Dagegen weckten die Fragen der Organisation von Ideen, ihrer Eignung zur Mobilisierung der
Massen sein fast gieriges Interesse und erste blitzartige Einsichten.

So wird denn auch für die Wiener Zeit schon bezeugt, was seinen
späteren Reden und Verlautbarungen zahlreiche charakteristische Wen-
dungen vermittelt hat: die beharrlich unbelehrbare Frage nach den
»Hintermännern«, den »dunklen Drahtziehern«, die den Massen ihren
Willen aufnötigten.[77] Der erwähnte Bericht Hanischs erzählt, wie
Hitler eines Tages »ganz berauscht« aus einem Film nach dem Roman
»Der Tunnel« von Bernhard Kellermann gekommen sei, in dem ein
Volksredner eine beherrschende Rolle spielt: »Schwungvolle Reden gabs

num (sic!) im Männerheim«, versichert der Verfasser. Und Josef Greiner will Hitler auf eine Frau Anna Csillag hingewiesen haben, die mit Hilfe betrügerischer Dankschreiben und gefälschter Beweise ein Haarwuchsmittel nach einem Geheimrezept angepriesen habe. Fast eine Stunde lang, so meint der offenbar stilisierte Bericht, habe Hitler sich an dem Geschick der Frau begeistert und über die ungeheuerlichen Möglichkeiten psychologischer Beeinflussung geredet: »Propaganda, Propaganda«, so habe er geschwärmt, »so lange, bis daraus ein Glaube wird und man nicht mehr weiß, was Einbildung und was Wirklichkeit ist«; denn Propaganda sei »die Grundessenz jeder Religion . . . . , ob Himmel oder Haarpomade«[78].

Auf festerem Grunde bewegt sich allerdings, wer die Folgerungen liest, die Hitler seinen eigenen Worten nach aus der Beobachtung der sozialdemokratischen Propaganda – ihrer Presse, ihrer Demonstrationen und Reden – gezogen hat. Sie haben die eigene Praxis entscheidend geprägt:

»Die Psyche der breiten Masse ist nicht empfänglich für alles Halbe und Schwache.

Gleich dem Weibe, dessen seelisches Empfinden weniger durch Gründe abstrakter Vernunft bestimmt wird, als durch solche einer undefinierbaren, gefühlsmäßigen Sehnsucht nach ergänzender Kraft, und das sich deshalb lieber dem Starken beugt, als den Schwächling beherrscht, liebt auch die Masse mehr den Herrscher als den Bittenden, und fühlt sich im Innern mehr befriedigt durch eine Lehre, die keine andere neben sich duldet, als durch die Genehmigung liberaler Freiheit; sie weiß mit ihr auch meist nur wenig anzufangen und fühlt sich sogar leicht verlassen. Die Unverschämtheit ihrer geistigen Terrorisierung kommt ihr ebensowenig zum Bewußtsein, wie die empörende Mißhandlung ihrer menschlichen Freiheit, ahnt sie doch den inneren Irrsinn der ganzen Lehre in keiner Weise. So sieht sie nur die rücksichtslose Kraft und Brutalität ihrer zielbewußten Äußerungen, der sie sich endlich immer beugt ... Nicht minder verständlich wurde mir die Bedeutung des körperlichen Terrors dem einzelnen, der Masse gegenüber. Auch hier genaue Berechnung der psychologischen Wirkung.

Terror auf der Arbeitsstätte, in der Fabrik, im Versammlungslokal und anläßlich der Massenkundgebung wird immer von Erfolg begleitet sein, solange nicht ein gleich großer Terror entgegentritt.«[79]

Anfang August 1910 kam es zum Bruch zwischen Hitler und Hanisch. Hitler hatte in mehrtägiger Arbeit eine Ansicht des Wiener Parlaments gemalt, und seine Bewunderung für den klassischen Tempelbau, den er »ein hellenisches Wunderwerk auf deutschem Boden« genannt hat, hatte ihn offenbar zu gewissenhaftestem Eifer veranlaßt. Jedenfalls glaubte er, das Bild sei fünfzig Kronen wert, doch Hanisch verkaufte es angeblich für nur zehn. Als der Freund im Anschluß an ihren Streit einige Zeit ausblieb, ließ Hitler ihn mit Hilfe eines anderen Männerheiminsassen kurzerhand verhaften und ein Gerichtsverfahren in Gang setzen. Hanisch erhielt in der Verhandlung vom 11. August sieben Tage Gefängnis, er behauptete anschließend, er habe durch Nachgiebigkeit versuchen müssen, das Gericht günstig zu stimmen, da er sich im Männerheim unter dem falschen Namen Fritz Walter angemeldet hatte. Die Witwe des Käufers wiederum erklärte später, ihr Mann habe tatsächlich etwa zehn Kronen für das Bild bezahlt, doch hatte Hanisch ihn nicht als Zeugen benannt.[80] Eine Zeitlang übernahm daraufhin ein jüdischer Kumpan namens Neumann, der ebenfalls im Männerheim wohnte, den Verkauf der Bilder, gelegentlich legte auch Hitler alle Scheu ab und suchte selber seine Kunden auf.

Dreieinhalb Jahre lang war diese Szenerie der Hintergrund für das Bildungserlebnis Hitlers, in ihr formten sich für immer seine Vorstellungen vom Menschen und sein Bild der Gesellschaft. Es fällt nicht schwer, die Haß- und Auflehnungskomplexe zu begreifen, die er angesichts all seiner hochfliegenden Ambitionen in dieser Umgebung entwickeln mußte. Noch Jahre später schauderte er vor Entsetzen bei der Erinnerung an die »düsteren Bilder von Unrat, widerlichem Schmutz und Ärgerem«, die er insbesondere auf dem Weg durch seinen Wohnbezirk antraf; Mitgefühl empfand er bezeichnenderweise nicht.

Die Erfahrungen und Lebensumstände dieser Phase haben Hitler vor allem zu den Grundlagen jener Kampfphilosophie verholfen, die zum zentralen Gedanken seines Weltbildes geworden ist, zu ihrem »granitenen Fundament«. Wo immer er sich später zur Idee des »brutalsten Kampfes«, der »gnadenlosen Selbstbehauptung«, zu Vernichtung, Härte, Grausamkeit oder dem Lebensrecht des Stärkeren bekannt hat, in ungezählten Reden und Besprechungen, auf den Seiten seines Buches oder in den Tischgesprächen aus dem Führerhauptquartier: immer schlug darin das Weltbild des Männerheiminsassen durch, das unvergessene Pensum aus der Schule der Gemeinheit.

Der sozialdarwinistische Ansatzpunkt im Denken Hitlers kann allerdings nicht, wie häufig gemeint wird, allein auf dessen individuelle Erfahrungen im Männerheim zurückgeführt werden; viel eher macht sich darin die Tendenz einer Epoche vernehmbar, deren unangefochtene Autorität die Naturwissenschaft war. Die von Spencer und Darwin entdeckten Gesetze der Entwicklung und Auslese waren die Berufungsinstanz zahlreicher scheinwissenschaftlicher Publikationen, die den »Kampf ums Dasein« als das Grundprinzip, und das »Recht des

Stärkeren« als das Grundrecht im Zusammenleben von Menschen und Völkern populär zu machen wußten. Bezeichnenderweise hat diese sogenannte sozialdarwinistische Theorie, zumindest zeitweilig, allen Lagern, Richtungen und Parteien in der zweiten Hälfte des 19. Jahrhunderts gedient; sie war, vor allem anfangs, ein Element der linken Vulgäraufklärung, ehe sie sich nach rechts zu verschieben begann und herangezogen wurde, die angebliche Naturwidrigkeit demokratischer oder humanitärer Ideen nachzuweisen.

Der Ausgangsgedanke war, daß, wie in der freien Wildbahn, auch Völkerschicksale und gesellschaftliche Prozesse von biologischen Voraussetzungen bestimmt seien. Nur ein strenges Ausleseverfahren, das gleichzeitig Ausmerzung und Züchtung verlange, verhindere Fehlentwicklungen und sichere einem Volk die Überlegenheit gegenüber anderen. In zahlreichen Schriften beispielsweise von Georges Vacher de Lapouge, Madison Grant, Ludwig Gumplowicz oder Otto Ammon, die von einer breiten Tagesschriftstellerei popularisiert wurden, war ein ganzes Arsenal folgenreicher Vokabeln und Vorstellungen anzutreffen: die Vernichtung lebensunwerten Lebens, die Technik gezielter Bevölkerungspolitik, die zwangsweise Asylierung und Sterilisierung Untüchtiger oder der Versuch, die erbliche Eignung für den Daseinskampf aus der Größe des Kopfes, dem Ansatz der Ohren oder der Länge der Nase zu schließen. Nicht selten waren diese Auffassungen verbunden mit dezidierten Zurückweisungen der christlichen Moral, der Toleranz sowie des zivilisatorischen Fortschritts, die vorgeblich die Schwäche begünstigten und folglich kontraselektorisch wirkten. Die Tatsache, daß der Sozialdarwinismus nie zu einem umfassenden System ausgebaut und von einzelnen seiner Wortführer sogar widerrufen worden ist, hat seinem Erfolg in die Breite keinen Abbruch getan. Alles in allem war er eine der klassischen Ideologien des bürgerlichen Zeitalters, das seine imperialistischen Praktiken sowie einen robusten kapitalistischen Durchsetzungswillen unter die Rechtfertigungsformeln eines unentrinnbaren Naturgesetzes zu stellen trachtete.

Von besonderer Tragweite war aber die enge Verbindung dieser Gedanken mit den antidemokratischen Tendenzen der Zeit. Liberalismus, Parlamentarismus, die Gleichheitsidee oder der Internationalismus wurden als Verstöße gegen das Naturgesetz betrachtet und auf die Rassenvermischung zurückgeführt. Schon Graf Gobineau, der erste bedeutende Rassenideologe (»Essai sur l'inégalité des races humaines«, 1853), war in seinem schroffen, aristokratischen Konservatismus als Gegner der Demokratie, der Volksrevolution und alles dessen hervorgetreten, was er verächtlich den »Gemeindesinn« nannte. Von noch größerer Wirkung aber, vor allem in weiten Kreisen des deutschen Bürgertums, war das

Werk des Engländers und späteren Wahldeutschen Houston Stewart Chamberlain. Aus einer namhaften Offiziersfamilie stammend, gebildet, doch von nervöser, schwächlicher Konstitution, war er, dem Studium, der Schriftstellerei sowie dem Werk Richard Wagners zugewandt, im Geburtsjahr Hitlers nach Wien geraten und statt für wenige Wochen zwanzig Jahre lang in der Stadt geblieben. Fasziniert und abgestoßen zugleich, hatte er nicht zuletzt aus der Begegnung mit dem Habsburger Vielvölkerstaat die Konzeption einer rassischen Geschichtstheorie entwickelt. Vor allem sein bekanntes Werk, »Die Grundlagen des 19. Jahrhunderts« (1899), unterbaute die weitläufigen Konstruktionen Gobineaus durch eine ins einzelne gehende Deutung und interpretierte die europäische Geschichte in kühnen Spekulationen als die Geschichte von Rassekämpfen. Im Untergang des Römischen Weltreiches erblickte er den klassischen Modellfall historischer Dekadenzprozesse aus blutmäßigen Vermischungsvorgängen. Wie einst das untergehende Rom befand sich die Doppelmonarchie mitten im stürmisch voranschreitenden Prozeß orientalischer Rasse-Überfremdung. Hier wie dort habe »nicht eine bestimmte Nation, irgend ein Volk, eine Rasse« die verderbliche Durchdringung und Zersetzung geleistet, sondern eine »bunte Agglomeration« ihrerseits vielfach vermischter Erscheinungen. »Leichte Begabung, oft auch eigentümliche Schönheit, das, was die Franzosen un charme troublant nennen, ist Bastarden häufig zu eigen; man kann dies heutzutage in Städten, wo, wie in Wien, die verschiedensten Völker sich begegnen, täglich beobachten; zugleich aber kann man auch eine eigentümliche Haltlosigkeit, die geringe Widerstandskraft, den Mangel an Charakter, kurz, die moralische Entartung solcher Menschen wahrnehmen.«[81] Chamberlain führte die Parallele noch weiter, indem er das vor den Toren Roms drängende Germanentum mit dem edelrassigen Preußen verglich, das in der Auseinandersetzung mit dem rassechaotischen Vielvölkerstaat zu Recht obsiegt habe. Doch im ganzen überwog in dem elitären Individualisten das Gefühl von Angst und Defensive. In immer wiederkehrenden pessimistischen Visionen sah er die Germanen »am Rande des Rasseabgrunds in einen stummen Kampf auf Leben und Tod« verstrickt und war gepeinigt von Bastardisierungsphantasien: »Noch ist es Morgen, aber immer wieder strecken die Mächte der Finsternis ihre Polypenarme aus, saugen sich an hundert Orten an uns fest und suchen uns in das Dunkel ... zurückzuziehen.«

Hitlers sozialdarwinistische Anschauungen waren daher, überblickt man es im ganzen, nicht einfach die »Philosophie des Obdachlosenasyls«[82]; vielmehr wird auch hierin die tiefere Übereinstimmung zwischen ihm und dem bürgerlichen Zeitalter kenntlich, dessen illegitimer Sohn und Zerstörer er war. Im Grunde griff er nur auf, was er rings-

An August Kubizek schickte er aus Wien eine Ansichtskarte der Waffensammlung des Kunsthistorischen Museums: »Komm bald«.

Er zeichnete Entwürfe für Konzertsäle, Museen, Prunkvillen und malte Postkarten mit überwiegend Wiener Motiven ab: Tonhalle in Linz (1907), Minoritenkirche in Wien (1909).

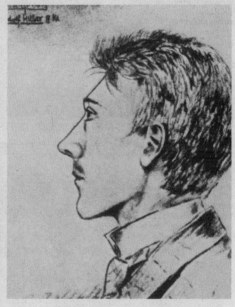

Hitlers ideologische Lehrmeister: oben links Lanz v. Liebenfels, darunter Karl Lueger, Richard Wagner, Houston Stewart Chamberlain; daneben Georg Ritter v. Schönerer und Graf Gobineau. – Hitler mit sechzehn Jahren: Zeichnung eines Mitschülers.

In einzelnen Gemeindebezirken Wiens bildeten die Juden rund ein Drittel der Bevölkerung.

Auf einer Zufallsaufnahme vom 1. August 1914 erkennt man deutlich Hitlers Gesicht: »Mir selber kamen die damaligen Stunden wie eine Erlösung vor«. – Darunter: Hitler in einem Unterstand an der Westfront. – In dem einzig erhaltenen politischen Brief aus dem Felde nannte Hitler den Internationalismus im Innern ebenso gefährlich wie den äußeren Feind.

umher dem Zeitungsangebot der Vorstadtcafés, den Büchern, Groschenheften, Opern sowie den Reden der Politiker entnahm. Lediglich der spezifisch verderbte Charakter seines Weltbilds spiegelt die Erfahrungen im Männerheim wider – nicht anders übrigens als jene elende Ausdrucksweise, die ihn noch als Staatsmann und Herrn eines Kontinents von dem »Dreckszeug aus dem Osten«, von »Schweinepfaffen«, »verkrüppeltem Kunst-Mist« oder der »ausgemachten Quadratschnauze« Churchill sprechen und das Judentum »dieses verkommenste Sauzeug« nennen ließ, »das zusammengeschlagen gehöre«[83].

Hitler hat die komplexen Vorstellungen, die dieser Zeit die Stimmung und eigentümliche Farbe gaben, mit jener Sensitivität aufgenommen, die eigentlich alles war, was er vom Künstlertum besaß; kein Einzelner, sondern die Epoche hat ihm die Ideen gegeben. Neben Antisemitismus und Sozialdarwinismus rechneten dazu vor allem ein nationalistisch gefärbter Sendungsglaube, der die andere Seite aller pessimistischen Angstträume war. In dem zunächst höchst konfus und zufällig arrangierten Weltbild hatten darüber hinaus auch allgemeinere, von den intellektuellen Modeströmungen der Jahrhundertwende beeinflußte Ideenfetzen ihren Platz: die Lebensphilosophie, die Skepsis gegen Vernunft und Humanität sowie die romantische Verherrlichung von Instinkt, Blut und Trieb. Nietzsche, dessen trivialisierte Predigt von der Kraft und strahlenden Amoralität des Übermenschen auch zu diesem Ideengut rechnet, hat gelegentlich vermerkt, daß das 19. Jahrhundert von Schopenhauer nicht dessen Tatsachensinn, den Willen zur Helligkeit und zur Vernunft aufgegriffen, sondern es darauf angelegt habe, »barbarenhaft fasziniert und verführt zu werden«: durch die unbeweisbare Lehre vom Willen, die Leugnung des Individuums, die Schwärmerei vom Genie, die Mitleidslehre, den Haß gegen die Juden und den gegen die Wissenschaft.[84]

Noch einmal tritt damit Richard Wagner ins Bild, an dessen Beispiel Nietzsche dieses Mißverständnis erörtert hat. Denn Wagner war nicht nur das große Lebensvorbild des jungen Hitler, sondern auch der Lehrmeister, dessen ideologische Affekte er weitgehend übernommen hat; über ihn lief die Vermittlung zum korrumpierten Geist der Zeit. Die um die Jahrhundertwende weitverbreiteten politischen Schriften Wagners gehörten zu Hitlers Lieblingslektüre, und die schwülstige Weitläufigkeit seines Stils hat unverkennbar auch Hitlers grammatisches Empfinden beeinflußt. Zusammen mit den Opern enthalten sie den gesamten ideologischen Hintergrund des Weltbildes, das er sich aus den erwähnten Elementen zusammenbrütete: Darwinismus und Antisemitismus (»daß ich die jüdische Race für den geborenen Feind der reinen Menschheit und alles Edlen in ihr halte«), die Vorstellung von germanischer Kraft und Befreiungsbarbarei, den Blutreinigungsmystizismus des »Parsifal«, überhaupt diese ganze dramaturgische Kunstwelt des komponierenden Theatermannes, in der sich das Gute und das Böse, das Reine und das Verdorbene, Herrscher und Beherrschte in schroff dualistischen Positionen feindselig gegenüberstehen. Der Fluch des Goldes, die unterirdisch wühlende Minderrasse, der Konflikt zwischen Siegfried und Hagen, der tragische Genius Wotans: diese ganze ungemein ausdeutungsfähige Welt aus Blutdunst, Drachentöterei, Herrschsucht, Verrat, Sexualität, Heidentum, und am Ende dann Erlösung und Glockengeläut am Theaterkarfreitag – das war das ideologische Milieu, das Hitlers Ängsten und Triumphbedürfnissen am treffendsten entsprach. Mit dem Verlangen des Autodidakten nach allgemein gültigen Anschauungen hat er sich aus diesem Oeuvre und dem, was es begleitete und überhöhte, sein Weltbild zusammengedeutet; es waren durchweg schon Gewißheiten, »granitene Fundamente«.

Hitler hat die Wiener Jahre »die schwerste, wenn auch gründlichste Schule« seines Lebens genannt und bemerkt, er sei damals »ernst und still« geworden. Zeitlebens hat er die Stadt für die Zurückweisung und Kränkung, die er in jenen Jahren erfahren hat, gehaßt: auch hierin seinem Vorbild Richard Wagner ähnlich, der seinen Groll über die enttäuschende Jugenderfahrung in Paris nie verwunden hat und Visionen liebte, in denen die Stadt in Rauch und Flammen unterging.[85] Die Vermutung ist nicht hergeholt, daß Hitlers riesenhafte, alle natürlichen Voraussetzungen überwuchernden Pläne für die kulturelle Donaumetropole Linz vom unverminderten Ressentiment gegen Wien eingegeben waren, und wenn er sich auch nicht mit Einäscherungsphantasien eine späte Genugtuung verschaffte, so hat er immerhin im Dezember 1944 das Ersuchen um zusätzliche Flakeinheiten für die Stadt mit dem Bemerken abgelehnt, Wien solle getrost den Bombenkrieg kennenlernen.

Auch die Ungewißheit über seine Zukunft hat ihn offenbar zusehends bedrückt. Um die Jahreswende 1910/11 war ihm, wenn nicht alle Hinweise trügen, von seiner Tante Johanna Pölzl ein erheblicher Geldbetrag zugewendet worden,[86] aber auch diese Mittel hatten ihn keine Initiative, keinen neuen ernsthaften Ansatz finden lassen. Ziellos ließ er sich weitertreiben: »So zogen die wochen dahin.« Dritten gegenüber gab er sich nach wie vor als Student, Kunstmaler oder Schriftsteller aus. Daneben hegte er weiterhin die unbestimmten Hoffnungen auf eine Karriere als Baumeister. Für ihre Verwirklichung indessen unternahm er nichts.

Nur seine Träume waren anspruchsvoll, ehrgeizig und auf ein großes Schicksal gerichtet. Die Beharrlichkeit, mit der er sie gegen die Realität träumte, verleiht diesem Lebensabschnitt, allem Phlegma und aller passiven Ziellosigkeit zum Trotz, den Anschein auffallender innerer Konsequenz. Unbeirrbar wich er allen Festlegungen aus und verharrte in vorläufigen Zuständen. Wie seine Weigerung, in die Gewerkschaft einzutreten und sich damit als Arbeiter kenntlich zu machen, ihm den bürgerlichen Anspruch bewahrt hatte, so blieben ihm im Männerheim, solange er sich nicht arrangierte, die Verheißungen auf Genialität und künftigen Ruhm erhalten.

Seine hauptsächliche Sorge war, die Zeitumstände könnten ihm das Anrecht auf ein großes Schicksal verderben. Er fürchtete eine ereignisarme Epoche. Schon als Junge, so hat er versichert, habe er sich über seine »zu spät angetretene irdische Wanderschaft oft ärgerliche Gedanken gemacht« und die ihm »bevorstehende Zeit der Ruhe und Ordnung als eine unverdiente Niedertracht des Schicksals angesehen« [87]. Nur eine chaotische Zukunft, soviel wußte er, Tumult und einstürzende Ordnungen konnten den Bruch mit der Realität heilen. Verführt von seinen exaltierten Träumen, rechnete er zu denen, die eher als ein Leben der Enttäuschungen eines der Katastrophen wollen.

IV. KAPITEL: DIE FLUCHT NACH MÜNCHEN

> »Ich mußte hinaus in das große Reich, das Land meiner Träume und meiner Sehnsucht!«
>
> Adolf Hitler

Am 24. Mai 1913 verließ Hitler Wien und siedelte nach München über. Er war zu diesem Zeitpunkt vierundzwanzig Jahre alt, ein melancholischer junger Mann, der mit einer Mischung von Sehnsucht und Bitterkeit auf eine verständnislose Welt sah. Die Enttäuschungen der zurückliegenden Jahre hatten den grüblerischen, verschlossenen Zug seines Wesens noch verstärkt. Er hinterließ keine Freunde. Wie es seinem ins Irreale ausgreifenden Temperament entsprach, neigte er eher zum Umgang mit einer Personnage im Unerreichbaren: Richard Wagner, Ritter v. Schönerer, Lueger. »Der Grundstock persönlicher Anschauungen«, den er sich unter dem »Druck des Schicksals« erworben hatte, bestand aus einigen kategorischen Ressentiments, die sich von Zeit zu Zeit, nach Perioden brütenden Dahindämmerns, in leidenschaftlichen Ausbrüchen Luft machten; er sei, so hat er später bemerkt, von Wien weggegangen »als absoluter Antisemit, als Todfeind der gesamten marxistischen Weltanschauung, als alldeutsch«[88].

Dieser Kennzeichnung ist allerdings, wie allen seinen Selbstbeschreibungen, deutlich die Absicht der Stilisierung zu früher politischer Urteilssicherheit anzumerken, die ihn bei der Niederschrift seines Buches »Mein Kampf« durchweg geleitet hat. Dementgegen ist schon die Tatsache, daß er nach München verzog und nicht nach Berlin, in die Hauptstadt des Reiches, ein eher unzweideutiges Indiz für sein anhaltend unpolitisches, oder doch von künstlerisch-romantischen weit mehr als von politischen Motiven geleitetes Naturell. Denn das München der Vorweltkriegszeit hatte den Ruf einer Musenstadt, eines liebenswürdigen, sinnlich-humanen Zentrums von Kunst und Wissenschaft, und die »Lebensform des ›Kunstmalers‹ (war) hier die allerlegitimste«: München leuchtete, wie eine unvergeßliche Formel lautet.[89] Die gern betonte und auffällig gemachte Eigenart der Stadt wurde mit Vorliebe gerade aus dem Gegensatz begründet, den sie zu dem dröhnend-modernen, babylonischen Berlin bildete, in dem das Soziale über das Ästhetische, das Ideologische über das Kulturbürgerliche, kurzum: die Politik über die Kunst triumphierte. Der Einwand, München habe weit eher im Dunstfeld Wiens gelegen und deshalb Hitlers Wahl bestimmt, bestätigt gerade, wogegen er sich zu wenden versucht: es waren Motive eines sehr allgemeinen Lebensgefühls und nicht Beweggründe sachlicher Natur, Motive des Dunstfeldes und damit der Kultursphäre, die ihn München wählen und Berlin verwerfen ließen, sofern er sich überhaupt vor eine Entscheidung gestellt gesehen hat. Im »Reichshandbuch für die Deutsche Gesellschaft« von 1931 hat er bemerkt, er sei nach München übergesiedelt, um »ein größeres Feld für seine politische Tätigkeit« zu finden; doch hätte er für diese Absicht in der Hauptstadt des Reiches bessere Voraussetzungen gefunden.

Die innere Trägheit und Kontaktnot, die schon die Jahre in Wien geprägt hatten, kennzeichnen auch den Aufenthalt in München, und mitunter scheint es, als habe er seine Jugend in einem großen leeren Raum verbracht. Offenkundig knüpfte er keine Verbindungen zu Parteien oder politischen Gruppen an, doch auch ideologisch blieb er einsam. Selbst in dieser intellektuell so unruhigen Stadt mit ihrer menschenverbindenden Aura, in der die fixe Idee als Ausweis der Originalität geschätzt war, fand er keinen Anschluß. Dabei hatte das völkische Gedankengut bis zu den exzentrischsten Varianten in der Stadt seine Parteigänger, desgleichen, vor allem im wirtschaftlich beunruhigten Kleinbürgertum, der Antisemitismus, doch traf man auch die unterschiedlichsten radikalen Bestrebungen von links – dies alles freilich vom Klima Münchens gemildert und in gesellige, rhetorische, nachbarliche Form gebracht. Im Vorort Schwabing trafen Anarchisten, Bohémiens, Weltverbesserer, Künstler und krause Apostel neuer Werte zusammen. Bleiche junge Genies träumten von einer elitären Erneuerung der Welt, von Erlösungen, Blutleuchten, Reinigungskatastrophen und barbarischen Verjüngungskuren für die degenerierte Menschheit. Mittelpunkt eines der bedeutendsten Kreise, die sich nicht selten an Caféhaustischen um Personen oder Ideen bildeten, war der Dichter Stefan George, der eine Schar hochtalentierter Schüler um sich versammelt hatte. Sie eiferten ihm nicht nur in der Verachtung der Bürgermoral, der Verherrlichung von Jugend, Instinkt, Übermenschentum und der Strenge des künstlerischen Lebensideals nach, sondern auch in der Haltung und bis in die stilisierte Physiognomie hinein. Einer seiner Jünger, Alfred Schuler, hatte das vergessene Hakenkreuz für den deutschen

Bereich wiederentdeckt, während Ludwig Klages, der ihm ebenfalls zeitweilig nahestand, den »Geist als Widersacher der Seele« bloßstellte.[90] Um die gleiche Zeit schickte sich Oswald Spengler an, die geheimen Verfallsstimmungen zu artikulieren und cäsarische Gestalten zu beschwören, die den unausweichlichen Untergang der westlichen Zivilisation noch einmal verzögern würden. In der Siegfriedstraße in Schwabing hatte Lenin gewohnt, in der Schleißheimer Straße Nr. 34, nur wenige Häuserblocks entfernt, nahm jetzt Adolf Hitler als Untermieter des Schneidermeisters Popp Quartier.

Nicht anders als die intellektuelle Unruhe ging auch die künstlerische Aufbruchstimmung der Zeit, die in München so spürbar war wie in Wien, an Hitler vorbei. Wassily Kandinsky, Franz Marc oder Paul Klee, die ebenfalls in der Schwabinger Nachbarschaft wohnten und der Malerei neue Dimensionen öffneten, bedeuteten dem angehenden Künstler nichts. In all den Monaten seines Münchener Aufenthalts blieb er der bescheidene Postkartenkopist, der seine Visionen, Alpträume und Ängste hatte, sie aber künstlerisch nicht zu übersetzen verstand. Die pedantische Pinseltreue, mit der er die Gespensterwelt seiner Komplexe und Aggressionen in reinliche Idyllen verwandelte, die jeden Mauerstein, jeden Grashalm, jede Dachpfanne festhielten, offenbarte seine geheimen Bedürfnisse nach Unversehrtheit und idealisierender Schönheit.

Je deutlicher sich, tief in ihm, das Bewußtsein seines unzureichenden künstlerischen Vermögens, seines Versagens überhaupt, verfestigte, desto dringender muß er das Bedürfnis empfunden haben, Gründe für die eigene Überlegenheit zu entdecken. Der Zynismus, mit dem er sich zu der Erkenntnis der »oft unendlich primitiven Anschauungen« der Menschen beglückwünschte, entstammte daher dem gleichen Beweggrund wie die Neigung, überall nur die niedrigsten Triebe am Werk zu sehen, Korruption, verschwörerischen Machthunger, Rücksichtslosigkeit, Neid, Haß: nämlich dem Wunsch, das eigene Leiden an der Welt aufzufangen. Auch der Zufall rassischer Zugehörigkeit hatte ihm vor allem als Ansatzpunkt individueller Überlegenheitsbedürfnisse gedient: als Bestätigung, daß er anders und mehr sei als alle die Proleten, Landstreicher, Juden und Tschechen, die seinen Weg gekreuzt hatten.

Doch lastete, so drückend wie je, die Angst auf ihm, bis zur Ununterscheidbarkeit gegenüber Asozialen, Armenhäuslern oder proletarischen Existenzen abzusinken. Die zahllosen Gestalten, die in den vergangenen Jahren im Männerheim an ihm vorbeigezogen waren, die Gesichter aus Lesesaal und dunklen Fluren, die so viele zerstörte Hoffnungen und private Untergänge spiegelten, hatten ihn unverlierbar geprägt; und im Hintergrund das Wien der Jahrhundertwende, eine Stadt in Endzeitstimmung, erfüllt von einem maroden Parfüm: die Schule des Lebens hatte ihn tatsächlich gelehrt, vor allem in Untergängen zu denken. Nichts anderes als die Angst ist denn auch die überwältigende Erfahrung seiner Formationsjahre gewesen und am Ende sogar, wie sich zeigen wird, der Impuls der atemverschlagenden Dynamik dieses Lebens überhaupt. Sein so kompakt wirkendes Welt- und Menschenbild, seine Härte und Inhumanität, waren überwiegend Abwehrgeste und Rationalisierung jenes »geschreckten Wesens«, das die wenigen Zeugen seiner frühen Jahre an ihm beobachtet haben.[91] Wohin er blickte, erkannte er nur Symptome von Erschöpfung, Auflösung, Abschied; Anzeichen von Blutvergiftung, rassischer Überwältigung; Ruin und Katastrophe. Zwar war er durch diese Grundstimmung dem pessimistischen Lebensgefühl verbunden, das zur tieferen Charakteristik des 19. Jahrhunderts gehört, alle Fortschrittsgläubigkeit und fröhliche Wissenschaft der Epoche spürbar verdunkelnd. Doch in der Radikalität des Gefühls, in der Besinnungslosigkeit, mit der er sich der Angst ergab, machte er sie sich individuell und unverwechselbar zu eigen.

Dieser Bewußtseinskomplex ist denn auch im Hintergrund seiner Behauptung wirksam, warum er schließlich, nach Jahren der Untätigkeit, der exzentrischen Tagträume, der ständigen Flucht in überspannte Phantasiewelten Wien verlassen hat. Seine Beteuerungen vermischen erotische, alldeutsche und sentimentale Gründe zur Haßerklärung gegen diese Stadt:

»Widerwärtig war mir das Rassenkonglomerat, das die Reichshauptstadt zeigte, widerwärtig dieses ganze Völkergemisch von Tschechen, Polen, Ungarn, Ruthenen, Serben, Kroaten usw., zwischen allem aber als ewiger Spaltpilz der Menschheit – Juden und wieder Juden. Mir erschien die Riesenstadt als die Verkörperung der Blutschande...

Aus all diesen Gründen entstand immer stärker die Sehnsucht, endlich dorthin zu gehen, wo seit so früher Jugend mich heimliche Wünsche und heimliche Liebe hinzogen. Ich hoffte, dereinst als Baumeister mir einen Namen zu machen und so, in kleinem oder großem Rahmen, den mir das Schicksal dann eben schon zuweisen würde, der Nation meinen redlichen Dienst zu weihen.

Endlich aber wollte ich des Glücks teilhaftig werden, an der Stelle sein und wirken zu dürfen, von der einst ja auch mein brennendster Herzenswunsch in Erfüllung gehen mußte: der Anschluß meiner geliebten Heimat an das gemeinsame Vaterland, das Deutsche Reich.«[92]

In der Tat mögen solche Motive für den Weggang aus Wien eine Rolle gespielt haben; andere Überlegungen von größerem oder geringerem Gewicht haben denkbarerweise den Entschluß mitgetragen.

Er selber hat später gestanden, es sei ihm unmöglich gewesen, »den Wiener Jargon zu lernen«, auch fand er in der Stadt »auf dem Gebiete rein kultureller oder künstlerischer Angelegenheiten alle Merkmale der Erschlaffung« und sah den weiteren Verbleib schon deshalb als nutzlos an, weil für einen Architekten »die Aufgaben seit dem Ausbau der Ringstraße wenigstens in Wien nur mehr unbedeutende waren« [93].

Entscheidend aber waren alle diese Gründe nicht. Vielmehr hat auch hier wiederum sein Widerwille gegen alle Normalität und Pflicht ausschlaggebende Bedeutung gehabt. Seine in den fünfziger Jahren wieder ans Licht gekommenen Militärpapiere, nach denen er denn auch im März 1938, unmittelbar nach dem Einmarsch in Österreich, fieberhaft fahnden ließ, schließen jeden Zweifel daran aus, daß er sogenannte Stellungsflucht begangen, daß heißt, sich der militärischen Dienstpflicht entzogen hat. Um diesen Tatbestand zu verdunkeln, gab er sich infolge dessen auf der polizeilichen Meldestelle in München nicht nur als Staatenloser aus, sondern fälschte in seinem Lebensbericht auch das Datum seines Weggangs aus Wien; tatsächlich verließ er die Stadt nicht, wie er behauptet hat, im Frühjahr 1912, sondern im Mai des darauffolgenden Jahres.

Die Nachforschungen der österreichischen Behörden blieben zunächst ergebnislos. Am 22. August 1913 notierte der Linzer Sicherheitswachmann Zauner, der für die Ermittlungen zuständig war: »Adolf Hietler (!) scheint weder hierorts noch in Urfahr polizeilich gemeldet auf und war dessen Aufenthalt auch in anderweitiger Richtung nicht eruierbar.« Desgleichen konnte Hitlers ehemaliger Vormund, der Gemeindevorsteher von Leonding, Josef Mayrhofer, auf Befragen nichts über Hitlers Aufenthalt vorbringen, und auch die beiden Schwestern, Angela und Paula, äußerten über ihren Bruder, daß sie »seit 1908 nicht mehr von ihm wüßten«. Erst die Nachforschungen in Wien ergaben, daß er nach München verzogen und in der Schleißheimerstraße 34 gemeldet sei. Dort erschien am Nachmittag des 18. Januar 1914 überraschend ein Beamter der Kriminalpolizei, verhaftete den Gesuchten und führte ihn am folgenden Tage im österreichischen Konsulat vor.

Der Vorwurf, dem er sich gegenübersah, wog schwer, und Hitler geriet, nachdem er sich solange in Sicherheit gewiegt hatte, in unmittelbare Gefahr, verurteilt zu werden. Es war eines jener banalen Ereignisse, die seinem Lebensweg, wie später noch des öfteren, eine gänzlich veränderte Richtung hätten geben können. Denn die Annahme fällt schwer, daß er mit dem sozial besonders ehrenrührigen Makel der Stellungsflucht eine Millionen-Gefolgschaft hätte sammeln und in halbmilitärischen Kategorien hätte mobilisieren können.

Doch wie ebenfalls noch zu wiederholten Malen, kam ihm ein Zufall zu Hilfe. Die Linzer Behörde hatte sein Erscheinen so kurzfristig anberaumt, daß er der Vorladung nicht mehr folgen konnte. Die Vertagung gab ihm die Möglichkeit einer sorgfältig berechneten, schriftlichen Erklärung. In einem mehrere Seiten langen Schreiben an den »Magistrat Linz Abt. II«, dem umfangreichsten und gewichtigsten Dokument seiner Jugend, versuchte er sich zu rechtfertigen. Der Brief verriet nicht nur seine auch weiterhin mangelhaften Kenntnisse der deutschen Sprache und Rechtschreibung, sondern deutete in der Schilderung seiner persönlichen Verhältnisse auch darauf hin, daß sein Leben im ganzen weiterhin in den eher ungeregelten und ziellosen Bahnen der Wiener Jahre verlief:

»Ich werde in der Vorladung als Kunstmaler bezeichnet. Führe ich auch diesen Titel zu Recht, so ist er aber dennoch nur bedingt richtig. Wohl verdiene ich mir meinen Unterhalt als selbständiger Kunstmaler jedoch nur, um mir, da ich gänzlich vermögenslos bin, (mein Vater war Staatsbeamter) meine weitere Fortbildung ermöglichen. Nur einen Bruchteil meiner Zeit kann ich zum Broterwerb verwenden, da ich mich als Architektur Maler noch immer erst ausbilde. So ist den (!) auch mein Einkommen nur ein sehr bescheidenes, gerade so groß daß ich eben mein Auskommen finde.

Ich lege als Zeugniß (!) dessen meinen Steuerausweis bei und bitte gleich hier ihn mir wieder gütig zusenden zu wollen. Mein Einkommen ist hier mit 1200 M angenommen, eher zu viel als zu wenig, und es ist dies nicht so zu verstehn, daß da nun genau auf den Monat 100 M fallen. O nein. Das Monats-Einkommen ist sehr schwankend, jetzt aber sicher sehr schlecht, da ja der Kunsthandel um diese Zeit in München etwa seinen Winterschlaf hält . . .«

Die Erklärung, die er im übrigen für sein Verhalten fand, war durchsichtig, doch im ganzen wirkungsvoll. Sie ging darauf hinaus, daß er zwar den ersten Stellungstermin versäumt, sich jedoch bald darauf aus eigenen Stücken gemeldet habe und seine Unterlagen offenbar auf dem Behördenweg verlorengegangen seien. Mit einer larmoyanten Begründung, voller Selbstmitleid und nicht ohne unterwürfige Schlauheit, versuchte er, das Versäumnis mit den verzweifelten Lebensumständen der Wiener Jahre zu entschuldigen:

»Was meine Unterlassungssünde im Herbst 1909 anlangt, so war dies eine für mich unendlich bittere Zeit. Ich war ein junger unerfahrener Mensch, ohne jede Geldhilfe und auch zu stolz eine solche auch nur von irgend jemand anzunehmen geschweige den (!) zu erbitten. Ohne jede Unterstützung nur auf mich selbst gestellt, langten die wenigen Kronen oft auch nur Heller aus dem Erlös meiner Arbeiten kaum für meine Schlafstelle. Zwei Jahre lang hatte ich keine andere Freundin als Sorge und Not, keinen anderen Begleiter als ewigen unstillbaren Hunger. Ich habe das schöne Wort Jugend nie kennengelernt. Heute noch nach 5 Jahren sind die Andenken in Form von Frostbeulen an Fingern, Händen und Füßen. Und doch kann ich nicht ohne gewisse

Freude mich dieser Zeit erinnern, jetzt da ich doch über das Ärgste empor bin. Trotz größter Not, inmitten einer oft mehr als zweifelhaften Umgebung, habe ich meinen Namen stets anständig erhalten, bin ganz unbescholten vor dem Gesetz und rein vor meinem Gewissen...«

Rund vierzehn Tage später, am 5. Februar 1914, erschien Hitler vor der Musterungskommission in Salzburg. Der Befund, von Hitler unterschrieben, lautete: »Zum Waffen- und Hilfsdienst untauglich, zu schwach. Waffenunfähig«[94]. Unmittelbar darauf begab er sich nach München zurück.

Wenn nicht alles trügt, war er in München nicht ganz unglücklich. Er hat später von der »inneren Liebe« gesprochen, die ihn vom ersten Augenblick an zu dieser Stadt erfüllt habe, und die ungewöhnliche Wendung vor allem auf »die wunderbare Vermählung von urwüchsiger Kraft und feiner künstlerischer Stimmung, diese einzige Linie vom Hofbräuhaus zum Odeon, Oktoberfest zur Pinakothek« zurückgeführt, bezeichnenderweise ein sympathiebegründendes politisches Motiv jedoch nicht zu nennen vermocht. Weiterhin war er einsam, verkrochen in der Schleißheimer Straße, doch scheint er den Mangel an menschlichen Beziehungen jetzt so wenig wie je verspürt zu haben. Lediglich zum Schneidermeister Popp sowie zu dessen Nachbarn und Freunden kam eine lockere Verbindung zustande, die von der gemeinsamen Neigung zu politisierender Geselligkeit ihren Ausgang nahm. Im übrigen hat er offenbar in den Schwabinger Bierstuben, wo Herkunft und Status nichts galten und jedermann sozial akzeptiert wurde, jene Form des Kontakts gefunden, die er einzig ertrug, weil sie ihm Nähe und Fremdheit zugleich gewährte: lose, zufällige Bierbekanntschaften, die leicht hergestellt und leicht verloren wurden. Dies waren jene »kleinen Kreise«, von denen er gesprochen hat, wo er als »Studierter« galt und erstmals offenbar weniger Widerspruch als Zustimmung erfuhr, wenn er sich über den brüchigen Zustand der Doppelmonarchie, die Fatalität des deutsch-österreichischen Bündnisses, die antideutsch-slawenfreundliche Politik der Habsburger, über das Judentum oder die Rettung der Nation verbreitete. In einer Umgebung, die den Außenseiter kultivierte und das Genie mit Vorliebe hinter exzentrischen Meinungen und Auftrittsweisen vermutete, fiel er damit kaum auf. Wenn eine Frage ihn erregte, so erfahren wir, begann er nicht selten zu schreien, doch waren seine Äußerungen, wie leidenschaftlich er sie auch vortrug, auffallend durch ihre Folgerichtigkeit. Auch liebte er es, zu prophezeien und politische Entwicklungen vorauszusagen.[95]

Der Entschluß, mit dem er nicht ganz zehn Jahre zuvor die Flucht von der Schule begründet hatte, war inzwischen aufgegeben: Maler habe er zu jener Zeit nicht mehr werden wollen, hat er später versichert, freilich ohne anzugeben, wie er sich statt dessen die Zukunft vorstellte; er habe damals immer nur so viel gemalt, wie er benötigte, um seinen Lebensunterhalt bestreiten und studieren zu können. Doch unternahm er nichts zur Verwirklichung dieser Absicht. Am Fenster seines Zimmers sitzend, malte er weiterhin die kleinen Aquarelle nach lokalen Motiven, »Hofbräuhaus« und »Sendlinger Tor« und »Nationaltheater« und »Viktualienmarkt« und »Feldherrnhalle« und wieder »Hofbräuhaus«: Jahre später wurden sie durch ministeriellen Erlaß zu »national wertvollem Kunstgut« erklärt und meldepflichtig gemacht.[96] Mitunter saß er stundenlang in den Cafés der Stadt, verschlang schweigend riesige Kuchenberge und las dazu die ausliegenden Zeitungen, oder er hockte in der Schwemme des Hofbräuhauses, brütend, leicht gereizt und mit blassem Gesicht. Gelegentlich kritzelte er im Bierdunst flüchtige Motive von Nachbartischen oder bauliches Interieur in das mitgeführte Skizzenbuch. Nach wie vor achtete er sorgfältig auf seine Kleidung, mit Vorliebe trug er einen Gehrock wie die Familie seines Vermieters bezeugt hat, auch sie bemerkte den eigentümlichen Willen zur Distanz, »er war nicht zu durchschauen. Von seinem Elternhaus sprach er niemals, von Freunden oder Freundinnen auch nicht«. Im ganzen schien er weniger von einem Ziel in Anspruch genommen als von der Abwehr des sozialen Abstiegs. Josef Greiner will ihm damals in München begegnet sein und ihn gefragt haben, wie er sich sein Leben vorstelle; die Antwort habe gelautet, »daß es ohnedies in Kürze einen Krieg gäbe. Es sei also ganz gleichgültig, ob er vorher einen Beruf habe oder nicht, denn beim Militär bedeute ein Generaldirektor nicht mehr als ein Pudelscherer«[97].

Die Ahnung trog nicht. In »Mein Kampf« hat Hitler in Erinnerung an die Vorkriegsjahre eindrucksvoll die Erdbebenstimmung beschrieben, jenes schwer greifbare, kaum erträgliche Gefühl der Spannung, das ungeduldig nach Entladung drängte, und offenbar ist es kein Zufall, daß diese Sätze zu den schriftstellerisch gelungeneren Passagen des Buches rechnen: »Schon während meiner Wiener Zeit«, so heißt es da, »lag über dem Balkan jene fahle Schwüle, die den Orkan anzuzeigen pflegt, und schon zuckte manchmal auch ein hellerer Lichtschein auf, um jedoch rasch in das unheimliche Dunkel sich wieder zurückzuverlieren. Dann aber kam der Balkankrieg, und mit ihm fegte der erste Windstoß über das nervös gewordene Europa hinweg. Die nun kommende Zeit lag wie ein schwerer Alpdruck auf den Menschen, brütend wie fiebrige Tropenglut, so daß das Gefühl der herannahenden Katastrophe infolge der ewigen Sorge endlich zur Sehnsucht wurde: der Himmel möge endlich dem Schicksal, das nicht mehr zu hemmen war, den freien Lauf gewähren. Da fuhr denn auch schon der erste gewaltige Blitzstrahl auf die Erde nieder: das Wetter brach los, und in den Donner des Himmels mengte sich das Dröhnen der Batterien des Weltkriegs.«[98]

Es hat sich eine Zufallsaufnahme erhalten, auf der Adolf Hitler am 2. August 1914, anläßlich der Kriegsproklamation, unter der jubelnden Menschenmenge auf dem Odeonsplatz in München zu sehen ist. Deutlich erkennt man sein Gesicht, den halbgeöffneten Mund, die brennenden Augen: dieser Tag befreite ihn aus allen Verlegenheiten, aus der Ratlosigkeit und Vereinsamung seines Daseins. »Mir selber«, so hat er seine Gefühle festgehalten, »kamen die damaligen Stunden wie eine Erlösung aus den ärgerlichen Empfindungen der Jugend vor. Ich schäme mich auch heute nicht, es zu sagen, daß ich, überwältigt von stürmischer Begeisterung, in die Knie gesunken war und dem Himmel aus übervollem Herzen dankte.«

Es war ein Dank, den die ganze Epoche empfand, und selten hat sie sich einiger dargestellt als in der martialischen Benommenheit der Augusttage 1914. Es bedurfte nicht der Ausweglosigkeit eines verbummelten Künstlerlebens, um den Tag, an dem der Krieg »einbrach und den ›Frieden‹ hinwegfegte ... auf einen heiligen Augenblick schön« zu finden und eine geradezu »sittliche Sehnsucht« befriedigt zu sehen.[99] Das vorherrschende Bewußtsein nicht nur Deutschlands, sondern der europäischen Welt in seinem tiefen Ennui empfand den Krieg als eine Möglichkeit, dem Elend der Normalität zu entkommen, und wiederum wird, faßt man diesen Sachverhalt ins Auge, etwas von der intensiv korrespondierenden Beziehung zwischen Hitler und seiner Zeit greifbar; durchweg teilte er ihre Bedürfnisse und Sehnsüchte, nur zugespitzter, radikaler: was ihr bloß Unbehagen bereitete, war seine Verzweiflung. Und wie er sich erhoffte, der Krieg werde alle Verhältnisse und Ausgangslagen ändern, so war, wo immer der Griff zu den Waffen bejubelt wurde, auf dem Grunde die Ahnung spürbar, daß ein Zeitalter an sein Ende gelangt und ein neues im Entstehen sei. Wie es den ästhetisierenden Neigungen der Epoche entsprach, wurde der Krieg als ein Läuterungsprozeß betrachtet, die große Hoffnung, sich aus Mittelmäßigkeit und Selbstekel zu befreien: in »Heiligen Gesängen« sah er sich gefeiert als der »Orgasmus des universellen Lebens«, der das Chaos schafft und befruchtet, aus dem das Neue entsteht.[100] Daß in Europa die Lichter ausgingen, war nicht nur, wie der englische Außenminister, Sir Edward Grey, es bei Kriegsausbruch geäußert und gemeint hatte, eine Formel des Abschieds, sondern auch eine der Hoffnung.

Die Bilder aus den ersten Augusttagen haben die hektische Festlichkeit, die Aufbruchstimmung und Erwartungsfreude bewahrt, mit der der Kontinent in die Phase seines Niedergangs eintrat: Mobilmachungen unter Blumen, das Hurra vom Straßenrand und auf den Balkons die Damen in den bunten Sommerkleidern. Volksfeststimmung und fröhliches Vivat. Die Nationen Europas feierten Siege, die sie nie erringen würden.

In Deutschland wurden diese Tage vor allem als ein unvergleichliches Gemeinschaftserlebnis empfunden. Wie mit einem Zauberschlage waren generationenalte Frontstellungen dahin, der sprichwörtlichen deutschen Zwietracht ein Ende bereitet. Es war eine Erfahrung von nahezu religiösem Charakter, die jene Tage »für alle, die sie miterlebt haben, zu den unverlierbaren Erinnerungswerten höchster Art« gemacht hat, wie einer der Miterlebenden noch Jahrzehnte später, selbstergriffen im Greisenalter, schrieb.[101] Ihr Ausdruck war, spontan auf Straßen und Plätzen von der Menge angestimmt, das Deutschlandlied des lange umstrittenen liberalen Revolutionärs von 1848, Hoffmann v. Fallersleben, das jetzt zur eigentlichen Nationalhymne wurde. Der Satz Wilhelms II., am Abend des 1. August den Zehntausenden auf dem Berliner Schloßplatz entgegengerufen, er »kenne keine Parteien und auch keine Konfessionen mehr«, sondern »nur noch deutsche Brüder«, war gewiß sein populärstes Wort; in der tief und traditionell gespaltenen Nation, die an ihren Gegensätzen litt, beseitigte es für einen unvergeßlichen Augenblick vielfältige Schranken; die deutsche Einheit, knapp fünfzig Jahre zuvor erreicht, schien jetzt erst verwirklicht.

Es waren Tage schöner Täuschungen. Denn das Gefühl der Einigkeit verhüllte nur, was es aufzuheben schien. Hinter dem Bild der versöhnten Nation lebten die alten Gegensätze fort, und dem aufbrandenden Jubel lagen die unterschiedlichsten Motive zugrunde: persönliche und patriotische Wunschträume, revolutionäre Antriebe und Überdruß, antigesellschaftliche Empörungskomplexe, hegemoniale Zielsetzungen sowie, immer wieder, die Sehnsucht des abenteuerlichen Herzens nach einem Ausbruch aus der Routine der bourgeoisen Ordnung – dies alles kam zusammen und empfand sich für einen Augenblick als Hingabe zur Rettung des Vaterlandes.

Hitlers eigene Empfindungen waren von solchen unterschobenen Vorstellungen nicht frei: »So quoll mir, wie Millionen anderen, denn auch das Herz über vor stolzem Glück«, hat er geschrieben und seinen Überschwang allein auf die Möglichkeit zurückgeführt, endlich die nationale Gesinnung beweisen zu können. Am 3. August richtete er ein Immediatgesuch an den Bayerischen König mit der Bitte, trotz seiner österreichischen Staatsangehörigkeit als Freiwilliger in ein bayerisches

Regiment aufgenommen zu werden. Der Widerspruch zwischen seiner Stellungsflucht und diesem Schritt besteht nur scheinbar; denn die Militärdienstzeit unterwarf ihn einem sinnlos empfundenen Zwang, während der Krieg gerade die Befreiung aus den Mißstimmungen, der Not seiner unverstandenen Affekte, dem richtungslosen Leerlauf seines Lebens bedeutete. Zwei patriotische Volksbücher über den Krieg von 1870/71 waren, seinen eigenen Worten zufolge, die erste schwärmerische Lektüre des Halbwüchsigen gewesen. Jetzt schickte er sich an, in die machtvolle, vom Glanz kindlicher Leseabenteuer verklärte Armee einzutreten. Schon die vergangenen Tage hatten ihm die entbehrten Gefühle emotionaler Zugehörigkeit und Übereinstimmung gewährt. Nun zum erstenmal in seinem Leben sah er eine Aufgabe, die Chance, am Ansehen einer großen, gefürchteten Institution teilzuhaben. Zwar hatte er in den vergangenen Jahren einige Erfahrungen gesammelt, die Nöte der Menschen, ihre Sehnsüchte und Ängste kennengelernt; aber er war immer in den gesellschaftlichen Zwischenbereichen geblieben, ein Außenseiter ohne das Gefühl der Identität des Schicksals. Jetzt eröffnete sich ihm eine Möglichkeit, diesem tiefen Bedürfnis Genüge zu tun.

Schon einen Tag, nachdem er das Gesuch eingereicht hatte, traf das Antwortschreiben ein. Mit zitternden Händen, so hat er bekannt, habe er es geöffnet. Es forderte ihn auf, sich beim 16. Bayerischen Reserve-Infanterie-Regiment, nach seinem Kommandeur auch Regiment List genannt, zu melden. Für Hitler begann »die unvergeßlichste und größte Zeit meines irdischen Lebens« [102].

V. KAPITEL: ERLÖSUNG DURCH DEN KRIEG

»Ohne das Heer wären wir alle nicht da; wir sind einst alle aus dieser Schule gekommen.«
Adolf Hitler

In der zweiten Oktoberhälfte, nach einer Ausbildungszeit von nur knapp zehn Wochen, wurde das Regiment List an die Westfront verlegt. Ungeduldig und voller Sorge, der Krieg könnte noch vor seinem ersten Einsatz beendet sein, hatte Hitler den Transport erwartet. Doch schon in der sogenannten Feuertaufe am 29. Oktober während der ersten Schlacht von Ypern erlebte er eine der blutigsten Auseinandersetzungen des beginnenden Krieges. Den massiven, für den deutschen Kriegsplan entscheidenden Versuchen, zur Kanalküste durchzustoßen, stellten sich die an diesem Abschnitt eingesetzten britischen Einheiten erbittert, schließlich erfolgreich entgegen. Lange tobten die Kämpfe hin und her, Hitler selber hat in einem Brief an den Schneidermeister Popp berichtet, das Regiment sei in dieser Schlacht innerhalb von vier Tagen von dreitausendsechshundert auf rund sechshundert Mann zusammengeschmolzen. Demgegenüber verzeichnet die Regimentsgeschichte dreihundertneunundvierzig Gefallene für diesen ersten Einsatz. Auch verlor die Einheit schon kurze Zeit später, bei dem Dorf Becelaere, ihren Kommandeur und erwarb sich, zum Teil infolge leichtsinniger Befehle, eine »schmerzliche Volkstümlichkeit«[103].

Desgleichen hält die Schilderung, die Hitler in »Mein Kampf« von seinem ersten Einsatz im Krieg gegeben hat, in den Einzelheiten der Nachprüfung nicht stand. Doch verrät die ungewöhnliche stilistische Sorgfalt, die er dieser Passage gewidmet hat, sowie die spürbare Bemühung um poetische Erhöhung, wie unvergeßlich sich ihm dieses Erlebnis eingeprägt hat:

»Und dann kommt eine feuchte, kalte Nacht in Flandern, durch die wir schweigend marschieren, und als der Tag sich dann aus den Nebeln zu lösen beginnt, da zischt plötzlich ein eiserner Gruß über unsere

Köpfe uns entgegen und schlägt in scharfem Knall die kleinen Kugeln zwischen unsere Reihen, den nassen Boden aufpeitschend; ehe aber die kleine Wolke sich noch verzogen, dröhnt aus zweihundert Kehlen dem ersten Boten des Todes das erste Hurra entgegen. Dann aber begann es zu knattern und zu dröhnen, zu singen und zu heulen, und mit fiebrigen Augen zog es nun jeden nach vorne, immer schneller, bis plötzlich über Rübenfelder und Hecken hinweg der Kampf einsetzte, der Kampf Mann gegen Mann. Aus der Ferne aber drangen die Klänge eines Liedes an unser Ohr und kamen immer näher und näher sprangen über von Kompagnie zu Kompagnie, und da, als der Tod gerade geschäftig hineingriff in unsere Reihen, da erreichte das Lied auch uns, und wir gaben es nun wieder weiter: Deutschland, Deutschland über alles, über alles in der Welt!«[104]

Hitler war während des ganzen Krieges Meldegänger zwischen dem Regimentsstab und den vorgeschobenen Stellungen, und die Aufgabe, die ihn auf sich selbst verwies, lag seiner einzelgängerischen Natur. Einer seiner Vorgesetzten erinnerte sich an ihn als einen »ruhigen, etwas unmilitärisch aussehenden Mann, der sich zunächst in nichts von seinen Kameraden unterschied«. Er war zuverlässig, pflichtbewußt und gehörte, der gleichen Quelle zufolge, zu den ernster veranlagten Menschen. Doch auch hier galt er als Sonderling, der »Spinner«, wie die Kameraden fast übereinstimmend versicherten: Oft saß er »mit dem Helm auf dem Kopf in Gedanken versunken in der Ecke, und keiner von uns war imstande, ihn aus seiner Apathie herauszubringen«. Die Urteile, wiewohl vergleichsweise zahlreich und aus nahezu vier Jahren stammend, lauten durchweg so oder doch ähnlich, keines macht ihn eigentlich lebendig, aber ihre Farblosigkeit ist die ihres Gegenstandes.

Selbst die exzentrischen Züge, durch die er auffiel, besitzen einen merkwürdig unpersönlichen Charakter und bringen weniger die Person zum Vorschein als die Prinzipien, denen sie folgte. Bezeichnenderweise galten die gelegentlichen Ausbrüche, in denen er sich aus seinen anhaltenden Grübeleien befreite, nicht den tausend Mißhelligkeiten des Soldatenlebens, sondern der Angst um den Sieg, dem Verdacht des Verrats oder unsichtbarer Feinde. Es existiert keine Episode, die ihm individuellen Umriß verschaffte, kein Zeichen irgendeiner Eigenart, und die einzige Anekdote, die überliefert wurde und später in die Lesebücher Eingang fand, ist in der Tat nichts anderes als eine Lesebuchanekdote: sie erzählt, wie Hitler auf einem Meldegang bei Montdidier auf einen Trupp von fünfzehn Franzosen stieß und wie es seiner Geistesgegenwart, seinem Mut und Überrumpelungsgeschick gelang, sie zu überwältigen und gefangen seinem Kommandeur vorzuführen.[105]

Sein musterhafter Übereifer verdeckte den Menschen hinter einem Bilde wie aus dem patriotischen Kalender: es war eine andere Art, sich der Umwelt zu entziehen, eine Flucht ins Klischee. Bei einem Erkundungsgang riß er seinen Kommandeur aus dem plötzlich einsetzenden feindlichen Maschinengewehrfeuer, stellte sich »schützend vor ihn« und bat ihn, »das Regiment davor (zu) bewahren, in so kurzer Zeit ein zweites Mal seinen Kommandeur zu verlieren«.[106] Sicherlich war er, allen später geäußerten, aber politisch motivierten Zweifeln zum Trotz, tapfer. Schon im Dezember 1914 erhielt er das Eiserne Kreuz II. Klasse, »es war der glücklichste Tag meines Lebens«, schrieb er dem Schneidermeister Popp, »freilich, meine Kameraden, die es auch verdient hatten, sind fast alle tod«. Im Mai 1918 wurde er mit einem Regimentsdiplom wegen Tapferkeit vor dem Feind ausgezeichnet und am 8. August des gleichen Jahres mit dem an Mannschaftsdienstgrade selten verliehenen Eisernen Kreuz I. Klasse.

Ein konkreter Anlaß für diese Auszeichnung ist allerdings bis heute nicht ausfindig gemacht worden, Hitler selber hat nie darüber gesprochen, vermutlich um das Eingeständnis zu vermeiden, daß er die Auszeichnung dem Vorschlag des jüdischen Regimentsadjutanten Hugo Gutmann verdankte. Auch die Regimentsgeschichte schweigt darüber, während die überlieferten Berichte stark voneinander abweichen. Sie behaupten, offenbar in Anlehnung an die erwähnte Anekdote, daß Hitler eine fünfzehnköpfige englische Patrouille gefangengenommen habe, oder schildern die dramatische Festsetzung von zehn, zwölf und selbst zwanzig Franzosen, wobei Hitler mitunter sogar die geläufige Kenntnis des Französischen angedichtet wurde, das er in Wirklichkeit nur oberflächlich, in ungefähren Wendungen beherrschte. Wieder eine andere Darstellung will wissen, wie er sich im schwersten Feuer zu einer Artillerieeinheit durchgeschlagen und auf diese Weise den drohenden Beschuß der eigenen Stellungen verhindert habe. Am wahrscheinlichsten ist, daß er keiner einzelnen Tat, sondern dem jahrelang bewiesenen, unauffälligen Einsatz die Anerkennung verdankte. Doch was immer der Anlaß war: die Kriegsdekorationen erwiesen sich für Hitlers Zukunft von unschätzbarem Wert. Sie gaben ihm, dem Österreicher, eine Art höheres Heimatrecht in Deutschland und schufen dadurch überhaupt erst die Voraussetzung für den aussichtsreichen Beginn seiner Karriere: sie sicherten und legitimierten seinen Anspruch auf politische Mitsprache sowie auf politische Gefolgschaft.

Im Felde indessen, unter den Kameraden, forderte sein exaltiertes Verantwortungsbewußtsein, diese stets das militärische Gesamtgeschehen umfassende Sorge des Gefreiten, häufige Kritik heraus: »Wir alle schimpften auf ihn«, erinnerte sich später einer seiner Kameraden, andere meinten: »Der Spinner will halt auch noch die Bandel.« In dem mageren, gelblichen Gesicht war stets ein Zug von Bedrückung sichtbar.

Gleichwohl war Hitler offenbar nicht unbeliebt, vielmehr machte er wiederum nur die Distanz spürbar, durch die er sich von den Kameraden getrennt fühlte. Im Gegensatz zu ihnen war er ohne Familie, er erhielt oder schrieb kaum Briefe und teilte auch ihre banalen Neigungen, ihre Sorgen, Weibergeschichten und ihr Gelächter nicht: »Nichts haßte ich so wie den Schund«, hat er später im Blick auf diese Zeit versichert. Er habe statt dessen viel über die Probleme des Lebens nachgedacht, Homer, das Evangelium und Schopenhauer gelesen, der Krieg habe ihm dreißig Jahre Universität ersetzt.[107] Unnachgiebiger als sie alle, glaubte er allein zu wissen, worum es ging, und schöpfte aus seiner Vereinsamung, seiner Kontaktnot, das Bewußtsein besonderer Erwähltheit. Die erhaltenen Fotografien aus jener Zeit deuten etwas von dieser eigentümlichen Fremdheit zu den Kameraden, der Inkongruenz ihrer Motive und Erfahrungen an: blaß, schweigend, unerreichbar sitzt Hitler, mit starrem Ausdruck, neben ihnen.

Dieses komplexe Unvermögen zu menschlichen Verhältnissen mag auch ausschlaggebend dafür gewesen sein, daß Hitler in den vier Jahren an der Front nur zum Gefreiten befördert wurde. Im Nürnberger Prozeß hat der langjährige Adjutant des Regiments List versichert, es sei gelegentlich erwogen worden, Hitler zum Unteroffizier zu befördern, doch habe man am Ende davon Abstand genommen, »weil wir keine entsprechenden Führereigenschaften an ihm entdecken konnten«. Auch habe Hitler selber nicht zur Beförderung vorgeschlagen werden wollen.[108]

Was er im Krieg, in Quartieren und Mannschaftsunterkünften fand, war jene Art menschlicher Beziehung, die seinem Wesen entsprach und sich gerade durch die Chance der Unpersönlichkeit definierte, die sie gewährte: es war wiederum die Lebensform des Männerheims, der er begegnete, wenn auch insofern verändert, als seinen sozialen Prestigebedürfnissen, seiner inneren Unruhe sowie seinem Sinn für Pathetik endlich Genüge getan war. Aber hier wie dort war der soziale Rahmen seiner Menschenscheu und Misanthropie sowie seinem reduzierten Verlangen nach Fühlung angemessen. Die Heimat, die er nicht besaß, hat er im Feld gefunden, das Niemandsland war sein Zuhause.

Das wird auf wörtlich diese Weise von einem seiner ehemaligen Vorgesetzten bestätigt: »Für den Gefreiten Hitler war das Regiment List Heimat.«[109] Der Hinweis löst zugleich den Widerspruch zwischen seinem fast versessen wirkenden Einordnungswillen im Krieg und der Asozialität seines Außenseitertums in den voraufgegangenen Jahren. Seit dem Tode der Mutter hatte er sich nie mehr so heimisch gefühlt, niemals seither war sein gleichzeitiges Bedürfnis nach Abenteuer und Ordnung, nach Ungebundenheit und Disziplin so nachhaltig befriedigt worden wie in den Stabsquartieren, den Gräben und Unterständen an der Front. Der Krieg war, im Gegensatz zu den verletzenden Erfahrungen der zurückliegenden Jahre, Adolf Hitlers großes positives Bildungserlebnis, ein »gewaltiger Eindruck«, »überwältigend«, »so glücklich«, wie er selber formuliert hat, eine überschwenglich bejahte Erfahrung von eigentlich metaphysischem Rang.

Hitler selber hat versichert, der Krieg habe ihn gewandelt.[110] Vor allem anderen hat er dem empfindsamen jungen Mann Härte und das Bewußtsein des eigenen Wertes verschafft. Bezeichnenderweise wagte er sich jetzt auch wieder den Verwandten unter die Augen, sowohl seinen Heimaturlaub im Oktober 1917 als auch den vom September 1918 verbrachte er bei seinen Angehörigen in Spital. Darüber hinaus lernte er im Feld den Nutzen der Solidarität, eine partielle Selbstzucht sowie schließlich jene Schicksalsgläubigkeit, die den pathetischen Irrationalismus der Generation, der er angehörte, im allgemeinen geprägt hat. Sein Mut und die Kaltblütigkeit, mit der er sich im heftigsten Feuer bewegte, hatten ihm unter den Kameraden eine Art Nimbus eingetragen, ist der Hitler dabei, pflegten sie zu sagen, »da passiert nichts«. Auf ihn selber scheint diese Erfahrung tiefen Eindruck gemacht zu haben; sie hat offenbar jenen Glauben an seine besondere Berufung verstärkt, den er sich in all den Jahren des Versagens hartnäckig bewahrt hatte.

Der Krieg hat jedoch auch Hitlers Neigung zur kritischen Grübelei vergrößert. Wie viele seinesgleichen gewann er im Feld die Erkenntnis vom Versagen der alten Führungsschichten und der inneren Erschöpfung jener Ordnung, zu deren Verteidigung er ausgerückt war: »Ich würde für diese Gefallenen ihre Führer verantwortlich machen«, äußerte er gelegentlich gegenüber einem verblüfften Kameraden. Die Frage nach einer neuen Ordnung, der sich diese politisch kaum bewegte bürgerliche Jugend unvermittelt gegenübersah, erfaßte vage auch ihn. Zwar hat er zunächst, wie er selber es nennt, »nicht politisieren« oder, wie es an anderer Stelle ganz im Sinne seiner politikfremden Einstellung der Wiener Jahre heißt, »also damals von Politik nichts wissen« wollen; aber seine unstillbare Spekuliersucht brachte alle Vorsätze durcheinander, und bald erregte er dadurch Aufmerksamkeit, daß er »über politische und weltanschauliche Fragen in der primitiven Art der kleinen Leute philosophierte«. Aus der Anfangsphase des Krieges ist ein von ihm verfaßter, zwölf Seiten langer Brief an einen Münchener Bekannten überliefert, der diese Beobachtung bestätigt; nach der ausführlichen Schilderung eines Sturmangriffs, an dem er teilgenommen hatte (»wie durch ein Wunder blieb ich gesund und heil«), schließt das Schreiben:[111]

»Ich denke so oft an München, und jeder von uns hat nur den einen Wunsch, daß es bald zur endgiltigen Abrechnung mit der Bande kommt, zum Daraufgehen, koste es was es wolle, und daß die, die von uns das Glück besitzen werden, die Heimat wiederzusehen, sie reiner und von der Fremdländerei gereinigter finden werden, daß durch die Opfer und Leiden, die nun täglich so viele Hunderttausende von uns bringen, daß durch den Strom von Blut, der hier Tag für Tag fließt gegen eine internationale Welt von Feinden, nicht nur Deutschlands Feinde im Äußeren zerschmettert werden, sondern daß auch unser innerer Internationalismuß (!) zerbricht. Das wäre mehr wert als aller Ländergewinn. Mit Österreich wird die Sach kommen wie ich es immer sagte.«

Politisch entsprach, was diese Passage vertrat, den ideologischen Fixierungen der Wiener Jahre: der Angst vor nationaler Überfremdung sowie dem Abwehrgefühl gegen eine Welt von Feinden; ansatzweise enthielt es aber auch schon jene aus dem Gedankengut der österreichischen Alldeutschen entwickelte Vorstellung, die sich später in seiner These vom Primat der Innenpolitik niederschlug: daß die innere Geschlossenheit eines Staates seiner Machtausdehnung vorangehe; Großdeutschland sollte gleichsam zunächst deutsch und dann erst groß sein.

Anfang Oktober 1916 wurde Hitler bei Le Barqué am linken Oberschenkel leicht verwundet und ins Lazarett Beelitz bei Berlin überstellt. Fast fünf Monate lang, bis Anfang März 1917, hielt er sich in der Heimat auf, und wenn nicht alles trügt, sah er sich in dieser Zeit einen Schritt näher an die Politik gedrängt.

Die Augusttage des Jahres 1914 sowie die Erfahrungen an der Front hatten sich ihm vor allem als das Erlebnis der inneren Einheit der Nation eingeprägt. Zwei Jahre lang war dies eine beseligende, kaum ernsthaft beeinträchtigte Gewißheit gewesen. Ohne Heimatadresse, ohne irgendein Wohin, hatte er auf nahezu alle Urlaubsansprüche verzichtet und sich in ungestörtem Übereifer in seiner Scheinwelt bewegt: »Es war noch die Front der alten, herrlichen Heldenarmee«, wie er sich später sehnsüchtig erinnerte.[112] Um so nachhaltiger war der Schock, als er in Beelitz und bei einem ersten Besuch in Berlin den politischen, sozialen und sogar landsmannschaftlichen Gegensätzen von einst wiederbegegnete. Verzweifelt ging ihm auf, daß die Zeit allen Enthusiasmus der Anfangsphase erstickt hatte. An die Stelle erhebender Schicksalsverschworenheit waren wieder Parteien und Parteienstreit, Meinungsverschiedenheiten, Widerstände gerückt, und es mag sein, daß sein lebenslanges Ressentiment gegen die Stadt Berlin in dieser frühen

Erfahrung seinen Ursprung hatte. Er erlebte Unzufriedenheit, Hunger und Resignation. Voller Empörung begegnete er Drückebergern, die sich ihrer »höheren Klugheit« rühmten, registrierte er Heuchelei, Egoismus, Kriegsgewinne und erkannte, den fixen Zwängen aus Wiener Tagen getreu, hinter allen diesen Erscheinungen die Figur des Juden am Werk.

Auch als er, nahezu wiederhergestellt, nach München zum Ersatzbataillon zurückkehrte, war es nicht anders; er glaubte, die Heimat »nicht mehr wieder zu erkennen«. Mit unverhohlener Erbitterung wandte er sich gegen diejenigen, die ihm dieses Entzauberungserlebnis bereitet und den schönen Traum der inneren Einheit, die erste positive soziale Erfahrung seit Kindheitstagen, zerschlagen hatten: gegen die »hebräischen Volksverderber« einerseits, von denen man zwölf- oder fünfzehntausend hätte »unter Giftgas« halten müssen, sowie gegen die Politiker und Journalisten andererseits. Die sprachlichen Mittel, deren er sich bediente, spiegeln noch im Nachhinein den Grad seiner Aufgebrachtheit wider: »Schwätzer«, »Ungeziefer«, »meineidige Verbrecher der Revolution«, verdienten sie nichts anderes, als vertilgt zu werden, »man müßte rücksichtslos die gesamten militärischen Machtmittel einsetzen zur Ausrottung dieser Pestilenz«[113], formulierte er. Denn noch wünschte er leidenschaftlich, mit geradezu hysterischem Verlangen, den Sieg; weder eine Ahnung noch Berechnung sagten ihm, daß er für seinen Aufstieg aus der Namenlosigkeit viel eher der Niederlage bedurfte.

Als er im Frühjahr 1917 an die Front zurückkehrte, fühlte er sich daher wie befreit und der zivilen Welt, der er sich nie anzupassen vermocht hatte, weiter entfremdet. Die Militärunterlagen vermerken seine Teilnahme an den Stellungskämpfen im französischen Flandern, an der Frühjahrsschlacht von Arras und im Herbst am heftig umstrittenen Chemin des Dames. Besorgt registrierte er währenddessen die »sinnlosen Briefe gedankenloser Weiber«, die der kriegsmüden Stimmung in der Heimat zur Verbreitung an der Front verhalfen. Mit einem Kameraden, dem Maler Ernst Schmidt, pflegte er zu dieser Zeit häufig seine berufliche Zukunft zu erörtern, und Schmidt hat bekundet, sein Gesprächspartner habe damals zu überlegen begonnen, ob er sich nicht in der Politik versuchen solle; allerdings sei er sich niemals wirklich schlüssig geworden. Andererseits fehlt es nicht an Indizien dafür, daß er noch immer an seine Karriere als Künstler glaubte. Als er im Oktober 1917, nicht lange nach der umstrittenen Friedensresolution des Reichstags und kurz vor dem militärischen Triumph des Reiches im Osten, auf Urlaub nach Berlin, in das politische Zentrum des Landes kam, schrieb er auf einer Karte an Schmidt: »Habe jetzt endlich Gelegenheit die Museen etwas besser zu studieren.« Später hat er versichert, er habe dem kleinen Kreis seiner Freunde damals des öfteren auseinandergesetzt, daß er nach der Rückkehr aus dem Feld neben seinem Beruf als Baumeister politisch zu wirken gedenke. Er wußte angeblich auch bereits, in welcher Weise: er wollte Redner werden.[114]

Diese Absicht entsprach seiner Überzeugung aus Wiener Tagen, daß alles menschliche Verhalten steuerbar sei: der ihn ängstigende und zugleich faszinierende Gedanke von den allenthalben im Verborgenen wirkenden Drahtziehern erhielt seine eigentlich verführende Gewalt erst kraft der Vorstellung, eines Tages selber zu den Drahtziehern zu gehören. Sein Menschenbild verneinte jegliche Spontaneität, alles war herstellbar, »ungeheure, kaum verständliche Ergebnisse«, wie er selber nicht ohne einen Anflug von Verblüffung vermerkt hat, wenn nur die richtigen Spieler im richtigen Augenblick die richtigen Glieder bewegten. So hat er denn auch die Bewegungsabläufe der Geschichte, Aufstieg und Untergang von Völkern, Klassen oder Parteien, in gänzlich unangemessener Weise wesentlich als Folge des größeren oder geringeren propagandistischen Vermögens bewertet und diese Auffassung in dem berühmten 6. Kapitel seines Buches »Mein Kampf« am Beispiel der deutschen und der alliierten Propaganda erläutert.

Deutschland hatte danach die Auseinandersetzung infolge einer Propaganda verloren, die »in der Form ungenügend, im Wesen psychologisch falsch« gewesen sei. Die Unfähigkeit seiner Führung, die wahrhaft fürchterlichen Wirkungen dieser Waffe zu ermessen, habe eine Propaganda verhindert, die diesen Namen nicht verdiente, und nur ein »fades Pazifistenspülwasser« erlaubt, das gänzlich ungeeignet gewesen sei, »Menschen zum Sterben zu berauschen«. Während die »allergenialsten Seelenkenner gerade noch gut genug« für diese Aufgabe seien, habe man auf deutscher Seite besserwisserische und blasierte Versager damit beauftragt, so daß nicht nur kein Nutzen, sondern mitunter geradezu Schaden dadurch entstanden sei.

Ganz anders habe es sich, wie Hitler meinte, mit der Gegenseite verhalten. Von der »ebenso rücksichtslosen wie genialen Art« der alliierten Greuelpropaganda zeigte er sich tief beeindruckt und verlor sich wiederholt in fachmännischen Schwelgereien über die, wie er formulierte, unbedingte, freche, einseitige Sturheit ihrer Lügen.[115] Er habe von ihr »unendlich gelernt«, und wie er im Ganzen dazu neigte, die eigenen Überzeugungen und Grundsätze am Beispiel gegnerischer Praktiken zu demonstrieren, so hat er auch seine Prinzipien psychologischer Beeinflussung erstmals am Vorbild der Feindpropaganda des Weltkriegs entwickelt. Zwar entsprach die These von der Überlegenheit der psychologischen Kriegführung des Gegners einer verbreiteten Vorstellung innerhalb der deutschen Öffentlichkeit. Sie war im Grunde nichts anderes als eine der Legenden, die der militärstolzen Nation mit außermilitärischen Gründen zu erklären vorgaben, was allzuvielen unerklärlich geblieben war: daß Deutschland nach so vielen Triumphen auf allen Schlachtfeldern, nach so vielen Anstrengungen und Opfern, den Krieg gleichwohl verloren hatte. Doch in der für ihn charakteristischen Mischung von Hellsicht und Dumpfheit, die ihn klug in seinen Irrtümern machte, hat Hitler den durchsichtigen Erklärungsversuch zum Ausgangspunkt seiner Einsichten über Wesen und Wirkung der Propaganda gemacht: sie müsse volkstümlich sein, habe sich nicht an die Gebildeten, sondern »ewig nur an die Masse« zu wenden und ihr Niveau nach der geistigen Aufnahmefähigkeit des Beschränktesten unter denjenigen zu richten, die sie zu erfassen suche; zu ihren Voraussetzungen zähle ferner, daß sie sich in schlagwortartig einhämmernder Manier auf wenige plausible Ziele konzentriere, sich stets nur an das Gefühl, niemals dagegen an den Verstand wende und aller Objektivität nachdrücklich entsage; nicht einmal der Schatten eines Zweifels am eigenen Recht sei erlaubt, es gebe nur »Liebe oder Haß, Recht oder Unrecht, Wahrheit oder Lüge, niemals aber halb so und halb so« – dies alles wiederum, wie eigentlich durchweg, keine originellen Gedanken; doch die Energie, mit der er sie dachte, die Freiheit, mit der er die Masse, ihre Borniertheit, Enge und Unbeweglichkeit, ohne alle Verachtung, aber doch ganz instrumental seinen Zweckvorstellungen unterwarf, sollte ihm bald schon eine beträchtliche Überlegenheit gegenüber allen Rivalen und Mitbewerbern um die Gunst dieser Masse sichern.

Eine erste Ahnung dieser Überlegenheit empfing er bereits jetzt. Denn angesichts seiner Erlebnisse in dieser späten Phase des Krieges sah er seine Erfahrung aus Wiener Jahren bestätigt und vertieft, daß ohne die Massen, ohne die Kenntnis ihrer Schwächen, Vorzüge und Empfindlichkeiten Politik nicht mehr möglich sei: die großen demokratischen Demagogen Lloyd George und Clemenceau gesellten sich zu dem bewunderten Idol Karl Lueger, später trat, wenn auch etwas blasser und gedankenkrank, der amerikanische Präsident Wilson hinzu; und es war, wie Hitler glaubte, einer der Hauptgründe für die immer deutlicher zutagetretende deutsche Unterlegenheit, daß keiner dieser alliierten Volksführer einen annähernd überzeugenden Gegenspieler auf seiten des Reiches gefunden hatte. Isoliert vom Volk und unfähig, dessen wachsende Bedeutung zu erkennen, verharrte die deutsche Führungsschicht in konservativem Immobilismus, so überheblich wie ahnungslos, auf den hergebrachten Positionen. Die Erkenntnis ihres Versagens gehört zu den großen bleibenden Eindrücken Hitlers aus jener Zeit.

Vorurteilslos und nüchtern, frei von der Selbstsucht und der Sentimentalität, die das charakteristische Schwächezeichen abdankender Herrschaftsschichten sind, dachte Hitler nur auf Wirkungen hin. Aus diesem Grunde bewunderte er selbst das abgeschmackte Fabelwerk der gegnerischen Propaganda, wenn sie deutsche Soldaten als Schlächter über abgehackten Kinderhänden oder den aufgeschlitzten Bäuchen von Schwangeren darstellte; denn solche Bilder machten sich die Zauberwirkung der Angst, die Mechanik der unaufhaltsamen Selbstvergrößerung von Greuelvorstellungen in der gemeinen Phantasie zunutze.

Nicht weniger nachhaltig beeindruckte ihn aufs neue die mobilisierende Kraft von Ideen; denn den Kreuzzugsformeln, mit deren Hilfe die Alliierten ihrer Sache so viel schönen Schein gaben, ganz als verteidigten sie die Welt mitsamt ihren heiligsten Gütern gegenüber den Mächten der Barbarei und des Abgrunds: dieser missionarischen Selbstdarstellung des Gegners hatte die deutsche Seite kaum etwas entgegenzusetzen. Das war um so fataler, als sie unter dem Eindruck der frühen militärischen Erfolge die nicht unwirksame These des reinen Verteidigungskrieges aufgegeben und sich immer unverhohlener zu einem annektionistischen Siegfrieden bekannt hatte, ohne zu begreifen, daß solche Bestrebungen vor der Welt der Rechtfertigung bedurften; auf das bloße Raum- und Entfaltungsbedürfnis einer Nation, die sich zu spät gekommen wähnte, ließ es sich jedenfalls nicht gründen. Unterdessen aber kam, überbaut von den Verheißungen einer sozialen Erlösungsidee, Ende 1917 aus dem besiegten Rußland das Angebot eines »gerechten und demokratischen Friedens ohne Annexionen und gemäß dem Selbstbestimmungsrecht der Völker, wie er von den erschöpften und gemarterten Klassen der Arbeiter und Werktätigen aller Länder sehnsüchtig herbeigewünscht« werde; und auf der anderen Seite verkündete Woodrow Wilson zu Beginn des Jahres 1918 vor dem amerikanischen Kongreß ein umfassendes Friedenskonzept, das »die Welt tauglich und sicher für das Leben der Menschen« machen sollte: das stimulierende Bild einer Ordnung der Gerechtigkeit, der politischen wie moralischen Selbstbestimmung, ohne Gewalt und Aggression. Es war unvermeidlich, daß diese Entwürfe, angesichts der ideenlos gewordenen Macht des Reiches, in dem erschöpften Lande eine nachhaltige Wirkung entfalteten. Eine bezeichnende Episode der Zeit berichtet von einem deutschen Generalstabsoffizier, der sich im Herbst 1918 in plötzlicher Erkenntnis die Hand vor die Stirne schlug: »Zu wissen, daß es Ideen gibt, gegen die wir kämpfen müssen, und daß wir den Krieg verlieren, weil wir von diesen Ideen nichts gewußt haben!«[116]

Insoweit war auch die These von den außermilitärischen Ursachen der deutschen Niederlage, die später in zahlreichen Varianten zum

Verdrängungsrepertoire der Rechten gehörte, nicht nur auf den Siegfriedkomplex einer Nation zurückzuführen, die sich eher durch Tücke und Verrat als im offenen Kampf besiegt wissen wollte; die Behauptung enthielt vielmehr einen zutreffenden Kern. Tatsächlich war Deutschland auch abseits der Schlachtfelder besiegt worden, wenn auch anders, als die nationalen Wortführer es meinten: ein überholtes, anachronistisch gewordenes politisches System hatte sich der zeitgemäßeren demokratischen Ordnung unterlegen gezeigt. Und erstmals ergriff von Hitler der Gedanke Besitz, daß man einer Idee niemals durch bloße Machtentfaltung, sondern nur mit Hilfe einer anderen und suggestiveren Idee erfolgreich entgegentreten könne: »Jeder Versuch, eine Weltanschauung mit Machtmitteln zu bekämpfen, scheitert am Ende, solange nicht der Kampf die Form des Angriffs für eine neue geistige Einstellung erhält. Nur im Ringen zweier Weltanschauungen miteinander vermag die Waffe der brutalen Gewalt, beharrlich und rücksichtslos eingesetzt, die Entscheidung für die von ihr unterstützte Seite herbeizuführen.«[117] Zwar kann man davon ausgehen, daß diese später formulierten Überlegungen zur Zeit des Krieges nur sehr vage und umrißhaft, mehr als Ahnung denn als Bewußtsein eines Problems, in ihm wirksam waren; doch stellen sie, in aller Undeutlichkeit, den bleibenden Gewinn der Kriegsjahre dar.

Im Sommer 1918 allerdings schien der deutsche Sieg noch einmal näher denn je. Einige Monate zuvor hatte das Reich einen bedeutenden Erfolg errungen, nicht nur einen dieser flüchtigen Schlachtensiege, an denen es sich erschöpfte: Anfang März hatte es Rußland den Frieden von Brest-Litowsk diktiert und rund einen Monat später im Vertrag von Bukarest Rumänien gegenüber seine noch einmal eindrucksvoll sichtbar gewordene Macht demonstriert. Zugleich damit war der Zweifrontenkrieg beendet worden und das deutsche Westheer mit nunmehr zweihundert Divisionen und annähernd dreieinhalb Millionen Mann auf die Stärke der alliierten Armeen gebracht. Zwar blieb es in Ausrüstung und Bewaffnung dem Gegner deutlich unterlegen; den 18 000 Geschützen der Feindmächte beispielsweise standen nur 14 000 auf deutscher Seite gegenüber. Doch unterstützt von einem neuen, wenn auch nicht ungebrochenen Gefühl öffentlicher Zuversicht, hatte die Oberste Heeresleitung schon Ende März mit der ersten von fünf Offensiven begonnen, die noch vor dem Eintreffen der amerikanischen Truppen unter äußerstem Einsatz die Entscheidung erzwingen sollten: das deutsche Volk habe nur noch die Wahl, zu siegen oder unterzugehen, versicherte Ludendorff in einer Erklärung, die jene gleiche Leidenschaft für den großen Hasard erkennen ließ, von der später Hitler besessen war.

Unter Aufbietung der letzten verbliebenen Kräfte, zähe entschlossen, nach so vielen fruchtlosen Siegen und vergeblich gebliebenen Strapazen den Durchbruch auf breiter Front und damit den Sieg zu erringen, traten die deutschen Einheiten zum Angriff an. Hitler hat an diesen Kämpfen, mit dem Regiment List, teilgenommen und vor allem die Verfolgungsschlacht bei Montdidier-Noyon und später die Kämpfe bei Soissons und Reims mitgemacht. Tatsächlich gelang es den deutschen Verbänden auch, im Verlauf des Frühsommers die britischen und französischen Armeen bis auf nahezu sechzig Kilometer vor Paris zurückzuwerfen.

Dann jedoch erstarrte die Offensive. Noch einmal hatten die deutschen Armeen jene fatal begrenzte Kraft entwickelt, die ihnen lediglich Scheintriumphe gönnte. Die überaus blutigen Opfer, die der Erfolg gefordert hatte, der verzweifelt spürbar gewordene Mangel an Reserven, die defensiven Erfolge des Gegners schließlich, dem es gelungen war, nach jedem der deutschen Durchbrüche die Front wieder zu stabilisieren: das alles war der Öffentlichkeit des Landes teils vorenthalten, teils auch von ihr im Überschwang verdrängt worden. Selbst am 8. August noch, als die deutschen Operationen längst zum Stillstand gekommen, die Alliierten auf breiter Front zum Gegenangriff übergegangen und die deutschen Linien, insbesondere vor Amiens, zusammengebrochen waren, verharrte die Oberste Heeresleitung bei ihrem Täuschungskonzept, obwohl sie von ihrer eigenen radikalen Alternative her gezwungen gewesen wäre, nach dem Ausbleiben des Sieges die Niederlage zu gestehen. Der längst als aussichtslos erkannten Lage trug sie lediglich durch einige gedämpftere Farben Rechnung, in denen nunmehr das Gesamtbild deutscher Unbesiegbarkeit gemalt wurde.

So kam es, daß die Öffentlichkeit des Landes sich dem Sieg und dem ersehnten Ende des Krieges nie so nahe glaubte wie im Sommer 1918, als in Wirklichkeit die Niederlage unmittelbar bevorstand, und Weniges nur widerlegt so nachdrücklich die Überlegungen Hitlers über Ohnmacht und Unwirksamkeit der deutschen Propaganda wie diese Illusionen, auch wenn er aus seinen unzutreffenden Vorstellungen durchweg treffende Folgerungen ableitete. Selbst unter den verantwortlichen Politikern und den hohen Offizieren waren die irrigsten Erwartungen wirksam.[118]

Um so empfindlicher traf sie alle der plötzliche Wirklichkeitssturz, als Ludendorff am 29. September 1918 von der eilig herbeigerufenen politischen Führung die sofortige Abgabe eines Waffenstillstandsersuchens verlangte und, am Ende seiner Nervenkraft, alle taktischen Ab-

sicherungen verwarf. Bezeichnenderweise hatte er die Möglichkeit eines
Scheiterns der Offensive nicht bedacht und daher auch unwillig alle
Vorstöße zurückgewiesen, die darauf abzielten, das militärische Unternehmen politisch abzustützen. Nicht einmal ein definierbares strategisches Ziel schien er entwickelt zu haben; jedenfalls gab er dem Kronprinzen auf dessen dahin weisende Frage nur die gereizte, wenn auch
überaus charakteristische Antwort: »Wir hauen ein Loch hinein. Das
weitere findet sich.« Und als Prinz Max v. Baden wissen wollte, was bei
einem Mißerfolg geschehen werde, fuhr Ludendorff auf: »Dann muß
Deutschland eben zugrunde gehen.«[119]

Politisch wie psychologisch gleichermaßen unvorbereitet, stürzte die
Nation, die an die Überlegenheit ihrer Waffen, einer zeitgenössischen
Formulierung zufolge, geglaubt hatte »wie an ein Evangelium«[120], ins
Bodenlose. Eine ebenso aufschlußreiche wie schwer begreifliche Äußerung Hindenburgs bezeugt, wie schwer ihre Illusionen starben. Noch
im Anschluß an Ludendorffs Eingeständnis, daß der Krieg verloren
sei, forderte der alte Feldmarschall den Außenminister auf, in den bevorstehenden Verhandlungen alles daranzusetzen, um die Annexion der
lothringischen Erzgruben zu erwirken.[121] Hier wurde erstmals jene
besondere Form der Realitätsverweigerung erkennbar, mit deren Hilfe
sich eine wachsende Zahl über die nationalen Nöte und Depressionen
der kommenden Jahre, bis zu den rauschhaften Tagen des Frühjahrs
1933, hinwegrettete. Die Wirkung dieses schockartigen Wechsels »von
der Siegesfanfare zum Grabgesang der Niederlage« ist nicht zu überschätzen. Der Entzauberungsschlag hat die Geschichte der folgenden
Jahre so nachhaltig beeinflußt, daß man sagen kann, sie sei ohne dieses
Ereignis nicht wirklich zu begreifen.

Es hat den grüblerischen und überspannten Gefreiten des Regiments
List, der den Krieg aus der umfassenden Perspektive des Feldherrn betrachtete, mit besonderer Wucht getroffen. Die Einheit war im Oktober
1918 in der Abwehrschlacht in Flandern eingesetzt. Im Verlauf der
Kämpfe unternahmen die Engländer in der Nacht vom 13. zum 14. Oktober südlich von Ypern einen Gasangriff. Auf einem Hügel bei Wervick geriet Hitler in ein mehrstündiges Trommelfeuer von Gasgranaten.
Gegen Morgen verspürte er heftige Schmerzen, und als er um sieben
Uhr früh zum Regimentsstab kam, konnte er kaum noch sehen. Einige
Stunden später war er erblindet, seine Augen, so hat er seinen Zustand
beschrieben, seien wie in glühende Kohlen verwandelt gewesen. Bald
darauf wurde er in das Lazarett Pasewalk in Pommern transportiert.[122]

In den Unterkünften des Lazaretts herrschte eine eigentümliche
Spannung, verwirrende Gerüchte liefen um, die vom Sturz der Mon-

archie und baldiger Beendigung des Krieges handelten. In dem für
ihn kennzeichnenden Verantwortungsübereifer fürchtete Hitler lokale Unruhen, Streiks, Insubordination. Freilich schienen ihm die Symptome, auf die er stieß, »mehr die Ausgeburt der Phantasie einzelner
Burschen« zu sein; von der im ganzen Volk verbreiteten, weit stärker
als in den Beelitzer Tagen erkennbaren Stimmung der Unlust und
Erschöpfung spürte er seltsamerweise nichts. Anfang November begann
der Zustand seiner Augen sich bereits zu bessern, doch konnte er noch
nicht wieder Zeitungen lesen, und Kameraden gegenüber soll er seine
Sorge geäußert haben, nie wieder zeichnen zu können. Die Revolution
kam für ihn jedenfalls »eines Tages plötzlich und unvermittelt«; in
jenen »paar Judenjungen«, die angeblich nicht von der Front, sondern
aus einem sogenannten »Tripperlazarett« gekommen waren, um »den
roten Fetzen« aufzuziehen, glaubte er folglich auch, die Akteure einer
unbedachten Einzelaktion vor sich zu haben.[123]

Erst am 10. November 1918 wurde ihm »die entsetzlichste Gewißheit
meines Lebens« zuteil. Vom Lazarett-Geistlichen zusammengerufen,
erfuhren die Insassen, daß eine Revolution ausgebrochen, das Haus
Hohenzollern gestürzt und in Deutschland die Republik ausgerufen sei.
Leise in sich hineinweinend, so hat Hitler den Vorgang geschildert, habe
der alte Mann der Verdienste des Herrscherhauses gedacht, und keiner
der Anwesenden habe währenddessen die Tränen zurückzuhalten vermocht. Als er dann jedoch davon zu sprechen begonnen habe, daß der
Krieg nun verloren zu geben und das Reich der Großmut seiner bisherigen Feinde bedingungslos überantwortet sei – »da hielt ich es nicht
mehr aus. Mir wurde es unmöglich, noch länger zu bleiben. Während es
mir um die Augen wieder schwarz ward, tastete und taumelte ich zum
Schlafsaal zurück, warf mich auf mein Lager und grub den brennenden
Kopf in Decke und Kissen. Seit dem Tage, da ich am Grabe der Mutter
gestanden, hatte ich nicht mehr geweint ... Nun aber konnte ich nicht
mehr anders«.[124]

Für Hitler persönlich war es eine neuerliche Desillusionierung, so jäh
und unbegreiflich wie die Erfahrung, die am Beginn dieser Lebensphase, beim vergeblichen Versuch, auf die Akademie zu gelangen, gestanden hatte. Er hat sie in mythologisierender Vergrößerung zu
einem der Dauerthemen seiner Laufbahn gemacht. Selbst seinen Entschluß zur Politik hat er darauf zurückgeführt und damit demonstriert,
wie hartnäckig und erbittert auch sein überpersönlicher Behauptungswille war. In nahezu jeder größeren Rede hat er sich auf fast rituelle
Weise darauf bezogen und die Revolution geradezu als das eigentliche
Erweckungsereignis seines Lebens ausgegeben. Und durchweg ist ihm
darin die Geschichtsschreibung gefolgt. Der fraglos niederschmetternde

Eindruck, den die unvermittelte Wendung des Kriegsgeschehens auf ihn gemacht hat, ist sogar Anlaß zu der Vermutung gewesen, die Erblindung vom Oktober 1918 sei, teilweise zumindest, hysterischer Natur gewesen, und Hitler selber hat solchen Überlegungen auch gelegentlich einige Nahrung gegeben. In einer Rede vor Offizieren und Offiziersanwärtern vom Februar 1942 beispielsweise versicherte er unter Hinweis auf die Gefahr, daß er völlig hätte erblinden können, das Augenlicht bedeute nichts, wenn es nur eine Welt erkennen lasse, in der das eigene Volk versklavt sei: »Was sehe ich dabei dann?« Und im Frühjahr 1944, angesichts der heranrückenden Niederlage, äußerte er Albert Speer gegenüber deprimiert, er hege begründete Furcht, wiederum, wie gegen Ende des Ersten Weltkrieges, zu erblinden.[125]

Desgleichen hat eine Passage aus »Mein Kampf« die Vorstellung gestützt, als sei Hitler durch einen unabweisbar in den Ohren hallenden Anruf aus seinem unbeachteten Dasein geweckt worden: das Genie bedürfe »ja oft eines förmlichen Anstoßes..., um zum Leuchten gebracht zu werden«, heißt es da; »im Einerlei des Alltags pflegen oft auch bedeutende Menschen unbedeutend zu erscheinen und kaum über den Durchschnitt ihrer Umgebung herauszuragen; sobald jedoch eine Lage an sie herantritt, in der andere verzagen oder irre würden, wächst aus dem unscheinbaren Durchschnittskind die geniale Natur ersichtlich empor, nicht selten zum Erstaunen aller derjenigen, die es bisher in der Kleinheit des bürgerlichen Lebens sahen... Wäre diese Stunde der Prüfung nicht gekommen, so hätte kaum jemand geahnt, daß in dem bartlosen Knaben ein junger Held verborgen ist. Der Hammerschlag des Schicksals, der den einen zu Boden wirft, schlägt bei dem anderen plötzlich auf Stahl.«[126]

Indessen waren derartige Äußerungen offenbar nur dazu gedacht, den Eindruck einer besonderen Berufungszäsur zu vermitteln, und die vorausgegangenen Jahre der Bohème, der Apathie, der dämmernden Reverien mit der Phase offenbarer Genialität und Erwähltheit einleuchtend zu verbinden. In Wirklichkeit jedoch hat das Erlebnis der Novembertage ihn eher paralysiert und ratlos gemacht: »Ich wußte, daß alles verloren war.« Die Pflicht- und Ordnungsansprüche der verhaßten bürgerlichen Welt, vor denen der Krieg ihn vier Jahre lang bewahrt hatte, die Probleme des Berufs und der Existenzsicherung: das alles trat nun erneut an ihn heran, und er war mit der Antwort nicht weiter als ehedem. Er hatte keine Ausbildung, keine Arbeit, kein Ziel, keinen Aufenthalt, keinen Menschen. In dem Verzweiflungsausbruch auf dem Bettkissen, mit dem er auf die Nachricht von Niederlage und Revolution reagiert hatte, bekundete sich nicht so sehr ein nationales, als vielmehr ein privates Verlorenheitsgefühl.

Denn das Ende des Krieges entzog dem Gefreiten Hitler unversehens die Rolle, die er im Felde gefunden hatte, und die Heimat verlor er gerade, als er dorthin entlassen wurde. Fassungslos registrierte er, daß wie auf ein geheimes Stichwort hin die Disziplin zerfiel, die der Ruhm dieser Armee gewesen war, und Kameraden, Nebenleute, nur noch das Bedürfnis hatten, die plötzlich unerträglich gewordene Last von vier Jahren abzuwerfen, Schluß zu machen, nach Hause zu kommen, die Ängste und Erniedrigungen des Soldaten-Daseins nicht mehr hinter patriotischen Formeln oder Kriegerposen zu verbergen: »Es war also alles umsonst gewesen. Umsonst all die Opfer und Entbehrungen, umsonst der Hunger und Durst von manchmal endlosen Monaten, vergeblich die Stunden, in denen wir, von Todesangst umkrallt, dennoch unsere Pflicht taten, und vergeblich der Tod von zwei Millionen, die dabei starben.«[127]

Dies, nicht die revolutionären Vorgänge, haben Hitler tief betroffen, seine Anhänglichkeit an das Herrscherhaus war so gering wie sein Respekt vor der Führungsschicht des Reiches; er war nicht einfach ein »Weißer«. Den Schock versetzten ihm die unverhoffte Niederlage sowie der Verlust der Rolle, die damit für ihn verbunden war. Die bedrückenden Umstände, unter denen die Revolution sich vollzog, boten ihm auch keine Ersatzrolle, sie waren vielmehr die Verneinung alles dessen, was er dunkel verehrte: Größe, Pathos, Todesliebe; keine Revolution, sondern, durch allen Vordergrundlärm hindurch, nur ein Militärstreik des elementarsten, für ihn banalsten Motivs: des Willens zu überleben.

Die Revolution, die keine war, entlud sich denn auch vor allem in vordergründigen, eigentümlich ratlos anmutenden Gesten. In ganz Deutschland zogen seit den ersten Novembertagen Deserteure durch die Straßen und machten Jagd auf Offiziere. Gruppenweise lauerten sie ihnen auf, hielten sie gewaltsam fest und rissen ihnen unter höhnischen und beleidigenden Bemerkungen die Auszeichnungen, Schulterstücke und Kokarden herunter: es war ein Akt der nachträglichen Revolte gegen das gestürzte Regime, so sinnlos wie verständlich. Aber er erzeugte eine nie verwundene, folgenreiche Bitterkeit, ein tiefsitzendes Ressentiment der Offiziere sowie überhaupt der Leute von Gesetz und Ordnung gegen die Revolution und damit das Regime, das unter solchen Begleitumständen begonnen hatte.

Hinzu kam, daß die Geschichte der Revolution die Höhepunkte vorenthalten hatte, durch die sie im Bewußtsein der Nation hätte denkwürdig werden können. Schon im Oktober 1918 hatte der neue Kanzler, Prinz Max v. Baden, dem Verlangen des amerikanischen Präsidenten wie der eigenen Öffentlichkeit durch eine Anzahl innenpolitischer Reformen entsprochen, die dem Lande die parlamentarische Regierungsform gebracht hatten, und schließlich am Vormittag des 9. November kurzerhand und nicht ohne Eigenmacht den Thronverzicht des Kaisers verkündet: die Revolution sah sich gleichsam am Ziel, noch ehe sie ausgebrochen war, und jedenfalls hatte sie die Möglichkeit eingebüßt, ihren Willen in der Verwirklichung eines politischen Ziels zu bewähren. Unversehens war sie um ihren Ballhausschwur und ihren Bastillesturm betrogen worden.

Angesichts dieser Begleitumstände besaß die Revolution nur eine Aussicht, wenn es ihr gelang, eben dazu zu werden: sie mußte sich die Anziehungskraft alles Neuen zunutze machen. Doch die neuen Machthaber, Friedrich Ebert und die Sozialdemokraten, waren tüchtige, besorgte Männer, voller Skepsis und wohlmeinender Nüchternheit. Sie hielten sich viel darauf zugute, gleich zu Beginn alle Geheim- und Kommerzienräte abgeschafft und die Verleihung von Orden und Ehrenzeichen untersagt zu haben.[128] Der eigentümlich pedantische Zug sowie der Mangel an psychologischem Einfühlungsvermögen, die gleichermaßen aus ihrem gesamten Verhalten sprachen, erklären auch, daß ihnen aller Sinn für die Suggestion des Augenblicks und den großen gesellschaftlichen Entwurf fehlte: es war eine »gänzlich ideenlose Revolution«, wie schon einer der Miterlebenden erkannte,[129] und jedenfalls keine Antwort auf die Gefühlsnöte eines besiegten und enttäuschten Volkes. Die Verfassung, die in der ersten Hälfte des Jahres 1919 beraten und am 11. August in Weimar verabschiedet wurde, hat denn auch ihren eigenen Sinn nicht überzeugend zu definieren vermocht. Sie hat sich, strenggenommen, nur als ein technisches Instrument demokratischer Machtordnung verstanden, das aber von den Zwecken der Macht kaum etwas wußte.

Unentschiedenheit und mangelnder Mut haben die Revolution daher schon frühzeitig um ihre zweite Chance gebracht. Gewiß konnten die neuen Männer auf die herrschende große Erschöpfung hinweisen, auf die alles blockierende Angst vor den Schreckensbildern der russischen Revolution, und in ihrer Ohnmacht sowie angesichts der tausendfachen Probleme des besiegten Landes mochten sie viele Gründe haben, dem politischen Neuerungswillen, der sich spontan in den Arbeiter- und Soldatenräten regte, Schranken zu setzen. Immerhin aber hatten die Ereignisse doch eine umfassende Bereitschaft zur Aufgabe traditioneller Haltungen geweckt, die nun ungenutzt blieb. Sogar auf der Rechten war die Revolution begrüßt worden, und »Sozialismus« sowie »Sozialisierung« zählten gerade unter den konservativen Intellektuellen zu den Zauberformeln der Lage. Dagegen setzten die neuen Machthaber kein anderes Programm als die Herstellung von Ruhe und Ordnung, die sie überdies nur im Bündnis mit den traditionellen Mächten glaubten verwirklichen zu können. Nicht einmal ein zaghafter Sozialisierungsversuch kam zustande, die feudalen Positionen des Großgrundbesitzes blieben unangetastet, der Beamtenschaft wurden übereilt die Stellungen garantiert. Mit Ausnahme der Dynastien gingen die gesellschaftlichen Gruppen, die bis dahin den bestimmenden Einfluß ausgeübt hatten, nahezu ohne Machtverlust aus dem Übergang zur neuen Staatsform hervor. Nicht ohne Grund konnte Hitler später höhnen, wer die Akteure des November denn gehindert habe, einen sozialistischen Staat aufzubauen: sie hätten doch die Macht dazu gehabt.[130]

Am ehesten vermochte noch die radikale Linke ein revolutionäres Zukunftsbild zu entwerfen; doch fehlten ihr sowohl Massenanhang als auch jener Funke »katilinarischer Energie«, den sie seit je hatte vermissen lassen.[131] Der berühmte 6. Januar 1919, als eine nach Zehntausenden zählende, revolutionär gestimmte Menge sich in der Berliner Siegesallee versammelte und bis zum Abend vergeblich auf ein Zeichen des pausenlos debattierenden Revolutionsausschusses wartete, ehe sie frierend, müde und enttäuscht sich verlief, beweist, wie unüberwindbar nach wie vor die Spanne vom Gedanken zur Tat war. Immerhin hat die revolutionäre Linke, vor allem bis zur Ermordung ihrer beiden herausragenden Führer, Rosa Luxemburg und Karl Liebknecht, durch gegenrevolutionäres Militär Mitte Januar dem Lande Aufruhr, Unruhe und bürgerkriegsähnliche Auseinandersetzungen beschert. Was historisch erfolglos blieb, war daher doch nicht folgenlos.

Denn die irritierte und orientierungslose Öffentlichkeit lastete bald schon die Kämpfe und Kontroversen jener Phase schlechterdings der Republik an, die sich in Wirklichkeit nur zur Wehr gesetzt hatte: es war alles »die Revolution«, und der Staat, der aus diesen Unglückszeiten endlich hervorgegangen war, hatte im landläufigen Bewußtsein auf dunkle Weise nicht nur mit Meuterei, Niederlage und nationaler Demütigung zu tun; vielmehr vermischten sich diese Vorstellungen seither auch mit den Bildern von Straßenkämpfen, Chaos und öffentlicher Unordnung, die seit je die vehementesten Abwehrinstinkte der Nation mobilisiert hatten. Nichts hat der Republik und ihrem Erfolg im öffentlichen Bewußtsein so sehr geschadet wie die Tatsache, daß an ihrem Beginn eine »schmutzige« und dazu halbe Revolution gestanden hatte. Anders als mit Scham, Trauer und Abscheu hat ein erheblicher Teil der Bevölkerung, selbst in den politisch gemäßigten Gruppen, sich jener Monate bald nicht mehr zu erinnern vermocht.

Die Versailler Friedensbestimmungen steigerten das Ressentiment noch. Die Nation war, ihrem eigenen Gefühl nach, in einen Verteidigungskrieg gezogen, die ausschweifende Kriegszieldiskussion in der zweiten Hälfte des Krieges war kaum in ihr Bewußtsein gelangt, während die Noten des amerikanischen Präsidenten Wilson verbreitet die Illusion geweckt hatten, der Sturz der Monarchie und die Übernahme westlicher Verfassungsgrundsätze würden den Zorn der Sieger mildern und sie versöhnlich stimmen gegen diejenigen, die im Grunde doch nur einen Akt postumer Geschäftsführung für ein verabschiedetes Regime vollzogen. Auch glaubten viele, die »Weltfriedensordnung«, für die dieser Vertrag erklärtermaßen den Grund legen sollte, verbiete alle Vergeltungsabsichten, offenkundige Ungerechtigkeiten sowie jede Form des Zwangsdiktats. Treffend hat man die Zeit dieser verständlichen und dennoch irrealen Hoffnungen »das Traumland der Waffenstillstandsperiode« genannt.[132] Um so fassungsloser, mit einem wahren Aufschrei der Empörung, reagierte das Land, als ihm Anfang Mai 1919 die Bedingungen für den Frieden präsentiert wurden. Ihren politischen Ausdruck fand die öffentliche Erregtheit im Rücktritt des Kanzlers Philipp Scheidemann und des Außenministers Graf Brockdorff-Rantzau.

Die äußeren Umstände, soviel ist gewiß, waren von den Siegermächten mit schikanösem und beleidigendem Bedacht gewählt. Zwar war es noch begreiflich, daß sie die Konferenz am 18. Januar 1919, dem Tag, an dem knapp fünfzig Jahre zuvor das deutsche Reich proklamiert worden war, eröffneten und als Ort der Unterzeichnung den gleichen Spiegelsaal bestimmten, in dem diese Proklamation stattgefunden hatte; doch daß sie als Termin den 28. Juni, den fünften Jahrestag der Ermordung des österreichischen Thronfolgers Franz Ferdinand in Sarajewo festsetzten, stand in zynisch empfundenem Gegensatz zu der pompösen Lauterkeit der Wilsonschen Ankündigungen.

Es waren überhaupt weit eher die psychologischen als die materiellen Belastungen, die dem Vertrag so traumatische Wirkungen verschafft und von rechts bis links, quer durch alle Lager und Parteien, ein Bewußtsein unvergeßlicher Demütigung erzeugt haben. Die Gebietsansprüche, die Entschädigungen und Reparationsforderungen, die den Tagesstreit zunächst mindestens ebensosehr beherrschten, besaßen gewiß nicht die »karthagische Härte«, von der gesprochen worden ist, und hielten zweifellos dem Vergleich mit den Bedingungen stand, die das Reich in Brest-Litowsk gegenüber Rußland und in Bukarest gegenüber Rumänien durchgesetzt hatte; unerträglich, eigentlich kränkend und als jene »Schmach«, die in der Agitation der Rechten bald eine so aggressiv stimulierende Rolle spielte, wurden indessen die Bestimmungen empfunden, die den Ehrenpunkt betrafen: vor allem der Artikel 228, der die Auslieferung namentlich genannter deutscher Offiziere zur Aburteilung durch alliierte Militärgerichte verlangte, sowie der berühmte Artikel 231, der Deutschland mit der alleinigen moralischen Schuld am Ausbruch des Krieges belastete. Allzu offenkundig waren die Widersprüche und Unaufrichtigkeiten in den 440 Artikeln des Vertragswerkes, in dem die Sieger ihre legitimen Ansprüche in der Pose des Weltenrichters vortrugen und Sündenbekenntnisse geboten, wo Interessen auf dem Spiel standen: es war überhaupt dieser gänzlich sinnlose, wenngleich nicht unbegreifliche Zug rachsüchtiger Moralität, der so viel Haß und billigen Hohn herausgefordert hat. Auch in den alliierten Ländern war die Kritik daran heftig. Das Selbstbestimmungsrecht beispielsweise, das in den Proklamationen des amerikanischen Präsidenten die Würde eines weltversöhnenden Prinzips gehabt hatte, wurde stets dann fallengelassen, wenn es sich zugunsten des Reiches ausgewirkt hätte: rein deutsche Gebiete wie Südtirol, das Sudetengebiet oder Danzig wurden abgetrennt beziehungsweise verselbständigt, die Vereinigung Deutschlands mit dem deutschen Rest der zerschlagenen Habsburger Monarchie dagegen kurzerhand verboten; übernationale Staatsgebilde wurden im Falle Österreich-Ungarns zerstört, im Falle Jugoslawiens oder der Tschechoslowakei neu begründet, der Nationalismus überhaupt triumphal bestätigt, doch gleichzeitig in der Idee des Völkerbundes zurückgewiesen: kaum eines der Probleme, die der eigentliche Gegenstand der 1914 in Gang gekommenen Auseinandersetzung waren, hat das Vertragswerk zu lösen vermocht und allzu offenkundig den Gedanken mißachtet, daß der höchste Zweck eines Friedensvertrages der Friede ist.

Statt dessen hat es das Bewußtsein europäischer Solidarität und gemeinsamer Überlieferung, das generationenlang, über Kriege und Leidenschaften hinweg, bewahrt geblieben war, weitgehend zerstört. Die neue Friedensordnung zeigte wenig Neigung, dieses Bewußtsein wiederherzustellen. Deutschland jedenfalls blieb, strenggenommen, immer davon ausgeschlossen und vorerst nicht einmal zum Völkerbund zugelassen. Diese Diskriminierung hat den Affekt der Deutschen stärker denn je gegen den europäischen Zusammenhang gekehrt, und es konnte nur eine Frage der Zeit sein, bis der Mann erschien, der die Sieger bei ihrem Wort nahm und sie zwang, mit ihren Heucheleien Ernst zu machen. In der Tat hat Hitler einen beträchtlichen Teil seiner frühen außenpolitischen Erfolge erzielt, indem er sich, nicht ohne Gesten der Treuherzigkeit, als der entschiedenste Anhänger Wilsons und der Maximen von Versailles gerierte: auch insoweit weniger der Widerpart als der Vollstrecker einer alten und verlorenen Ordnung. »Eine furchtbare Zeit beginnt für Europa«, schrieb einer der hellsichtigen zeitgenössischen Beobachter an dem Tage, da in Paris der Friedensvertrag ratifiziert wurde, »eine Vorgewitterschwüle, die in einer wahrscheinlich noch furchtbareren Explosion als der Weltkrieg enden wird.«[133]

Innenpolitisch vermehrte die Erbitterung über die Bestimmungen des Friedensvertrages noch das Ressentiment gegen die Republik; denn sie hatte sich als unfähig erwiesen, dem Lande die Härten und die Entehrungen dieses »Schanddiktats« zu ersparen. Nun offenbarte sich eigentlich erst, wie ungewollt sie, zumindest in dieser Gestalt, gewesen war: das Ergebnis von Verlegenheit, Zufall, Friedenserwartung und Müdigkeit. Zu den zahlreichen Zweifeln, die aus ihrer Ohnmacht im Innern rührten, kam nun auch noch der Verruf, in den die Schwäche nach außen sie brachte, und einer wachsenden Zahl erschien alsbald der Begriff der Republik selbst als ein Synonym für Schande, Unehre und Machtlosigkeit. Das Gefühl jedenfalls, sie sei durch Täuschung und Zwang als etwas gänzlich Wesensfremdes dem deutschen Volk aufgehalst worden, ist nie ganz verlorengegangen. Zwar ist richtig, daß sie, trotz aller Belastungen, nicht ohne Chancen war; doch selbst in ihren wenigen glücklichen Jahren hat sie »weder die Treue noch die politische Phantasie der Menschen wirklich an sich zu fesseln vermocht«.[134]

Die Bedeutung dieser Vorgänge lag in dem kräftigen Anstoß, den der Prozeß der Politisierung des öffentlichen Bewußtseins damit erhielt. Breite Schichten, die bis dahin im vorpolitischen Raum verharrt waren, sahen sich plötzlich von politischen Leidenschaften, Hoffnungen, Verzweiflungen erfüllt, und diese Stimmungen haben auch den rund dreißigjährigen Hitler im Lazarett von Pasewalk erfaßt und mitgezogen: ein vages, zugleich aber radikales Gefühl von Unglück und Verrat. Zwar brachte es ihn einen Schritt näher an die Politik, aber den Entschluß, Politiker zu werden, den er in seinem Buch »Mein Kampf« mit den Novemberereignissen verknüpft hat, haben sie ihm zweifellos nicht gebracht; ihn weckte weit eher jener überwältigende Augenblick knapp ein Jahr später, als er im Dunst einer kleinen Versammlung, rauschhaft sich steigernd, sein Talent als Redner entdeckte und plötzlich aus den Ängsten eines hoffnungslos blockierten Daseins einen Ausweg und eine Zukunft sah.

Diese Deutung legt jedenfalls sein Verhalten während der folgenden Monate nahe. Denn als Hitler Ende November, inzwischen geheilt, aus dem Lazarett Pasewalk entlassen wurde, begab er sich zwar nach München und meldete sich beim Ersatzbataillon seines Regiments. Doch obwohl die Stadt, die im Verlauf der Novemberereignisse eine bedeutsame Rolle gespielt und den Anstoß zum Sturz der deutschen Fürstenhäuser gegeben hatte, vor politischer Erregung vibrierte, blieb er teilnahmslos und sah sich, dem angeblichen Entschluß zur Politik zuwider, keineswegs davon mitgerissen oder herausgefordert. Ziemlich einsilbig hat er dazu bemerkt, die Herrschaft der Roten sei ihm widerlich gewesen; doch da das später und, seiner eigenen Argumentation zufolge, im Grunde während der ganzen Zeit der Republik nicht anders war, begründet die Äußerung sein geringes politisches Interesse kaum. Im ziellosen Bedürfnis nach irgendeiner Betätigung meldete er sich Anfang Februar schließlich freiwillig zum Wachdienst in einem Kriegsgefangenenlager bei Traunstein, unweit der österreichischen Grenze. Als die Gefangenen jedoch, einige hundert französische und russische Soldaten, rund einen Monat später entlassen und das Lager mitsamt dem Bewachungskommando aufgelöst wurden, geriet er erneut in Verlegenheit. Unschlüssig kehrte er nach München zurück.

Da er nicht wußte wohin, nahm er wieder Quartier in der Kaserne in Oberwiesenfeld. Vermutlich ist der Entschluß ihm nicht leicht gefallen, denn er nötigte ihn, sich der herrschenden Roten Armee zu unterstellen und deren rote Armbinde anzulegen. Immerhin nahm er es in Kauf, sich in die herrschenden revolutionären Verhältnisse hineinzufinden, obwohl er sich doch einem der Freikorps oder einer Einheit außerhalb des »roten« Machtbereichs hätte anschließen können. Kaum etwas unterstreicht deutlicher, wie gering zu diesem Zeitpunkt sein politisches Bewußtsein entwickelt war und wie schwach seine Sensibilität, die ihn später, wie berichtet wird, schon bei der bloßen Nennung des Wortes »Bolschewismus« in Erregung und Wut versetzte; allen nachträglichen Stilisierungen zum Trotz war in dieser Phase seine politische Indolenz offenkundig stärker als das Gefühl der Kränkung, ein Soldat im Kommandobereich der Weltrevolution zu sein.

Allerdings hatte er keine Wahl außerhalb der Armee. Die militärische Welt war das einzige soziale System, in dem er sich nach wie vor aufgehoben wußte, der Entschluß zum Ausscheiden wäre gleichbedeutend gewesen mit der Rückkehr in die anonyme Welt der Gestrandeten, aus der er gekommen war. Hitler hat die Auswegslosigkeit seiner persönlichen Situation deutlich empfunden: »In dieser Zeit jagten in meinem Kopfe endlose Pläne einander. Tagelang überlegte ich, was man nur überhaupt tun könne, allein, immer war das Ende jeder Erwägung die nüchterne Feststellung, daß ich als Namenloser selbst die geringste Voraussetzung zu irgendeinem zweckmäßigen Handeln nicht besaß.«[135] Die Bemerkung verdeutlicht, wie fern ihm auch weiterhin der Gedanke an eine Arbeit, an Lebenserwerb und bürgerlichen Stand lag; ihn plagte statt dessen das Bewußtsein der Namenlosigkeit. Seinem Lebensbericht zufolge hat er sich zu jener Zeit durch sein politisches Auftreten »das Mißfallen des Zentralrates« der Räteregierung zugezogen, so daß er Ende April sogar verhaftet werden sollte, doch habe er das Festnahmekommando mit vorgehaltenem Karabiner in die Flucht gejagt. Tatsächlich hat aber der Zentralrat zu der angegebenen Zeit bereits nicht mehr existiert.

Alles spricht vielmehr dafür, daß sein Verhalten zu jener Zeit eine Mischung aus Verlegenheit, Passivität und opportunistischer Anpassung war. Nicht einmal an den turbulenten Vorgängen der ersten Maitage, als die Truppen des Freikorps Epp zusammen mit anderen Verbänden München entsetzten und die Räteherrschaft stürzten, nahm er in irgendeiner bemerkenswerten Weise teil. Otto Strasser, der eine Zeitlang zu seinen Anhängern zählte, hat später öffentlich gefragt: »Wo war Hitler an diesem Tag? In welchem Winkel Münchens versteckte sich der Soldat, der in unseren Reihen hätte kämpfen müssen?« Statt dessen wurde Adolf Hitler von den Einrückenden in Untersuchungshaft genommen, ehe er aufgrund der Intervention einiger Offiziere, denen er bekannt war, wieder freikam. Die Erzählung der versuchten Festnahme durch den Zentralrat ist möglicherweise die retuschierte Version dieses Vorgangs.

Dem Einmarsch Epps in München folgten umfangreiche Ermittlungen über die Hergänge während der Räteherrschaft, und es gibt unterschiedliche Mutmaßungen darüber, welche Rolle Hitler im Rahmen dieser Nachforschungen gespielt hat. Gewißheit herrscht lediglich, daß er sich der vom 2. Infanterie-Regiment eingesetzten Untersuchungskommission zur Verfügung stellte. Für die eingehenden Verhöre, die nicht selten mit überaus harten, von der Erbitterung der kaum abgeschlossenen Kämpfe geprägten Urteilen endeten, beschaffte er Informationen, machte Kameraden ausfindig, die sich dem kommunistischen Räteregime angeschlossen hatten, und erfüllte offenbar im ganzen seinen Auftrag so zufriedenstellend, daß er kurz darauf zu einem Aufklärungskursus für »staatsbürgerliches Denken« kommandiert wurde.

Erstmals begann er aufzufallen, sich aus der gesichtslosen Masse, deren Anonymität ihn so lange gedeckt und bedrückt hatte, zu lösen. Er selber hat die Dienste für die Untersuchungskommission seine »erste mehr oder weniger rein politische aktive Tätigkeit« genannt.[136] Noch immer ließ er sich treiben; aber die Richtung, in die er nun geriet, brachte ihn rasch dem Ende jener Formationsjahre näher, die ein merkwürdiges

Halbdunkel aus Asozialität und Sendungsbewußtsein nur trübe erhellt. Auffällig daran ist, überblickt man es im Ganzen, daß Adolf Hitler, der eine Jahrhunderterscheinung der Politik werden sollte, bis in sein dreißigstes Lebensjahr keinen aktiven Anteil an der Politik nahm. Im vergleichbaren Alter war Napoleon bereits Erster Konsul, Lenin nach Jahren der Verbannung schon im Exil, Mussolini Chefredakteur des sozialistischen ›Avanti‹. Hitler dagegen war von keiner der Ideen, die ihn bald zu seinem Welteroberungsversuch trieben, zu einem einzigen nennenswerten Schritt veranlaßt worden; keiner Partei, keinem der zahlreichen Verbände der Zeit, mit Ausnahme des Wiener Antisemitenbundes, war er beigetreten, um die Verwirklichung seiner Vorstellungen voranzutreiben. Kein Zeugnis existiert, das seinen politischen Aktionsdrang auch nur andeutete, kein Hinweis, der mehr bezeugte als die stammelnde Teilhabe an den Gemeinplätzen der Epoche.

Diese Enthaltsamkeit von aller Politik kann, teilweise zumindest, mit den besonderen äußeren Umständen seines Werdeganges zusammenhängen, der Vereinsamung in Wien, dem frühen Wechsel nach München, wo er als Ausländer galt, ehe der Krieg ausbrach und ihn an die Front führte; denkbar ist auch, daß der Eindruck von der Eigenart der Begleitfiguren dieser Jahre mitbestimmt ist, deren Erinnerungen an den »Jugendfreund« und dessen politische Neigungen lückenhafter sein mögen, als es dem jungen Adolf Hitler gerecht wird. Es kann aber auch heißen, daß die Politik ihm, im äußersten Grunde, nur wenig bedeutet hat.

Er selber hat, am 23. November 1939, im Zenit seines Machtbewußtseins, vor seinen militärischen Oberbefehlshabern die verblüffende Bemerkung getan, er sei im Jahre 1919 erst nach langen inneren Kämpfen Politiker geworden; das sei für ihn »der schwerste Entschluß von allen« gewesen.[137] Und obwohl die Äußerung offenbar auch die Schwierigkeiten jedes Anfangs im Auge hat, zielt sie darüber hinaus doch ersichtlich auf einen inneren Vorbehalt gegenüber der politischen Laufbahn. Dabei mag die traditionelle deutsche Geringschätzung dessen mitgespielt haben, was als »Tagespolitik« schon begrifflich seinen minderen Rang gegenüber allem großen schöpferischen Tun zu erkennen gab, nicht zuletzt im Verhältnis zu dem uneinholbar gewordenen Jugendtraum, »einer der ersten Architekten, wenn nicht der erste Architekt Deutschlands« zu werden. Noch auf dem Höhepunkt des Krieges hat er bemerkt, daß er viel lieber als »unbekannter Maler« durch Italien gezogen wäre und lediglich durch die tödliche Bedrohung der eigenen Rasse auf den ihm eigentlich fremden Weg der Politik gedrängt worden sei.[138] So wird auch begreiflich, warum nicht einmal die Revolution ihn politisch zu erfassen vermochte. Zwar hatten die Novemberereignisse, der Zusammenbruch aller Autorität, der Untergang der Dynastien und das herrschende Chaos seine konservativen Instinkte erheblich in Frage gestellt; doch zum tätigen Protest hatte ihn das alles nicht gebracht. Heftiger noch als seine Mißachtung des politischen Geschäfts war sein Widerwille gegen Aufruhr und revolutionäre Umtriebe. Noch fünfundzwanzig Jahre später hat er seiner Tischrunde gegenüber, unter Hinweis auf die Erfahrungen der Novemberrevolution, Umstürzler mit Kriminellen gleichgesetzt und nichts anderes als »asoziales Gezücht« darin zu sehen vermocht, das man beizeiten totschlagen müsse.[139]

Erst persönliche Motive, das spätere Erlebnis der eigenen suggestiven Redemacht, ließen ihn alle Vorbehalte ablegen: den gegen die politische Karriere so gut wie die Scheu vor dem gefürchteten Leumund des Ordnungsstörers. Nun erst geriet er an die Politik: eine Figur der Revolution, wenn auch, wie er selber im Prozeß vor dem Münchener Volksgericht vier Jahre später rechtfertigend gemeint hat, ein Revolutionär gegen die Revolution. Doch war er in alledem je etwas anderes als ein lebensverlegener, bedrückter Kunstmensch, den ein eigentümlicher Weltheilungsdrang sowie eine monströse Sonderbegabung in die Politik verschlagen hatten? Die Frage wird im Ablauf dieses Lebens immer wieder auftauchen; und immer wieder wird man versucht sein zu fragen, ob die Politik ihm je mehr bedeutet hat als die Mittel, mit deren Hilfe er sie betrieb: die rhetorischen Überwältigungen beispielsweise, die Theatralik der Aufmärsche, Paraden und Parteitage, das Schauspiel militärischer Gewaltanwendung im Krieg.

Richtig freilich ist, daß der Zusammenbruch der alten Ordnung ihm den Weg dahin überhaupt erst eröffnet hat. Solange die bürgerliche Welt fest gegründet stand und die Politik eine bürgerliche Karriere war, hatte er nur geringe Aussichten auf einen Namen und Erfolg: für sein unstetes Temperament hielt diese Welt in ihrer formalen Strenge und ihrem Anspruchsernst keine Aufstiegsmöglichkeiten bereit. Das Jahr 1918 gab ihm den Weg frei: »Ich mußte nun lachen bei dem Gedanken an die eigene Zukunft, der mir vor kurzer Zeit noch so bittere Sorgen bereitet hatte«, schrieb er.[140]

So betrat er die politische Szene.

ZWISCHENBETRACHTUNG:

DIE GROSSE ANGST

> »Es wird uns immer wieder vorgeworfen, wir sähen Gespenster.«
> ›Völkischer Beobachter‹
> vom 24. März 1920

Nichts schien am Ende des Ersten Weltkriegs unzweifelhafter als der Sieg des demokratischen Gedankens. Über neuen Grenzen, Aufruhr und fortdauernden Völkerquerelen erhob sich offensichtlich unangefochten die Idee der Demokratie als das einigende Prinzip der Epoche. Denn der Krieg hatte nicht nur über einen Machtanspruch, sondern gleichzeitig über eine Herrschaftsvorstellung entschieden: im Zusammenbruch nahezu der gesamten mittel- und osteuropäischen Staatenwelt waren aus Revolution und Tumult zahlreiche neue staatliche Gebilde hervorgegangen, die durchweg im Zeichen demokratischer Ordnungskonzepte standen. Während im Jahre 1914 in Europa nur drei Republiken neben siebzehn Monarchien existiert hatten, zählte man vier Jahre später ebenso viele republikanische Staaten wie Monarchien. Der Geist der Epoche schien unzweideutig auf die verschiedenen Formen der Volksherrschaft zu weisen.[1]

Lediglich Deutschland schien sich dieser Tendenz, nachdem es vorübergehend davon erfaßt und mitgerissen worden war, zu widersetzen: in einem nahezu unübersehbaren Gewimmel völkischer Parteien und Klubs, militanter Orden und Freikorps organisierte sich die Zurückweisung der durch den Krieg geschaffenen Realität. Die Revolution erschien diesen Gruppen als ein Akt des Verrats, die parlamentarische Demokratie als fremd und aufgezwungen, ein anderes Wort für »alles, was dem deutschen Staatswillen entgegengesetzt« ist, sofern sie nicht einfach als »Ausplünderungsinstitut des Ententekapitals« verächtlich gemacht wurde.[2]

Die ehemaligen Gegner Deutschlands haben in den bald vielfältig hervortretenden Symptomen nationalen Protests die Reaktion eines renitenten, ewig autoritären Volkes auf Demokratie und bürgerliche Selbstbestimmung gesehen. Gewiß übersah man dabei nicht die beispiellose Massierung politischer und psychologischer Belastungen: das Schockerlebnis der Niederlage, den Versailler Vertrag mit seinen Verdammungsformeln, Gebietsverlusten und Wiedergutmachungsforderungen oder die Verarmung und seelische Zerrüttung breiter Schichten. Aber dahinter stand immer die Vorstellung eines beträchtlichen Gesittungsabstands zwischen den Deutschen und der Mehrzahl ihrer Nachbarn. Grollend, unbelehrbar habe das rätselhafte Land sich in seine Rückständigkeiten zurückgezogen, sie jetzt eigentlich erst zum Gegenstand eines anspruchsvollen Sonderbewußtseins gemacht und nicht nur westlicher Vernunft und Humanität entsagt, sondern sich der Welttendenz überhaupt entgegengestellt. Über Jahrzehnte hinweg hat diese Vorstellung die Auseinandersetzung über die Ursachen für den Aufstieg des Nationalsozialismus beherrscht.

Doch das Bild der siegreichen Demokratie, das so viele Hoffnungen bestätigte, trog; der Augenblick, da sie sich historisch zu erfüllen schien, war zugleich der Beginn ihrer Krise. Schon wenige Jahre später war die demokratische Idee im Prinzip, wie nie zuvor, in Frage gestellt, und was soeben noch triumphiert hatte, sah sich in weit wilderen Triumphen von einer neuartigen Bewegung überrannt oder doch tödlich bedroht, die in fast allen europäischen Staaten unter ähnlichen Vorzeichen ins Leben getreten war.

Die nachhaltigsten Erfolge verzeichneten diese Bewegungen in jenen Ländern, in denen der Krieg beträchtliche Unzufriedenheitskomplexe wachgerufen oder bewußt gemacht hatte, ihm insbesondere revolutionäre Erhebungen von links gefolgt waren. Einige dieser Bewegungen waren konservativ und beschworen jene besseren Zeiten, als die Menschen noch ehrenhafter, die Täler friedlicher und das Geld wertvoller waren, andere gaben sich revolutionär und überboten sich in der Geringschätzung des Bestehenden, einige zogen vor allem die kleinbürgerlichen Massen, andere die Bauern oder Teile der Arbeiterschaft an, und wie immer und wie eigentümlich sie die Klassen, die Interessen und die Vorzeichen mischten, schienen sie doch allesamt ihre Dynamik aus den dumpferen und vitaleren Tiefenschichten der Gesellschaft zu beziehen. Der Nationalsozialismus war lediglich eine Spielart dieser Protest- und Widerstandsbewegung europäischen Zuschnitts, die sich anschickte, den Weltzustand umzukehren.

Er entstand aus provinziellen Anfängen: langweilige, spießerhafte Vereine, wie Hitler höhnte, die sich in Münchener Bierschwemmen zu kümmerlichen Runden zusammenfanden, um die nationalen und familiären Nöte zu bereden. Niemand konnte ihnen eine Chance zutrauen, die machtvollen, hochorganisierten Massen der marxistischen Parteien erfolgreich herauszufordern oder gar zu überflügeln. Doch die folgenden Jahre erwiesen, daß in den Vereinen völkischer Kannegießer, zu denen bald enttäuscht zurückkehrende Soldaten und proletarisiertes Bürgertum stießen, eine ungeheure Dynamik bereitlag, die nur darauf zu warten schien, geweckt, gebündelt und eingesetzt zu werden.

Ihre Antriebselemente waren so unterschiedlich wie die Gruppen, zu denen sie sich anfangs formierten. Allein in München existierten im Jahre 1919 zeitweilig annähernd fünfzig mehr oder minder politische Zusammenschlüsse, deren Anhang vornehmlich aus verwirrten Resten der durch Krieg und Revolution zersetzten, in Auflösung geratenen Parteien der Vorkriegszeit bestand. Sie nannten sich Neues Vaterland, Rat geistiger Arbeit, Siegfriedring, Universalbund, Nova Vaconia, Bund sozialer Frauen, Freie Vereinigung sozialer Schüler, Ostara-Bund. Auch die Deutsche Arbeiterpartei gehörte dazu. Was sie, alles überlagernd, einte und im Begriff wie in der Wirklichkeit zusammenführte, war nichts anderes als ein überwältigendes Gefühl der Angst.

Es war zunächst, ganz unmittelbar, die Angst vor der Revolution, jene »grande peur«, die seit der Französischen Revolution das ganze 19. Jahrhundert hindurch die Träume des europäischen Bürgertums heimgesucht hatte. Der Eindruck, daß Revolutionen wie Naturgewalten seien, die ohne Rücksicht auf den Willen der Akteure, mit gleichsam elementarer Mechanik, ihrer eigenen Konsequenz folgten und zwangsläufig in Schreckensherrschaft, Zerstörung, Mord und Chaos mündeten, war seither unauslöschlich ins öffentliche Bewußtsein eingegraben: dies, und nicht, wie Kant gemeint hatte, das in der Revolution von 1789 doch auch sichtbar gewordene Vermögen der menschlichen Natur zum Besseren war die Erfahrung, die sich nicht mehr vergessen ließ. Sie hat, namentlich in Deutschland, generationenlang allen praktischen revolutionären Willen korrumpiert und jenen »Fanatismus der Ruhe« bewirkt, der bis zum Jahre 1918 nahezu jeden Revolutionsaufruf mit dem Standardappell an den Ruhe- und Ordnungssinn verband.

Diese alte Angst sah sich nicht nur durch die revolutionsähnlichen Erscheinungen im eigenen Lande aktualisiert, sondern vor allem durch die russische Oktoberrevolution und die von ihr ausgehende Drohung. Die Schrecken des Roten Terrors, vielfach dämonisiert und vor allem von den in München zusammenströmenden Flüchtlingen und Emigranten zu Schlachtfesten eines blutdurstigen Barbarentums aufgebauscht, beherrschten leidenschaftlich die nationale Phantasie. Eines der Münchener völkischen Blätter schrieb im Oktober 1919 in einem für den Angstwahn jener Zeit und dessen Ausdruck bezeichnenden Beitrag:

»Traurige Zeiten, wo christenhasserische, beschnittene Asiaten überall ihre bluttriefenden Hände erheben, um uns herdenweise abwürgen zu lassen! Die Christenschlächtereien des Juden Issaschar Zederblum alias Lenin würden selbst einen Dschingis-Khan zum Erröten bewogen haben. In Ungarn durchzog sein Zögling Cohn, alias Bela Khun, mit einer auf Mord und Raub dressierten jüdischen Terrorherde das unglückliche Land, um, zwischen wüsten Galgen, auf einer ambulanten Galgenmaschine, Bürger und Bauern zu schlachten. Ein prächtig ausgestatteter Harem diente ihm in seinem gestohlenen Hofzuge zur dutzendweisen Vergewaltigung und Schändung ehrbarer christlicher Jungfrauen. Sein Leutnant Samuely läßt allein in einem unterirdischen Raume sechzig Priester grausam hinschlachten. Man reißt ihnen den Leib auf, verstümmelt ihre Leichen, nachdem man sie bis auf die blutüberströmte Haut ausgeplündert hat. Von acht ermordeten Geistlichen ist festgestellt, daß man sie vorher an den eigenen Kirchtüren gekreuzigt hatte! Aus München werden jetzt ... genau dieselben Greuelszenen bekannt.«[3]

Doch war das Entsetzen, das die Welt angesichts der aus dem Osten herüberdringenden Greuelmeldungen erfaßte, nicht unbegründet und hatte auch glaubwürdigere Zeugen. Einer der Chefs der Tscheka, der Lette M. Latsis, begründete Ende 1918, daß nicht mehr Schuld oder Unschuld, sondern die soziale Zugehörigkeit Strafe und Liquidation bedeuteten: »Wir sind dabei, die Bourgeoisie als Klasse auszurotten. Sie brauchen nicht nachzuweisen, daß dieser oder jener gegen die Interessen der Sowjetmacht gehandelt hat. Das erste, was Sie einen Verhafteten zu fragen haben, ist: Zu welcher Klasse gehört er, wo stammt er her, was für eine Erziehung hat er gehabt, was ist sein Beruf? Diese Fragen sollten das Schicksal des Angeklagten entscheiden. Das ist die Quintessenz des Roten Terrors.«[4] Es klang wie eine Antwort, wenn ein früher Aufruf der Parteileitung der NSDAP formulierte: »Wollt Ihr erst in jeder Stadt tausende von Menschen an den Laternenpfählen sehen? Wollt Ihr erst warten, bis, ähnlich wie in Rußland, eine bolschewistische Mordkommission in jeder Stadt in Tätigkeit tritt...? Wollt Ihr erst über die Leichen Eurer Frauen und Kinder stolpern?« Es waren nun nicht mehr einige auf sich gestellte, durch ganz Europa gehetzte Verschwörer, von denen die Revolutionsdrohung ausging, sondern das große, unheimliche Rußland, der »brutale Machtkoloß«, wie Hitler formulierte.[5] Die siegesgewisse Agitation des neuen Regimes, die ein Teil jenes Syndroms war, das Filippo Turati als »bolschewistische Trunkenheit« bezeichnet hat, machte darüber hinaus deutlich, daß die Eroberung Deutschlands durch die vereinte Kraft des internationalen Proletariats nicht nur der entscheidende Schritt auf dem Wege zur Weltrevolution sei, sondern unmittelbar bevorstehe. Die undurchsichtigen Aktivitäten sowjetischer Emissäre, die ständigen gelenkten Unruhen, die Räterevolution in Bayern, die Aufstandsbewegung 1920 im Ruhrgebiet, die Mitteldeutschen Aufstände des folgenden Jahres, die Erhebungen in Hamburg und später wiederum in

Sachsen und Thüringen, haben der permanenten Revolutionsdrohung des Sowjetregimes die furchterregende Kulisse und dem Abwehrwillen das starke Motiv gegeben.

Die Drohung hat auch die Reden Hitlers vor allem während der frühen Jahre beherrscht, wenn er die Tätigkeit der »roten Schlächterkommandos«, die »Mordkommune«, den »Blutsumpf des Bolschewismus« in grellen Farben ausmalte. Über dreißig Millionen Menschen, versicherte er einmal, seien in Rußland »langsam zu Tode gemartert worden, zum Teil auf dem Schafott, zum Teil durch Maschinengewehre und ähnliche Mittel, zum Teil in wahren Schlachthäusern und zum andern Teil wieder zu Millionen und Millionen durch Hunger; und wir wissen alle, daß diese Hungerwelle weiterkriecht ... und sehen, wie diese Geißel naht, wie sie auch über Deutschland kommt.« Die Intelligenz der Sowjetunion sei durch Massenmord ausgerottet, die Wirtschaft bis auf den Grund zerstört, Tausende deutscher Kriegsgefangener in der Newa ertränkt oder als Sklaven verkauft worden; inzwischen würden »in ununterbrochener, ewig gleichbleibender Maulwurfsarbeit« auch in Deutschland die Voraussetzungen für die revolutionäre Zerstörung geschaffen: Rußland, so lautete die immer wiederkehrende Behauptung, steht auch uns bevor![6] Und noch Jahre später, schon an der Macht, hat Hitler »das Grauen der kommunistischen internationalen Haßdiktatur«, das ihn beim Beginn seiner Laufbahn okkupiert hatte, beschworen: »Ich zittere bei dem Gedanken, was aus unserem alten menschenüberfüllten Kontinent werden soll, wenn das Chaos der bolschewistischen Revolution erfolgreich sein würde.«

Dieser Abwehrhaltung gegen die marxistische Revolutionsdrohung hat der Nationalsozialismus zum erheblichen Teil Pathos, Aggressivität und inneren Zusammenhalt verdankt. Das Ziel der NSDAP, so hat Hitler immer wieder versichert, »heißt ganz kurz: Vernichtung und Ausrottung der marxistischen Weltanschauung«, und zwar mittels einer »unvergleichlichen, genial aufgezogenen Propaganda- und Aufklärungsorganisation«, sowie mit Hilfe einer Bewegung »rücksichtsloseser Kraft und brutalster Entschlossenheit, bereit, jedem Terror des Marxismus einen noch zehnfach größeren entgegenzusetzen«[7]. Ähnliche Überlegungen hatten etwa zur gleichen Zeit Mussolini zur Gründung der Fasci di Combattimento veranlaßt, die den neuartigen Bewegungen nun die Bezeichnung »Faschisten« verschafften.

Doch hätte die bloße Revolutionsangst offenbar nicht jene vehemente und überrennende Energie entwickeln können, die imstande war, die Welttendenz in Frage zu stellen, zumal die Revolution für viele eine Hoffnung barg. Ein stärkerer, elementarer wirkender Antrieb mußte hinzukommen, und tatsächlich wurde der Marxismus nur als die revolutionäre Vorhut eines weit umfassenderen Angriffs gefürchtet, der sich gegen alle traditionellen Vorstellungen richtete: als die aktuelle, politische Erscheinung einer gleichsam metaphysischen Umsturzidee, die grundsätzliche »Kampfansage an den europäischen... Kulturgedanken«[8]. Er selber war nur das dramatische Bild, in dem die Angst der Epoche anschaubar wurde.

Sie war denn auch, über den bloßen politischen Umsturzgedanken hinaus, das beherrschende Grundgefühl der Zeit. In ihr war die Ahnung davon aufgehoben, daß mit dem Ende des Krieges nicht nur das Vorkriegseuropa mit seiner Größe, seiner Intimität, seinen Monarchien und mündelsicheren Papieren, sondern eine Epoche Abschied nahm; mit den alten Herrschaftsformen ging auch die gewohnte Gestalt des Lebens zugrunde. Die Unruhe, der Radikalismus der politisierten Massen, die Revolutionswirren wurden überwiegend nicht nur als Nachwehen des Krieges verstanden, sondern als Vorzeichen einer fremd und chaotisch heraufziehenden Zeit, in der nichts mehr gelten würde, was Europa groß und vertraut gemacht hatte: »Daher ist uns, als wenn uns der Boden unter den Füßen versinke.«[9]

In der Tat hat selten eine Epoche ein so bestimmtes Bewußtsein ihres eigenen Übergangs gehabt. Der Krieg hatte diesen Prozeß beträchtlich beschleunigt und zugleich eine allgemeine Vorstellung davon erzeugt. Zum ersten Mal erhielt Europa jetzt einen Begriff davon, wie die Lebensform der Zukunft aussehen werde. Der Pessimismus, der solange das Grundgefühl einer Minderheit gewesen war, wurde unversehens zur Grundstimmung der ganzen Zeit. Sie fand sich, wie ein bekannter Buchtitel lautete, »Im Schatten von morgen« wieder.

Seine Dunkelheit überlagerte alles. Der Krieg hatte in der Wirtschaft zu neuen riesenhaften Organisationsformen geführt, die der kapitalistischen Ordnung erst zur Erscheinung ihrer selbst verhalfen. Rationalisierung und Fließband, Trusts und Tycoons machten die strukturelle Unterlegenheit aller kleinen Existenzen wie nie zuvor offenbar. Schon in den letzten dreißig Jahren vor dem Weltkrieg hatte sich die Zahl der Selbständigen in den Großstädten um rund die Hälfte vermindert, jetzt sank ihr Anteil rapide weiter, zumal Krieg und Inflation ihre materielle Basis zerstört hatten. Die Schrecken der anonymen Wettbewerbsgesellschaft, die den Einzelnen aufsog, verbrauchte und fallenließ, wurden deutlicher denn je empfunden und in zahlreichen zeitgenössischen Situationsanalysen zur Angst vor dem Untergang individueller Daseinsmöglichkeit überhaupt erweitert: das Individuum werde aufgelöst in Funktion, der Mensch als »bewußtlose Maschine« in unüberschaubare Prozesse eingefügt – das war der Tenor einer breiten Mißbilligungsliteratur: »Dasein scheint überhaupt nichts als Angst zu sein.«[10]

Diese Angst vor normierten, termitenhaften Daseinsweisen fand ihren Ausdruck auch in der Wendung gegen die wachsende Verstädterung, die Häuserschluchten und »grauer Städte Mauern«, sowie in der Klage über die wie Fäulnis weiterwuchernde Industrie mit den Fabrikschloten im stillen Tal: angesichts der rücksichtslos betriebenen »Verwandlung des Planeten in eine einzige Fabrik zur Ausnutzung seiner Stoffe und Energien« schlug der Fortschrittsglaube erstmals in der Breite um, die Zivilisation zerstöre die Welt, lautete der Protest, die Erde entwickle sich zu einem »mit Landwirtschaft durchsetzten Chicago«.[11] Die frühen Jahrgänge gerade des ›Völkischen Beobachters‹ sind eine einzige schrille Dokumentation dieser Angst vor dem Untergang des Vertrauten. »Wie groß müssen unsere Städte noch werden«, heißt es gelegentlich, »bis eine rückläufige Bewegung einsetzt, bis man die Kasernen abbricht, die Steinhaufen zerreißt, die Höhlen durchlüftet und ... Gärten zwischen die Mauern pflanzt und den Menschen wieder schnaufen läßt?« Die Bauten aus industriell vorgefertigten Teilen, die Wohnmaschinen Le Corbusiers, der Bauhausstil, die Stahlrohrmöbel mobilisierten in ihrer »technischen Sachlichkeit«, wie das Schlagwort lautete, den Widerstand eines traditionsanhänglichen Bewußtseins, das darin nur eine Art »Gefängnisstil« zu sehen vermochte.[12] Der gefühlsmäßige Affekt gegen die moderne Welt zeigte sich auch in einer breiten Siedlungsbewegung während der zwanziger Jahre, vor allem in den Artamanenbünden, die das erdverbundene Glück des einfachen Lebens der »Asphaltzivilisation« entgegensetzten und die natürlichen Bindungen gegen die menschliche Verlorenheit innerhalb der städtischen Massenwelt ausspielten. Am empfindlichsten trat der abrupte und herausfordernde Bruch mit den geltenden Normen im Bereich der Moral zutage. Die Ehe, hieß es in einer »Sexualethik des Kommunismus«, sei nichts anderes als eine »üble Ausgeburt des Kapitalismus«, die Revolution werde sie ebenso beseitigen wie die Strafbestimmungen für Abtreibung, Homosexualität, Bigamie oder Blutschande.[13] Doch für das Empfinden der breiten bürgerlichen Mittelschichten, die sich immer auch als »Vertreter und Verwalter der Normalmoral« betrachtet und den Angriff darauf als persönliche Bedrohung angesehen haben, war die Ehe als bloßer Registrierungsfall, wie sie zunächst auch in der Sowjetunion verstanden wurde, so unerträglich wie die »Glas-Wasser-Theorie«, derzufolge das Sexualbedürfnis, nicht anders als der Durst, ein Elementarverlangen und ohne viele Umstände zu befriedigen sei. Der Foxtrott und die kurzen Röcke, die Vergnügungssucht in der »Reichskloake Berlin«, die »schweinernen Bilder« des Sexualpathologen Magnus Hirschfeld oder der Herrentypus der Zeit (»der Gummikavalier auf Crepsohlen mit Charlestonhose, die Schimmyfrisur glatt zurückgestrichen«), besaßen für das breite Bewußtsein eine Anstößigkeit, die im Rückblick nicht ohne historische Bemühung nachzuempfinden ist. In vielgefeierten Provokationen behandelten die Bühnen der zwanziger Jahre Vatermord, Inzest und Verbrechen, der tiefe Hang der Zeit ging auf die Verhöhnung ihrer selbst. In der Schlußszene von Brecht/Weills Oper »Mahagonny« traten die Darsteller an die Rampe und demonstrierten auf Plakaten »Für den chaotischen Zustand unserer Städte!«, »Für die Käuflichkeit der Liebe!«, »Für die Ehre der Mörder!« oder »Für die Unsterblichkeit der Gemeinheit!«[14]

In der bildenden Kunst hatte sich der revolutionäre Durchbruch schon vor dem Ersten Weltkrieg vollzogen, und Hitler selber war in Wien sowie später in München dessen unbeteiligter Zeuge gewesen. Doch was solange als die Außenseiterei einer Handvoll Phantasten hingegangen war, wurde vor der Bilderflut von Umsturz, Revolution und Auflösung als Kampfansage an das überlieferte europäische Menschenbild verstanden. Fauves, Blauer Reiter, Brücke oder Dada erschienen als eine ebenso radikale Bedrohung wie die Revolution; die populäre Vokabel vom »Kulturbolschewismus« hält dieses Bewußtsein eines inneren Zusammenhanges fest. Die Abwehrreaktion war infolgedessen nicht nur ebenso leidenschaftlich, sondern auch auf den gleichen Ton der Angst vor Anarchie, Willkür, Formlosigkeit gestimmt; die moderne Kunst sei »chaotisches Machwerk«[15], lautete das charakteristische Verdikt, und alle diese Symptome verdichteten sich zu einer komplexen Angstvorstellung, für die der modische Pessimismus der Zeit die Formel vom »Untergang des Abendlandes« gefunden hatte. Mußte man nicht den Tag fürchten, da sich alle diese Ressentiments in einem Akt verzweifelter Gegenwehr zusammenschließen würden?

Die Lust an der Zerstörung überholter oder kompromittierter sozialer und kultureller Formen hat das konservative Temperament der Deutschen in besonderem Maße provoziert; der dagegen rasch spürbar werdende Widerstand konnte hier überdies eher als anderswo an Stimmungen und Argumente vom Ende des 19. Jahrhunderts anknüpfen.

Der technisch-ökonomische Modernisierungsprozeß war in Deutschland später, schneller und radikaler als anderswo erfolgt, das Land stand, wie Thorstein Veblen formuliert hat, in der Entschiedenheit, mit der es die industrielle Revolution durchführte, »unter den westlichen Ländern ohne Beispiel da«.[16] Infolgedessen hatte dieser Prozeß hier aber auch wildere Überwältigungsängste wachgerufen und die heftigeren Gegenreaktionen erzeugt. Anders als das weitverbreitete Klischee es will, konnte Deutschland in jener nahezu unauflösbaren Verbindung von Leistung und Versäumnis, die feudale und fortschrittliche, autoritäre und sozialstaatliche Elemente zu einem buntfarbigen Muster vereinigte, am Vorabend des Ersten Weltkrieges als der wohl modernste Industriestaat Europas gelten. Allein in den zurückliegenden fünfundzwanzig Jahren hatte es das Sozialprodukt um über das Doppelte vermehrt, desgleichen war der Bevölkerungsanteil mit steuerpflichtigen Mindesteinkommen von dreißig auf sechzig Prozent gestiegen, und die Stahlerzeugung beispielsweise, die 1887 nur die Hälfte der englischen Produktion ausgemacht hatte, hatte nahezu die doppelte Menge erreicht. Kolonien waren erobert, Städte gebaut, industrielle Imperien errichtet worden, die Zahl der Aktiengesellschaften war von 2143 auf 5340 gestiegen und der Warenumschlag im Hamburger Hafen, hinter New York und Amsterdam, doch noch vor London, an die dritte Stelle der Weltstatistik gerückt. Zugleich wurde das Land korrekt und sparsam verwaltet und gewährte, allen illiberalen Einsprengseln zum Trotz, ein beträchtliches Maß an innerer Freiheit, Verwaltungsgerechtigkeit und sozialer Sicherheit.

Der gleichwohl anachronistische Ausdruck im Gesamtbild des kaiserlichen Deutschland stammt denn auch aus anderen Erscheinungen als den ökonomischen, und auch nicht so sehr aus den unübersehbar feudalen Strukturen. Über diesem geschäftigen, scheinbar so zukunftsbewußten Lande, seinen wachsenden Großstädten und Industrierevieren, wölbte sich vielmehr ein eigentümlich romantischer Himmel, dessen Dunkel von mythischen Gestalten, altertümlichen Riesen und Göttervolk, behaust war: Deutschlands Verspätungen waren vor allem ideologischer Natur. Gewiß war viel professoraler Obskurantismus, Germanistenfolklore dabei am Werke sowie die Verbrämungsbedürfnisse eines Bürgertums, das über den materiellen Zwecken, denen es so ruhelos und dynamisch nachsetzte, gern höhere Gesichtspunkte erkannte. Gleichzeitig aber war auf dem Grunde dieser Neigungen immer auch eine kulturbürgerliche Widersetzlichkeit gegen eben jene moderne Welt zu spüren, die man so energisch und erfolgreich heraufführen half: Abwehrgesten gegen die neue, poesielose Wirklichkeit, die nicht aus skeptischem, sondern aus pessimistisch-romantischem Geiste stammten und eine latente Bereitschaft zum gegenrevolutionären Protest erkennbar werden ließ.

Dieser Widerstand hat sich vor allem in einer ausgedehnten zivilisationskritischen Stimmung vernehmbar gemacht und in Schriftstellern wie Paul de Lagarde, Julius Langbehn oder Eugen Dühring seine Wortführer gefunden. Zwar zählte das Unbehagen, das sie anzeigten, zu den Symptomen einer allgemeinen zivilisatorischen Krisenstimmung, die eine Reaktion auf den einfallslosen, lebenstüchtigen Optimismus der Epoche war. Um die Jahrhundertwende hatte sie sowohl in den Vereinigten Staaten als auch im Frankreich der Dreyfusaffäre, der Action Française oder der Manifeste von Maurras und Barrès Resonanz und Gefolgschaft gefunden. Gabriele d'Annunzio, Enrico Corradini, Miguel Unamuno, Dimitri Mereschkowski und Wladimir Solowjow, Knut Hamsun, Jacob Burckhardt oder David Herbert Lawrence machten sich, bei allen Unterschieden im einzelnen, zu Sprechern ähnlicher Ängste und Widerstände. Doch der in Deutschland so überfallartige und tief einschneidende Wandel, der das Land unvermittelt aus seinem Biedermeier in die Modernität hinübergestoßen und dabei immer erneut schmerzliche Brüche und Abschiede verlangt hatte, hat dem Protest hier, anders als im übrigen Europa, eine unverwechselbare exaltierte Tonlage verschafft, in der sich die Angst und der Ekel vor der Realität mit romantischen Sehnsüchten nach einer dahingesunkenen arkadischen Ordnung verbanden.

Auch diese Tradition kam von weit her. Das Leiden an den »Verwüstungen« des zivilisatorischen Prozesses konnte sich bis auf Rousseau oder Goethes »Wilhelm Meister« berufen. Die Wortführer dieses Unbehagens verachteten den Fortschritt und bekannten sich nicht ohne Stolz zu ihrer weltfremden Rückständigkeit, sie waren durchweg unzeitgemäße Betrachter, die, wie Lagarde schrieb, ein Deutschland zu sehen begehrten, das nie existiert hatte und vielleicht nie existieren würde. Den Tatsachen, die ihnen entgegengehalten wurden, bezeugten sie eine hochmütige Geringschätzung und mokierten sich bitter über die »einäugige Vernunft«. In teilweise scharfsinnigen Irrationalismen wandten sie sich gegen den Börsenhandel und die Urbanisierung, den Impfzwang, die Weltwirtschaft und die positive Wissenschaft, gegen die »Communisterei« und die ersten Flugversuche – kurz, gegen den gesamten Emanzipationsprozeß der modernen Welt, dessen Erscheinungen sie zum Gesamtbild vom katastrophenartigen »Untergang der Seele« zusammenfügten. Als »Propheten der erzürnten Tradition« beschworen sie den Tag, da der Zerstörung Einhalt geboten werde und »die alten Götter wieder aus den Fluten tauchten«.

Die Wertvorstellungen, die sie der modernen Zeit entgegensetzten, umfaßten Natürlichkeit, Kunst, Vergangenheit, Aristokratie und Todesliebe sowie das Recht der starken, cäsarischen Persönlichkeit. Auffallenderweise war der Protest, der den Verfall doch auch der deutschen Kultur beklagte, häufig von imperialistischen Sendungsgedanken durchsetzt, in denen die Angst in Aggression umgesetzt war und die Verzweiflung Trost bei der Größe suchte. Das berühmteste Buch dieser Zeittendenz, Julius Langbehns »Rembrandt als Erzieher«, hatte, als es 1890 erschien, einen spektakulären Erfolg und erlebte innerhalb von zwei

Jahren vierzig Auflagen. Die breite Zustimmung zu dem exzentrischen Dokument aus Panik, Antimodernität und nationalistischem Berufungswahn legt den Gedanken nahe, daß das Buch selber Ausdruck der Krise war, die es so leidenschaftlich und erbittert beschwor.

Fast noch folgenreicher als die Verbindung dieser zivilisationsfeindlichen Sentiments mit dem Nationalismus der Epoche war der Anschluß, den sie, ähnlich wie die sozialdarwinistischen und rassischen Theorien, an die antidemokratischen Ideen fanden. Denn sie diagnostizierten den Niedergang an jener liberalen westlichen Gesellschaft, die ihre politische Ordnung auf die Prinzipien der Aufklärung und der Französischen Revolution zurückführte. Auch diese Wendung hatte gesamt-europäischen Charakter, »besonders in Frankreich und Italien«, schrieb Julien Benda später, wurden sich die Schriftsteller um 1890 »mit erstaunlichem Scharfsinn darüber klar, daß die Doktrinen von absoluter Autorität, Disziplin, Tradition, Verachtung des Geistes der Freiheit, Bejahung der sittlichen Berechtigung von Krieg und Sklaverei es möglich machten, eine stolze und unbeugsame Haltung anzunehmen, und zugleich den Vorstellungen einfacher Menschen viel mehr entgegenkämen als ein sentimentaler Liberalismus und Humanismus.«[17] Und obwohl das Leiden an der Modernität, allen literarischen Erfolgen zum Trotz, immer nur die Sache einer intellektuellen Minderheit war, haben diese Stimmungen, wieder von Deutschland zu reden, vor allem über die Jugendbewegung, die nicht nur davon ergriffen, sondern geradezu ihr schwärmerischer und reiner Ausdruck war, allmählich doch eine nachhaltige Wirkung entfaltet. »Der ganze große Hang der Deutschen«, hat Friedrich Nietzsche diese Haltung beschrieben, »ging gegen die Aufklärung und gegen die Revolution der Gesellschaft, welche mit grobem Mißverständnis als deren Folge galt: die Pietät gegen alles noch Bestehende suchte sich in Pietät gegen alles, was bestanden hat, umzusetzen, nur damit Herz und Geist wieder einmal voll würden und keinen Raum mehr für zukünftige und neuernde Ziele hätten. Der Kultus des Gefühls wurde aufgerichtet an Stelle des Kultus der Vernunft.«[18]

Schließlich haben sich die zivilisationsfeindlichen Stimmungen der Zeit auch mit dem Antisemitismus verbunden. »Der deutsche Antisemitismus ist reaktionär«, hat Hermann Bahr 1894 als Ergebnis ausgedehnter, in ganz Europa angestellter Ermittlungen geschrieben, »eine Revolte der kleinen Bürger gegen die industrielle Entwicklung.«[19] Tatsächlich war die Gleichsetzung von Judentum und Modernität nicht unbegründet, so wenig wie die Behauptung einer besonderen Eignung der Juden für die kapitalistische Konkurrenzwirtschaft: eben dies waren die beiden stärksten Antriebe aller Zukunftsängste. Werner Sombart hat es geradezu als eine »jüdische Mission« bezeichnet, »den Übergang zum Kapitalismus zu befördern ... (und) die heute noch konservierten Reste vorkapitalistischer Organisation aus der Welt zu schaffen: in der Zersetzung der letzten Handwerke und der handwerksmäßigen Krämerei«[20]. Vor dem Hintergrund dieser Entwicklung hat sich der traditionell religiös motivierte Judenhaß in der zweiten Hälfte des 19. Jahrhunderts zum biologisch oder sozial begründeten Antisemitismus fortentwickelt. In Deutschland haben sich vor allem der Philosoph Eugen Dühring sowie der gescheiterte Journalist Wilhelm Marr (in einer Schrift mit dem bezeichnenden Titel »Der Sieg des Judentums über das Germanentum, vom nichtkonfessionellen Standpunkt betrachtet. Vae Victis!«) um die Popularisierung dieser Tendenzen bemüht, doch waren auch dies für Europa im Ganzen geltende Reflexe. Der Antisemitismus war in Deutschland zweifellos nicht intensiver als in Frankreich und sicherlich weit schwächer als in Rußland oder der österreichischen Doppelmonarchie, die antisemitischen Publikationen der Zeit klagten immer wieder darüber, daß ihren Ideen bei aller Verbreitung so wenig Erfolg beschieden sei. Doch in einer Zeit, da die irrationalen Sehnsüchte wie herrenlose Hunde herumstreunten, bot sich der Antisemitismus gerade wegen der halben Wahrheit, die darin steckte, als Vehikel verbreiteter Mißstimmungen an; doch war er nichts anderes als die zu mythologischer Größe aufgetriebene Erscheinungsform der Angst. Es hat Wirkung und Widerhall Richard Wagners ausgemacht, daß er wie kein anderer die Magie der Kunst gegen den in allen diesen Erscheinungen sichtbar werdenden Entzauberungsprozeß der modernen Welt mobilisierte und in seinem Werk diese Zeitstimmung, mythisch übersetzt, zu überwältigender Wirkung kam: der Zukunftspessimismus, das Bewußtsein der anbrechenden Herrschaft des Goldes, die rassische Angst, der antimaterialistische Vorsatz, das Zurückschrecken vor einem Zeitalter plebejischer Freiheit und Gleichmacherei sowie das Vorgefühl nahen Untergangs.

Die vielfältigen Affekte der bürgerlichen Zeit gegen sich selbst hat schließlich der Krieg befreit und zugleich radikalisiert; er hat dem Dasein die im öden Zivilisationsalltag verlorengegangene Möglichkeit unerhörter Selbststeigerung zurückgeschenkt, die Gewalt geheiligt und Triumphe der Destruktion beschert: eine mit Flammenwerfern, wie Ernst Jünger schrieb, bewerkstelligte »große Säuberung durch das Nichts«[21]; er war geradezu die Verneinung der liberalen und humanitären Zivilisationsidee. Die fast magische Macht des Kriegserlebnisses, das von einer umfangreichen Verklärungsliteratur wiederum europäischen Zuschnitts beschworen und zum Ausgangspunkt vielfältiger Erneuerungskonzepte gemacht wurde, hatte in dieser Erfahrung den Ursprung. Gleichzeitig hatte der Krieg diejenigen, die sich seine Erben nannten, den Sinn und Vorzug rascher, einsamer Entscheidungen, absoluten Gehorsams und übereinstimmender Gesinnungen gelehrt. Der Kompromißcharakter parlamentarischer Ordnungen, ihre Entscheidungsschwäche und häufige Selbstlähmung hatten keine Überredungskraft für eine Generation, die aus dem Krieg den Mythos des perfekten militärischen Leistungskollektivs zurückgebracht hatte.

Diese Zusammenhänge erst machen deutlich, warum die Ausrufung der demokratischen Republik und die Eingliederung Deutschlands in das Versailler Friedenssystem nicht einfach, und sei es als Folge der Niederlage, hingenommen wurden. Für die weiterwirkenden antizivilisatorischen Stimmungen bedeutete das eine wie das andere nicht nur eine veränderte politische Lage, sondern einen Sündenfall, einen Akt des metaphysischen Verrats und der tiefen Untreue gegen sich selbst; denn es lieferte Deutschland, das romantische, gedankentiefe, unpolitische Deutschland, einer Augenblickskonstellation zuliebe, eben jener westlichen Zivilisationsidee aus, die es in seinem Wesen bedrohte. Bezeichnenderweise nannte der ›Völkische Beobachter‹ den Versailler Vertrag einen »Syphilisfrieden«, der, wie die Seuche, »aus kurzer verbotener Lust geboren, mit einem kleinen harten Geschwür beginnend, nach und nach alle Glieder und Gelenke, ja alles Fleisch bis in Herz und Hirn des Sünders befällt« [22]. Der leidenschaftliche, grundsätzliche Widerspruch gegen »das System« rührte gerade aus der Weigerung, teilzuhaben am verhaßten »Imperium der Zivilisation« mit seinen Menschenrechten, seiner Fortschrittsdemagogie und Aufklärungswut, seiner Trivialität, Verderbtheit und den platten Apotheosen des Wohlstands. Die deutschen Ideale von Treue, Gottesgnadentum, Vaterlandsliebe, hieß es in einer der zahlreichen Klageschriften der Zeit, seien »in den Stürmen der Revolutions- und Nachrevolutionszeit schonungslos ausgelöscht« worden und statt dessen »Demokratie, Nacktbewegung, hemmungsloser Naturalismus, Kameradschaftsehe« gekommen.[23]

Immer in den Jahren der Republik gab es denn auch auf der intellektuellen Rechten, die den antizivilisatorischen Ansatz der wilhelminischen Ära fortführte, eine beträchtliche Neigung zum Bündnis mit der Sowjetunion oder genauer, mit Rußland, das als Muttergrund, Herzland, »vierte Dimension«, Gegenstand emphatischer Erwartungen war. Während Oswald Spengler zum Kampf gegen »das innere England« aufrief, schrieb Ernst Niekisch, ein anderer Wortführer des um die seelische Identität der Nation besorgten Widerstands: »Es ist bereits deutsches Erwachen, den Blick nach Osten zu kehren ... der Gang nach Westen war deutscher Abstieg; die Umkehr zum Osten wird wieder Aufstieg zu deutscher Größe sein.« Dem »seichten Liberalismus« wurde das »preußisch-slawische Prinzip« entgegengehalten und der Völkerbundmetropole Genf die »Achse Potsdam-Moskau«. Die Angst vor der Überfremdung deutschen Wesens durch die materialistische, entmythologisierte Welt des Westens war hier stärker als die Angst vor der kommunistischen Weltherrschaftsdrohung.

Die erste Nachkriegsphase aktualisierte nicht nur die Angst vor der Revolution, sondern auch die antizivilisatorischen Ressentiments, und beides zusammen ergab erst, eigentümlich verklammert und wechselweise sich hochtreibend, ein Syndrom von außerordentlicher Dynamik. Es verband sich mit den Haß- und Abwehrkomplexen einer bis auf den Grund erschütterten Gesellschaft, die ihre Kaiserherrlichkeit, ihre Bürgerordnung, ihr nationales Selbstbewußtsein, Wohlstand, Autoritäten sowie das ganze System von Oben und Unten eingebüßt hatte und nun blind und erbittert wiederhaben wollte, was ihr ungerechtfertigt verlorengegangen schien. Gesteigert und mit zusätzlicher Radikalität versehen wurden diese allgemeinen Mißgefühle noch durch eine Vielfalt unbefriedigter Gruppeninteressen. Vor allem die unvermindert anwachsende Schicht der Angestellten bewies eine besondere Anfälligkeit für die große Geste totaler Kritik; denn die industrielle Revolution hatte jetzt erst auf die Büros übergegriffen und die ehemaligen »Unteroffiziere des Kapitalismus« zu den letzten Opfern der »modernen Sklaverei« gemacht,[24] zumal sie, anders als die Arbeiter, nie einen eigenen Klassenstolz oder gar jene Art Utopie entwickelt hatten, die in den Katastrophen der bestehenden Ordnung die eigenen Heilsgewißheiten bestätigt findet. Nicht weniger empfänglich war das mittelständische Gewerbe mit seiner Überwältigungsangst vor Großbetrieben, Warenhäusern und rationalisiertem Wettbewerb; desgleichen breite agrarische Schichten, die durch traditionelle Schwerfälligkeit und durch fehlende Mittel an längst überalterte Strukturen gefesselt waren, sowie viele Akademiker und ehemals solides Bürgertum, das sich in den gewaltigen Sog der Proletarisierung gezogen sah. Ohne Unterhalt sei man »sofort geächtet, deklassiert; arbeitslos zu sein, das sei dasselbe wie Kommunist«, äußerte ein Betroffener in einer Umfrage jener Zeit.[25] Keine Statistik, keine Angabe über Inflationsraten, über Selbstmordziffern und Konkurse kann die Gefühle derer offenbaren, die von Erwerbslosigkeit, Armut, Stellungsverlust bedroht waren, oder die Besorgnisse der anderen ausdrücken, die noch etwas besaßen und den Ausbruch soviel angehäufter Unzufriedenheit fürchteten. Die öffentlichen Institutionen in ihrer anhaltenden Schwäche boten gegen den kollektiven Affekt, der sich da auf schwankendem Grunde zusammenbraute, keine Sicherung, zumal die Angst sich inzwischen nicht mehr, wie zu Lagardes und Langbehns Zeiten, auf Beschwörungen und ohnmächtige Prophetenworte beschränken mußte; der Krieg hatte die Angst bewaffnet gemacht.

In den Einwohnerwehren und Freikorps, die teils auf private, teils auf verdeckte staatliche Initiative zur Abwehr vor allem der kommunistischen Revolutionsdrohung in großer Zahl organisiert worden waren, entwickelte sich eines der Elemente, die in dumpfer, aber entschlossener Widerstandsgesinnung gegen die Verhältnisse schlechthin nach einem Willen Ausschau hielten, der sie in eine neue Ordnung führen sollte. Anfangs gab es daneben, ebenfalls als Reservoir militanter Energien, die Masse heimkehrender Soldaten. Viele von ihnen fristeten in den Kasernen ein zielloses Soldatenleben, das wie ein ratlos hinausgezögerter Abschied von den ambitiösen Kriegerträumen ihrer Jugend wirkte. In den Gräben der Front waren die einen wie die anderen den Umrissen eines neuen, noch unklaren Lebenssinnes nahegekommen, den sie in der mühsam anhebenden Normalität der Nachkriegszeit vergebens wiederzufinden suchten. Sie hatten nicht vier Jahre lang gekämpft und gelitten für dieses schwächliche, vom letzten der ehemaligen Feinde herumgestoßene Regime mit seinen erborgten Idealen. Auch fürchteten sie, nach der erhöhenden Daseinserfahrung des Krieges, die deklassierende Gewalt des bürgerlichen Alltags.

Hitler erst hat diese Unmutgefühle, die zivilen wie die militärischen, zusammengebracht und ihnen Führung und Stoßkraft verschafft. Tatsächlich mutet seine Erscheinung wie das synthetische Produkt aller dieser Ängste, Pessimismen, Abschieds- und Abwehrgefühle an, auch hatte er im Krieg sein überwältigendes Erlösungs- und Bildungserlebnis gehabt, und wenn es einen »faschistischen« Typus gibt, dann war er in ihm verkörpert. Keiner der Anhänger, die er nach zögerndem Beginn rasch zu sammeln begann, hat so wie er die psychologischen, gesellschaftlichen und ideologischen Grundantriebe der Bewegung zum Ausdruck gebracht; er war niemals nur ihr Führer, sondern stets auch ihr Exponent.

Schon die Erfahrungen der frühen Jahre hatten ihm zu jenem überwältigenden Angsterlebnis verholfen, das sein gesamtes Denk- und Emotionssystem geprägt hat. Es ist auf dem Grunde fast aller seiner Äußerungen und Reaktionen spürbar: eine Angst, die in allem verborgen lauerte und alltägliche so gut wie kosmische Dimensionen hatte. Zahlreiche frühe Beobachter, vom Firmpaten in Linz bis zu August Kubizek und Greiner, haben sein bleiches, »geschrecktes« Wesen geschildert, das den geeigneten Boden für die schon früh ins Phantastische wuchernden

Eingebungen bildete. Seine »ständige Angst« vor der Berührung durch fremde Menschen ist darin ebenso begründet wie sein extremes Mißtrauen oder sein später zusehends stärker hervortretender Waschzwang.[26] Dem gleichen Komplex entstammte seine, wie wir hören, oftmals geäußerte Sorge vor geschlechtlicher Infektion sowie vor Ansteckung überhaupt: »Die Mikroben stürzen sich auf mich«, so wußte er.[27] Er war beherrscht von der Überfremdungsangst des österreichischen Alldeutschen, vor der »heuschreckenartigen Zuwanderung russischer und polnischer Juden«, vor der »Verniggerung des deutschen Menschen«, vor dessen »Vertreibung aus Deutschland« und schließlich seiner »Ausrottung«: im ›Völkischen Beobachter‹ ließ er ein angeblich französisches Soldatengedicht abdrucken, das die refrainartige Zeile enthielt: »Deutsche, wir werden Eure Töchter besitzen!« Doch ging die Beunruhigung auch von der amerikanischen Technik aus und von der wachsenden Geburtenrate der Slawen, von der Großstadt, der »ebenso schrankenlosen wie schädlichen Industrialisierung«, der »Verwirtschaftlichung der Nation«, den anonymen Aktiengesellschaften, vom »Morast der großstädtischen Vergnügungskultur« sowie von der modernen Kunst, die durch blaue Wiesen und grüne Himmel »die Seele des Volkes töten« wolle. Wohin er auch blickte, entdeckte er »die Verfallserscheinungen einer langsam abfaulenden Welt«: in seiner Vorstellung fehlte kein Element der pessimistischen Zivilisationskritik.[28]

Was Hitler mit den führenden faschistischen Akteuren anderer Länder verband, war die Entschlossenheit, sich diesem Prozeß entgegenzustemmen. Ihn unterschied jedoch die manische Ausschließlichkeit, mit der er alle Elemente jemals empfundener Angst auf einen einzigen Urheber zurückführte; denn im Mittelpunkt des riesig aufgetürmten Angstsystems stand, schwarz und behaart, die ewig blutschänderische Figur des Juden: übelriechend, schmatzend und geil auf blonde Mädchen, aber »rassisch härter« als der Arier, wie Hitler noch im Sommer 1942 beunruhigt versicherte.[29] Tief befangen in seiner Überwältigungspsychose, sah er Deutschland als Objekt einer Weltverschwörung, bedrängt von allen Seiten durch Bolschewisten, Freimaurer, Kapitalisten, Jesuiten, sie alle verklammert und im Vernichtungswerk strategisch kommandiert durch den »blut- und geldgierigen jüdischen Völkertyrannen«. Er verfügte über fünfundsiebzig Prozent des Weltkapitals, beherrschte die Börsen und den Marxismus, die Goldene und die Rote Internationale, er war der Träger der Geburtenbeschränkung und des Auswanderungsgedankens, er höhlte die Staaten aus, bastardisierte die Rassen, verherrlichte den Brudermord, organisierte den Bürgerkrieg, rechtfertigte das Gemeine und beschmutzte das Edle: »der Drahtzieher der Geschicke der Menschheit«.[30] Die ganze Welt sei in Gefahr, rief Hitler beschwörend aus, »in die Umstrikkung dieses Polypen« zu geraten. In immer neuen Bildern suchte er sein Entsetzen greifbar zu machen, sah »schleichendes Gift« am Werk und den Juden als »Made«, »Spulwurm« oder »am Volkskörper fressende Natter«. Und wie ihm in der Formulierung seiner Angst die wahnwitzigsten und lächerlichsten Wendungen unterliefen, so verhalf sie ihm auch zu eindrucksvollen oder doch haftenden Bildern. Er fand die »Verjudung unseres Seelenlebens«, die »Mammonisierung unseres Paarungstriebes« und die »daraus resultierende Versyphilitisierung des Volkskörpers«; er schrieb aber auch: »Siegt der Jude mit Hilfe seines marxistischen Glaubensbekenntnisses über die Völker dieser Welt, dann wird seine Krone der Totenkranz der Menschheit sein, dann wird dieser Planet wieder wie einst vor Jahrmillionen menschenleer durch den Äther ziehen.«[31]

Mit dem Hinzutreten Hitlers waren die Energien vereint, die, unter krisenhaften Bedingungen, die Aussicht großer politischer Wirksamkeit besaßen. Denn die faschistischen Bewegungen haben sich in ihrer sozialen Substanz durchweg auf drei Elemente gestützt: das kleinbürgerliche mit seinen moralischen, wirtschaftlichen und gegenrevolutionären Indignationen, das militärisch-rationalistische sowie das charismatische des einzigartigen Führers. Er war die entschlossene Stimme der Ordnung, die dem Durcheinander, dem chaotischen Element, gebot, er hatte weiter geblickt und tiefer gedacht, er kannte die Verzweiflungen, aber auch die Rettungsmittel. Der überlebensgroße Typus war nicht nur durch zahlreiche literarische Verheißungen vorgeformt, die bis in die deutsche Volkssage zurückreichten. Gleich der Mythologie zahlreicher anderer, in ihrer Geschichte unglücklicher Völker kennt sie die Erscheinung der zum Jahrhundertschlaf entschwundenen, in den Bergen träumenden Führergestalten, die dereinst zurückkehren, ihr Volk heimholen und die schuldige Welt züchtigen werden, und gerade das pessimistische Schrifttum hat bis in die zwanziger Jahre, in tausendfachen Beschwörungen, an diese Sehnsüchte angeknüpft, die in berühmten Versen Stefan Georges Ausdruck gefunden haben: »Der sprengt die ketten, fegt auf trümmerstätten/ Die ordnung, geißelt die verlaufenen heim/ Ins ewige recht wo großes wiederum groß ist / Herr wiederum herr. Zucht wiederum zucht. Er heftet / Das wahre sinnbild an das völkische banner. / Er führt durch sturm und grausige signale / Des frührots seiner treuen schar zum werk / Des wachen tags und pflanzt das Neue Reich.«[32] Um die gleiche Zeit hatte auch Max Weber das Bild der überragenden Führerpersönlichkeit entworfen, ihre plebiszitäre Legitimität, ihren Anspruch auf »blinden« Gehorsam, doch hatte er darin vor allem ein Element des Widerstands gegen die unmenschlichen bürokratischen Organisationsstrukturen der Zukunft erblickt. Im ganzen war die Epoche aus weit voneinander entfernten Quellen und unterschiedlichsten Motiven auf die Erscheinung des Führers vorbereitet: aus ihren dumpfen, emotionaleren Schichten und aus der Poesie kam der Idee ebenso Sukkurs wie aus dem wissenschaftlichen Raisonnement.

Seine Aktualisierung hat der Führergedanke, wie er sich in den faschistischen Bewegungen entwickelte, wiederum im Erlebnis des Krieges erfahren. Denn diese Bewegungen verstanden sich durchweg nicht als Parteien im herkömmlichen Sinne, sondern als militante Weltanschauungsgruppen, als »Parteien über den Parteien«, und der Kampf, den sie mit düsteren Symbolen und entschlossenen Mienen aufnahmen, war nichts anderes als die Verlängerung des Krieges mit nahezu unveränderten Mitteln in die Politik: »Augenblicklich befinden wir uns in der Fortdauer des Krieges«, hat Hitler wiederholt ausgerufen, und der italienische Außenminister Graf Ciano sprach gelegentlich vom faschistischen »Heimweh nach dem Krieg«.[33] Der Führerkult war innerhalb der »Fiktion des permanenten Krieges« nicht zuletzt die Übertragung der Grundsätze militärischer Hierarchie auf die innere Organisation dieser Bewegungen und die Erscheinung des Führers nichts anderes als die in übermenschliche Höhen entführte, von Glaubensbedürfnissen und Hingabesehnsüchten magisch emporgerückte Figur des Offiziers. Der Marschtritt auf allen Pflastern Europas demonstrierte die Überzeugung, daß auch die Probleme der Gesellschaft am wirksamsten durch militärähnliche Modelle zu bewältigen seien. Gerade ihr Rigorismus hat eine starke Anziehungskraft vor allem auf die zukunftsbewußte Jugend entfaltet, die in Krieg, Revolution und Chaos die Suggestion »geometrischer« Ordnungsentwürfe entdeckt hatte.

Die nämlichen Motive lagen den halbmilitärischen Auftrittsformen der Bewegungen zugrunde, der Uniformierung, dem Ritual des Grüßens, Meldens, Strammstehens oder der bunten, gleichwohl auf wenige Grundelemente zurückführbaren Symbolik, den verschiedenen Formen des Kreuzes vor allem, angefangen vom Olafskreuz der Norwegischen »Nasjonal Samling« bis zum roten Andreaskreuz der Nationalen Syndikalisten Portugals, aber auch Pfeile, Liktorenbündel, Sensen – dies alles unablässig auf Fahnen, Abzeichen, Standarten oder Armbinden bekennerisch zur Anschauung gebracht. Die Bedeutung dieser Elemente lag nicht nur in der Denunzierung des alten bürgerlichen Trotts der Gehröcke und der Stehkragen; vielmehr schienen sie dem strengen, technischen, vom Ethos der Anonymität geprägten Geist der modernen Zeit genauer zu entsprechen. Zugleich ließen sich unter Uniformen und soldatischem Gepränge sowohl gesellschaftliche Gegensätze verbergen als auch die Glanzlosigkeit und emotionale Armut des zivilen Alltags überhöhen.

Die Verbindung von kleinbürgerlichen und militärischen Elementen, wie sie vor allem für den Nationalsozialismus kennzeichnend war, hat der NSDAP von Beginn an einen eigentümlichen Doppelcharakter gegeben. Er machte sich nicht nur in der organisatorischen Trennung zwischen Sturmabteilungen (SA) und Politischer Organisation (PO) bemerkbar, sondern hat auch die verwirrend ungleichartige Charaktergalerie des Anhangs geprägt. Überzeugte Idealisten verbanden sich mit sozial Entgleisten, Halbkriminellen oder Opportunisten zu einer grellen Mischung aus Leistungshunger, Bewährungsethos, Arbeitsscheu, Vorteilssucht und irrationalem Aktivismus. Auch der den meisten faschistischen Organisationen eigene gebrochene Konservatismus stammt von daher. Denn obwohl sie vorgaben, der gestörten und beleidigten Weltordnung zu dienen, demonstrierten sie doch, wo sie die Macht dazu hatten, einen traditionslosen Änderungswillen. Charakteristisch für sie war eine unverwechselbare Mischung von Mittelalter und Modernität, ein Vorhutbewußtsein, das mit dem Rücken zur Zukunft stand und seine folkloristischen Neigungen in den Asphaltregionen eines totalitären Zwangsstaates heimisch machte. Noch einmal träumten sie die verblichenen Träume der Vorväter nach und priesen eine Vergangenheit, in deren verschwimmenden Konturen die Verheißungen für eine ruhmreiche, auf territoriale Expansion gerichtete Zukunft sichtbar wurden: sei es im Römischen Weltreich, im Spanien der Katholischen Majestät, in einem Großbelgien, Großungarn, Großfinnland. Der hegemoniale Aufbruch Hitlers, der als das planvollste, kaltblütigste und realistischste Unternehmen unter Zuhilfenahme des ganzen Arsenals moderner technischer Mittel unternommen worden ist, war begleitet von einem Beiwerk krauser Requisiten und Symbole: ein Welteroberungsversuch im Zeichen von Strohdach und Erbhofbauerntum, von Volkstanz, Sonnenwendfeier und Mutterkreuz. Thomas Mann sprach von »explodierender Altertümlichkeit«.[34]

Doch stand dahinter stets mehr als ein unreflektierter reaktionärer Wille. Der Anspruch, den Hitler erhob, zielte auf nichts Geringeres als die Heilung der Welt. Keineswegs wollte er einfach die gute alte Zeit zurückbringen, noch weniger ihre feudalen Strukturen, wie die sentimentalen Reaktionäre glaubten, die seinen Weg in anhaltender Verblendung begleitet und gefördert haben. Was er zu überwinden beanspruchte, war nichts anderes als die Selbstentfremdung des Menschen, verursacht durch den zivilisatorischen Prozeß.

Allerdings baute er dabei nicht auf wirtschaftliche oder soziale Mittel, die er verachtete; wie einer der Wortführer des italienischen Faschismus hielt er den Sozialismus für eine »verabscheuungswürdige Erregung über die Rechte des Bauches«.³⁵ Vielmehr zielte seine Absicht auf eine innere Erneuerung aus Blut und Seelendunkel; nicht auf Politik, sondern auf die Wiedereinsetzung des Instinkts: den Intentionen und Parolen nach war der Faschismus keine Klassen-, sondern eine Kulturrevolution, er beanspruchte nicht, der Befreiung, sondern der Erlösung der Menschheit zu dienen. Die beträchtliche Resonanz, die er gefunden hat, ist gewiß auch damit zu erklären, daß er die Utopie dort suchte, wo einer natürlichen Bewegung des menschlichen Geistes zufolge alle verlorenen Paradiese liegen: in rückwärtigen, mythischen Urzuständen. Die herrschende Zukunftsangst verstärkte noch die Neigung, alle Apotheosen in die Vergangenheit zu verlegen. Im faschistischen »Konservatismus« war jedenfalls der Wunsch wirksam, die historische Entwicklung revolutionär umzukehren und noch einmal an den Ausgangspunkt, in jene besseren, naturbestimmten, harmonischen Zeiten vor dem Beginn des Irrweges zurückzugelangen. In einem Brief aus dem Jahre 1941 schrieb Hitler an Mussolini, die letzten fünfzehnhundert Jahre seien nichts anderes als eine Unterbrechung, die Geschichte stehe im Begriff, »auf die Wege von einst zurückzukehren«. Und wenn es ihm nicht darum ging, die Verhältnisse von ehedem wiederherzustellen, so doch deren Wertsystem, ihren Stil, ihre Moral angesichts der von allen Seiten hereinbrechenden Kräfte der Auflösung: »Endlich einen Damm gegen das herannahende Chaos!«, wie Hitler ausrief.³⁶

Aller revolutionären Emphase zum Trotz hat der Nationalsozialismus denn auch nie die defensive Grundhaltung verbergen können, die sein eigentliches Wesen ist und zu der kühnen Gladiatorenpose, die er einzunehmen liebte, in merklichem Widerspruch steht. Konrad Heiden hat die faschistischen Ideologien »Prahlereien auf der Flucht« genannt, sie seien »die Angst vor dem Aufstieg, vor neuen Winden und unbekannten Sternen, ein Protest des ruhebedürftigen Fleisches gegen den rastlosen Geist«.³⁷ Und ganz aus dieser defensiven Stimmung heraus äußerte Hitler selber bald nach dem Beginn des Krieges gegen die Sowjetunion, er verstehe jetzt, wie die Chinesen dazu gekommen seien, sich mit einer Mauer zu umgeben, er sei auch versucht, »sich einen Riesenwall zu wünschen, der den neuen Osten gegen die mittelasiatischen Massen abschirmt. Aller Geschichte zum Trotz, die lehrt, daß im beschirmten Raum eine Erschlaffung der Kräfte eintritt.«

Die Überlegenheit des Faschismus gegenüber vielen Konkurrenten hat daher nicht zuletzt damit zu tun, daß er das Wesen der Zeitkrise schärfer erfaßte, deren Symptom er selber war. Alle anderen Parteien bejahten den Industrialisierungs- und Emanzipationsprozeß, während er offensichtlich die Ängste der Menschen teilte und sie zu übertäuben suchte, indem er sie in turbulente Aktion und Dramatik umsetzte und den prosaischen, langweiligen Alltag durch romantisches Ritual verzauberte: durch Fackelzüge, Standarten, Totenköpfe, Heil- und Kampfrufe, die »neue Vermählung des Lebens mit der Gefahr«; durch die Idee des »großartigen Todes«. Er stellte den Menschen moderne Aufgaben in der suggestiven Maskerade der Vergangenheit. Sein Erfolg hatte aber auch damit zu tun, daß er die materiellen Interessen hintansetzte und die »Politik als ein Gebiet der Selbstverleugnung und des Opfers des Individuums einer Idee gegenüber« behandelte.[38] Auf diese Weise glaubte er, tieferen Bedürfnissen gerecht zu werden als diejenigen, die den Massen höheren Ecklohn in Aussicht stellten. Vor allen Rivalen schien er erkannt zu haben, daß der nur von der Vernunft und seinen materiellen Interessen gelenkte Mensch marxistischer wie liberalistischer Auffassung eine monströse Abstraktion war.

Allen unverkennbar reaktionären Zügen zum Trotz wurde er damit der Sehnsucht der Zeit nach einer Generalumkehr weit wirksamer gerecht als seine Gegenspieler; er allein schien das Epochengefühl, daß alles ganz falsch gegangen und die Welt auf einen großen Abweg geraten sei, zu artikulieren. Die geringere Anziehungskraft des Kommunismus rührte nicht nur aus seinem Ruf als Klassenpartei und Hilfstruppe einer fremden Macht; vielmehr war auf ihn auch ein vager Argwohn gerichtet, daß er selber zu den Elementen des Irrwegs rechne und einer der Erreger jener Krankheit sei, als deren Rezept er sich ausgab: nicht die radikale Verneinung des bürgerlichen Materialismus, sondern nur dessen Umkehrung; nicht die Überwindung einer ungerechten und unfähigen Ordnung, sondern deren Affe und kopfstehendes Spiegelbild.

Hitlers so unbeirrbare, nicht selten überspannt wirkende Erfolgsgewißheit war denn auch stets von der Überzeugung mitbestimmt, als der einzige wirkliche Revolutionär aus der bestehenden Ordnung ausgebrochen zu sein, indem er die menschlichen Instinkte erneut in ihr Recht eingesetzt habe. Im Bündnis mit ihnen glaubte er sich unüberwindlich; denn »gegen wirtschaftliche Interessen, gegen den Druck der öffentlichen Meinung, ja selbst gegen die Vernunft« setzten sie sich am Ende immer durch. Gewiß hat die Beschwörung des Instinkts viel Minderwertigkeit und menschliche Inferiorität zum Vorschein gebracht; auch war die Tradition, die der Faschismus wieder zu Ehren bringen wollte, vielfach nur deren Zerrbild, und die Ordnung, die er feierte, bloßes Ordnungstheater. Doch wenn Trotzki die faschistischen Gefolgschaften geringschätzig als »menschlichen Staub«[39] verhöhnte, bezeugte er nur die charakteristische Ratlosigkeit der Linken gegenüber den Menschen, ihren

Bedürfnissen und Antrieben, die so viele scharfsinnige Irrtümer in der Beurteilung der Epoche durch diejenigen zur Folge hatte, die ihren Geist und ihre Bestimmung wie niemand sonst zu kennen vorgaben.

Indessen waren es nicht nur romantische Bedürfnisse, denen der Faschismus entgegenkam. Er war, aus der Angst der Epoche herstammend, auch ein elementarer Aufstand für die Autorität, eine Revolte für die Ordnung, und der Widerspruch, den solche Formeln enthalten, machte gerade sein Wesen aus. Er war der Aufruhr und die Subordination, der Bruch mit allen Traditionen und deren Heiligung, die Volksgemeinschaft und die strengste Hierarchie, das Privateigentum und die soziale Gerechtigkeit. Doch alle Postulate, die er sich zu eigen machte, implizierten immer die gebieterisch entfaltete Autorität des starken Staates. »Mehr als je haben heute die Völker ein Verlangen nach Autorität, Lenkung und Ordnung«, versicherte Mussolini.[40]

Verächtlich sprach er vom »mehr oder weniger verwesten Leichnam der Göttin Freiheit« und meinte, der Liberalismus sei im Begriff, »die Pforten seiner Tempel zu schließen, die die Völker verlassen haben«, weil »alle politischen Erfahrungen der Gegenwart antiliberal sind«. Tatsächlich meldeten sich in ganz Europa, vor allem in den erst am Ende des Weltkrieges zum liberalen parlamentarischen System übergegangenen Staaten, wachsende Zweifel an dessen Funktionsfähigkeit. Sie wurden um so stärker, je entschiedener diese Staaten den Schritt hinüber in die Gegenwart vollzogen. Das Gefühl, die Mittel der liberalen Demokratie seien unter den explosiven, notgedrungen krisenhaften Bedingungen der Übergangsphase nicht ausreichend, ihre Führungsmöglichkeiten für die selbstbewußten Massen zu gering, griff rasch um sich. Angesichts der nichtigen parlamentarischen Streitigkeiten, der Spiele und ohnmächtigen Lüste des Parteienregiments, wurde in den Menschen die alte Sehnsucht wach, vor ein fait accompli gestellt und ohne Wahl gelassen zu werden.[41] Mit Ausnahme der Tschechoslowakei ist während der Zwischenkriegszeit in allen Staaten Ost- und Mitteleuropas sowie in zahlreichen Ländern Südeuropas das parlamentarische System untergegangen: in Litauen, Lettland, Estland, Polen, Ungarn, Rumänien, Österreich, Italien, Griechenland, in der Türkei, in Spanien, Portugal und schließlich in Deutschland. Im Jahre 1939 gab es nur noch neun parlamentarisch regierte Staaten, viele davon allerdings, wie die französische Dritte Republik, in einem drôle d'état, einige andere durch eine Monarchie stabilisiert, und »ein faschistisches Europa (lag) im Bereich des Möglichen«[42].

Es war daher nicht das aggressive Ressentiment einer einzelnen Nation, das den Weltzustand umstürzen wollte. Eine breite Stimmung des Überdrusses, der Verachtung und Resignation trug, über alle Grenzen hinweg, den Abschied vom liberalen Zeitalter. Sie äußerte sich unter reaktionären und fortschrittlichen, ehrgeizigen und uneigennützigen Vorzeichen. In Deutschland fehlte schon seit 1921 eine Reichstags-Mehrheit, die sich mit Überzeugung zum parlamentarischen System bekannte. Der liberale Gedanke hatte kaum Anwälte, aber viele potentielle Gegner; ihnen fehlte nur noch der Anstoß, die zündende Parole, der Führer.

ZWEITES BUCH:

DER WEG IN DIE POLITIK

I. KAPITEL: TEIL DER DEUTSCHEN ZUKUNFT

> »Der Staat ist umgedreht. Wenn jemand vom Monde herunterkäme, würde er Deutschland nicht wiedererkennen, würde sagen: das soll das frühere Deutschland sein?«
> Adolf Hitler

> »Ich hätte jeden ausgelacht, der mir prophezeit hätte, daß dies der Beginn einer neuen Epoche der Weltgeschichte sei.«
> Konrad Heiden
> im Rückblick auf seine
> Münchener Studienjahre

Die Szene, die Hitler im Frühsommer 1919 betrat, hatte die besonderen bayerischen Verhältnisse zum Hintergrund. Aus dem rasch vorüberdrängenden Figurengewühl, das eine Vielzahl wechselnder Akteure augenblicksweise aus dem Dunkel ins scharfe Vordergrundlicht rückte, hob sich allmählich sein blasses, ungeprägtes Gesicht. Niemand im Tumult von Revolution und Gegenrevolution, unter all den Eisner, Niekisch, Ludendorff, Lossow, Roßbach oder Kahr, schien für die Geschichte, um die sie alle sich bewarben, weniger bestimmt als er; niemand verfügte über geringere Mittel, eine anonymere Ausgangsposition, und niemand schien ratloser: »einer dieser ewigen Kasernenbewohner, die nicht wußten, wohin sonst.«[1] Mit Vorliebe hat er sich später als der »unbekannte Gefreite des Ersten Weltkrieges« gesehen und damit die ihm selber unvorhersehbare, nur in mythologisierenden Zusammenhängen greifbare Natur seines Aufstiegs kenntlich zu machen versucht; denn drei Jahre später beherrschte er die Szene, auf die er in der ersten Jahreshälfte 1919 eher widerstrebend oder doch mit zunächst zögernden Schritten geraten war.

Keine Stadt in Deutschland war von den revolutionären Ereignissen,

den Affekten und Widerständen der ersten Nachkriegswochen so erfaßt
und erschüttert worden wie München. Zwei Tage eher als in Berlin, am
7. November 1918, hatte hier der Weltverbesserungswille einiger links-
gerichteter Außenseiter die tausendjährige Dynastie der Wittelsbacher
gestürzt und sich überraschend an der Macht gesehen. Unter der Führung Kurt Eisners, eines bärtigen Bohémiens und Theaterkritikers der
›Münchener Post‹, hatten sie, ganz im Sinne einer wörtlichen Auslegung
der Noten Woodrow Wilsons, versucht, durch eine revolutionäre Änderung der Verhältnisse »Deutschland für den Völkerbund (zu) rüsten«
und dem Lande »einen Frieden zu erwirken, der es vor dem Schlimm-
sten bewahrt«[2].

Die Schwäche und Selbstverleugnung des amerikanischen Präsidenten
jedoch sowie der Haß der Rechten, der im verleumderischen Andenken
an den hergelaufenen »land- und rassefremden Vagabunden« und
Schwabinger Bolschewisten bis heute weiterlebt, untergruben alle Aussichten Eisners.[3] Schon die Tatsache, daß weder er noch ein einziger
anderer der neuen Männer aus Bayern kam und statt dessen der Typus
des antibürgerlichen, nicht selten jüdischen Intellektuellen sich auffällig
in Erscheinung brachte, besiegelte in dem stammesbewußten Lande den
Mißerfolg der Revolutionsregierung. Auch war das Regime des naiven
Spektakels, das Eisner errichtete, die pausenlosen Demonstrationen,
öffentlichen Konzerte, Flaggenparaden und glühenden Reden vom »Reich
des Lichts, der Schönheit und Vernunft« keineswegs angetan, seine Stellung zu festigen. Vielmehr löste diese Amtsführung ebenso viel Gelächter
wie Erbitterung aus, keineswegs jedoch jene Zuneigung, die Eisner sich
von seiner »Regierung durch Güte« erwartet hatte: die utopischen Zustände, die auf dem Papier, vor weiten philosophischen Horizonten, eine
so suggestive Macht erwiesen hatten, gingen im Anhauch der Wirklichkeit
zugrunde. Und während er selber sich als »Kurt I.« ironisch mit der
Tradition des gestürzten Herrscherhauses verknüpft sah, wurde ein
Chanson mit dem Spottrefrain populär: »Revoluzilazilizilazi hollara-
dium, / alls drah ma um, / alls kehrn ma um, / alls schmeiss ma um, /
bum bum!«

Selbst die kritischen Beziehungen, die Eisner zu den exzentrischen
Führern der Spartakisten und Agenten der Weltrevolution wie Lewien,
Leviné und Axelrod unterhielt, seine Einwände gegen die anarchi-
stischen Schwärmereien des Schriftstellers Erich Mühsam und auch
die mindestens verbalen Zugeständnisse, die er den verbreiteten separatistischen Stimmungen in Bayern machte, konnten unter diesen
Umständen seine Situation keineswegs verbessern. Als er auf einer So-
zialistenkonferenz in Bern von einer deutschen Schuld am Ausbruch des
Krieges sprach, sah er sich alsbald im Mittelpunkt einer organisierten

»Einer dieser ewigen Kasernenbewohner, die nicht wußten, wohin sonst«: Hitler auf einer Kommandantur während der Revolutionszeit.

»Ich habe vom Marxismus viel gelernt. Nicht etwa von dieser langweiligen Gesellschaftslehre, von diesem absurden Zeug. Aber von den Methoden habe ich gelernt«: Adolf Hitler auf einer sozialdemokratischen Veranstaltung im Winter 1919.

Pausenlose Demonstrationen, Konzerte, Flaggenparaden und glühende Reden vom »Reich des Lichts, der Schönheit und Vernunft« begleiteten die Revolution: Ministerpräsident Kurt Eisner bei einer Demonstration. – Darunter: Eugen Leviné und Angehörige der Roten Armee.

Die große Angst: Propagandaplakat gegen den Bolschewismus.

Unter dem fassungslosen Blick der Mitglieder drängte Hitler den »langweiligen Verein«, in den er im Herbst 1919 eingetreten war, sofort an die Öffentlichkeit: Veranstaltung der Deutschen Arbeiterpartei, der Vorläuferin der NSDAP, im Januar 1920.

Gottfried Feder, einer der frühen Ideologen der Partei; der Gründer Anton Drexler und Hitler zur Zeit des Eintritts in die Partei.

Kampagne, die ihn in zügellosen Angriffen beseitigt wissen wollte und seine Uhr für abgelaufen erklärte. Eine vernichtende Wahlniederlage zwang ihn kurz darauf zur Resignation. Am 21. Februar, als er sich in Begleitung zweier Mitarbeiter zum Landtag begab, um seinen Rücktritt zu erklären, wurde er auf offener Straße durch den zweiundzwanzigjährigen Grafen Anton v. Arco-Valley hinterrücks erschossen. Es war eine sinnlose, überflüssige und katastrophale Tat.

Denn schon wenige Stunden später, während einer Gedenkfeier für den Ermordeten, drang der linksradikal gesinnte Metzger und Schankkellner Alois Lindner in den Landtag ein, schoß den Minister Auer nieder und traf, wild um sich schießend, zwei weitere Anwesende tödlich. In panischem Entsetzen stob die Versammlung auseinander. Doch anders als Arco-Valley erhofft hatte, schwenkte nun die öffentliche Meinung in einer großen Bewegung nach links. So kurz nach der Ermordung von Rosa Luxemburg und Karl Liebknecht erschien der Anschlag als die Tat der sich erneut zusammenschließenden und auf Wiedergewinnung der verlorenen Macht abzielenden Reaktion. Über Bayern wurde der Ausnahmezustand verhängt und ein Generalstreik ausgerufen. Als ein Teil der Studenten Arco-Valley als Helden feierte, wurde die Universität geschlossen, Geiseln wurden in großer Zahl verhaftet, eine rigorose Zensur eingeführt, Banken und öffentliche Gebäude durch Rotarmisten besetzt, während Panzerwagen durch die Straßen fuhren, Soldaten obenauf, und mit Lautsprechern »Rache für Eisner!« verkündeten. Für die Dauer eines Monats lag die vollziehende Gewalt in den Händen eines Zentralrats unter Ernst Niekisch, dann erst kam es zur Bildung einer parlamentarischen Regierung. Doch als Anfang April aus Ungarn die Nachricht eintraf, daß Bela Kun die Macht erobert, die Diktatur des Proletariats ausgerufen und damit den Nachweis erbracht hatte, daß das Sowjetsystem auch außerhalb Rußlands zum Erfolg zu führen sei, gerieten die soeben sich stabilisierenden Verhältnisse erneut ins Wanken. Unter der Parole »Deutschland kommt nach!« proklamierte eine Minderheit linksradikaler Schwärmer ohne jede Massenbasis und gegen den deutlich erkennbaren Willen, gegen die Traditionen und Gefühle der Öffentlichkeit die Räterepublik. Die Dichter Ernst Toller und Erich Mühsam kündigten in einem Erlaß, der ihren Romantizismus, ihre Weltfremdheit und Führungsschwäche deutlich machte, die Verwandlung der Welt in »eine Wiese voll Blumen« an, »in der jeder sein Teil pflücken« könne, erklärten die Arbeit, die Unterordnungsverhältnisse und das juristische Denken für abgeschafft oder befahlen den Zeitungen, auf der Titelseite Gedichte von Hölderlin oder Schiller neben den neuesten Revolutionsdekreten zu publizieren.[4] Sowohl Ernst Niekisch als auch die meisten Minister der inzwischen nach Bamberg ausgewichenen Regierung traten unterdessen zurück und überließen den führungslos dahintreibenden Staat dem wirren Evangelium der Dichter, dem Chaos und dem Schrecken der Bürger. Eine Gruppe harter Berufsrevolutionäre ergriff bald darauf die Macht.

Es war eine Erfahrung, die unvergeßlich blieb: die Herrschaft der Beschlagnahmekommissionen, die Praxis der Geiselverhaftungen, die Restriktionen für Angehörige des Bürgertums, revolutionäre Willkür und wachsender Hunger riefen die noch gegenwärtigen Entsetzensbilder der Oktoberrevolution in Rußland wach und wirkten so nachhaltig, daß die blutigen Greuel, die von den Anfang Mai gegen München vorrückenden Verbänden der Reichswehr und Freikorps verübt wurden, dagegen bald verblaßten: das halbe Hundert freigelassener russischer Kriegsgefangener, die bei Puchheim ermordet wurden; die an einem Bahndamm unweit von Starnberg standrechtlich niedergemachte Sanitätskolonne der Rätearmee; die einundzwanzig ahnungslosen Angehörigen des katholischen Gesellenvereins, die in ihrem Münchener Heim aufgegriffen, ins Gefängnis am Karolinenplatz geschafft und füsiliert wurden; ferner die zwölf unbeteiligten Arbeiter aus Perlach, die der spätere Untersuchungsbericht zu den einhundertvierundachtzig »durch eigene Leichtfertigkeit oder tückische Zufälligkeit« umgekommenen Personen rechnete, sowie schließlich die erschlagenen oder erschossenen Führer des Räteexperiments Kurt Eglhofer, Gustav Landauer und Eugen Leviné – sie alle waren alsbald Gegenstand interessierten Vergessens. Die acht Geiseln hingegen, Angehörige der verschwörerischen rechtsradikalen Thule-Gesellschaft, die im Keller des Luitpold-Gymnasiums festgehalten und als Reaktion auf jene Untaten von einem untergeordneten Funktionär liquidiert worden waren, blieben über Jahre hin eines der wohlbewahrten Schreckbilder des öffentlichen Bewußtseins. Wo immer die einrückenden Truppen sich zeigten, so vermerkt ein zeitgenössisches Tagebuch, winkten »die Leute mit den Tüchern, alles sieht aus den Fenstern, applaudiert, die Begeisterung könnte nicht größer sein ... alles jubelt«[5]. Als Land der Revolution wurde Bayern jetzt das Land der Gegenrevolution.

In den kühleren und ungebrocheneren bürgerlichen Schichten weckten die Erfahrungen der ersten Nachkriegsmonate ein neues Selbstbewußtsein. Denn der konfuse und im ganzen überaus schwächliche Wille dieser Revolution offenbarte die Ohnmacht und Konzeptionsverlegenheit der deutschen Linken, die augenscheinlich über mehr revolutionäres

Pathos als revolutionären Mut gebot. Während sie sich in der Sozialdemokratie als ein energischer Ordnungsfaktor erwiesen hatte, enthüllte sie sich in dem bayerischen Versuch einer Räteherrschaft als durchaus phantastisches Element, das weder von der Macht noch vom Volk etwas wußte. Erstmals in jenen Monaten sah sich das Bürgertum, oder doch der gelassenere Teil davon, der Erkenntnis gegenüber, daß es der fabulösen, von einer Aura der Unbezwinglichkeit umgebenen, aber eigentlich arglosen deutschen Arbeiterschaft keineswegs unterlegen war.

Es waren vor allem die zurückgekehrten Offiziere des mittleren Ranges, aktionshungrige Hauptleute und Majore, die dem Bürgertum das neue Selbstbewußtsein zu suggerieren trachteten. Sie hatten den Krieg, nach den Worten Ernst Jüngers, wie einen Wein genossen und waren noch immer davon berauscht. Trotz vielfacher gegnerischer Übermacht fühlten sie sich nicht besiegt. Von der Regierung zu Hilfe gerufen, hatten sie Aufständische und widerspenstige Soldatenräte bezähmt und das bayerische Räteunternehmen niedergeschlagen; an der ungesicherten deutschen Ostgrenze, vor allem gegen Polen und die Tschechoslowakei, hatten sie Schutzfunktionen erfüllt, ehe sie sich durch den Versailler Vertrag und die Bestimmungen des Hunderttausend-Mann-Heeres um ihre Zukunft betrogen, gesellschaftlich herabgesetzt sowie national diffamiert sahen. Eine eigentümliche Verbindung von Selbstbewußtsein und Verlorenheitsgefühl drängte sie jetzt in die Politik. Auch wollten oder konnten viele von der schönen Regellosigkeit des Soldatenlebens, von Waffenhandwerk und männlicher Kumpanei nicht mehr lassen. Mit überlegener Erfahrung und der aus dem Krieg mitgebrachten Praxis planvoller Gewaltanwendung organisierten sie nunmehr die Abwehr der längst unterdrückten, in den Ängsten und Ordnungsbedürfnissen der Nation untergegangenen Revolution.

Die privaten Militärhaufen, die allenthalben entstanden, verwandelten einzelne Landstriche alsbald in ein Heerlager des national drapierten, vom Glorienschein politischen Kämpfertums umgebenen Landsknechtswesens. Gestützt auf die tatsächliche Macht der Maschinengewehre, der Handgranaten und Kanonen, die sie besaßen und bald in ausgedehnten geheimen Waffenlagern bereithielten, nutzten sie die Ohnmacht der politischen Institutionen und sicherten sich einen beträchtlichen, wenn auch regional unterschiedlichen Machtanteil. Namentlich in Bayern konnten sie, in Reaktion auf die traumatischen Erfahrungen der Rätezeit, ihre Tätigkeit nahezu ungehindert entfalten: »Mit allen Mitteln die Gegenrevolution zu organisieren«, hatte eine der Weisungen der sozialdemokratischen Regierung zur Zeit der Räteherrschaft gelautet.[6] Neben der Reichswehr und auf mancherlei undurchsichtige Weise mit ihr verschränkt, wirkten aufgrund solcher Ermutigungen das Freikorps Ritter

v. Epp, ferner der Bund Oberland, die Offiziersvereinigung Eiserne Faust, die Organisation Escherich, der Deutschvölkische Schutz- und Trutzbund, der Verband Altreichsflagge, die Freikorps Bayreuth, Würzburg und Wolf, die Detachements Bogendörfer und Probstmayr sowie zahlreiche andere Organisationen einer ehrgeizigen und zugleich normalitätsscheuen, politisch-militärischen Eigenmacht.[7]

Doch sahen sich alle diese Verbände nicht nur von der Regierung und der staatlichen Bürokratie, sondern auch von einer breiten Volksstimmung getragen. Es zählt zu den eigentümlichen Mißverständnissen einer von soldatischen Traditionen geprägten Gesellschaft, daß die Träger individueller Affekte eine besondere nationale und moralische Kompetenz geltend machen können, sobald sie ihrem Unmut uniformiert sowie im gleichen Schritt Ausdruck verschaffen. Vor dem Hintergrund der chaotischen Revolutions- und Rätewirren erschien der militärische Verband an sich als das beispielhafte Gegenbild, eine Lebens- und Ordnungsidee der allgemeinsten Geltung. In strenger Haltung, mit dröhnendem Marschtritt, waren die Einheiten des Freikorps Epp über die Ludwigstraße paradiert, desgleichen die Verbände der Brigade Ehrhardt, die aus den Kämpfen im Baltikum ein Emblem mitgebracht hatte, das vom Marschlied der Einheit annonciert wurde: »Hakenkreuz am Stahlhelm ...« Auf überaus suggestive Weise verkörperten sie für das öffentliche Bewußtsein etwas von Glanz und Geborgenheit geordneter, inzwischen nur noch sehnsüchtig erinnerter Zeiten. Es drückte lediglich die herrschende Meinung aus, wenn eine grundsätzliche Richtlinie des Bayerischen Gruppenkommandos IV vom Juni 1919 die Reichswehr als den »Eckpfeiler« bezeichnete, an dem »eine sinnvolle Neubegründung aller innerstaatlichen Verhältnisse« anknüpfen müsse, und daraus die Rechtfertigung für eine rege und weitverzweigte Propagandatätigkeit ableitete. Während die Parteien der Linken ihre Abneigung gegen den Krieg und das Völkermorden naiverweise auf die Soldaten übertrugen, die ihn unter Schrecken und Opfern durchgemacht hatten,[8] begann die Rechte sich ihrer anzunehmen, ihres verletzten Stolzes und ihrer Bedürfnisse nach zureichender Erklärung so vieler enttäuschter Erwartungen.

Zu den vielfältigen Aktivitäten, die insbesondere von der Aufklärungs- oder Propagandaabteilung (Abt. Ib/P) des Gruppenkommandos unter dem geschäftigen Hauptmann Mayr veranstaltet wurden, zählte jener Kursus für »staatsbürgerliches Denken«, zu dem sich Hitler nach der zufriedenstellenden Erfüllung seines Ausforschungsauftrags gegen die Anhänger der Räterepublik kommandiert gesehen hatte. Die Absicht der in den Räumen der Universität gehaltenen Vorlesungen ging dahin, einem ausgewählten Teilnehmerkreis durch namhafte, national zuverlässige Hochschullehrer vor allem historische, volkswirtschaftliche und politische Zusammenhänge zu vermitteln.

In seinem durchgängigen Bestreben, alle bestimmenden Einflüsse zu leugnen oder doch abzuschwächen, hat Hitler die Bedeutung der Veranstaltung für seinen weiteren Weg weniger in den Kenntnissen als vielmehr in den Kontakten gesehen, die sie ihm verschaffte: er habe dadurch die Möglichkeit erhalten, »einige gleichgesinnte Kameraden kennenzulernen, mit denen ich die augenblickliche Lage gründlich durchzusprechen vermochte«. Lediglich auf wirtschaftstheoretischem Gebiet habe er durch den Ingenieur Gottfried Feder zum ersten Mal in seinem Leben, so hat er bekannt, »eine prinzipielle Auseinandersetzung mit dem internationalen Börsen- und Leihkapital« vernommen.[9]

Im strengen Sinne jedoch lag die Bedeutung der Vorlesungen in der Aufmerksamkeit, die Hitler mit seiner Vehemenz, seinem intellektuellen Temperament vor einem ausgewählten Publikum erwecken konnte: in den Diskussionen der Kursusteilnehmer hatte er erstmals ein Auditorium, das nicht aus unwissenden Zufallspartnern bestand. Einer der Lehrer, der Historiker Karl Alexander v. Müller, hat berichtet, wie er nach dem Ende einer Vorlesung in dem sich leerenden Saal von einer Gruppe aufgehalten wurde, die »festgebannt um einen Mann in ihrer Mitte (stand), der mit einer seltsam gutturalen Stimme unaufhaltsam und mit wachsender Leidenschaft auf sie einsprach: Ich hatte das sonderbare Gefühl, als ob ihre Erregung sein Werk wäre und zugleich wieder ihm selbst die Stimme gäbe. Ich sah ein bleiches, mageres Gesicht unter einer unsoldatisch hereinhängenden Haarsträhne, mit kurzgeschnittenem Schnurrbart und auffällig großen, hellblauen, fanatisch kalt aufglänzenden Augen«. Nach der nächsten Vorlesung aufs Podium gerufen, kam er »gehorsam, mit linkischen Bewegungen, wie mir schien in einer Art trotziger Verlegenheit« heran. Doch »das Gespräch blieb unergiebig«[10].

In diesen Beobachtungen begegnet man, ansatzweise, der merkwürdigen Erscheinung, die für den frühen Hitler vielfach bezeugt ist: suggestiv und wirkungssicher in seinen rhetorischen Zuständen und gleichzeitig belanglos im persönlichen Gespräch. Seiner eigenen Bekundung zufolge hat er seinen ersten, unvergessenen Überredungserfolg mit einer heftigen Erwiderung erzielt, zu der er sich herausgefordert fühlte, als »einer der Teilnehmer glaubte, für die Juden eine Lanze brechen zu müssen«. Bereits v. Müller hatte Hauptmann Mayr auf das rhetorische Naturtalent aufmerksam gemacht, das er unter seinen Hörern entdeckt hatte; jetzt sah sich Hitler als »Vertrauensmann« des Gruppenkommandos zu einem Münchener Regiment kommandiert. Schon bald darauf, in einer Liste über die Zusammensetzung eines sogenannten Aufklärungskommandos für das Heimkehrerlager Lechfeld, taucht unter Nummer 17 sein Name auf: »Inf. Hitler Adolf, 2. Inf. Regt. Abwicklungsstelle (I.A.K.).« Das Kommando hatte die Aufgabe, die aus der Kriegsgefangenschaft zurückkehrenden, als unzuverlässig erachteten Soldaten im nationalen, antimarxistischen Sinne zu beeinflussen, und war gleichzeitig als »praktischer Redner- und Agitationskurs« für die Teilnehmer gedacht.[11]

Vor diesem Hintergrund, in den Baracken und Unterkünften des Lagers Lechfeld, sammelte Hitler seine ersten rhetorischen und psychologischen Erfahrungen, hier lernte er, das mitgeführte Material fixer Weltanschauungsideen dergestalt mit aktuellen Inhalten zu durchsetzen, daß die Grundsätze ihre unwiderlegliche Bestätigung und die politischen Tagesereignisse einen Prospekt von schicksalhafter Weite zu gewinnen schienen. Auch die opportunistischen Züge, die dem Starrsinn der nationalsozialistischen Ideologie das gleichwohl eigentümlich prinzipienlose Gepräge vermittelt haben, hatten nicht zuletzt in den Unsicherheiten des rhetorischen Anfängers ihre Ursache, der die öffentliche Wirkung seiner Besessenheiten erproben und für seine überspannten Fixierungen die resonanzsicheren Formeln suchen mußte. »Dieses Thema zündete ein besonderes Interesse bei den Teilnehmern, man konnte es von den Gesichtern lesen«, heißt es in einem Erlebnisbericht aus dem Lager über den Redner Hitler. Dem tiefen, aggressiven Enttäuschungsbewußtsein der Heimkehrenden, die sich nach Jahren des Krieges um alles betrogen sahen, was ihrer Jugend Größe und Gewicht verliehen hatte, und nun nach Erklärungen verlangten für so viel vergeudeten Heroismus, so viele vertane Siege und absurde Zuversicht, schuf er die ersten festumrissenen Feindvorstellungen. Im Mittelpunkt seiner Redeübungen, deren hervortretendste Merkmale dem Vernehmen nach »ein populäres Auftreten«, die »leicht faßliche Art« der Darstellung und ein leidenschaftlicher »Fanatismus« waren, standen infolgedessen die Angriffe auf jene Gruppe, die er später, in einer volkstümlich gewordenen Prägung, die »Novemberverbrecher« genannt hat, ferner die erbitterte Wendung gegen die »Versailler Schmach«, den verderblichen »Internationalismus« – dies alles verbunden und plausibel gemacht durch das Hintergrundwirken einer »jüdisch-marxistischen Weltverschwörung«[12].

Seine Fähigkeit, Gedankenstücke aus Angelesenem und Halbverarbeitetem ohne jede intellektuelle Scheu zusammenzuzwingen, bewährte sich schon hier. Einer seiner Vorträge in Lechfeld behandelte in »sehr schönen, klaren und temperamentvollen« Ausführungen die erst kürzlich von Gottfried Feder übernommenen Erkenntnisse über die Beziehungen von Kapitalismus und Judentum. Seine gedanklichen Zu-

griffe waren so gewaltsam wie dauerhaft. In welchem Maße einzelne
Überzeugungselemente bereits in dieser Zeit zu ihrer endgültigen, bis in
die unterirdische Bunkerwelt wirksamen Gestalt gefunden haben, belegt
die erste erhaltene schriftliche Äußerung Hitlers zu einer konkreten
politischen Frage, ein Brief über die »Gefahr, die das Judentum für
unser Volk heute bildet«. Ein ehemaliger »Vertrauensmann« des Münchener Gruppenkommandos, Adolf Gemlich aus Ulm, hatte Hauptmann Mayr um eine Stellungnahme dazu gebeten, und Mayr hatte
den Brief mit einem Begleitschreiben, das die in militärischen Un-
terordnungsverhältnissen ungewöhnliche Anrede »Sehr verehrter Herr
Hitler« enthielt, an seinen Mitarbeiter zur Beantwortung weiter-
geleitet. In einer ausführlichen Darlegung hatte Hitler sich gegen
den verbreiteten Gefühlsantisemitismus gewandt, der sich im Grunde
nur auf zufällige persönliche Eindrücke stützen könne, während der
Antisemitismus, der zur politischen Bewegung werden wolle, die
»Erkenntnis von Tatsachen« voraussetze:[13]

> »Tatsachen aber sind: Zunächst ist das Judentum unbedingt Rasse und
> nicht Religionsgenossenschaft. Durch tausendjährige Innzucht (!),
> häufig vorgenommen in engstem Kreise, hat der Jude im allgemeinen
> seine Rasse und ihre Eigenart schärfer bewahrt, als zahlreiche der
> Völker unter denen er lebt. Und damit ergibt sich die Tatsache, daß
> zwischen uns eine nichtdeutsche, fremde Rasse lebt, nicht gewillt und
> auch nicht im Stande, ihre Rasseneigenarten zu opfern, ihr eigenes
> Fühlen, Denken und Streben zu verleugnen, und die dennoch politisch
> alle Rechte besitzt wie wir selber. Bewegt sich schon das Gefühl des
> Juden im rein Materiellen, so noch mehr sein Denken und Streben . . .
> Alles was Menschen zu Höherem streben läßt, sei es Religion, Sozia-
> lismus, Demokratie, es ist ihm alles nur Mittel zum Zweck, Geld und
> Herrschgier zu befriedigen. Sein Wirken wird in seinen Folgen zur
> Rassentuberkulose der Völker.
> Und daraus ergibt sich folgendes: Der Antisemitismus aus rein
> gefühlsmäßigen Gründen wird seinen letzten Ausdruck finden in der
> Form von Progromen (!). Der Antisemitismus der Vernunft jedoch
> muß führen zur planmäßigen gesetzlichen Bekämpfung und Besei-
> tigung der Vorrechte des Juden . . . Sein letztes Ziel aber muß unver-
> rückbar die Entfernung der Juden überhaupt sein. Zu beidem ist nur
> fähig eine Regierung nationaler Kraft und niemals eine Regierung
> nationaler Ohnmacht.«

Vier Tage vor der Niederschrift dieses Briefes, am 12. September
1919, hatte Hauptmann Mayr den Vertrauensmann Hitler beauftragt,
eine der kleinen Parteien aus dem nahezu unübersehbaren Getümmel
radikaler Vereinigungen und Cliquen zu besuchen, die oft zu einer nur
kurz bemessenen, hektischen Aktivität auflebten, sich vereinigten und
zerfielen, ehe sie in neuen Gruppierungen wieder ans Licht kamen; es
war ein riesiges ungenutztes Potential für Resonanz und An-

hängerschaft. Gerade die nicht selten krause, sektiererische Eigenart machte die geradezu blinde Bereitschaft sichtbar, mit der die politisch so lange indolenten bürgerlichen Massen nach faßlichen Deutungen für ihre nationalen Protestgefühle und die Beschwichtigung ihrer sozialen Krisenängste verlangten.

Zentrale Bedeutung als Ausgangspunkt konspirativer Unternehmungen sowie einer bemerkenswerten propagandistischen Tätigkeit, aber auch als Kontaktstelle rechtsextremer Kräfte hatte die Thule-Gesellschaft, die im Prominenten-Hotel »Vier Jahreszeiten« ihren Sitz hatte und Verbindungen in weite Bereiche der bayerischen Gesellschaft unterhielt. Sie zählte zeitweilig rund 1500 zum Teil einflußreiche Mitglieder, hatte wiederum das Hakenkreuz zum Symbol und verfügte im ›Münchener Beobachter‹ über eine eigene Zeitung. An ihrer Spitze stand ein politischer Abenteurer mit eher anrüchiger Vergangenheit, dem die Adoption durch einen im Orient gestrandeten österreichischen Adligen zu dem wohlklingenden Namen Rudolf Freiherr v. Sebottendorf verholfen hatte.[14] Eigenem Zeugnis zufolge war er schon frühzeitig unter den Einfluß radikaler Ideologen wie Theodor Fritsch oder Lanz von Liebenfels geraten, deren kopfloser, von okkultistischen Beisätzen nicht freier Rassenwahn auch auf den jungen Hitler gewirkt hatte. Die von Sebottendorf um die Jahreswende 1917/18 ins Leben gerufene und sogleich fieberhaft aktivierte Münchener Thule-Gesellschaft stand in der Tradition der völkisch-antisemitischen Bünde der Vorkriegszeit und verwies bereits mit ihrem Namen auf die 1912 in Leipzig gegründete Germanen-Thule-Sekte, deren Mitglieder »arischen Blutes« sein und zur Aufnahme in die logenähnliche Gemeinschaft Angaben zum Haarwuchs auf verschiedenen Körperteilen machen sowie einen Fußabdruck als rassisches Erkennungsmerkmal vorlegen mußten.[15]

Sebottendorfs Gründung nahm noch während des Krieges, im Januar 1918, eine ungezügelte, vor allem antisemitisch akzentuierte Propagandatätigkeit auf, die den Juden als »Todfeind des deutschen Volkes« auswies und sich zuletzt die blutigen und chaotischen Erfahrungen der Rätezeit triumphierend als angebliche Beweise zu eigen machte. Mit ihren wilden, exzessiven Parolen hat sie ganz wesentlich jene Atmosphäre eines besinnungslosen und obszönen Rassenhasses erzeugt, in der dem völkischen Radikalismus erst die nachhaltige Wirkung beschert war. Schon im Oktober 1918 waren in ihren Zirkeln Pläne zu einem Umsturz von rechts geschmiedet worden, desgleichen hatte sie verschiedene Vorhaben zur Ermordung Kurt Eisners angezettelt und am 13. April einen Putschversuch gegen die Räteregierung unternommen. Auch gingen von ihr zahlreiche Verbindungen zu den russischen Emigrantenkreisen, die in München ihr Hauptquartier hatten; ein junger baltischer Architekturstudent namens Alfred Rosenberg, der vom Trauma der Sowjetrevolution tief geprägt war, machte sich um die Aufrechterhaltung der Kontakte verdient. In den Räumen der Gesellschaft, auf ihren Zusammenkünften, waren nahezu alle Akteure anzutreffen, die in den folgenden Jahren die bayerische Szenerie dramatisch beherrscht haben. Auch einige der künftigen Wortführer der Partei Hitlers hat sie erstmals zusammengeführt; in wechselnden Verbindungen nennen die Quellen die Namen von Dietrich Eckart und Gottfried Feder, von Hans Frank, Rudolf Heß oder Karl Harrer.

Im Auftrag der Thule-Gesellschaft hatte Karl Harrer, ein Sportjournalist, zusammen mit dem Werkzeugschlosser Anton Drexler im Oktober 1918 einen »Politischen Arbeiterzirkel« gegründet. Die Gruppe verstand sich als »eine Vereinigung ausgewählter Persönlichkeiten zwecks Besprechung und Studium politischer Angelegenheiten«, doch ging die Absicht der Initiatoren dahin, die Entfremdung zwischen den Massen und der nationalen Rechten zu überbrücken. Infolgedessen blieben die Mitglieder zunächst auf einige wenige Arbeitskollegen Drexlers beschränkt, eines stillen, vierschrötigen, etwas wunderlichen Mannes, der in den Münchener Reichsbahnwerkstätten beschäftigt war und sein Bedürfnis nach politischer Aktivität von den bestehenden Parteien nicht aufgefangen sah. Bereits im März 1918 hatte er aus eigener Initiative einen »Freien Arbeiterausschuß für einen guten Frieden« ins Leben gerufen, dessen Ziel es gewesen war, die Wucherer zu bekämpfen und den Siegeswillen der Arbeiterschaft zu heben. Zu den politischen Grunderfahrungen des ernsten, bebrillten Schlossers rechnete das Unvermögen des marxistischen Sozialismus, die nationale Frage zu überwinden oder aber theoretisch befriedigend zu beantworten; ein Artikel, den er im Januar 1918 veröffentlicht hatte, spiegelte diese Erkenntnis im Titel wieder: »Das Versagen der proletarischen Internationale und das Scheitern der Verbrüderungsidee«.[16] Es war die gleiche, im August 1914 durch die Kriegsbereitschaft aller Sozialisten bestätigte Erfahrung, die 1904 die deutsch-böhmischen Arbeiter in Trautenau zur Gründung einer Deutschen Arbeiterpartei (DAP) zusammengeführt hatte. Unter dem gleichen Namen gründete Anton Drexler nun, zusammen mit fünfundzwanzig Arbeitern seines Betriebs, am 5. Januar 1919 im Fürstenfelder Hof eine eigene Partei. Wenige Tage später wurde ihr auf Anregung der Thule-Gesellschaft im Hotel »Vier Jahreszeiten« ein nationaler Organisationsrahmen gegeben, Karl Harrer ernannte sich zum »Reichsvorsitzenden« [17]. Es war ein anspruchsvoller Titel.

Denn in Wirklichkeit kann der Zuschnitt der neuen Partei, die einmal wöchentlich im Leiberzimmer des Sterneckerbräu, im Tal 54, zusammenkam, gar nicht bescheiden und kleinleutemäßig genug gedacht werden. Obwohl es Drexler gelang, gelegentlich einige lokale völkische Prominenz wie den Dichter Dietrich Eckart oder Gottfried Feder als Vortragsredner zu gewinnen, blieb es bei der trüben, kannegießernden Enge ihrer Verhältnisse, Motive und Ziele. Bezeichnenderweise wandte sie sich nicht an die Öffentlichkeit und war überhaupt weniger eine Partei im herkömmlichen Sinne als vielmehr Typ der für das München jener Jahre kennzeichnenden Mischung von Geheimbund und Dämmerschoppen, den ein bitteres und dumpfes Bedürfnis nach Meinungsanschluß zusammengeführt hatte. Die Anwesenheitslisten nennen zwischen zehn und vierzig Teilnehmer. Deutschlands Schmach, das Trauma des verlorenen Krieges, antisemitische Stimmungen und die Klage über die zerrissenen »Bande der Ordnung, des Rechts und der Sitte« bestimmten den Charakter der Zusammenkünfte. Die »Richtlinien«, die Drexler auf der Gründungsversammlung verlesen hatte, waren Zeugnis einer stammelnden Aufrichtigkeit, voller Ressentiments gegen die Reichen, die Proletarier und die Juden, gegen Preiswucher und Völkerverhetzung. Sie forderten die Begrenzung der Jahresgewinne auf zehntausend Mark, verlangten eine paritätische landsmannschaftliche Zusammensetzung des deutschen Auswärtigen Amtes sowie das Recht der »gelernten und ansässigen Arbeiter ..., zu dem Mittelstand gerechnet zu werden«: denn das Glück liege nicht »in Phrase und leeren Redensarten, in Versammlungen, Demonstrationen und Wahlen«, sondern »bei guter Arbeit, vollem Kochtopf und vorwärtskommenden Kindern« [18].

So philiströs und intellektuell ungereimt die Zustände der Partei im ganzen auch anmuten: der erste Satz der »Richtlinien« enthielt einen Gedanken, der die historische Erfahrung und ein verbreitetes Bedürfnis programmatisch umsetzte und den unbeholfenen, verschrobenen Anton Drexler aus dem Leiberzimmer des Sternecker-Bräu, weit vor anderen, auf die Höhe des Zeitgeistes stellte. Denn die DAP definierte sich als eine klassenlose »sozialistische Organisation, die nur von deutschen Führern geleitet werden« dürfe; Drexlers »großer Gedanke« [19] ging dahin, Nation und Sozialismus miteinander zu versöhnen. Zwar entwickelte er diesen Gedanken weder als einziger noch als erster, und die Sorge um Kinder und Kochtöpfe schien ihm alle große Leidenschaft zu rauben; es war ein schlichter Gedanke, geboren aus der trivialen Sehnsucht nach etwas nationaler Geborgenheit und jedenfalls nicht zu messen mit den zwingenden Systemen marxistischer Welt- und Geschichtsdeutung. Aber die Umstände, unter denen Drexler ihn sich zu eigen machte: mitten in den pathetischen Fieberzuständen eines besiegten, beleidigten und revolutionär herausgeforderten Landes sowie das Zusammentreffen mit Adolf Hitler haben dem Gedanken wie der Hinterstubenpartei, vor der Drexler ihn erstmals formulierte, einen gewaltigen Widerhall verschafft.

Auf der Zusammenkunft vom 12. September 1919 sprach Gottfried Feder über das Thema »Wie und mit welchen Mitteln beseitigt man den Kapitalismus?« Unter den etwas über vierzig Anwesenden befand sich, dem Auftrag Hauptmann Mayrs entsprechend, auch Adolf Hitler, und während Feder seine bekannten Thesen vortrug, registrierte der Gast eine der Neugründungen »wie eben so viele andere auch«, erstickend »in ihrer lächerlichen Spießerhaftigkeit«, wie er später schrieb: »Als Feder endlich schloß, war ich froh. Ich hatte genug gesehen.« Immerhin wartete Hitler noch die anschließende Diskussion ab, und erst, als einer der Besucher die Loslösung Bayerns vom Reich und die Union mit Österreich forderte, erhob er sich empört: »Da konnte ich denn nicht anders.« Er griff den Vorredner so leidenschaftlich an, daß Drexler dem neben ihm sitzenden Lokomotivführer Lotter zuflüsterte: »Mensch, der hat a Gosch'n, den kunnt ma braucha.«[20] Als Hitler sich unmittelbar nach seinem Auftritt vor dem »langweiligen Verein« zum Gehen wandte, eilte Drexler ihm nach und bat ihn, bald wiederzukommen. Noch unter der Türe drückte er ihm eine kleine, selbstverfaßte Broschüre in die Hand, die er »Mein politisches Erwachen« genannt hatte. In einer nicht ohne Mühe behandelten Genreszene hat Hitler geschildert, wie er am folgenden Morgen in der Kaserne, während die Stubenmäuse sich um einige von ihm hingeworfene Brotrinden balgten, die Schrift zu lesen begonnen und im Lebensweg Drexlers Elemente der eigenen Entwicklung wiedererkannt habe: die Aussperrung vom Arbeitsplatz durch gewerkschaftlichen Terror, den kümmerlichen Broterwerb mit Hilfe einer halbkünstlerischen Tätigkeit (in diesem Fall dem Zitherspiel in einem Nachtcafé) und schließlich die von Schreck und Erleuchtungsgefühlen gleichermaßen begleitete, durch den angeblichen Giftmordversuch eines Antwerpener Juden ausgelöste Erkenntnis von der weltverderbenden Rolle der jüdischen Rasse – das waren Parallelen, die offenbar sein Interesse wachriefen, auch wenn sie einem Arbeiterleben entstammten, wie Hitler nicht müde wurde zu vermerken.[21] Als ihm wenige Tage später unaufgefordert eine Mitgliedskarte mit der Nummer 555 zugeschickt wurde, entschloß er sich jedenfalls, teils mißgestimmt, teils belustigt, vor allem aber aus zielloser Verlegenheit, der Einladung zu einer bevorstehenden Ausschußsitzung zu folgen. Im »Alten Rosenbad« in der Herrnstraße, einem »sehr ärmlichen Lokal«, traf er am Tisch eines Tagungszimmers »im Zwielicht einer halb demolierten Gaslampe« einige junge Menschen, wie er später berichtet hat. Und während draußen der Wirt mit seiner Frau und ein oder zwei Gästen bedrückt herumhockte, lasen sie sich »wie die Vorstandsschaft eines kleinen Skatklubs« Sitzungsprotokolle vor, zählten die Vereinskasse nach (Bestand sieben Mark fünfzig), erteilten Entlastungen und entwarfen Briefe an gesinnungsgleiche Vereinigungen in Norddeutschland: es war »eine Vereinsmeierei allerärgster Art und Weise«[22].

Zwei Tage ging Hitler mit sich zu Rate, und wie immer, wenn er sich später rückerinnerte und die Entscheidungssituationen seines Lebens beschwor, hat er von der Anstrengung des Entschlusses gesprochen und die »harten«, »schweren« oder »bitteren« Zumutungen hervorgehoben, die sie ihn kostete; als Ausschußmitglied Nr. 7, zuständig für Werbung und Propaganda, trat er der DAP bei: »Nach zweitägigem qualvollem Nachgrübeln und Überlegen kam ich endlich zur Überzeugung, den Schritt zu tun. Es war der entscheidendste Entschluß meines Lebens. Ein Zurück konnte und durfte es nicht mehr geben.« Tatsächlich kam in solchen Wendungen nicht nur Hitlers Neigung zum Vorschein, den erst später sichtbar gewordenen Weggabelungen im eigenen Lebensverlauf einige dramatische Illumination zu verschaffen und, wenn schon die äußeren Umstände alle Effekte vermissen ließen, den Entschluß an sich zumindest als Ergebnis einsamen, dornenvollen Ringens darzustellen; vielmehr lassen alle verfügbaren Quellen übereinstimmend und bis zuletzt auch eine bemerkenswerte Unschlüssigkeit, eine tiefsitzende Angst vor Festlegungen erkennen. Sie umfaßt die von seiner späteren Umgebung berichtete Neigung, eine Frage zuletzt, nach aufreibendem Schwanken und Selbstwiderspruch, erschöpft dem Zufall zu überlassen und durch ein emporgeworfenes Geldstück zu entscheiden, und reicht bis in die Höhen jenes Schicksals- und Vorsehungskults, mit dessen Hilfe er seine Entscheidungsscheu rationalisiert. Es gibt gute Gründe für die Auffassung, wonach alle persönlichen und selbst einige seiner politischen Entscheidungen nichts anderes als Ausweichbewegungen gewesen seien, um einer anderen, drohender empfundenen Alternative zu entgehen; jedenfalls wird durchweg, vom Schulabgang, dem Wechsel nach Wien und München, über die Meldung als Kriegsfreiwilliger bis hin zum Schritt in die Politik unschwer ein Fluchtmotiv erkennbar – nicht anders als auf dem Grund so vieler Verhaltensweisen der folgenden Jahre bis hin zum ratlos hinausgezögerten Ende.[23]

Der Wunsch, den bedrückenden Pflicht- und Ordnungsansprüchen der bürgerlichen Welt zu entgehen, bevor die gefürchtete Entlassung ins Zivilleben eintrat, hat denn auch ganz ausschlaggebend alle Schritte des Kriegsheimkehrers gelenkt und ihn allmählich in die Kulisse der bayerischen politischen Bühne geleitet: Politik verstand und betrieb er als den Beruf dessen, der ohne Beruf ist und bleiben will. Der mit großer Geste memorierte Entschluß vom Herbst 1919, in die DAP einzutreten, war unter diesem Gesichtspunkt, wie alle voraufgegangenen Lebensentscheidungen auch, eine Absage an die bürgerliche Ordnung und von dem Verlangen bestimmt, der Strenge und Verbindlichkeit ihrer sozialen Normen zu entrinnen.

Mit einer Vehemenz, in der sich deutlich die Spuren seines lebenslangen Fluchtmotivs wiederfinden, hat Hitler dem in vielen Jahren aufgestauten Betätigungsdrang Raum gegeben: endlich unbehindert durch formale Ansprüche und ein Feld vor sich, das keine anderen Voraussetzungen verlangte als eben diejenigen, über die er verfügte: Leidenschaft, Phantasie, Organisationstalent und demagogische Gaben. In der Kaserne schrieb und tippte er unermüdlich Versammlungseinladungen, die er persönlich austrug, er ließ sich Adressen empfehlen und sprach mit den Genannten, suchte Verbindungen, Unterstützung, neue Mitglieder. Die Erfolge waren anfangs gering, jedes unbekannte Gesicht, das in den Veranstaltungen auftauchte, wurde begierig registriert. Schon hier erwies sich, daß Hitlers Überlegenheit gegenüber allen Rivalen nicht zuletzt damit zu tun hatte, daß er als einziger über unbeschränkte Zeit verfügte. Auch im siebenköpfigen Parteiausschuß, der sich wöchentlich einmal an einem später kultisch verehrten Ecktisch des Café Gasteig traf, spielte er sich rasch nach vorn, weil er ideenreicher, geschickter und energischer war.

Unter dem fassungslosen Blick der Mitglieder, die in kleinen Verhältnissen zu Hause und zufrieden waren, begann er schon bald, den »langweiligen Verein« an die Öffentlichkeit zu drängen. Der 16. Oktober 1919 ist für die Deutsche Arbeiterpartei nicht anders als für ihren neuen Mann entscheidend geworden. Auf ihrer ersten öffentlichen Versammlung, vor einhundertelf Personen, ergriff Hitler als zweiter Redner des Abends das Wort. In einem unaufhaltsam sich steigernden Redestrom, dreißig Minuten lang, entluden sich die Affekte, die seit Männerheimtagen in frustrierenden Monologen aufgespeicherten Haßgefühle, wie in einem Ausbruch aus der Wort- und Kontaktlosigkeit der zurückliegenden Jahre überstürzten sich die Sätze, die Wahnbilder, die Anklagen, am Ende »waren die Menschen in dem kleinen Raum elektrisiert«, und was er früher, »ohne es irgendwie zu wissen, einfach innerlich gefühlt hatte, wurde nun durch die Wirklichkeit bewiesen«, jubelnd gab er sich der überwältigenden Erfahrung hin: »Ich konnte reden!«[24]

Es war, wenn es überhaupt einen konkret benennbaren Zeitpunkt dafür gibt, der Durchbruch zu sich selbst, jener »Hammerschlag des Schicksals«, der die »Hülle des Alltags« zerbrach und dessen erlösende Bedeutung noch die ekstatische Tonlage seiner Erinnerungen an diesen Abend geprägt hat. Denn im Grunde hatte er seine Redemacht in den vergangenen Wochen wiederholt erprobt, ihre überredenden und bekehrenden Möglichkeiten kennengelernt. Ihre subjektive Gewalt jedoch, das triumphale Sich-Loslassen bis in Schweiß, Taumel und Erschöpfung hinein, begegnete ihm, wenn sein Bericht nicht trügt, in diesen dreißig Minuten zum ersten Mal; und wie ihm alles zur Ausschweifung wurde: die Ängste, das Selbstbewußtsein oder auch das Glücksgefühl vor dem über hundertmal gehörten »Tristan«, verfiel er von da an in eine eigentliche Redewut. Vor aller politischen Leidenschaft war es von nun an dieses einmal geweckte Verlangen des »armen Teufels«, wie er sich in der Erinnerung an jene Zeit selber genannt hat,[25] nach Selbstbestätigung, das ihn immer erneut auf die Rednertribünen trieb und suchen ließ, was er dort einst mit orgiastischen Erfüllungsgefühlen an sich erfahren hatte.

Auch sein Entschluß, Politiker zu werden, den die selbstverfertigte Legende ins Lazarett von Pasewalk verlegt und als die Reaktion eines in seinen Kissen tief verzweifelten, aber unerschütterten Patrioten auf den »Novemberverrat« beschrieben hat, liegt in Wahrheit dem Auftrittserlebnis vom Herbst 1919 weit näher. In den Protokollen, den Mitglieder- und Anwesenheitslisten der Zeit ließ er sich als Maler führen, gelegentlich auch als Schriftsteller, doch vermutlich waren das nur Verlegenheitsangaben, die den verrinnenden Jugendtraum von Größe und Künstlertum festzuhalten suchten. Ein Bericht des polizeilichen Nachrichtendienstes München vermerkte Mitte November 1919: »Er ist Kaufmann und wird berufsmäßiger Werberedner.« Auch hier wiederum kein Hinweis auf den angeblich über ein Jahr zurückliegenden Lebensbeschluß, immerhin aber, zum ersten Mal, eine Vorstellung der eigenen Neigungen und Möglichkeiten: »Er mußte eben sprechen und brauchte jemand, der ihm zuhörte«, hatte schon Kubizek beobachtet.[26] In der rhetorischen Gabe, deren Überwältigungsmacht er jetzt erst wirklich für sich entdeckte, schien sich dem Dreißigjährigen ein Ausweg aus dem Dilemma seiner gescheiterten Lebensanläufe zu eröffnen, ohne daß er bereits einen genaueren Begriff von seiner Zukunft besaß: er wollte berufsmäßiger Werberedner werden. Es war wiederum eine Ausweichbewegung. Zwischen ihr und den späteren Stilisierungen, durch die er sich so viel frühen Berufungsglanz auf sein Haupt holte, liegt der ganze Unterschied zwischen einem privaten und einem sozialen Motiv für den Schritt in die Politik. Vieles spricht dafür, daß jenes überwog, und jedenfalls hat Hitler kein eigentlich politisches Erweckungserlebnis gehabt und den Tag nicht kennengelernt, an dem er »die Ungerechtigkeit der Welt wie eine Flut Säure auf sein Herz fallen« fühlte, so daß er sich aufmachen mußte, die Ausbeuter und Heuchler auszurotten.[27]

Schon bald nach seinem Eintritt in die DAP machte Hitler sich daran, die furchtsame, unbewegliche Stammtischrunde zu einer lärmenden, öffentlichkeitsbewußten Kampfpartei umzuwandeln. Gegen den Widerstand vor allem Karl Harrers, der von den alten, durch die Thule-Gesellschaft übermittelten Geheimbundvorstellungen nicht loskam und die DAP als politisierenden Männerzirkel weiterführen wollte, der im intimen Dunstkreis einer Bräustube sein Sonderbewußtsein pflegte, dachte Hitler von Anfang an in den Größenordnungen einer Massenpartei. Das entsprach nicht nur seinem Vorstellungsstil, der sich in reduzierte Verhältnisse nicht hineinzufinden vermochte, sondern auch seiner Einsicht in die Ursachen für das Versagen der alten konservativen Parteien. In Harrers Ansichten lebte auf skurrile Weise jener Hang zur Exklusivität fort, der die Schwäche der bürgerlichen Honoratiorenparteien der Kaiserzeit gewesen war und sowohl die Massen des Kleinbürgertums als auch die Arbeiterschaft der konservativen Position weitgehend entfremdet hatte.

Noch vor dem Ende des Jahres 1919 richtete die DAP auf Drängen Hitlers einen lichtlosen, gewölbeartigen Kellerraum im Sterneckerbräu als ständige feste Geschäftsstelle ein; die Miete betrug fünfzig Mark, als Beruf gab Hitler, der den Vertrag mitunterzeichnet hatte, wiederum »Maler« an. Ein Tisch sowie ein paar geliehene Stühle wurden aufgestellt, ein Telefon installiert und ein Safe für die Mitgliedskarten und die Parteikasse herbeigeschafft; bald kamen eine alte Adler-Schreibmaschine und ein Stempel dazu: der nüchterne Harrer erklärte, als er die Anstalten zur Errichtung einer regelrechten Bürokratie erkannte, Hitler sei »größenwahnsinnig«[28]. Um die gleiche Zeit erreichte Hitler die Erweiterung des Ausschusses auf zunächst zehn, später auf zeitweilig zwölf und mehr Mitglieder, er zog dafür vor allem einige ihm persönlich ergebene Gefolgsleute nach, nicht selten waren es Kameraden, die er in der Kaserne gewann. Der entstehende Apparat versetzte ihn in die Lage, die primitiv-erfolglose Veranstaltungswerbung auf handgeschriebenen Zetteln durch maschinell vervielfältigte Einladungen zu ersetzen, gleichzeitig ging die Partei zur Anzeigenwerbung im ›Münchner Beobachter‹ über. Auf den Tischen der Veranstaltungslokale lagen Werbeschriften und Flugblätter aus, und zum ersten Mal zeigte Hitler in seiner Propagandatechnik auch jenes eigentlich ganz und gar grundlose, von der Realität ungedeckte und darum so herausfordernd wirkende Selbstbewußtsein, das künftig seine Erfolge häufig mitgetragen hat, als er für die öffentlichen Veranstaltungen der kleinen, unbekannten Partei das ganz Ungewöhnliche wagte und Eintrittsgelder zu erheben begann.

Hitlers wachsender Ruf als Redner begründete und festigte allmählich seine Stellung in der Partei. Schon um die Jahreswende gelang es ihm, den widerspenstigen Harrer zu verdrängen und zum Austritt aus der Partei zu bewegen. Ein erstes Wegstück lag frei vor ihm. Bald darauf gab der Vorstand, skeptisch und in der anhaltenden Sorge, sich vor der Öffentlichkeit lächerlich zu machen, der hartnäckigen Forderung seines ehrgeizigen Werbeobmannes zum Appell an die Massen nach. Für den 24. Februar, kaum ein halbes Jahr nach dem Eintritt Hitlers, rief die Partei zu ihrer ersten Großveranstaltung im Festsaal des Hofbräuhauses auf.

Das grellrote Plakat, das die legendenumwobene Versammlung ankündigte, nannte nicht einmal Hitlers Namen. Hauptfigur des Abends war vielmehr ein bewährter nationaler Redner, der Arzt Dr. Johannes Dingfelder, der in völkischen Publikationen unter dem Pseudonym Germanus Agricola eine Wirtschaftstheorie vertrat, in deren intellektuellen Finsternissen sich die Versorgungsängste der Nachkriegszeit auf bizarre Weise spiegelten: seine pessimistischen Gedankengespinste sagten den Produktionsstreik der Natur voraus, ihre Güter, so drohte er an, würden sich vermindern, den Rest fräße das Ungeziefer, und das Ende der Menschheit sei folglich nahe – dies alles, verzweiflungsvoll wie es war, nur durch die Hoffnung aufgehellt, die eine völkische Neubesinnung bot. Er beschwor sie auch an diesem Abend – »durchaus sachlich«, wie der nachrichtendienstliche Bericht vermerkt, »und oft von tiefem religiösen Geist getragen« [29].

Dann erst sprach Hitler. Er hatte, um die einzigartige Möglichkeit zu nutzen, eine große Zuhörerschaft mit den Absichten der DAP bekannt zu machen, auf die Ausarbeitung eines Programms gedrängt. In seiner Rede wandte er sich, einem zeitgenössischen Bericht zufolge, gegen die Feigheit der Regierung und den Versailler Vertrag, gegen die Vergnügungssucht der Menschen, gegen die Juden und die »Blutegelbande« der Schieber und Wucherer. Dann verlas er, häufig von Beifall und Unruhe unterbrochen, das neue Programm. Am Ende »fällt irgendein Zwischenruf. Darauf große Unruhe. Alles steht auf Stühlen und Tischen. Ungeheurer Tumult. ›Hinaus‹-Rufe.« Die Veranstaltung

Die erste ständige Geschäftsstelle der Partei im Keller des Sterneckerbräu 1919. Darüber Hitlers Mitgliedskarte sowie das Plakat zur legendären Versammlung, auf der Hitler die 25 Punkte verkündete; sein Name wird nicht genannt.

Schob der NSDAP Anhänger, Waffen und Geldmittel zu: Hauptmann Ernst Röhm im Kreis befreundeter Offiziere (Abb. links).

Hitler mit Alfred Rosenberg und Dr. Weber auf einer völkischen Veranstaltung in München (oben).

Anhänger und Förderer der frühen Jahre: Hermann Esser, Ernst Pöhner, Dietrich Eckart, Julius Streicher.

An den Wochenenden unternahm die Partei Propagandafahrten über Land: Hitler (Kreuz) im Kreis von Anhängern.

Ermutigung zogen die Nationalsozialisten aus dem italienischen Vorbild: Faschisten auf dem »Marsch nach Rom« (unten).

endete in allgemeinem Lärm. Einige Anhänger der radikalen Linken zogen anschließend unter lauten Hochrufen auf die Internationale und die Räterepublik vom Hofbräuhaus zum Rathaustor hinüber. »Sonst keine Störung«, meldete der Polizeibericht.

Die Presse selbst der völkischen Richtung hat denn auch von der Veranstaltung, die offenbar samt allen turbulenten Begleitumständen eher alltägliche Züge trug, kaum Notiz genommen, und erst Quellenfunde aus jüngerer Zeit haben den Verlauf der Versammlung rekonstruierbar gemacht. Hitlers mythologisierende Schilderung freilich hat ihr den Charakter einer gewaltigen, mit einer Saalschlacht anhebenden und in nicht endendem Überzeugungsjubel ausklingenden Massenbekehrung verliehen: »Einstimmig und immer wieder einstimmig« hätten die Versammelten den Programmpunkten zugestimmt, »und als die letzte These so den Weg zum Herzen der Masse gefunden hatte, stand ein Saal voll Menschen vor mir, zusammengeschlossen von einer neuen Überzeugung, einem neuen Glauben, von einem neuen Willen.« Und während Hitler in bezeichnendem Rückgriff auf opernhafte Vorstellungen nun ein Feuer entzündet sah, »aus dessen Glut dereinst das Schwert kommen muß, das dem germanischen Siegfried die Freiheit ... wiedergewinnen soll«, und während er »die Göttin der unerbittlichen Rache ... für die Meineidstat des 9. November 1918« bereits schreiten hörte, schrieb der nationale ›Münchener Beobachter‹ lediglich, Hitler habe im Anschluß an die Rede Dr. Dingfelders »einige treffende politische Bilder entwickelt« und dann das Programm der DAP bekanntgegeben[30].

Gleichwohl hat der Autor von »Mein Kampf« in einem übergeordneten Sinne recht. Denn mit dieser Veranstaltung begann die Entwicklung der von Drexler ins Leben gerufenen, bescheidenen völkischen Bierrunde zur Massenpartei Adolf Hitlers. Zwar hatte er selber noch einmal eine zurückgesetzte Rolle spielen müssen; immerhin aber waren es am Ende rund zweitausend Menschen gewesen, die den großen Saal des Hofbräuhauses gefüllt und das politische Konzept Hitlers eindrucksvoll bestätigt hatten. Von nun an war es in ständiger, immer ausschließlicher auf ihn bezogener Steigerung sein Wille, sein Stil, sein Regiment, was die Partei bewegte, vorwärtstrieb und über Erfolg oder Mißerfolg entschied. Die Parteilegende hat die Veranstaltung vom 24. Februar 1920 später mit dem Thesenanschlag Martin Luthers an der Schloßkirche zu Wittenberg verglichen.[31] Doch wie im einen, so hat auch im anderen Falle die Überlieferung sich ihr eigenes, im historischen Sinne unhaltbares Bild zurechtgemacht, weil die Geschichte dazu neigt, das Bedürfnis der Menschen nach dramatischer Anschaulichkeit zu mißachten. Doch als das Gründungsereignis der Bewegung wurde die

Versammlung künftig nicht ohne gewisse Berechtigung gefeiert, auch wenn ein Gründungsakt für diesen Tag gar nicht geplant, der Hauptredner kein Parteimitglied und Hitler auf den Maueranschlägen, die zu der Veranstaltung riefen, nicht genannt war.

Das Programm, das er an jenem Abend vortrug, war von Anton Drexler, vermutlich nicht ohne Einwirkung Gottfried Feders, entworfen und sodann einem Ausschuß zur Überarbeitung vorgelegt worden. Der sachliche Anteil Hitlers ist im einzelnen kaum mehr bestimmbar, doch verrät die schlagwortartige Handlichkeit einiger Thesen seinen redaktionellen Einfluß. Es war in 25 Punkte aufgeteilt und vereinigte eher willkürlich zusammengetragene, durch ihre emotionale Attraktivität verbundene Elemente der älteren völkischen Ideologie mit den aktuellen Protestbedürfnissen der Nation und ihren Neigungen zur Wirklichkeitsverneinung: die auffällig dominierenden Antistellungen, die es enthielt, zeugten nachdrücklich davon. Es war antikapitalistisch, antimarxistisch, antiparlamentarisch, antisemitisch und negierte aufs entschiedenste Ausgang und Folgen des Krieges. Die positiven Zielsetzungen dagegen, etwa die vielfältigen Forderungen zum Schutz des Mittelstandes, blieben zumeist vage und trugen nicht selten das Merkmal stimulierender, die Ängste und Begehrlichkeiten des kleinen Mannes steigernder Postulate. So sollte beispielsweise jedes nicht durch Arbeit verdiente Einkommen eingezogen (Punkt 11), jeder Kriegsgewinn konfisziert (Punkt 12) und eine Gewinnbeteiligung an Großbetrieben eingeführt werden (Punkt 14). Andere Programmpunkte sahen vor, die großen Warenhäuser den Gemeinden zu überantworten und »zu billigen Preisen« an kleine Gewerbetreibende zu vermieten (Punkt 16), auch eine Bodenreform wurde gefordert sowie ein Verbot der Bodenspekulation (Punkt 17).

Allen unverkennbar opportunistischen, von eiligen Augenblicksbedürfnissen diktierten Zügen zum Trotz ist die Bedeutung dieses Programms dennoch nicht ganz so unerheblich gewesen, wie man mitunter gemeint hat, und jedenfalls bot es weit mehr als einen verführerisch glitzernden Hintergrundprospekt für die Entfaltung der demagogischen Fähigkeiten des kommenden Parteiführers. Aufs Ganze gesehen schloß es, zumindest im Ansatz, alle wesentlichen Tendenzen der späteren nationalsozialistischen Herrschaftsidee ein: die aggressive Lebensraumthese (Punkt 3), den antisemitischen Grundzug (Punkt 4, 5, 6, 7, 8, 24) sowie den Totalitätsanspruch, der sich hinter harmlos klingenden Gemeinplätzen verbarg, die des verbreiteten Beifalls sicher waren (Punkt 10, 18, 24), doch jederzeit – wie etwa die Formel vom Gemeinnutz, der vor Eigennutz gehe – herhalten mochten, das Grundgesetz eines totalitären Staates daraus abzuleiten.[32] Unausgeglichen, wie es insgesamt war, und oft von hochtrabenden Maximen überdeckt, enthielt es doch auch schon die Elemente eines nationalen Sozialismus, der seine Entschlossenheit betonte, einen mißbräuchlichen Kapitalismus zu beseitigen, die klassenkämpferische Frontstellung des Marxismus zu überwinden und schließlich die Versöhnung aller Schichten in einer machtvoll geschlossenen Volksgemeinschaft herbeizuführen.

Es scheint, als habe gerade diese Vorstellung in dem national wie sozial tiefgreifend irritierten Lande ein besonderes Anziehungsvermögen besessen. Die Idee oder Formel eines »Nationalen Sozialismus«, in der die beiden beherrschenden Gedanken des 19. Jahrhunderts sich zusammenfanden, war auf dem Grunde zahlreicher politischer Programme und Ordnungsentwürfe der Zeit zu finden. Sie tauchte im schlichten Erlebnisbericht des Handwerkers Anton Drexler über sein »politisches Erwachen« ebenso auf wie in den Berliner Vorträgen Eduard Stadtlers, der schon im Jahre 1918 mit Unterstützung der Industrie eine »Antibolschewistische Liga« gegründet hatte; sie war Gegenstand eines der Aufklärungskurse, die vom Münchener Reichswehrgruppenkommando eingerichtet worden waren, gab einer Schrift von Oswald Spengler mit dem Titel »Preußentum und Sozialismus« die suggestive Resonanz und war selbst innerhalb der Sozialdemokratie nicht ohne Wirkung, wo die Enttäuschung über das Versagen der Zweiten Internationale beim Ausbruch des Krieges einige unabhängige Köpfe auf den Weg national- und sozialrevolutionärer Entwürfe gedrängt hatte. »Der nationale Sozialismus, sein Werdegang und seine Ziele« war schließlich auch der Titel eines umfangreichen theoretischen Werkes, das 1919 in Aussig von einem der Gründer der »Deutsch-Sozialen Arbeiterpartei«, dem Eisenbahningenieur Rudolf Jung, veröffentlicht worden war. Nicht ohne Selbstbewußtsein begriff es den nationalen Sozialismus als den politischen Epochengedanken, der geeignet sei, den marxistischen Sozialismus erfolgreich zurückzuweisen. Um den militanten Widerspruch zu allen internationalistischen Bestrebungen deutlich zu machen, hatte Jung die Partei schon im Mai 1918, zusammen mit seinen österreichischen Gesinnungsgenossen, in Deutsche Nationalsozialistische Arbeiterpartei umbenannt.[33]

Eine Woche nach der Versammlung im Hofbräuhaus änderte auch die DAP ihren Namen. In Anlehnung an die verwandten sudetendeutschen und österreichischen Gruppierungen nannte sie sich Nationalsozialistische Deutsche Arbeiterpartei (NSDAP) und übernahm gleichzeitig das Kampfsymbol der Gesinnungsfreunde jenseits der Grenzen, das Hakenkreuz. Der Vorsitzende der österreichischen Nationalsozialisten, Dr. Walther Riehl, hatte kurz zuvor eine »Zwischenstaatliche Kanzlei« gegründet, die als Verbindungsstelle aller nationalsozialistischen Parteien dienen sollte. Rege Kontakte bestanden auch zu verschiedenen anderen Zusammenschlüssen mit völkisch-sozialer Programmatik, vor allem zu der »Deutschsozialistischen Partei« des Düsseldorfer Ingenieurs Alfred Brunner, die von sich behauptete, sie sei »ganz links und unsere Forderungen radikaler als die der Bolschewisten«. Sie hatte Ortsgruppen in zahlreichen größeren Städten, in Nürnberg wurde sie von dem Lehrer Julius Streicher geleitet.

Am 1. April 1920 schied Hitler endgültig aus dem Heeresdienst aus, denn jetzt endlich hatte er eine Alternative: er war entschlossen, sich künftig ganz der politischen Arbeit zu widmen, die Führung der NSDAP an sich zu reißen und die Partei nach seinen Vorstellungen aufzubauen. Er mietete sich ein Zimmer in der Thierschstraße 41, nahe der Isar. Die meiste Zeit des Tages verbrachte er im Keller der Geschäftsstelle, doch vermied er es, sich als Angestellter der Partei führen zu lassen. Die Frage, aus welchen Mitteln er seinen Lebensunterhalt bestreite, spielte in der bevorstehenden ersten Krise der Partei eine Rolle. Seine Vermieterin fand den düsteren jungen Mann in all seiner einsilbigen Geschäftigkeit einen »richtigen Bohémien«.

Er hatte nichts zu verlieren. Sein Selbstvertrauen bezog er aus seiner Rednergabe, seiner Kälte und Risikoentschlossenheit, in weit geringerem Maße dagegen aus den Gewißheiten einer Idee, wie ihn denn überhaupt weniger eine Erkenntnis an sich zu fesseln vermochte als die instrumentalen Möglichkeiten, die sie bot: ob sie, wie er bemerkt hat, eine »gewaltige Parole« hergab. Im »Abscheu« und »tiefsten Ekel« vor den »bezopften völkischen Theoretikern«, den »Wortmenschen« und »Gedankendieben« hat sich sein äußerstes Unverständnis für bloßes Gedankenwerk ohne politisch formbare Substanz ebenso artikuliert wie in der Tatsache, daß er sich für seine frühesten rhetorischen Ausbrüche erst zu Wort meldete, als er polemisch zurückschlagen konnte. Nicht die Evidenz machte einen Gedanken überzeugend, sondern die Handlichkeit, nicht die Wahrheit, sondern seine Eignung als Waffe: »Jede und auch die beste Idee«, hat er in jener apodiktischen Ungenauigkeit des Ausdrucks geäußert, die so charakteristisch für ihn war, »wird zur Gefahr, wenn sie sich einbildet, Selbstzweck zu sein, in Wirklichkeit jedoch nur ein Mittel zu einem solchen darstellt.« An anderer Stelle betonte er, die Gewalt bedürfe im politischen Kampf immer der Unterstützung durch eine Idee – bezeichnenderweise nicht umgekehrt.[34] Auch den »Nationalen Sozialismus«, in dessen Zeichen er nun antrat, betrachtete er vor allem als ein Mittel zu erheblich weiter gesteckten, ehrgeizigen Zielen.

Es war das romantische, attraktiv verschwommene Stichwort, mit dem er nun die Bühne betrat. Die Idee der Versöhnung, die es enthielt, schien moderner, zeitnaher als die Parolen vom Klassenkampf, die nach den Erfahrungen des Krieges, der Männergemeinschaft an der Front, schon jetzt einen Teil ihrer Zukunft einzubüßen begannen. Der konservative Schriftsteller Arthur Moeller van den Bruck, der schon bald nach der Jahrhundertwende die Vorstellung eines nationalen Sozialismus vertreten hatte, meinte jetzt, sie sei »gewiß ein Teil der deutschen Zukunft«[35]. Sie war es vor allem in der Hand eines einfallsreichen Politikers, ohne Respekt vor dem Hergebrachten, schlau und doch voller Verachtung des gesunden Menschenverstandes. Die Idee hatte zahlreiche Bewerber. Doch nicht lange mehr, und Hitler gewann aus dem anschwellenden Massenjubel die Überzeugung, er selber werde dieser Teil der deutschen Zukunft sein.

II. KAPITEL: LOKALE TRIUMPHE

>»Der Hitler wird einmal unser
>Größter!« Rudolf Jung, 1920

In den mühsamen und rauschhaften Tagen seines Eintritts in die Politik, im Frühjahr 1920, war Hitler allerdings von jedem Anspruch auf die deutsche Zukunft noch weit entfernt und nicht viel mehr als ein Münchener Lokalagitator, der Nacht für Nacht durch brodelnde, rauchgeschwängerte Bierstuben zog, um eine anfangs oft genug feindselig oder belustigt gestimmte Zuhörerschaft für seine Überzeugungen zu gewinnen. Immerhin stieg sein Ruf unablässig an. Das rhetorische, von jeder exzentrischen Geste verführte Temperament der Stadt war für den theatralischen Stil seiner Selbstinszenierung und die ungezügelten Ausbrüche des Redners überaus empfänglich und hat ihn zweifellos nicht weniger gefördert als die greifbareren historischen Faktoren. Die Behauptung, Hitlers Aufstieg sei von den Bedingungen der Zeit entscheidend gefördert worden, ist unvollständig ohne den Hinweis auf die besonderen Bedingungen des Ortes, an dem er seinen Aufstieg begann.

Nicht weniger wichtig war das Maß an Zielbewußtsein und Überlegung, das er aufbot. Zwar verfügte er über eine ungewöhnliche, feminin wirkende Empfänglichkeit, die ihn in den Stand setzte, die Stimmung seiner Zeit zu artikulieren und auszubeuten. Sein erster Biograph, Georg Schott, hat ihn, nicht ohne besorgte Bewunderung für den Dämon, der aus ihm zu sprechen schien, einen »Traumlaller« genannt;[36] doch die bis heute verbreitete Vorstellung vom Instinktmenschen Hitler, der mit hellseherischer Sicherheit oder, wie er selber gerne vorgegeben hat, »nachtwandlerisch« seinen Weg ging, übersieht die Rationalität und planvolle Kälte, die seinen Verhaltensweisen zugrunde gelegen und seinen Aufstieg in nicht geringerem Maße bedingt hat als alle augenscheinlich medialen Fähigkeiten.

Sie übersieht insbesondere seine außerordentliche Fähigkeit zu lernen, die unstillbare Aneignungsgier, die ihn gerade zu jener Zeit beherrschte.

In den Fieberzuständen seiner frühen Redetriumphe waren seine
Empfänglichkeit und Aufnahmebereitschaft größer als je, sein »kombinierendes Talent«[37] faßte nach den disparatesten Elementen und fügte
sie zu kompakten Formeln zusammen. Mehr noch als von seinen Vorbildern oder Mitstreitern übernahm er von seinen Gegnern: er habe
immer sehr viel von ihnen gelernt, nur Narren oder Schwächlinge fürchteten, dabei die eigenen Einfälle zu verlieren, versicherte er. So kam es,
daß er Richard Wagner und Lenin, Gobineau, Nietzsche und Le Bon,
Ludendorff, Lord Northcliffe, Schopenhauer und Karl Lueger zusam-
menbrachte und sich ein Bild daraus formte, willkürlich, kurios, voller
halbgebildeter Kühnheit, doch nicht ohne Geschlossenheit. Auch Mussolini und der italienische Faschismus hatten, mit zunehmender Bedeutung,
ihren Platz darin, und selbst die sogenannten Weisen von Zion und
deren erweislich gefälschte Protokolle machte er sich zu Lehrmeistern.[38]

Am nachhaltigsten jedoch lernte er vom Marxismus. Schon die
Energie, die er, seiner innersten ideologischen Gleichgültigkeit zum
Trotz, der Ausbildung einer nationalsozialistischen Weltanschauung
widmete, bezeugt die Wirkungen des marxistischen Vorbildes. Es zählte
geradezu zu seinen Ausgangsüberlegungen, daß der traditionelle bürgerliche Parteientypus der Wucht und kämpferischen Dynamik linker
Massenorganisationen nicht mehr gewachsen sei. Nur eine ähnlich
organisierte, aber noch entschlossenere Weltanschauungspartei werde
den Marxismus bezwingen können.[39]

Taktisch lernte er vor allem aus den Erfahrungen der Revolutionszeit. Die russischen Ereignisse sowie die Räteherrschaft in Bayern hatten
ihm die Machtchancen einer Handvoll zielbewußter Akteure vor Augen
geführt. Doch während Lenin ihn lehrte, wie man einen revolutionären
Impuls steigert und ausbeutet, zeigten Friedrich Ebert oder Philipp
Scheidemann ihm, wie man ihn verspielt. Hitler hat später versichert:

> »Ich habe vom Marxismus viel gelernt. Ich gestehe das ohne wei-
> teres ein. Nicht etwa von dieser langweiligen Gesellschaftslehre und
> materialistischen Geschichtsauffassung, von diesem absurden Zeug ...
> Aber von ihren Methoden habe ich gelernt. Nur, ich habe damit
> Ernst gemacht, womit diese kleinen Krämer- und Sekretärseelen
> zaghaft angefangen haben. Der ganze Nationalsozialismus steckt da
> drin. Sehen Sie nur genauer zu ... Diese neuen Mittel des politischen
> Kampfes gehen ja im wesentlichen auf die Marxisten zurück. Ich
> brauchte nur diese Mittel zu übernehmen und zu entwickeln, und hatte
> im wesentlichen, was uns nottat. Ich brauchte nur das konsequent
> fortzuführen, was bei der Sozialdemokratie zehnfach gebrochen war,
> nämlich infolge des Umstandes, daß sie ihre Revolution im Rahmen
> einer Demokratie verwirklichen wollten. Der Nationalsozialismus
> ist das, was der Marxismus hätte sein können, wenn er sich aus der

absurden, künstlichen Bindung mit einer demokratischen Ordnung losgelöst hätte.«⁴⁰

Doch gab er allem, was er aufnahm, nicht nur Konsequenz, er überbot es immer zugleich auch. In seinem Wesen lag ein infantiler Zug zur großen übertrumpfenden Geste, eine Imponiersucht, die von Superlativen träumte und sich der radikalsten Ideologie genauso versichern wollte wie später des gewaltigsten Bauwerks oder des schwersten Panzers. Seine Anschauungen, seine Taktiken, seine Ziele hatte er, wie er bemerkte, »von allen Sträuchern zu Seiten (des) Lebensweges« aufgelesen; von ihm selber stammte die Härte und Konsequenz, die er allem gab, die charakteristische Unerschrockenheit vor dem letzten Schritt.

Rationale Erwägungen prägten auch seine Taktik zu Beginn. Er ging davon aus, alle Energie zunächst darauf zu richten, dem Getto der Namenlosigkeit zu entkommen und aus der Masse der rivalisierenden völkischen Gruppen unverwechselbar herauszutreten. Der in den Parteierzählungen seiner späteren Reden regelmäßig auftauchende Hinweis auf den anonymen Anfang bezeugt, wie sehr sein lange chancenloser Ehrgeiz unter dem Bewußtsein der unerkannten und unbeachteten Größe gelitten hat. Mit einer atemverschlagenden Skrupellosigkeit, die das eigentlich Neuartige seines Auftretens war und ein für allemal seine Weigerung anschaulich machte, Regeln oder Konventionen zu achten, ging er jetzt daran, sich einen Namen zu machen: durch rastlose Aktivität, durch Krawalle, Skandale und Zusammenrottungen, durch Terror selbst, wenn er eine Aussicht bot, mit dem Gesetz zugleich das Schweigen zu brechen und die tägliche Kenntnisnahme zu erzwingen: »Ob sie uns als Hanswürste oder als Verbrecher hinstellen, die Hauptsache ist, daß sie uns erwähnen, daß sie sich immer wieder mit uns beschäftigen.«⁴¹

Diese Absicht bestimmte den Stil und die Mittel aller Aktivität. Das lärmende Rot der Fahnen wurde nicht nur des psychologischen Effekts wegen verwendet, sondern weil es zugleich die traditionelle Farbe der Linken herausfordernd usurpierte. Die Versammlungsplakate, auch sie fast durchweg in einem unübersehbaren Rot, enthielten oft, zwischen faßliche Parolen gesetzt, auf riesigen Formaten einprägsame Leitartikel. Um den Eindruck von Größe und entschlossener Stoßkraft vorzutäuschen, veranstaltete die NSDAP immer erneut Straßenumzüge, ihre Zettelverteiler und Klebekolonnen waren unermüdlich unterwegs. In eingestandener Nachahmung linker Propagandamethoden ließ Hitler vollbesetzte Mannschaftswagen durch die Straßen fahren, doch obenauf saß nicht das fäusteschwingende moskautreue Proletentum, das in den bürgerlichen Wohnvierteln soviel Haß und Schrecken verbreitet hatte, sondern der manierliche Radikalismus ehemaliger Soldaten, die unter der Sturmfahne der NSDAP, über Waffenstillstand, Kriegsende und Demobilisierung hinaus, auf andere Art weiterkämpften. Sie gaben den Veranstaltungen, die Hitler bald mit Vorliebe in Form von Versammlungswellen über München und kurze Zeit später auch über andere Städte hinweggehen ließ, den einschüchternden, halbmilitärischen Hintergrund.

Diese Soldaten waren es auch, die allmählich das soziologische Gesicht der Partei zu verändern begannen und die beschauliche Stammtischrunde aus Arbeitern und kleinen Gewerbetreibenden mit dem harten Typus des gewaltgewohnten Dauersoldaten durchsetzten. Die früheste Mitgliederliste der Partei vermerkt unter 193 Namen nicht weniger als 22 Berufssoldaten,[42] die in der neuen Partei nicht nur die Möglichkeit erkannten, der Problematik bürgerlicher Existenzsicherung zu entgehen, sondern auch darauf hofften, in ihren Reihen das im Kameradschaftserlebnis der Schützengräben legendär bestätigte Verlangen nach neuen Gemeinschaftsformen zu befriedigen und der Verachtung des Lebens wie des Todes, zu der die Zeit sie erzogen hatte, über den Krieg hinaus Ausdruck zu geben.

Mit Hilfe dieser militärischen, an strenge Unterordnung, Disziplin und Hingabebereitschaft gewöhnten Neuzugänge gelang es Hitler allmählich, der Partei eine feste innere Struktur zu verschaffen. Nicht wenige der neuen Leute schickte ihm das Münchener Wehrkreiskommando zu, und wenn Hitler später immer wieder behauptet hat, er habe sich namenlos, ohne Mittel und nur auf sich gestellt gegen eine Welt von Feinden erhoben, so war das insofern zutreffend, als er sich tatsächlich der herrschenden Zeittendenz widersetzte. Aber wahr ist auch, daß er dabei nie allein stand. Von Beginn an war er vielmehr durch die Reichswehr und die privaten militärischen Verbände in einem Umfang protegiert worden, der seinen Aufstieg in dieser Form überhaupt erst ermöglicht hat.

Wie kein anderer hat Ernst Röhm, der im Range eines Hauptmanns als politischer Berater im Stab von Oberst Epp tätig und der eigentliche Kopf des verschleierten Militärregiments in Bayern war, die NSDAP gefördert; er hat ihr Anhänger, Waffen und Geldmittel zugeleitet. In seinen Bestrebungen sah er sich nicht zuletzt von den Offizieren der alliierten Überwachungskommission unterstützt, die solche illegalen Aktivitäten aus verschiedenen Motiven begünstigten; teils, weil sie nicht ohne Interesse an bürgerkriegsähnlichen Zuständen in Deutschland waren, teils weil sie die militärische Macht gegen die weiterhin rumorende Linke stärken und überdies auch den Herren Kameraden über vergangene Gegnerschaften hinweg ritterlich entgegenkommen wollten. Obwohl Röhm, der von Kindheit an »nur den einen Gedanken und Wunsch, Soldat zu werden« gehabt hatte, gegen Ende des Krieges im Generalstab tätig und ein hervorragender Organisator war, verkörperte er doch weit eher den Typus des Troupiers. Der kleine dicke Mann mit dem zerschossenen, stets leicht geröteten Gesicht war ein rücksichtsloser Draufgänger und hatte im Krieg zahlreiche Verwundungen davongetragen. Die Menschen teilte er kurzerhand in Soldaten und Zivilisten, in Freund und Feind ein, war ehrlich, ohne Finessen, derb, nüchtern, ein Haudegen voller Umsicht und Geradlinigkeit, der von Gewissensbelastungen unbehelligt blieb, und wenn einer seiner Kameraden aus jener Zeit der illegalen Umtriebe bemerkt hat, Röhm habe, wo immer er auftrat, »Leben in die Bude« gebracht, so war es oft genug sicherlich auch das Gegenteil. In seiner bajuwarischen Diesseitigkeit war er frei von ideologischen Wahnkomplexen und zielte mit aller geschäftigen Unruhe, die er rasch entfaltete, immer nur auf den Primat des Soldaten im Staate. Von dieser Absicht geleitet, hatte er sich zunächst dem Freikorps Epp angeschlossen, war ab Mai 1919 in der Reichswehrbrigade 21 tätig gewesen, ehe er schließlich zu Epp zurückgekehrt war. Wie nahezu jeder andere von dem rhetorischen Genie des jungen Agitators beeindruckt, verschaffte er ihm die ersten wertvollen Verbindungen zu Politikern und Militärs und trat schon frühzeitig mit der Mitgliedsnummer 623 der Partei bei.

Der Kommandoinstinkt, den Röhms Leute in die Partei einbrachten, wurde bunt verbrämt durch die ausgiebige Verwendung von politischer Symbolik und bekennendem Schmuck. Zwar war die Hakenkreuzfahne nicht, wie Hitler in »Mein Kampf« fälschlich behauptet hat, seine Erfindung; vielmehr hatte eines der Mitglieder, der Zahnarzt Friedrich Krohn, sie für die Gründungsversammlung der Ortsgruppe Starnberg Mitte Mai 1920 entworfen, nachdem er das im völkischen Lager verbreitete Zeichen selber bereits ein Jahr zuvor in einer Denkschrift »als Symbol nationalsozialistischer Parteien« empfohlen hatte.[43] Hitlers eigener Beitrag bestand auch hier wiederum nicht in dem ursprünglichen Einfall, sondern vor allem in der augenblicklichen Erkenntnis der psychologischen Werbekraft des weithin vertrauten Symbols sowie in der Konsequenz, mit der er es zum Parteiabzeichen erhob und verbindlich machte.

Ähnlich verhielt es sich später mit den Standarten, die er vom italienischen Faschismus übernahm und den Sturmabteilungen als Feldzeichen verlieh. Er setzte den »römischen« Heilgruß durch, achtete auf die militärische Korrektheit der Ränge und Uniformen und legte überhaupt ungewöhnliches Gewicht auf alle Fragen formalen Charakters: die Regie der Auftritte, die dekorativen Details, das zusehends umständlicher entfaltete Zeremoniell der Fahnenweihen, Aufmärsche und Paraden bis hin zu den Massenschaustellungen der Parteitage, wo er Menschenquader vor gewaltige Steinkulissen dirigierte und sein komödiantisches ebenso wie sein architektonisches Talent zu ausschweifenden Befriedigungen kam. Lange Zeit durchsuchte er alte Kunstzeitschriften sowie die heraldische Abteilung der Münchener Staatsbibliothek nach einer Vorlage für den Adler, der im Geschäftsstempel der Partei Verwendung finden sollte. Sein erstes Rundschreiben als Vorsitzender der NSDAP vom 17. September 1921 widmete sich denn auch mit ausführlicher Sorgfalt der Parteisymbolik und wies die Ortsgruppenleitungen darauf hin, »in schärfster Weise für das Tragen des Parteiabzeichens (Parteikokarde) Propaganda zu machen. Die Mitglieder sind ununterbrochen aufzufordern, überall und jederzeit nur mit dem Parteiabzeichen zu gehen. Juden, die daran Anstoß nehmen, sind sofort rücksichtslos anzufassen«[44].

Die Verbindung von zeremoniellen und straff terroristischen Formen hat schon die frühen, wie kümmerlich auch immer gearteten Anfänge der Partei bestimmt und sich als der wirksamste Werbeeinfall Hitlers erwiesen. Denn darin kehrten die traditionellen Elemente, unter denen die Politik in Deutschland populär in Erscheinung getreten war, in zeitgemäßer Gestalt wieder: als Volksbelustigung und ästhetisierende Schaustellung, die durch den Einsatz brachialer Mittel keineswegs abstoßende Züge, sondern die Dimension schicksalhaften Ernstes hinzugewann und der geschichtlichen Stunde jedenfalls angemessener schien als die falsche Betulichkeit des herkömmlichen Parteienbetriebs.

Doch kam der NSDAP auch zugute, daß sie als eine nationale Partei antrat, die keine gesellschaftliche Exklusivität beanspruchte wie die nationalen Parteien von einst. Frei von Standesvorstellungen, brach sie mit der Tradition, wonach die eigentlich patriotische Gesinnung ein Vorrecht von Honoratioren sei und nur Leute von Besitz und Bildung ein Vaterland hätten; sie war national und gleichzeitig plebejisch, rüde und zum Schlagen bereit, sie brachte den nationalen Gedanken mit der Straße zusammen. Dem Bürgertum, das die Massen durchweg als Element sozialer Bedrohung kennengelernt und vornehmlich defensive Reflexe entwickelt hatte, schien sich hier erstmals eine aggressive Vorhut anzubieten: »Wir brauchen Gewalt, um unseren Kampf durchzusetzen«, versicherte Hitler wieder und wieder. »Mögen die andern ... sich in ihren Klubstühlen reckeln (sic!), wir wollen auf den Biertisch steigen.«[45] Vielen, selbst wenn sie ihm nicht zu folgen vermochten, schien der theatralische Demagoge, wie er in Bierhallen und Zirkuszelten die Massen behexte, der Mann zu sein, der die Technik ihrer Bändigung und Beherrschung verstand.

Seine Geschäftigkeit übertraf alle Konkurrenten, unablässig war er unterwegs, der Grundsatz lautete: Alle acht Tage eine Massenkundgebung. Eine Veranstaltungsliste der Partei nennt ihn in den achtundvierzig Veranstaltungen vom November 1919 bis zum November 1920 einunddreißig Mal als Redner. Schon die zunehmend raschere Folge seiner Auftritte spiegelt den fieberhaften Charakter seiner Begegnungen mit der Masse: »Herr Hitler ... geriet in eine Wut und schrie so, daß man rückwärts nicht viel verstehen konnte«, vermerkt ein Bericht. Ein Plakat, das sein Auftreten ankündigte, bezeichnete ihn schon im Mai 1920 als »glänzenden Redner« und stellte den Besuchern »einen äußerst anregenden Abend« in Aussicht. Vom gleichen Zeitpunkt an nennen die Versammlungsberichte steigende Teilnehmerzahlen, oft spricht er vor dreitausend Menschen oder mehr, und immer wieder notierten, wenn er in seinem blaugefärbten, aus einer Uniform geschneiderten Anzug das Podium betrat, die Schriftführer: »stürmisch begrüßt«.[46] Die Protokolle, die sich aus dieser Zeit erhalten haben, geben die Triumphe des frühen Redners in einer Art Spiegelschrift wieder, deren Unbeholfenheiten ihnen freilich erst zu ihrer authentischen Erscheinung zu verhelfen scheinen:

> »Die Versammlung begann um 7$^{1}/_{2}$ und endete um 10$^{3}/_{4}$ Uhr. Der Referent gab eine Aussprache über das Judentum. Der Referent gab bekannt, daß überall wo man hinsieht, Juden sind. Ganz Deutschland wird von Juden regiert. Es ist eine Schande, daß die Deutsche Arbeiterschaft ob Kopf oder Hand sich so von den Juden verhetzen lassen. Natürlich weil ja der Jude das Geld in der Hand hat. Der Jude sitzt in der Regierung und schiebt und treibt Schleichhandel. Wenn er seine Taschen wieder voll hat, dann hetzt er wieder die Arbeiterschaft durcheinander, damit er immer wieder ans Ruder kommt und wir armen Deutschen lassen uns das alles gefallen. Er kam auch über Rußland zu sprechen ... und wer hat das alles fertiggebracht? Nur der Jude. Darum Deutsche seit (!) einig und kämpft gegen die JUDEN. Denn die fressen uns den letzten Brocken auch noch weg ... Schlußwort des Referenten: Wir wollen den Kampf solange führen bis der letzte Jude aus dem Deutschen Reich entfernt ist und wenn es auch zu einem Putsch kommt und noch viel mehr noch mal zu einer Revolution ... Der Referent erhielt einen großen Beifall. Er schimpfte auch über die Presse ..., da bei der letzten Versammlung ein solcher Schmierfink alles aufgeschrieben hat.«

An anderer Stelle, in der Wiedergabe einer Rede vom 28. August 1920 im Hofbräuhaus, heißt es:

> »Der Referent Hitler führte aus wie es mit uns stand vor dem Krieg und wie es jetzt mit uns ist. Über das Wucher- und Schiebertum, daß

sie alle an den Galgen kommen. Ferner über das Söldnerheer. Er
sagte, daß es wohl den jungen Burschen nicht schaden würde, wenn
sie wieder einrücken müßten, denn das habe keinem geschadet, denn
von diesen weiß jetzt keiner mehr, daß der Jüngere vorm Alter den
Mund halten soll, denn bei diesen fehlt überall Disziplin... Dann
führte er noch sämtliche Punkte durch, die im Programm stehen,
wo er sehr viel Beifall erhielt. Der Saal war sehr voll. Ein Mann, der
den Herrn Hitler einen Affen hieß, wurde mit aller Gemütsruhe hinausbefördert.«[47]

Mit wachsendem Selbstbewußtsein begann die Partei, sich als »Ordnungsfaktor« aufzuspielen, indem sie Versammlungen der Linken sprengte, Diskussionsredner niederbrüllte, »Denkzettel« austeilte und einmal auch die Entfernung einer Plastik, die angeblich dem Volksgeschmack widersprach, aus einer öffentlichen Ausstellung durchsetzte. Anfang Januar 1921 versicherte Hitler seinen Zuhörern im Kindl-Keller, »daß die nationalsozialistische Bewegung in München in Zukunft rücksichtslos alle Veranstaltungen und Vorträge verhindern wird – wenn es sein muß, mit Gewalt –, die geeignet sind, zersetzend auf unsere ohnehin schon kranken Volksgenossen einzuwirken.«[48]

Solche Eigenmacht war der Partei um so eher möglich, als sie inzwischen nicht mehr allein die Protektion des Münchener Wehrkreiskommandos genoß, sondern sich auch zum »ungezogenen, verhätschelten Liebling«[49] der Bayerischen Landesregierung entwickelt hatte. Mitte März hatten in Berlin rechtsgerichtete Kreise um den bis dahin nur wenig hervorgetretenen Generallandschaftsdirektor Dr. Kapp und mit Unterstützung der Brigade Ehrhardt einen Umsturzversuch verübt; doch war das Unternehmen im eigenen Dilettantismus sowie im Generalstreik zusammengebrochen. Mehr Erfolg hatte der gleichzeitig unternommene Versuch von Reichswehr und Freikorpsverbänden in Bayern. In der Nacht vom 13. zum 14. März war die sozialdemokratisch-bürgerliche Regierung Hoffmann durch die Inhaber der tatsächlichen Gewalt verdrängt und durch eine rechtsgerichtete Regierung unter dem »starken Mann« Gustav v. Kahr ersetzt worden.

Diese Vorgänge alarmierten naturgemäß die Linke, deren radikaler Kern sogleich die Chance erkannte, die Abwehr rechtsgerichteter Machtambitionen mit dem Kampf für die eigenen revolutionären Ziele zu verbinden. Vor allem in Mitteldeutschland und im Ruhrgebiet rissen sie während des Generalstreiks gegen Kapp die Führung an sich und fanden mit der Parole von der Bewaffnung des Proletariats williges Gehör. Bald waren in einer nahezu reibungslos inszenierten Mobilmachung, die eine sorgfältige Planung erkennen ließ, große Massen in feste militärische Formationen gegliedert und allein zwischen Rhein und Ruhr eine »Rote Armee« von über 50 000 Mann aufgestellt. Innerhalb weniger Tage eroberte sie nahezu das gesamte Industriegebiet, die schwachen Reichswehr- und Polizeieinheiten, die sich dem Vormarsch widersetzten, wurden niedergemacht, stellenweise kam es zu regelrechten Schlachten. Eine Welle von Mord, Plünderung und Brandschatzung ging über das Land und deckte hier wie in Mitteldeutschland, Sachsen und Thüringen für einen Augenblick die in den Beschwichtigungen einer halben Revolution verdrängten sozialen und ideologischen Spannungen auf. Auch der alsbald einsetzende blutige Gegenschlag der militärischen Macht, die summarischen Verhaftungen, Rachezüge und Erschießungen brachten tiefsitzende Ressentiments und unausgetragene Konflikte zum Vorschein. Das in seiner Geschichte immer wieder gespaltene, von vielfachen Gegensätzen zerrissene Land verlangte zusehends verzweifelter nach Ordnung und Versöhnung. Statt dessen sah es sich immer auswegloser in einer Irrwelt von Haß, Mißtrauen und Anarchie versinken.

Dank der neuen Machtverhältnisse wurde Bayern, mehr noch als bisher, zum natürlichen Sammelpunkt rechtsradikaler Umtriebe. Die auf Drängen der Alliierten mehrfach ergangenen Aufforderungen, die halbmilitärischen Verbände aufzulösen, stießen auf den Widerstand der Regierung Kahr, die gerade darin ihre stärkste Machtstütze besaß. Zu den Einwohnerwehren und privaten Wehrverbänden, die bereits über dreihunderttausend Mann zählten, stießen nach und nach auch alle jene unversöhnlichen Gegner der Republik, die in anderen Teilen des Reiches mit staatlichen Interventionen oder gar Strafverfolgungen zu rechnen hatten: Geflüchtete Anhänger Kapps, unentwegte Resteinheiten aufgelöster Freikorps aus den Ostgebieten, der »Nationalfeldherr« Ludendorff, Fememörder, Abenteurer, nationale Revolutionäre der unterschiedlichsten Richtung – sie alle aber geeint in der Absicht, die verhaßte »Judenrepublik« zu stürzen. Sie konnten sich dabei auch das traditionelle bajuwarische Sonderbewußtsein zunutze machen, das seit je von scharfen Abneigungen gegen das preußisch-protestantische Berlin beherrscht gewesen war und sich jetzt, im Schlagwort von der »Ordnungszelle Bayern«, aus seinen Ressentiments eine nationale Mission zurechtmachte. Unter der zusehends offener und herausfordernder gewährten Unterstützung der Landesregierung gingen sie daran, Waffenlager einzurichten, Landschlösser und Klöster zu geheimen Stützpunkten auszubauen, Attentats-, Umsturz- und Aufmarschpläne zu entwerfen: unermüdlich in konspirative Tuscheleien und zahlreiche, sich mitunter überschneidende hochverräterische Projekte verstrickt.

Diese Entwicklung blieb für die aufstrebende NSDAP nicht ohne Folgen. Denn von nun an gewann sie immer unverkennbarer die Gunst der militärischen, der halbmilitärischen sowie der zivilen Machtträger, und mit jedem Erfolg, den sie erzielte, sah sie sich eifriger umworben.

Nach einem Empfang Hitlers durch v. Kahr, wandte sich einer seiner Begleiter, der Student Rudolf Heß, mit einem Schreiben an den Ministerpräsidenten, in dem es heißt: »Der Kernpunkt ist, daß H. überzeugt ist, daß ein Wiederaufstieg nur möglich, wenn es gelingt, die große Masse, besonders auch die Arbeiter, zum Nationalen zurückzuführen ... Herrn Hitler kenne ich persönlich sehr gut, da ich ihn beinahe täglich spreche und ihm auch menschlich nahe stehe. Es ist ein selten anständiger lauterer Charakter, voll tiefer Herzensgüte, religiös, ein guter Katholik. Er hat nur ein Ziel: das Wohl seines Landes. Für dieses opfert er sich in selbstloser Weise.« Als der Ministerpräsident schließlich Hitler im Landtag lobend erwähnte und der Polizeipräsident Pöhner ihn mehr und mehr gewähren ließ, begann sich erstmals jene politische Rollenkonstellation abzuzeichnen, die man als typisch für die faschistischen Aufstiegs- und Machteroberungsprozesse bezeichnet hat:[50] fortan befand Hitler sich im Bunde mit der etablierten konservativen Macht, der er sich als Vorhut im Kampf gegen den gemeinsamen marxistischen Gegner empfohlen hatte. Und während diese daran dachte, sich die Energien und hypnotischen Künste des ungebärdigen Agitators nutzbar zu machen, um ihn im gegebenen Augenblick kraft der eigenen geistigen, wirtschaftlichen und politischen Überlegenheit zu überspielen, ging dessen Absicht dahin, jene Bataillone, die er unterm wohlwollenden Beistand der Führungsgewalten aufgebaut hatte, über den Gegner hinweg, auf den Partner marschieren zu lassen, um die ganze Macht zu erringen. Es war jenes merkwürdige, von Illusionen, Verrätereien und vielen falschen Eiden verwirrte Kräftespiel, mit dessen Hilfe Hitler nahezu alle seine Erfolge errungen und Kahr ebenso wie später Hugenberg, Papen oder Chamberlain übertölpelt hat. Umgekehrt haben seine Mißerfolge, bis hin zu seinem schließlichen Scheitern im Krieg, einen ihrer Gründe darin, daß er aus Ungeduld, Mutwillen oder Erfolgsverwöhntheit diese Konstellation aufs Spiel setzte, sie verfehlte und, aller verspäteten Einsicht zum Trotz, nicht wiederherzustellen vermochte.

Den einflußreichen und vermögenden Gönnern, die sich nun zusehends um den kommenden Mann zu kümmern begannen, war im Dezember 1920 auch der Erwerb des ›Völkischen Beobachters‹ zu danken. Dietrich Eckart sowie Ernst Röhm hatten die 60 000 Reichsmark vermittelt, die den Grundstock für den Kauf des heillos verschuldeten völkischen Blättchens bildeten, das damals zweimal wöchentlich erschien und rund elftausend Bezieher hatte.[51] Unter den Geldgebern fanden sich zahlreiche Namen der guten Münchener Gesellschaft, in die Hitler nun Zugang fand, auch hier half Dietrich Eckart mit seinen ausgedehnten Verbindungen. Der derbe und skurrile Mann mit dem dicken, runden Schädel, Freund guter Weine und primitiver Reden, war als Dichter und Dramatiker ohne den erträumten großen Erfolg geblieben, den stärksten Widerhall hatte noch seine Nachdichtung von Ibsens »Peer Gynt« gefunden, und so hatte er sich, ausgleichshalber, zur politisierenden Bohème geschlagen. Mit der »Deutschen Bürgergesellschaft« war er als politischer Vereinsgründer hervorgetreten, allerdings blieb ihm auch dabei der Erfolg versagt, nicht anders als mit dem von ihm herausgegebenen Blatt ›Auf gut deutsch‹, das sich mit ätzender Schärfe und nicht ohne anspruchsvolles Bildungsgehabe zum Wortführer der verbreiteten antisemitischen Stimmungen machte. Im Gefolge Gottfried Feders forderte er darin die Revolution gegen die Zinsknechtschaft sowie den »wahren Sozialismus«, stritt, von Lanz v. Liebenfels beeinflußt, in gellendem Ton für ein Verbot rassischer Mischehen und verlangte die Einflußsicherung für das rein deutsche Blut. Sowjetrußland nannte er »die christenschächterische Diktatur des jüdischen Weltheilands Lenin« und versicherte, »am liebsten möge er sämtliche Juden in einen Eisenbahnzug verladen und ins Rote Meer damit fahren«[52].

Eckart hatte Hitler schon frühzeitig kennengelernt, und im März 1920, während des Kapp-Putsches, waren beide im Auftrag ihrer nationalen Hintermänner zur Beobachtung nach Berlin gereist. Als ein belesener, menschenkundiger Mann, der umfangreiche Kenntnisse und verwandte Vorurteile besaß, übte er großen Einfluß auf den provinzlerischen und unbeholfenen Hitler aus und war, dank seiner unkomplizierten Manier, der erste Mensch mit bürgerlichem Bildungshintergrund, dessen Gegenwart Hitler ertragen konnte, ohne daß die tiefsitzenden Komplexe aufbrachen. Er lieh und empfahl ihm Bücher, schulte seine Umgangsformen, korrigierte ihn im Ausdruck und öffnete ihm viele Türen: eine Zeitlang waren sie ein unzertrennliches Paar der Münchener gesellschaftlichen Szene. Schon 1919 hatte Eckart in einem kunstvoll archaisierenden Gedicht die Heraufkunft eines nationalen Retters prophezeit, »eines Kerls«, wie er an anderer Stelle meinte, »der ein Maschinengewehr hören kann. Das Pack muß Angst in die Hosen kriegen. Einen Offizier kann ich nicht brauchen, vor denen hat das Volk keinen Respekt mehr. Am besten wäre ein Arbeiter, der das Maul auf dem rechten Fleck hat ... Verstand braucht er nicht viel, die Politik ist das dümmste Geschäft auf der Welt.« Einer, der immer eine »saftige Antwort« für die Roten bereit habe, sei ihm lieber als »ein Dutzend gelehrte Professoren, die zitternd auf dem feuchten Hosenboden der Tatsachen sitzen.« Und schließlich forderte er: »Es muß ein Junggeselle sein! Dann kriegen wir die Weiber.« Nicht ohne Bewunderung betrachtete er Hitler als die Verkörperung dieses Modells und feierte ihn schon im August 1921 in einem Artikel des ›Völkischen Beobachters‹ erstmals als den »Führer«. Eines der frühen Kampflieder der NSDAP, »Sturm, Sturm, Sturm!«, stammte von ihm, und die refrainartige Schlußzeile jeder Strophe diente der Partei als ihr wirksamster Slogan: »Deutschland erwache!« Eckart habe, meinte Hitler in einer Huldigung, »Gedichte geschrieben, so schön wie Goethe«. Er hat den Dichter öffentlich seinen »väterlichen Freund« genannt, sich selbst auch als Schüler Eckarts bezeichnet, und es scheint, als habe dieser neben Rosenberg und den Deutschbalten den nachhaltigsten Einfluß während jener Zeit auf ihn ausgeübt. Gleichzeitig hat er Hitler offenbar erstmals die Augen für den eigenen Rang geöffnet. Der zweite Band des Buches »Mein Kampf« endet mit dem gesperrt gedruckten Namen des Dichters.[53]

Die Erfolge Hitlers in jener guten Münchener Gesellschaft, in die Dietrich Eckart ihn einführte, waren kaum politisch motiviert. Frau Hanfstaengl, von Herkunft Amerikanerin, öffnete ihm als eine der ersten ihren Salon und führte ihn in jene Edelbohème von Schriftstellern, Malern, Wagner-Interpreten und Professoren ein, die bei ihr verkehrte. Die traditionell liberale Schicht sah in der absonderlichen Erscheinung des jungen Volksredners mit den hanebüchenen Auffassungen und den ungeschliffenen Manieren eher den Gegenstand eines befremdlichen Interesses; er schnaubte über »Novemberverbrecher« und süßte seinen Wein mit einem Löffel Zucker: nicht zuletzt solche schockierenden Züge waren das Entzücken seiner Gastgeber. Ihn umgab die Aura eines Zauberkünstlers, der Geruch von Zirkuswelt und tragischer Erbitterung, der scharfe Glanz des »berühmten Ungeheuers«. Das Kontaktelement war die Kunst, vor allem Richard Wagner, über den er ausdauernd, in stoßweisem Vortrag, zu schwärmen liebte, im Zeichen des Bayreuther Meisters kamen höchst ungereimt anmutende Verbindungen zustande: »Bruder Hitler« eben doch, wenn auch entlaufen, abenteuernd in politischen Verhältnissen. Die Beschreibungen, die wir aus dieser Zeit über sein Auftreten besitzen, zeigen durchweg eine Mischung von exzentrischen und linkischen Zügen; Menschen von Reputation gegenüber war Hitler gehemmt, vergrübelt und nicht ohne Unterwürfigkeit. Bei einer Unterredung mit Ludendorff um diese Zeit pflegte er nach jedem Satz des Generals leicht das Gesäß zu heben und »mit einer halben Verbeugung ein ergebenstes ›Sehr wohl, Excellenz!‹ oder ›Wie Excellenz meinen!‹« hervorzustoßen.[54]

Seine Unsicherheit, das quälende Außenseiterbewußtsein gegenüber der bürgerlichen Gesellschaft, blieb lange bestehen. Wenn wir den vorliegenden Berichten glauben können, war er unablässig bemüht, sich in Szene zu setzen: er kam später, seine Blumensträuße waren größer, die Verneigungen tiefer; Phasen brüsker Stummheit wechselten abrupt mit

cholerischen Entgleisungen. Seine Stimme war rauh, auch Belangloses
sagte er mit Leidenschaft. Einmal hatte er, einem Augenzeugen zufolge,
rund eine Stunde schweigend und müde dagesessen, als seine Gastgeberin eine freundliche Bemerkung über die Juden fallen ließ. Da »begann
er zu sprechen. Und dann redete er endlos. Nach einer Weile stieß er
seinen Stuhl zurück und stand auf, immer noch redend, oder besser gesagt, schreiend, und das mit einer so durchdringenden Stimme, wie ich
sie niemals wieder bei einem anderen Menschen gehört habe. Im Nebenzimmer wachte ein Kind auf und begann zu schreien. Nachdem er
länger als eine halbe Stunde eine ganz witzige, aber sehr einseitige Rede
über die Juden gehalten hatte, brach er plötzlich ab, ging auf die Gastgeberin zu, entschuldigte sich und verabschiedete sich mit Handkuß.«[55]

Die Furcht vor gesellschaftlicher Geringschätzung, die ihn offenbar
verfolgte, spiegelte das irreparabel gestörte Verhältnis des einstigen
Asylisten zur bürgerlichen Gesellschaft. Auch in seiner Kleidung hing
lange und unverlierbar der Geruch der Männerunterkunft. Als Pfeffer
v. Salomon, der später sein oberster SA-Führer werden sollte, ihm das
erste Mal begegnete, trug Hitler einen alten Cutaway, gelbe Lederschuhe
und einen Rucksack auf dem Rücken, so daß der sprachlose Freikorpsführer auf die persönliche Vorstellung verzichtete; Hanfstaengl erinnerte
sich, daß Hitler zu seinem blauen Anzug ein violettes Hemd, braune
Weste und knallrote Krawatte trug, eine Ausbuchtung in der Hüftgegend
verriet den Sitz der automatischen Waffe.[56] Erst allmählich lernte Hitler
es, sich zu stilisieren und seiner Vorstellung vom großen Volkstribunen
bis in die abenteuerliche Montur hinein gerecht zu werden. Auch dieses
Bild verriet eine tiefsitzende Unsicherheit, es vereinte Elemente und
Zutaten aus dem »Rienzi«-Traum von einst, aus Al Capone und General
Ludendorff auf denkbar ausgefallene Weise. Doch tauchen schon in
zeitgenössischen Schilderungen Zweifel auf, ob er nicht seine Unsicherheit auszunutzen trachtete und die linkische Allüre zu einem Mittel der
Selbstinszenierung erhob; jedenfalls schien er weniger von dem Wunsch
beseelt, angenehm zu wirken, als entschlossen, seine Erscheinung einprägsam zu machen.

Der Historiker Karl Alexander v. Müller begegnete ihm in dieser
Zeit der Selbstbewußtwerdung des Politikers »bei Erna Hanfstaengl,
beim Kaffee, auf Wunsch des Abtes Alban Schachleiter, der ihn kennenlernen wollte; meine Frau und ich waren häusliche Staffage. Wir
andern saßen schon zu viert am blanken Mahagonitisch vor dem
Fenster, als die Wohnungsglocke klang; durch die offene Tür sah man,
wie er auf dem schmalen Gang die Gastgeberin fast unterwürfig höflich
begrüßte, wie er Reitpeitsche, Velourhut und Trenchcoat ablegte,
schließlich einen Gürtel mit Revolver abschnallte und gleichfalls am

Kleiderhaken aufhängte. Das sah kurios aus und erinnerte an Karl May. Wir wußten alle noch nicht, wie genau jede dieser Kleinigkeiten in Kleidung und Benehmen schon damals auf Wirkung berechnet war, nicht anders wie das auffällige kurzgeschnittene Schnurrbärtchen, das schmaler war als die unschön breitflügelige Nase ... Aus seinem Blick sprach schon das Bewußtsein des öffentlichen Erfolges: aber etwas seltsam Linkisches haftete ihm immer noch an, und man hatte das unangenehme Gefühl, er spürte es und nahm es einem übel, daß man es bemerkte. Auch das Gesicht war immer noch schmal und bleich, beinahe mit einem leidenden Zug. Nur das vorgewölbte wasserblaue Auge starrte manchmal in einer unerbittlichen Härte, und über der Nasenwurzel zwischen den starken Augenbogen ballte sich, fast wulstartig empordrängend, ein fanatischer Wille. Auch diesmal sprach er sehr wenig und hörte die meiste Zeit mit betonter Aufmerksamkeit zu.«[57]

Mit dem Aufsehen, das er weckte, kamen auch Frauen und begannen, sich seiner anzunehmen, ältliche Damen zumeist, die hinter den Verkrampftheiten und Komplexen des jungen Erfolgsredners diffizile Verhältnisse vermuteten und instinktsicher auf Spannungen schlossen, die nach Befreiung von kundiger Hand verlangten. Hitler selber hat später die Eifersüchteleien jener Frauen glossiert, die sich mit mütterlicher Entschiedenheit begehrlich um ihn drängten. Eine, so meinte er, habe er gekannt, »deren Stimme vor Aufregung heiser wurde, wenn ich mit einer anderen Frau auch nur ein paar Worte gesprochen habe«[58]. Eine Art Zuhause fand er bei der Witwe eines Studiendirektors, der »Hitler-Mutter« Carola Hoffmann, im Münchener Vorort Solln. Auch die aus altem, europäischem Hochadel stammende Frau des Verlegers Bruckmann, der die Werke H. St. Chamberlains herausgegeben hatte, öffnete ihm ihr Haus, desgleichen die Frau des Pianofabrikanten Bechstein, »ich wollte es wäre mein Sohn«, sagte sie und gab sich später, um ihn im Gefängnis besuchen zu können, als seine Adoptivmutter aus.[59] Sie alle, ihre Häuser, ihre Gesellschaften, weiteten den Raum um ihn und machten ihm einen Namen.

In der Partei dagegen blieb er weiterhin in einer Umgebung aus biederem Mittelstand und Rowdytum, das seinem tiefsitzenden Bedürfnis nach Aggression und physischer Gewalt Genüge tat. Zu seinen seltenen Duzfreunden zählten Emil Maurice, der Typus des schmächtigen Saalschlachtheroen, und Christian Weber, ein rundbäuchiger Pferdehändler, der in einem anrüchigen Bierlokal als Rausschmeißer gearbeitet hatte und wie Hitler regelmäßig eine Peitsche bei sich trug. Auch der Fleischergeselle Ulrich Graf gehörte zur engeren Kumpanei, die gleichzeitig eine Art Leibgarde bildete, ferner Max Amann, ehemals Feldwebel im Regiment Hitlers, ein stumpfer und tüchtiger Gefolgsmann, der bald als Geschäftsführer der Partei und des Verlages in Erscheinung trat. Unablässig waren sie um Hitler herum, laut und beflissen. In ihrer Mitte fiel er abends nach den Veranstaltungen in die »Osteria Bavaria« oder das »Bratwurstglöckl« nahe der Frauenkirche ein, mit ihnen verbrachte er, schwatzend bei Kaffee und Kuchen, Stunden um Stunden im Café Heck in der Galeriestraße, wo ihm im dämmerigen Hintergrund ein Stammtisch reserviert war, der es erlaubte, den langgestreckten Raum zu beobachten, ohne selber wahrgenommen zu werden. Schon frühzeitig begann er unter dem Alleinsein zu leiden, er brauchte ständig Menschen um sich, Zuhörer, Wächter, Diener, Fahrer, aber auch Unterhalter, Kunstfreunde und Anekdotenerzähler wie den Fotografen Heinrich Hoffmann oder Ernst »Putzi« Hanfstaengl, die seiner Hofhaltung erst die unverwechselbare Farbe aus »Bohème-Welt und Kondottieri-Stil«[60] gaben. Nicht ungern sah er sich als »König von München« bezeichnet; sehr spät erst fand er nachts in das möblierte Zimmer in der Thierschstraße zurück.

Die beherrschende Figur seiner Umgebung war der junge Hermann Esser. Er hatte an einer Zeitung volontiert und als Pressereferent im Reichswehrgruppenkommando gearbeitet. Neben Hitler war er das einzige demagogische Talent, über das die Partei zu jener Zeit verfügte, »ein Lärmmacher, der dies Geschäft fast besser kann als Hitler ... ein Rededämon, wenn auch aus einer niedrigeren Hölle«. Er war wach, gerissen und wußte volkstümlich und bilderreich zu formulieren, der Typus des Revolverjournalisten, der unermüdlich in der Erfindung enthüllender Wohnzimmergeheimnisse bei Juden und Schiebern war. Die ehrbaren Kleinbürger in der Partei hielten ihm bald schon den »Sauhirtenton« seiner Kampagnen vor.[61] Bereits als Schüler hatte er in Kempten vom Soldatenrat verlangt, einige Bürger aufzuknüpfen. Neben Dietrich Eckart zählte er zu den frühesten und eifrigsten Verkündern des Hitler-Mythos. Hitler selber schien der radikale Mitstreiter mitunter nicht geheuer, wenn die Quellen nicht trügen, hat er wiederholt erklärt, er wisse, »daß Esser ein Lump« sei, er behalte ihn nur so lange, wie er ihn brauchen könne.

In mancher Hinsicht glich Esser dem Hauptlehrer Julius Streicher aus Nürnberg, der als Wortführer eines pornographischen Lumpenantisemitismus von sich reden machte und besessen schien von wüsten Phantasien über Ritualmorde, Judenbrunst, Weltverschwörung, Blutschande und jener allesbeherrschenden Zwangsvorstellung von schwarzbehaarten geilen Teufeln, keuchend über unschuldigem, arischem Frauenfleisch. Zwar war Streicher borniterer und stupider, doch an lokaler Wirksamkeit konnte er es sogar mit Hitler aufnehmen, zu dem er anfangs in heftiger Gegnerschaft gestanden hatte. Einiges spricht dafür, daß der Führer der Münchener NSDAP sich nicht nur deshalb so nachdrücklich um Streicher bemühte, weil er dessen Popularität für die eigenen Ziele gewinnen wollte, sondern weil er sich ihm durch die gleichen Haßkomplexe und Zwangsvorstellungen verbunden fühlte. Bis zuletzt ist er, allen Anfeindungen zum Trotz, dem »Frankenführer« loyal geblieben und hat noch im Krieg erklärt, Dietrich Eckart habe zwar geäußert, daß Streicher in mancher Hinsicht ein Narr sei, doch die Einwände gegen den »Stürmer« könne er sich nicht zu eigen machen: »In Wahrheit habe Streicher den Juden idealisiert«.[62]

Im Gegensatz zu diesen Erscheinungen, die der Partei trotz allem Massenauftrieb einen engen Zuschnitt gaben und sie in flache und philiströse Verhältnisse sperrten, brachte der Fliegerhauptmann Hermann Göring, der letzte Kommandeur des legendären Jagdgeschwaders Richthofen, in die Umgebung Hitlers einen weltmännischen Akzent, der bis dahin nur von dem einsamen, die Entourage verachtungsvoll überragenden »Putzi« Hanfstaengl verkörpert wurde. Breitbeinig, jovial, ein dröhnender Mann, war er von den vertrackten psychopathischen Zügen frei, die den durchschnittlichen Hitleranhang kennzeichneten, und hatte sich der Partei angeschlossen, weil sie seinen Bedürfnissen nach Ungebundenheit, Aktion und Kameradschaft Befriedigung verhieß, nicht etwa, wie er betonte, wegen des »ideologischen Krams«. Er war weitgereist, verfügte über ausgedehnte Beziehungen und schien an der Seite seiner attraktiven schwedischen Frau der staunenden Partei gewissermaßen die Augen dafür zu öffnen, daß auch außerhalb Bayerns Menschen wohnten. Was er an hochstaplerischen Neigungen besaß, teilte er mit Max Erwin v. Scheubner-Richter, einem Abenteurer mit bewegter Vergangenheit und einer hohen Begabung für gewinnbringende politische Hintergrundgeschäfte. Nicht zuletzt seiner Fähigkeit, Geldmittel aufzutreiben, hat Hitler in den Anfangsjahren die materielle Sicherung seiner Aktivität verdankt; Scheubner-Richter gelang es, einem behördlichen Aktenvermerk zufolge, »ungeheure Geldsummen« aufzutreiben.[63] Er war eine geheimnisumwitterte Erscheinung, dabei jedoch von großer gesellschaftlicher Sicherheit, sprachbegabt und verfügte über vielfache Verbindungen zur Industrie, zum Hause Wittelsbach, zum Großfürsten Kyrill sowie zu kirchlichen Stellen. Sein Einfluß auf Hitler war beträchtlich, er war der einzige von den am 9. November 1923 an der Feldherrnhalle gefallenen Mitstreitern, den Hitler für unersetzbar hielt.

Scheubner-Richter zählte zu den zahlreichen Deutschbalten, die zusammen mit einigen radikalen russischen Emigranten in der frühen NSDAP nicht unerheblichen Einfluß ausgeübt haben. Hitler hat später scherzhaft bemerkt, der ›Völkische Beobachter‹ jener Jahre hätte eigentlich im Untertitel die Bezeichnung ›Baltische Ausgabe‹ führen müssen.[64] Rosenberg hatte Scheubner-Richter schon in Riga kennengelernt, als der junge, politikfremde Student sich noch mit Schopenhauer, Richard Wagner, Architekturproblemen und indischer Weisheitslehre beschäftigte. Erst die russische Revolution hatte ihm ein Weltbild vermittelt, das gleichermaßen antibolschewistische wie antisemitische Vorzeichen trug, und die Greuelvorstellungen, die Hitler übernahm, stammten teilweise bis in die Metapher von Rosenberg, der als Rußlandexperte der Partei galt. Im übrigen ist es offenbar vor allem die These von der Identität zwischen Kommunismus und Weltjudentum gewesen, die der in seinem Einfluß meist überschätzte »Chefideologe der NSDAP« dem Weltbild Hitlers hinzugefügt hat; auch mögen nicht unerhebliche Anstöße von ihm ausgegangen sein, als Hitler die anfangs erhobene Forderung nach Rückgabe der Kolonien aufgab und die Befriedigung deutscher Lebensraumansprüche in den Weiten Rußlands zu suchen begann.[65] Aber dann trennten sich die Wege zwischen dem pragmatischen, die Ideologie grundsätzlich an den Machtzwecken orientierenden Hitler und dem verschrobenen Rosenberg, der seine weltanschaulichen Postulate mit nahezu religiösem Ernst vertrat und unter mancherlei phantastischen Beimischungen zu Gedankensystemen von majestätischer Absurdität auszubauen begann.

Schon rund ein Jahr nach der Verkündung des Programms konnte die Partei auf beachtliche Erfolge zurückblicken. In München hatte sie mehr als vierzig Veranstaltungen durchgeführt, draußen im Land fast noch einmal soviel. In Starnberg, Rosenheim und Landshut, in Pforzheim und Stuttgart waren Ortsgruppen gegründet oder doch gewonnen worden, die Mitgliederzahl betrug inzwischen mehr als das Zehnfache. Welche Bedeutung die NSDAP innerhalb der völkischen Bewegung erworben hatte, zeigt ein Schreiben, das ein Bruder »Dietrich« des »Münchener Germanenordens« Anfang Februar 1921 an einen Gesinnungsfreund in Kiel richtete: »Zeigen Sie mir einen Ort«, so hieß es da, »in welchem im Laufe eines Jahres Ihre Partei 45 Massenversammlungen abgehalten hat. Die Ortsgruppe München zählt jetzt über 2500 Mitglieder und etwa 45 000 Anhänger. Zählt irgendeine Ihrer Ortsgruppen nur annähernd so viel?« Er habe sich mit den Ordensbrüdern in Köln, Wilhelmshaven und Bremen in Verbindung gesetzt, »alle waren der Ansicht . . ., daß die Hitlersche Partei die Partei der Zukunft ist«[66].

Die Kulisse dieses Aufstiegs waren die schrittweise in Kraft tretenden, immer erneut verletzend empfundenen Bestimmungen des Versailler Vertrages, die rasch voranschreitende Geldentwertung und die wachsende wirtschaftliche Not. Im Januar 1921 beschloß eine alliierte Reparationskonferenz, dem Reich für die Dauer von zweiundvierzig Jahren eine Wiedergutmachung von insgesamt 226 Milliarden Goldmark aufzuerlegen, überdies für den gleichen Zeitraum die Ablieferung von 12 Prozent der Ausfuhr. In München riefen die Vaterländischen Verbände, die Einwohnerwehren und die NSDAP daraufhin 20 000 Menschen zu einer Protestkundgebung auf dem Odeonsplatz zusammen. Als die Veranstalter Hitler nicht zu Wort kommen lassen wollten, organisierte er für den folgenden Abend kurzentschlossen eine eigene Massenversammlung. Drexler und Feder, in ihrer Bedächtigkeit, glaubten, er habe nun endgültig Maß und Verstand verloren. Lastwagen mit Fahnen, Sprechchören und eilig entworfenen Plakaten luden die Bevölkerung für den 7. Februar in den Zirkus Krone, »Herr Adolf Hitler«, so lautete die Ankündigung, werde über »Zukunft oder Untergang!« sprechen – es war auch die Alternative, der er die eigene Karriere mit diesem Entschluß ausgesetzt hatte. Doch der Rundbau war, als er ihn betrat, überfüllt, 6500 Menschen, die ihn bejubelten und am Ende die Nationalhymne anstimmten.

Hitler selber wartete seither auf die Gelegenheit, sich zum Herrn über die Partei zu machen, die ihm verdankte, was sie war. Die Schwäche der Zeit für den Typus des »starken Mannes« kam ihm zugute und trug seine Absichten mit. Zwar wurden in der Parteiführung verschiedentlich wiederum jene Besorgnisse laut, die den ungestümen Aktionsdrang des Werbeobmannes und dessen zunehmend unkontrollierte, mitunter ins Groteske ausgreifende Selbstüberschätzung von allem Anfang an begleitet hatten. Doch als Gottfried Feder sich um die gleiche Zeit über die immer deutlicher hervortretenden Anmaßungen Hitlers beklagte, antwortete Anton Drexler ihm, daß »jede revolutionäre Bewegung einen diktatorischen Kopf haben muß und deshalb halte ich auch gerade unseren Hitler für unsere Bewegung als den geeignetsten, ohne daß ich deshalb in den Hintergrund zu schieben wäre«[67]. Fünf Monate später fand Drexler sich ebendort wieder.

Die Umstände wie die Gegner, die zeitlebens Hitlers wirksamste Bundesgenossen gewesen waren, spielten ihm die Gelegenheit zu. Und mit einer Mischung von Kaltblütigkeit, List und Entschlußkraft sowie jener Bereitschaft zum großen Risiko auch angesichts begrenzter Ziele, die er in Krisensituationen immer wieder bewiesen hat, gelang es ihm, die Macht über die NSDAP an sich zu reißen und gleichzeitig seinen Führungsanspruch innerhalb der völkischen Bewegung zu festigen.

Denn Ausgangspunkt der Sommerkrise von 1921 waren die Verhandlungen, die seit Monaten mit den konkurrierenden völkischen Parteien, insbesondere der Deutschsozialistischen Partei, im Gange waren und auf eine engere Zusammenarbeit abzielten. Alle Einigungsbestrebungen waren jedoch immer wieder an der Intransigenz Hitlers gescheitert, der nichts weniger als die gänzliche Unterwerfung der Partnergruppen verlangt und ihnen nicht einmal den körperschaftlichen Übertritt in die NSDAP zugestanden hatte; vielmehr sollten die Verbände sich auflösen und ihre Mitglieder einzeln der Partei beitreten. Die Unfähigkeit Drexlers, Hitlers Starrsinn auch nur zu begreifen, kennzeichnet den ganzen Unterschied zwischen einem unbedingten Machtinstinkt und dem Gesellungsgemüt des Vereinsgründers. Offenbar in der Absicht, seine Gegner in der Führung der Partei zu einem unbedachten Schritt zu verleiten, reiste Hitler im Frühsommer für sechs Wochen nach Berlin. Hermann Esser und Dietrich Eckart blieben unterdessen als Beobachter zurück und unterrichteten ihn fortlaufend. Unter dem Einfluß einiger Gesinnungsfreunde, die den »fanatischen Gernegroß« Hitler[68] zurückdrängen wollten, nutzte der ausgleichsbedachte und ahnungslose Drexler diese Zeit tatsächlich, um die abgebrochenen Verhandlungen über die Vereinigung oder doch die Zusammenarbeit aller sozialistischen Rechtsparteien wiederaufzunehmen.

In Berlin sprach Hitler unterdessen im Nationalen Klub und knüpfte Verbindungen zu konservativen und rechtsradikalen Gesinnungsgenossen an: er lernte Ludendorff kennen, den Grafen Reventlow, dessen Frau, eine gebürtige Gräfin d'Allemont, ihn wiederum mit dem ehemaligen Freikorpsführer Walter Stennes zusammenführte: sie annoncierte Hitler dabei als den »kommenden Messias«. Die hektische Verrücktheit der Stadt, die in ihre berühmten Zwanziger Jahre eintrat, ihr Leichtsinn und ihre Gier, gaben der Abneigung Hitlers neue Nahrung: allzu entschieden widersprach sie seinem verfinsterten Temperament. Mit Vorliebe verglich er die herrschenden Verhältnisse mit denen des untergehenden Rom, damals habe das »artfremde Christentum« sich den Schwächezustand der Stadt ebenso zunutze gemacht wie heute der Bolschewismus den moralischen Verfall Deutschlands. Hitlers Reden jener Jahre sind voll von Angriffen auf das großstädtische Laster, auf Korruption und Ausschweifung, wie er sie auf dem glitzernden Asphalt der Friedrichstraße oder des Kurfürstendamms beobachtet hatte: »Man vergnügt sich und tanzt, um unser Elend zu vergessen«, rief er gelegentlich aus; »es ist nicht Zufall, daß immer wieder neue Vergnügen gefunden werden. Man will uns eben künstlich entnerven.« Wie schon als Siebzehnjähriger, bei der Ankunft in Wien, stand er ratlos und fremd dem Phänomen der Großstadt gegenüber, verloren in so viel Lärm, Turbulenz und Vermischung, er fühlte sich nur in provinziellen Verhältnissen eigentlich zu Hause und war unverlierbar fixiert auf deren Biedermeier, Überschaubarkeit und geordnete Moral. Im Nachtleben erkannte er eine Erfindung des rassischen Todfeindes, den systematischen Versuch, »die selbstverständlichen hygienischen Regeln einer Rasse auf den Kopf zu stellen; aus der Nacht macht er (der Jude) den Tag, er inszeniert das berüchtigte Nachtleben und weiß genau, das wirkt langsam aber sicher mit, ... den einen körperlich zu zerstören, den andern geistig, und in das Herz des Dritten den Haß zu legen, wenn er sehen muß, wie die anderen schlemmen.« Die Theater, so fuhr er fort, »die Stätten, die ein Richard Wagner einst verfinstert haben wollte, um den letzten Grad von Weihe und Ernst zu erzeugen und ... die Loslösung des Einzelnen von all dem Jammer und Elend« zu gewährleisten, seien »zur Brutstätte des Lasters und der Schamlosigkeit« geworden. Er sah die Stadt bevölkert von Mädchenhändlern und die Liebe, die »Millionen Anderen höchstes Glück oder größtes Unglück bedeutet«, zur Ware pervertiert, »weiter nichts als ein Geschäft«. Er beklagte die Verhöhnung des Familienlebens, den Verfall der Religion, alles werde zersetzt und herabgewürdigt: »Wer heute davon losgelöst ist in diesem Zeitalter des gemeinsten Betruges und Schwindels, für den gibt es bloß mehr zwei Möglichkeiten, entweder er verzweifelt und hängt sich auf oder wird ein Lump.«[69]

Kaum hatte Hitler in Berlin von Drexlers Eigenmacht erfahren, kehrte er unverzüglich nach München zurück. Und als der Parteiausschuß, der sich inzwischen Energie und Selbstbewußtsein suggeriert hatte, ihn aufforderte, sein Verhalten zu rechtfertigen, reagierte Hitler mit einer unerwartet dramatischen Geste: Am 11. Juli erklärte er kurzerhand seinen Austritt aus der Partei. In einem ausführlichen Schreiben drei Tage später erhob er maßlose Vorwürfe und nannte sodann ultimativ die Bedingungen, unter denen er zum Wiedereintritt in die Partei bereit sei. Er verlangte unter anderem den sofortigen Rücktritt des Ausschusses, den »Posten des ersten Vorsitzenden mit diktatorischer Machtbefugnis« sowie die »Reinigung der Partei von den in sie heute eingedrungenen fremden Elementen«; auch dürften weder Namen noch Programm verändert werden; der absolute Vorrang der Münchener NSDAP müsse gewahrt bleiben, einen Zusammenschluß mit anderen Parteien könne es nicht geben, sondern nur deren Anschluß. Und mit jener Unbedingtheit, die schon den späteren Hitler sichtbar macht, erklärte er: »Kompensationen unsererseits sind vollständig ausgeschlossen.«[70]

Welchen Umfang das Ansehen und die Macht Hitlers inzwischen

erreicht hatten, geht aus dem unverzüglichen, vom folgenden Tag datierten Antwortschreiben des Parteiausschusses hervor. Statt die Auseinandersetzung zu wagen, nahm er die Anschuldigungen Hitlers unter zaghaften Gegenerinnerungen hin, unterwarf sich vollständig und erklärte sogar seine Bereitschaft, den bisherigen Ersten Vorsitzenden, Anton Drexler, dem Zorn Hitlers zu opfern. Der entscheidende Passus des Schreibers, in dem erstmals die byzantinischen Töne der späteren Vergottungspraktiken anklangen, lautete: »Der Ausschuß ist bereit in Anerkennung Ihres ungeheuren Wissens, Ihrer, mit seltener Aufopferung und nur ehrenamtlich geleisteten Verdienste für das Gedeihen der Bewegung, Ihrer seltenen Rednergabe, Ihnen diktatorische Machtbefugnisse einzuräumen und begrüßt es auf das freudigste, wenn Sie nach Ihrem Wiedereintritt, die Ihnen von Drexler schon wiederholt und schon lange vorher angebotene Stelle des ersten Vorsitzenden übernehmen. Drexler bleibt dann als Beisitzer im Ausschuß und wenn es Ihrem Wunsche entspricht, als ebensolcher im Aktionsausschuß. Sollten Sie sein vollständiges Ausscheiden der Bewegung nützlich erachten, so müßte die nächste Jahresversammlung darüber gehört werden.«

Wie Beginn und Höhepunkt der Affäre schon die spätere Fertigkeit Hitlers in der Steuerung und Meisterung von Krisensituationen erkennen ließen, so brachte ihr Abschluß seine anhaltende Neigung zum Vorschein, errungene Triumphe durch Übertreibung zu ruinieren. Kaum hatte der Parteiausschuß sich unterworfen, rief er, um seinen Sieg auszukosten, eigenmächtig eine außerordentliche Mitgliederversammlung zusammen. Nun wollte auch der zur Nachgiebigkeit neigende Drexler nicht mehr mit sich reden lassen. Am 25. Juli erschien er vor der Abteilung VI der Münchener Polizeibehörde und trug vor, die Unterzeichner des Versammlungsaufrufs gehörten nicht der Partei an und seien folglich auch nicht berechtigt, die Mitglieder zusammenzurufen; auch wies er darauf hin, daß Hitler Revolution und Gewalt beabsichtige, während er selber die Ziele der Partei auf gesetzlichem, parlamentarischem Wege zu verwirklichen trachte; doch erklärte sich die Behörde für unzuständig. Gleichzeitig sah sich Hitler in einem anonymen Flugblatt als Verräter attackiert, »Machtdünkel und persönlicher Ehrgeiz«, so hieß es darin, hätten ihn dazu gebracht, »Uneinigkeit und Zersplitterung in unsere Reihen zu tragen und dadurch die Geschäfte des Judentums und seiner Helfer zu besorgen«; seine Absicht sei es, die Partei »als Sprungbrett für unsaubere Zwecke zu benützen«, zweifellos sei er das Werkzeug dunkler Hintermänner, nicht ohne Grund halte er sein Privatleben sowie seine Herkunft ängstlich im Verborgenen: »Auf Fragen seitens einzelner Mitglieder, von was er denn eigentlich lebe und welchen Beruf er denn früher gehabt habe, geriet er jedesmal in Zorn und Erregung ... Sein Gewissen kann also nicht rein sein, zumal doch sein übermäßiger Damenverkehr, bei denen er sich des öfteren schon als ›König von München‹ bezeichnete, sehr viel Geld kostet.« Ein Plakat, dessen Veröffentlichung freilich von der Polizei nicht genehmigt wurde, beschuldigte Hitler des »krankhaften Machtwahnsinns« und schloß mit der Aufforderung: »Der Tyrann muß gestürzt werden«[71].

Erst dem vermittelnden Eingreifen Dietrich Eckarts gelang es, den Streit zu schlichten. In einer außerordentlichen Mitgliederversammlung vom 29. Juli 1921 wurde die Krise abgeschlossen, und Hitler ließ es sich wiederum nicht nehmen, seinen Sieg prahlerisch zur Schau zu stellen. Obwohl Drexler den Parteiaustritt Hitlers benutzt hatte, um Hermann Esser formell aus der NSDAP auszuschließen, konnte Hitler es durchsetzen, daß die Versammlung unter dem Vorsitz seines Trabanten tagte. Von »nicht endenwollendem Beifall« begrüßt, gewann er mit einer geschickten Darstellung der Streitigkeiten die Zustimmung des Saales, von den 554 Anwesenden erhielt er 553 Stimmen. Drexler sah sich mit dem Ehrenvorsitz abgefunden, während die Satzung im Sinne Hitlers abgeändert wurde. Im Ausschuß rückten durchweg seine Anhänger nach, er selber erhielt den diktatorischen Vorsitz: die NSDAP war in seiner Hand.

Noch am selben Abend wurde Hitler im Zirkus Krone von Hermann Esser als »unser Führer« gefeiert, und Esser war es auch, der nun in Wirtshäusern und Biersälen mit religiös unterbauter Ergriffenheit zum emsigsten Prediger jenes Führer-Mythos wurde, den gleichzeitig Dietrich Eckart im ›Völkischen Beobachter‹ in planvoller Steigerung aufzubauen begann. Schon am 4. August entwarf er von Hitler das Porträt eines »selbstlosen, opferwilligen, hingebenden und redlichen« Mannes, der im folgenden Satz überdies als »zielbewußt und wachsam« gepriesen wurde. Wenige Tage später erschien an gleicher Stelle ein Konterfei, das den eher männlichen Konturen der von Eckart gezeichneten Gestalt die unirdischen Züge eines Gnadenbildes hinzufügte; es stammte von Rudolf Heß und verherrlichte Hitlers »reinstes Wollen«, seine Kraft, seine Rednergabe, sein bewundernswertes Wissen sowie den klaren Verstand. Bis zu welchen überreizten Tönen des Überschwangs der um die Person Hitlers entfachte Kult binnen kurzer Zeit gedieh, zeigt die Arbeit, mit der Rudolf Heß rund ein Jahr später ein Preisausschreiben über das Thema gewann: »Wie wird der Mann beschaffen sein, der Deutschland wieder zur Höhe führt?« Heß legte seiner Darstellung das Bild Hitlers zugrunde und schrieb:

»Tiefes Wissen auf allen Gebieten des staatlichen Lebens und der Geschichte, die Fähigkeit, daraus die Lehren zu ziehen, der Glaube an die Reinheit der eigenen Sache und an den endlichen Sieg, eine unbändige Willenskraft geben ihm die Macht der hinreißenden Rede, die die Massen ihm zujubeln läßt. Um der Rettung der Nation willen verabscheut er nicht, Waffen des Gegners, Demagogie, Schlagworte, Straßenumzüge usw., zu benutzen ... Er selbst hat mit der Masse nichts gemein, ist ganz Persönlichkeit wie jeder Große.

Wenn die Not es gebietet, scheut er auch nicht davor zurück, Blut zu vergießen. Große Fragen werden immer durch Blut und Eisen entschieden ... Er hat einzig und allein vor Augen, sein Ziel zu erreichen, stampft er auch dabei über seine nächsten Freunde hinweg ...

So haben wir das Bild des Diktators: scharf von Geist, klar und wahr, leidenschaftlich und wieder beherrscht, kalt und kühn, zielbewußt wägend im Entschluß, hemmungslos in der raschen Durchführung, rücksichtslos gegen sich und andere, erbarmungslos hart und wieder weich in der Liebe zu seinem Volk, unermüdlich in der Arbeit, mit einer stählernen Faust in samtenem Handschuh, fähig, zuletzt sich selbst zu besiegen.

Noch wissen wir nicht, wann er rettend eingreift, der ›Mann‹. Aber daß er kommt, fühlen Millionen ....«[72]

Unmittelbar nach der Eroberung der Partei, am 3. August 1921, wurde auch die SA gegründet, deren Initialen ursprünglich Sport - oder auch Schutzabteilung bedeuteten. Schon die innerparteiliche Fronde hatte Hitler vorgeworfen, er habe sich eine bezahlte Schutzgarde aus ehemaligen Freikorpsleuten gebildet, die entlassen worden seien, »weil sie stehlen und plündern wollten«[73]. Aber die SA war weder vornehmlich als die Organisation der vom Krieg entbundenen und weiterhin auf klingende Bemäntelungen bedachten Gewaltinstinkte zu begreifen noch als das Notwehrinstrument der Rechten gegen ähnliche Terrorformationen des Gegners, so sehr diese Gesichtspunkte ursprünglich mitgewirkt haben mögen; denn tatsächlich existierten militante Kampfverbände auf der Linken wie beispielsweise die sozialdemokratische »Erhard-Auer-Garde«, und die Berichte über gezielte Tumultaktionen gerade gegen die NSDAP sind vielfach belegt: »Die marxistische Welt, die mehr dem Terror ihren Bestand verdankt als irgendeine andere Zeiterscheinung, griff auch unserer Bewegung gegenüber zu diesem Mittel«, hat Hitler als einen der Gründungsgedanken der SA formuliert.[74]

Doch reichte die Idee der SA über solche defensiven Zwecke weit hinaus; sie war von vornherein als Angriffs- und Eroberungsinstrument gedacht, da Hitler sich zu jener Zeit die »Machtergreifung« ausschließlich in den Kategorien eines revolutionären Gewaltakts vorzustellen vermochte. Ihrem Gründungsaufruf zufolge sollte sie »Sturmbock« sein und die Mitglieder sowohl zum Gehorsam wie zu einem undefinierten revolutionären Willen erziehen. Einer kennzeichnenden Vorstellung Hitlers entsprechend, war die Unterlegenheit der bürgerlichen Welt gegenüber dem Marxismus auf den Grundsatz der Trennung von Geist und Gewalt, von Ideologie und Terror zurückzuführen: der Politiker in bürgerlichen Verhältnissen war gehalten, sich ausschließlich geistiger Waffen zu bedienen, erklärte er, der Soldat wiederum war streng von aller Politik ausgeschlossen. Im Marxismus dagegen »verbündeten sich Geist und brutale Gewalt in Harmonie«; die SA sollte es nachtun. In diesem Sinne nannte er sie im ersten Verordnungsblatt der Truppe »nicht nur ein Instrument zum Schutz der Bewegung, sondern .... in allererster Linie die Vorschule für den kommenden Freiheitskampf nach innen«[75]. Entsprechend feierte der ›Völkische Beobachter‹ ihren »Geist des rücksichtslosen Draufgehens«.

Die äußere Voraussetzung für die Gründung einer Privatarmee war die Liquidierung der halbmilitärischen Einwohnerwehren im Juni 1921 und, einen Monat später, die Auflösung des aus Oberschlesien heimkehrenden Freikorps Oberland. Zahlreiche Angehörige dieser Verbände, die mit einem Schlage die Tuchfühlung, die Soldatenromantik und damit ihren Lebenssinn verloren glaubten, stießen nun zu den versprengten Landsknechtsnaturen, den abenteuerhungrigen Jugendlichen, die in der NSDAP bereits Aufnahme gefunden hatten. Aus dem Kriege kommend, vom Kriegserlebnis geprägt, fanden sie in der militärisch organisierten SA, in den Titeln, Kommandos und Uniformen, jenes vertraute Lebenselement wieder, das sie in der strukturlos scheinenden Gesellschaft der Republik vermißten. Fast durchweg stammten sie aus dem zahlenmäßig starken Kleinbürgertum, das in Deutschland lange am gesellschaftlichen Aufstieg gehindert und erst im Krieg, angesichts der starken Verluste im Offizierskorps, in neue Führungsstellen aufgerückt war. Robust, unverbraucht und aktionshungrig, hatten sie auch für die Zeit nach dem Kriege ungeahnte Karrieren erwartet, ehe die Bestimmungen des Versailler Vertrages sie, jenseits aller nationalen Demütigungen, auch sozial wieder zurückwarfen: an die Lehrerpulte in den Volksschulen, hinter die Ladentische, die Behördenschalter – in diese Existenz, die ihnen unterdessen eng, jämmerlich und fremd vorkam. Die gleiche Ausweichbewegung vor der Normalität, die Hitler in die Politik geführt hatte, führte sie nun ihrerseits zu Hitler.

Hitler selber hat in diesem, ihm so ähnlich gearteten Zulauf das geeignetste Material für die militante Vorhut der Bewegung gesehen und die Ressentiments, die Energie und Gewaltentschlossenheit dieser Leute in seine machttaktischen Überlegungen einbezogen. Zu seinen psycho-

logischen Maximen gehörte es, daß die Demonstration uniformierter
Gewaltentschlossenheit nicht nur einschüchternde, sondern auch anzie-
hende Wirkung besitzt und der Terror eine eigentümliche Werbekraft
zu entfalten vermag: »Grausamkeit imponiert«, so hat er diese Erkenntnis einmal umschrieben, »die Leute brauchen den heilsamen
Schrecken. Sie wollen sich vor etwas fürchten. Sie wollen, daß man
ihnen bange macht und daß sie sich jemandem schaudernd unterwerfen. Haben Sie nicht überall die Erfahrung gemacht nach Saalschlachten, daß sich die Verprügelten am ersten als neue Mitglieder bei der
Partei melden? Was schwatzen Sie da von Grausamkeit und entrüsten
sich über Qualen? Die Masse will das. Sie braucht etwas zum
Grauen.«[76] Mit wachsender Sicherheit hat Hitler immer sorgfältiger
darauf geachtet, über der Anwendung rhetorischer und liturgischer
Propagandamittel den werbenden Wert brachialer Einsätze nicht zu
vernachlässigen. Einer seiner Unterführer ermunterte eine SA-Ver-
sammlung mit der Parole: »Haut kräftig zu, wenn ihr auch ein paar tot-
schlagt, das schadet nichts.«

Auch die sogenannte »Schlacht im Hofbräuhaus« vom 4. November
1921, in der die SA sich ihren Mythos schuf, war von Hitler offenbar
nicht zuletzt aus solchen Erwägungen provoziert worden. Zu einer
Kundgebung, die er einberufen hatte, waren erhebliche sozialdemokratische Störkommandos erschienen, Hitler gab eine Zahl von sieben- bis
achthundert Gegnern an. Die SA dagegen war an diesem Tage wegen
eines Umzugs der Parteigeschäftsstelle nur knapp fünfzig Mann stark.
Hitler selber hat geschildert, wie er die an sich schon beunruhigte kleine
Einheit durch eine leidenschaftliche Ansprache in Erregung und Kampfbereitschaft versetzte: Es gehe heute auf Biegen und Brechen, hielt er
ihnen vor, sie dürften den Saal nicht verlassen, es sei denn, man trüge
sie als Tote hinaus, Feiglingen werde er persönlich Binde und Abzeichen herunterreißen, und noch immer verteidige sich am besten, wer
selber angreife: »Ein dreifaches Heil«, so hat er es beschrieben, »das
dieses Mal rauher und heiserer klang als sonst, war die Antwort.« Der
Bericht fährt fort:

»Dann ging ich in den Saal hinein und konnte nun mit eigenen Augen
die Lage überblicken. Sie saßen dick herinnen und suchten mich schon
mit Augen zu durchbohren. Zahllose Gesichter waren mit verbissenem
Haß mir zugewandt, während andere wieder, unter höhnischen Gri-
massen sehr eindeutige Zurufe losließen. Man würde heute ›Schluß
machen mit uns‹, wir sollten auf unsere Gedärme achtgeben.«

Eineinhalb Stunden habe er trotz aller Störungen sprechen können,
und schon geglaubt, Herr der Lage zu sein, als plötzlich ein Mann auf
einen Stuhl gesprungen sei und »Freiheit!« gerufen habe.

»In wenigen Sekunden war der ganze Raum erfüllt von einer brüll-
lenden und schreienden Menschenmenge, über die, Haubitzenschüssen

ähnlich, unzählige Maßkrüge flogen; dazwischen das Krachen von Stuhlbeinen, das Zerplatschen der Krüge, Gröhlen und Johlen und Aufschreien.

Es war ein blödsinniger Spektakel...

Der Tanz hatte noch nicht begonnen, als auch schon meine Sturmtruppler, denn so hießen sie von diesem Tage an, angriffen. Wie Wölfe stürzten sie in Rudeln von acht oder zehn immer wieder auf ihre Gegner los und begannen sie nach und nach tatsächlich aus dem Saal zu dreschen. Schon nach fünf Minuten sah ich kaum mehr einen von ihnen, der nicht schon blutüberströmt gewesen wäre... Da fielen plötzlich vom Saaleingang zum Podium her zwei Pistolenschüsse, und nun ging eine wilde Knallerei los. Fast jubelte einem doch wieder das Herz angesichts solcher Auffrischung alter Kriegserlebnisse...

Es waren ungefähr fünfundzwanzig Minuten vergangen; der Saal selbst sah aus, als ob eine Granate eingeschlagen hätte. Viele meiner Anhänger wurden gerade verbunden, andere mußten weggefahren werden, allein wir waren die Herren der Lage geblieben. Hermann Esser, der an diesem Abend die Versammlungsleitung übernommen hatte, erklärte: ›Die Versammlung geht weiter. Das Wort hat der Referent‹.«[77]

Tatsächlich hatte Hitler von diesem Tage an in München das Wort in einem weit umfassenderen Sinne. Seiner eigenen Bekundung nach gehörte vom 4. November 1921 an die Straße der NSDAP, und mit dem Beginn des folgenden Jahres griff sie immer weiter auf die bayerische Provinz über. An den Wochenenden unternahm sie Propagandafahrten über Land, marschierte geräuschvoll, anfangs nur durch die Armbinde gekennzeichnet, dann in grauen Windjacken und mit dem sogenannten »Hackelstecken«, durch die Ortschaften und sang mit dröhnendem Selbstbewußtsein die SA-eigenen Lieder. Ihr Anblick, so hat einer der frühen Gefolgsleute Hitlers bemerkt, sei »alles andere als ›salonfähig‹« gewesen, sie hätten sich vielmehr »ein möglichst wildes und martialisches Aussehen« gegeben.[78] So klebten sie Parolen an Häuserwände und Fabrikmauern, prügelten sich mit Gegnern herum, rissen schwarz-rot-goldene Fahnen herunter oder organisierten, nach militärischen Grundsätzen, Kommandounternehmen gegen Schieber oder kapitalistische Leuteschinder. Ihre Lieder und Slogans demonstrierten einen blutrünstigen Übermut. In einer Versammlung im Bürgerbräu wurde den Besuchern eine Sammelbüchse mit der Aufschrift »Spendet für die Judenmassakres!« entgegengehalten, sogenannte »Ruhestifter« sprengten Veranstaltungen oder mißliebige Konzerte: »Wir prügeln uns groß!« war die launige Parole. Tatsächlich hat das beispiellos rüde Auftreten der SA, den Erwartungen Hitlers gemäß, dem Aufstieg der Partei keinen Abbruch getan, selbst innerhalb des soliden, rechtschaffenen Bürgertums verminderte es keineswegs die Anziehungskraft der Bewegung. Die Gründe dafür sind nicht nur in den von Krieg und

Revolution entsicherten Normen zu suchen; vielmehr konnte die Hitlerpartei sich auch den spezifisch bayerischen Grobianismus zunutzemachen, zu dessen politischer Spielart sie sich geradezu entwickelte. Die Saalschlachten mit den niedersausenden Stuhlbeinen und wirbelnden Maßkrügen, die »Massakres«, die mörderischen Gesänge, die »Großprügelei«: es war alles ein gewaltiges Gaudi. Bezeichnenderweise wurde eben zu jener Zeit die Wendung »Nazi« gebräuchlich, die eigentlich eine Abkürzung für »Nationalsozialist« war, in bayerischen Ohren jedoch als Koseform des Namens Ignaz einen vertraut-familiären Klang besaß und deutlich machte, daß die Partei im breiten Bewußtsein durchgesetzt war.

Der Generation der Kriegsteilnehmer, die den frühen Kern der SA geformt hatten, folgten denn auch bald die jüngeren Jahrgänge, und insoweit war die Bewegung in der Tat eine »Rebellion unzufriedener junger Leute«. Die Mischung aus Gewaltbereitschaft, elitärer Männergemeinschaft und ideologisch gedeckter Verschwörerei hat immer aufs neue eine starke romantische Anziehungskraft zu entwickeln vermocht. »Zweierlei Dinge«, so hat Hitler um diese Zeit in öffentlicher Rede versichert, seien es, »die Menschen zu vereinigen vermögen: gemeinsame Ideale, gemeinsame Gaunerei«[79]; in der SA war das eine im anderen und das andere im einen ununterscheidbar aufgegangen. Im Laufe des Jahres 1922 fand sie so sprunghaften Zulauf, daß schon im Herbst, unter Führung von Rudolf Heß, die elfte Hundertschaft, durchweg aus Studenten bestehend, aufgestellt werden konnte. Im gleichen Jahr trat eine Gruppe des ehemaligen Freikorps Roßbach mit dem Leutnant Edmund Heines an der Spitze als eigener Verband der SA bei. Die Bildung zahlreicher Sonderformationen gab ihr ein zunehmend militärisches Gepräge. Roßbach selber stellte eine Radfahrabteilung auf, es gab eine Nachrichteneinheit, eine Motorstaffel, eine Artillerie-Abteilung und ein Reiterkorps.

Die zunehmende Bedeutung der »Sturmabteilungen« war es vor allem, die der NSDAP den Charakter einer Partei neuen Typs verlieh. Zwar hat die SA, anders als die Apologetik in den Erinnerungen mancher Beteiligter es will, jenseits der allgemeinsten nationalen Kampf- und Draufschlägerprogrammatik, kein ausgeprägtes ideologisches Profil entwickelt und sich, wenn sie unter wehenden Fahnen durch die Straßen zog, gewiß nicht auf dem Marsch in eine neue gesellschaftliche Ordnung gesehen. Sie hatte keine Utopie, sondern nur eine große Unruhe, kein Ziel, sondern eine dynamische Energie, die ihrer selbst nicht Herr wurde. Strenggenommen waren die meisten derjenigen, die sich in ihre Kolonnen einreihten, nicht einmal politische Soldaten, sondern weit eher Landsknechtsnaturen, die ihren Nihilismus, ihre Unrast und ihr Subordinationsbedürfnis hinter einigen hochtönenden politischen Vokabeln zu verbergen suchten. Ihre Ideologie war Aktivität um jeden Preis vor dem Hintergrund einer allgemeinen, gänzlich unbestimmten Glaubens- und Unterordnungsbereitschaft, und dem männerbündischen, homoerotischen Gepräge entsprechend, das ihr eigen war, haben weit weniger irgendwelche Programme als Personen, »Führernaturen«, die Hingabewilligkeit des durchschnittlichen SA-Mannes zu wecken vermocht: »Nur solche sollen sich melden«, hob Hitler in einem öffentlichen Aufruf hervor, »die gehorsam sein wollen den Führern und bereit, wenn es sein muß, in den Tod zu gehen!«[80]

Doch hat gerade die ideologische Indifferenz die SA zu einem harten, eingeschworenen Kern gemacht, der, fern allem sektiererischen Eigensinn, jedem Befehl beliebig zur Verfügung stand. Das hat der Partei im Ganzen eine Geschlossenheit vermittelt, die den bürgerlichen Traditionsparteien fremd war, und ihr erst die Chance verschafft, zur Sammelpartei für so disparate Mißstimmungen und Unmutskomplexe zu werden. Je disziplinierter und zuverlässiger die von der SA gebildete Kerntruppe war, desto eher konnte Hitler seine Appelle nahezu unterschiedslos auf grundsätzlich alle Bevölkerungsschichten ausweiten.

In dieser Eigenart ist nicht zuletzt der Grund für jenes merkwürdig uneinheitliche soziologische Bild der NSDAP zu suchen, dessen Gesichtslosigkeit in den verbreiteten Formeln von der »Mittelstandspartei« nur unzureichend erfaßt wird. Gewiß gaben die kleinbürgerlichen Mittelschichten der Partei zahlreiche charakteristische Züge, und auch das von Hitler verkündete Programm formulierte ja, trotz der Bezeichnung »Arbeiterpartei«, in mehreren Punkten die Ängste und Panikstimmungen des gewerblichen Mittelstandes, seine Besorgnisse vor wirtschaftlicher Überwältigung durch Großbetriebe und Warenhäuser, sowie die Ressentiments des kleinen Mannes gegen den leichterworbenen Reichtum, gegen die Schieber und Kapitaleigner. Auch der Propagandalärm der Partei zielte vernehmlich auf den Mittelstand, und Alfred Rosenberg beispielsweise huldigte ihm als der einzigen Schicht, die sich »noch dem Weltbetrug widersetzt« habe; desgleichen hatte Hitler die Lehre seines bewunderten Vorbilds aus Wiener Tagen, Karl Lueger, nicht vergessen, der den »vom Untergang bedrohten Mittelstand«, wie Hitler schrieb, mobilisiert und sich auf diese Weise »eine nur sehr schwer zu erschütternde Anhängerschaft von ebenso großer Opferwilligkeit wie zäher Kampfbereitschaft« gesichert habe: »Aus den Reihen des Mittelstandes müssen die Kämpfer kommen«, erklärte er, fügte aber hinzu: »In den Reihen von uns Nationalsozialisten müssen sich die Enterbten von rechts und links zusammenfinden.«[81]

Die verschiedenen Mitgliederlisten jedoch, die sich aus der Frühzeit der Partei erhalten haben, differenzieren das Bild nicht unerheblich; sie nennen rund dreißig Prozent Beamte oder Angestellte sowie nahezu ebenso viele Handwerker und Arbeiter, ferner sechzehn Prozent Kaufleute, nicht wenige davon Inhaber kleiner und mittlerer Betriebe, die sich von der NSDAP Schutz vor gewerkschaftlichem Druck versprachen, den Rest bildeten Soldaten, Studenten, Angehörige freier Berufe, während in der Führung Vertreter einer romantischen Großstadtbohème überwogen. Eine Anweisung der Parteileitung vom Jahre 1922 verlangte, daß jede Ortsgruppe das soziologische Bild ihres Einzugsgebiets widerspiegeln müsse und die Leitung keinesfalls mehr als ein Drittel Akademiker enthalten dürfe.[82] Bezeichnend für die Partei war es gerade, daß sie zu jener Zeit Menschen jeder Herkunft, jeder soziologischen Färbung anzog und ihre Dynamik als Einigungsbewegung widerstreitender Gruppen, Interessen und Gefühle entwickelte. Als die Nationalsozialisten des deutschen Sprachgebiets sich im August 1921 auf einem zwischenstaatlichen Treffen in Linz als »Klassenpartei« definierten, geschah es in Abwesenheit Hitlers, der die NSDAP stets als die strikte Verneinung des Klassengegensatzes und dessen Überwindung im Rassengegensatz verstanden hat: »Neben den Angehörigen des Mittelstands und des Bürgertums sind auch sehr viele Arbeiter dem nationalsozialistischen Banner gefolgt«, hieß es in einem Polizeibericht vom Dezember 1922, »die alten sozialistischen Parteien erblicken (in der NSDAP) eine schwere Gefahr für ihren weiteren Bestand.« Was den vielen Widersprüchen und Antagonismen, aus denen sie gemacht war, einen gemeinsamen Nenner gab, war gerade die erbitterte Abwehrhaltung gegen das Proletariat wie gegen die Bourgeoisie, gegen Kapitalismus wie Marxismus: »Für einen klassenbewußten Arbeiter ist kein Platz in der NSDAP, ebensowenig wie für einen standesbewußten Bürger«, versicherte Hitler.[83]

Es war, aufs Ganze gesehen, eine Mentalität und nicht eine Klasse, die dem Nationalsozialismus der frühen Zeit Gehör und Anhängerschaft gab: jene vermeintlich unpolitische, tatsächlich aber obrigkeitsfreundliche und führungsbedürftige Bewußtseinsverfassung, die in allen Schichten und Klassen zu Hause war. Unter den gewandelten Verhältnissen der Republik sahen diejenigen, die daran teilhatten, sich unversehens im Stich gelassen. Die Angstkomplexe, die sie dumpf erfüllten, wurden noch verstärkt empfunden, weil die neue Staatsform keine Autorität etablierte, der ihre Anhänglichkeit und Loyalität künftig gelten mochte. Die Geburt der Republik aus den Desastern der Niederlage, die von den Siegermächten, insbesondere von Frankreich, mit rachsüchtigem Unverstand betriebene Politik der Nemesis für die abgeschworenen Sünden der Kaiserzeit, die bedrückenden Erfahrungen von

Hunger, Chaos und Währungszerfall sowie schließlich die als Ausdruck nationaler Ehrvergessenheit mißdeutete Erfüllungspolitik ließen das traditionelle Bedürfnis nach Identifikation mit der staatlichen Ordnung, dem diese Menschen stets einen Teil ihres Selbstwertgefühls verdankt hatten, zutiefst unbefriedigt. Glanzlos und gedemütigt, wie dieser Staat war, bedeutete er ihnen nichts: nichts ihrer Treue, nichts ihrer Phantasie. Der strenge Begriff von Ordnung und Respekt, den sie sich in dunkler Widerstandsgesinnung über die chaotischen Zeitläufte hinweg bewahrt hatten, schien ihnen unter der Republik geradezu von Verfassung wegen durch Demokratie und Pressefreiheit, Meinungsstreit und Parteienhandel in Frage gestellt, und mit der neuen Staatsform begriffen sie vielfach die Welt nicht mehr. In ihrer Unruhe stießen sie auf die NSDAP, die nichts anderes als die politische Organisation ihrer eigenen Verwirrung in resoluter Allüre war. Das Paradox, daß sie ihr Bedürfnis nach Ordnung, Sitte oder Treu und Glauben gerade von den abenteuerlichen Wortführern der Hitlerpartei mit dem vielfach trüben und bizarren Lebenshintergrund am ehesten verstanden fühlten, findet in diesem Zusammenhang die Erklärung. »Er verglich das Deutschland vor dem Kriege, in dem nur Ordnung, Sauberkeit und Genauigkeit herrschten, mit dem jetzigen Revolutions-Deutschland«, heißt es in einem der Berichte über Hitlers frühe Reden, und es war eben dieser der Nation eingeprägte Instinkt für Regel und Disziplin, der die Welt nur geordnet oder gar nicht ertrug, an den der aufstrebende Demagoge sich unter wachsender Zustimmung wandte, wenn er die Republik eine Verneinung der deutschen Geschichte und des deutschen Wesens nannte, sie sei die Sache, das Geschäft, die Karriere einer Minderheit; die Mehrheit wolle »Frieden, aber keinen Saustall«[84].

Die aktuellen Stichworte erhielt Hitler durch die Inflation, die zwar noch nicht die bizarren Formen des Sommers 1923 angenommen, aber doch bereits zur praktischen Enteignung großer Teile des Mittelstandes geführt hatte. Schon Anfang 1920 war die Mark auf ein Zehntel ihres Vorkriegswertes gefallen, zwei Jahre später hatte sie nur noch ein Hundertstel (»Pfennigmark«) ihres einstigen Kurses. Der Staat, der seit dem Krieg mit 150 Milliarden verschuldet war und in den noch anhängigen Reparationsverhandlungen neue Belastungen heranrücken sah, wurde auf diese Weise von seinen Verpflichtungen frei, desgleichen alle anderen Schuldner; auch den Kreditnehmern, den Kaufleuten, Industriellen, darunter vor allem den nahezu steuerfrei und mit Niedrigstlöhnen produzierenden Exportunternehmen, kam die Inflation zugute, so daß sie an einem weiteren Währungsverfall nicht uninteressiert waren und im ganzen mindestens nichts unternahmen, um ihn aufzuhalten. Mit billigen Geldern, die sie bei fortschreitender Entwertung zusehends billiger zurückerstatten konnte, spekulierten sie alle unentwegt und ungehindert gegen die eigene Währung. Agile Geschäftemacher kamen binnen weniger Monate zu märchenhaftem Vermögen und errichteten, fast aus dem Nichts, ausgedehnte Wirtschaftsimperien, deren Anblick um so provozierender wirkte, als ihr Aufbau mit der Verarmung und Proletarisierung ganzer gesellschaftlicher Gruppen, der Inhaber von Schuldverschreibungen, der Rentner und Kleinsparer ohne Sacheigentum, einherging.

Der dumpf geahnte Zusammenhang zwischen diesen phantastischen Kapitalistenkarrieren und der Massenverarmung hat in den Betroffenen ein Gefühl der sozialen Verhöhnung erzeugt, das sich in nachhaltige Erbitterung umsetzte. Die starke antikapitalistische Stimmung während der Weimarer Zeit ist nicht zuletzt in dieser Erfahrung begründet. Ebenso folgenreich war aber der Eindruck, daß der Staat, der in der traditionellen Vorstellung als eine uneigennützige, gerechte und integre Institution fortlebte, mit Hilfe der Inflation betrügerischen Bankrott an seinen Bürgern verübt hatte. Unter den kleinen Leuten mit dem strengen Ordnungsethos, die vor allem ruiniert worden waren, wirkte diese Erkenntnis möglicherweise noch verheerender als der Verlust ihrer bescheidenen Ersparnisse, und jedenfalls ging unter diesen Schlägen die Welt, in der sie streng, genügsam und besonnen gewesen waren, unwiderruflich unter. Die anhaltende Krise drängte sie auf die Suche nach einer Stimme, der sie wieder glauben, und einem Willen, dem sie folgen konnten. Es beschreibt schon nahezu das ganze Unglück der Republik, daß sie diesem Bedürfnis nicht zu genügen vermochte. Das Phänomen des massenbewegenden Agitators Hitler hat denn auch nur zum Teil mit seiner ungewöhnlichen, trickreich ergänzten und gesteigerten Rednergabe zu tun; nicht weniger wichtig war die Sensibilität, mit der er diese Stimmungen des erbitterten Biedermannes aufzuspüren und dessen Wunschbildern zu entsprechen vermochte, er selbst hat darin das eigentliche Geheimnis des großen Redners gesehen: »Er wird sich von der breiten Masse immer so tragen lassen, daß ihm daraus gefühlsmäßig gerade die Worte flüssig werden, die er braucht, um seinen jeweiligen Zuhörern zum Herzen zu sprechen.«[85]

Im Grunde waren es, auf überindividueller Ebene, noch einmal die Komplexe und Mißgefühle, die der gescheiterte Akademiebewerber von einst schon durchlebt hatte: das Leiden an einer Wirklichkeit, die den Sehnsüchten wie den Lebensanschauungen gleichermaßen zuwiderlief. Ohne diese Übereinstimmung von individual- und sozialpathologischer Situation ist Hitlers Aufstieg zu so magisch anmutender Macht über die Gemüter nicht zu denken. Was die Nation im Augenblick erst erlebte: die Aufeinanderfolge von Entzauberung, Absturz und Deklassierung mitsamt der Suche nach den Schuld- und Haßobjekten, hatte er lange hinter sich gebracht; seither auch hatte er Gründe und Vorwände, kannte die Formeln, die Schuldigen, und das erst gab seiner eigentümlichen Bewußtseinsverfassung den exemplarischen Charakter, so daß die Menschen sich wie elektrisiert in ihm wiedererkannten. Es war nicht der unwiderlegbare Charakter seiner Argumentation, nicht die bezwingende Schärfe seiner Parolen und Bilder, was sie gefangennahm, sondern das Gefühl gemeinsamer Erfahrungen, gemeinsamer Leiden und Hoffnungen, das der gescheiterte Bürger Adolf Hitler mit denen herzustellen vermochte, die sich unvermittelt den gleichen Nöten gegenübersahen: die Identität der Aggressionen führte sie zusammen. Sein besonderes Charisma, unwiderstehlich in der Mischung aus Besessenheit, Vorstadtdämonie und merkwürdig verklebter Vulgarität kam in hohem Maße daher. An ihm bewahrheitete sich jenes Wort Jacob Burckhardts, daß die Geschichte es bisweilen liebe, sich in einem Menschen zu verdichten, dem hierauf die Welt gehorchte. Zeit und Menschen träten in eine große, geheimnisvolle Verrechnung.

Das »Geheimnis« freilich, über das Hitler gebot, war, wie alle seine angeblichen Instinkte, eng durchsetzt mit rationalen Erwägungen. Auch die schon früh gewonnene Erkenntnis seiner medialen Fähigkeiten verleitete ihn niemals zum Verzicht auf das massenpsychologische Kalkül. Die Fotoserie, die ihn posierend im outrierten Stil der Zeit vorführt, hat mancherlei Belustigung geweckt, in der jedoch die Erkenntnis unterging, wieviel von seinem demagogischen Genie er sich anstudiert, erprobt und unter Fehlern gelernt hat.

Auch der besondere Stil, den er für seine Auftritte frühzeitig zu entwickeln begann, folgte psychologischen Überlegungen und unterschied sich vom traditionellen Ablauf politischer Versammlungen vor allem durch seinen theatralischen Charakter: von Propagandalastwagen und schreienden Plakaten »zur großen öffentlichen Riesenkundgebung« unüberhörbar angekündigt, vereinte er ingeniös die Spektakelelemente von Zirkus und Grand Opéra mit dem erbaulichen Zeremoniell des liturgischen Rituals der Kirchen. Fahnenaufzüge, Marschmusik und Begrüßungsparolen, Lieder sowie immer erneut angestimmte Heilrufe bildeten den spannungssteigernden Rahmen für die große Führerrede, deren Verkündigungscharakter auf diese Weise eindrucksvoll angezeigt wurde. Die immer wieder verbesserten, in Rednerkursen und schriftlichen Anleitungen verbreiteten Veranstaltungsregeln ließen alsbald keine Einzelheit außer acht, schon zu dieser Zeit trat Hitlers Neigung hervor, nicht nur die großen Leitlinien der Parteitaktik zu bestimmen, sondern selbst in geringfügigen Detailfragen ein hartnäckiges Interesse zu entwickeln. Er selber untersuchte gelegentlich die Akustik aller wichtigen Münchener Versammlungssäle, um ausfindig zu machen, ob der Hackerbräu einen größeren Stimmaufwand verlange als das Hofbräuhaus oder der Kindlkeller, er überprüfte die Atmosphäre, die Lüftung und die taktische Lage der Räume. Die allgemeinen Hinweise sahen unter anderem vor, daß ein Saal durchweg zu klein und von mindestens einem Drittel eigener Anhänger besetzt sein sollte; um den Eindruck einer kleinbürgerlichen Mittelstandsbewegung zu vermeiden und das Vertrauen auch der Arbeiter zu gewinnen, führte Hitler unter seinen Anhängern zeitweilig einen »Kampf gegen die Bügelfalte« und schickte sie ohne Schlips und Kragen zu den Kundgebungen, andere ließ er, um die Themen und Taktiken der Gegner zu erfahren, an deren Schulungskursen teilnehmen.[86]

Vom Jahre 1922 an ging er immer häufiger dazu über, Serien von acht, zehn oder zwölf Kundgebungen, in denen er jeweils als Hauptredner auftrat, an einem Abend zu veranstalten: das Verfahren kam seinem Mengenkomplex ebenso entgegen wie seiner Wiederholungssucht und entsprach zudem der Maxime der massierten Propagandaeinsätze: »Auf was es heute ankommt und ankommen muß«, hat er um diese Zeit erklärt, »das ist die Schaffung und Organisation einer einzigen sich steigernden Massenkundgebung, bestehend aus Protest um Protest, in Sälen und auf den Straßen ... Nicht geistiger Widerstand, nein, eine Glutwelle von Trotz, Empörung und erbittertem Zorn muß in unser Volk hineingetragen werden!« Ein Augenzeuge, der eine der von Hitler organisierten Serienveranstaltungen im Münchener »Löwenbräu« erlebte, hat darüber berichtet:

»Wie viele politische Versammlungen hatte ich schon in diesem Saal erlebt. Aber weder im Krieg noch in der Revolution hatte mich schon beim Eintreten ein solcher Gluthauch hypnotischer Massenerregung angeweht. ›Eigne Kampflieder, eigne Fahnen, eigne Symbole, ein eigner Gruß‹, notierte ich, ›militärähnliche Ordner, ein Wald grellroter Fahnen mit einem schwarzen Hakenkreuz auf weißem Grund, die seltsamste Mischung von Soldatischem und Revolutionärem, von Nationalistischem und Sozialem – auch in der Zuhörerschaft: überwiegend der herabgleitende Mittelstand, in all seinen Schichten – wird er hier neu zusammengeschweißt werden?‹ Stundenlang ununterbrochen dröhnende Marschmusik, stundenlang kurze Reden von Unterführern, wann würde er kommen? War doch noch ein Unerwartetes dazwischengetreten? Niemand beschreibt das Fieber, das in dieser Atmosphäre um sich griff. Plötzlich am Eingang hinten, Bewegung. Kommandorufe. Der Sprecher auf dem Podium bricht mitten im Satz ab. Alles springt mit Heilrufen auf. Und mitten durch die schreienden Massen und die schreienden Fahnen kommt der Erwartete mit seinem

Gefolge, raschen Schritts, mit starr erhobener Rechten zur Estrade. Er ging ganz nah an mir vorbei, und ich sah: das war ein anderer Mensch als der, dem ich da und dort in Privathäusern begegnet war.«[87]

Der Aufbau seiner Reden folgte einem im ganzen gleichbleibenden Muster, das mit dem großen schmähenden Verdikt über die Gegenwart das Publikum einzustimmen und die ersten Kontaktschlüsse herzustellen versuchte: »Eine Erbitterung geht durch alle Kreise; man fängt an zu merken, daß es keine Würde und Schönheit geworden ist, was 1918 versprochen wurde«, eröffnete er im September 1922 eine Rede, und über historische Rückblicke, Erläuterungen zum Parteiprogramm und Angriffe auf Juden, Novemberverbrecher oder Erfüllungspolitiker gelangte er meist, von einzelnen Zurufern oder beauftragten Claqueuren in steigende Erregung versetzt, zu den ekstatischen Einheitsappellen am Schluß. Dazwischen ließ sich unterbringen, was immer die Hitze des Augenblicks, der Beifall, der Bierdunst oder eben jene Atmosphäre ihm zuspielte, deren Tendenzen er von Mal zu Mal sicherer zu erfassen und umzusetzen verstand: die Klage über das erniedrigte Vaterland, die Sünden des Imperialismus, der Neid der Nachbarn, die »Kommunalisierung der deutschen Frau«, die Herabwürdigung der eigenen Vergangenheit oder das alte Antigefühl gegen den seichten, krämerhaften und liederlichen Westen, aus dem mit der neuen Staatsform zugleich das Versailler Schanddiktat und die alliierten Kontrollkommissionen, die Negermusik, der Bubikopf und die moderne Kunst, doch weder Arbeit, Sicherheit oder Brot gekommen seien: »Deutschland verhungert vor Demokratie!« formulierte er einprägsam. Seine Neigung zu mythologisch verdüsterten Zusammenhängen gab seinen Tiraden Weite und Hintergrund, noch vor beiläufigen Lokalereignissen öffnete sich für den wild gestikulierenden Mann der ganze Prospekt des Weltendramas: »Was sich heute anbahnt, wird größer sein als der Weltkrieg«, rief er einmal; »es wird ausgefochten werden auf deutschem Boden für die ganze Welt! Es gibt nur zwei Möglichkeiten: Wir werden Opferlamm oder Sieger!«[88]

In der Anfangsphase hatte der pedantisch bedachte Anton Drexler nach solchen selbstentrückten Ausbrüchen mitunter eingegriffen und zum Verdruß Hitlers den Reden ein korrigierendes Schlußwort von steifer Vernünftigkeit hinzugefügt; jetzt berichtigte ihn niemand mehr, wenn er mit großer demagogischer Geste androhte, er werde, falls er die Macht erringe, den Friedensvertrag zu Fetzen reißen, oder versicherte, er scheue selbst einen neuerlichen Krieg mit Frankreich nicht, und ein anderes Mal die Vision eines mächtigen Reiches »von Königsberg bis Straßburg und von Hamburg bis Wien« beschwor. Sein wachsender Zulauf bewies jedoch, daß der kühne und widersinnige Herausforderungston eben das war, was die Menschen angesichts der herrschenden Verzichtsstimmungen hören wollten: »Es gilt nicht, zu verzichten, sich abzufinden, sondern das zu wagen, was scheinbar unmöglich ist.«[89] Das verbreitete Bild vom grundsatzlosen Opportunisten unterschätzt sicherlich Hitlers Unbesonnenheit sowie seine Originalität; gerade das ausdrückliche Bekenntnis zum Verpönten hat ihm erhebliche Erfolge eingetragen und eine Aura von Männlichkeit, Grimm und Verachtung um ihn her entfaltet, die dem Mythos vom großen Führer entscheidend vorgearbeitet hat.

Die Rolle, zu der er sich alsbald stilisierte, war die des Außenseiters, die in Zeiten öffentlicher Mißstimmung so viel populären Gewinn verheißt. Als die ›Münchener Post‹ ihm vorhielt, er sei »der gerissenste Hetzer, der derzeit in München sein Unwesen« treibe, griff er den Vorwurf auf: »Ja, wir wollen das Volk aufwiegeln und ununterbrochen aufhetzen!« Anfangs widerstrebten ihm wohl die plebejischen, ruchlosen Formen seines Auftretens; doch seit er erkannt hatte, daß sie ihm nicht nur Popularität im Zirkuszelt, sondern auch gesteigertes Interesse in den Salons verschafften, bekannte er sich immer ungescheuter dazu. Als man ihm seine fragwürdige Kumpanei vorhielt, entgegnete er, lieber ein deutscher Strolch als ein französischer Graf zu sein, und auch aus seinem Demagogentum machte er keinen Hehl: »Es heißt, daß wir Radauantisemiten seien. Jawohl, Sturm wollen wir erregen! Die Menschen sollen nicht schlafen, sondern sie sollen wissen, daß ein Gewitter heraufzieht. Wir wollen vermeiden, daß auch unser Deutschland den Kreuzestod erleidet! Mögen wir inhuman sein! Aber wenn wir Deutschland retten, haben wir die größte Tat der Welt vollbracht!«[90] Die auffallend häufige Inanspruchnahme religiöser Bilder und Motive zum Zwecke äußerster rhetorischer Steigerung spiegelt die Ergriffenheiten aus Kindheitstagen wider; Erinnerungen an die Zeit als Meßdiener im Kloster Lambach und an die Erfahrungen pathetischer Überwältigung durch die Bilder von Leiden und Verzweiflung vor dem Hintergrund triumphaler Erlösungsgewißheit: in solchen Kombinationen bewunderte er das Genie, den psychologischen Menschenwitz der katholischen Kirche, von der er lernte. Ohne Zögern griff er selbst zur blasphemischen Inanspruchnahme »meines Herrn und Heilands« für seine antisemitischen Haßausbrüche: »In grenzenloser Liebe lese ich als Christ und Mensch die Stelle durch, die uns verkündet, wie der Herr sich endlich aufraffte und zur Peitsche griff, um die Wucherer, das Nattern- und Ottergezücht hinauszutreiben aus dem Tempel! Seinen ungeheuren Kampf aber für diese Welt, gegen das jüdische Gift, den erkenne ich heute, nach zweitausend Jahren, in tiefster Ergriffenheit am gewaltigsten an der Tatsache, daß er dafür am Kreuz verbluten mußte.«[91]

Der Gleichförmigkeit im Aufbau seiner Reden entsprach die Monotonie der Affekte, und niemand kann wissen, was daran persönliche Fixierung und was psychologische Überlegung war. Noch die Lektüre seiner überarbeiteten Ansprachen aus jener Zeit vermittelt etwas von jener suggestiven Atemlosigkeit, mit der er die hundertfältigen Ressentiments, die ihn erfüllten, in immer die gleichen Anklagen, Vorwürfe, Racheschwüre umsetzte: »Es gibt nur Trotz und Haß, Haß und wieder Haß!«, rief er einmal, und wiederum machte er sich das Prinzip der verwegenen Umkehrung zu eigen, wenn er inmitten einer gedemütigten, unsicheren Nation lauthals nach dem Haß der Feinde rief: er sehne sich geradezu danach, bekannte er.[92] Keine seiner Reden verzichtete auf die dröhnenden Parolen des Selbstbewußtseins: »Wenn wir ans Ruder kommen, dann werden wir wie die Büffel vorgehen«, rief er leidenschaftlich und, wie der Versammlungsbericht vermerkt, unter lebhaftem Beifall. Zur Befreiung, so verkündete er, gehöre mehr als eine vernünftige und besonnene Politik, mehr als die Redlichkeit und der Fleiß der Menschen, »zum Freiwerden gehört Stolz, Wille, Trotz, Haß und wieder Haß!« Sein unstillbarer Vergrößerungszwang sah in den Geschäften des Tages überall eine gigantische Korruption am Werk, die umfassende Strategie des Hochverrats, und erkannte hinter jeder alliierten Note, jeder Rede vor der französischen Kammer, die Machinationen des Menschheitsfeindes. Den Kopf zurückgeworfen, den Arm schräg vor sich ausstreckend und mit zu Boden weisendem, auf- und niederzuckendem Zeigefinger: so, in der für ihn charakteristischen Pose, forderte er, ein bayerischer Lokalagitator eher kuriosen Zuschnitts, in seinen rhetorischen Rauschzuständen nicht nur die Regierung und die Verhältnisse des Landes, sondern eigentlich nicht weniger als den Weltzustand heraus: »Nein, wir verzeihen nichts, wir fordern: Rache!«[93]

Er hatte kein Gefühl für die Lächerlichkeit und verachtete ihre vermeintlich tödlichen Wirkungen. Noch beherrschte er nicht die imperatorischen Gesten späterer Jahre, und da er vom Künstlergefühl der Fremdheit vor den Massen beherrscht war, gab er sich nicht selten bemüht volkstümlich. Dann winkte er seinen Zuhörern mit dem Maßkrug zu oder gebot dem Aufruhr, den er entfachte, durch ein linkisches »Pst, Pst« Ruhe. Auch die Menschen kamen offenbar eher aus theatralischen als aus politischen Motiven, und jedenfalls standen den Zehntausenden von Zuhörern noch Anfang 1922 nur sechstausend eingeschriebene Mitglieder gegenüber. Regungslos, mit unverwandtem Blick, folgten ihm die Menschen, schon nach den ersten

Worten pflegte das Geräusch der Bierkrüge zu verstummen, nicht selten sprach er in eine atemlose Stille, die von Zeit zu Zeit explosionsartig zerriß: als wenn Tausende von Kieselsteinen plötzlich auf eine Trommel herunterprasselten, wie ein Beobachter treffend schrieb. Naiv, mit dem ganzen Geltungshunger des »Verhockten«, genoß Hitler den Taumel und das Mittelpunktsbewußtsein: »Wenn man so durch zehn Säle geht«, gestand er seiner Umgebung, »und überall schreien einem die Menschen vor Begeisterung entgegen – das ist doch ein erhabenes Gefühl.« Nicht selten beendete er seine Auftritte mit einem Treueschwur, den er die Versammlung nachsprechen ließ, oder rief, den Blick an die Saaldecke geheftet, rauh und mit überschnappender Leidenschaft unentwegt: »Deutschland! Deutschland! Deutschland!«, bis die Massen einfielen und das Geschrei in eines der Kampf- oder Pogromlieder überging, mit denen sie anschließend häufig durch die nächtlichen Straßen zogen. Hitler selber hat bekannt, er sei nach seinen Reden regelmäßig »klitschnaß gewesen und habe vier bis sechs Pfund Gewicht verloren«, sein gefärbter Uniformanzug habe »seine Leibwäsche bei jeder Versammlung blau gefärbt«[94].

Zwei Jahre hat er nach seinen eigenen Worten benötigt, ehe er alle Mittel der propagandistischen Überwältigung beherrschte und sich als »Herr in dieser Kunst« fühlte. Nicht zu Unrecht hat man darauf verwiesen, daß er als erster die Methoden amerikanischer Werbung angewandt und mit seiner eigenen agitatorischen Phantasie zu dem bis dahin einfallsreichsten Konzept des politischen Kampfes verbunden habe. Vielleicht zählte wirklich, wie die ›Weltbühne‹ später meinte, der große Barnum zu seinen Lehrmeistern; doch die Belustigung, mit der die Zeitschrift ihre Entdeckung verkündete, offenbarte eine blasierte Rückständigkeit. Es war der Irrtum so vieler selbstgewisser Zeitgenossen von links bis rechts, die Techniken Hitlers mit seinen Absichten zu verwechseln und von den belustigenden Mitteln auf belustigende Ziele zu schließen. Unverändert wollte er eine Welt umstürzen und eine neue an ihre Stelle setzen; doch die Weltenbrände und Apokalypsen, die er vor Augen hatte, hinderten ihn nicht, die Psychologie der Zirkusnummer anzuwenden.

Trotz aller Rhetorentriumphe Hitlers war die überragende Erscheinung im Hintergrund, die Vereinigungsfigur des völkischen Lagers, der Nationalfeldherr Ludendorff. Nicht zuletzt im respektvollen Blick auf ihn sah Hitler sich selber nach wie vor als Vorläufer, als »ganz kleine Johannesnatur«, wie er Anfang 1923 versicherte, er warte auf einen Größeren, dem er ein Volk und ein Schwert schaffen wolle; doch seine Wirkungen waren gleichwohl zusehends messianischer. Früher als er selber schienen die Massen zu begreifen, daß er der Wundermann war, auf den sie warteten: sie seien ihm zugeströmt »wie einem Heiland«, heißt es in einem zeitgenössischen Kommentar.[95] Häufig wissen die Quellen nun auch von jenen Erweckungserlebnissen und Konversionen zu erzählen, die so bezeichnend für die pseudoreligiöse, erlösungssüchtige Aura totalitärer Bewegungen sind. Ernst Hanfstaengl beispielsweise, der ihn um diese Zeit zum ersten Mal hörte, hatte trotz aller Einwände das Gefühl, daß damit für ihn »ein neuer Lebensabschnitt« begonnen habe; der Kaufmann Kurt Luedecke, der für einige Zeit zu den führenden Gefolgsleuten Hitlers rechnete und später als Häftling ins Konzentrationslager Oranienburg kam, hat noch nach seinem Entkommen ins Ausland den hysterischen Gefühlsaufruhr kenntlich gemacht, in den die Begegnung mit dem Redner Hitler ihn und zahllose andere versetzte:

»Augenblicklich waren meine kritischen Fähigkeiten ausgeschaltet... Ich weiß nicht, wie ich die Gefühle beschreiben soll, die mich überkamen, als ich diesen Mann hörte. Seine Worte waren wie Peitschenschläge. Wenn er von der Schande Deutschlands sprach, fühlte ich mich imstande, jeden Gegner anzuspringen. Sein Appell an die deutsche Mannesehre war wie ein Ruf zu den Waffen, die Lehre, die er predigte, eine Offenbarung. Er erschien mir wie ein zweiter Luther. Ich vergaß alles über diesem Mann. Als ich mich umschaute, sah ich, daß seine Suggestivkraft die Tausende in Bann hielt wie einen Einzigen. Natürlich war ich reif für dieses Erlebnis. Ich war ein Mann von 32, der Enttäuschungen und des Unbehagens müde, auf der Suche nach einem Lebensinhalt; ein Patriot, der kein Betätigungsfeld fand, der sich für das Heldische begeisterte, aber keinen Helden hatte. Die Willenskraft dieses Mannes, die Leidenschaft seiner ehrlichen Überzeugung schienen auf mich überzuströmen. Ich hatte ein Erlebnis, das sich nur mit einer religiösen Bekehrung vergleichen ließ.«[96]

Mit dem Frühjahr 1922 begannen auch die Mitgliederzahlen sprunghaft zu wachsen, verschiedentlich kam es zu gruppenweisen Übertritten in die Partei, im Sommer besaß sie bereits rund fünfzig Ortsgruppen und zu Beginn des Jahres 1923 mußte sogar die Münchener Geschäftsstelle wegen des Massenandrangs vorübergehend geschlossen werden; von rund 6000 Mitgliedern Ende Januar 1922 stieg die Zahl auf über 55 000 im November des folgenden Jahres. Der Zulauf war nicht nur auf den Parteibefehl zurückzuführen, wonach jeder Parteigenosse vierteljährlich drei neue Mitglieder sowie einen Abonnenten für den ›Völkischen Beobachter‹ zu gewinnen hatte, sondern hatte zugleich mit Hitlers wachsender Sicherheit als Redner wie als Veranstalter zu tun. Um den Wunschhaltungen der desorientierten Menschen gerecht zu

werden, suchte die NSDAP ihre Mitglieder auch in ihrem persönlichen
Dasein eng mit der Partei zu verbinden. Zwar knüpfte sie auch damit
wieder an bewährte Praktiken der sozialistischen Parteien an; doch der
Ritus der wöchentlichen Sprechabende, deren Besuch zur Pflicht gemacht
wurde, die gemeinsamen Ausflüge, Konzerte oder Sonnwendfeiern, das
vereinte Liedersingen, Abkochen und Händeheben bis hin zu jenen Formen blander Gemütlichkeit, die sich in den Parteilokalen und SA-Heimen
entwickelten, überbot das Vorbild bei weitem und war unnachahmlich
auf die umfassenden Bedürfnisse politischer wie menschlicher Heimatlosigkeit zugeschnitten. Für viele ihrer frühen Mitglieder entwickelte sich
die Partei auf diese Weise zu einer Art sektiererisch kultivierter Ersatzwelt, und Hitler hat sie in jener Zeit denn auch verschiedentlich mit
den christlichen Urgemeinden verglichen. Zu ihren populärsten Veranstaltungen zählten die »Deutschen Weihnachtsfeiern«, in denen sie
gleichsam zur Deckung mit der eigenen Idee kam; denn die Veranstaltungen verbanden Sentiment, Erwählungsbewußtsein und das Gefühl
der Geborgenheit gegen die dunkle, feindliche Umwelt. Es sei die größte
Aufgabe der Bewegung, erklärte Hitler damals, »diesen breiten, suchenden und irrenden Massen« die Gelegenheit zu schaffen, »wenigstens irgendwo wieder eine Stelle (zu) finden, die ihrem Herzen Ruhe
gibt«[97].

Nicht zuletzt aus diesen Gründen hat Hitler auch auf die Vergrößerung der Partei um jeden Preis verzichtet und neue Ortsgruppen erst
aufzubauen begonnen, wenn ein fähiger, auch persönlich überzeugender Führer gefunden war, der im Kleinen jenes Autoritätsverlangen zu
befriedigen vermochte, das im Großen so ersichtlich ins Leere lief.
Schon jetzt jedenfalls, von allem Anfang an, zielte die Partei dahin,
mehr zu sein als eine Organisation konkreter politischer Zwecke, und
über allen Affären des Tages vergaß sie niemals, ihren Mitgliedern sowohl eine Weltdeutung von tragischem Ernst als auch etwas vom
platten Lebensbehagen zu verschaffen, das sie in der Not und Vereinzelung des Alltags so spürbar vermißten. In der Tendenz, Heimat,
Daseinsmittelpunkt und Erkenntnisquell zu sein, wurden zu dieser Zeit
schon die späteren Totalitätsansprüche im Ansatz erkennbar.

Innerhalb eines Jahres entwickelte sich die NSDAP auf diese Weise
zum »stärksten Machtfaktor des süddeutschen Nationalismus«, wie ein
Beobachter schrieb,[98] die Mehrzahl der vielen völkischen Vereine wurde
von ihr aufgesaugt oder mitgerissen. Auch die norddeutschen Gruppen
verzeichneten wachsenden Zulauf und zogen vor allem aus der
Erbmasse der zerbröckelnden Deutsch-Sozialistischen Partei erheblichen
Gewinn. Als im Juni 1922 der Außenminister Walther Rathenau
von einer nationalistischen Verschwörergruppe ermordet wurde, ent-

schlossen sich einige Länder wie Preußen, Baden und Thüringen zu einem Verbot der Partei; in Bayern freilich, das die Erfahrungen der Rätezeit nicht vergessen hatte, blieb sie als die radikalste antikommunistische Vorhut unbehelligt. In der Direktion der städtischen Münchener Polizei wirkten sogar zahlreiche Anhänger Hitlers, darunter vor allem der Polizeipräsident Pöhner selber sowie sein politischer Ressortchef, der Oberamtmann Frick. Gemeinsam unterdrückten sie Anzeigen gegen die NSDAP, informierten deren Führung über geplante Aktionen oder achteten darauf, daß die unumgänglichen Schritte ergebnislos blieben. Frick hat später gestanden, man hätte die Partei zwar zu diesem Zeitpunkt unschwer unterdrücken können; doch »hielten wir unsere schützende Hand über die NSDAP und Herrn Hitler«, während Hitler selber bemerkte, ohne den Beistand Fricks wäre er »auch nie aus dem Kittchen herausgekommen«[99].

Ein einziges Mal nur sah Hitler sich ernsthaft bedroht, als der bayerische Innenminister Schweyer im Laufe des Jahres 1922 erwog, ihn als lästigen Ausländer nach Österreich abzuschieben: das Bandenunwesen auf den Münchener Straßen, die Schlägereien, die Belästigung und Aufwiegelung der Bürger, so befand die Konferenz der Führer aller Parteien, seien allmählich unerträglich geworden. Doch Erhard Auer, der Führer der Sozialdemokraten, wandte sich unter Berufung auf »demokratische und freiheitliche Grundsätze« dagegen. Ungehindert konnte Hitler weiterhin die Republik als »Freistätte für fremde Gauner« diffamieren, der Regierung drohen, wenn er die Macht habe, »dann Gnade euch Gott!«, und öffentlich verkünden, für die landesverräterischen Führer der SPD gebe es »nur eine Strafe: den Strick«. Die von ihm erzeugte Erregung verwandelte die Stadt geradezu in eine feindselige antirepublikanische Enklave, die von verwirrenden Gerüchten über Putsche, Bürgerkrieg und Restauration der Monarchie widerhallte. Als der Reichspräsident Friedrich Ebert im Sommer 1922 München besuchte, wurde er schon am Bahnhof unter Beschimpfungen, Gejohle und mit einer roten Badehose empfangen,[100] der Reichskanzler Wirth wurde von seiner Umgebung gewarnt, eine geplante Reise in München zu unterbrechen – während Hindenburg mit Ovationen begrüßt wurde und auch die Überführung des im Exil verstorbenen letzten Wittelsbacher Monarchen, Ludwigs III., die ganze Stadt in Trauer und erinnernder Sehnsucht auf die Straßen brachte.

Die Erfolge innerhalb Münchens ermutigten Hitler zu seiner ersten ausgreifenden Aktion. Mitte Oktober 1922 veranstalteten die vaterländischen Verbände in Coburg eine Demonstration, zu der sie auch Hitler einluden. Doch die Aufforderung, »einige Begleitung« mitzubringen, legte er auf herausfordernd exzessive Weise aus und rückte

in der Absicht, die Kundgebung an sich zu reißen und zu dominieren, in
einem Sonderzug mit rund achthundert Mann, unter einem Fahnenauf-
gebot und mit großem Musikzug an. Das Ersuchen der fassungslosen
Honoratioren, nicht geschlossen in die Stadt einzurücken, wies er, seinem
eigenen Bericht zufolge, »sofort glatt ab« und befahl den Verbänden,
»mit klingendem Spiel« loszuziehen. Da es trotz einer zu beiden Seiten
der Straße anschwellenden, feindseligen Menge nicht zu der erwarteten,
schlagzeilenträchtigen Massenprügelei kam, ließ Hitler seine Einheiten
unmittelbar nach dem Eintreffen im Kundgebungssaal den gleichen
Weg zurückmarschieren: nun freilich mit dem die Spannung grandios
steigernden Theatereinfall, die Musik auszusetzen und nur unter Trommelwirbel loszurücken. Die erwartungsgemäß ausbrechende Straßen-
schlacht, die sich in einzelnen Handgemengen den ganzen Tag und
bis in die Nacht hinzog, sah schließlich die Nationalsozialisten als
überlegenen Sieger: es war die erste jener Herausforderungen an die
staatliche Autorität, die das Geschehen des ganzen folgenden Jahres beherrschen sollten. Bezeichnenderweise wurde Coburg einer der verläßlichsten Stützpunkte der NSDAP, die Teilnehmer der Fahrt sahen
sich durch eine Erinnerungsmedaille geehrt. Als die übermütigen Reaktionen der Hitlerleute sich in den folgenden Wochen jedoch zu
neuerlichen Putschgerüchten verdichteten, lud Schweyer Hitler zu sich
und warnte ihn vor den Folgen seines hemmungslosen Treibens: falls
es zur Gewaltanwendung komme, werde er die Polizei schießen lassen.
Doch Hitler beteuerte, er werde »nie im Leben einen Putsch machen«,
und gab dem Minister darauf sein Ehrenwort.[101]

Immerhin gewann er nun zunehmend die Gewißheit, daß er am Zuge
sei; die Verbote, Vorladungen und Warnungen demonstrierten ihm
nur, wie weit er es, aus dem Nichts kommend, inzwischen gebracht
hatte. In seinen selbstergriffenen Zuständen machte er sich eine gran-
diose Epochenrolle zurecht, die durch Mussolinis soeben erfolgreichen
Marsch auf Rom und Mustafa Kemal Paschas Machtergreifung in
Ankara eindrucksvoll bekräftigt wurde. Angespannt folgte er dem
Bericht eines seiner Vertrauensmänner, wie die Schwarzhemden durch
Enthusiasmus und Entschlossenheit sowie dank der wohlwollenden
Passivität der Armee auf ihrem stürmischen Siegeszug eine Stadt
nach der anderen den »Roten« abgenommen und mitgerissen hätten:
er hat später von dem unerhörten Auftrieb gesprochen, den dieser
»Wendepunkt der Geschichte« ihm gegeben habe. Zwar nannte der
im Jahre 1923 erschienene Große Brockhaus ihn noch »Hitler, Georg«
und verzeichnete nicht mehr als einige dürftige Routineangaben zur
Person; aber das war die Wirklichkeit, über die er längst hinaus war.
Wie als Junge schon, mit unverminderter Intensität, ließ er sich von

seiner ausweitenden Phantasie forttragen und sah dann, dicht und
bildhaft, die Hakenkreuzfahne »über dem Berliner Schloß wie über der
Bauernhütte flattern« oder äußerte am Wegrand, während einer idylli-
schen Kaffeepause, abrupt und aus irgendeiner weitentfernten Traumwelt auftauchend, im nächsten Krieg werde es »die wichtigste Aufgabe
sein, sich der Getreidegebiete Polens und der Ukraine zu bemäch-
tigen«[102].

Zusehends begann er, sich von Abhängigkeiten und Vorbildern zu
lösen, in Coburg hatte er Selbstbewußtsein gewonnen: »Von jetzt an
gehe ich meinen Weg allein«, erklärte er. Hatte er sich kurz zuvor
noch als Verkünder verstanden und davon geträumt, »daß eines Tages
irgendein eiserner Schädel kommt, vielleicht auch mit schmutzigen Stie-
feln, aber reinem Gewissen und starker Faust, der diesen Parketthelden
das Reden beendet und der Nation die Tat schenkt«, so begann er nun,
zögernd zunächst und nur gelegentlich, sich selber dafür zu halten und
am Ende sogar den Vergleich mit Napoleon zu beschwören.[103] Die
Vorgesetzten im Feld hatten seine Beförderung zum Unteroffizier mit
der Begründung abgelehnt, er werde unfähig sein, Respekt zu erwerben; durch eine ungewöhnliche, bald verheerend wirkende Fähigkeit,
Loyalität zu erzeugen, demonstrierte er jetzt seine Führungsbegabung.
Denn nur um seinetwillen machten seine Anhänger vor nichts halt, nur
im Blick auf ihn waren sie bereit, Opfer, Ehrwidrigkeiten und von allem
Anfang an auch Verbrechen zu begehen, so daß die NSDAP mehr und
mehr den Charakter einer politischen Partei verlor und sich zu einer Art
verschworener Gemeinschaft entwickelte. Von der engsten Umgebung
ließ er sich gern »Wolf« nennen, auch die eher maskulin wirkende Frau
Bruckmann erhielt dieses Vorrecht, er verstand den Namen als die germanische Urform von Adolf, und er entsprach seinem Dschungelbild der
Welt und suggerierte die Vorstellung von Stärke, Aggressivität und Einsamkeit. Mitunter hat er den Namen als Pseudonym verwendet und ihn
später der Schwester aufgegeben, die ihm den Haushalt führte; auch der
Name der Volkswagenstadt kam daher: »Nach Ihnen, mein Führer, soll
die Stadt ›Wolfsburg‹ heißen«, erklärte ihm Robert Ley, kurz bevor das
Werk gegründet und errichtet wurde.[104]

Mit großer Sorgfalt begann er von diesem Zeitpunkt an, die eigene
Erscheinung zu stilisieren und ihr legendäre Züge zu untermischen:
schon frühzeitig entwickelte er das Bewußtsein, daß sich sein Tun und
Lassen unter den Augen der »Göttin der Geschichte« abspiele. Konsequent leugnete er seine wirkliche Parteimitgliedsnummer 555 und gab
sich als Mitglied Nummer 7 aus, um sich nicht nur den Rang einer niedrigen Ziffer zu verschaffen, sondern auch die Aura einer magischen
Zahl. Gleichzeitig begann er, seine private Existenz auszulöschen, selbst

seine engste Umgebung lud er grundsätzlich nicht zu sich und hielt nach
Möglichkeit den einen vom anderen getrennt. Einen seiner frühen Bekannten, den er um diese Zeit in München wiedertraf, bat er »eindringlich, niemandem, auch nicht seinen engsten Parteigenossen, über
seine Jugendzeit in Wien und München Auskünfte zu erteilen«; ein
anderer, aus der Reihe seiner »Alten Kämpfer«, erinnerte sich später
nicht ohne Rührung daran, daß Hitler vor dieser Zeit noch gelegentlich
mit seiner Frau getanzt habe. Er lernte Haltungen, Posen, Statuarisches,
manches blieb zunächst stümpernd und nicht frei von Verkrampfungen.
Der genaueren Betrachtung entgeht noch in späteren Jahren nicht der
ständige Wechsel zwischen einstudierter Selbstbeherrschung und buchstäblicher Besinnungslosigkeit, zwischen Cäsarengehabe und Verdöstheit, zwischen künstlicher und natürlicher Existenz. In dieser frühen
Phase des Stilisierungsprozesses schien er freilich den Konsequenzen
des Bildes, das er von seiner Rolle entworfen hatte, noch nicht ganz
gewachsen, eher unverbunden standen dessen Elemente zueinander;
ein italienischer Faschist sah ihn als »Julius Caesar mit dem Tirolerhütchen«[105].

Immerhin, fast war es der Jugendtraum, der sich für ihn erfüllte:
ohne lästigen »Brotberuf«, ungebunden und nur den eigenen Launen
untertan, war er »Herr seiner Zeit« und hatte überdies Dramatik,
Knalleffekte, Glanz und Applaus: eine Künstlerexistenz, annäherungsweise. Er fuhr schnelle Autos, war Mittelpunkt der Salons und zu Hause
in der »großen Welt«, unter Adligen, Industriekapitänen, Honoratioren,
Wissenschaftlern. In Augenblicken der Unsicherheit dachte er daran,
sich in den bestehenden Lebensumständen bürgerlich einzurichten; er
verlange nicht viel, meinte er dann: »Ich möchte nur, daß die Bewegung steht und ich mein Auskommen als Chef des ›Völkischen Beobachters‹ habe.«[106]

Doch waren das Stimmungen. Seinem Wesen, das halsbrecherisch,
überdreht und immer aufs Ganze gerichtet war, entsprachen sie nicht.
Er kannte keine Proportionen, seine Energie trieb ihn vor die jeweils
äußersten Alternativen, »alles in ihm drängte zu radikalen und totalen
Lösungen«, hatte schon der Freund aus Jugendtagen geurteilt; jetzt
nannte ein anderer ihn knapp einen Fanatiker, »zur Verrücktheit neigend und durch Verhätschelung hemmungslos«[107].

Die Zeit der quälenden Anonymität, soviel wußte Hitler jedenfalls,
war vorüber, und im Rückblick lag ein erstaunlicher Weg. Auch der
unvoreingenommene Betrachter, der dem frühen Hitler keine Gewalt
antut, wird den Bruch erkennen und die Blässe und dahindämmernde
Belanglosigkeit der dreißig Jahre nicht übersehen, die er nun in dreien
überwand. Es fehlte nicht viel, und dieses Leben schiene wie aus zwei

unzusammengehörigen Stücken gemacht. Mit außerordentlicher Kühnheit und Kälte trat es aus seinen subalternen Zuständen heraus, nur einige taktische Unsicherheiten waren zu überwinden, einige Routine zu erwerben. Alles andere deutete von nun an auf große, skrupellose Verhältnisse, und jedenfalls zeigte Hitler sich auf der Höhe jeder seiner Situationen: Menschen, Interessen, Kräfte, Ideen mit einem Blick erfassend und seinen Zwecken unterordnend – der Steigerung von Macht.

Nicht ohne Grund haben seine Biographen häufig nach einem besonderen Durchbrucherlebnis gefahndet und alte Vorstellungen von Inkubationsperioden, trüber Gebundenheit oder gar Dämonenmacht bemüht. Aber eher ließe sich sagen, daß er jetzt kein anderer war als zuvor, nur daß er das kollektive Anschlußstück gefunden hatte, das die unverändert vorhandenen Elemente zu einer neuen Persönlichkeitsformel ordnete und aus dem Sonderling den bezwingenden Demagogen und aus dem »Spinner« den »genialen« Mann machte. Wie er der Katalysator der Massen war, der, ohne Neues beizusteuern, gewaltige Beschleunigungen und Krisenprozesse in Gang setzte, so katalysierten die Massen ihn, sie waren sein Schöpfung und er, gleichzeitig, ihr Geschöpf. »Ich weiß«, so hat er später diesem Sachverhalt, zu seinem Publikum gewandt, in einer fast biblisch klingenden Wendung Ausdruck gegeben, »alles, was ihr seid, seid ihr durch mich, und alles, was ich bin, bin ich nur durch euch allein.«[108]

Darin liegt auch die Erklärung für die eigentümliche Starrheit, die nahezu von Beginn an über der Erscheinung liegt. In der Tat hat Hitlers Weltbild sich seit Wiener Tagen, wie er zu versichern pflegte, nicht verändert; denn die Elemente blieben die gleichen, der Weckruf der Massen durchsetzte sie lediglich mit gewaltiger Spannung. Die Affekte selber jedoch, die Ängste und Besessenheiten, wechselten nicht mehr, auch Hitlers künstlerischer Geschmack, selbst seine persönlichen Vorlieben verhielten nahezu schlagartig auf den Fixierungen aus Kindheits- und Jugendtagen: Tristan und Mehlspeisen, der Neoklassizismus, der Judenhaß, Spitzweg oder der unersättliche Appetit auf Sahnetorten – das alles überdauerte die Zeit, und wenn er später geäußert hat, er sei in Wien »in geistiger Hinsicht ein Flaschenkind« gewesen,[109] so ist er es in manchem Betracht immer geblieben. Kein intellektuelles oder künstlerisches Ereignis, kein Buch und kein Gedanke, die nach der Jahrhundertwende liegen, haben ihn je erreicht oder gar geprägt. Und wer die Zeichnungen und getreulichen Aquarelle des zwanzigjährigen Postkartenabmalers mit denen des Weltkriegssoldaten oder, zwanzig Jahre später, des Kanzlers vergleicht, sieht sich dem gleichen Eindruck plötzlicher Erstarrung gegenüber; keine persönliche Erfahrung, kein Entwicklungsprozeß spiegelt sich darin wider, unbewegt und wie versteinert bleibt er, der er einmal war.

Nur methodisch und in der Taktik war er anpassungsfähig und bereit, unentwegt zu lernen. Vom Sommer 1923 an war die Nation von Krisen und Notlagen wie umstellt. Die Umstände schienen demjenigen die aussichtsreichste Chance zu geben, der sie verachtete; der statt der Politik das Schicksal herausforderte und die Verhältnisse nicht zu bessern, sondern radikal und im ganzen umzuwerfen versprach: »Ich garantiere Ihnen«, so formulierte Hitler, »daß das Unmögliche immer glückt. Das Unwahrscheinlichste ist das Sicherste.«

III. KAPITEL: DIE HERAUSFORDERUNG
DER MACHT

> »Für mich und für uns sind alle
> Rückschläge nie etwas anderes ge-
> wesen als Peitschenhiebe, die uns
> dann erst recht vorwärtsgetrieben
> haben.« Adolf Hitler

Für die letzten Januartage 1923 hatte Hitler einen Parteitag nach München einberufen, den er mit einer einschüchternden Demonstration seiner Macht verbinden wollte. Fünftausend SA-Männer aus ganz Bayern waren aufgeboten, um auf einem Platz in der Vorstadt, dem sogenannten Marsfeld, vor ihrem Führer zu paradieren und die Kulisse der ersten feierlichen Standartenweihe zu bilden; gleichzeitig sollten in nicht weniger als zwölf Sälen der Stadt Massenveranstaltungen stattfinden, für die volkstümlichen Bedürfnisse hatte man Musikkapellen, Schuhplattlergruppen sowie den Humoristen Weiß-Ferdl engagiert. Die Größenordnungen machten ebenso wie die seit Wochen umlaufenden Gerüchte über einen bevorstehenden Putsch der NSDAP die gestiegene Bedeutung Hitlers im politischen Kräftefeld sichtbar.

Die Maßnahme, mit der die bayerischen Behörden auf die herausfordernd vorgetragenen Ankündigungen Hitlers reagierten, offenbarte ihr unhaltbar werdendes Dilemma gegenüber der NSDAP. Der rasche Aufstieg der Partei hatte auf der politischen Szenerie ein Machtgebilde entstehen lassen, dessen Rolle eigentümlich undefiniert geblieben war. Zwar zeigte es sich entschieden national, voller nützlicher Energien gegen die Linke; zugleich aber mißachtete es allen Respekt vor Exzellenzen wie vor Spielregeln und brüskierte unentwegt die Ordnung, die es beschwor. Nicht zuletzt die Absicht der Behörden, Hitler die Grenzen staatlich geduldeter Eigenmacht zu demonstrieren, hatte dazu geführt, daß er im Juli 1922 vier Wochen einer dreimonatigen Gefängnisstrafe absitzen mußte, zu der er verurteilt worden war, weil er mit seinen Leuten eine Versammlung des Bayernbundes gesprengt und dessen Führer, den Ingenieur Otto Ballerstedt, verprügelt hatte. Bei seinem ersten Auftreten nach Verbüßung der Haft war er »auf den Händen unter nicht endenwollendem Jubel zum Rednerpult getragen« worden, der ›Völkische Beobachter‹ hatte ihn »den populärsten und gehaßtesten Mann Münchens« genannt:[110] es war eine Situation, die auch für ihn schwer kalkulierbare Risiken enthielt. Das Jahr 1923 war ein fortgesetzter Versuch Hitlers, durch ein taktisches Wechselspiel von Werbung und Drohung das undefinierte Verhältnis zur Staatsmacht klarzustellen.

In ihrer Unsicherheit, wie dem leicht anrüchigen, aber doch gut nationalen Mann am zweckmäßigsten zu begegnen sei, entschlossen sich die Behörden zu einem Kompromiß mit dem eigenen Zwiespalt: sie verboten die Standartenweihe unter freiem Himmel und die Hälfte der von Hitler angekündigten Massenveranstaltungen sowie eine von den Sozialdemokraten für den voraufgehenden Tag geplante Kundgebung. Immerhin blieb Eduard Nortz, der als Polizeipräsident an die Stelle des mit den Nationalsozialisten sympathisierenden Ernst Pöhner getreten war, ungerührt, als Hitler ihn beschwor, das Verbot aufzuheben: es müsse nicht nur für die nationale Bewegung ein schwerer Schlag, sondern für das Vaterland ein Verhängnis sein. Mit knappen Worten verwies der kühle, graue Mann auf die Staatsautorität, der auch die Patrioten unterworfen seien, und als Hitler daraufhin losbrach und zu schreien begann, er werde die SA auf jeden Fall marschieren lassen, die Polizei schrecke ihn nicht, er selber werde vorn marschieren und sich erschießen lassen, blieb der Beamte unbeeindruckt. Ein kurzfristig einberufener Ministerrat verhängte vielmehr den Ausnahmezustand und verbot damit alle Veranstaltungen des Parteitages; es schien an der Zeit, den Führer der Nationalsozialisten an die Spielregeln zu erinnern.

Hitler war verzweifelt, und für einen Augenblick stand nicht weniger als seine politische Zukunft auf dem Spiel. Denn zu den Regeln, wie er sie verstand, gehörte es, daß die Staatsmacht sich reaktionslos herausfordern ließ, weil seine Ansprüche nur der konsequentere, radikalere Ausdruck ihrer eigenen Bestrebungen waren. Erst als die Reichswehr intervenierte, die der Partei seit Drexlers Zeiten beigestanden hatte, schien sich noch einmal ein Ausweg zu eröffnen. Ernst Röhm und Ritter v. Epp gelang es, den Reichswehrbefehlshaber von Bayern, General v. Lossow, zu einer Unterredung mit Hitler zu bewegen. Nervös und unsicher geworden, war der Führer der NSDAP zu jeder Zusage bereit, er werde sich, versicherte er, unmittelbar nach dem Parteitag, am 28. Januar, »wieder bei Exzellenz melden«, und jedenfalls war Lossow, der den exzentrischen Auftritt eher befremdet verfolgt hatte, am Ende willens, der Regierung mitzuteilen, daß er »im Interesse der Landesverteidigung eine Verprellung der nationalen Verbände bedauern« würde. Tatsächlich wurde das Verbot daraufhin aufgehoben, doch um das Gesicht zu wahren, ersuchte Nortz den Führer der NSDAP in einer zweiten Unterredung, die Zahl der Versammlungen auf sechs zu beschränken und die Standartenweihe nicht auf dem Marsfeld, sondern im Innern des benachbarten Zirkus Krone vorzunehmen. Hitler, der sein Spiel gewonnen sah, gab eine undeutliche Zusage. Dann hielt er, unter dem Motto »Deutschland erwache!«, alle zwölf Versammlungen ab und weihte, in dichtem Schneetreiben, vor fünftausend SA-Leuten, die von ihm entworfenen Standarten unter großem Zeremoniell auf dem Marsfeld. »Entweder die NSDAP ist die kommende Bewegung Deutschlands«, rief er seinen Anhängern zu, »dann wird kein Teufel sie aufhalten können, oder sie ist es nicht, dann verdient sie, vernichtet zu werden.« An den Plakaten und Maueranschlägen vorbei, die den Ausnahmezustand verkündeten, zogen die SA-Sturmabteilungen jubelnd, von mehreren eigenen Militärkapellen begleitet, durch die Straßen und sangen ihre Lieder gegen die Judenrepublik. In der Schwanthaler Straße nahm Hitler den Vorbeimarsch der inzwischen weitgehend uniformierten Verbände ab.

Es war ein eindrucksvoller Triumph über die Staatsgewalt, der zugleich die Ausgangsposition für die Konflikte der folgenden Monate absteckte. Viele sahen in dem Vorgang einen überzeugenden Beweis, daß Hitler nicht nur über die Fähigkeit zu wirkungsvoller Wortmacherei verfügte, sondern auch politisches Geschick sowie bessere Nerven als seine Gegenspieler besaß. Jenes Lächeln, das die kollerige Inbrunst seines Auftretens lange Zeit hervorzurufen pflegte, machte beeindruckten Mienen Platz, und zu den Empörten und Naiven, die so lange das psychologische Bild der Partei bestimmt hatten, stießen nun auch die Leute mit der feinen Witterung für das Kommende. Von Februar bis November 1923 verzeichnete die NSDAP rund 35 000 Neuzugänge, während die SA auf nahezu 15 000 Mann anwuchs; das Vermögen der Partei stieg unterdessen auf 173 000 Goldmark.[111] Gleichzeitig wurde ein zunehmend dichteres Agitations- und Veranstaltungsnetz über ganz Bayern gelegt. Auch erschien seit dem 8. Februar der ›Völkische Beobachter‹ als Tageszeitung, Dietrich Eckart, überfordert und von Krankheit gezeichnet, wurde noch einige Monate als Herausgeber geführt, die Leitung des Blattes ging indessen schon Anfang März auf Alfred Rosenberg über.

Die folgenschwere Nachgiebigkeit, die Hitler bei militärischen wie zivilen Instanzen angetroffen hatte, war vor allem auf die Krise zurückzuführen, die das Land inzwischen bis auf den Grund erschütterte. In der ersten Januarhälfte hatte Frankreich, das seine Angstkomplexe gegenüber dem Nachbarlande nicht zu überwinden vermochte, unter Berufung auf den Buchstaben des Versailler Vertrages das Ruhrgebiet besetzt und damit das Signal zur Entsicherung der letzten krisenhemmenden Faktoren gegeben. Schon die Unruhen der frühen Nachkriegszeit, die einschneidenden Reparationsauflagen, die allgemeine Kapitalflucht sowie vor allem der Mangel an Reserven aller Art hatten die Erholung der Wirtschaft von der Erschöpfung durch den Krieg erheblich erschwert. Überdies war durch die anhaltende Aktivität des Radikalismus von rechts und links das ohnehin geringfügige Vertrauen des Auslands in die Stabilität der deutschen Verhältnisse immer erneut irritiert worden, und bezeichnenderweise hatte die Mark ihren ersten großen Sturz erlebt, als im Juni 1922 der deutsche Außenminister Walther Rathenau ermordet worden war. Doch nun erst, unter dem Eindruck des französischen Vorgehens, entwickelte die Inflation jene katastrophale Beschleunigung, die ihr so groteske Züge verlieh und in den Menschen nicht nur jedes Motiv für die Bejahung der bestehenden Ordnung, sondern das Gefühl für gesicherte Dauer überhaupt zerstörte und sie daran gewöhnte, in der »Atmosphäre des Unmöglichen«[112] zu leben. Es war der Zusammenbruch einer ganzen Welt, ihrer Begriffe, ihrer Normen und ihrer Moral. Die Wirkungen waren unabsehbar.

Für den Augenblick freilich richtete sich das Interesse der Öffentlichkeit weit stärker auf den Versuch nationaler Selbstbehauptung; das Papiergeld, das am Ende nicht selten nach Gewicht berechnet wurde, bildete nur den phantastischen Hintergrund des Geschehens. Am 11. Januar rief die Regierung zum passiven Widerstand auf und wies kurz darauf ihre Beamten an, den Anordnungen der Besatzungsbehörden keine Folge zu leisten. Die im Ruhrgebiet einrückenden französischen Truppen wurden auf den Straßen von riesigen Menschenansammlungen begrüßt, die kalt und erbittert die »Wacht am Rhein« sangen. Die Herausforderung wurde wiederum durch die Franzosen mit einem Katalog ausgesuchter Demütigungen beantwortet, eine drakonische Besatzungsjustiz verhängte willkürliche schwere Strafen, zahlreiche Zusammenstöße steigerten auf beiden Seiten die Empörung. Ende März schossen französische Truppen mit Maschinengewehren in demonstrierende Arbeiter auf dem Gelände der Krupp-Werke in Essen, es gab dreizehn Tote und über dreißig Verwundete. Fast eine halbe Million Menschen nahm an der Beisetzung teil, während das zuständige französische Kriegsgericht den Chef der Firma und acht seiner leitenden Angestellten zu fünfzehn- und zwanzigjährigen Gefängnisstrafen verurteilte.

Diese Vorgänge weckten ein Gefühl der Einmütigkeit wie seit den Augusttagen 1914 nicht mehr. Doch unter dem Mantel nationaler Zusammengehörigkeit suchten die verschiedenen Kräfte ihren jeweiligen

Die Fotoserie, die ihn posierend im melodramatischen Stil der Zeit zeigt, hat vielfach Belustigung erweckt; sie macht deutlich, wieviel von seinem demagogischen Genie er anstudiert und unter Fehlern gelernt hat.

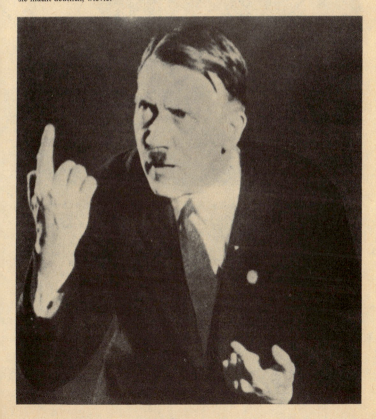

»Kein Teufel kann uns aufhalten«: Hitler im Januar 1923 auf dem ersten Parteitag der NSDAP in München.

Das Ende der Anonymität: er verfügte über personalreiche Stäbe, fuhr schnelle Autos, war Mittelpunkt der Salons und Magnet rechter Gruppierungen: Hitler im Wagen mit Ulrich Graf, Major Buch und Christian Weber; darunter mit Julius Streicher.

Vorteil. Die verbotenen Freikorps nutzten die Stunde, aus der Illegalität aufzutauchen und den von der Reichsregierung ausgerufenen passiven Widerstand durch aktive Einsätze zu verschärfen. Zugleich zeigte die radikale Linke sich bestrebt, die verlorenen Positionen in Sachsen und Mitteldeutschland zurückzugewinnen, während die Rechte ihre bayerische Hochburg befestigte, an der Landesgrenze standen sich zeitweilig proletarische Hundertschaften und Einheiten des Freikorps Ehrhardt mit schußbereiten Waffen gegenüber.[113] In zahlreichen Großstädten brachen Hungerrevolten aus. Unterdessen nutzten im Westen die Franzosen und Belgier die Situation, um eine separatistische Bewegung zu fördern, die allerdings bald an ihrer eigenen Voraussetzungslosigkeit zugrundeging. Die Republik, in vier Jahren unter widrigen Umständen errichtet und mühevoll behauptet, sah sich, so schien es, ihrem Zusammenbruch gegenüber.

Hitler demonstrierte das neugewonnene Selbstbewußtsein in einer herausfordernden und gewagten Geste: er scherte aus der nationalen Einheitsfront aus und drohte seinen fassungslosen Anhängern an, er werde jeden aus der NSDAP ausschließen, der sich aktiv am Widerstand gegen Frankreich beteilige, vereinzelt machte er seine Drohung auch wahr: »Wenn sie noch nicht kapiert haben, daß Versöhnungsdusel unser Tod ist, dann ist ihnen nicht zu helfen«, wies er alle Einwände zurecht.[114] Zwar hatte er die problematischen Züge seiner Entscheidung offenbar bedacht; doch sowohl sein Sonderbewußtsein als auch taktische Überlegungen geboten ihm, nicht als ein Verband unter zahlreichen anderen, neben Bürgerlichen und Marxisten und Juden, in der Anonymität eines breiten nationalen Widerstands unterzutauchen. Und wie er fürchtete, der Ruhrkampf werde das Volk hinter die Regierung bringen und das Regime festigen, so hoffte er, das durch seine Quertreiberei mitbewirkte Durcheinander im Sinne seiner weiterreichenden Umsturzabsichten nutzen zu können: »Solange eine Nation nicht die Mörder innerhalb ihrer Grenzen hinwegfegt«, schrieb er im ›Völkischen Beobachter‹, »ist ein Erfolg nach außen unmöglich. Während mündlich und schriftlich gegen Frankreich protestiert wird, lauert der wahre Todfeind des deutschen Volkes innerhalb seiner Mauern.« Mit bemerkenswerter Konsequenz, allen Anfeindungen zum Trotz und sogar gegen die erdrückende Autorität Ludendorffs, beharrte er auf seiner Forderung, daß zunächst mit dem inneren Feind abgerechnet werden müsse. Als der Chef der Heeresleitung, General v. Seeckt, in einer Unterredung Anfang März wissen wollte, ob Hitler seine Anhänger für den Fall eines Übergangs zum aktiven Widerstand der Reichswehr angliedern werde, bekam er die bündige Antwort, erst müsse die Regierung gestürzt werden. Auch einem Vertreter des Kanzlers Cuno gegenüber erklärte er vierzehn

Tage später, daß erst der Feind im Innern erledigt werden müsse. »Nicht nieder mit Frankreich, sondern nieder mit den Vaterlandsverrätern, nieder mit den Novemberverbrechern muß es heißen!«[115]

Hitlers Verhalten ist immer wieder als Zeugnis seiner gänzlich grundsatzlosen Skrupellosigkeit interpretiert worden. Doch die Entschlossenheit, mit der er sich dem unpopulären Zwielicht aussetzte, deutet eher darauf hin, daß gerade seine Grundsätze ihm keine andere Wahl ließen und er selber eine der Schlüsselentscheidungen seiner Laufbahn darin gesehen hat. Die Partner und Förderer seines Aufstiegs, die Honoratioren und konservativen Wortführer haben ihn stets für einen der ihren gehalten und in aller Nachbarschaft, zu der sie sich drängten, vor allem den nationalen Mann gesucht. Doch schon die erste politische Entscheidung Hitlers von mehr als lokalem Gewicht desavouierte alle diese falschen Bruderschaften von Kahr bis Papen und stellte unmißverständlich klar, daß er sich, vor die Wahl gestellt, wie ein wirklicher Revolutionär verhielt: ohne Umschweife gab er der revolutionären Haltung den Vorrang vor der nationalen. In der Tat hat er auch in späteren Jahren nie anders reagiert und noch im Jahre 1930 versichert, er würde bei einem Einfall der Polen eher Ostpreußen und Schlesien zeitweilig aufgeben, als für das bestehende Regime in den Abwehrkampf zu treten.[116] Zwar hat er auch versichert, er würde sich selber verachten, wenn er »nicht im Augenblick des Konflikts zunächst einmal Deutscher« wäre; tatsächlich aber ließ er sich, anders als sein aufgebrachter Anhang, kühler und folgerichtiger, seine Taktik nicht durch die eigenen patriotischen Tiraden vorschreiben und höhnte, zum Angriff übergehend, sowohl über den passiven Widerstand, der den Gegner »totfaulenzen« wolle, wie über jene, die Frankreich durch Sabotageakte in die Knie zu zwingen beabsichtigten: »Was wäre heute Frankreich«, rief er aus, »wenn es in Deutschland keine Internationalen, sondern nur Nationalsozialisten gäbe! Und wenn wir nichts hätten als zunächst unsere Fäuste! Wenn aber sechzig Millionen Menschen nur den einen Willen hätten, fanatisch national eingestellt zu sein – aus der Faust würden die Waffen herausquellen.«[117] Der ganze Hitler sprach daraus: eine rationale Ausgangsüberlegung, hochgetrieben durch eine monströse Willensbeschwörung, und dahinter eine stimulierende Vision.

Zweifellos ist denn auch Hitlers Abwehrwille nicht geringer gewesen als der aller anderen Kräfte und Parteien; nicht die Tatsache, daß Widerstand geleistet wurde, sondern daß es nur passiver, halber Widerstand sein sollte, hat neben den erwähnten Gründen seine Weigerung bewirkt. Dahinter stand die Überzeugung, daß eine konsequente und erfolgreiche Außenpolitik nur mit dem Rückhalt einer in sich geschlossenen, revolutionär geeinten Nation geführt werden könne; es war, in

Umkehrung aller politischen Tradition der Deutschen, eine Art radikaler Primat der Innenpolitik, wie er erstmals in seinem Feldpostbrief vom Februar 1915 angedeutet war und bis zum Abschluß der Machtergreifung seine taktische Maxime gewesen ist. Als der Abbruch des passiven Widerstandes sich abzeichnete und Hitler in seiner melodramatischen Vorstellung einen erneuten Zusammenbruch Deutschlands und die Lostrennung des Ruhrgebiets bevorstehen sah, hat er der Regierung in einer leidenschaftlichen Rede das Bild des wahren Widerstands entworfen und dabei eine Vision entwickelt, die seinen Befehl über die Aktion »Verbrannte Erde« vom März 1945 vorwegnahm:

»Was hat es zu sagen, wenn in der Katastrophe unserer Gegenwart Industrieanlagen zugrundegehen? Hochöfen können bersten, Kohlengruben ersaufen, Häuser mögen zu Asche verbrennen – wenn nur ein Volk dahinter aufsteht, stark, unerschütterlich, zum Letzten entschlossen! Denn wenn das deutsche Volk wieder aufsteht, dann wird auch das andere alles wieder aufstehen. Wenn aber alles das stünde und ein Volk geht an innerer Fäulnis zugrunde, so sind Kamine, Industriewerke und Häusermeere nichts anderes als die Leichensteine dieses Volkes! Das Ruhrgebiet hätte das deutsche Moskau werden müssen! Wir hätten erweisen müssen, daß das deutsche Volk von 1923 nicht mehr das Volk von 1918 ist ... Das Volk der Entehrung und Schande ist jetzt wieder zum Volk der Helden geworden! Hinter dem brennenden Ruhrgebiet hätte ein solches Volk seinen Widerstand auf Tod und Leben organisiert. Wäre so gehandelt worden, Frankreich hätte den Schritt nur zögernd weitergesetzt ... Ofen um Ofen, Brücke um Brücke gesprengt! Deutschland erwacht! Frankreichs Armee hätte sich nicht in das Grauen eines solchen Weltunterganges peitschen lassen! Bei Gott, wir ständen heute anders da!«[118]

Die von nur wenigen Zeitgenossen begriffene oder durchschaute Entscheidung Hitlers gegen die Beteiligung am Ruhrkampf ist auch die Ursache für die immer wieder umlaufenden Gerüchte gewesen, die NSDAP habe ihre sich ausdehnende Organisation, ihre Propaganda, Uniformierung und Ausrüstung mit Hilfe französischer Gelder finanziert, doch haben sich niemals glaubwürdige Beweise dafür aufbringen lassen, wie denn überhaupt die Frage, welche politischen oder wirtschaftlichen Interessen auf die anwachsende Partei einzuwirken versuchten, bis heute nur ansatzweise aufgeklärt ist. Immerhin stand der von der NSDAP betriebene Aufwand, insbesondere seit Hitler die Führung übernommen hatte, in so deutlichem Mißverhältnis zur Zahl ihrer Mitglieder, daß die Suche nach finanzkräftigen Geldgebern nicht einfach mit dem Dämonenkomplex der Linken abgetan werden kann, die sich die nie verwundene Niederlage durch den »geschichtswidrigen

Nationalsozialismus« nur mit dem Hintergrundwirken einer finsteren monopolkapitalistischen Verschwörung zu deuten vermag. Die Nationalsozialisten selber haben den abenteuerlichsten Vermutungen durch die hysterische Heimlichtuerei Raum verschafft, mit der sie die Frage ihrer Finanzierung zu vernebeln versuchten. Die Unterlagen der zahlreichen Beleidigungsprozesse, die in den Weimarer Jahren aufgrund immer neuer Anschuldigungen zum Austrag kamen, wurden nach 1933 beiseitegeschafft oder vernichtet, und seit Anfangszeiten galt ganz allgemein die Regel, über materielle Zuwendungen keine Belege aufzubewahren, das Tagebuch der Geschäftsstelle enthält nur selten einen Vermerk, in aller Regel mit dem Zusatz: »Wird von Drexler persönlich erledigt.« Gelegentlich verbot Hitler den Besuchern einer Veranstaltung im Münchener Kindlkeller sogar, die Einzelheiten einer von ihm selber berichteten Transaktion zu notieren.[119]

Die finanzielle Basis der Partei bildeten zweifellos die Mitgliedsbeiträge, kleinere Spenden opferwilliger Anhänger, Eintrittsgelder zu den Redeauftritten Hitlers oder Sammlungen, die unter den Kundgebungsteilnehmern veranstaltet wurden und oft mehrere tausend Mark einbrachten. Einige der frühen Gefolgsleute haben sich auch, wie beispielsweise der am 9. November vor der Feldherrnhalle umgekommene Oskar Körner, der einen kleinen Spielwarenladen besaß, zugunsten der Partei nahezu ruiniert, Geschäftsinhaber halfen mit Rabattscheinen, andere gaben Schmuck oder Kunstgegenstände, alleinstehende Anhängerinnen, die sich im Taumel nächtlicher Kundgebungen von der Erscheinung Hitlers zu nicht mehr erhofften Gefühlsaufschwüngen gebracht sahen, vermachten der NSDAP testamentarisch ihre Hinterlassenschaft. Vermögende Freunde wie die Bechsteins, die Bruckmanns oder Ernst »Putzi« Hanfstaengl halfen mit zuweilen hohen Beträgen. Auch fand die Partei Wege, ihre Mitglieder über die Beitragsleistung hinaus für die Beschaffung der Mittel zu aktivieren, indem sie unverzinsliche Schuldscheine ausgab, die von den Anhängern erworben und vertrieben werden mußten, laut polizeilicher Ermittlung wurden allein im ersten Halbjahr 1921 nicht weniger als 40 000 Schuldscheine über je zehn Mark ausgegeben.[120]

Gleichwohl litt die Partei in den ersten Jahren unter anhaltendem Geldmangel und konnte sich noch Mitte 1921 nicht einmal einen eigenen Kassierer leisten, mitunter fehlte den Plakatkolonnen, dem Bericht eines der frühen Mitglieder zufolge, sogar das Geld für den benötigten Klebstoff, und im Herbst 1921 mußte Hitler aus finanziellen Gründen auf die Abhaltung geplanter Großveranstaltungen im Zirkus Krone verzichten. Die materielle Misere besserte sich erst vom Sommer 1922 an, als die Partei sich dank ihrer fieberhaften Aktivität immer auffälliger zu machen begann. Von da an fand sie zunehmend intensivere Kontakte zu einem Netz von Gönnern und Geldgebern, nicht Parteigänger im eigentlichen Sinne, sondern Vertreter der begüterten, von der kommunistischen Revolutionsdrohung verschreckten bürgerlichen Gesellschaft. In der Organisation ihrer Gegenwehr unterstützten sie alle widerstandswilligen Kräfte von den militanten Kampforganisationen der Rechten bis zu sektiererischen Wochenblättchen oder jener kraus blühenden Tagesschriftstellerei von protestierender Gesinnung, und richtig ist wohl, daß sie weniger Hitler nach oben helfen als sich der energischsten Kraft gegen die Revolution bedienen wollten.

Die Verbindung zu den einflußreichen und finanzkräftigen Kreisen der bayerischen Gesellschaft verdankte Hitler neben Dietrich Eckart vor allem Max Erwin v. Scheubner-Richter und wohl auch Ludendorff, der seinerseits ansehnliche Mittel von Vertretern der Industrie und des Großgrundbesitzes erhielt, die er nach Gutdünken unter die völkischen Kampforganisationen aufteilte. Und während Ernst Röhm Gelder, Waffen und Ausrüstung mobilisierte, stellte Dr. Emil Gansser, ein Freund Dietrich Eckarts, den Kontakt zu der im »Nationalklub« vereinigten außerbayerischen Wirtschaftsprominenz her, der Hitler 1922 erstmals seine Absichten vortragen konnte. Zu den namhaften Geldgebern gehörten der Lokomotivfabrikant Borsig, Fritz Thyssen von den Vereinigten Stahlwerken, Geheimrat Kirdorf, die Daimlerwerke und der Bayerische Industriellenverband, doch auch tschechoslowakische, skandinavische und vor allem schweizerische Finanzkreise liehen der Partei, die so erfolgreich von sich reden machte, materielle Unterstützung. Im Herbst 1923 reiste Hitler nach Zürich und kehrte, dem Vernehmen nach, mit einem »Kabinenkoffer, gefüllt mit Schweizer Franken und Dollarnoten«, von dort zurück.[121] Auch der undurchsichtige und einfallsreiche Kurt W. Luedecke schaffte aus bisher nicht identifizierten, offenbar ausländischen Quellen beträchtliche Mittel herbei und finanzierte beispielsweise einen »eigenen« SA-Sturm mit schließlich mehr als fünfzig Mitgliedern, aus Ungarn kamen Zuwendungen, ferner aus russischen und baltendeutschen Emigrantenkreisen, und einige Funktionäre der Partei wurden während der Inflation mit Auslandsvaluta bezahlt, darunter der Stabsfeldwebel der SA-Führung und spätere Fahrer Hitlers, Julius Schreck, desgleichen der zeitweilige Stabschef der SA, Kapitänleutnant Hoffmann. Sogar ein Bordell, das auf Anregung Scheubner-Richters von einem ehemaligen Offizier in der Berliner Tauentzienstraße eingerichtet worden war, stand im Dienste der nationalen Sache und führte die Erlöse an die Münchener Parteizentrale ab.[122]

Die Beweggründe für die Unterstützungen, die der Partei geleistet wurden, waren so unterschiedlich wie deren Herkunft. Zwar trifft zu, daß die spektakulären Unternehmungen Hitlers seit dem Sommer 1922 ohne sie nicht zu denken sind; doch richtig bleibt auch, daß der ungestüm aufsteigende Demagoge, der nach Jahren der Einzelgängerei und Menschenferne erstmals und rauschhaft das Gefühl der eigenen Unwiderstehlichkeit erlebte, für die materiellen Hilfeleistungen keine bindenden Verpflichtungen einging. Der antikapitalistische Affekt des Nationalsozialismus ist vom eifersüchtigen linken Zeitgeist niemals wirklich ernst genommen worden, weil er dumpf und rational unbegründet blieb; tatsächlich kam er auch im Protest gegen Wucherer, Schieber und Warenhäuser über die Perspektive von Hausmeistern und Ladenbesitzern nicht eigentlich hinaus. Doch daß er keine blitzenden Systeme vorweisen konnte, hat der Glaubwürdigkeit seiner Empörung eher gedient, auch wenn er nur die Moral, nicht aber die materiellen Grundlagen der besitzenden Klassen in Frage stellte. Den werbewirksamen Irrationalismus der Bewegung hat einer der frühen Parteiredner überzeugend zum Ausdruck gebracht, als er den verzweifelten, unruhigen Massen zurief: »Geduldet euch nur noch kurze Zeit! Dann aber, wenn wir euch rufen, dann schont die Sparkassen, denn dort haben wir Proletarier unsere Sparpfennige, aber stürmt die Großbanken, nehmt alles Geld, das ihr dort findet, und werft es auf die Straße und zündet den großen Haufen an! Und an die Galgen der Straßenbahn hängt die schwarzen und die weißen Juden!«

Mit ähnlichen Ausbrüchen, ähnlich gefühlsbestimmt, hat auch Hitler, gerade vor dem düsteren Hintergrund der Inflation und des Massenelends, mit der immer wiederkehrenden großen Anklage gegen die Verlogenheit des Kapitalismus beträchtliche Anhängerschaften mobilisiert, allen kapitalistischen Zuwendungen zum Trotz. Max Amann, der Geschäftsführer der Partei, hat in seiner Vernehmung durch die Münchener Polizei kurz nach dem Putschversuch vom November 1923 behauptet, daß Hitler den Geldgebern »als Quittung lediglich das Parteiprogramm gegeben« habe,[123] und trotz aller Zweifel im ganzen kann man davon ausgehen, daß mehr als taktische Zugeständnisse von ihm nicht erreichbar waren – wie überhaupt die Vorstellung korrupter Züge dem Bilde dieses Mannes eigentümlich unangemessen ist; sie unterschätzt seine Starre, das inzwischen gewonnene Selbstbewußtsein und die Macht seiner Wahngebilde.

Die Ende Januar erfolgreich bestandene Kraftprobe mit der Staatsgewalt verhalf den Nationalsozialisten an die Spitze der rechtsradikalen Gruppen in Bayern, und in einer Welle von Versammlungen, Demonstrationen und Aufmärschen gaben sie sich lärmender und zukunftsgewisser als je zuvor. Putschgerüchte, Umsturzpläne erfüllten die Szenerie, und die vielfältigen Stimmungen, vom Führer der NSDAP mit leidenschaftlichen Parolen genährt, trafen sich in der Erwartung, daß eine allgemeine Änderung der Verhältnisse nahe bevorstehe: kein »leichtfertiger Putsch«, wie Hitler formulierte, sondern eine »Generalabrechnung unerhörtester Art«. Damit einher ging eine verstärkte Führerpropaganda, in der er die Erfahrungen der vergangenen Wochen verwertete; denn diese hatten ihn gelehrt, daß auch unerwartete, provokante Entscheidungen mit Gefolgschaft rechnen konnten, sofern sie durch den Nimbus des unfehlbaren Führers hinreichend abgedeckt waren. In Hitler stehe »die Idee der ganzen Bewegung leuchtend vor allen Augen«, hieß es nun, er sei schon heute der »berufene Führer des neuen völkischen Deutschland«, und »wir folgen ihm, wohin er will«. Einen Höhepunkt erreichte die jetzt erstmals verbreitet zu kultischen Formen findende Führerverehrung in der zweiten Aprilhälfte anläßlich Hitlers Geburtstags. Alfred Rosenberg schrieb im ›Völkischen Beobachter‹ eine Huldigung, die den »mystischen Klang« des Namens Hitler feierte, im Zirkus Krone versammelte sich die gesamte Führungsspitze der Partei, Vertreter der nationalen Verbände sowie neuntausend Anhänger zu einer Gratulationskundgebung, eine Hitler-Spende zur Finanzierung des Kampfes der Bewegung wurde aufgelegt, und Hermann Esser grüßte ihn als den Mann, vor dem »die Nacht jetzt zu weichen beginnt«[124].

Nicht zuletzt, um der so offenbar näherrückenden Entscheidungsstunde gewachsen zu sein, war es schon Anfang Februar auf Betreiben Röhms zu einem Bündnis der NSDAP mit einigen militanten nationalistischen Organisationen gekommen: der von Hauptmann Heiß geführten »Reichsflagge«, dem »Bund Oberland«, dem »Vaterländischen Verein München« sowie dem »Kampfverband Niederbayern«. Unter dem Namen »Arbeitsgemeinschaft der Vaterländischen Kampfverbände« wurde ein gemeinsames Komitee gegründet und die militärische Führung der Vereinigung Oberstleutnant Hermann Kriebel übertragen.

Damit war zwar ein Gegenstück zu der schon bestehenden Dachorganisation der nationalistischen Gruppen geschaffen, den »Vereinigten Vaterländischen Verbänden Bayerns« (VVV), die unter Führung des ehemaligen Ministerpräsidenten v. Kahr und des Gymnasialprofessors Bauer die verschiedenartigsten weißblauen, alldeutschen, monarchistischen und vereinzelt auch rassischen Bestrebungen vereinte, während der schwarz-weiß-rote Kampfbund Kriebels militanter, radikaler, »faschistischer« war und die umstürzlerische Sehnsucht vom Beispiel Mussolinis oder Kemal Pascha Atatürks inspirieren ließ. Aber wie problematisch ein Zuwachs war, der ihn gleichzeitig seiner bislang unumschränkten Kommandogewalt beraubte, mußte Hitler am 1. Mai erfahren, als er erneut, ungeduldig und verwöhnt von seinem politischen Spielerglück, die Auseinandersetzung mit der Staatsgewalt wagte.

Bereits sein Versuch, dem »Kampfbund« ein Programm zu geben, war dem schwerfälligen Soldatenverstand seiner Partner zum Opfer gefallen, und im Verlauf des Frühjahrs hatte er beobachten müssen, wie Kriebel, Röhm und die Reichswehr ihm die SA entwanden, die er sich als eine ihm persönlich ergebene revolutionäre Verfügungstruppe geschaffen hatte: immer mit dem Ziel, eine heimliche Reserve für das Hunderttausendmann-Heer zu gewinnen, exerzierten sie die Standarten (wie die drei regimentsstarken Einheiten hießen), veranstalteten Nachtübungen und Vorbeimärsche, auf denen Hitler allenfalls als kommuner Zivilist in Erscheinung treten, auch gelegentlich eine Ansprache halten, doch seinen Führungsanspruch nicht oder nur mühsam behaupten konnte. Ungehalten registrierte er, wie die Sturmtruppen zweckentfremdet und von einer weltanschaulichen Avantgarde zu Wehrersatzeinheiten herabgedrückt wurden. Um seine ausschließliche Befehlsgewalt wiederzugewinnen, beauftragte er wenige Monate später einen seiner alten Mitkämpfer, den ehemaligen Leutnant Josef Berchtold, eine Art Stabswache aufzustellen, die den Namen »Stoßtrupp Hitler« erhielt; sie war der Ursprung der späteren SS.

Ende April faßten Hitler und der Kampfbund in einer Zusammenkunft den Beschluß, die alljährliche Kundgebung der Linksparteien zum 1. Mai als eine Provokation zu betrachten und mit allen Mitteln zu verhindern. Gleichzeitig wollten sie, in Erinnerung an den vierten Jahrestag der Beendigung der Räteherrschaft, eine eigene Massendemonstration veranstalten. Als die unentschlossene Regierung v. Knilling, ohne aus der Niederlage vom Januar gelernt zu haben, dem Ultimatum des Kampfbundes zur Hälfte entsprach und der Linken nur die Veranstaltung auf der Theresienwiese genehmigte, die Straßenumzüge jedoch untersagte, zeigte Hitler sich auf die bewährte Weise erregt. Wie im Januar versuchte er, die militärische Gewalt gegen die zivilen Instanzen ins Spiel zu bringen. Am 30. April, in einer aufs Äußerste gespannten Situation, während Kriebel, Bauer und der neuernannte Führer der SA, Hermann Göring, am Sitz der Regierung vorstellig wurden und die Verhängung des Ausnahmezustandes gegen die Linke verlangten, begab Hitler sich mit Röhm wiederum zu General v. Lossow und forderte nicht nur die Intervention der Reichswehr, sondern auch, der generellen Vereinbarung entsprechend, die Herausgabe der in den Heeresdepots lagernden Waffen der Vaterländischen Verbände. Zu Hitlers grenzenloser Verblüffung lehnte der General das eine wie das andere mit dürren Worten ab; er wisse, so erklärte er steif, was er der Sicherheit des

Staates schuldig sei, und werde auf jeden schießen lassen, der Unruhen anzettele. Oberst Seisser, der Chef der bayerischen Landespolizei, äußerte sich ähnlich.

Erneut hatte Hitler sich in eine nahezu aussichtslose Lage gebracht, die ihm nur noch den beschämenden Verzicht auf die geräuschvoll angekündigte Verhinderung der Maifeiern zu lassen schien. Doch in einer überaus charakteristischen Bewegung negierte er die Niederlage, indem er den Einsatz drastisch erhöhte. Schon Lossow gegenüber hatte er finster gedroht, daß »die roten Kundgebungen« nur stattfinden könnten, wenn die Demonstranten über seine »Leiche marschieren« würden, und soviel schwadronierende Schicksalsergriffenheit, soviel billige Schaustellerleidenschaft dabei im Spiel waren: immer schien, jetzt wie später auch, ein überspannter Ernst hindurch, die äußerste Entschlossenheit, sich alle Rückwege abzuschneiden und die eigene Existenz vor die kategorischen Alternativen des Alles oder Nichts zu bringen.

Jedenfalls ließ Hitler die Vorbereitungen nunmehr beschleunigen, fieberhaft wurden Waffen, Munition und Kraftfahrzeuge bereitgestellt und am Ende sogar die Reichswehr handstreichartig übertölpelt. Entgegen dem Verbot Lossows ließ er Röhm und eine Handvoll SA-Männer zu den Kasernen fahren und unter dem Vorwand, daß die Regierung für den 1. Mai Ausschreitungen von links befürchte, vor allem Karabiner und Maschinengewehre beschaffen. Angesichts derartig unverhüllter Putschvorbereitungen äußerten einige der Bündnispartner doch Bedenken, es kam zu Auseinandersetzungen, doch die Ereignisse hatten inzwischen die Akteure überholt: aufgrund der Alarmbefehle trafen bereits die Hitlerleute aus Nürnberg, Augsburg und Freising ein, viele waren bewaffnet, eine Gruppe aus Bad Tölz hatte ihrem Lastkraftwagen ein altes Feldgeschütz angehängt, die Landshuter Einheit unter Gregor Strasser und Heinrich Himmler führte einige leichte Maschinengewehre mit – alle aber in der Erwartung der jahrelang ersehnten, von Hitler selber hundertfach verheißenen revolutionären Erhebung, der »Tilgung der Novemberschmach«, wie das düster-populäre Reizwort lautete. Als der Polizeipräsident Nortz sich warnend an Kriebel wandte, erhielt er zur Antwort: »Ich kann nicht mehr zurück, es ist zu spät... einerlei, ob Blut fließt.«[125]

Noch vor Tagesgrauen sammelten sich auf dem Oberwiesenfeld, aber auch beim Maximilianeum sowie an einigen ausgesuchten Schwerpunkten der Stadt die »Vaterländischen Verbände«, um dem angeblich drohenden sozialistischen Putsch entgegenzutreten. Etwas später traf Hitler ein, er betrat das Gelände, das einem militärischen Feldlager glich, hochdramatisch mit einem Stahlhelm auf dem Kopf und hatte das EK I angelegt, in seiner Begleitung befanden sich unter anderen Göring,

Streicher, Rudolf Heß, Gregor Strasser sowie der Freikorpsführer Gerhard Roßbach, der die Münchener SA befehligte. Und während die Sturmabteilungen in Erwartung der ausstehenden Einsatzbefehle zu exerzieren begannen, berieten die Führer, ratlos, uneinig und in wachsender Nervosität, was zu tun sei, weil das mit Röhm verabredete Zeichen ausblieb.

Auf der Theresienwiese veranstalteten unterdessen die Gewerkschaften und Parteien der Linken, nicht ohne das traditionell-revolutionäre Vokabular, aber in harmonischer und dem Gemeinsinn verpflichteter Grundstimmung die Maifeiern, und da die Polizei das Oberwiesenfeld zur Stadt hin in weitem Umkreis abgeriegelt hatte, blieben auch die erwarteten Zusammenstöße aus. Röhm selber aber stand zu dieser Zeit in militärischer Haltung vor seinem Chef, General v. Lossow, der inzwischen von der Aktion in den Kasernen erfahren hatte und zornentbrannt die Herausgabe der entwendeten Waffen verlangte. Kurz nach Mittag erschien der Hauptmann, eskortiert von bewaffneten Reichswehr- und Polizeieinheiten auf dem Oberwiesenfeld und überbrachte Lossows Befehl. Während Strasser und Kriebel zum Losschlagen rieten, weil sie hofften, in einer bürgerkriegsähnlichen Auseinandersetzung mit der Linken die Reichswehr am Ende doch ins eigene Lager zu zwingen, gab Hitler jetzt auf. Zwar gelang es ihm, die demütigende Auslieferung der Waffen an Ort und Stelle zu vermeiden, die Verbände schafften sie selber in die Kasernen zurück; aber die Niederlage war unverkennbar, auch die grellen Blendlichter der Rede, mit der er am gleichen Abend im überfüllten Zirkus Krone vor seine Anhänger trat, konnten sie nicht auslöschen.

Zahlreiche Anzeichen sprechen dafür, daß Hitler damit in die erste persönliche Krise seiner Aufstiegsjahre geriet. Zwar konnte er nicht ohne gewisse Berechtigung seine Abhängigkeit von den Bündnispartnern, vor allem den zimperlichen und halsstarrigen nationalen Verbänden, für das Fiasko vom 1. Mai verantwortlich machen; doch mußte er sich sagen, daß im Verhalten der Partner auch eigene Schwächen und Fehlgriffe offenbar geworden waren. Vor allem aber war er einem verfehlten Konzept gefolgt. Eine unvorhergesehene Wendung und die Heftigkeit seines Temperaments hatten ihm eine gänzlich verkehrte Feldordnung aufgenötigt: unvermittelt hatte er die Reichswehr, deren Macht ihn mächtig gemacht hatte, nicht mehr in seinem Rücken, sondern frontal und drohend gegen sich gesehen.

Es war der erste empfindliche Rückschlag nach einem jahrelang stürmischen Aufstieg, und für mehrere Wochen zog Hitler sich, von Selbstzweifeln erfüllt, zu Dietrich Eckart nach Berchtesgaden zurück. Nur gelegentlich kam er zu einem Redeauftritt oder um sich zu zerstreuen nach München. Wenn seine taktischen Verhaltensweisen bis dahin überwiegend von seinen Anlehnungsinstinkten bestimmt gewesen waren, so entwickelte er unter dem Eindruck jenes Maitages vermutlich die Ansätze eines schlüssigen taktischen Systems: erste Umrisse jenes Konzepts der »faschistischen« Revolution, die nicht im Konflikt, sondern im Verein mit der Staatsmacht erfolgt und treffend als »Revolution mit Erlaubnis des Herrn Präsidenten« beschrieben worden ist.[126] Einige seiner Überlegungen hat er damals niedergeschrieben, sie gingen später in »Mein Kampf« ein.

Bedenklicher noch war die kritische Reaktion der Öffentlichkeit. Immer wieder, in zahlreichen aufpeitschenden Reden, hatte Hitler die Aktion, den Willen, die Idee des Führertums verherrlicht, acht Tage vor dem Unternehmen vom 1. Mai hatte er wortreich noch die Nation beklagt, die Helden brauche, doch auf Schwätzer angewiesen sei, und einem schwärmerischen Tatglauben gehuldigt, dem die Komödie des Zögerns und der Ratlosigkeit auf dem Oberwiesenfeld gewiß nicht entsprach: »Allgemein wird anerkannt, daß Hitler und seine Leute sich blamiert haben«, hieß es in einem Bericht über die Vorgänge. Selbst das angebliche Mordkomplott gegen den »großen Adolf«, wie die ›Münchener Post‹ ironisch schrieb, das Hermann Esser Anfang Juli unter mancherlei künstlichem Gezeter im ›Völkischen Beobachter‹ aufdeckte, vermochte nur wenig zur Wiederbelebung seiner Popularität beizutragen, zumal eine ähnliche Enthüllungsgeschichte im April veröffentlicht, jedoch schon bald als Erfindung von nationalsozialistischer Seite decouvriert worden war. »Hitler hat aufgehört, die Phantasie des Volkes zu beschäftigen«, schrieb ein Korrespondent der ›New Yorker Staatszeitung‹, sein Stern schien in der Tat, wie ein sachkundiger zeitgenössischer Beobachter schon Anfang Mai registriert hatte, »stark im Verblassen«[127].

Ihm selber, seinem affektbestimmten Blick, mochte es in den depressiven Zuständen der Berchtesgadener Einsamkeit so scheinen, als sei der Stern schon im Erlöschen; dies jedenfalls würde seinen bemerkenswerten Rückzug erklären helfen, den ganz und gar entmutigten Verzicht darauf, die abgerissene Verbindung zu Lossow wiederherzustellen, dem Kampfbund wie der führerlosen Partei neue Ziele und Zusammenhalt zu geben. Einen Versuch Gottfried Feders, Oskar Körners und einiger anderer altgedienter Anhänger, ihn zur Ordnung zu rufen und insbesondere »Putzi« Hanfstaengl auszuschalten, der ihm jene »schönen Frauen« zuführte, die empörenderweise »in seidenen Hosen« herumliefen und zu »Sektgelagen« animierten, nahm er kaum zur Kenntnis.[128] Wie in einem Rückfall in die alten Lethargien und Unlustgefühle ließ er sich treiben. Offenbar wollte er zunächst aber auch das Ergebnis des Verfahrens abwarten, das die Staatsanwaltschaft beim Landgericht München I wegen der Vorgänge vom 1. Mai eingeleitet hatte. Denn unabhängig von der Verurteilung, mit der er rechnen mußte, drohte ihm nicht nur die Vollstreckung der ausgesetzten zweimonatigen Gefängnisstrafe wegen der Affäre Ballerstedt; vielmehr würde der Innenminister Schweyer, unter Hinweis auf den Wortbruch Hitlers, zweifellos seine alte Absicht verwirklichen können und ihn ausweisen.

Mit einem geschickten Gegenzug, der sich die nationalistische Verfilzung des bayerischen Kräftefeldes zunutze machte, kam Hitler diesen Befürchtungen zuvor. In einer Denkschrift an den zuständigen Staatsanwalt schrieb er: »Da ich seit Wochen in Presse und Landtag auf das ungeheuerlichste beschimpft werde, ohne daß mir infolge der Rücksicht, die ich dem Vaterlande schuldig bin, die Möglichkeit einer öffentlichen Verteidigung zur Verfügung steht, bin ich dem Schicksal nur dankbar, daß es mir nun gestattet, diese Verteidigung im Gerichtssaale und damit frei von diesen Rücksichten führen zu können.« Vorsorglich drohte er an, die Denkschrift der Presse zu übergeben.

Der Wink war unmißverständlich genug. Er erinnerte den deutschnationalen Justizminister Gürtner, der die Denkschrift mit einem besorgten Begleitschreiben des Staatsanwalts erhielt, an alte und fortbestehende Einverständnisse, er selber hatte die Nationalsozialisten gelegentlich »Fleisch von unserem Fleische« genannt.[129] Der täglich sich verschärfende nationale Notstand, der mit Inflation, Massenstreiks, Ruhrkampf, Hungerrevolten und Aufruhraktionen von links seinem Explosionspunkt zusteuerte, schuf ausreichende Begründungen für die Schonung einer nationalen Führerfigur, auch wenn sie selber Teil dieses Notstandes war. Ohne den Innenminister, der sich mehrfach nach dem Verlauf der Ermittlungen erkundigte, zu informieren, unterrichtete Gürtner daher die Staatsanwaltschaft von seinem Wunsch, den Fall »auf eine ruhigere Zeit« zu vertagen. Am 1. August 1923 wurden die Untersuchungen einstweilen abgeschlossen, am 22. Mai des folgenden Jahres das Verfahren eingestellt.

Wie beträchtlich gleichwohl der Prestigeverlust war, den Hitler erlitten hatte, zeigte sich Anfang September, als die vaterländischen Verbände am Jahrestag des Sieges von Sedan in Nürnberg zu einem der »Deutschen Tage« zusammenkamen, die von Zeit zu Zeit, unter pathetischem Gepränge, in verschiedenen Teilen Bayerns stattfanden: vor einer dekorativen Kulisse aus Fahnen, Blumen und pensionierten Generalen huldigten Hunderttausende in Reden und Umzügen dem beleidigten Gefühl nationaler Größe und dem Bedürfnis nach schöner und erhebender Anschaulichkeit: »Brausende Heilrufe«, so heißt es mit amtsfremder Ergriffenheit in dem Bericht des Staatspolizeiamtes Nürnberg-Fürth über den 2. September 1923, »umtosten Ehrengäste und Zug, zahllose Arme streckten sich ihm mit wehenden Tüchern entgegen, ein Regen von Blumen und Kränzen schüttete sich von allen Seiten über ihn: Es war wie ein freudiger Aufschrei hunderttausender Verzagter, Verschüchterter, Getretener, Verzweifelnder, denen sich ein Hoffnungsstrahl auf Befreiung aus Knechtschaft und Not offenbarte. Viele, Männer und Frauen, standen und weinten ...«[130]

Zwar bildeten die Nationalsozialisten, dem gleichen Bericht zufolge, unter den hunderttausend aufmarschierenden Teilnehmern eine der stärksten Gruppen; doch im Mittelpunkt des hochgehenden Jubels stand unverkennbar Ludendorff, und als Hitler sich unter dem Eindruck der Massenschaustellung, eingedenk aber auch des inzwischen verlorenen Terrains, erneut zu einem Bündnis bereitfand und mit dem Verband »Reichsflagge« des Hauptmanns Heiß sowie dem »Bund Oberland« unter Friedrich Weber den »Deutschen Kampfbund« gründete, war von seinem Führungsanspruch keine Rede mehr. Nicht nur die Niederlage vom 1. Mai, sondern mehr noch der Rückzug aus München hatte dem rapiden Verfall seiner Stellung vorgearbeitet: sobald er nicht durch seine Präsenz Sensation erzeugte, waren Name, Autorität, Demagogenherrlichkeit, alles dahin. Erst rund drei Wochen später hatte der unermüdlich drängende Röhm seinem Freunde Hitler unter den Führern des Kampfbundes soviel Renommée zurückgewonnen, daß Hitler doch noch die politische Leitung des Bundes an sich ziehen konnte.

Den äußeren Anlaß dazu bot der Entschluß der Reichsregierung, den sinnlosen, über alle Kräfte gehenden Ruhrkampf einzustellen. Am 24. September, sechs Wochen nach Übernahme der Regierung, hatte Gustav Stresemann den passiven Widerstand abgebrochen und die Reparationszahlungen an Frankreich wiederaufgenommen. Zwar hatte Hitler in allen zurückliegenden Monaten diesen Widerstand mißbilligt, aber seine revolutionäre Zielsetzung verlangte gleichwohl, den unpopulären Schritt der Regierung als Zeugnis eines schimpflichen Verrats zu brandmarken und allen umstürzlerischen Nutzen daraus zu ziehen. Schon am folgenden Tag traf er mit den Führern des Kampfbundes, Kriebel, Heiß, Weber, Göring und Röhm zusammen. In einer mitreißenden Rede, zweieinhalb Stunden lang, entwickelte er seine Vorstellungen und Visionen und schloß mit der Bitte, ihm die Führung des »Deutschen Kampfbundes« zu übertragen. Mit Tränen in den Augen, so hat Röhm berichtet, habe Heiß ihm am Ende die Hand entgegengestreckt, Weber war bewegt, Röhm selber weinte auch und bebte, wie es heißt, vor innerer Erregung.[131] Überzeugt davon, daß die Entwicklung nun einer Entscheidung entgegendränge, nahm er schon am folgenden Tag seinen militärischen Abschied und schloß sich endgültig Hitler an.

Als Führer des Kampfbundes schien Hitler endlich alle Skeptiker durch die Demonstration seiner Entschlußkraft ins Unrecht setzen zu wollen. Unverzüglich ordnete er für seine 15 000 SA-Leute Alarmbereitschaft an, forderte, um die eigene Schlagkraft zu erhöhen, die Mitglieder der NSDAP auf, aus den anderen nationalen Verbänden auszutreten, und entfaltete eine hektische Betriebsamkeit; doch wie nahezu immer schien das eigentliche Ziel aller Pläne, Taktiken und Befehle eine wilde und feierliche Propagandaaktion zu sein, deren turbulente Szenerie für ihn fast zwanghaft mit dem Begriff des Unüberbietbaren zusammenfiel. Wie schon gelegentlich, plante er, am Abend des 27. September vierzehn Massenversammlungen gleichzeitig zu veranstalten und vierzehn Mal selber die hochgetriebenen Affekte zu schüren. Zwar waren die weiterreichenden Absichten des Kampfbundes nicht zweifelhaft, sie zielten auf Befreiung »aus Knechtschaft und Schmach«, auf den Marsch nach Berlin, die Errichtung einer nationalen Diktatur und die Beseitigung der »verfluchten Feinde im Innern«, wie Hitler schon drei Wochen zuvor, am 5. September, versichert hatte: »Entweder marschiert Berlin und endet in München oder München marschiert und endet in Berlin! Es kann kein Nebeneinander geben eines bolschewistischen Norddeutschland und eines nationalen Bayern.«[132] Doch welche Pläne er in diesem Augenblick verfolgte, insbesondere ob er putschen oder doch nur wieder reden wollte, ist niemals ganz eindeutig geworden; vieles weist darauf hin, daß er seine weiteren Entschlüsse von seinen Wirkungen, den Stimmungen und dem Feuer der Menge abhängig machen und in bezeichnender Überschätzung propagandistischer Mittel die Staatsmacht durch die Begeisterung der Massen zur Aktion mitreißen wollte: »Aus den endlosen Redeschlachten«, so hat er in der erwähnten Veranstaltung erklärt, erwachse das neue Deutschland, und jedenfalls ging den Mitgliedern des Kampfbundes ein streng vertraulicher Befehl zu, der ihnen die Entfernung von München untersagte und das Codewort für den Ernstfall enthielt.

Die Münchener Regierung, von den umlaufenden Putschgerüchten, dem Mißtrauen gegen die »marxistische« Reichsregierung und mancherlei spezifisch bayerischen Ressentiments und Abkapselungswünschen in die Enge getrieben, kam Hitler jedoch zuvor. Ohne jede Vorankündigung verhängte Ministerpräsident v. Knilling noch am 26. September den Ausnahmezustand und ernannte Gustav v. Kahr, wie 1920 schon einmal, zum Generalstaatskommissar mit diktatorischen Vollmachten. Kahr erklärte zwar, daß ihm die Mitarbeit des Kampfbundes willkommen sei, warnte aber Hitler zugleich vor dem, was er »Extratouren« nannte, und verbot zunächst die vierzehn geplanten Versammlungen. Außer sich vor Zorn, in einem jener später vielbeschriebenen Anfälle,

die sich an den eigenen Deklamationen und Wutschreien bis zu einer Art
Besinnungslosigkeit zu steigern schienen, drohte Hitler Revolution und
Blutvergießen an, doch blieb Kahr unbeeindruckt. An der Spitze des
Kampfbundes, des machtvollsten und geschlossensten Wehrverbandes,
hatte Hitler sich endlich als Partner der Staatsmacht gesehen; Kahr
degradierte ihn wiederum zu deren Objekt. Für einen Augenblick schien
er zum Aufstand entschlossen. Erst im Laufe der Nacht redeten Röhm,
Pöhner und Scheubner-Richter ihm diese Absichten aus.

Ohnehin war die Entwicklung über Hitlers Absichten längst hinweggegangen.
Denn inzwischen war in Berlin, unter dem Vorsitz des
Reichspräsidenten Ebert, das Kabinett zusammengetreten, um die Lage
zu erörtern. Allzu häufig hatte v. Kahr die »bayerische Sendung zur
Rettung des Vaterlandes« beschworen und deutlich gemacht, daß er
darunter nichts anderes als den Sturz der Republik, die Errichtung eines
konservativen Herrenregimes und für Bayern weitgehende Selbständigkeit
sowie die Rückkehr zur Monarchie verstand, um in dem neuen Amt
nicht die begreiflichsten Besorgnisse auszulösen. Vor dem Hintergrund
der verzweifelten Notlage des Landes, dessen Währung zerstört und
dessen Wirtschaft weithin zugrundegerichtet war, angesichts der kommunistischen
Einflußeroberung in Sachsen und Hamburg, angesichts der
separatistischen Bestrebungen im Westen und der schwindenden Macht
der Reichsregierung konnten die Münchener Vorgänge tatsächlich das
Signal für den Zusammenbruch aller Verhältnisse sein.

In dieser dramatischen, undurchsichtigen Situation hing die Zukunft
des Landes von der Reichswehr ab, deren Chef, General v. Seeckt,
freilich seinerseits Gegenstand verbreiteter Diktaturerwartungen von
rechts war. In einem ungemein wirkungsvollen Auftritt, nicht ohne
effektsteigernde Verspätung und mit dem kühlen Sonderbewußtsein des
wirklichen Machtträgers in die erregte Kabinettsrunde tretend, hat er
zwar auf die Frage Eberts, wo die Reichswehr in dieser Stunde stehe,
erwidert: »Die Reichswehr, Herr Reichspräsident, steht hinter mir«, und
damit für einen Augenblick die tatsächlichen Machtverhältnisse schlagartig
erhellt; zugleich aber hat er sich, als ihm noch am gleichen Tage
mit der Erklärung des nationalen Ausnahmezustandes die vollziehende
Gewalt für das gesamte Reichsgebiet übertragen wurde, den politischen
Instanzen in mindestens formaler Loyalität zur Verfügung gestellt.[133]

Es war eine verwirrende Szenerie, tumulterfüllt und schwer überschaubar,
auf der das Geschehen der folgenden Wochen sich entwickelte.
Zwei der Akteure warf Seeckt vorzeitig von der Bühne: Am 29. September
erhob sich in Küstrin die illegale Schwarze Reichswehr unter
Major Buchrucker, die seit dem Abbruch des Ruhrkampfes ihre Auflösung
befürchtete und unter mancherlei konfusen Vorzeichen ein Signal

zum Losschlagen für die Rechte, insbesondere die Reichswehr geben wollte; doch das überstürzt durchgeführte und unzureichend koordinierte Unternehmen wurde nach kurzer Belagerung niedergeschlagen. Unmittelbar darauf wandte Seeckt sich in einer resolut ausgreifenden Aktion, die von den unvergessenen Emotionen der Revolutionszeit zeugte, gegen die linken Umsturzdrohungen in Sachsen, Thüringen und Hamburg; dann sah er sich der Machtprobe mit Bayern gegenüber.

In Bayern war es Hitler inzwischen gelungen, seinem taktischen Konzept entsprechend, Kahr nahe an seine Seite zu bringen. Einer Aufforderung Seeckts, den ›Völkischen Beobachter‹ wegen eines wütenden, verleumderischen Artikels zu verbieten, hatten weder Kahr noch Lossow Folge geleistet und anschließend auch einen Verhaftungsbefehl gegen Roßbach, Hauptmann Heiß und Kapitän Ehrhardt ignoriert. Als Lossow daraufhin abgesetzt wurde, ernannte der Generalstaatskommissar ihn unter Bruch der Verfassung zum Landeskommandanten der bayerischen Reichswehr und tat alles, um den Konflikt mit Berlin durch immer neue Provokationen auf die Spitze zu treiben, am Ende forderte er nichts Geringeres als die Umbildung der Reichsregierung und antwortete auf ein Schreiben Eberts mit einer offenen Kampfansage: Kapitän Ehrhardt, der vom Reichsgericht steckbrieflich gesuchte ehemalige Freikorpsführer, wurde aus seinem Salzburger Unterschlupf geholt und angewiesen, den Marsch auf Berlin vorzubereiten; die Aufmarschplanung sah den 15. November als ersten Angriffstag vor.

Die starken Gesten waren von kräftigen Worten begleitet. Kahr selber polemisierte gegen den undeutschen Geist der Weimarer Verfassung, nannte das Regime einen »tönernen Koloß« und sah sich in einer Rede als Exponent der nationalen Sache in dem entscheidenden Weltanschauungskampf gegen die internationale marxistisch-jüdische Auffassung.[134] Zwar trachtete er durch seine lärmenden Reaktionen den vielfältigen Erwartungen gerecht zu werden, die mit seiner Ernennung zum Generalstaatskommissar verbunden worden waren; in Wirklichkeit dagegen diente er den Absichten Hitlers. Nicht mehr als eines Artikels im ›Völkischen Beobachter‹ hatte es angesichts der Durchgängereien Kahrs bedurft, um die fatale Situation vom 1. Mai umzukehren: der Konflikt mit Berlin verschaffte Hitler die Bundesgenossenschaft jener bayerischen Machtträger, deren Hilfe er für den revolutionären Aufbruch gegen die Reichsregierung benötigte. Denn als Seeckt Lossow zum Rücktritt aufforderte, stellten sich alle nationalen Verbände für die sich abzeichnende Auseinandersetzung mit Berlin zur Verfügung.

Unerwartet sah Hitler große Gelegenheiten nahen, der Winter werde die Entscheidung bringen, äußerte er in einem Interview mit dem ›Corriere d'Italia‹.[135] Mehrere Male suchte er kurz hintereinander Lossow auf und begrub den Streit; sie hätten jetzt gemeinsame Interessen und gemeinsame Gegner, konnte er überglücklich erklären, während Lossow versicherte, er sei »mit der Auffassung Hitlers in neun von zehn Punkten völlig einig«. Ohne es eigentlich zu wollen, geriet der Chef der bayerischen Reichswehr damit als einer der Hauptakteure in die Bühnenmitte, doch die Verschwörerrolle stand ihm schlecht, er war ein unpolitischer Soldat, entscheidungsscheu und der Konfliktsituation, in der er sich wiederfand, zunehmend weniger gewachsen. Bald mußte Hitler ihn vorwärtsstoßen. Treffend hat er das Dilemma v. Lossows charakterisiert: Ein militärischer Führer mit so weitgehenden Rechten, »der sich gegen seinen Chef aufbäumt, muß entschlossen sein, entweder bis zum Letzten zu gehen, oder er ist ein gewöhnlicher Meuterer und Rebell«[136].

Schwieriger war die Verständigung mit Kahr. Während Hitler dem Generalstaatskommissar den Verrat vom 26. September nicht vergessen konnte, blieb Kahr sich bewußt, daß er nicht zuletzt gerufen worden war, um den radikalen, zu jeder aggressiven Verrücktheit entschlossenen Agitator »zur weißblauen Raison (zu) bringen«. Seine Beziehung zu Hitler verhehlte nur schlecht den immerwachen Hintergedanken, dem Trommler und talentvollen Krawallmacher zu gegebener Zeit »Befehl zum Wegtreten aus der Politik« zu geben.[137]

Aller Reserve, allem gegenseitigen Unbehagen zum Trotz, brachte die Auseinandersetzung mit der Reichsregierung sie dennoch zusammen, die weiterbestehenden Meinungsverschiedenheiten betrafen den Führungsanspruch und vor allem den Zeitpunkt des Losschlagens. Während Kahr, der mit Lossow und Seißer bald zum »Triumvirat« der legalen Gewalt zusammenfand, in dieser Frage zu einer gewissen Umsicht neigte und einigen Abstand zu seinen kühnen Worten hielt, drängte Hitler ungeduldig zur Aktion. »Nur eine Frage bewegt noch das Volk: ›Wann geht es los?‹« rief er aus und feierte fast schwärmerisch, in eschatologischen Tiraden, den bevorstehenden Zusammenbruch:

> »Dann ist der Tag gekommen«, prophezeite er, »für den diese Bewegung geschaffen wurde! Die Stunde, für die wir Jahre gekämpft haben. Der Augenblick, in dem die nationalsozialistische Bewegung den Siegeszug antreten wird zum Heile Deutschlands! Nicht für eine Wahl sind wir gegründet worden, sondern um als letzte Hilfe in der größten Not einzuspringen, wenn dieses Volk angstvoll und verzweifelt das rote Ungeheuer herankommen sieht ... Von unserer Bewegung geht die Erlösung aus, das fühlen heute schon Millionen. Das ist fast wie ein neuer religiöser Glaube geworden!«[138]

Im Laufe des Oktober verstärkten alle Seiten ihre Vorbereitungen. In einer wispernden Atmosphäre von Intrige, Heimlichkeit und Verrat wurden pausenlos Besprechungen geführt, Aktionspläne herumgereicht, Stichworte für die Stunde des Losschlagens ausgetauscht, aber auch Waffen gesammelt und Einsatzübungen abgehalten. Schon Anfang Oktober nahmen die Gerüchte über einen unmittelbar bevorstehenden Putsch der Hitlerleute so bestimmte Formen an, daß Oberstleutnant Kriebel, der militärische Führer des Kampfbundes, sich genötigt sah, in einem Brief an den Ministerpräsidenten v. Knilling alle Umsturzabsichten zu leugnen. In dem Gestrüpp der Interessen, Pakte, Scheinmanöver und Hinterhalte überwachte einer den anderen, Tausende waren in Erwartung irgendwelcher Befehle. An den Häuserwänden tauchten Parolen und Gegenparolen auf, der »Marsch nach Berlin« wurde zur magischen Formel, die wie mit einem Schlage die Lösung aller Probleme verhieß. Wie seit Wochen schürte Hitler die Aufbruchspsychose: »Diese Novemberrepublik geht zu Ende. Es beginnt allmählich das leise Rascheln, das ein Ungewitter anzeigt. Und dieses Ungewitter wird losbrechen, und in diesem Sturm wird diese Republik eine Änderung erfahren, so oder so. Reif dazu ist sie.«[139]

Kahr gegenüber schien Hitler seiner Sache ziemlich sicher. Zwar blieb der Argwohn, das Triumvirat könnte ohne ihn losmarschieren oder die Massen nicht mit der revolutionären Devise »Auf nach Berlin!«, sondern mit dem Kampfruf der Separatisten »Los von Berlin!« mobilisieren; gelegentlich fürchtete er wohl auch, es werde überhaupt nicht zur Aktion kommen, und schon Anfang Oktober begann er, wenn die Hinweise nicht trügen, Überlegungen anzustellen, wie er die Partner durch einen Handstreich zum Losschlagen zwingen und sich selber an die Spitze des Aufbruchs bringen könnte. Doch daß die Bevölkerung, wenn er den richtigen Zeitpunkt nicht versäumte, im Konflikt zu ihm und keineswegs zu Kahr halten würde, war ihm nicht zweifelhaft. Er verachtete diese blasierte Bourgeoisie, ihr falsches Hochbewußtsein, ihre Unfähigkeit vor den Massen, die sie ihm wegzunehmen trachtete. Kahr nannte er in einem Interview einen »schwächlichen Vorkriegsbürokraten« und erklärte, die »Geschichte aller Revolutionen (zeige), daß nie ein Mann des alten Systems sie meistern könne, nur ein Revolutionär«. Zwar gehörte dem Triumvirat die Gewalt; er selber aber hatte den »Nationalfeldherrn« Ludendorff an seiner Seite, das »Armeekorps auf zwei Beinen«, dessen politische Beschränktheit er rasch erkannte und mit Glätte nutzen lernte. Sein Selbstbewußtsein zeigte schon damals die charakteristische Tendenz ins Ungemessene, er verglich sich mit Gambetta oder Mussolini, auch wenn seine Mitstreiter darüber lachten und Kriebel einem Besucher erklärte, Hitler komme für eine leitende Stelle selbstverständlich nicht in Frage, er habe ohnehin nur seine Propaganda im Kopf. Hitler selber dagegen erklärte einem der hohen Offiziere aus Lossows Umgebung, er fühle in sich den Beruf, Deutschland zu retten, Ludendorff brauche er zur Gewinnung der Reichswehr: »In der Politik wird er mir nicht das mindeste dreinreden – ich bin kein Bethmann-Hollweg... Wissen Sie, daß auch Napoleon bei Bildung seines Konsulats sich nur mit unbedeutenden Männern umgeben hat?«[140]

In der zweiten Oktoberhälfte nahmen die Münchener Pläne gegen Berlin festeren Umriß an. Am 16. Oktober unterzeichnete Kriebel einen Befehl zum Ausbau des Grenzschutzes nach Norden, der zwar als polizeiliche Maßnahme gegen das unruhigere Thüringen ausgegeben war, tatsächlich aber kriegsmäßig von »Aufmarschräumen« und »Eröffnung der Feindseligkeiten« sprach, von »Angriffsgeist«, »Jagdeifer« sowie der »Vernichtung« der gegnerischen Kräfte, und vor allem die Möglichkeit offener Mobilmachung für den Bürgerkrieg bot. Die Zeitfreiwilligen hielten unterdessen Einsatzübungen an Hand des Stadtplanes von Berlin ab, und vor den Fahnenjunkern der Infanterieschule rühmte Hitler unter donnerndem Beifall das Ethos der Revolution: »Die höchste Pflicht Ihres Fahneneides, meine Herren, ist die, ihn zu brechen.« Um die Streitmacht des Partners zu irritieren, riefen die Nationalsozialisten vor allem die Angehörigen der Landespolizei zum Eintritt in die SA auf, und spätere Angaben Hitlers sprachen von sechzig bis achtzig Feldhasen, Haubitzen und schweren Geschützen, die vorsorglich aus den Verstecken geholt worden seien. Auf einer Besprechung des Kampfbundes am 23. Oktober teilte Göring Einzelheiten für die »Offensive nach Berlin« mit und empfahl unter anderem die Vorbereitung schwarzer Listen: »Es muß mit schärfstem Terror vorgegangen werden; wer die geringsten Schwierigkeiten macht, ist zu erschießen. Es ist notwendig, daß die Führer sich jetzt schon die Persönlichkeiten heraussuchen, deren Beseitigung notwendig ist. Mindestens einer muß zur Abschreckung nach Erlaß des Aufrufs sofort erschossen werden«: das »Ankara Deutschlands« rüstete zum Aufbruch nach innen.[141]

In der Atmosphäre mißtrauischer Rivalität zog ein Vorhaben das andere nach. Am 24. Oktober rief Lossow im Wehrkreiskommando Vertreter von Reichswehr, Landespolizei und Vaterländischen Verbänden zusammen, um ihnen die Mobilmachungsplanung der Reichswehr für den Marsch nach Berlin vorzutragen, die Parole lautete »Sonnenaufgang«. Dazu hatte er zwar den militärischen Führer des Kampfbundes, Hermann Kriebel, geladen, Hitler dagegen und die Führung der SA übergangen. Als Antwort hielt Hitler unverzüglich eine »große Heerschau« ab, wie es in einem zeitgenössischen Bericht heißt, »schon in der Frühe hörte man aus der Stadt Trommelwirbel und Musik schallen, und im Laufe des Tages sah man allerorten uniformierte Leute mit dem Hakenkreuz Hitlers am Kragen oder dem Oberland-Edelweiß an der Mütze«[142]. Kahr wiederum erklärte unaufgefordert, angeblich um »vielfach umlaufenden Gerüchten« zu begegnen, daß er jedes Verhandeln mit der gegenwärtigen Reichsregierung ablehne.

Es war wie ein stiller, erbitterter Wettlauf, und die Frage schien nur noch, wer als erster losschlagen werde, um endlich aus den Händen der erlösten Nation »den Siegeslorbeer am Brandenburger Tor« entgegenzunehmen. Eine eigentümliche, lokal gefärbte Hitzigkeit durchsetzte alle Pläne mit einem durchaus phantastischen Element und verschaffte den vielfältigen Aktivitäten einen Zusatz weiträumiger und soldatenmässiger Indianerspielerei. Ohne sich lange bei den wirklichen Machtverhältnissen aufzuhalten, verkündeten die Protagonisten, daß es an der Zeit sei, zu »marschieren und gewisse Fragen endlich wie Bismarck (zu) lösen«, andere feierten die »Ordnungszelle Bayern« oder die »bayerischen Fäuste«, die »den Saustall in Berlin aufräumen« müßten. Eine anheimelnde Düsternis lag über den gern verwendeten Bildern, die die Hauptstadt als das große Babylon beschrieben, und manche Redner gewannen die Herzen dadurch, daß sie »den kernigen Bayern einen Straffeldzug nach Berlin, den Triumph über die große apokalyptische Hure, und vielleicht auch ein wenig Freuden mit ihr« in Aussicht stellten. Ein Gewährsmann aus dem Hamburger Raum unterrichtete Hitler davon, daß ihm »Millionen in Norddeutschland am Tage der Abrechnung zur Seite stehen« würden, und vielfach herrschte die Vorstellung, daß die Nation sich in allen Stämmen und allen Landschaften dem Aufruhr von München, wenn er erst losgebrochen sei, anschließen werde und eine »frühlingshafte Erhebung des deutschen Volkes gleich der des Jahres 1813« unmittelbar bevorstehe.[143] Am 30. Oktober nahm Hitler Kahr gegenüber sein Wort zurück, daß er nicht vorprellen werde.

Kahr selber konnte sich freilich auch jetzt nicht zur Aktion entschließen, und möglicherweise hat er so wenig wie Lossow je wirklich daran gedacht, aus eigener Initiative zum Umsturz zu schreiten; mitunter scheint es vielmehr, das Triumvirat habe mit allen Herausforderungen, Drohungen und Aufmarschplänen lediglich Seeckt und die nationalkonservativen »Herren aus dem Norden« ermutigen wollen, ihre vielbemunkelten Diktaturkonzepte zu verwirklichen, um selber erst in dem Augenblick einzugreifen, den die Aussichten des Unternehmens sowie die bayerischen Interessen geboten. Anfang November schickten sie Oberst Seißer nach Berlin, um die Lage zu erkunden. Sein Bericht war freilich enttäuschend, mit einer breiten Unterstützung war nicht zu rechnen, insbesondere Seeckt blieb zurückhaltend.

Daraufhin riefen sie am 6. November die Führer der Vaterländischen

Verbände zusammen und eröffneten ihnen in energischem Ton, daß sie allein das Recht und das Kommando für die erwartete Aktion beanspruchten und jede Eigenmacht brechen würden: es war der letzte Versuch, das Gesetz des Handelns, das ihnen zwischen manchen herzhaften Worten und beständigem Zaudern verlorengegangen war, zurückzugewinnen. Hitler blieb auch von dieser Zusammenkunft ausgeschlossen. Am gleichen Abend kam der Kampfbund überein, die nächste Gelegenheit zum Losschlagen zu ergreifen und sowohl das Triumvirat als auch eine möglichst große Anzahl Unentschlossener durch eine mitreißende Aktion zum Marsch auf Berlin zu bringen.

Der Entschluß ist häufig als Zeugnis für das theatralische, überspannte, größenwahnsinnige Temperament Hitlers herangezogen und als »Beer-hall-Putsch«, »Politischer Fasching«, »Hintertreppenputsch« oder »Wildwestgaudi« dem öffentlichen Hohn überantwortet worden. Gewiß sind alle diese Züge dem Unternehmen nicht fremd; zugleich aber zeugt es doch auch von dem Vermögen Hitlers zur Lagebeurteilung, seinem Mut und seiner taktischen Konsequenz. Es enthielt in bezeichnender Verschlingung so viele Elemente von Posse und Brigantenstück wie von kühler Rationalität.

In der Tat hatte Hitler am Abend des 6. November 1923 eigentlich keine Wahl mehr. Der Zwang zum Handeln war bereits seit der kaum verwundenen Niederlage vom 1. Mai unabweisbar, wenn er nicht alles aufs Spiel setzen wollte, was ihn für eine wachsende Zahl aus der Menge der Parteien und Politiker heraushob und glaubwürdig machte: den radikalen, nahezu existentiellen Ernst seiner Empörung, die durch ihre Unnachgiebigkeit beeindruckte und sichtlich nicht auf heimliche Kompromisse sann. Als Führer des Kampfbundes verfügte er inzwischen auch über eine Streitmacht, deren Aktionswille nicht mehr durch die Mißhelligkeiten kollegialer Führung beeinträchtigt wurde, und schließlich drängten auch die Sturmtruppen selbst ungeduldig zur Tat.

Ihre Unruhe hatte unterschiedliche Ursachen. Sie spiegelte die Unternehmungslust abenteuernder Dauersoldaten, die nach wochenlanger konspirierender Vorbereitung endlich losmarschieren und zum Ziel kommen wollten. Viele hegten auch die Hoffnung, die künftige nationale Diktatur werde über die Beschränkungen des Versailler Vertrages hinweg die Reichswehr vergrößern. Seit Wochen im Zustand ständiger Marschbereitschaft, hatten einige Verbände am Manöver »Herbstübung« der Reichswehr teilgenommen, doch inzwischen waren alle Mittel aufgezehrt, auch Hitlers Reserven waren erschöpft, die Mannschaften hungerten, lediglich Kahr konnte seine Verbände noch unterhalten, ein Vortrag Kapitän Ehrhardts vor Industriellen in Nürnberg brachte 20 000 Dollar ein.

Das Dilemma, in das Hitler damit geriet, tritt anschaulich in der Aussage hervor, die der Führer des SA-Regiments München, Wilhelm Brückner, in einer Geheimsitzung des späteren Prozesses abgegeben hat: »Ich hatte den Eindruck, daß die Reichswehroffiziere selbst unzufrieden waren, weil der Marsch nach Berlin nicht losging. Sie sagten: der Hitler ist der gleiche Lügenbeutel wie alle anderen auch. Ihr schlagt nicht los. Wer losschlägt, ist uns ganz gleichgültig, wir marschieren einfach mit. Ich habe auch Hitler persönlich gesagt: es kommt der Tag, da kann ich die Leute nicht mehr halten. Wenn jetzt nichts geschieht, dann petzen die Leute weg. Wir hatten sehr viele Erwerbslose darunter, Leute, die ihr letztes Gewand, ihre letzten Schuhe, ihr letztes Zehnerl an die Ausbildung taten und sagten: es geht jetzt bald los, dann werden wir in die Reichswehr eingestellt und sind aus dem ganzen Schlamassel heraus.«[144] Hitler selber meinte Anfang November im Gespräch zu Seisser, jetzt müsse etwas geschehen, sonst würden die Mannschaften des Kampfbundes aus wirtschaftlicher Not ins Lager der Kommunisten getrieben.

Zur Sorge Hitlers, die Kampfbundeinheiten könnten zerfallen, trat die Befürchtung angesichts der verrinnenden Zeit: der revolutionäre Unmut drohte zu erliegen, er war lange überdehnt worden. Zugleich deuteten das Ende des Ruhrkampfes und die Niederschlagung der Linken eine Wende zur Normalisierung an, auch die Bewältigung der Inflation schien greifbarer denn je, und mit der Krise zogen auch die Gespenster ab. Unverkennbar war, welchen weiten agitatorischen Spielraum die nationalen Notstände Hitler geöffnet hatten. Er durfte nicht zögern, auch wenn dem Entschluß das eine oder andere von ihm gegebene Ehrenwort entgegenstand; bedenklicher war, daß sein taktisches Konzept nicht erfüllt war: er wagte die Revolution ohne Einwilligung des Herrn Präsidenten.

Immerhin hoffte er, diese Einwilligung und sogar die Beteiligung des Herrn Präsidenten gerade durch seinen Tatentschluß zu erhalten: »Wir waren überzeugt, hier wird nur gehandelt, wenn zu dem Wollen ein Wille kommt«, erklärte Hitler später vor Gericht. Der Summe gewichtiger Gründe, die allesamt für die Aktion sprachen, stand folglich nur die Gefahr gegenüber, daß der geplante Coup ohne die erhoffte zündende Wirkung blieb und das Triumvirat nicht mitzureißen vermochte. Es scheint, als habe Hitler diese Gefahr gering geachtet, da er nur erzwang, was die Herren ohnehin planten; doch hat dieser Irrtum am Ende das ganze Unternehmen verdorben und Hitlers mangelnden Realitätssinn bloßgestellt. Er selber freilich hat diesen Einwand nie gelten lassen, sich vielmehr auf die Verachtung der Wirklichkeit immer einiges zugute gehalten und Lossows berühmt gewordene Äußerung, er werde sich am Staatsstreich beteiligen, wenn nur einundfünfzig Prozent Gewißheit für einen erfolgreichen Ausgang gegeben seien, als Beispiel eines hoffnungslosen Realitätssinnes nicht ohne Geringschätzung vor Augen gehabt.[145] Doch sprachen nicht nur die kalkulierbaren Gründe für den Entschluß zur Tat; vielmehr hat der Verlauf der Geschichte selber Hitler in einem weit umfassenderen Sinne recht gegeben. Denn das Unternehmen, das in einem einzigartigen Debakel endete, offenbarte sich doch als der entscheidende Durchgang Hitlers auf dem Wege zur Macht.

Ende September, inmitten all der hektischen Vorbereitungen und Positionsmanöver, hatte Hitler in Bayreuth einen »Deutschen Tag« veranstaltet und im Haus Wahnfried um einen Empfang gebeten. Tief bewegt hatte er die Räume betreten, das Arbeitszimmer des Meisters mit der großen Bibliothek, und das Grab im Garten aufgesucht. Dann wurde er Houston Stewart Chamberlain vorgestellt, der mit einer der Töchter Richard Wagners verheiratet und einer der großen Leseeindrücke seiner Formationsjahre gewesen war. Der nahezu gelähmte Greis nahm ihn nur noch mühsam wahr, doch spürte er die Energie und das Zielbewußtsein, die von Hitler ausgingen. In einem Brief, den er seinem Besucher eine Woche später, am 7. Oktober, schrieb, feierte er ihn nicht nur als Vorläufer und Begleitfigur eines Größeren, sondern als den Retter selber, die entscheidende Figur der deutschen Gegenrevolution; er habe geglaubt, einem Fanatiker zu begegnen, doch sein Empfinden sage ihm, daß Hitler anders, schöpferischer sei und trotz seiner spürbaren Willenskraft kein Gewaltmensch. Er selber sei nun endlich, so meinte er, beruhigt und der Zustand seiner Seele mit einem Schlage umgewandelt: »Daß Deutschland in den Stunden seiner höchsten Not sich einen Hitler gebiert, das bezeugt sein Lebendigsein.«[146]

Für den von Unsicherheiten bewegten, nur in jähen Phantasien zur Gewißheit seines Ranges durchstoßenden Demagogen, der gerade vor einer seiner großen Lebensentscheidungen stand, waren diese Worte wie ein Zuruf durch den Bayreuther Meister selber.

IV. KAPITEL: DER PUTSCH

> »Und dann schrie eine Stimme: ›Da kommens, Heil Hitler!‹«
> Augenzeugenbericht
> vom 9. November 1923

Die zwei Tage bis zum 8. November waren erfüllt von nervöser Betriebsamkeit. Jeder verhandelte mit jedem, München hallte wider von kriegsmäßigen Vorbereitungen und Gerüchten. Die ursprünglichen Pläne des Kampfbundes sahen vor, am 10. November mit beginnender Dunkelheit eine große Nachtübung auf der Fröttmaninger Heide im Norden Münchens zu veranstalten und am nächsten Morgen in aller Frühe unter dem Anschein eines der gewohnten Aufmärsche in München einzumarschieren, um die nationale Diktatur auszurufen und das Triumvirat zum Handeln zu zwingen. Noch während der Beratungen wurde bekannt, daß Kahr am Abend des 8. November im Bürgerbräukeller eine programmatische Rede halten werde, zu der das Kabinett, ferner Lossow, Seißer, die Spitzen der Behörden, der Wirtschaft sowie der Vaterländischen Vereinigungen geladen seien. In der Sorge, Kahr könnte ihm zuvorkommen, warf Hitler daraufhin im letzten Augenblick alle Pläne um und beschloß, schon am nächsten Tag zu handeln. Pausenlos und in aller Eile wurden die SA und die Kampfbundeinheiten mobilisiert.

Die Versammlung begann um 20.15 Uhr. Im langen schwarzen Gehrock, das Eiserne Kreuz angeheftet, fuhr Hitler zum Bürgerbräukeller, neben sich in dem erst unlängst erworbenen roten Mercedes Alfred Rosenberg, Ulrich Graf sowie den ahnungslosen Anton Drexler, der an diesem Abend zum letzten Mal in denkwürdigem Zusammenhang in Erscheinung trat. Aus Geheimhaltungsgründen war ihm mitgeteilt worden, man fahre zu einer Versammlung aufs Land. Als Hitler ihm jetzt eröffnete, er werde um halb neun losschlagen, erwiderte Drexler verstimmt, er wünsche zu dem Unternehmen Glück und zog sich zurück.

Vor dem Saaleingang herrschte großes Gedränge, und in der Sorge, er werde die Versammlung, die soeben begonnen hatte, nicht wie geplant stürmen können, befahl Hitler dem diensthabenden Polizeioffizier kurzerhand, den Vorplatz zu räumen. Als Kahr gerade »die sittliche Berechtigung der Diktatur« mit einem neuen Menschenbild begründete, stellte sich Hitler an der Saaltür bereit. Nach Berichten von Augenzeugen war er außerordentlich erregt, als draußen die Mannschaftswagen vorfuhren und der Stoßtrupp Hitler ausschwärmte, um das Gebäude kriegsmäßig abzuriegeln. Mit jener Neigung zur chargierenden Szene, die ihm eigen war, hielt er ein Bierglas in der erhobenen Hand, und während ein schweres Maschinengewehr neben ihm auffuhr, tat er einen letzten dramatischen Schluck, dann warf er das Glas klirrend zu Boden und stürmte, eine Pistole in der erhobenen Hand, an der Spitze eines bewaffneten Stoßtrupps mitten in den Saal. Und während um ihn herum Krüge zu Boden krachten, Stühle umkippten, sprang er auf einen Tisch, feuerte, um sich Gehör zu verschaffen, den berühmt gewordenen Pistolenschuß in die Decke und bahnte sich durch die fassungslose Menge den Weg zum Podium: »Die nationale Revolution ist ausgebrochen«, rief er. »Der Saal ist von sechshundert Schwerbewaffneten besetzt. Niemand darf den Saal verlassen. Wenn nicht sofort Ruhe ist, werde ich ein Maschinengewehr auf die Galerie stellen lassen. Die bayerische Regierung und die Reichsregierung sind abgesetzt, eine provisorische Reichsregierung wird gebildet, die Kasernen der Reichswehr und Landespolizei sind besetzt, Reichswehr und Landespolizei rücken bereits unter den Hakenkreuzfahnen heran.« Dann forderte er Kahr, Lossow und Seißer »in barschem Befehlston«, wie es heißt, auf, ihm in einen Nebenraum zu folgen. Und während die SA begann, unter den Anwesenden, die inzwischen ihre Fassung wiedergewonnen hatten und laut »Theater!« oder »Südamerika!« riefen, mit Saalschlachtmethoden Ordnung zu schaffen, versuchte Hitler in einem bizarren Auftritt, die widerspenstige Staatsautorität für sich zu gewinnen.

Ungeachtet aller Widersprüche und unklar gebliebenen Zusammenhänge treten die Grundzüge des Geschehens doch deutlich hervor. Wild mit der Pistole fuchtelnd, drohte Hitler den drei Männern, keiner von ihnen werde lebend den Raum verlassen, entschuldigte sich jedoch gleich unter förmlichem Gehabe, daß er auf so ungewöhnliche Weise vollendete Tatsachen habe schaffen müssen, er wolle den Herren damit nur die Übernahme der neuen Ämter erleichtern. Allerdings bleibe ihnen ohnehin nichts übrig als mitzumachen: Pöhner sei zum bayerischen Ministerpräsidenten mit diktatorischen Vollmachten ernannt, Kahr werde Landesverweser, er selber trete an die Spitze der neuen Reichsregierung, Ludendorff befehlige die nationale Armee zum Marsch auf Berlin, und Seisser sei als Polizeiminister vorgesehen. In wachsender

Erregung stieß er hervor: »Ich weiß, daß den Herren der Schritt schwerfällt, der Schritt muß aber gemacht werden. Man muß es den Herren erleichtern, den Absprung zu finden. Jeder hat den Platz einzunehmen, auf den er gestellt wird, tut er das nicht, so hat er keine Daseinsberechtigung. Sie müssen mit mir kämpfen, mit mir siegen oder mit mir sterben. Wenn die Sache schief geht, vier Schüsse habe ich in der Pistole, drei für meine Mitarbeiter, wenn sie mich verlassen, die letzte Kugel für mich.« Dann setzte er, wie es in einem der Berichte heißt, mit theatralischem Gestus die Pistole an die Schläfe und versicherte: »Wenn ich nicht morgen nachmittag Sieger bin, bin ich ein toter Mann.«

Zur Verblüffung Hitlers zeigten die drei Männer sich jedoch kaum beeindruckt, vor allem Kahr war der Situation gewachsen. Sichtlich gekränkt durch das verrückt anmutende Räuberstück und die Rolle, die ihm darin zugedacht war, äußerte er: »Herr Hitler, Sie können mich totschießen lassen, Sie können mich selber totschießen. Aber sterben oder nicht sterben ist für mich bedeutungslos.« Seißer warf Hitler vor, sein Ehrenwort gebrochen zu haben, Lossow schwieg. An Türen und Fenstern standen unterdessen bewaffnete Anhänger Hitlers und drohten gelegentlich mit ihren Gewehren.

Für einen Augenblick schien es, als werde die Überrumpelungsaktion an der schweigenden Indolenz der drei Männer scheitern. Als Hitler mit dem zu Boden geworfenen Bierglas das Zeichen zum Handstreich gegeben hatte, war Scheubner-Richter mit dem Auto losgefahren, um den bis dahin uneingeweihten Ludendorff herbeizuholen; von ihm und seiner Autorität erhoffte Hitler sich jetzt die Wende. Er selber begab sich unterdessen erneut in den unruhigen Saal. Nervös, enttäuscht von seinem Mißerfolg zog er sich zu der Menge zurück, wo er seiner Wirkungen sicherer war. Der Historiker Karl Alexander v. Müller hat als einer der Augenzeugen die Aufgebrachtheit der versammelten Prominenz beschrieben, die sich festgehalten, verhöhnt und von den rüden SA-Männern bedroht sah, deren Anführer sich jetzt erregt zur Rednertribüne drängte; ein hintergrundloser, anmaßender junger Mann mit eher aberwitzigen Anwandlungen und einer eigentümlichen Wirkung auf den gemeinen Mann: so stand er vor ihnen, wie verkleidet in seinem schwarzen Gehrock, nicht ohne lächerliche, kellnerhafte Züge angesichts der selbstbewußten, kühlen Notabeln des Landes – und in einer meisterhaften Rede drehte er »die Stimmung der Versammlung mit wenigen Sätzen um ... wie einen Handschuh. Ich habe so etwas«, fährt der erwähnte Bericht fort, »noch selten erlebt. Wie er aufs Podium ging, war die Unruhe so groß, daß er kein Gehör fand und einen Schuß abgab. Ich sehe noch die Bewegung. Er holte den Browning hinten aus der Tasche ... Er kam eigentlich herein, um zu sagen, daß seine Voraussage, daß in zehn Minuten die Sache erledigt sein würde, nicht eingetroffen sei.«[147] Doch kaum stand er vor der Versammlung und registrierte, wie die Gesichter sich ihm zuwandten, die Mienen erwartungsvoll wurden und die Unruhe der Stimmen in unterdrücktem Räuspern erstarb, als er seine Selbstsicherheit zurückgewann.

Er hatte, strenggenommen, der Versammlung nicht viel zu sagen. In knappem und befehlendem Ton, wie eine Aneinanderreihung von Tatsachen, wiederholte er nur, was bis dahin nichts weiter als ein exzentrisches System von Hoffnungen, Vorgefühlen und Wunschvorstellungen war: die neuen Namen, die neuen Ämter und eine Folge von Vorschlägen. Dann rief er: »Die Aufgabe der provisorischen deutschen nationalen Regierung ist, mit der ganzen Kraft dieses Landes und der herbeigezogenen Kraft aller deutschen Gaue den Vormarsch anzutreten in das Sündenbabel Berlin, das deutsche Volk zu retten. Ich frage Sie nun: draußen sind drei Männer: Kahr, Lossow und Seißer. Bitter schwer fiel ihnen der Entschluß. Sind Sie einverstanden mit dieser Lösung der deutschen Frage? Sie sehen, was uns führt, ist nicht Eigendünkel und Eigennutz, sondern den Kampf wollen wir aufnehmen in zwölfter Stunde für unser deutsches Vaterland. Aufbauen wollen wir einen Bundesstaat föderativer Art, in dem Bayern das erhält, was ihm gebührt. Der Morgen findet entweder in Deutschland eine deutsche nationale Regierung oder uns tot!« Seine Überzeugungskraft sowie das Täuschungsmanöver, das er den Versammelten vorspiegelte, Kahr, Lossow und Seißer seien bereits mit ihm einig, bewirkten, was der Augenzeugenbericht »eine vollkommene Umdrehung« nennt; Hitler verließ den Saal »mit der Vollmacht der Versammlung, Kahr zu sagen, daß der ganze Saal hinter ihm stehen würde, wenn er sich anschließen würde«.

Inzwischen war auch Ludendorff eingetroffen, ungeduldig und sichtlich erbost über Hitlers Heimlichtuerei sowie die eigenmächtige Ämterverteilung, die ihm nur die Armee überließ; ohne zu fragen, ohne sich umzusehen, begann er zu reden und forderte die drei Männer auf, in seine Hand einzuschlagen, auch er sei überrascht, doch handle es sich um ein großes historisches Geschehen. Nun erst, unter dem persönlichen Eindruck der legendären nationalen Prestigefigur, begann einer nach dem anderen nachzugeben. Lossow nahm Ludendorffs Aufforderung nach Offiziersart als einen Befehl hin, Seißer tat es ihm nach, nur Kahr weigerte sich störrisch, und als Hitler ihm aufgeregt bedeutete, er müsse mit ihnen gehen, die Menschen würden dann vor ihm niederknien, erwiderte Kahr unbewegt, darauf lege er keinen Wert. Der ganze Unterschied zwischen dem wirkungssüchtigen Theatertemperament Hitlers und dem nüchternen Machtverständnis des politischen Beamten wurde in den zwei Sätzen blitzartig sichtbar.

Am Ende jedoch und von allen Seiten bedrängt, gab auch Kahr nach, und gemeinsam kehrte die Gruppe zu einer gestellten Verbrüderungsszene in den Saal zurück. Die Demonstration scheinbarer Einigkeit reichte aus, die Versammlung auf die Stühle zu bringen, und unter begeistertem Jubel schüttelten die Akteure sich die Hände. Während insbesondere Ludendorff und Kahr bleich, mit starrem Ausdruck, vor die überschwenglich gestikulierende Menge traten, wirkte Hitler »eigentlich leuchtend vor Freude«, wie der Bericht vermerkt, »selig..., daß es ihm geglückt war, Kahr zu bewegen, mitzutun«. Für einen kurzen, köstlichen Augenblick schien, wovon er je geträumt hatte, erreicht: Umjubelt im Kreise der Honoratioren, deren Beifall seit den Wiener Bitterkeiten so viel persönliche Genugtuung für ihn einschloß, Kahr und die Staatsautorität an seiner Seite, den Nationalfeldherrn Ludendorff neben und als designierten Reichsdiktator eigentlich auch schon unter sich – er, der so lange lebensunschlüssige, vielfach gescheiterte Berufslose hatte es weit gebracht: »Der Nachwelt wird es vorkommen wie ein Märchen«, liebte er mit staunendem Blick auf die unvermutet kühnen Aufwärtswendungen seines Lebens zu versichern;[148] und in der Tat durfte er sich sagen, daß es von nun an, wie immer das Abenteuer dieses Putsches ausgehen mochte, nicht mehr auf der Provinzbühne vergangener Jahre spielte, sondern auf die große Szene getreten war. Inbrünstig, mit unbewußt travestierendem Ton, schloß er seine Ansprache: »Ich will jetzt erfüllen, was ich mir heute vor fünf Jahren als blinder Krüppel im Lazarett gelobte: nicht zu ruhen und zu rasten, bis die Novemberverbrecher zu Boden geworfen sind, bis auf den Trümmern des heutigen jammervollen Deutschland wieder auferstanden sein wird ein Deutschland der Macht und der Größe, der Freiheit und der Herrlichkeit. Amen!«[149] Und während die Menge schrie und jubelte, mußten auch die anderen eine kurze Erklärung abgeben, Kahr fand einige undurchsichtige Bekenntnisformeln zu Monarchie, bayerischer Heimat und deutschem Vaterland, Ludendorff sprach von einem Wendepunkt und beteuerte, noch immer grimmig über Hitlers Verhalten: »Ergriffen von der Größe des Augenblicks und überrascht stelle ich mich kraft eigenen Rechts der deutschen Nationalregierung zur Verfügung.«

Im Auseinandergehen vergaß man nicht, den Ministerpräsidenten v. Knilling, die anwesenden Minister sowie den Polizeipräsidenten festzunehmen. Während die Verhafteten von dem Führer der SA-Studentenkompanie, Rudolf Heß, in die Villa des völkischen Verlegers Julius Lehmann verbracht wurden, sah Hitler sich abberufen, weil es vor der Pionierkaserne zu einem Zwischenfall gekommen war. Kaum hatte er den Raum verlassen, gegen 22.30 Uhr, verschwanden, von Ludendorff kameradschaftlich verabschiedet, Lassow, Kahr und Seißer in der Nacht.

Als Scheubner-Richter und der zurückkehrende Hitler voller mißtrauischem Instinkt Bedenken äußerten, fuhr Ludendorff sie ungehalten an, er verbitte sich jeden Zweifel an dem Ehrenwort eines deutschen Offiziers. Rund zwei Stunden zuvor hatte Seißer gegenüber Hitler den Vorwurf erhoben, er habe mit diesem Putschversuch sein Ehrenwort gebrochen, und die beiden Randszenen spiegelten die Konfrontation zweier Welten: der bürgerlichen mit ihren Grundsätzen, ihren points d'honneur und dem charakteristischen Ehrenpussel des Reserveleutnants auf der einen und der nur an ihren Machtzwecken orientierten, voraussetzungslosen Welt des neuen Mannes auf der anderen Seite. Die konsequente Benutzung bürgerlicher Normen und Ehrbegriffe, die immer erneut treuherzige Beschwörung von Spielregeln, die er verachtete, hat Hitler über Jahre hin ein hohes Maß unsentimentaler Überlegenheit gesichert und als Erfolgsprinzip inmitten einer Umwelt gedient, die nicht Abschied zu nehmen vermochte von Grundsätzen, an die sie nicht mehr glaubte. In dieser Nacht indessen fand Hitler »Gegenspieler, die auf Wortbruch mit Wortbruch antworteten und das Spiel gewannen«[150].

Gleichwohl war es eine große Nacht für Hitler, die alles enthielt, wonach er verlangte: Dramatik, Jubel, Trotz, die Euphorien der Aktion und jene unvergleichliche Erregung halbverwirklichter Träume, die ihm keine Realität wettmachte. In den Gedenkfeiern späterer Jahre, die er als »Marsch des Sieges« mit zunehmend exzessiverem Pomp veranstaltete, hat er versucht, das Erlebnis und die Größe dieser Stunde zu bewahren. »Nun wird eine bessere Zeit kommen«, sagte er überschwenglich zu Röhm und umarmte den Freund, »wir alle wollen Tag und Nacht arbeiten für das große Ziel, Deutschland aus Not und Schmach zu retten.« Eine Proklamation an das deutsche Volk und zwei Erlasse wurden formuliert, durch die ein politischer Gerichtshof zur Aburteilung politischer Verbrechen errichtet sowie »die führenden Schufte des Verrats vom 9. November 1918... von heute ab als vogelfrei erklärt« und eine Pflicht postuliert wurde, sie »tot oder lebendig in die Hände der völkischen nationalen Regierung zu liefern«[151].

Unterdessen liefen schon die Gegenaktionen an. Lossow war von seinen führenden Offizieren bei der Rückkehr vom Bürgerbräu mit der drohend vorgebrachten Bemerkung begrüßt worden, man gehe davon aus, daß die Verbrüderungsszene mit Hitler nur Bluff gewesen sei, und was immer der General in seinem undurchsichtigen Wankelmut wirklich beabsichtigt hatte – vor seinen entrüsteten Offizieren gab er jeden Putschgedanken auf. Kurz darauf veröffentlichte Kahr eine Erklärung, mit der er die gegebenen Zusagen widerrief, sie seien ihm, wie er in Vorbereitung einer eigenen Verteidigungsstellung versicherte, unter Waffengewalt abgepreßt worden, sowohl die NSDAP als auch den Kampfbund erklärte er für aufgelöst. Ahnungslos, in geschäftigem Überschwang, mobilisierte Hitler noch die Kräfte für den geplanten großen Marsch auf Berlin, als der Generalstaatskommissar bereits Weisung gab, den Zugang nach München für Hitleranhänger zu unterbinden. In revolutionärer Aufbruchsstimmung zerstörte ein Stoßtrupp inzwischen die Räume der sozialdemokratischen ›Münchner Post‹, andere Einheiten holten Geiseln aus den Häusern, plünderten wahllos etwas herum, während Röhm das Wehrkreiskommando in der Schönfeldstraße besetzte. Dann wußte niemand weiter, die Zeit verstrich. Ein leichter, feuchter Schnee begann zu fallen. Als bis nach Mitternacht jede Nachricht von Kahr und Lossow ausblieb, wurde Hitler unruhig. Melder, die ausgeschickt wurden, kehrten nicht zurück, Frick schien verhaftet, etwas später blieb auch Pöhner unauffindbar, und Hitler schien zu begreifen, daß er übertölpelt worden war.

Wie immer in den Rückschlägen und Enttäuschungen seines Lebens gaben die empfindlichen Nerven augenblicklich nach, und mit der einen Intention brachen alle zusammen. Als Streicher im Laufe der Nacht mit dem Vorschlag im Bürgerbräukeller erschien, durch einen leidenschaftlichen Appell an die Massen doch noch den Erfolg zu erzwingen, sah Hitler ihn, dem Bericht Streichers zufolge, mit großen Augen an und übertrug ihm dann, resigniert und ratlos, auf einem Blatt Papier »die gesamte Organisation«: es schien, als habe er alles aufgegeben.[152] Dann wiederum, nach Phasen der Apathie, folgten Verzweiflungsausbrüche, deren ungezügelt hysterische Abfolge das Bild der Krämpfe und Tobsuchtsanfälle späterer Jahre schon vorwegnahm. Entschlossen zu wildem Widerstand, dann alles jäh wegwerfend, ließ er sich schließlich zu einem Demonstrationszug für den kommenden Tag bestimmen: »Geht's durch, ist's gut; geht's nicht durch, hängen wir uns auf«, erklärte er, und auch diese Äußerung antizipierte die zwischen Sieg oder Untergang, Triumph oder Selbstvernichtung pendelnde Haltung späterer Jahre. Als jedoch eine von ihm ausgesandte Stimmungspatrouille mit günstig lautenden Meldungen zurückkehrte, gewann er augenblicklich Hoffnung, Überschwang und das Vertrauen in die Macht der Agitation zurück: »Propaganda, Propaganda«, rief er, »es kommt jetzt nur noch auf Propaganda an!« Unverzüglich setzte er für den Abend vierzehn Massenversammlungen an, auf denen er als Hauptredner auftreten wollte, eine zweite Veranstaltung sollte schon am folgenden Tag Zehntausende auf dem Königsplatz zur Feier der nationalen Erhebung vereinen, und noch in den Morgenstunden gab er die Plakate dafür in Auftrag.[153]

Es war tatsächlich nicht nur ein bezeichnender, sondern vielmehr der einzige erfolgversprechende Ausweg, der Hitler noch verblieben war. Der in der Geschichtsschreibung nahezu durchweg erhobene Vorwurf, er habe im entscheidenden Augenblick als Revolutionär versagt, ist denn auch schwerlich haltbar, weil er Voraussetzungen und Ziele Hitlers unberücksichtigt läßt.[154] Versagt, gewiß, haben die Nerven; doch daß er weder Telegrafenämter noch Ministerien besetzen ließ, die Bahnhöfe und Kasernen nicht unter seine Kontrolle brachte, war nur folgerichtig, da er keineswegs die Macht in München revolutionär erobern, sondern mit der Macht Münchens im Rücken gegen Berlin marschieren wollte, und seine Resignation erfaßte schärfer und illusionsloser als das Urteil seiner Kritiker, daß mit dem Abfall der Partner das Unternehmen im ganzen gescheitert war. Von dem Demonstrationszug sowie der geplanten Agitationswelle hat er denn auch offenbar keine Wende mehr erwartet, sondern im Grunde nur noch gehofft, sie würden die an dem hochverräterischen Unternehmen Beteiligten durch eine dichte Stimmungsmauer gegen die politischen und strafrechtlichen Folgen der Aktion absichern, auch wenn in den abrupten Stimmungsumschlägen jener Nacht gelegentlich der Gedanke auftauchte, die Massen im Sturm mitzureißen und doch noch, über München hinaus, den vielbeschworenen Marsch nach Berlin anzutreten. Von der Imagination auf seinem eigenen Felde mitgerissen, entwickelte Hitler gegen Morgen den Plan, Patrouillen mit dem Ruf »Fahnen heraus!« durch die Straßen zu schicken: »Dann wollen wir sehen, ob wir nicht eine Begeisterung bekommen!«[155]

Tatsächlich waren die Aussichten des Unternehmens keineswegs ungünstig. Die Stimmung der Öffentlichkeit neigte, wie am Morgen deutlich wurde, durchaus auf die Seite Hitlers und des Kampfbundes. Vom Rathaus sowie an zahlreichen Gebäuden und Wohnhäusern der Stadt wehte, zum Teil eigenmächtig gesetzt, die Hakenkreuzfahne, und die Morgenpresse berichtete beifällig über die Vorgänge im Bürgerbräu. Seit dem Vortage verzeichnete die Partei zweihundertsiebenundachtzig Neuzugänge, auch die Werbebüros, die der Kampfbund in verschiedenen Stadtteilen eingerichtet hatte, fanden beträchtlichen Zulauf, und in den Kasernen sympathisierten die niederen Offiziersgrade und die Mannschaften unverhohlen mit der Aktion und den Marschplänen Hitlers. Die Redner, die Streicher ausgeschickt hatte, fanden in der merkwürdig fiebernden Atmosphäre des kalten Novembermorgens lebhaften Beifall.

Doch abgeschnitten von der Öffentlichkeit, von den Impulsen und Ermunterungen durch die Menschenschwärme ringsum, kamen Hitler im Verlauf des Vormittags wieder Bedenken, und mitunter scheint es, als seien schon zu diesem Zeitpunkt die Massen im ganz konstitutionellen

Sinne das Element gewesen, das ihn, seine Sicherheit, Energie und seinen Mut steigerte oder reduzierte. Er hatte am frühen Morgen den Leiter der Nachrichtenstelle des Kampfbundes, Leutnant Neunzert, nach Berchtesgaden zum Kronprinzen Rupprecht mit der Bitte um Vermittlung geschickt, und wollte nichts vor dessen Rückkehr unternehmen. Auch fürchtete er, ein Demonstrationszug könne zum Zusammenstoß mit der bewaffneten Macht führen und die unvergessene Niederlage vom 1. Mai auf weit fatalere Weise wiederholen. Erst nach längeren Auseinandersetzungen, während Hitler zögerte, zweifelte und vergeblich Neunzerts Rückkehr beschwor, machte Ludendorff allem Reden mit einem energischen »Wir marschieren!« ein Ende. Gegen Mittag formierten sich daraufhin einige tausend Menschen hinter den Fahnenträgern. Die Führer und Offiziere wurden an die Spitze befohlen: Ludendorff trat in Zivil an, Hitler hatte über den Gehrock vom vergangenen Abend einen Trenchcoat gezogen, neben ihm standen Ulrich Graf und Scheubner-Richter, dann Dr. Weber, Kriebel, Göring. »Wir gingen in der Überzeugung«, hat Hitler später bemerkt, »daß es das Ende war, so oder so. Ich weiß einen, der mir draußen, auf der Treppe, als wir weggingen, sagte: ›Das ist jetzt der Schluß!‹ Jeder trug diese Überzeugung in sich.«[156] Singend zog man los.

Eine starke Postenkette der Landespolizei, die sich dem Zug auf der Isarbrücke entgegenstellte, wurde von Göring mit der Drohung eingeschüchtert, man werde beim ersten Schuß sämtliche inhaftierten Geiseln umbringen. Unsicher geworden, sahen die Polizisten sich von den Sechzehnerreihen augenblicklich beiseitegedrückt, überrollt und inmitten der Menge entwaffnet, angespuckt und geohrfeigt. Am Marienplatz, vor dem Münchener Rathaus, hielt Streicher gerade vom hohen Podest aus vor einer großen Menge eine Rede, und mit Recht hat man das Ausmaß der Krise, in der Hitler sich befand, daran abgelesen, daß er selber, dem die Massen zugeströmt waren »wie einem Heiland«, an diesem Tage schweigend marschierte.[157] Er hatte sich bei Scheubner-Richter untergehakt, auch dies eine merkwürdig haltsuchende, abhängige Geste, die seiner Vorstellung vom Führer schwerlich entsprach. Begleitet vom Jubel der Passanten schwenkte der Zug ziellos in die engen Straßen der Innenstadt ein; als er sich der Residenzstraße näherte, stimmte die Führungsgruppe »O Deutschland hoch in Ehren« an. Auf dem Odeonsplatz trat ihm wiederum eine Sperrkette der Polizei entgegen.

Was dann geschah, hat sich in Beginn und Verlauf nicht mehr klären lassen, aus dem Gestrüpp der teils phantasievollen, teils rechtfertigungsbemühten Zeugenaussagen tritt übereinstimmend nur hervor, daß ein einzelner Schuß voraufging, der einen heftigen Feuerwechsel, kaum sechzig Sekunden lang, auslöste. Als erster stürzte Scheubner-Richter

Während Hitler mit Umzügen die Straße zu mobilisieren versucht, präsentiert er sich zugleich den Honoratioren als Mann des Vertrauens: oben auf einem Deutschen Tag, rechts zusammen mit Rudolf Heß bei einem Propagandamarsch durch München.

Der Putsch vom 9. November 1923 verlief unprogrammgemäß. Während es einer Gruppe gelang, das Kriegsministerium zu besetzen (oben rechts mit Himmler als Fahnenträger) und Sturmtrupps der SA den Münchener Bürgermeister verhafteten (rechts), versuchten auf dem Marienplatz Streicher und andere Redner »eine Begeisterung zu bekommen«. Wenige Augenblicke später brach der Putsch im Feuer zusammen.

Hitler-Prozeß 1924 in München: durch sein Auftreten vor Gericht drängte Hitler Ludendorff (hier während einer Prozeßpause) in den Hintergrund.

Hitler mit Emil Maurice im Gefängnisgarten, und, nebenstehend, mit Maurice und Oberstleutnant Kriebel in seiner Landsberger Zelle.

tödlich getroffen zu Boden, im Sturz riß er Hitler mit und renkte ihm den Arm aus; auch Oskar Körner, der ehemalige zweite Vorsitzende der Partei, brach zusammen, desgleichen der Oberlandesgerichtsrat von der Pfordten, am Ende lagen vierzehn Angehörige des Zuges und drei Polizisten tot oder sterbend auf der Straße, viele andere, darunter Hermann Göring, waren verwundet. Und während alles im Kugelhagel stürzte, fiel oder in wilder Flucht auseinanderstob, schritt Ludendorff aufrecht, bebend vor Zorn, durch die Postenkette, und es ist nicht ausgeschlossen, daß der Tag tatsächlich anders geendet hätte, wenn ihm eine kleine Gruppe entschlossener Männer gefolgt wäre; doch niemand ging ihm nach. Gewiß war es nicht Feigheit, was die meisten zu Boden zwang, sondern der Autoritätsinstinkt der Rechten vor den Gewehrläufen der Staatsmacht. In grandiosem Dünkel, längst hinaus über die subalternen Gesichtspunkte der Mitstreiter, erwartete der Nationalfeldherr auf dem Platz den diensthabenden Offizier und ließ sich verhaften. Gleichzeitig mit ihm stellten sich Brückner, Frick, Drexler und Dr. Weber. Roßbach flüchtete nach Salzburg, Hermann Esser suchte jenseits der tschechoslowakischen Grenze Zuflucht. Im Laufe des Nachmittags kapitulierte auch Ernst Röhm, der das Wehrkreiskommando besetzt hatte, nachdem ein kurzer Schußwechsel noch zwei Angehörigen des Kampfbundes das Leben gekostet hatte. Sein Fahnenträger an diesem Tage war ein junger Mann mit femininem, bebrilltem Gesicht, Sohn eines angesehenen Münchener Gymnasialdirektors, namens Heinrich Himmler. In einem waffenlosen, schweigenden Abschiedsmarsch, die Toten auf den Schultern, zog der Verband durch die Stadt, dann löste er sich auf. Röhm selber wurde verhaftet.

Ludendorffs steifes Heldentum hatte vor allem Hitler bloßgestellt, der an diesem Tag zum zweiten Mal versagt hatte. Nur in unwesentlichen Details widersprechen sich die Berichte seiner Anhänger, wonach er sich, noch bevor alles entschieden war, aus der Menge der in Deckung gegangenen Gefolgsleute erhob und überstürzt das Weite suchte. Die Toten und Verwundeten ließ er zurück, und wenn er später apologetisch versichert hat, er habe in der Verwirrung geglaubt, Ludendorff sei tot, so hätte gerade das ein Verbleiben erfordert. Mit Hilfe eines Sanitätsautos gelang ihm in dem allgemeinen Durcheinander die Flucht, und die wenige Jahre später von ihm selber verbreitete Legende, er habe ein hilfloses Kind aus dem Feuer getragen, das er zur Bekräftigung seiner Behauptung sogar vorführte, ist schon vom Ludendorff-Kreis widerlegt worden, ehe er selber davon Abstand nahm.[158] In Uffing am Staffelsee, sechzig Kilometer vor München, verbarg er sich im Landhaus Ernst Hanfstaengls und pflegte die schmerzhafte Luxation des Armgelenks, die er sich zugezogen hatte. Gebrochen versicherte er,

nun müsse er Schluß machen und sich erschießen, doch gelang es den
Hanfstaengls, ihn umzustimmen. Zwei Tage später wurde er verhaftet
und »mit bleichem, abgehetztem Gesicht, in das eine wirre Haarsträhne
fällt«, in die Festung Landsberg am Lech eingeliefert. Selbst in den
Katastrophenlagen seines Lebens um wirkungsvolle Auftritte bemüht,
hatte er sich, bevor er abgeführt wurde, von dem Offizier des Verhaftungskommandos das EK I anstecken lassen.

Auch in der Anstalt verharrte er in dumpfen Verzweiflungszuständen,
er glaubte zunächst, »daß er erschossen werde«[159]. Während der folgenden Tage wurden Amann, Streicher, Dietrich Eckart und Drexler eingeliefert, in den Münchener Gefängnissen saßen Dr. Weber, Pöhner,
Dr. Frick, Röhm und andere, nur Ludendorff hatte man nicht festzunehmen gewagt. Hitler selber fühlte offenbar vage, daß er sich ins Unrecht
setzte, weil er überlebt hatte, und jedenfalls gab er seine Sache verloren.
Einige Tage trug er sich, wie ernsthaft auch immer, mit dem Gedanken,
dem Peloton zuvorzukommen und seinem Leben durch einen Hungerstreik ein Ende zu setzen; Anton Drexler nahm später in Anspruch, ihm
diese Absichten ausgeredet zu haben. Auch die Witwe des toten Freundes, Frau v. Scheubner-Richter, half ihm über die Verdüsterungen dieser
Tage hinweg. Denn die unerwarteten Schüsse vor der Feldherrnhalle
bedeuteten nicht nur das abrupte Ende eines unaufhaltsam scheinenden
dreijährigen Aufstiegs und aller seiner taktischen Voraussetzungen,
sondern auch und vor allem einen schrecklichen Zusammenstoß mit der
Wirklichkeit. Seit den ersten orgiastischen Redeerfahrungen hatte er
sich, vom Applaus und Lärm der großen Heldenrolle umtost, in einer
zusehends phantastischer illuminierten Scheinwelt bewegt, auf traumhaften Höhen die Komödiantentricks der Massen- und Selbstverzauberung entfaltet und schon die Fahnen, die Armeen, die Triumphzüge
gesehen – ehe der Schleier hinter seinen Wachträumen jäh und plötzlich
zerrissen war.

Bezeichnenderweise hat er denn auch die verlorene Zuversicht zurückgewonnen, als erkennbar wurde, daß ein ordentliches Gerichtsverfahren in Vorbereitung war. Augenblicklich witterte er die große Szene,
die ihm damit bereitgestellt wurde: dramatische Auftritte, Publikum,
Beifall. Er hat später, in einer bekannten Wendung, das gescheiterte
Unternehmen vom 9. November 1923 als das »vielleicht größte Glück«
seines Lebens bezeichnet, und dabei offenbar nicht zuletzt die Chance
dieses Prozesses vor Augen gehabt, der ihn aus seinen Stimmungen der
Verzweiflung und Selbstaufgabe in die begehrte Spielersituation zurückversetzte: die Möglichkeit, durch einen erneuten Einsatz alles zu gewinnen und die Katastrophe des planlosen und blamabel beendeten
Putsches doch noch in den Triumph des Demagogen zu verwandeln.

Der Hochverratsprozeß, der am 24. Februar 1924 im Gebäude der ehemaligen Kriegsschule in der Blutenburgstraße eröffnet wurde, war bestimmt von dem stillschweigenden Einverständnis aller Beteiligten, »an das ›Eigentliche‹ jener Ereignisse beileibe nicht zu rühren«. Angeklagt waren Hitler, Ludendorff, Röhm, Frick, Pöhner, Kriebel und vier weitere Beteiligte, während Kahr, Lossow und Seisser als Zeugen auftraten, und schon aus dieser eigentümlichen prozessualen Gegenüberstellung, die den komplizierten Einverständnissen der Vorgeschichte schwerlich entsprach, hat Hitler allen Nutzen gezogen. Er beteuerte nicht etwa seine Unschuld wie die Akteure des Kapp-Putsches: »Da hob jeder den Schwurfinger empor: er habe nichts gewußt. Er habe nichts beabsichtigt und nichts gewollt. Das hat die bürgerliche Welt vernichtet, daß sie nicht den Mut hatten, einzustehen für ihre Tat, vor den Richterstuhl hinzutreten und zu sagen: ›Ja, das haben wir gewollt, wir wollten diesen Staat stürzen.‹« Infolgedessen bekannte er sich offen zu seinen Absichten, wies allerdings den Vorwurf des Hochverrats weit von sich:

>»Ich kann mich nicht schuldig bekennen«, erklärte er. »Ich bekenne mich zwar zur Tat, doch des Hochverrats schuldig bekenne ich mich nicht. Es gibt keinen Hochverrat bei einer Handlung, die sich gegen den Landesverrat von 1918 wendet. Im übrigen kann ein Hochverrat nicht in der alleinigen Tat vom 8. und 9. November liegen, sondern höchstens in den Beziehungen und Handlungen der Wochen und Monate vorher. Wenn wir schon Hochverrat betrieben haben sollen, dann wundere ich mich, daß diejenigen, die damals das gleiche Bestreben hatten, nicht an meiner Seite sitzen. Ich muß ihn jedenfalls ablehnen, solange nicht meine Umgebung hier Ergänzung findet durch jene Herren, die mit uns die gleiche Tat gewollt, sie besprochen und bis ins Kleinste vorbereitet haben. Ich fühle mich nicht als Hochverräter, sondern als Deutscher, der das Beste wollte für sein Volk.«[160]

Keiner der Attackierten wußte dieser Argumentation zu begegnen, und tatsächlich hat Hitler den Prozeß auf diese Weise nicht nur zu einem »politischen Karneval« gemacht, wie ein Augenzeuge schrieb, sondern auch die Rolle des Angeklagten mit der des Anklägers vertauscht, während der Staatsanwalt sich unversehens als Verteidiger des einstigen Triumvirats wiederfand. Der Vorsitzende hatte daran kaum etwas zu beanstanden, er rügte keine der Beleidigungen und Kampfansagen gegen die »Novemberverbrecher«, nur die allzu stürmischen Beifallsbekundungen des Publikums provozierten milde Verweise. Selbst als der Oberlandesgerichtsrat Pöhner von »Ebert Fritze« sprach und die Republik, »ihre Einrichtung und Gesetze nicht als für mich verbindlich« bezeichnete, kam es zu keiner Unterbrechung: das Gericht habe »noch nie merken lassen«, äußerte einer der bayerischen Minister in der Kabinettssitzung vom 4. März, daß es anderer Ansicht sei als die Angeklagten«[161].

Kahr und Seißer resignierten unter diesen Umständen bald, der ehemalige Generalstaatskommissar starrte düster vor sich hin und versuchte unter zahlreichen Widersprüchen, Hitler alle Schuld für das Unternehmen zuzuschieben, ohne zu begreifen, wie sehr er dessen Taktik damit entgegenkam. Nur Lossow wehrte sich mit Energie. Immer aufs neue hielt er dem Gegenspieler die vielen Wortbrüche vor, »und wenn Herr Hitler noch so oft sagt, es ist unwahr«; er beschrieb den Führer der NSDAP mit der ganzen Verachtung seines Standes als »taktlos, beschränkt, langweilig, bald brutal, bald sentimental und jedenfalls als minderwertig« und ließ ein psychologisches Gutachten über ihn anfertigen: »Er hielt sich für den deutschen Mussolini, den deutschen Gambetta, und seine Gefolgschaft, die das Erbe des Byzantinismus der Monarchie angetreten hatte, bezeichnet ihn als den deutschen Messias.« Als Hitler den General gelegentlich aufgebracht niederschrie, erhielt er statt einer »Ungebührstrafe«, die nach Ansicht des Vorsitzenden »doch nur geringen praktischen Wert« haben würde, eine Ermahnung, sich zu mäßigen.[162] Selbst der Erste Staatsanwalt verband die Begründung des Strafantrags mit auffälligen Artigkeiten an die Adresse Hitlers, rühmte dessen »einzigartige Rednergabe« und fand es »doch ungerecht, ihn als Demagogen zu bezeichnen«. Mit wohlwollendem Respekt fuhr er fort: »Sein Privatleben hat er stets rein erhalten, was bei den Verlockungen, die an ihn als gefeierten Parteiführer naturgemäß herantraten, besondere Anerkennung verdient... Hitler ist ein hochbegabter Mann, der aus einfachen Verhältnissen heraus sich eine angesehene Stellung im öffentlichen Leben errungen hat, und zwar in ernster und harter Arbeit. Er hat sich den Ideen, die ihn erfüllten, bis zur Selbstaufopferung hingegeben und als Soldat in höchstem Maße seine Pflicht getan. Daß er die Stellung, die er sich schuf, eigennützig ausnützte, kann ihm nicht zum Vorwurf gemacht werden.«[163]

Die Gunst aller dieser Umstände hat zusammengewirkt, Hitler die Umkehrung der Prozeßsituation außerordentlich zu erleichtern. Gleichwohl war es zuletzt aber doch das eigene Vermögen, das aus dem vielbelächelten Fiasko dieses Putsches einen Triumph gemacht und die Qual und Unentschiedenheit jener Nacht vom 9. November zur kühnen nationalen Tat stilisiert hat. Die intuitiv und herausfordernd bezeugte Sicherheit, mit der Hitler, so kurz nach einer schweren Niederlage, dem Verfahren begegnete und alle Schuld für das gescheiterte Unternehmen auf sich zog, um damit zugleich sein Verhalten im höheren Namen vaterländischer und historischer Pflicht zu rechtfertigen, zählt zweifellos zu seinen eindrucksvollsten politischen Leistungen. In seinem Schlußwort, das den selbstsicheren Charakter seines Prozeßverhaltens treffend widerspiegelt, erklärte er unter Hinweis auf eine vorausgegangene Bemerkung

Lossows, die ihn auf die Rolle als »Propagandist und Weckrufer« beschränken wollte:

»Wie klein denken doch kleine Menschen! Nehmen Sie die Überzeugung mit, daß ich die Erringung eines Ministerpostens nicht als erstrebenswert ansehe. Ich halte es eines großen Mannes nicht für würdig, seinen Namen der Geschichte nur dadurch überliefern zu wollen, daß er Minister wird ... Was mir vor Augen stand, das war vom ersten Tage an tausendmal mehr, als Minister zu werden. Ich wollte der Zerbrecher des Marxismus werden. Ich werde diese Aufgabe lösen, und wenn ich sie löse, dann wäre der Titel eines Ministers für mich eine Lächerlichkeit. Als ich zum erstenmal vor Wagners Grab stand, da quoll mir das Herz über vor Stolz, daß hier ein Mann ruht, der es sich verbeten hat, hinauf zu schreiben: Hier ruht Geheimrat Musikdirektor Exzellenz Baron Richard von Wagner. Ich war stolz darauf, daß dieser Mann und so viele Männer der deutschen Geschichte sich damit begnügen, ihren Namen der Nachwelt zu überliefern, nicht ihren Titel. Nicht aus Bescheidenheit wollte ich damals ›Trommler‹ sein; das ist das Höchste, das andere ist eine Kleinigkeit.«[164]

Die Selbstverständlichkeit, mit der er die Würde des großen Mannes beanspruchte und gegen Lossow verteidigte, der Tonfall ungenierter Selbstverherrlichung, haben gleich zu Beginn die überrumpelnde Wirkung nicht verfehlt und ihn zur Mittelpunktfigur des Prozesses gemacht. Zwar hielt der amtliche Schriftverkehr, mit seinem strengen Sinn für Rangunterschiede, bis zum Ende an der Reihenfolge Ludendorff-Hitler fest; doch das Bestreben aller Seiten, den Generalquartiermeister des Großen Krieges zu schonen, hat Hitler eine zusätzliche Chance zugespielt, die er erkannte und nutzte: mit dem Anspruch auf die alleinige Verantwortung drängte er sich an der Person Ludendorffs vorbei in die vakante Führerrolle der gesamten völkischen Bewegung. Und mit wachsender Verhandlungsdauer brachte er auch das Brigantenmäßige, Irreale, ganz und gar Verzweifelte des Unternehmens zum Verschwinden, desgleichen trat sein in Wirklichkeit doch ziemlich passives, ratloses Verhalten am Morgen vor dem Demonstrationszug in den Hintergrund, und zur Verblüffung und Bewunderung aller gewann der Geschehensablauf mehr und mehr den Rang eines ingeniös geplanten, durchaus zum Ziel geführten Meisterstreichs. »Die Tat des 8. November ist nicht mißlungen«, konnte er schon im Gerichtssaal verkünden und damit vor aller Öffentlichkeit den Grund der späteren Legende legen; in den Schlußsätzen entfaltete er bewegt die Vision seines Triumphs in der Politik und in der Geschichte:

»Die Armee, die wir herangebildet haben, die wächst von Tag zu Tag, von Stunde zu Stunde schneller. Gerade in diesen Tagen habe ich die stolze Hoffnung, daß einmal die Stunde kommt, daß diese wilden Scharen zu Bataillonen, die Bataillone zu Regimentern, die Regimenter zu Divisionen werden, daß die alte Kokarde aus dem Schmutz herausgeholt wird, daß die alten Fahnen wieder voranflattern, daß dann die Versöhnung kommt beim ewigen letzten Gottesgericht, zu dem anzutreten wir willens sind. Dann wird aus unseren Knochen und aus unseren Gräbern die Stimme des Gerichtshofes sprechen, der allein berufen ist, über uns zu Gericht zu sitzen. Denn nicht Sie, meine Herren, sprechen das Urteil über uns, das Urteil spricht das ewige Gericht der Geschichte, das sich aussprechen wird über die Anklage, die gegen uns erhoben ist. Ihr Urteil, das Sie fällen werden, kenne ich. Aber jenes Gericht wird uns nicht fragen: Habt Ihr Hochverrat getrieben oder nicht? Jenes Gericht wird über uns richten, über den Generalquartiermeister der alten Armee, über seine Offiziere und Soldaten, die als Deutsche das Beste gewollt haben für ihr Volk und Vaterland, die kämpfen und sterben wollten. Mögen Sie uns tausendmal schuldig sprechen, die Göttin des ewigen Gerichts der Geschichte wird lächelnd den Antrag des Staatsanwaltes und das Urteil des Gerichtes zerreißen; denn sie spricht uns frei.«

Das Urteil des Münchener Volksgerichts entsprach, wie man zutreffend bemerkt hat, nahezu dem von Hitler vorausgesagten Urteil des »ewigen Gerichts der Geschichte«. Nur mit Mühe gelang es dem Vorsitzenden, die drei Laienrichter überhaupt zu einem Schuldspruch zu veranlassen, er erhielt ihre Zustimmung erst aufgrund der Versicherung, daß eine vorzeitige Begnadigung Hitlers mit Gewißheit zu erwarten sei. Die Urteilsverkündung selber war ein Ereignis der Münchener Gesellschaft, die ihren vielbegönnerten Krawallmacher feiern wollte. Das Urteil, dessen Begründung noch einmal den »rein vaterländischen Geist und edelsten Willen« der Angeklagten hervorhob, lautete für Hitler auf die Mindeststrafe von fünf Jahren Festungshaft und stellte ihm nach Verbüßung von sechs Monaten eine Bewährungsfrist in Aussicht; Ludendorff wurde freigesprochen. Die Entscheidung des Gerichts, von der zwingenden gesetzlichen Vorschrift über die Ausweisung lästiger Ausländer im Falle eines Mannes, »der so deutsch denkt und fühlt wie Hitler«, keinen Gebrauch zu machen, wurde im Zuschauerraum mit stürmischen Bravorufen aufgenommen. Als die Richter den Saal verließen, rief Brückner zweimal laut: »Nun erst recht!« Anschließend zeigte Hitler sich von einem Fenster des Gerichtsgebäudes aus der jubelnden Menge. Im Raum hinter ihm häuften sich die Blumen. Der Staat hatte erneut die Auseinandersetzung verloren.

Gleichwohl schien es, als sei für Hitler die Zeit des Aufstiegs vorüber. Zwar hatten sich unmittelbar nach dem 9. November die Massen in München zusammengerottet und gewalttätig für ihn demonstriert; auch die anschließenden Wahlen zum Bayerischen Landtag wie zum

Reichstag brachten den Völkischen beachtliche Gewinne. Doch die Partei oder die Tarnform, unter der sie nach dem Verbot weitergeführt wurde, zerfiel ohne den in Hitlers magischen ebenso wie machiavellistischen Fähigkeiten begründeten Zusammenhalt innerhalb kurzer Zeit in eifersüchtig und erbittert sich befehdende Gruppen ohne Bedeutung. Schon klagte Drexler, Hitler habe »die Partei in alle Zeit hinein total zerstört mit seinem verrückten Putsch«[165]. Die Chancen, die eine fast ausschließlich von öffentlichen Unmutskomplexen genährte Agitation besaß, verringerten sich weiter, als mit dem Ende des Jahres 1923 die Verhältnisse im Land sich zusehends stabilisierten, insbesondere die Inflation überwunden wurde, und die Periode der »glücklichen Jahre« im Verlauf der so glücklos ins Leben getretenen Republik anbrach. Allen lokalen Antrieben zum Trotz wirkt daher der 9. November wie die Peripetie im größeren Drama der Geschichte von Weimar: er schloß die Nachkriegszeit ab. Die Schüsse vor der Feldherrnhalle schienen eine bemerkenswerte Ernüchterung hervorzurufen und den so lange getrübten, in die Irrealität verwirrten Blick der Nation, teilweise doch, auf die Wirklichkeit zu lenken.

Auch für Hitler selber und die Geschichte seiner Partei ist das gescheiterte Novemberunternehmen zu einer Wende geworden, und die taktischen und persönlichen Lehren, die er daraus zog, haben seinen ganzen weiteren Weg bestimmt. Die düstere Gala des Kults, den er mit dem Ereignis trieb, wenn er später Jahr für Jahr zwischen blakenden Pylonen zum Gedenkmarsch antrat und auf dem Königsplatz die Toten jenes trüben Novembermorgens aus ihren Bronzesärgen zum Letzten Appell rufen ließ, hatte nicht nur mit seiner Theatromanie zu tun, die aus dem Material der Geschichte jede Gelegenheit zu politischer Schaustellerei schlug; vielmehr war es zugleich die Huldigung des erfolgreichen Politikers an eines seiner prägenden politischen Bildungserlebnisse: in der Tat das »vielleicht größte Glück« seines Lebens, der »eigentliche Geburtstag« der Partei.[166] Es schuf ihm erstmals, weit über Bayern und selbst über Deutschland hinaus, eine Öffentlichkeit, verschaffte der Partei Märtyrer, eine Legende, die romantische Aura der verfolgten Treue und sogar den Nimbus der Entschlossenheit: »Täuschen Sie sich nicht«, versicherte Hitler in einer seiner späteren Gedenkansprachen, die alle diese Vorteile feierte und der »Weisheit der Vorsehung« zuschrieb: »Wenn wir damals nicht gehandelt hätten, hätte ich niemals eine revolutionäre Bewegung gründen... können. Man hätte mir mit Recht sagen können: Du redest wie die anderen, und handeln wirst du genau so wenig wie die anderen.«[167]

Der Kniefall vor den Gewehrläufen der staatlichen Autorität zu Füßen der Feldherrnhalle hat zugleich Hitlers Verhältnis zur Staatsmacht ein für allemal geklärt und ist zum Ausgangspunkt des konsequenten Machteroberungskurses geworden, den er in den folgenden Jahren allmählich entwickelt und gegen alle Widerstände und Revolten der Ungeduld in den eigenen Reihen verteidigt hat. Zwar hatte er auch vorher schon, wie die Entwicklung zeigt, um die Macht und ihre Gunst geworben, und man darf sein Eingeständnis, daß er »von 1919 bis 1923 überhaupt an nichts dachte als an einen Staatsstreich« [168] nicht wörtlich nehmen; doch lernte er jetzt, jenen eher instinktiven Drang in den Schatten der Macht zu rationalisieren und zum taktischen System der nationalsozialistischen Revolution zu entwickeln.

Denn die Novembertage hatten ihn gelehrt, daß die Eroberung moderner Staatsgebilde auf gewaltsamem Wege aussichtslos und der Griff nach der Macht nur vom Boden der Verfassung aus erfolgverheißend sei. Gewiß bedeutete das nicht Hitlers Bereitschaft, die Verfassung als verbindliche Schranke im Zuge seines Herrschaftsstrebens zu akzeptieren, sondern lediglich den Entschluß, die Illegalität im Schutze der Legalität anzusteuern: nie ließ er einen Zweifel daran, daß die zahlreichen Verfassungsbeteuerungen der folgenden Jahre nur die Gesetzmäßigkeit des Kampfes um die Macht gelobten, und sprach offen von der anschließenden Zeit der Abrechnung. »Die Nationale Revolution«, so hatte Scheubner-Richter schon in einer Denkschrift vom 24. September 1923 verlangt, »darf der Übernahme der politischen Macht nicht vorausgehen, sondern die Besitzergreifung der polizeilichen Machtmittel des Staates bildet die Voraussetzung für die nationale Revolution.« [169] Als »Adolphe Légalité«, wie die zeitgenössische Formel mit kennerischer Ironie meinte, entwickelte Hitler sich zu einem Manne der strikten Ordnung, sammelte Sympathien bei Honoratioren und machtvollen Institutionen und überdeckte seine revolutionären Absichten durch unermüdlich neu vorgetragene Wohlverhaltensschwüre und Traditionsbekenntnisse. Die früheren Töne einer gewaltgelaunten Aggressivität wurden gedämpft und nur gelegentlich noch einschüchternd zur Geltung gebracht: er suchte nicht die Niederlage, sondern die Kollaboration des Staates. Es war diese taktische Pose, die so viele Beobachter und Interpreten bis auf den heutigen Tag über die revolutionären Ambitionen Hitlers getäuscht und das vereinfachte Zerrbild einer konservativen oder platt reaktionären Kleinbürgerpartei hervorgerufen hat.

Hitlers Konzept verlangte vor allem ein verändertes Verhältnis zur Reichswehr. Den Fehlschlag vom 9. November hat er nicht zuletzt auf sein Unvermögen zurückgeführt, die Spitzen der bewaffneten Macht auf seine Seite zu bringen. Schon das Schlußwort vor dem Münchener Volksgericht nahm daher jene Werbung um die Reichswehr auf, die zu den unumstößlichen, nahezu dogmatisch verteidigten Grundsätzen der neuen

Taktik rechnete: »Einmal wird die Stunde kommen«, hat er im Gerichtssaal gerufen, »daß die Reichswehr an unserer Seite stehen wird«, und diesem Ziel beispielsweise die Rolle der eigenen Parteiarmee rigoros, bis zu der blutigen Ergebenheitsadresse vom 30. Juni 1934, untergeordnet. Gleichzeitig aber löste er seine Sturmabteilungen aus der Abhängigkeit der Armee: die SA sollte weder Teil noch Rivale der Reichswehr sein.

Es war daher nicht nur ein gehärtetes taktisches Rezept, mit dem Hitler aus der Niederlage vor der Feldherrnhalle hervorging; weit darüber hinaus hat sie sein Verhältnis zur Politik überhaupt verändert. Bis dahin hatte er sich vor allem durch seine kategorische Unbedingtheit, durch radikale Alternativen hervorgetan und »wie eine Naturkraft« aufgeführt; Politik war, nach dem aus dem Felde bezogenen Daseinsmodell, Sturm gegen den Feind, Durchbruch durch die Linien, Zusammenprall und am Ende immer Sieg oder Untergang. Jetzt erst schien Hitler den Sinn und die Chance des politischen Spiels, der taktischen Schliche, Scheinkompromisse und zeitraubenden Manöver ganz zu begreifen und sein gefühlsgeladenes, naiv demagogisches, »künstlerisches« Verhältnis zur Politik zu überwinden. Die Erscheinung des von den Ereignissen und den eigenen impulsiven Reaktionen mitgerissenen Agitators trat damit endgültig zurück und machte der des methodisch handelnden Machttechnikers Platz. Der fehlgeschlagene Putsch vom 9. November markiert daher einen der großen entscheidenden Einschnitte im Leben Hitlers: er schließt dessen Lehrzeit ab; in einem genaueren Sinne bezeichnet er überhaupt erst Hitlers Eintritt in die Politik.

Hans Frank, Hitlers Anwalt und späterer Gouverneur in Polen, hat in seinem Nürnberger Rechenschaftsbericht bemerkt, Hitlers »ganzes Leben in der Geschichte«, die »Substanz seines Gesamtcharakters«, werde im Ablauf des Novemberputsches in nuce erkennbar. Was zuerst ins Auge fällt, sind das Nebeneinander der widersprüchlichsten Zustände, die Selbststeigerungen und Schwellungen des Gefühls, die so auffällig an die hysterischen Wachträumereien und Phantasiegewißheiten des halbwüchsigen Städteplaners, Komponisten und Erfinders erinnern – und dann die unvermittelten schweren Einbrüche, die alles wegwerfenden Gesten des verzweifelten Hasardeurs, sein Absacken in Apathie. Im September hatte er einem seiner Gefolgsleute selbstbewußt auseinandergesetzt: »Kennen Sie die römische Geschichte? Ich bin Marius und Kahr ist Sulla; ich bin der Führer des Volkes, er aber vertritt die herrschende Schicht, aber diesmal wird Marius siegen«;[170] doch nach dem ersten Anzeichen eines Widerstands hatte er alles entnervt fallen lassen, er war nicht der Mann, sondern nur der Verkünder der Aktion. Gewiß hatte er die Fähigkeit bewiesen, sich große Aufgaben zu stellen, doch seine Nerven waren seiner Tatenlust nicht gewachsen. Er hatte einen »Titanenkampf« vorausgesagt und noch in jener exaltierten Stunde im Bürgerbräu versichert, es gebe kein Zurück mehr, die Sache sei »bereits weltgeschichtliches Ereignis« – doch dann, im Angesicht der Weltgeschichte, unrühmlich das Weite gesucht und »nichts mehr wissen (wollen) von dieser verlogenen Welt«[171], wie er dem Gericht erklärte: er hatte noch einmal um das große Los gespielt und verloren.

Erst rhetorisch rettete er alles. Die Umkehrung der Niederlage machte deutlich, wie wenig er sich auf die Wirklichkeit verstand und wie außerordentlich auf die Art, sie zu präsentieren, zu färben und propagandistisch damit fertig zu werden. Der Fieberhaftigkeit seines Agierens, der überstürzten, wankelmütigen, stümpernden Unsicherheit widerspricht aufs entschiedenste die Kälte und Geistesgegenwart seines Auftritts vor Gericht.

Ein Element von Spielerwesen und Glücksrittertum war in alledem greifbar, der desperate Hang ins Ausweglose, zu verlorenen Posten. In allen Entscheidungssituationen des Jahres 1923 hatte er die Neigung bewiesen, sich keine taktische Wahlmöglichkeit freizuhalten: immer schien es, als suche er zunächst die Wand, gegen die er sich mit dem Rücken stellen könne, und verdopple sodann den ohnehin überzogenen Einsatz – man wird das eine wirkliche Selbstmörderkonstitution nennen. In diesem Sinne verhöhnte er auch das Bemühen der Politik, die erbarmungslosen Alternativen zu vermeiden, als die Ideologie der »politischen Dreikäsehochs« und äußerte seine Verachtung über jene, die »sich nie überspannen«; Bismarcks Wendung von der Politik als der Kunst des Möglichen sei nur »eine billige Ausrede«[172]. Es ist denn auch sicherlich mehr als nur ein Ausdruck seines melodramatischen Temperaments, daß seit dem Jahre 1905 eine Kette von Selbstmorddrohungen sein Dasein begleitet, die erst in der äußersten Herausforderung, dem wiederum alternativelosen Einsatz um Weltmacht oder Untergang, auf dem Sofa im Bunker der Reichskanzlei zu Ende ging. Bezeichnenderweise war auch sein Eintritt in die große Politik von einer solchen Drohung begleitet. Gewiß wirkten noch immer zahlreiche seiner Auftritte überspannt und nicht ohne jenen Hang zur pathetischen Posse, von dem er schwerlich loskam; aber ist es wirklich nur eine der Projektionen aus späterer Erfahrung, wenn man wahrzunehmen meint, daß schon um den aufgeregten Akteur jener frühen Phase gleichsam die Luft der großen Katastrophe war?

Der 9. November 1923 war der Durchbruch. Noch am Mittag jenes Tages, als der Demonstrationszug sich dem Odeonsplatz näherte, hatte ein Passant gefragt, ob der Hitler da an der Spitze »tatsächlich der Kerl von der Straßenecke« sei.[173] Jetzt war er in der Geschichte. Zu den

Übereinstimmungen, die der 9. November mit seinem Leben im ganzen besitzt, zählt am Ende auch, daß er sich den Zugang dahin vermittels einer Niederlage erzwungen hatte; nicht anders als später, in verheerend vergrößertem Rahmen, den dauernden Platz darin mit Hilfe einer Katastrophe.

DRITTES BUCH:

JAHRE DES WARTENS

I. KAPITEL: DIE VISION

> »Sie sollen wissen, daß wir eine historische Vision der Ereignisse haben.« Adolf Hitler

Der Lorbeerkranz, den Hitler auf der Festung Landsberg an der Wand seines Raumes aufgehängt hatte, war mehr als ein herausfordernder Hinweis auf seine ungebrochenen Absichten. Der zwangsweise Ausschluß vom politischen Geschehen durch die Haft kam ihm politisch wie persönlich zugute; denn er erlaubte ihm, den Konsequenzen, die das Desaster vom 9. November für die Partei hatte, zu entgehen und die Querelen der verbitterten und zersprengten Anhänger aus unbehelligter, noch dazu vom Leidensglanz nationalen Märtyrertums umgebener Distanz zu verfolgen. Gleichzeitig verhalf er ihm, nach Jahren einer nahezu besinnungslosen Unrast, zu sich selbst: zum Glauben an sich und seine Sendung. Während der Aufruhr der Emotionen sich legte, verfestigte sich die zunächst zögernd beanspruchte, vom Prozeßverlauf bekräftigte Rolle als Führungsfigur der völkischen Rechten zur immer selbstbewußteren Kontur des messianisch beauftragten einzigen Führers. Mit Konsequenz und hohem Rollenbewußtsein verschaffte Hitler dem Gefühl besonderer Erwähltheit schon unter den Mithäftlingen Geltung, und es war dieses Bewußtsein, das seiner Erscheinung von diesem Zeitpunkt an jene maskenhaften, gefrorenen Züge gab, die kein Lächeln, keine uneigennützige Geste, keine selbstvergessene Haltung je löste. In merkwürdig ungreifbarer, fast abstrakter Unpersönlichkeit bewegte er sich künftig durch eine Szenerie, die er gleichwohl unbestritten beherrschte. Schon vor dem Novemberputsch hatte Dietrich Eckart über Hitlers folie de grandeur, seinen »Messiaskomplex«, geklagt.[1] Jetzt erstarrte er immer absichtsvoller in der statuarischen Pose, die den monumentalen Dimensionen seines Bildes von Größe und Führertum entsprach.

Der Strafvollzug störte den planvollen Prozeß der Selbststilisierung nicht. In einem Anschlußverfahren waren rund vierzig weitere Teilnehmer des Putsches verurteilt und sodann nach Landsberg verbracht worden: die Angehörigen des »Stoßtrupps Hitler«, Berchtold, Haug, Maurice, ferner Amann, Heß, Heines, Schreck und der Student Walter Hewel. Inmitten dieses Anhangs gewährte die Anstaltsleitung Hitler einen ungezwungenen, in eher geselligen Formen verlaufenden Aufenthalt, der seinen Sonderansprüchen auf jede Weise gerecht zu werden trachtete. Während der Mahlzeiten im großen Tagesraum führte er unter der Hakenkreuzfahne den Vorsitz, Mithäftlinge hielten sein Zimmer in Ordnung, an den Spielen und leichten Arbeiten dagegen beteiligte er sich nicht. Die nach ihm in die Anstalt eingelieferten Gesinnungsgenossen mußten »unverzüglich beim Führer zur Meldung« erscheinen, und regelmäßig um zehn war, wie es in einem der Erlebnisberichte heißt, »Vortrag beim Chef«. Während des Tages widmete Hitler sich einer umfangreichen Korrespondenz, ein sprachlich bemerkenswertes Huldigungsschreiben stammte von einem jungen promovierten Philologen namens Joseph Goebbels, der über Hitlers prozessuales Schlußwort äußerte: »Was Sie da sagten, das ist der Katechismus eines neuen politischen Glaubens in der Verzweiflung einer zusammenbrechenden, entgötterten Welt ... Ihnen gab ein Gott, zu sagen, was wir leiden. Sie faßten unsere Qual in erlösende Worte ...« Auch Houston Stewart Chamberlain schrieb ihm, während Rosenberg durch eine »in Millionen Stücken als Symbol unseres Führers« verbreitete »Hitlerpostkarte« das Andenken des Inhaftierten in der Außenwelt aufrechterhielt.[2]

Häufig ging Hitler auch im Anstaltsgarten spazieren, er hatte noch immer mit den alten Stilunsicherheiten zu tun und trug zur Cäsarenmiene, während er die Huldigungen seiner Getreuen entgegennahm, kurze Lederhosen, eine Trachtenjacke und dazu häufig einen Hut. Wenn er an den sogenannten Kameradschaftsabenden sprach, »sammelten sich draußen im Treppenhaus lautlos die Beamten der Festung und lauschten«[3]. Wie unberührt von den Wirkungen der Niederlage entwickelte er die Legenden und Visionen seines Lebens und, in charakteristischer Verbindung, praktische Pläne für jenen Staat, als dessen einstigen Diktator er sich nach wie vor sah: die Idee der Autobahnen beispielsweise oder des Volkswagens stammten, einer späteren Bemerkung zufolge, aus dieser Zeit. Obwohl die Besuchszeit auf sechs Stunden wöchentlich beschränkt war, empfing Hitler bis zu sechs Stunden täglich die Anhänger, Bittsteller und befreundeten Politiker, die nach Landsberg pilgerten, wieder fanden sich zahlreiche Frauen darunter: nicht zu Unrecht hat man von der Haftanstalt als einem »ersten Braunen Haus« gesprochen.[4] An Hitlers 35. Geburtstag, kurz nach Beendigung des Prozesses, füllten die Blumen und Pakete für den prominenten Häftling mehrere Räume.

Die Atempause, zu der er sich gezwungen sah, diente ihm gleichzeitig zu einer Bestandsaufnahme, in deren Verlauf er den Wust der Affekte zu rationalisieren versuchte und das Geröll von ehedem Angelesenem und Halbverarbeitetem mit den jüngsten Lesefrüchten zum Umriß eines weltanschaulichen Systems zusammentrug: »Diese Zeit gab mir Gelegenheit, mir über verschiedene Begriffe klarzuwerden, die ich bis dahin nur instinktiv empfunden hatte.«[5] Was er tatsächlich gelesen hat, ist im ganzen nur aus Indizien oder Äußerungen Dritter zu schließen, er selber hat, mit der immerwachen Sorge des Autodidakten vor dem Verdacht geistiger Abhängigkeiten, überaus selten von Büchern und bevorzugten Autoren gesprochen: mehrfach und in wechselnden Zusammenhängen taucht lediglich Schopenhauer auf, dessen Werke er im Krieg angeblich bei sich führte und in ausgedehnten Passagen anführen konnte, desgleichen Nietzsche, Schiller und Lessing. Immer vermied er Zitate und erweckte auf diese Weise zugleich den Eindruck originärer Erkenntnisse. In einer autobiographischen Skizze aus dem Jahre 1921 hat er für seine Jugend ein »gründliches Studium volkswirtschaftlicher Lehren, sowie der damals zur Verfügung stehenden gesamten antisemitischen Literatur« behauptet und bemerkt: »Seit meinem 22. Jahr warf ich mich mit besonderem Feuereifer über militärpolitische Schriften und unterließ die ganzen Jahre niemals, mich in sehr eindringlicher Weise mit der allgemeinen Weltgeschichte zu beschäftigen«;[6] doch kein Autor, kein Buchtitel findet je Erwähnung, immer sind es, wie in einer abseitigen Äußerungsform seines Quantitätskomplexes, ganze Wissensgebiete, die er sich aneignete; er nennt im gleichen Zusammenhang, mit wiederum ins Weite zielender Geste, die Kunstgeschichte, die Kulturgeschichte, die Baugeschichte und »politische Probleme«; doch der Verdacht liegt nahe, daß er sich seine Kenntnisse bis dahin fast nur in Aufgüssen aus zweiter und dritter Hand erworben hat. Hans Frank hat für die Landsberger Monate Nietzsche, Chamberlain, Ranke, Treitschke, Marx und Bismarck genannt sowie Kriegserinnerungen deutscher und alliierter Staatsmänner. Aber daneben und auch davor hat er die Elemente seines Weltbilds aus den Ablagerungen bezogen, die der Strom pseudowissenschaftlicher Kleinliteratur aus weit entfernten, kaum mehr auffindbaren Quellen bezogen hat: rassenkundliche und antisemitische Schriften, Theorienwerk zu Germanentum, Blutmystik und Eugenik, auch geschichtsphilosophische Traktate und Darwinismuslehren.

Glaubwürdig an den zahlreichen zeitgenössischen Bekundungen über die Lektüre Hitlers klingt im Grunde lediglich die Intensität, der Lesehunger, der berichtet wird. Schon Kubizek überliefert, Hitler sei in Linz bei drei Bibliotheken gleichzeitig eingeschrieben gewesen und erscheine ihm in der Erinnerung »nie mehr anders als von Büchern umgeben«, während er selber, zieht man sein Vokabular heran, sich entweder über Bücher zu »werfen« oder sie zu »verschlingen« pflegte.[7] Seine Reden und Schriften jedoch, bis hin zu den Tischgesprächen, sowie die Erinnerungen seiner Umgebung zeigen einen Menschen von bemerkenswerter geistiger und literarischer Indifferenz; in den rund zweihundert Monologen seiner Tafelrunde tauchen beiläufig die Namen von zwei oder drei Klassikern auf, während »Mein Kampf« nur einmal auf Goethe und Schopenhauer im eher abgeschmackten antisemitischen Zusammenhang verweist. Erkenntnis bedeutete ihm in der Tat nichts, er kannte weder ihre Hochgefühle noch ihre Mühsal, sondern nur ihre Nützlichkeit, und die von ihm als »Kunst des richtigen Lesens« bezeichnete und beschriebene Übung war nie mehr als die Suche nach Lehnformeln sowie angesehenen Eideshelfern für die eigenen Voreingenommenheiten: die »sinngemäße Eingliederung in das immer schon irgendwie vorhandene Bild«[8].

Hektisch und mit der gleichen Gier wie auf die zusammengerafften Bücherberge warf er sich Anfang Juli auf die Niederschrift von »Mein Kampf«, dessen ersten Teil er schon nach dreieinhalb Monaten abschloß, er habe sich »alles von der Seele schreiben müssen, was ihn bewegte«, sagte er: »Bis spät in die Nacht hinein klapperte die Schreibmaschine, und man konnte ihn in der engen Stube seinem Freunde Heß diktieren hören. Die bereits fertigen Abschnitte las er dann meist an... Samstagabenden seinen wie Jünger um ihn sitzenden Schicksalsgenossen vor.«[9] Anfangs als Abrechnung und Bilanz nach »viereinhalb Jahren Kampf« gedacht, entwickelte es sich zusehends zu einer Mischung aus Biographie, ideologischem Traktat sowie taktischer Aktionslehre und diente gleichzeitig der Verfertigung der Führerlegende. In der verklärenden Darstellung gewannen die kläglichen, dumpfen Jahre vor dem Eintritt in die Politik mit den kühn hineinverwobenen Zügen der Not und Entbehrung sowie mit ihrer Vereinsamung den Charakter einer Phase der Sammlung und inneren Vorbereitung; eine Art dreißigjährigen Aufenthalts in der Wüste nicht ohne providentiellen Sinn. Max Amann, der Verleger des Buches, der sich offenbar einen Erlebnisbericht mit sensationellem Hintergrund versprochen hatte, war von der steifen und redseligen Langeweile des Manuskripts zunächst überaus enttäuscht.

Doch muß man davon ausgehen, daß Hitlers Ehrgeiz von vornherein höher zielte, als Amann blicken konnte; er wollte nicht enthüllen, sondern den erst jüngst erworbenen Führungsanspruch intellektuell untermauern und sich in der von ihm selber gefeierten genialen Verbindung von Politiker und Programmatiker präsentieren; die Passage des Buches, die den Schlüssel seiner hochgesteckten Absichten enthält, findet sich an unauffälliger Stelle in der Mitte des ersten Teils:

> »Wenn die Kunst des Politikers wirklich als eine Kunst des Möglichen gilt, dann gehört der Programmatiker zu jenen, von denen es heißt, daß sie den Göttern nur gefallen, wenn sie Unmögliches verlangen und wollen ... Innerhalb langer Perioden der Menschheit kann es einmal vorkommen, daß sich der Politiker mit dem Programmatiker vermählt. Je inniger aber diese Verschmelzung ist, um so größer sind die Widerstände, die sich dem Wirken des Politikers dann entgegenstemmen. Er arbeitet nicht mehr für Erfordernisse, die jedem nächstbesten Spießbürger einleuchten, sondern für Ziele, die nur die wenigsten begreifen. Daher ist dann sein Leben zerrissen von Liebe und Haß ...
> Um so seltener (ist) der Erfolg. Blüht er aber dennoch in Jahrhunderten Einem, dann kann ihn vielleicht in seinen späten Tagen schon ein leiser Schimmer des kommenden Ruhmes umstrahlen. Freilich sind diese Großen nur die Marathonläufer der Geschichte; der Lorbeerkranz der Gegenwart berührt nur mehr die Schläfen des sterbenden Helden.«[10]

Daß niemand anderes als er selber diese von leisem Schimmer umstrahlte Erscheinung sei, ist die stete, aufdringliche Insinuation des Buches, und das Bild vom sterbenden Helden eher ein Versuch, den Mißerfolg, der hinter ihm lag, tragisch zu verklären. Hitler hat sich der Niederschrift mit außerordentlichem, beifallsbesorgtem Ernst gewidmet und mit dem Buch offenbar nicht zuletzt den Nachweis beabsichtigt, daß er sich trotz seiner unvollständigen Schulbildung, trotz seines Scheiterns an der Akademie und der fatalen Männerheimvergangenheit auf der Höhe bürgerlicher Bildung bewegte; daß er tief nachgedacht habe und neben der Deutung der Gegenwart einen Entwurf für die Zukunft vorweisen konnte: dies ist die prätentiöse Grundanstrengung des Buches. Hinter den tönenden Wortfassaden hockt unverkennbar die Sorge des Halbgebildeten vor dem Zweifel des Lesers an seiner intellektuellen Kompetenz, bezeichnenderweise verwendet er, um der Sprache Monumentalität zu geben, häufig lange Substantivreihen, viele der Wörter bildet er aus Adjektiven oder Verben, so daß ihr Gewicht hohl und künstlich wirkt: »Durch das Vertreten der Meinung, daß man auf dem Wege einer durch demokratische Entscheidungen erfolgten Zubilligung ...« – es ist im ganzen eine Sprache ohne Atem, ohne Freiheit und wie im Krampfzustand: »Indem ich neuerdings mich in die theoretische Literatur dieser neuen Welt vertiefte und mir deren mögliche Auswirkungen klarzumachen versuchte, verglich ich diese dann mit den tatsächlichen Erscheinungen und Ereignissen ihrer Wirksamkeit im politischen, kulturellen und wirtschaftlichen Leben... Allmählich erhielt ich dann eine für meine eigene Überzeugung allerdings geradezu granitene Grundlage, so daß ich seit dieser Zeit eine Umstellung meiner inneren Anschauung in dieser Frage niemals mehr vorzunehmen gezwungen wurde...«[11]

Auch die zahlreichen stilistischen Entgleisungen, die trotz ausgedehnter redaktioneller Bemühungen mehrerer Gefolgsleute nicht ganz beseitigt werden konnten, haben in der wortreich vorgespiegelten Scheingelehrsamkeit des Verfassers ihre Ursache, so wenn er »die Ratten der politischen Vergiftung unseres Volkes« das ohnehin geringe Schulwissen »aus dem Herzen und der Erinnerung der breiten Masse heraus(fressen)«, »die Flagge des Reiches ... aus dem Schoße des Krieges« hervorgehen oder die Menschen »einfach auf den Körper los(sündigen)« läßt. Rudolf Olden hat gelegentlich darauf aufmerksam gemacht, wie der Logik durch die stilistischen Überspannungen Hitlers Gewalt angetan wird; so äußert er sich beispielsweise über die Not: »›Wer nicht selber in den Klammern dieser würgenden Natter sich befindet, lernt ihre Giftzähne niemals kennen.‹ In so ein paar Worten sind mehr Fehler, als sich in einem ganzen Aufsatz richtigstellen ließen. Eine Natter hat keine Klammern, und eine Schlange, die einen Menschen umklammern kann, hat keine Giftzähne. Wenn aber ein Mensch von einer Schlange gewürgt wird, so lernt er doch dadurch nie ihre Zähne kennen.«[12] Gleichzeitig und inmitten aller hochtrabenden Unordnung der Gedanken finden sich in dem Buch jedoch scharfsinnige Überlegungen, die unmittelbar aus tiefer Irrationalität hervortreten, nicht selten auch treffende Formulierungen oder eindrucksvolle Bilder: es sind überhaupt die widersprüchlichen und sperrigen Züge, die das Werk vor allem kennzeichnen. Seine Steife und Verbissenheit kontrastiert eigentümlich mit der unstillbaren Neigung zur strömenden Phrase, der stets spürbare Stilisierungswille mit dem gleichzeitigen Mangel an Selbstkontrolle, die Logik mit der Dumpfheit, und nur die monoton und manisch in sich verbissene Egozentrik, der die Menschenleere des dickleibigen Buches nur zu genau entspricht, bleibt ohne Gegensatz: so ermüdend und schwierig die Lektüre im ganzen auch ist, vermittelt sie doch ein bemerkenswert genaues Porträt des Verfassers, der sich in der immer präsenten Besorgnis, durchschaut zu werden, erst eigentlich durchschaubar macht.

Wohl in Erkenntnis des decouvrierenden Charakters seines Buches hat Hitler sich später auch davon zu distanzieren versucht. Gelegentlich hat er »Mein Kampf« eine stilistisch mißglückte Aneinanderreihung von Leitartikeln für den ›Völkischen Beobachter‹ genannt und als »Phantasien hinter Gittern« abgetan: »Das jedenfalls weiß ich, wenn ich 1924 geahnt hätte, Reichskanzler zu werden, dann hätte ich das

Buch nicht geschrieben.« Gleichzeitig allerdings deutete er an, daß nur solche taktischen oder stilistischen Überlegungen den Vorbehalt begründeten: »Inhaltlich möchte ich nichts ändern.«[13]

Der prätentiöse Stil des Buches, die gedrechselten, wurmartigen Perioden, in denen sich bildungsbürgerliche Paradiersucht und österreichischer Kanzlistenschwulst umständlich verbanden, hat zweifellos den Zugang dazu erheblich erschwert und zur Folge gehabt, daß das am Ende in nahezu zehn Millionen Exemplaren verbreitete Werk das Schicksal aller Pflicht- und Hofliteratur erlitt und ungelesen blieb. Nicht minder abweisend wirkte offenbar auch der unausgelüftete, von immer den gleichen trüben Zwangsvorstellungen heimgesuchte Bewußtseinsgrund, auf dem alle seine Komplexe und Gefühle gediehen, und den Hitler offenbar nur als Redner, in präparierten Auftritten, zu überspielen vermochte: ein merkwürdig verdorbener Geruch schlägt dem Leser aus den Seiten entgegen, am spürbarsten aus dem Kapitel über die Syphilis, aber darüber hinaus auch aus dem vielfach schmuddeligen Jargon, den abgestandenen Bildern, dem schwer beschreibbaren, aber unverwechselbaren Armeleutegeruch seiner Stilhaltung im ganzen. Die gaukelnden Verbotsvorstellungen des verkorksten jungen Mannes, der durch den Krieg und den Aktivitätsrausch der darauffolgenden Jahre bis in die Landsberger Haft allenfalls zu mütterlichen Freundinnen gefunden hatte und, einem Zeugnis aus seiner Umgebung zufolge, von der Angst besessen war, »mit einer Frau ins Gerede zu kommen«[14], spiegeln sich in dem eigentümlich schwülen Fluidum, das er seinem Weltbild vermittelt hat. Alle Vorstellungen von Geschichte, Politik, Natur oder Menschenleben bewahren die Ängste und Begierden des einstigen Männerheiminsassen: den stimulierenden Walpurgisnachtstraum einer Dauerpubertät, der die Welt in Bildern von Paarung, Unzucht, Perversion, Schändung, Blutverpestung erscheint:

> »Das jüdische Endziel ist die Entnationalisierung, die Durcheinanderbastardisierung der anderen Völker, die Senkung des Rassenniveaus der Höchsten, sowie die Beherrschung dieses Rassenbreies durch Ausrottung der völkischen Intelligenzen und deren Ersatz durch die Angehörigen des eigenen Volkes ... So wie er (der Jude) selber planmäßig Frauen und Mädchen verdirbt, so schreckt er auch nicht davor zurück, selbst in größerem Umfange die Blutschranken für andere einzureißen. Juden waren und sind es, die den Neger an den Rhein bringen, immer mit dem gleichen Hintergedanken und klaren Ziele, durch die dadurch zwangsläufig eintretende Bastardisierung die ihnen verhaßte weiße Rasse zu zerstören, von ihrer kulturellen und politischen Höhe zu stürzen und selber zu ihren Herren aufzusteigen ... Würde nicht die körperliche Schönheit heute vollkommen in den Hintergrund gedrängt durch unser laffiges Modewesen, wäre die Ver-

führung von Hunderttausenden von Mädchen durch krummbeinige, widerwärtige Judenbankarte gar nicht möglich ... Planmäßig schänden diese schwarzen Völkerparasiten unsere unerfahrenen, jungen, blonden Mädchen und zerstören dadurch etwas, was auf dieser Welt nicht mehr ersetzt werden kann ... Der völkischen Weltanschauung muß es endlich gelingen, jenes edlere Zeitalter herbeizuführen, in dem die Menschen ihre Sorge nicht mehr in der Höherzüchtung von Hunden, Pferden und Katzen erblicken, sondern im Emporheben des Menschen selbst ...«[15]

Die unverwechselbar neurotische Ausdünstung des Buches, seine Manieriertheit und fragmentarische Unordnung haben aber auch die Unterschätzung mitbegründet, die der Bedeutung der nationalsozialistischen Ideologie lange zuteil geworden ist. »Niemand nahm es ernst, konnte es ernst nehmen oder verstand diesen Stil überhaupt«, schrieb Hermann Rauschning und versicherte aus genauerer Hintergrunderfahrung: »Was Hitler eigentlich will, ... steht nicht in ›Mein Kampf‹.«[16] Nicht ohne stilistische Brillanz und jedenfalls mit beträchtlicher historiographischer Wirkung hat er die Theorie formuliert, die den Nationalsozialismus als eine »Revolution des Nihilismus« deutete. Hitler, meinte er, sowie die von ihm geführte Bewegung hatten keine Idee oder gar annähernd schlüssige Weltanschauung, sondern bedienten sich vorhandener Stimmungen und Tendenzen nur, sofern sie sich Wirkung und Anhängerschaft davon versprachen. Nationalismus, Antikapitalismus, Brauchtumskult, außenpolitische Konzepte und selbst Rassenglaube oder Antisemitismus waren einem immer beweglichen, gänzlich prinzipienlosen Opportunismus offen, der nichts achtete, fürchtete, glaubte und gerade seine feierlichsten Eide am skrupellosesten brach. Die taktische Treulosigkeit des Nationalsozialismus sei buchstäblich grenzenlos und alle Ideologie lediglich lärmender Vordergrundzauber, um einen Machtwillen zu verdecken, der nur und immer nur sich selber wolle und jeden Erfolg ausschließlich als Chance und Stufe zu neuen, wilden und ehrgeizigen Abenteuern betrachte – ohne Sinn, ohne konkretes Ziel, ohne Sättigung: »Diese Bewegung ist in ihren treibenden und leitenden Kräften völlig voraussetzungslos, programmlos, aktionsbereit, in ihren besten Kerntruppen instinktiv, in ihrer leitenden Elite höchst überlegt, kalt und raffiniert. Es gab und gibt kein Ziel, das nicht der Nationalsozialismus um der Bewegung willen jederzeit preiszugeben oder aufzustellen bereit wäre.« Das gleiche meinte der Volksmund der dreißiger Jahre, wenn er im Blick auf die Ideologie des Nationalsozialismus höhnisch von der »Welt als Wille ohne Vorstellung« sprach.

Richtig daran war und bleibt wohl, daß der Nationalsozialismus stets ein hohes Maß an Anpassungsbereitschaft gezeigt und Hitler selber sich in programmatischen wie ideologischen Fragen bemerkenswert indifferent gezeigt hat: an den fünfundzwanzig Punkten hielt er, wie überholt sie auch waren, eingestandenermaßen nur aus der taktischen Erwägung fest, daß jede Änderung verwirrend wirke und Programme ohnehin gleichgültig seien, während er beispielsweise von dem Hauptwerk seines Chefideologen Alfred Rosenberg, das als eine der Grundschriften des Nationalsozialismus galt, unumwunden erklärte, er habe es »nur zum geringen Teil gelesen, da es ... zu schwer verständlich geschrieben sei«[17]. Doch wenn der Nationalsozialismus keine Orthodoxie entwickelte und sich zum Beweise der Rechtgläubigkeit zumeist mit dem bloßen Kniefall zufriedengab, so war er doch kein ausschließlich taktisch bestimmter Erfolgs- und Beherrschungswille, der sich selbst absolut setzte und sich die Ideologiestücke nach wechselnden Erfordernissen beliebig zur Verfügung hielt. Er war vielmehr beides, Herrschaftspraxis und Doktrin zugleich, das eine überlagert und vielfach durchkreuzt vom anderen, und selbst in den ruchlosesten Eingeständnissen eines zweckfreien Machthungers, wie sie vereinzelt überliefert sind, erwiesen Hitler und seine enge Umgebung sich doch immer auch als die Gefangenen ihrer Vorurteile und bedrückenden Utopien. Wie der Nationalsozialismus keine ideologischen Motive in sich aufnahm, ohne nach deren machtsteigernden Möglichkeiten zu fragen, so sind auch seine entscheidenden Machtbekundungen nicht ohne ein mitunter freilich flüchtiges und nur schwer greifbares ideologisches Motiv zu verstehen. In seiner erstaunlichen Laufbahn verdankte Hitler der taktischen Wendigkeit alles, was der Taktik überhaupt verdankt werden kann: die mehr oder minder eindrucksvollen Begleitumstände des Erfolges. Der Erfolg an sich dagegen hat mit dem ganzen Komplex ideologisierter Ängste, Hoffnungen, Visionen zu tun, dessen Opfer und Ausbeuter Hitler selber war, sowie mit der zwingenden gedanklichen Kraft, die er seinen Vorstellungen zu einigen Grundfragen von Geschichte und Politik, Macht und Menschendasein zu geben vermochte.

So unzureichend und literarisch mißglückt daher der mit »Mein Kampf« unternommene Versuch zur Formulierung einer Weltanschauung auch ausgefallen ist, so unverkennbar enthält er bereits, wenn auch bruchstückhaft und ungeordnet, alle Elemente der nationalsozialistischen Ideologie: was Hitler eigentlich wollte, steht tatsächlich in dem Buch, auch wenn die Zeitgenossen es nicht darin fanden. Wer die verstreuten Teile zu ordnen und ihre logischen Strukturen herauszupräparieren versteht, erhält schließlich ein »Ideengebäude, dessen Folgerichtigkeit und Konsistenz den Atem verschlägt«[18]. Zwar hat Hitler es in den darauffolgenden Jahren, nach der Landsberger Haft, weiter abgerundet und vor allem systematisiert, doch im ganzen erlebte es keine Entwicklungen mehr. Die Fixierungen des Anfangs überdauerten bis in die einzelne Formulierung die Jahre des Aufstiegs sowie der Herrschaft und erwiesen, weit entfernt von aller nihilistischen Attitüde, noch im Angesicht des Endes ihre paralysierende Kraft: Raumwille, Antimarxismus und Antisemitismus, verklammert durch eine darwinistische Kampfideologie, bildeten die Konstanten seines Weltbildes und bestimmten seine ersten wie seine letzten überlieferten Äußerungen.

Es war freilich ein Weltbild, das weder eine neue Idee noch eine neue soziale Glücksvorstellung formulierte, sondern sich als die eher willkürliche Kompilation zahlreicher Theorien erwies, die seit der Mitte des 19. Jahrhunderts zum verbreiteten Bestand einer obskuren nationalistischen Vulgärwissenschaft rechneten. Was immer Hitlers »Schwammgedächtnis« in den zurückliegenden Perioden gieriger Lektüre aufgesogen hatte, tauchte nun in oft überraschenden Abwandlungen und neuartigen Zusammenhängen wieder auf: ein kühnes und schreckliches Gebäude, nicht ohne düstere Winkel, aufgeführt aus dem Ideenschutt der Epoche, und Hitlers Originalität offenbarte sich gerade in der Fähigkeit, das Heterogene, kaum Vereinbare zusammenzuzwingen und dem Flickenteppich seiner Ideologie doch Dichte und Struktur zu vermitteln; sein Verstand, so ließe sich formulieren, produzierte kaum Gedanken, wohl aber große Kraft. Sie verengte und härtete das Ideengemenge und gab ihm eine glaziale Ungerührtheit. Hugh Trevor-Roper hat die kalte Irrwelt dieses Geistes in einem einprägsamen Bilde erschreckend genannt, »wahrhaft imponierend in ihrer granitenen Starre und doch erbärmlich in ihrer wirren Überladenheit – wie irgendein gewaltiges Barbarenstandbild, Ausdruck riesiger Stärke und wilden Geistes, umgeben von verfaulenden Abfallhaufen: alten Büchsen und totem Ungeziefer, Asche und Schalen und Schmutz – dem intellektuellen Geröll von Jahrhunderten«[19].

Von besonderem Gewicht war dabei wohl Hitlers Fähigkeit, jedem Gedanken die Machtfrage zu stellen. Im Gegensatz zu den Wortführern der Völkischen Bewegung, die nicht zuletzt an ihren ideologischen Spitzfindigkeiten gescheitert waren, betrachtete er Gedanken an sich geringschätzig als »bloße Theorie« und machte sie sich erst zu eigen, wenn ein praktischer, organisationsfähiger Kern darin zum Vorschein kam. Was er das »Denken nach parteizweckmäßigen Gesichtspunkten« nannte, war sein Vermögen, allen Ideen, Tendenzen und selbst dem Köhlerglauben machtgerechte, im eigentlichen Sinne politische Form zu geben.

Er formulierte die Verteidigungsideologie eines lange verschreckten

Bürgertums, indem er dessen eigene Vorstellungen vergröberte und mit einer aggressiven und zielbewußten Aktionslehre versah. In seiner Weltanschauung waren alle Alpträume und intellektuellen Moden des bürgerlichen Zeitalters aufgefangen: die große, seit 1789 untergründig weiterwirkende und in Rußland wie in Deutschland aktualisierte Furcht vor der Revolution von links als soziale Angst; die Überfremdungspsychose des Deutschösterreichers als rassisch-biologische Angst; die hundertfach artikulierte Besorgnis der Völkischen, daß die täppischen und verträumten Deutschen im Wettkampf der Völker unterliegen müßten, als nationale Angst, sowie schließlich auch die Epochenangst des Bürgertums, das die Zeit seiner Größe zu Ende gehen und das Gefühl der Sicherheit zerbrechen sah: »Nichts ist mehr verankert«, rief Hitler aus, »nichts mehr wurzelt in unserem Innern. Alles ist äußerlich, flieht an uns vorbei. Unruhig und hastig wird das Denken unseres Volkes. Das ganze Leben wird vollständig zerrissen ...«[20]

Sein ausschweifendes Temperament, das grenzenlose Räume suchte und sich mit Vorliebe in Eiszeitepochen bewegte, hat dieses Grundgefühl der Angst zum Symptom einer der großen Weltkrisen erweitert, in denen Zeitalter geboren werden oder zugrunde gehen und das Schicksal der Menschheit auf dem Spiele steht: »Diese Welt ist am Ende!« Er war wie behext von der Vorstellung einer großen Weltkrankheit, von Viren, Termitenfraß und Menschheitsgeschwüren, und wenn er sich später der Welteislehre Hörbigers zuwandte, so überzeugte ihn daran vor allem die Rückführung von Erdgeschichte und Menschheitsentwicklung auf gewaltige kosmische Katastrophen. Wie fasziniert spürte er Untergänge nahen, und aus diesem Sintflut-Aspekt seines Weltbildes leitete er seinen Berufungsglauben ab, den missionarischen, heilsbringerischen Zug seines Bewußtseins vor der Geschichte. Die vielfach so unbegreiflich empfundene Konsequenz, mit der er im Krieg bis zum letztmöglichen Zeitpunkt und ungeachtet aller entgegenstehenden militärischen Notwendigkeiten das Vernichtungswerk gegen die Juden fortsetzte, rührte primär nicht aus krankhaftem Starrsinn; sie war vielmehr in der Vorstellung begründet, einen Titanenkampf zu führen, der alles Tagesinteresse weit überstieg, und jene »andere Kraft« zu sein, die, zur Rettung des Universums auserwählt, den Bösen »wieder zum Luzifer zurückwirft«[21].

Die Vorstellung eines gewaltigen kosmischen Ringens beherrschte alle Thesen und Frontstellungen des Buches, und wie absurd oder phantastisch sie auch erscheinen mögen: sie verliehen seinen Deutungen metaphysischen Ernst und stellten sie vor einen düster-grandiosen Theaterprospekt: »Wir können untergehen, vielleicht. Aber wir werden eine Welt mitnehmen. Muspilli, Weltenbrand«, äußerte er einmal in einer seiner apokalyptischen Stimmungen. Zahlreich sind die Passagen in »Mein Kampf«, in denen er seinen Beschwörungen einen universellen, das Weltall bildhaft einbeziehenden Charakter gibt. »Die jüdische Lehre des Marxismus«, so versicherte er, »würde als Grundlage des Universums zum Ende jeder gedanklich für Menschen faßlichen Ordnung führen«, und gerade die Sinnlosigkeit dieser Hypothese, die eine Ideologie zum Ordnungsprinzip des Weltalls erhebt, demonstriert Hitlers unwiderstehlichen Hang, in universellen Dimensionen zu denken. Er bezog die »Sterne«, die »Planeten«, den »Weltäther«, »Jahrmillionen« in das dramatische Geschehen mit ein, und die »Schöpfung«, der »Erdball«, das »Himmelreich« dienten ihm als Kulisse.[22]

Es war ein Hintergrund, der sich auf einleuchtende Weise mit dem Prinzip vom erbarmungslosen Kampf aller gegen alle und vom Sieg der Starken über die Schwachen zur Deckung bringen und zu einer Art eschatologischem Darwinismus entwickeln ließ. »Die Erde«, so pflegte Hitler zu sagen, »sei eben wie ein Wanderpokal und habe deshalb das Bestreben, immer in die Hand des Stärksten zu kommen. Seit Jahrzehntausenden...«[23] Im permanenten, tödlichen Konflikt aller gegeneinander glaubte er eine Art Weltgrundgesetz gefunden zu haben:

»Die Natur... setzt die Lebewesen zunächst auf diesen Erdball und sieht dem freien Spiel der Kräfte zu. Der Stärkste an Mut und Fleiß erhält dann als ihr liebstes Kind das Herrenrecht des Daseins zugesprochen... Nur der geborene Schwächling kann dies als grausam empfinden, dafür aber ist er auch nur ein schwacher und beschränkter Mensch; denn würde dieses Gesetz nicht herrschen, wäre ja jede vorstellbare Höherentwicklung aller organischen Lebewesen undenkbar... Am Ende siegt ewig nur die Sucht der Selbsterhaltung. Unter ihr schmilzt die sogenannte Humanität als Ausdruck einer Mischung von Dummheit, Feigheit und eingebildetem Besserwissen, wie Schnee in der Märzensonne. Im ewigen Kampfe ist die Menschheit groß geworden – im ewigen Frieden geht sie zugrunde.«

Dieses »eherne Naturgesetz« war Ausgang und Bezugspunkt aller Überlegungen: es bestimmte die Vorstellung, daß die Geschichte nichts anderes sei als der Lebenskampf der Völker um Lebensraum und daß in diesem Lebenskampf »alle denkbaren Mittel« erlaubt seien: »Überredung, List, Klugheit, Beharrlichkeit, Güte, Schläue, aber auch Brutalität«, ja daß zwischen Krieg und Politik im Grunde kein Gegensatz existiere, vielmehr »das letzte Ziel der Politik der Krieg« sei;[24] es prägte die Begriffe des Rechts oder der Moral, die nur respektierten, was mit den Normen des Naturgeschehens in Einklang stand, und inspirierte zugleich auch die aristokratische Führeridee sowie die Theorie der rassischen Bestenauslese mit ihren nationalaggressiven Akzenten: in großen, »blutmäßigen Fischzügen« werde er über Europa hingehen, um das blonde und hellhäutige Menschenmaterial der »Verbreiterung der eigenen Blutbasis« dienstbar zu machen und unbesiegbar zu werden. Im Zeichen dieser totalen Kampfphilosophie war der Gehorsam mehr als der Gedanke, der Einsatzwille besser als die Einsicht und die fanatische Blindheit die höchste Tugend: »Wehe dem, der nicht glaubt!«, rief Hitler immer wieder. Selbst die Ehe wurde zum Selbstbehauptungsverband, das Haus zur »Burg, aus der heraus der Lebenskampf geführt wird«. In groben Analogien zwischen Tierreich und menschlicher Gesellschaft feierte Hitler die Überlegenheit der Rücksichtslosen über die empfindlich organisierten Naturen, der Kraft über den Geist: Die Affen, so meinte er, trampelten jeden »Außenseiter als gemeinschaftsfremd tot. Und was für die Affen gelte, müsse in erhöhtem Maße für die Menschen gelten . . .«[25]

Wie wenig Ironie sich in solchen Äußerungen verbarg, wird an dem Brustton deutlich, mit dem er die Freßgewohnheiten der Affen als Bestätigung der eigenen vegetarischen Ernährungsweise anführte: die Affen wiesen den richtigen Weg. Auch lehre ein Blick in die Natur, daß beispielsweise das Fahrrad richtig, das Luftschiff dagegen »total verrückt« erdacht sei. Dem Menschen bleibe keine Wahl, als die Gesetze der Natur zu erforschen und ihnen Folge zu leisten, man könne sich »überhaupt keine bessere Konstruktion denken« als die gnadenlosen Ausleseregrundsätze der freien Wildbahn. Die Natur sei nicht unmoralisch: »Wer hat die Schuld, wenn die Katze die Maus frißt?« höhnte er. Die sogenannte Humanität des Menschen sei »nur die Dienerin seiner Schwäche und damit in Wahrheit die grausamste Vernichterin seiner Existenz«. Kampf, Unterwerfung, Vernichtung seien unabänderlich: »Ein Wesen trinkt das Blut des anderen. Indem das eine stirbt, ernährt sich das andere. Man soll nicht faseln von Humanität.«[26]

Nur selten hat sich Hitlers gänzliche Verständnislosigkeit für fremdes Recht und fremden Glücksanspruch, seine äußerste Amoralität krasser offenbart als in dieser »bedingungslosen Verbeugung vor den . . . göttlichen Gesetzen des Daseins«. Gewiß kam darin ein Element spätbürgerlicher Ideologie zum Vorschein, die das Dekadenz- und Schwächebewußtsein der Zeit zu kompensieren versuchte, indem sie das Leben in seiner Unbedenklichkeit zu glorifizieren begann und dazu neigte, das Rücksichtslose, Primitive auch für das Urtümliche zu halten. Freilich läßt sich auch vermuten, daß Hitler in der Gleichsetzung mit dem Naturgesetz eine pompöse Rechtfertigung seiner individuellen Kälte und Gefühlsarmut gesucht habe. Die Identifizierung mit einem überpersönlichen Prinzip wirkte entlastend und verwandelte Kampf, Mord und »Blutopferung« in Akte demütiger Erfüllung eines göttlichen Gebots: »Indem ich mich des Juden erwehre, kämpfe ich für das Werk des

Herrn«, hat er in »Mein Kampf« geschrieben, und fast zwanzig Jahre später, mitten in Krieg und Ausrottung, nicht ohne moralische Befriedigung versichert: »Ich habe das reine Gewissen gehabt.«[27]

Denn Krieg und Vernichtung waren notwendig gewesen, um die bedrohte Grundordnung der Welt wiederherzustellen: das war Moral und Metaphysik seiner Politik. Wenn er, aus jenen großen und ungenauen Abständen, die er liebte, die Weltepochen an seinem Auge vorüberziehen ließ und die Ursachen für den Niedergang von Völkern und Kulturen erwog, stieß er immer wieder auf den Ungehorsam gegen die eigenen Instinkte. Alle Ermüdungen, Schwächezustände und Katastrophen großer Herrschaftssysteme waren zurückzuführen auf die Mißachtung der Natur, insbesondere die Rassenvermischung. Denn während jedes Lebewesen den eingewurzelten Trieb zur Rassenreinheit strikt beachtete und »Meise zu Meise, Fink zu Fink, der Storch zur Störchin, Feldmaus zu Feldmaus« ging, war der Mensch der Versuchung ausgesetzt, den Gesetzen der Natur zuwiderzuhandeln und biologische Untreue zu begehen. Es war die These, die auch der Gegenstand des Aufsatzes »Über das Weibliche im Menschlichen« gewesen war, den Richard Wagner an seinem Todestage, dem 11. Februar 1883, in Venedig zu schreiben begonnen, aber nicht mehr vollendet hatte. Impotenz und Alterstod der Völker waren nichts anderes als die Rache der verleugneten Urordnung: »Die Blutsvermischung und das dadurch bedingte Senken des Rassenniveaus ist die alleinige Ursache des Absterbens alter Kulturen; denn die Menschen gehen nicht an verlorenen Kriegen zugrunde, sondern am Verlust jener Widerstandskraft, die nur dem reinen Blute zu eigen ist. Was nicht gute Rasse ist auf dieser Welt, ist Spreu.«[28]

Dahinter stand die Lehre von den schöpferischen Rassekernen, derzufolge seit Urzeiten kleine arische Eliten die dumpf und geschichtslos dahindämmernden Massen minderwertiger Völker überwältigten, um mit Hilfe der Unterworfenen ihre genialen Fähigkeiten zu entfalten: prometheische Lichtgestalten, die allein in der Lage seien, Staaten zu errichten und Kulturen zu begründen, »immer von neuem jenes Feuer entzündend, das als Erkenntnis die Nacht der schweigenden Geheimnisse aufhellte und den Menschen so den Weg zum Beherrscher der anderen Wesen dieser Erde emporsteigen ließ«. Erst wenn der arische Rassekern sich mit den Unterjochten zu vermischen begann, folgten Abstieg und Untergang; denn »menschliche Kultur und Zivilisation sind auf diesem Erdteil unzertrennlich gebunden an das Vorhandensein des

Ariers. Sein Aussterben oder Untergehen wird auf diesen Erdball wieder die dunklen Schleier einer kulturlosen Zeit senken«[29].

Eben dies war die Gefahr, der sich die Menschheit erneut gegenübersah. Anders als beim Untergang der antiken Großreiche drohte nicht nur das Erlöschen einer Kultur, sondern das Ende des höheren Menschentums überhaupt. Denn der Verfall der arischen Kernsubstanz war weiter denn je fortgeschritten, »das germanische Blut auf dieser Erde geht allmählich seiner Erschöpfung entgegen«, äußerte Hitler verzweifelt, und wie im Bewußtsein des nahe bevorstehenden Triumphs drängten von allen Seiten die Mächte der Finsternis heran: »Ich zittere für Europa«, rief er in einer Rede aus und sah den alten Kontinent »in ein Meer von Blut und Trauer versinken«[30]. Wiederum waren »feige Besserwisser und Kritiker der Natur« im Begriff, deren elementare Gesetze zu unterlaufen, Agenten eines »allumfassenden Generalangriffs«, der unter zahlreichen Tarnformen vorgetragen wurde. Kommunismus, Pazifismus und Völkerbund, alle internationalen Bewegungen und Institutionen überhaupt, aber auch die jüdisch-christliche Mitleidsmoral und ihre phrasenreichen weltbürgerlichen Varianten versuchten dem Menschen einzureden, daß er die Natur überwinden, sich zum Herrn seiner Triebe aufwerfen und den ewigen Frieden verwirklichen könne. Doch niemand vermag »sich aufzulehnen gegen ein Firmament«[31]. Der unbezweifelbare Wille der Natur bejahe die Existenz von Völkern, ihre kriegerische Entfaltung, die Trennung in Herren und Sklaven, die brutale Erhaltung der Art.

Im System dieses Deutungsversuchs waren unschwer die Spuren Gobineaus zu erkennen, dessen schon erwähnte Lehre von der Ungleichheit der menschlichen Rassen erstmals die Angst vor dem Rassenwirrwarr der Neuzeit formuliert und den Untergang aller Kulturen mit der Promiskuität des Blutes verknüpft hatte. Auch wenn der Rassenkomplex des französischen Aristokraten, seine Abneigung gegen das »verdorbene Pöbelblut«, die Herkunft aus dem Klassenressentiment einer abtretenden Herrschaftsschicht kaum verbarg, hat der Entwurf in seiner ideenreichen Willkür und genialen Unbestimmtheit das schriftstellernde Sektierertum der Zeit anhaltend inspiriert und eine umfangreiche, ausschweifende Anschlußliteratur hervorgebracht, die wiederum bis zu Richard Wagner und dessen Essay über das »Heldenthum« oder den »Parsifal« reicht. Hitler hat diese Lehre bezeichnenderweise abermals verengt, bis sie demagogisch handlich wurde und ein System plausibler Erklärungen für alle Mißgefühle, Ängste und Krisenerscheinungen der Gegenwart bot. Versailles und die Schrecken der Räterepublik, der Druck der kapitalistischen Ordnung und die moderne Kunst, das Nachtleben und die Syphilis wurden nun zu Erscheinungsformen jenes

uralten Ringens, das die niederrassigen Schichten im tödlichen Ansturm
gegen den arischen Menschenadel zeigte. Und hinter allem verborgen,
als Anstifter, Stratege und machtgieriger Hauptfeind erschien, endlich
demaskiert, das in mythologische Dimension gebrachte Schreckbild des
Ewigen Juden.

Es war eine infernalische, fratzenhafte Spukgestalt, »eine Wucherung
über die ganze Erde hinweg«, der Erbfeind und »Herr der Gegenwelt«,
eine schwer entwirrbare Konstruktion aus Besessenheit und psychologischer Berechnung.[32] Entsprechend der Theorie vom ungeteilten Gegner
hat Hitler die Figur des Juden zur Inkarnation aller nur denkbaren
Laster und Ängste stilisiert, er war die Sache und ihr Widerspruch, der
Satz und der Gegensatz, buchstäblich »an allem schuld«: an Börsendiktatur und Bolschewismus, an humanitären Ideologien wie an den
dreißig Millionen Opfern in der Sowjetunion, und in einem während
der Landsberger Haftzeit publizierten Gespräch mit dem inzwischen
verstorbenen Dietrich Eckart hat Hitler unter Berufung auf Jesaja 19,
2 – 3 und Exodus 12,38 sogar die Identität von Judentum, Christentum
und Bolschewismus behauptet.[33] Denn die Austreibung der Juden aus
Ägypten sei die Folge ihres Versuchs gewesen, durch Aufwiegelung des
Pöbels mit humanitären Phrasen (»Genau wie bei uns«) eine revolutionäre Stimmung zu erzeugen, so daß Moses unschwer als der erste Führer des Bolschewismus erkennbar wird. Und wie Paulus gewissermaßen
das Christentum erfand, um das römische Weltreich zu untergraben, so
bediente Lenin sich der Lehre des Marxismus, um der gegenwärtigen
Ordnung das Ende zu bereiten, die alttestamentliche Quelle verriet das
Modell des durch die Zeiten immer wiederholten jüdischen Anschlags
auf die höherwertige schöpferische Rasse.

Hitler hat den propagandatechnischen Aspekt seines Antisemitismus,
der den Juden zum alleinschuldigen Universalfeind erhob, offenbar nie
aus dem Auge verloren: Wenn es den Juden nicht gäbe, so hat er bemerkt, dann »müßten wir ihn erfinden. Man braucht einen sichtbaren
Feind, nicht bloß einen unsichtbaren«[34]. Gleichzeitig aber war der Jude
der Fixpunkt seiner Affekte, ein pathologisches Wahnbild, das sich in
seiner subjektiven Gestalt nicht allzu auffällig von dem diabolischen
Propagandabild unterschied. Es war die exzentrische Projektion alles
dessen, was er haßte und begehrte. Aller machiavellistischen Rationalität zum Trotz hat er in der These vom jüdischen Streben nach Weltherrschaft nicht nur eine psychologisch wirksame Phrase gesehen,
sondern offenbar nichts Geringeres als den Schlüssel zum Verständnis aller Erscheinungen und auf diese »erlösende Formel«[35] seine
wachsende Überzeugung gegründet, daß nur er allein das Wesen der
großen Zeitkrise begreife und sie zu heilen vermöge. Als er Ende Juli

1924 in Landsberg von einem böhmischen Nationalsozialisten, der ihn zu einer Unterredung aufgesucht hatte, gefragt wurde, ob seine Stellung zum Judentum sich gewandelt habe, erwiderte er: »Ja, ja, es ist ganz richtig, daß ich meine Ansicht über die Kampfweise gegen das Judentum geändert habe. Ich habe erkannt, daß ich bisher viel zu milde war! Ich bin bei der Ausarbeitung meines Buches zur Erkenntnis gekommen, daß in Hinkunft die schärfsten Kampfmittel angewendet werden müssen, um uns erfolgreich durchzusetzen. Ich bin überzeugt, daß nicht nur für unser Volk, sondern für alle Völker dies eine Lebensfrage ist. Denn Juda ist die Weltpest.«[36]

In Wirklichkeit ist die beispiellose Verschärfung und Brutalisierung seines Haßkomplexes zweifellos nicht nur das Ergebnis des Nachdenkens in der Landsberger Haft; schon im Mai 1923 hatte Hitler in einer Rede im Zirkus Krone ausgerufen: »Der Jude ist wohl Rasse, aber nicht Mensch. Er kann gar nicht Mensch im Sinne des Ebenbildes Gottes, des Ewigen, sein. Der Jude ist das Ebenbild des Teufels. Das Judentum bedeutet Rassetuberkulose der Völker.«[37] Doch indem er die zahlreichen Ideenfetzen und Emotionen erstmals in einen überschaubaren Zusammenhang brachte, gewann er intellektuelle Bestätigung sowie die unanfechtbare Sicherheit des Ideologen, den das Gebäude seiner Weltanschauung mit Gewißheiten versorgt. Es war nun nicht mehr bloßes Demagogengeschrei, sondern tödlicher und heilsgewisser Ernst, wenn er dem Juden die Menschennatur bestritt und zur Begründung die Begriffssprache der Parasitologie heranzog: das Naturgesetz selber verlangte gegen den »Schmarotzer«, den »ewigen Blutegel« und »Völkervampyr« Maßnahmen, die ihre eigene unwiderrufliche Moral hatten, und es lag in der Konsequenz seines gedanklichen Systems, daß Vernichtung und Massenmord zugleich der äußerste Triumph dieser Moral waren. Hitler hat sich denn auch bis zuletzt auf die Erkenntnis dieser Zusammenhänge und die Radikalität, mit der er die Folgerungen daraus zog, wie auf ein Menschheitsverdienst berufen: er habe, so meinte er, nicht allein den Ruhm des Eroberers gesucht wie Napoleon, der eben doch »nur ein Mensch, kein Weltereignis« gewesen sei.[38] Ende Februar 1942, kurz nach der Wannsee-Konferenz, auf der die sogenannte Endlösung beschlossen wurde, erklärte er seiner Tischrunde: »Die Entdeckung des jüdischen Virus ist eine der größten Revolutionen, die in der Welt unternommen worden sind. Der Kampf, den wir führen, ist von derselben Art wie im vergangenen Jahrhundert derjenige von Pasteur und Koch. Wie viele Krankheiten gehen auf den jüdischen Virus zurück! ... Wir werden die Gesundheit nur wiedererlangen, wenn wir den Juden ausrotten.« Mit der Unbeirrbarkeit dessen, der tiefer gedacht und mehr durchschaut hat

als alle anderen, hat er darin seinen eigentlichen Auftrag erkannt, die
säkulare Mission, die ihm, dem Demiurg der Naturordnung, zugewiesen war: seine »Zyklopenaufgabe«[39].

Denn das war die andere wesentliche Korrektur, die er an Gobineau
vorgenommen hat: Er personalisierte den Prozeß des Rasse- und
Kulturtodes nicht nur durch die Erscheinung des Juden, in der alle Ursachen für den Untergang zusammenliefen, sondern gab der Geschichte
auch die Utopie zurück, indem er »den schwermütigen und fatalistischen Pessimismus Gobineaus in einen aggressiven Optimismus« verwandelte.[40] Im Gegensatz zu dem französischen Adligen beharrte er
darauf, daß der Rasseverfall nicht unvermeidlich war. Zwar sah, wie er
annahm, die Strategie der jüdischen Weltverschwörung in Deutschland
als der arischen Vormacht den allesentscheidenden Gegner, und nirgendwo sonst wurde die biologische Verseuchung oder das Zusammenspiel von
kapitalistischen und bolschewistischen Machinationen ähnlich systematisch und zermürbend betrieben; aber gerade daraus leitete er die
Energie seiner Willensappelle ab: Deutschland war das Schlachtfeld
der Welt, auf dem über das Erbe des Erdballs entschieden wurde. In
solchen Vorstellungen wird sichtbar, wie fern er dem altmodischen
Antisemitismus der deutschen und europäischen Tradition war und
daß ihn das Wahnbild des Juden manischer trieb als alle Vision nationaler Größe. »Werden unser Volk und unser Staat das Opfer dieser
blut- und geldgierigen jüdischen Völkertyrannen, so sinkt die ganze
Erde in die Umstrickung dieses Polypen; befreit sich Deutschland aus
dieser Umklammerung, so darf die größte Völkergefahr als für die gesamte Welt gebrochen gelten«; dann gebühre ihm jenes Tausendjährige
Reich, dessen Anbruch er in all seiner Ungeduld schon feierte, als er
lediglich eine Wegmarke zurückgelegt hatte; dann werde aus tiefem
Verfall die Ordnung wiedererstehen, die Einheit sich verwirklichen,
Herren und Sklaven sich gegenüberstehen und die weise geführten
»Kernvölker der Welt« einander achten und schonen, da die Wurzel der
Weltkrankheit, die Quelle aller Instinktunsicherheit und naturwidrigen
Vermischung endlich beseitigt ist.[41]

Es war diese fest verzahnte, wenn auch nie als geschlossenes System
formulierte Ideologie, die seinem Weg jene Sicherheit gab, die er selber
mit Vorliebe »traumwandlerisch« nannte. Welche Zugeständnisse er
der Gunst der Stunde auch immer gemacht hat: die Deutung des Weltzustandes und das Bewußtsein eines Kampfes auf Leben oder Tod
blieben davon unberührt. Sie gaben seiner Politik apodiktische Konsequenz und Ungerührtheit. Seine Scheu vor Festlegungen, die übereinstimmend von nahezu allen Mitakteuren berichtete Entscheidungsangst
Hitlers, hat immer nur taktische Alternativen zum Gegenstand gehabt,

während er angesichts der Grundsatzfrage kein Zögern oder Zurückschrecken kannte, und wie sehr er den Aufschub liebte und das Abwarten, so ungeduldig und entschlossen trieb er die große Endauseinandersetzung voran. Kaum etwas hat ihn nachdrücklicher verkannt als der zeitgenössische Volksmund, der manche Unmenschlichkeit des Regimes in aller Naivität seiner Unwissenheit zugutehielt. Tatsächlich wußte er weit mehr als geschah und weit mehr auch als irgendeiner ahnte – der »radikalste Nationalsozialist«, wie einer seiner engen Gefolgsleute versichert hat.

Der weitgespannte Komplex seiner ideologischen Vorstellungen prägte insbesondere das außenpolitische Konzept, dessen wesentliche, bis ans Ende befolgte Grundlinien bereits in »Mein Kampf« entwickelt, wenn auch in ihrer eher phantastisch scheinenden Zielsetzung niemals als konkretes politisches Programm begriffen wurden. Ausgehend vom bestehenden Niedergang Deutschlands, machte es den Wiederaufstieg des Landes von der Bereitschaft abhängig, das getrübte rassische Material wiederherzustellen. Was Hitler die »blutsmäßige Zerrissenheit« nannte, habe das Reich »um die Weltherrschaft gebracht«, so meinte er: »Würde das deutsche Volk in seiner geschichtlichen Entwicklung jene herdenmäßige Einheit besessen haben, wie sie anderen Völkern zugute kam, dann würde das Deutsche Reich heute wohl Herrin des Erdballs sein.« Der auch in der NSDAP verbreiteten nationalistischen Traditionsphrase vom »Volk ohne Raum« stellte er die Formel vom »Raum ohne Volk« entgegen und sah die vordringliche innenpolitische Sendung des Nationalsozialismus gerade darin, ein Volk in den leeren Raum zwischen Maas und Memel zu stellen; denn »was heute vor uns ist, sind marxistische Menschenmassen, aber kein deutsches Volk mehr«[42].

Das Bild der Revolution, das ihm vorschwebte, war denn auch stark von elitär-biologischen Vorstellungen durchsetzt, es zielte nicht allein auf neue Herrschaftsformen und Institutionen, sondern auf einen neuen Menschen, dessen Heraufkunft in zahlreichen Reden und Verlautbarungen als der Anbruch des »wahrhaft goldenen Zeitalters« gefeiert wurde: »Wer den Nationalsozialismus nur als politische Bewegung versteht«, so hat Hitler geäußert, »weiß fast nichts von ihm. Er ist mehr noch als Religion: er ist der Wille zur neuen Menschenschöpfung.«[43] Zu den brennendsten Aufgaben des neues Staates gehöre es daher, der »weiteren Bastardisierung« Einhalt zu gebieten, »die Ehe aus dem Niveau einer dauernden Rassenschande herauszuheben« und ihr wieder zu ermöglichen, »Ebenbilder des Herrn zu zeugen und nicht Mißgeburten zwischen Mensch und Affe«. Den Idealzustand, in dem der durch »Verdrängungskreuzungen« zurückgezüchtete reine arische Typus wieder vorherrschte, hat Hitler als das Ergebnis eines langwierigen biologischen und pädagogischen Prozesses angesehen. In einer Geheimrede vom 25. Januar 1939 vor einem Kreis höherer Offiziere sprach er von einer hundert Jahre dauernden Entwicklung, an deren Ende eine Mehrheit über jene Auslesemerkmale verfügen werde, mit denen sich die Welt erobern und beherrschen lasse.[44]

Der Lebensraum, dessen Erwerb er bekenntnisgleich immer wieder gefordert hat, war denn auch keineswegs nur gedacht, um die Ernährung für die »überlaufende« Bevölkerungszahl sicherzustellen, der Gefahr der »Hungerverelendung« zu entgehen und den von Industrie und Handel bedrohten Bauernstand wieder in sein Urrecht einzusetzen; vielmehr sollte er vor allem der Strategie der Welteroberung als Ausgangsbasis dienen. Jedes Volk mit einer ehrgeizigen Phantasie benötige eine bestimmte Raummenge, eine territoriale Quantität, die es unabhängig mache von den Bündnissen und Konstellationen des Tages, und an diesem Gedanken, der die geschichtliche Größe an die geographische Ausdehnung band, hat Hitler bis zuletzt festgehalten. Noch in den Bunker-Meditationen kurz vor dem Ende hat er das Schicksal beklagt, das ihn zu überstürzten Eroberungen zwang, weil ein Volk ohne großen Raum sich nicht einmal große Ziele zu setzen vermöge. Von den vier Möglichkeiten, der Bedrohung durch die Zukunft zu begegnen, hat er daher auch die Geburtenbeschränkung, die innere Kolonisation sowie die überseeische Kolonialpolitik teils als kleinmütige Träume, teils als »unwürdige Aufgaben« verworfen und unter ausdrücklichem Hinweis auf die Vereinigten Staaten nur die des kontinentalen Eroberungskrieges gelten lassen: »Was der Güte verweigert wird, hat eben die Faust sich zu nehmen«, schrieb er in Landsberg und nannte sogleich auch die Richtung seiner Expansionsbestrebungen: »Wollte man in Europa Grund und Boden, dann konnte dies im großen und ganzen nur auf Kosten Rußlands geschehen, dann mußte sich das neue Reich wieder auf der Straße der einstigen Ordensritter in Marsch setzen.«[45]

Dahinter erhob sich erneut die Vorstellung der großen Weltwende: die Geschichte, so hatte er herausgefunden, stehe am Anfang eines neuen Zeitalters, noch einmal setze sie das gewaltige Rad in Bewegung und verteile die Lose und die Chancen neu. Was dem Ende entgegengehe, sei die Epoche der Seemächte, die mit ihren Flotten ferne Länder erobert, Reichtümer aufgehäuft, Stützpunkte errichtet und die Welt beherrscht hätten. Das Meer, der klassische Verbindungsweg einer vortechnischen Zeit, erschwere unter den Bedingungen der Modernität die Beherrschung ausgedehnter Imperien, die koloniale Größe sei anachronistisch und zum Untergang verurteilt. Die technischen Hilfsmittel der Gegenwart, die Möglichkeit, Straßen, Rollbahnen, Schienenwege in endlose, unerschlossene Gebiete vorzutreiben und durch ein enges Stützpunktsystem zu verbinden, kehrten die alte Ordnung um: das Weltreich der Zukunft, so behauptete er, werde eine Landmacht sein, ein kompaktes, fugenlos organisiertes, wehrhaftes Riesengebilde, und die Epoche sei schon auf dem Wege dahin, das Erbe der Vergangenheit längst ausgerufen. Die überfallartige Abfolge der späteren außenpolitischen Unternehmungen Hitlers hat sicherlich mit der extremen Ruhelosigkeit seines Wesens zu tun; doch gleichzeitig war sie ein verzweifeltes Anrennen gegen die Zeit, gegen den Lauf der Geschichte, und unablässig quälte ihn die Besorgnis, Deutschland könne bei der Verteilung der Welt ein zweites Mal zu spät kommen. Wenn er die Mächte prüfte, die bei Beginn der neuen Weltstunde mit Deutschland um die künftige Herrschaftsrolle konkurrieren könnten, stieß er immer erneut auf Rußland. Der rassische, der politische, der geographische und der historische Aspekt waren damit zur Deckung gebracht: alles wies nach Osten.[46]

Vor diesem Epochenhorizont entwickelte Hitler seine außenpolitischen Vorstellungen. Er hatte seine Laufbahn, in Übereinstimmung mit der herrschenden Meinung, als Revisionist begonnen und mit der Annullierung des Versailler Vertrages zugleich die notfalls gewaltsame Wiederherstellung der Grenzen von 1914 sowie den Zusammenschluß aller Deutschen in einem machtvollen Großstaat verlangt. Dieses Konzept rückte die Feindschaft gegen Frankreich, das der argwöhnische Hüter dieser Friedensordnung war, in den Vordergrund und zielte darauf, aus den sich abzeichnenden Meinungsverschiedenheiten des westlichen Nachbarn mit Italien und England den Ansatzpunkt umfassender Revancheabsichten zu gewinnen. Doch Hitlers Neigung, in großen Verhältnissen zu denken, hatte seinen Blick alsbald auf den Kontinent im ganzen gelenkt und den gedanklichen Übergang von der Grenzpolitik zur Raumpolitik eingeleitet.

Ausgangspunkt aller Überlegungen war, daß Deutschland in seiner militärisch, politisch und geographisch bedrohten Mittellage nur überleben könne, »wenn es rücksichtslos Machtpolitik in den Vordergrund stellt«. Schon in einer früheren Auseinandersetzung mit der wilhelminischen Außenpolitik hatte Hitler die Alternative entwickelt, daß Deutschland sich entweder unter Verzicht auf Seehandel und Kolonien mit England gegen Rußland – oder aber, wenn es Seemacht und Welthandel anstrebte, im Verein mit Rußland gegen England hätte wenden können.⁴⁷ Er selber gab in den frühen zwanziger Jahren eindeutig der zuletzt genannten Möglichkeit den Vorzug. Denn er rechnete England zu den »prinzipiellen« Gegnern des Reiches und entwickelte aus diesem Ansatz sein unverkennbar prorussisches Konzept; unter dem Einfluß der Emigrantenkreise um Scheubner-Richter und Rosenberg zielte es auf ein Bündnis mit einem »nationalen«, »wiedergesundeten«, vom »jüdisch-bolschewistischen Joch« befreiten Rußland gegen den Westen, und weder der Lebensraumbegriff noch die Überzeugung von der Minderwertigkeit der slawischen Rasse, die später im Mittelpunkt seiner expansiven Ostideologie stand, spielten damals eine Rolle. Erst Anfang 1923, vor allem wohl angesichts der Stabilisierung des Sowjetregimes, tauchte der Gedanke auf, die Bündnissituation umzukehren und mit England gegen Rußland zu paktieren. Mehr als ein Jahr lang hat Hitler, wenn die Quellen diesen Schluß erlauben, die neue Konzeption immer wieder überprüft, weitergeführt, ihre Konsequenzen und Realisierungschancen berechnet, ehe er dann in dem berühmten 4. Kapitel von »Mein Kampf« den Gedanken des Lebensraumkrieges gegen Rußland programmatisch entwarf.

Die Idee des Krieges gegen Frankreich war damit gewiß nicht aufgegeben, sie blieb vielmehr eine der außenpolitischen Konstanten Hitlers bis hin zu den letzten Bunkermonologen; aber sie rückte nun, ebenso wie das mit dem Verzicht auf Südtirol erkaufte Wohlwollen Italiens oder das mit der Preisgabe aller kolonialen Forderungen erstrebte Bündnis mit England, in die Reihe der Voraussetzungen für die ungehinderte Wendung Deutschlands nach Osten. Schon im zweiten Band von »Mein Kampf«, den er im Laufe des Jahres 1925 niederschrieb, wandte Hitler sich mit äußerster Schärfe gegen das revisionistische Konzept, das auf die Wiederherstellung gänzlich unlogischer, zufälliger, viel zu enger und überdies militärgeographisch unzweckmäßiger Grenzen gerichtet sei und überdies dazu führe, Deutschland in Gegensatz zu allen ehemaligen Kriegsgegnern zu bringen und den zerfallenden Bund der Feinde erneut zusammenzuführen: »Die Forderung nach Wiederherstellung der Grenzen des Jahres 1914«, so formulierte er im Sperrdruck, »ist ein politischer Unsinn von Ausmaßen und Folgen, die ihn als Verbrechen erscheinen lassen.« Demgegenüber sei der Erwerb von Großräumen die einzige Aktion, »die vor Gott und unserer deutschen Nachwelt einen Bluteinsatz« rechtfertige und die verantwortlichen Staatsmänner »dereinst freispreche von Blutschuld und Volksopferung«⁴⁸.

Die kriegerische Wendung in die Weiten Rußlands, die Idee des großen Germanenzuges zur Errichtung eines gewaltigen Kontinentalreichs in dem alten »deutschen Befehlsraum im Osten«, war von da an der zentrale Gedanke der hitlerschen Politik, er selber hat ihm »ungeteilte Hingabe« sowie »Anspannung aber auch der letzten Energie« zugestanden und als »ausschließlichen Zweck« sinnvollen politischen Handelns gerühmt. Auch dieser Entschluß gewann säkularen Rang:[49]

»Damit ziehen wir Nationalsozialisten bewußt einen Strich unter die außenpolitische Richtung unserer Vorkriegszeit. Wir setzen dort an, wo man vor sechs Jahrhunderten endete. Wir stoppen den ewigen Germanenzug nach dem Süden und Westen Europas und weisen den Blick nach dem Land im Osten. Wir schließen endlich ab die Kolonial- und Handelspolitik der Vorkriegszeit und gehen über zur Bodenpolitik der Zukunft.«

Es kann dahingestellt bleiben, ob dieses Konzept durch folgerichtige Fortentwicklung eigener Denkansätze oder im Rückgriff auf Theorien von dritter Seite entstanden ist. Der Lebensraumgedanke, der diesem Entwurf die entscheidende Wendung gab, ist offenbar über Rudolf Heß in die Ideenwelt Hitlers geraten. Dank seiner aufdringlichen Bewunderung für »den Mann«, wie er Hitler mit der Atemlosigkeit des wahrhaft Gläubigen zu nennen liebte, war es ihm im Laufe der Zeit gelungen, alle Rivalen in der Landsberger Haftanstalt zu verdrängen und insbesondere Emil Maurice die Sekretärsstellung streitig zu machen. Heß hatte auch, offenbar schon im Jahre 1922, den persönlichen Kontakt zwischen Hitler und seinem Lehrer Karl Haushofer vermittelt, der den ursprünglich fruchtbaren Ansatz einer politischen Geographie, die von dem Engländer Sir Halford Mackinder begründete »Geopolitik«, zu einer imperialistischen Expansionsphilosophie weiterentwickelt hatte. Bei aller machiavellistischen Unbewegtheit, die Hitlers Eroberungskonzept kennzeichnete, war es doch nicht frei von jener verschwommenen Gewißheit über die Kraft dessen, was Mackinder »das Herzland« genannt hatte: Osteuropa und das europäische Rußland, durch riesige Landmassen vor jedem Zugriff geschützt und unverwundbar gemacht, waren danach die »Zitadelle der Weltherrschaft«, wie der Begründer der Geopolitik verheißen hatte: »Wer immer das Herzland beherrscht, beherrscht die Welt.« Es scheint, als habe gerade der eigentümlich magische Rationalismus solcher halbwissenschaftlicher Formeln der besonderen Struktur des hitlerschen Intellekts entsprochen: auch die Erkenntnis hatte für ihn ihre Dunkelbereiche.[50] Doch soviel auch an solchen und anderen Einflüssen greifbar wird: selten hat sich Hitlers »ausgesprochen kombinierendes Talent« so eindrucksvoll zur Geltung gebracht wie bei dem Versuch, ein außenpolitisches Konzept zu entwerfen, das die Beziehung Deutschlands zu den verschiedenen europäischen Großmächten, das Vergeltungsbedürfnis gegenüber Frankreich, die Raum- und Eroberungsbestrebungen, den Aspekt der Zeitenwende sowie schließlich die verschiedenen ideologischen Fixierungen zu einem gedanklich kohärenten System zusammenfügte. Seine Bekrönung und universale Rechtfertigung erhielt dieses Konzept durch die Einfügung in das rassengeschichtliche Vorstellungsthema, mit dem sich der Kreis schloß:

> »Das Schicksal selbst scheint uns hier einen Fingerzeig geben zu wollen. Indem es Rußland dem Bolschewismus überantwortete, raubte es dem russischen Volke jene Intelligenz, die bisher dessen staatlichen Bestand herbeiführte und garantierte. Denn die Organisation eines russischen Staatsgebildes war nicht das Ergebnis der staatspolitischen Fähigkeiten des Slawentums in Rußland, sondern vielmehr nur ein wundervolles Beispiel für die staatenbildende Wirksamkeit des germanischen Elementes in einer minderwertigen Rasse... Seit Jahrhunderten zehrte Rußland von diesem germanischen Kern seiner oberen leitenden Schichten. Er kann heute als fast restlos ausgerottet und ausgelöscht angesehen werden. An seine Stelle ist der Jude getreten. So unmöglich es dem Russen an sich ist, aus eigener Kraft das Joch des Juden abzuschütteln, so unmöglich ist es dem Juden, das mächtige Reich auf die Dauer zu erhalten. Er selbst ist kein Element der Organisation, sondern ein Ferment der Dekomposition. Das Riesenreich im Osten ist reif zum Zusammenbruch. Und das Ende der Judenherrschaft in Rußland wird auch das Ende Rußlands als Staat sein. Wir sind vom Schicksal ausersehen, Zeugen einer Katastrophe zu werden, die die gewaltigste Bestätigung für die Richtigkeit der völkischen Rassentheorie sein wird.«[51]

Aus diesen Vorstellungen formte sich schon Anfang der zwanziger Jahre die Konzeption der später von Hitler betriebenen Politik: das frühe Bündnisbemühen um England und die Achse mit Rom, der Feldzug gegen Frankreich sowie der umfassende Ausrottungskrieg im Osten zur Eroberung und Inbesitznahme des »Herzlandes der Welt«. Moralische Überlegungen beschwerten ihn nicht. Ein Bündnis, dessen Ziel nicht die Absicht zu einem Kriege umfasse, sei sinnlos, versicherte er in »Mein Kampf«, Staatsgrenzen würden stets durch Menschen geschaffen und geändert, »nur dem gedankenlosen Schwachkopf« erschienen sie als unabänderlich, die Kraft des Eroberers beweise hinlänglich dessen Recht, »wer hat, hat«: das waren die Maximen seiner politischen Moral.[52] Und so haarsträubend und aberwitzig das Programm auch anmutete, das er sich aus seinen Alpträumen, seinen Geschichtstheorien, seinen biologischen Trugschlüssen und Situationsanalysen zurechtkonstruiert hatte: es war, soviel ist richtig, in all seiner überspannten Radikalität erfolgversprechender als das maßvollere revisionistische Konzept, das Südtirol oder das Elsaß zurückverlangte. Im Gegensatz zu seinen nationalen Partnern hatte Hitler begriffen, daß Deutschland innerhalb des bestehenden Macht- und Ordnungssystems ohne Chance war, und sein tiefes Ressentiment gegen die Normalität kam ihm zugute, als er sich aufmachte, es von Grund auf in Frage zu stellen. Nur wer das Spiel verweigerte, konnte es gewinnen. Indem er sich nach außen wandte, gegen die Sowjetunion, die diesem System offen mit Vernichtung drohte, wuchsen ihm dessen Kräfte zu und machten Deutschland unversehens »potentiell so stark ..., daß die Eroberung eines Weltreichs in ganz präziser Hinsicht leichter war als die isolierte Wiedergewinnung von Bromberg oder Königshütte«[53] und der Griff nach Moskau aussichtsreicher als der nach Straßburg oder Bozen.

Wie das Ziel, so kannte und akzeptierte Hitler auch das Risiko, und es ist bemerkenswert, mit welcher Unbeirrbarkeit er sich 1933 an die Verwirklichung des frühen Entwurfs gemacht hat. Für ihn lautete die Alternative niemals anders als auf Weltmacht oder Untergang im denkbar buchstäblichsten Sinne. »Jedes Wesen strebt nach Expansion«, hatte er 1930 in einer Rede vor Professoren und Studenten in Erlangen versichert, »und jedes Volk strebt nach der Weltherrschaft«: der Satz folgte, wie er meinte, ohne alle Umstände aus dem Gesetz der Natur, das allenthalben den Sieg des Stärkeren und die Vernichtung oder bedingungslose Unterwerfung des Schwachen wünschte. Daher auch am Ende, als er alles verspielt und den Untergang vor Augen sah, die ungerührte, den einstigen Vertrauten tief irritierende, aber doch nur konsequente Äußerung zu Albert Speer, »es sei nicht notwendig, auf die Grundlagen, die das (deutsche) Volk zu seinem primitivsten Weiterleben braucht, Rücksicht zu nehmen«, denn es »hätte sich als das schwächere erwiesen, und dem stärkeren Ostvolk gehöre dann ausschließlich die Zukunft«[54]. Deutschland hatte weit mehr als einen Krieg verloren, er war ganz ohne Hoffnung. Zum letzten Mal beugte er sich dem Naturgesetz, »dieser grausamen Königin aller Weisheit«, die die gebieterischste Instanz seines Lebens und Denkens gewesen war.

Schon Ende 1924, nach rund einjähriger Dauer, neigte sich die Haftzeit, die Hitler ironisch seine »Hochschule auf Staatskosten« genannt hat,[55] dem Ende zu. Auf Ersuchen der Staatsanwaltschaft beim Landgericht München I stellte ihm der Gefängnisdirektor Leybold am 15. September 1924 ein Zeugnis aus, das die Bewilligung einer Bewährungsfrist nahezu unvermeidlich machte: »Hitler zeigt sich als ein Mann der Ordnung«, hieß es da, »der Disziplin nicht nur in bezug auf seine eigene Person, sondern auch in bezug seiner Haftgenossen. Er ist genügsam, bescheiden und gefällig. Macht keinerlei Ansprüche, ist ruhig und verständig, ernst und ohne jede Ausfälligkeit, peinlich bemüht, sich den Einschränkungen des Strafvollzugs zu fügen. Er ist ein Mann ohne persönliche Eitelkeit, ist zufrieden mit der Anstaltsverpflegung, raucht und trinkt nicht, und weiß sich bei aller Kameradschaftlichkeit seinen Haftgenossen gegenüber eine gewisse Autorität zu sichern ... Hitler wird die nationale Bewegung in seinem Sinne neu zu entfachen suchen, aber nicht mehr wie früher mit gewalttätigen, im Notfalle (!) gegen die Regierung gerichteten Mitteln, sondern in Fühlung mit den berufenen Regierungsstellen.«

Der musterhafte Aufführungsstil und die Taktik, die das Gutachten beschrieb, waren die Voraussetzung für die Bewährungsfrist, die das Gericht nach sechsmonatiger Haftverbüßung in Aussicht gestellt hatte. Zwar war kaum erkennbar, wie der Führer der Nationalsozialisten, der bereits eine Bewährungsfrist verwirkt, einem Verfahren durch die Eigenmacht eines ideologisch korrupten Ministers entkommen war, der jahrelang Unruhen und Saalschlachten angezettelt, die Reichsregierung abgesetzt, Minister verhaftet und Tote zurückgelassen hatte, sich noch bewähren könne, und eine Beschwerde der Staatsanwaltschaft bewirkte denn auch, daß der Gerichtsbeschluß zunächst ausgesetzt wurde; aber die Staatsautorität war doch bereit, dem Gesetzesbrecher ihre eigene Schwäche zugutezuhalten. Infolgedessen betrieb sie auch die gesetzlich zwingend vorgeschriebene Ausweisung Hitlers nur mit halbem Nachdruck. Die Polizeidirektion München hatte sie zwar noch am 22. September in einem Schreiben an das Staatsministerium des Innern als »unerläßlich« bezeichnet, und der neue bayerische Ministerpräsident Held hatte sogar vorgefühlt, ob die österreichischen Behörden bereit seien, Hitler im Falle einer Ausweisung zu übernehmen;[56] doch weiter war nichts erfolgt. Hitler selber, aufs äußerste besorgt, zeigte sich bedacht, seine Wohlverhaltensabsichten auf jede erdenkliche Weise anzuzeigen. Unwillig registrierte er, daß Gregor Strasser im Landtag die fortdauernde Inhaftierung Hitlers ein Schandmal für Bayern nannte, das Land werde von »einer Schweinebande, einer hundsgemeinen Schweinebande« regiert. Auch Röhms Untergrundtätigkeit störte ihn.

Doch erneut arbeiteten die Umstände ihm entgegen. In den Wahlen zum Reichstag, die am 7. Dezember veranstaltet wurden, konnte die völkische Bewegung nur drei Prozent der Stimmen auf sich vereinigen, und von den dreiunddreißig Abgeordneten, die sie bis dahin im Parlament vertreten hatten, kehrten nur vierzehn dorthin zurück. Die Vorstellung, daß der Rechtsradikalismus seinen Höhepunkt überschritten habe, ist offenbar nicht ohne Einfluß auf die Entscheidung des Obersten Landesgerichts vom 19. Dezember geblieben, die Beschwerde der Staatsanwaltschaft gegen den Bewährungsbeschluß des Putschgerichts zu verwerfen und Hitler doch noch vorzeitig freizusetzen. Am

20. Dezember, als die Häftlinge in Landsberg schon zum Weihnachtsfest rüsteten, ordnete ein Telegramm aus München die sofortige Haftentlassung für Hitler und Kriebel an.

Einige Freunde und Anhänger, die vorzeitig informiert worden waren, erwarteten Hitler mit dem Auto vor dem Gefängnistor, ein enttäuschendes Häuflein. Die Bewegung war auseinandergefallen, die Anhänger verstreut oder verfeindet. In der Münchener Wohnung hatten sich Hermann Esser und Julius Streicher eingefunden. Kein großer Auftritt, kein Triumph. Hitler, rundlich geworden, wirkte unruhig und gespannt. Am Abend des gleichen Tages kam er zu Ernst Hanfstaengl und bat beim Eintreten, unvermittelt und pathetisch: »Spielen Sie mir den Liebestod.« Schon in Landsberg hatten ihn gelegentlich Endstimmungen erfaßt. Ein ironischer Nachruf meldete nun, er sei jung gestorben, »die germanischen Götter liebten ihn wohl«[57].

II. KAPITEL: KRISEN UND WIDERSTÄNDE

»Der Hitler wird sich totlaufen!«
Karl Stützel, bayerischer
Innenminister, im Jahre 1925

»Ha! Ich werde diesen Hunden zeigen, wie tot ich bin!«
Hitler, im Frühjahr 1925

Es war in der Tat eine entmutigend veränderte Szenerie, in die Hitler aus Landsberg zurückkehrte. Die Erregungen des Vorjahres waren zerstoben, die Hysterien dahin, und aus dem Staub und hochfliegenden Dunst waren wieder die flachen, unromantischen Konturen des Alltags getreten.

Eingeleitet worden war die Wendung mit der Stabilisierung der Währung, die fürs erste das Gefühl verläßlichen Grundes wiederhergestellt und in ihren Folgen vor allem den militanten Trägern der chaotischen Wirren, den oft mit nur geringen Devisenbeträgen unterhaltenen Freikorps und halbmilitärischen Verbänden, die materielle Grundlage entzogen hatte. Allmählich gewann die Staatsgewalt Festigkeit und Autorität. Ende Februar 1924 konnte der in der Nacht zum 9. November verkündete Ausnahmezustand aufgehoben werden. Noch im Laufe des gleichen Jahres zeitigte die Verständigungspolitik der Ära Stresemann die ersten Auswirkungen. Sie äußerten sich weniger in einzelnen konkreten Erfolgen als vielmehr in der verbesserten psychologischen Stellung Deutschlands, dem es nun doch schrittweise gelang, die obsoleten Haßgefühle und Ressentiments der Kriegszeit aufzulockern: im Dawes-Plan wurde eine Lösung des Reparationsproblems sichtbar, die Franzosen machten Anstalten zur Räumung des Ruhrgebiets, ein Sicherheitsabkommen sowie Deutschlands Aufnahme in den Völkerbund wurden erörtert, und mit dem nunmehr hereinströmenden amerikanischen Anleihekapital begannen viele wirtschaftliche Verhältnisse sich zu bessern. Die Arbeitslosigkeit, die den Elendsbildern an den Straßenecken, vor den Armenküchen und Sozialämtern die graue Farbe gegeben hatte, ging spürbar zurück. Der Situationswechsel spiegelte sich in den Wahlergebnissen. Im Mai 1924 hatten zwar die radikalen Kräfte noch einmal einen Erfolg davontragen können, aber schon in den Dezemberwahlen des gleichen Jahres waren sie empfindlich zurückgeworfen worden; allein in Bayern hatten die völkischen Gruppen nahezu siebzig Prozent ihres Anhangs eingebüßt. Auch wenn die Wendung sich nicht augenblicklich in einer Stärkung der demokratischen Mittelparteien niederschlug, hatte es doch den Anschein, als sei Deutschland, nach Jahren der Krisen, der Umsturzdrohungen und Depressionen, endlich auf dem Wege in die Normalität.

Gleich zahlreichen anderen aus der erstmals in Erscheinung getretenen Schicht berufsloser Berufspolitiker schien auch Hitler selber damit an das Ende einer zehnjährigen Phase ungeregelter, von Abenteuern und unbürgerlichen Bedürfnissen bestimmter Existenz gelangt und wiederum jener »Ruhe und Ordnung« konfrontiert, die schon der Schrecken des Halbwüchsigen gewesen war.[58] Seine Lage war, bei nüchterner Betrachtung, ziemlich aussichtslos. Trotz seines rhetorischen Triumphs vor Gericht war er inzwischen doch in die von Geringschätzung und halbem Vergessen gekennzeichnete Lage des gescheiterten Politikers abgedrängt. Die Partei war mit allen ihren Organisationen verboten, desgleichen der ›Völkische Beobachter‹; die Reichswehr sowie überwiegend auch die privaten Gönner der Bewegung hatten sich zurückgezogen und nach den Erregungen und Bürgerkriegsspielereien wieder den Pflichten und Geschäften des Alltags zugewandt. Das Jahr 1923 erschien im Rückblick vielen, mit irritiertem Achselzucken, als eine verrückte und schlimme Zeit, Dietrich Eckart und Scheubner-Richter waren tot, Göring lebte im Exil, Kriebel war auf dem Wege dahin. Die Mehrzahl der engeren Gefolgsleute saß entweder noch in Haft oder hatte sich verstritten und zerstreut. Unmittelbar vor seiner Verhaftung war es Hitler gelungen, Alfred Rosenberg eine eilig mit Bleistift gekritzelte Notiz zuzuleiten: »Lieber Rosenberg, von jetzt ab werden Sie die Bewegung führen.« Unter dem beziehungsreichen Pseudonym Rolf Eidhalt, das anagrammatisch aus dem Namen Adolf Hitler gewonnen war,[59] versuchte Rosenberg daraufhin, die Reste des einstigen Anhangs als »Großdeutsche Volksgemeinschaft« (GVG) zusammenzuhalten, die SA wurde in verschiedenen Sportvereinen, Liedertafeln und Schützengilden weitergeführt. Doch angesichts seiner geringen Autorität und störrischen Weitschweifigkeit zerfiel die Bewegung alsbald in antagonistisch sich befehdende Cliquen. Ludendorff setzte sich für die Vereinigung der ehemaligen NSDAP-Mitglieder mit der Deutschvölkischen Freiheitspartei v. Graefes und Graf Reventlows ein, in

Bamberg gründete Streicher einen »Völkischen Block Bayern«, der wiederum eigene Ansprüche erhob. In der GVG rissen schließlich der zurückgekehrte Esser, Streicher und der in Thüringen ansässige Dr. Artur Dinter, Verfasser überdrehter rassischer Blutschwärmereien in Romanform, die Führung an sich, während Ludendorff zusammen mit v. Graefe, Gregor Strasser und bald auch Ernst Röhm die Nationalsozialistische Freiheitspartei als eine Art Dachverband aller völkischen Gruppen organisierte. Endlose Querelen und Intrigen begleiteten diese verschiedenen Versuche, Hitlers Inhaftierung auszunutzen, um innerhalb der völkischen Bewegung nach oben zu stoßen oder ihn sogar aus der im Prozeß eroberten Führungsposition in die Rolle des Trommlers zurückzudrängen.

Die deprimierenden Umstände schreckten Hitler indessen keineswegs, vielmehr sah er gerade darin seine Chance und den Ansatzpunkt neuer Hoffnungen. Rosenberg hat später bekannt, daß seine Ernennung zum interimistischen Führer der Bewegung ihn sehr überrascht habe, und nicht zu Unrecht dahinter einen taktischen Schachzug Hitlers vermutet, der den Ruin der Bewegung bewußt in Kauf genommen und sogar gefördert habe, um den eigenen Führungsanspruch um so nachhaltiger zu behaupten. Der daraus nicht selten abgeleitete Vorwurf verkennt die Natur des Anspruchs, den Hitler inzwischen erhob; denn er konnte seine Schicksalsberufung nicht delegieren, die Heilsgeschichte kennt die Figur des Vize-Erlösers nicht.

Unbewegt sah Hitler infolgedessen den Streitigkeiten zwischen Rosenberg, Streicher, Esser, Pöhner, Röhm, Amann, Strasser, v. Graefe, v. Reventlow sowie Ludendorff zu und rührte, wie einer seiner Gefolgsleute meinte, »nicht einmal seinen kleinen Finger«; vielmehr ermunterte er die Gegner wechselseitig und hintertrieb insbesondere alle Fusionsbestrebungen der völkischen Gruppen: solange er sich in Haft befand, sollten nach Möglichkeit keine Entscheidungen gefällt, keine Machtzentren gebildet oder Führungsansprüche begründet werden. Aus dem gleichen Grunde kritisierte er die Teilnahme an den Parlamentswahlen, obwohl sie der neuen Taktik legaler Machteroberung entsprach; denn jedes Parteimitglied, das über Immunität und Diäten verfügte, erwarb damit eine gewisse Unabhängigkeit. Mit Mißvergnügen registrierte er von Landsberg aus, daß die Nationalsozialistische Freiheitspartei bei den Reichstagswahlen vom Mai 1924 immerhin zweiunddreißig von insgesamt vierhundertzweiundsiebzig Sitzen errang. In einem »Offenen Brief« legte er kurz darauf die Führung der NSDAP nieder, zog die erteilten Vollmachten zurück und verbat sich alle Besuche aus politischen Motiven. Nicht ohne selbstgefälligen Unterton sprach Rudolf Heß in einem Schreiben aus der Haftanstalt von der »Dummheit« der Anhänger,[60] während Hitler seinen hohen Einsatz hoch vergütet sah. Als er aus Landsberg zurückkehrte, gab es zwar nur noch Trümmer, dafür jedoch keinen ernsthaften Rivalen, und statt einer geschlossenen Front von Widersachern begegnete er der Ungeduld ohnmächtiger Fraktionen: Er kam als der langersehnte Retter der nicht ohne sein eigenes Zutun im Marasmus versinkenden völkischen Bewegung. Hitler hat seinen bald unbestrittenen Führungsanspruch nicht zuletzt darauf aufbauen können: »Was sonst nie möglich gewesen wäre«, so hat er freimütig eingestanden, »konnte ich damals (nach der Haftentlassung) allen in der Partei sagen: Es wird jetzt so gekämpft, wie ich es will, und nicht anders.«[61]

Immerhin sah er sich bei seiner Rückkehr nicht nur weitreichenden Hoffnungen, sondern auch den widersprüchlichsten Forderungen der zersplitterten Anhänger gegenüber. Es mußte über seine politische Zukunft entscheiden, ob es ihm gelang, sich von allen Teilinteressen zu lösen und der Partei im dicht besetzten Feld der Rechten ein unverwechselbares Profil zu geben, das gleichwohl undeutlich genug war, die divergierenden Ansprüche zusammenzuhalten. Zahlreiche Erwartungen gingen dahin, er werde mit Ludendorff zusammen eine völkische Einheitsbewegung organisieren. Doch erkannte er, daß nur eine alles überragende, in kultische Höhen entrückte Führerfigur die integrierende Kraft entwickeln könnte, die sein Konzept verlangte. Es kam für ihn im Augenblick daher nicht darauf an, eilige Bündnisse zu schließen, sondern Scheidelinien zu ziehen und den persönlichen Unbedingtheitsanspruch zu verwirklichen. Hitlers taktisches Verhalten in den folgenden Wochen ist von diesen Erwägungen bestimmt.

Auf Pöhners Rat ersuchte er zunächst den neuen bayerischen Ministerpräsidenten Held um eine Unterredung. Der streng katholische, entschieden föderalistische Vorsitzende der Bayerischen Volkspartei war von ihm und seinen Mitstreitern einst leidenschaftlich bekämpft worden. Um daher den spektakulären Charakter der Begegnung, die am 4. Januar 1925 stattfand, zu mildern, gab Hitler vor, er beabsichtige lediglich, für die Freilassung der noch in Landsberg inhaftierten Kameraden zu intervenieren. Tatsächlich aber machte er den ersten Schritt in die Legalität. Die Kritiker aus dem völkischen Lager warfen ihm vor, er wolle durch den Besuch seinen »Frieden mit Rom« machen. In Wirklichkeit suchte er den Frieden mit der Staatsgewalt. Anders als Ludendorff, bemerkte er zynisch, könne er es sich nicht leisten, seinen Gegnern vorher anzukündigen, daß er sie totschlagen wolle.[62]

Der Erfolg dieser Unternehmung war für sein weiteres politisches Schicksal nicht unwichtiger als die Verwirklichung seines Führungsanspruchs innerhalb des völkischen Lagers. Denn neben dem Aufbau einer diktatorisch geführten, militanten Partei kam für die unbeirrbar bewahrten Ambitionen zur Eroberung der Macht alles darauf an, das verlorene Vertrauen der mächtigen Institutionen wiederzugewinnen und die Lehre des 9. November zu ziehen: daß Politik nicht nur aus Überwältigung, Rausch und Aggression bestand, sondern ein Doppelwesen besaß, das ihm eine neuartige Rolle abverlangte. Entscheidend war, revolutionär und zugleich als Verteidiger der bestehenden Verhältnisse zu erscheinen, radikal und gemäßigt zugleich zu wirken, die Ordnung zu bedrohen und sich als ihr Bewahrer aufzuspielen, auch das Recht zu brechen und am glaubwürdigsten seine Wiederherstellung zu beschwören. Es ist nicht sicher, ob Hitler sich die Paradoxien seiner Taktik theoretisch je bewußt gemacht hat; doch seine Praxis zielte in nahezu jedem ihrer Schritte darauf, sie zu verwirklichen.

Den reservierten Ministerpräsidenten versicherte er zunächst seiner Loyalität und beteuerte sodann, er werde sich künftig legal verhalten, der Putsch vom 9. November sei ein Fehler gewesen. Inzwischen habe er erkannt, daß die Autorität des Staates respektiert werden müsse, er selber sei als bürgerlicher Patriot bereit, nach Kräften dazu beizutragen und sich vor allem der Regierung im Kampf gegen die zersetzenden Mächte des Marxismus zur Verfügung zu stellen. Allerdings benötige er dazu seine Partei sowie den ›Völkischen Beobachter‹. Auf die Frage, wie er dieses Anerbieten mit dem antikatholischen Komplex der Völkischen zu vereinbaren gedenke, erklärte Hitler diese Angriffe zu einer persönlichen Marotte Ludendorffs, er stehe dem General ohnehin skeptisch gegenüber und habe nichts damit zu schaffen. Seit je sei ihm aller konfessionelle Hader zuwider, doch auch die erprobten nationalen Kräfte müßten zusammenstehen. Held verharrte der Suada gegenüber kühl. Er freue sich, versicherte er, daß Hitler die Staatsautorität endlich zu achten gedenke, doch wenn er sie nicht achten würde, wäre ihm das auch gleichgültig; er, der Ministerpräsident, werde diese Autorität gegen jedermann behaupten, Zustände wie vor dem 9. November würden in Bayern nicht wiederkehren. Immerhin ließ er sich, gedrängt von seinem persönlichen Freunde Dr. Gürtner, der gleichzeitig zu den Protektoren Hitlers zählte, schließlich doch dazu überreden, das Verbot der NSDAP und ihrer Zeitung aufzuheben; denn, so formulierte er seinen Eindruck über das Gespräch mit Hitler, »die Bestie ist gezähmt«[63].

Wenige Tage später erschien Hitler vor der Landtagsfraktion, und als sei der Zustand der Bewegung noch nicht desolat genug, provozierte er eine erbitterte Auseinandersetzung. Die Nilpferdpeitsche in der Hand, die er jetzt zu einer seiner Dauerrequisiten machte, betrat er das Landtagsgebäude, in dem sich die völkischen Abgeordneten, feierlich gestimmt, zu seiner Begrüßung eingefunden hatten. Ohne lange Vorrede überfiel er sie jedoch mit Anklagen, warf ihnen Führungsmangel sowie Konzeptionslosigkeit vor und zeigte sich besonders aufgebracht darüber, daß sie die von Held angebotene Regierungsbeteiligung abgelehnt hätten. Als die konsternierte Runde ihm entgegenhielt, es gebe Grundsätze, die ein anständiger Mann nicht preisgebe, man könne einem Gegner nicht Verrat am deutschen Volke vorwerfen und mit ihm zusammen die Regierung bilden, und einer der Versammelten schließlich sogar den Verdacht äußerte, Hitler habe mit dieser Koalition nur seine vorzeitige Haftentlassung erkaufen wollen, kam die verächtliche Antwort, diese Entlassung sei für die Bewegung tausendmal wichtiger gewesen als die bewahrten Grundsätze von zwei Dutzend völkischen Parlamentariern.

Tatsächlich schien es, als trachte er durch einen schroff und herausfordernd zur Geltung gebrachten Führungsanspruch diejenigen abzustoßen, die sich ihm nicht unterordnen wollten. Er hat später mit ironischer Geringschätzung von dem »Inflationsgewinn« der Partei im Jahre 1923 gesprochen, ihrem allzu schnellen Wachstum, das die entscheidende Ursache für die Schwäche und mangelnde Widerstandskraft in der Krise gewesen sei; jetzt zog er die Folgerungen daraus. Die Führer der völkischen Gruppen beklagten sich alsbald bitter über Hitlers mangelnde Bereitschaft zur Zusammenarbeit und beriefen sich gern auf das gemeinsam vor der Feldherrnhalle hingegebene Blut.[64] Doch bestimmender als solche mystischen Sentimentalitäten war für Hitler die Erinnerung an die Abhängigkeiten des Jahres 1923, die ständige Rücksichtnahme auf so viele zimperliche oder starrköpfige Mitstreiter und die daraus gewonnene Lehre, daß jede Partnerschaft eine Form der Gefangenschaft war. So nachgiebig er nach außen, der Staatsgewalt gegenüber, aufgetreten war, so herrisch und unnachsichtig bestand er daher innerhalb der Bewegung auf Unterwerfung. Bereitwillig nahm er in Kauf, daß am Ende der Auseinandersetzung nur sechs der vierundzwanzig Landtagsabgeordneten zu ihm hielten und die Mehrheit zu anderen Parteien überlief.

Doch gab er sich mit diesem Zusammenstoß keineswegs zufrieden, ungeduldig eröffnete er neue Auseinandersetzungen und sprengte weitere Stücke von den Rändern der klein gewordenen Bewegung ab. Mit Vorliebe betonte er, was ihn von den zahlreichen anderen völkischen und rechtsradikalen Gruppen trennte, und verwarf jede Zusammenarbeit. Von den vierzehn Reichstagsabgeordneten blieben nur vier ihm treu, selbst diese zeigten sich widersetzlich und verlangten vor allem, daß er sich von so zwielichtigen und unsauberen Gefolgsleuten wie Hermann Esser und Julius Streicher trenne. Da Hitler schärfer als seine Gegenspieler erfaßte, daß der monatelange, erbitterte Streit nicht um die Sauberkeit, sondern um die Alleinherrschaft in der Partei ging, gab er keinen Schritt nach.

Unterdessen bereitete er schon den Bruch mit Ludendorff vor. Motivierend dafür war nicht nur die unverziehene Bemerkung des Generals am Mittag des 9. November, nichts könne Hitlers Flucht vor der Feldherrnhalle ungeschehen machen, kein deutscher Offizier könne noch unter einem solchen Manne dienen; vielmehr war der »Nationalfeldherr« auch, zumindest in Süddeutschland, zu einer erheblichen Belastung geworden, seit sein Starrsinn und der exzentrische Ehrgeiz seiner zweiten Frau, der Ärztin Mathilde v. Kemnitz, ihn in immer neue Zwistigkeiten verwickelten. Er brüskierte und bekriegte die Katholische Kirche, zettelte einen überflüssigen Ehrenhändel mit dem bayerischen Kronprinzen an, überwarf sich mit dem Offizierskorps, bis ihm eine Anzahl ehemaliger Kameraden die Standesgemeinschaft aufkündigte, und verstrickte sich immer auswegloser in die pseudoreligiösen Finsternisse einer sektiererischen Ideologie, in der mancherlei Verschwörungsängste, germanischer Götterglaube und Zivilisationspessimismus tiefsinnig zusammengereimt waren. Hitler selber hatte sich von solchen Neigungen, in denen er dem Obskurantismus seiner frühen Jahre, Lanz v. Liebenfels und den Wahnbildern der Thulegesellschaft, wiederbegegnete, längst gelöst und in »Mein Kampf« seine beißende Verachtung für jenen völkischen Romantizismus formuliert, den seine eigene Vorstellungswelt gleichwohl rudimentär bewahrte. Auch Eifersuchtskomplexe spielten eine Rolle, nur zu genau erfaßte er den uneinholbaren Rückstand, der den ehemaligen Gefreiten von dem General in einem militärstrengen Volke trennte. Bezeichnenderweise nannte eine völkische Gruppe in einem Schreiben Anfang 1925 Ludendorff »Ew.Exz. den großen Führer«, während sie in Hitler »den Feuergeist« sah, »der mit seinem Licht in das Dunkel der heutigen Zustände hineinleuchtet«. Als persönlichen Affront Ludendorffs empfand Hitler schließlich, daß der Generalquartiermeister des Weltkriegs ihm seinen persönlichen Begleiter, Ulrich Graf, durch militärischen Befehl ausgespannt hatte, und schon in der ersten Unterredung überfiel er ihn daher mit heftigen Vorwürfen. Zu gleicher Zeit, wie in einem unablässig sich steigernden Verfeindungsrausch, leitete er die Auseinandersetzung mit den Führern der norddeutschen Nationalsozialistischen Freiheitsbewegung, v. Graefe und v. Reventlow, ein, die öffentlich erklärt hatten, Hitler dürfe die einstige Machtstellung nicht zurückgewinnen, er sei ein begabter Agitator, doch kein Politiker. In einem späteren Brief, der sein gewandeltes Selbstbewußtsein verdeutlicht, hat Hitler v. Graefe geantwortet, er sei früher der Trommler gewesen und werde es wieder sein, aber nur noch für Deutschland und nie mehr für Graefe und seinesgleichen, »so wahr mir Gott helfe!«[65]

Am 26. Februar 1925 erschien erstmals wieder der ›Völkische Beobachter‹ und kündigte für den folgenden Tag im Bürgerbräukeller, an der Stelle des mißglückten Putsches, die Neugründung (nicht die Wiedergründung) der NSDAP an. In seinem Leitartikel »Ein neuer Beginn« sowie in den gleichzeitig veröffentlichten Richtlinien für die Organisation der Partei unterbaute Hitler seinen Führungsanspruch: er lehnte alle Bedingungen ab und versicherte mit dem Blick auf die Vorwürfe gegen Esser und Streicher, daß die Führung der Partei so wenig mit der Moral ihrer Anhänger wie mit konfessionellem Zwist zu schaffen, sondern Politik zu treiben habe, seine Kritiker nannte er »politische Kinder«. In einer ersten Reaktion auf seinen energischen Kurs gingen aus allen Teilen des Landes Treuebekundungen ein.

Der Auftritt vom folgenden Tag war taktisch sorgfältig durchdacht. Um seinem Appell größere Wirkung zu verschaffen, hatte Hitler sich zwei Monate lang nicht als Redner gezeigt, und auf diese Weise die Erwartungen seiner Anhänger und die Nervosität seiner Rivalen außerordentlich gesteigert; er hatte keine Besucher empfangen, selbst auswärtige Delegationen abgewiesen und erklären lassen, er werfe alle politischen Schreiben »ungelesen in den Papierkorb«. Obwohl die Versammlung erst um 20 Uhr begann, erschienen die ersten Teilnehmer, »Eintritt 1 Mark«, schon am frühen Nachmittag. Um sechs Uhr mußte die Polizei den Saal schließen, etwa viertausend Anhänger hatten bis dahin Platz gefunden, viele von ihnen verfeindet und in gegenseitige Intrigen verstrickt. Doch als Hitler den Saal betrat, kam es zu einer ersten überschwenglichen Huldigung, die Anwesenden stiegen auf die Tische, jubelten, schwenkten die steinernen Maßkrüge oder lagen sich in den Armen vor Glück. Max Amann führte den Vorsitz, da Anton Drexler den Parteiausschluß von Esser und Streicher zur Bedingung seiner Teilnahme gemacht hatte. Auch Strasser, Röhm und Rosenberg fehlten. An sie alle, die zögernden oder eigensinnigen Parteigänger, wandte sich Hitler in einer zweistündigen, überaus wirkungsvollen Rede. Er begann mit Allgemeinheiten, rühmte die kulturschöpferischen Leistungen des Ariers, erörterte die Außenpolitik und versicherte, der Friedensvertrag lasse sich zerbrechen, die Reparationsvereinbarung ungültig erklären, doch an der jüdischen Blutvergiftung werde Deutschland zugrunde gehen. Im Rückgriff auf die alte Zwangsvorstellung verwies er auf die Berliner Friedrichstraße, wo jeder Jude ein blondes deutsches Mädchen am Arm führe. Der Marxismus, so versicherte er, könne »gestürzt werden, sowie ihm eine Lehre gegenüber tritt von besserer Wahrhaftigkeit, aber gleicher Brutalität der Durchführung«. Dann kritisierte er Ludendorff, der sich überall Gegner schaffe und nicht begreife, daß man einen Gegner nennen und einen anderen meinen könne, und kam schließlich zum Kern:

> »Wenn jemand kommt und mir Bedingungen stellen will, dann sage ich ihm: Freundchen, warte erst einmal ab, welche Bedingungen ich dir stelle. Ich buhle ja nicht um die große Masse. Nach einem Jahr sollen Sie urteilen, meine Parteigenossen; habe ich recht gehandelt, dann ist es gut; habe ich nicht recht gehandelt, dann lege ich mein Amt in Ihre Hände zurück. Bis dahin aber gilt: ich führe die Bewegung allein und Bedingungen stellt mir niemand, solange ich persönlich die Verantwortung trage. Und ich trage die Verantwortung wieder restlos für alles, was in der Bewegung vorfällt.«[66]

Mit zornrotem Gesicht beschwor er schließlich die Versammelten, ihre vielfachen Feindschaften zu begraben, Vergangenes zu vergessen, den Streit in der Bewegung zu beenden. Er bat nicht um Gefolgschaft, deutete keine Kompromisse an, sondern verlangte einfach Unterwerfung oder Trennung. Der Jubel am Schluß bestätigte seine Absicht, der neuen NSDAP den autoritären Zuschnitt einer ausschließlich von ihm selber kommandierten Führerpartei zu geben. Als Max Amann inmitten der Begeisterung vortrat und feierlich in die Menge rief: Der Streit muß ein Ende haben – Alles zu Hitler!, standen sich auf dem Podium plötzlich die alten Widersacher gegenüber: Streicher, Esser, Feder, Frick, der thüringische Gauleiter Dinter sowie der bayerische Fraktionsführer Buttmann. In einer überwältigend wirkenden Szene reichten sie sich vor den Tausenden, die schreiend auf Stühle und Tische stiegen, demonstrativ die Hände. Streicher stammelte benommen etwas von einem »Gottesgeschick« und Buttmann, der dem Gefeierten kürzlich vor der Landtagsfraktion scharf und nicht ohne Hohn widersprochen hatte, erklärte nun, alle Bedenken, mit denen er gekommen sei, »schmolzen in mir weg, als der Führer sprach«. Was die überragende Erscheinung Ludendorffs, was v. Graefe, Strasser, Rosenberg und Röhm einzeln oder im Verein nicht vermocht hatten, erreichte er in wenigen Zügen, und diese Erfahrung stärkte seine Autorität sowie sein Selbstbewußtsein. Nach der Formel Buttmanns, die in der Vergangenheit schon, wenn auch eingeengt, durch Ludendorff und andere Konkurrenten, auf ihn angewendet worden war, hieß und war er von diesem Tage an unbestritten »Der Führer«.

Kaum hatte Hitler sich die Herrschaft über die Partei, diktatorischer denn je, gegen das »kanaillös fluchwürdige Intrigantenpack« der völkischen Rivalen, wie Hermann Esser schrieb, gesichert, machte er sich an die Verwirklichung seiner zweiten Zielsetzung: die Organisation der NSDAP zu einem gefügigen und schlagkräftigen Instrument seiner taktischen Absichten. Zu seinem Entschluß, die Revolution nicht mehr durch Gewalt, sondern durch Gesetz zu machen, hatte er einem seiner Anhänger, sarkastisch gelaunt, schon in Landsberg versichert: »Wenn ich meine Tätigkeit wiederaufnehme, werde ich eine neue Politik befolgen müssen. Statt die Macht mit Waffengewalt zu erobern, werden wir zum Verdruß der katholischen und marxistischen Abgeordneten unsere Nasen in den Reichstag stecken. Zwar mag es länger dauern, sie zu überstimmen als sie zu erschießen, am Ende aber wird uns ihre eigene Verfassung den Erfolg zuschieben. Jeder legale Vorgang ist langsam.«[67]

Er war weit langsamer und mühevoller, als Hitler vermutet hatte, und begleitet von immer erneuten Rückschlägen, Widerständen und Konflikten. Die Umstände wollten es, daß er selber für das erste schwere Mißgeschick verantwortlich war. Denn die bayerische Regierung hatte nicht nur seine Bemerkung, daß man durchaus von einem Gegner reden und einen anderen meinen könne, ganz wie sie gedacht war, als Beweis ungebrochener Verfassungsfeindlichkeit verstanden, sondern auch Anstoß an einer Äußerung genommen, daß entweder der Feind über seine Leiche oder er über die des Feindes gehen werde: »Es ist mein Wunsch«, so war er fortgefahren, »daß das Hakenkreuzbanner, wenn der Kampf mich das nächste Mal niederstreckt, mein Leichentuch werden soll.« Diese Bekundungen weckten so starke Zweifel an der Aufrichtigkeit seiner Legalitätsversicherungen, daß die Behörden in Bayern und bald darauf auch in den meisten anderen Ländern ihm kurzerhand untersagten, öffentlich zu reden. In Verbindung mit der Bewährungsfrist, der nach wie vor drohenden Ausweisung sowie vor dem Hintergrund der allgemeinen Lage schien dieses Verbot, das ihn fürchterlich und überraschend traf, allen Aussichten ein Ende zu setzen. Es bedeutete nichts weniger als das vorläufige Scheitern seines Konzepts.

Doch keine Unsicherheit, kein Anflug von Irritation verwirrte ihn. Anderthalb Jahre zuvor, im Sommer 1923, hatte ein Rückschlag ihn noch aus der Bahn werfen, die Lethargien und Schwächebedürfnisse der Jugendjahre zu erneuern vermocht; jetzt blieb er unbewegt und zeigte sich auch von den persönlichen Folgen des Redeverbots, dem Verlust der wichtigsten Einnahmequelle, kaum beeindruckt; seinen Unterhalt sicherte er sich mit den Honoraren der Leitartikel, die er von nun an für die Parteipresse schrieb. Häufig sprach er auch vor kleinen Gruppen von vierzig bis sechzig Gästen im Hause der Bruckmanns, und das Fehlen aller Betäubungsmittel, aller Aufpeitschungshilfen zwang ihn zu neuen Methoden der Werbung und Verstellung. Zeitgenössische Beobachter haben übereinstimmend die Veränderungen bemerkt, die Hitler während der Haftzeit durchgemacht hatte, die rigoroseren, strengeren Züge, die dem matten Psychopathenantlitz erstmals Umriß und Individualität verschafften: »Das schmale, blasse, kränkliche, oft fast leer wirkende Gesicht war kräftiger zusammengefaßt, die starke Struktur des Knochenbaus, von der Stirn bis zum Kinn, trat ausgeprägter hervor; was früher schwärmerisch wirken konnte, war nun einem unverkennbaren Zug der Härte gewichen.«[68] Sie gab ihm, durch alle Desaster, jene Zähigkeit, mit deren Hilfe er die Phase der Stagnation bis zu dem endlich einsetzenden triumphalen Siegeszug der beginnenden dreißiger Jahre überwand. Als im Sommer 1925, auf dem Tiefpunkt seiner Hoffnungen, eine Führertagung der NSDAP den Antrag erörterte, einen Vertreter für ihn zu bestellen, widersprach er mit der herausfordernden Begründung, daß mit ihm allein die Bewegung stehe oder falle.[69]

Das Bild seiner engeren Umgebung gab ihm zweifellos recht. Nach den willentlich herbeigeführten Kollisionen und Abspaltungen der zurückliegenden Monate waren naturgemäß vor allem die mittelmäßigen oder subalternen Gefolgsleute bei ihm verblieben und seine Entourage wieder auf jene Kohorte von Viehhändlern, Chauffeuren, Rausschmeißern und ehemaligen Berufssoldaten reduziert, zu denen er seit den trüben Anfängen der Partei eine eigentümlich sentimentale, nahezu menschliche Beziehung gewonnen hatte. Der meist bescholtene Ruf dieser Trabanten störte ihn so wenig wie deren lärmende Derbheit und Primitivität, und es war vor allem dieser Umgang, der erkennbar machte, wie sehr er seinen bürgerlichen, ästhetisierenden Ursprüngen verloren war. Auf gelegentliche Vorhaltungen erwiderte er damals noch mit einem Anflug von Unsicherheit, auch er könne sich in seinem Umgang einmal vergreifen, das liege in der Natur des Menschen, der »nicht unirrbar« sei.[70] Doch bis in die Kanzlerjahre hinein bildete dieser Typus seine bevorzugte Umgebung, unverkennbar beherrschte er jene private Dauerrunde der langen leeren Abende, wenn Hitler in den einstigen Räumen Bismarcks zu Kinovergnügen oder Bagatellgespräch den Rock aufknöpfte und aus schwerem Sessel weit die Beine von sich streckte. Ohne Hintergrund, ohne Familie und Beruf, aber doch durchweg mit einer Bruchstelle im Charakter oder in der Lebensbahn, weckten sie mancherlei vertraute Erinnerungen in dem einstigen Männerheiminsassen, und es mag sein, daß es Aura und Geruch aus Wiener Jahren waren, die er im Kreis der Christian Weber, Hermann Esser, Josef Berchtold oder Max Amann wiedertraf. Bewunderung und aufrichtige Hingabe waren alles, was sie bieten konnten und ihm vorbehaltlos entgegenbrachten. Staunend hingen sie an seinen Lippen, wenn er in der »Osteria Bavaria« oder im »Café Neumaier« zu seinen weitläufigen Monologen

ansetzte, und denkbar ist, daß er in ihrem unkritischen Enthusiasmus
einen Ersatz für die wie eine Droge benötigte Massenbegeisterung fand,
die er vorerst entbehrte.

Zu den spärlichen Erfolgen, die Hitler in dieser Periode der Lähmung
verzeichnen konnte, zählte vor allem der Gewinn Gregor Strassers. Bis
zum gescheiterten Novemberputsch war der Landshuter Apotheker und
Gauleiter von Niederbayern, den das »Fronterlebnis« zur Politik gebracht hatte, nur gelegentlich in Erscheinung getreten. Die Abwesenheit
Hitlers hatte er jedoch genutzt, sich nach vorn zu bringen, und dem Nationalsozialismus im Rahmen der »Nationalsozialistischen Freiheitsbewegung« vor allem in Norddeutschland und im Ruhrgebiet einigen Anhang verschafft. Der massig gebaute, gleichwohl sensible Mann, der sich
in Wirtshäusern herumschlug, Homer im Urtext las und im ganzen tatsächlich wie das Klischee des schwerblütigen bajuwarischen Kleinstadthonoratioren wirkte, war eine eindrucksvolle Erscheinung und verfügte
neben der eigenen rhetorischen Begabung in seinem Bruder Otto zugleich über einen journalistisch gewandten, aggressiven Bundesgenossen. Mit dem vielfach gebrochenen, kalten, neurasthenischen Hitler fand
er nur schwer zusammen, die Person störte ihn ebenso sehr wie deren
anrüchige, unterwürfige Umgebung, während sich die Übereinstimmung
in den politischen Auffassungen fast auf den interpretatorisch vielfarbig
schillernden, noch gänzlich undefinierten Begriff des »Nationalsozialismus« beschränkte. Doch bewunderte er Hitlers Magie sowie seine Fähigkeit, Anhänger zu sammeln und für eine Idee zu mobilisieren. An
der Veranstaltung zur Neugründung der Partei hatte er nicht teilgenommen. Als Hitler ihm Anfang März 1925 als Gegenleistung für sein Ausscheiden aus der Nationalsozialistischen Freiheitsbewegung die weitgehend selbständige Führung der NSDAP im gesamten norddeutschen
Raum anbot, betonte Strasser denn auch selbstbewußt, daß er nicht als
Gefolgsmann, sondern als Mitstreiter zu Hitler stoße. Er halte seine
moralischen Skrupel und Bedenken aufrecht, doch über allem stehe die
zukunftsreiche und notwendige Idee: »Darum habe ich mich Herrn Hitler zur Mitarbeit zur Verfügung gestellt.«[71]

Diesem Zugang stand jedoch ein bemerkenswerter Verlust gegenüber.
Während Strasser mit stürmischer Energie daran ging, in Norddeutschland eine Parteiorganisation aufzubauen, und innerhalb kurzer Zeit zwischen Schleswig-Holstein, Pommern und Niedersachsen sieben neue
Gaue errichtete, demonstrierte Hitler seine Entschlossenheit, die eigene
Autorität und Konzeption um jeden Preis, selbst auf Kosten weiterer
Rückschläge, zu behaupten: er brach mit Ernst Röhm. Vom Münchener
Volksgericht trotz Schuldspruchs freigesetzt, hatte der ehemalige
Hauptmann unverzüglich begonnen, die alten Kameraden aus Frei-

korps- und Kampfbundtagen in einem neuen Verband, dem »Frontbann«, zu sammeln. Ratlos angesichts der wachsenden Normalität der Verhältnisse, waren die ewigen Nursoldaten fast ohne Ausnahme bereit, der unter Röhms Tatkraft und Organisationstalent rasch anwachsenden Neugründung beizutreten.

Schon von Landsberg aus hatte Hitler diese Aktivität nicht ohne Besorgnis verfolgt, da sie seine vorzeitige Entlassung, seine Machtstellung innerhalb der völkischen Bewegung sowie seine neue Taktik gleichermaßen bedrohte. Zu den Lehren des November 1923 zählte, daß er sich ein für allemal von den Wehrverbänden, ihrem waffentragenden Selbstbewußtsein, ihrer konspirativen Manie und ihrer Soldatenspielerei trennen müsse. Was die NSDAP nach dem Willen Hitlers benötigte, war eine halbmilitärisch organisierte, ausschließlich der politischen Führung und folglich ihm selber unterstellte Parteitruppe, während Röhm an der einstigen Idee des heimlichen Hilfsheeres für die Reichswehr festhielt und sogar daran dachte, die SA völlig unabhängig von der Partei als Unterverband seines Frontbanns zu führen.

Es war im Grunde der alte Streit um Botmäßigkeit und Funktion der SA. Im Gegensatz zu dem schwerfälligen Röhm hatte Hitler inzwischen Ressentiments und Erkenntnisse hinzugewonnen. Er hatte Lossow und den Offizieren aus dessen Stab den Verrat vom 8. und 9. November nicht vergessen, zugleich aber aus den Vorgängen jener Nacht gelernt, daß Eid und Legalität für die Mehrzahl der Offiziere eine unübersteigbare moralische Barriere bildeten. Der Treubruch Lossows war nicht zuletzt ein verzweifelter Versuch gewesen, dem kommentwidrigen, unehrenhaften Zwielicht der Illegalität zu entkommen, in das Kahr, Hitler, Lossows eigener Wankelmut und die Umstände überhaupt die Armee gedrängt hatten, und Hitler hatte daraus die Folgerung gezogen, die auch sein Führungsehrgeiz ihm gebot: jede enge Verquickung mit der Reichswehr zu meiden, weil eben darin der Beginn aller Illegalität lag.

In der ersten Aprilhälfte kam es zum Streit. Röhm hing mit einer schwärmerischen Zuneigung an Hitler, er war aufrichtig, ungezwungen und seinen Freunden so unbeweglich treu wie seinen Auffassungen. Vermutlich hatte Hitler nicht vergessen, was er Röhm seit den Anfängen seiner politischen Laufbahn verdankte, aber er sah zugleich auch, daß die Zeiten sich geändert hatten und der einst einflußreiche Mann inzwischen nur noch ein eigenwilliger, schwieriger Freund war, der sich kaum in die gewandelten Verhältnisse einfügen ließ. Einige Zeit immerhin zögerte er und wich dem Drängen Röhms aus; dann aber entschloß er sich ohne ein Zeichen der Gemütsbewegung zum Bruch. In einer Unterredung Mitte April, in deren Verlauf Röhm noch einmal eine strenge Trennung zwischen NSDAP und SA forderte und zugleich hartnäckig darauf beharrte, seine Einheiten als unpolitische Privatarmee jenseits aller Partei- und Tagesstreitigkeiten zu führen, kam es zu einem heftigen Wortwechsel. Kränkend empfand Hitler insbesondere, daß Röhms Konzept ihn nicht nur wie im Sommer 1923 zum Gefangenen fremder Zwecke machen, sondern überdies erneut zum »Trommler« degradieren wollte. Als er ihm beleidigt vorwarf, die Freundschaft zu verraten, brach Röhm die Unterredung ab. Tags darauf gab er schriftlich den Auftrag zur Führung der SA zurück, doch Hitler antwortete nicht. Ende April, nachdem er auch die Leitung des Frontbanns niedergelegt hatte, schrieb er Hitler noch einmal und schloß den Brief mit der bezeichnenden Wendung: »Ich benütze die Gelegenheit, in Erinnerung an schöne und schwere Stunden, die wir mitsammen verlebt haben, Dir für Deine Kameradschaft herzlich zu danken und Dich zu bitten, mir Deine persönliche Freundschaft nicht zu entziehen.« Doch auch darauf blieb er ohne Antwort. Als er am folgenden Tag den Blättern der völkischen Presse eine Abschiedsnotiz übergab, druckte der ›Völkische Beobachter‹ sie kommentarlos ab.[72]

In die gleiche Zeit fiel ein Ereignis, das Hitler nicht nur über seine prekär geschwundenen Aussichten belehrte, sondern ihm auch deutlich machte, daß der aus überwiegend persönlichen Gründen vollzogene Bruch mit Ludendorff politisch gerechtfertigt war. Ende Februar 1925 war der sozialdemokratische Reichspräsident Friedrich Ebert gestorben, und auf Veranlassung Gregor Strassers stellten die völkischen Gruppen dem Kandidaten der bürgerlichen Rechtsparteien, dem tüchtigen, aber gänzlich unbekannten Dr. Jarres, in Ludendorff einen eigenen namhaften Bewerber entgegen. Mit nicht viel mehr als ein Prozent der Stimmen erlitt der General eine vernichtende Niederlage, die Hitler nicht ohne grimmige Genugtuung registrierte. Als wenige Tage nach der Wahl Dr. Pöhner, der einzige vertrauenswürdige und gewichtige Mitstreiter, der ihm verblieben war, tödlich verunglückte, schien er tatsächlich am Ende seiner politischen Laufbahn angelangt. In München hatte die Partei nur noch 700 Mitglieder. Anton Drexler trennte sich von ihm und gründete enttäuscht eine eigene Partei für seine stilleren Neigungen, doch Hitlers Prügelgarden stöberten sie mit Vorliebe auf und schlugen das Konkurrenzunternehmen zusammen. Ähnlich erging es anderen verwandten Gruppen, nicht selten stürmte Hitler selber, die Nilpferdpeitsche in der Hand, die Versammlungen und zeigte sich von der Tribüne aus, da er nicht reden durfte, lächelnd und grüßend den Massen. Vor dem zweiten Wahlgang zur Reichspräsidentenschaft forderte er seine Anhänger auf, für den inzwischen nominierten Feldmarschall v. Hindenburg zu stimmen. Zwar berechtigte ihn, wie die Dinge standen, nichts zu der »langjährigen politischen Spekulation«, die man in der Entscheidung für Hindenburg hat sehen wollen;[73] auch fielen die wenigen Stimmen, über die er gebot, nicht ins Gewicht. Wichtig war jedoch, daß er sich damit demonstrativ wieder in die Front der »Ordnungsparteien« einreihte und nahe heranrückte an den legendenumwobenen Mann, den heimlichen »Ersatzkaiser«, der über einen Schlüssel zu nahezu allen machtvollen Institutionen gebot oder einmal gebieten würde.

Die anhaltenden Rückschläge beeinträchtigten zwangsläufig Hitlers innerparteiliche Position. Während er vor allem in Thüringen, Sachsen und Württemberg um seine angefochtene Herrschaft kämpfen mußte, setzte Gregor Strasser den Aufbau der Partei in Norddeutschland fort. Rastlos war er unterwegs. Die Nächte verbrachte er zumeist auf der Bahn oder in Wartesälen, tagsüber besuchte er Anhänger, gründete Bezirksstellen, berief Funktionäre, konferierte oder trat in Versammlungen auf. In den Jahren 1925 und 1926 bestritt er jeweils nahezu hundert Veranstaltungen als Hauptredner, während Hitler zum Schweigen verurteilt war, und dieser Umstand, weniger Strassers rivalisierender Ehrgeiz, erweckte zeitweilig den Eindruck, als verlagere sich das Schwergewicht der Partei nach Norden. Dank der Loyalität Strassers blieb Hitlers Führungsposition zwar im ganzen zunächst anerkannt, doch das Mißtrauen der nüchternen, protestantischen Norddeutschen gegen den melodramatischen, kleinbürgerlichen Bohémien und dessen angeblichen »Romkurs« kam immer wieder zum Vorschein, und nicht selten waren neue Parteigänger nur mit der Zusage weitgehender Unabhängigkeit gegenüber der Münchener Zentrale zu gewinnen. Auch blieb Hitlers Forderung, daß die Führer der Ortsgruppen von der Parteileitung zu ernennen seien, im Norden zunächst undurchführbar. Geraume Zeit schwelte auch der Streit zwischen der Zentrale und den Gauen über das Recht, die Mitgliedsbücher auszugeben. Mit seinem überwachen Machtsinn erfaßte Hitler augenblicklich, daß solche organisatorischen Nebenfragen die Entscheidung über Kontrollgewalt oder Ohnmacht der Zentrale enthielten. Doch obwohl er in der Sache unnachgiebig blieb, mußte er die Eigenmacht einzelner Gaue lange Zeit dulden, der Gau Rheinland-Nord beispielsweise weigerte sich noch gegen Ende 1925, die Mitgliedsbücher der Münchener Zentrale zu verwenden.[74]

Geschäftsführer dieses Gaues mit Sitz in Elberfeld war ein junger Akademiker, der einige vergebliche Anläufe als Journalist, Schriftsteller und Ausrufer an der Börse unternommen hatte, ehe er schließlich als Sekretär eines deutschvölkischen Politikers mit den Nationalsozialisten und bald auch mit Gregor Strasser in Verbindung gekommen war. Er hieß Paul Joseph Goebbels, und was ihn an die Seite Strassers geführt hatte, war vor allem sein intellektueller Radikalismus, den er in pathetischen Literaturstücken und Tagebuchnotizen nicht ohne Erbeben vor sich selber festgehalten hatte: »Ich bin der radikalste. Vom neuen Typ. Der Mensch als Revolutionär.«[75] Er besaß eine hohe, eigentümlich faszinierende Stimme und verfügte über einen Stil, der Prägnanz mit einem der Zeit glaubwürdigen Pathos verband. Sein Radikalismus bediente sich vornehmlich nationalistischer sowie sozialrevolutionärer Ideologien und wirkte wie die dünne, schneidende Version der Vorstellungen und Thesen seines neuen Mentors. Denn im Gegensatz zu dem blutleeren, in einer merkwürdig abstrakten Gefühlswelt hausenden Hitler hatte sich der emotionalere Gregor Strasser von der Not und den Elendserfahrungen der Nachkriegszeit zu einem romantisch geprägten Sozialismus führen lassen, der sich mit der Erwartung verband, daß dem Nationalsozialismus der Einbruch in die proletarischen Schichten gelingen werde. In Joseph Goebbels fand er neben seinem Bruder Otto für einige Zeit die intellektuellen Wortführer eines eigenen programmatischen Weges, der freilich nie beschritten worden und lediglich als flüchtiger Ausdruck einer sozialistischen Alternative zum »faschistischen« süddeutschen Nationalsozialismus Hitlers bedeutsam geworden ist.

Das Sonderbewußtsein der norddeutschen Nationalsozialisten formierte sich erstmals in einer am 10. September 1925 in Hagen gegründeten Arbeitsgemeinschaft, an deren Spitze, neben Gregor Strasser, sogleich auch Goebbels in Erscheinung trat. Und obwohl die Teilnehmer wiederholt jede Frontstellung gegen die Münchener Zentrale bestritten, sprachen sie doch vom »Westblock«, von »Gegenangriff« und den »verkalkten Bonzen in München« oder hielten der Parteiführung das geringe Interesse an programmatischen Fragen vor, während Gregor Strasser das »grauenhaft tiefe Niveau« des ›Völkischen Beobachters‹ beklagte. Bezeichnenderweise richtete sich jedoch keiner der zahlreichen Vorwürfe gegen Person oder Amtsführung Hitlers, dessen Stellung nach dem Willen der Beteiligten viel eher gestärkt als beeinträchtigt werden sollte, sondern gegen die »Sau- und Luderwirtschaft in der Zentrale«, sowie erneut gegen das »gewandte Maulheldentum« Essers und Streichers.[76] In gänzlicher Fehleinschätzung der Verhältnisse hoffte die Runde, Hitler aus den Fängen der »verderblichen Münchener Richtung«, der »Esserdiktatur«, befreien und der eigenen Sache verpflichten zu können. Nicht zum erstenmal begegnet man der schwer begreiflichen, schon in den frühen Jahren verbreiteten und bis ans Ende gegen alle Beweise und allen Augenschein wirksamen Vorstellung, der »Führer« sei, unsicher und menschlich, nur immer von falschen Ratgebern, von egoistischen oder bösartigen Elementen umgeben, die ihn hinderten, seinem ehrlichen Willen zu folgen und den Zusammenhang des Unheils zu überblicken.

Das Programm der Gruppe, das in einer anspruchslos aufgemachten, aber von Goebbels selber bemerkenswert redigierten Halbmonatsschrift, den ›Nationalsozialistischen Briefen‹, formuliert wurde, versuchte vor allem, das Gesicht der Bewegung der Gegenwart zuzuwenden und der Enge einer sehnsüchtig-rückwärtsgerichteten Mittelstandsideologie zu entkommen. Fast alles, was in München »heilig war, wurde hier irgendwann einmal als fragwürdig hingestellt oder offen madig gemacht«. Insbesondere trugen die ›Briefe‹ den andersartigen sozialen Bedingungen des Nordens, seiner im Gegensatz zu Bayern proletarisch-städtischen Struktur durch eine betont antikapitalistische Tendenz Rechnung; der Nationalsozialismus dürfe nicht, wie einer seiner Berliner Parteigänger in einem Brief schrieb, »aus radikalisierten Bourgeois« bestehen und »Angst vor den Worten Arbeiter und Sozialist« haben:[77] »Wir sind Sozialisten«, so formulierte die Zeitschrift in einem programmatischen Bekenntnis, »sind Feinde, Todfeinde des heutigen kapitalistischen Wirtschaftssystems mit seiner Ausbeutung der wirtschaftlich Schwachen, mit seiner Ungerechtigkeit der Entlohnung ... wir sind entschlossen, dieses System unter allen Umständen zu vernichten.« Ganz in diesem Sinne suchte Goebbels nach Annäherungsformeln zwischen nationalen Sozialisten und Kommunisten und fand einen ganzen Katalog identischer Haltungen und Überzeugungen. Er lehnte die Klassenkampftheorie keineswegs ab, versicherte, daß der Zusammenbruch Rußlands »auf ewig unsere Träume von einem nationalsozialistischen Deutschland begraben« würde, stellte gleichzeitig Hitlers Theorie vom jüdischen Universalfeind mit der Bemerkung in Frage, »es wird wahrscheinlich nicht so sein, daß der kapitalistische und der bolschewistische Jude ein und dasselbe sind«, und versicherte keck, die Judenfrage sei überhaupt »komplizierter als man denkt«[78].

Auch die außenpolitischen Vorstellungen wichen erheblich von den Ansichten der Münchener Führung ab. Die Strassergruppe hatte den sozialistischen Appell der Epoche zwar aufgenommen, aber »nicht als Ruf an die proletarische Klasse, sondern die proletarischen Nationen« verstanden, unter denen das verratene, gedemütigte, ausgeraubte Deutschland vornean stand. Sie sah die Welt in unterdrückende und unterdrückte Völker geteilt und machte sich jene revisionistischen Forderungen zu eigen, die in »Mein Kampf« als »politischer Unsinn« verurteilt worden waren. Während Hitler Sowjetrußland als Objekt ausgreifender Eroberungspläne betrachtete und Rosenberg es als »jüdische Henkerkolonie« beschrieb, äußerte sich Goebbels voller Hochachtung über den russischen Willen zur Utopie oder plädierte Strasser selber für ein Bündnis mit Moskau, »gegen den Militarismus Frankreichs, gegen den Imperialismus Englands, gegen den Kapitalismus der

Wallstreet«[79]. In programmatischen Erklärungen verlangte die Gruppe die Abschaffung des Großgrundbesitzes und die Zwangsorganisation aller Bauern in landwirtschaftliche Genossenschaften, den Zusammenschluß aller Kleinbetriebe in Innungen sowie eine teilweise Sozialisierung aller Erwerbsgesellschaften mit mehr als zwanzig Arbeitnehmern: der Belegschaft war, bei fortbestehender privatwirtschaftlicher Unternehmungsführung, ein Anteil von zehn Prozent zugedacht, dem Reich dreißig Prozent, der Landschaft sechs und der Gemeinde fünf Prozent. Auch befürworteten sie Vorschläge zur Vereinfachung der Gesetzgebung, zur Einrichtung eines klassendurchlässigen Schulwesens sowie zur teilweisen Naturalentlohnung, die das in der Inflation geweckte, populäre Mißtrauen gegen das Geldwesen zu romantischem Ausdruck brachte.

Die Grundzüge dieses Programms wurden von Gregor Strasser auf einer Tagung vorgetragen, die am 22. November 1925 in Hannover stattfand und die aufsässige Stimmung der nord- und westdeutschen Gaue gegen die Zentrale und den »Papst in München«, wie der Gauleiter Rust unter allgemeinem Beifall erklärte, über jedes vermutete Maß hinaus sichtbar machte. Auf einer erneuten Zusammenkunft, die Ende Januar wiederum in Hannover in der Wohnung des Gauleiters Rust stattfand, verlangte Goebbels sogar, dem von Hitler als Beobachter entsandten Gottfried Feder, der jede pointierte Bemerkung der Runde notierte, kurzerhand die Türe zu weisen. In der gleichen Sitzung beantragte er, sofern die Quellen nicht trügen, »daß der kleine Bourgeois Adolf Hitler aus der Nationalsozialistischen Partei ausgestoßen wird«.[80].

Weitaus alarmierender als solche aufrührerischen Töne deuteten allerdings die sachlichen Erörterungen der Runde an, wie empfindlich Hitlers Prestige inzwischen gesunken war. Strasser hatte im Dezember seinen Programmentwurf, der die ziemlich willkürlich zusammenredigierten 25 Punkte von einst ersetzen und die Partei vom Ruch der kleinbürgerlichen Interessentenvertretung befreien sollte, im Dezember ohne Wissen der Zentrale in der Partei verbreitet, und obwohl Hitler über diese Eigenmacht »wütend« war, schenkte niemand den Einwänden Feders Gehör und verweigerte ihm überdies für alle Abstimmungen das Stimmrecht. Mit ihm, den Goebbels als »Aufwertungskaktus« verspottete, trat nur noch einer der fünfundzwanzig Teilnehmer, der Kölner Gauleiter Robert Ley, »ein Dummkopf und vielleicht ein Intrigant«, offen für Hitler ein.[81] Auch in der unterdessen von der Öffentlichkeit des Landes leidenschaftlich diskutierten Frage, ob die deutschen Fürstenhäuser enteignet werden oder ihr 1918 beschlagnahmtes Vermögen zurückerhalten sollten, entschied sich die Arbeitsgemeinschaft schließlich gegen die Auffassung Hitlers, der sich von seinen taktischen Überlegungen an die Seite der Fürsten sowie der besitzenden Schichten überhaupt gedrängt sah, während die Strassergruppe, gleich den linken Parteien, für die entschädigungslose Enteignung der ehemaligen Landesherren eintrat, nicht ohne dem Beschluß freilich das verbale Zugeständnis voranzustellen, es sei nicht beabsichtigt, der Parteileitung vorzugreifen. Auch wurde ohne Zustimmung der Münchener Zentrale beschlossen, eine Zeitung unter dem Titel ›Der Nationale Sozialist‹ herauszugeben und mit den Geldern, die Gregor Strasser für die Verpfändung seiner Landshuter Apotheke erhielt, einen Verlag aufzubauen, der sich alsbald zu einem Konzern von beachtlichem Ausmaß entwickelte; mit seinen sechs Wochenzeitungen überflügelte er zeitweilig nicht nur dem Umfang nach den Eher-Verlag der Münchener Zentrale, sondern ließ, dem Urteil Konrad Heidens zufolge, dessen Publikationen auch »an geistiger Vielseitigkeit und Ehrlichkeit« weit hinter sich.[82] Die Entschlossenheit der in Hannover versammelten Runde zur Machtprobe mit Hitler kam am unverblümtesten jedoch in der Forderung Gregor Strassers zum Ausdruck, die ängstliche Legalitätstaktik durch eine aggressive, zum Äußersten bereite »Katastrophenpolitik« zu ersetzen. Jedes den Staat schädigende, die Ordnung zersetzende Mittel: Putsch, Bomben, Streiks, Straßenschlachten oder Krawalle schienen seinem frontaleren Machteroberungswillen geeignet, den Erfolg herbeizuführen: »Wir erreichen alles«, umschrieb Goebbels kurze Zeit darauf dieses Konzept, »wenn wir Hunger, Verzweiflung und Opfer für unsere Ziele in Marsch setzen«, und bezeugte seine Absicht, die »Fanale an(zu)stecken in unserem Volk zu einem einzigen großen Feuer nationaler und sozialistischer Verzweiflung«[83].

Bis dahin hatte Hitler zu den Aktivitäten der Gruppe geschwiegen, obwohl sie ein Machtzentrum aufrichtete, das zeitweilig den Charakter einer innerparteilichen Nebenregierung anzunehmen schien, und der Name Gregor Strassers in Norddeutschland »beinahe mehr« als sein eigener galt: »Kein Mensch glaubt mehr an München«, jubelte Goebbels in seinem Tagebuch, »Elberfeld soll das Mekka des deutschen Sozialismus werden«[84]. Auch die angeblichen Absichten, ihn als Ehrenvorsitzenden kaltzustellen und das zersplitterte völkische Lager in einer großen Bewegung zusammenzufassen, übersah Hitler verachtungsvoll und widmete ihnen lediglich einige höhnische Seiten in »Mein Kampf«.

Die Zurückhaltung Hitlers war zum Teil von privaten Motiven bestimmt. Denn inzwischen hatte er auf dem Obersalzberg bei Berchtesgaden, wo auch die Bechsteins ein Anwesen besaßen, das Landhaus eines Hamburger Kaufmanns gemietet, einen schön gelegenen, wenn auch bescheidenen Besitz mit einem großen Wohnraum und einer Veranda im Erdgeschoß sowie drei oberen Zimmern. Besuchern gegenüber legte er großen Wert auf den Hinweis, daß das Haus nicht ihm gehöre, »von irgendwelchen Bonzenallüren nach dem schlechten Vorbild anderer ›Parteigrößen‹ könne also keine Rede sein«[85]. Seine verwitwete Halbschwester Angela Raubal hatte er gebeten, ihm den Haushalt zu führen. Mit ihr war ihre siebzehnjährige Tochter Geli gekommen, und aus der Zuneigung, die er für die hübsche, oberflächliche und emphatische Nichte empfand, entwickelte sich alsbald eine leidenschaftliche Beziehung, die allerdings mit seiner Unduldsamkeit, seinem romantisch überspannten Frauenideal sowie den Skrupeln einer Onkelromanze ausweglos belastet war und schließlich in einer Verzweiflungstat endete. Nur selten verließ Hitler sein Quartier, am ehesten noch, um mit der Nichte die Münchener Oper oder gelegentlich auch Freunde in der Stadt zu besuchen, es waren noch immer die Hanfstaengls, die Bruckmanns, die Essers, die Hoffmanns. Um die Partei kümmerte er sich wenig, selbst in Süddeutschland wurde verbreitet Kritik an seiner nachlässigen Führung laut, an der unbefangenen Inanspruchnahme der Parteikasse für private Zwecke, an den ausgedehnten Landpartien mit der hübschen Nichte, doch Hitler nahm die Vorwürfe kaum zur Kenntnis. Im Sommer 1925 war der erste Band von »Mein Kampf« erschienen, und obwohl das Buch kein Erfolg war und im ersten Jahr nicht einmal zehntausend Exemplare verkauft werden konnten, machte Hitler sich in seinem gestauten Mitteilungsdrang sowie seinem Rechtfertigungsbedürfnis unverzüglich daran, den zweiten Band zu diktieren.

Scheinbar gelassen hatte er von seinem Bergidyll aus auch die Programmdiskussion der norddeutschen Anhängerschaft verfolgt. Seine Zurückhaltung war nicht nur von seiner kennzeichnenden Scheu vor Festlegungen bestimmt, sondern auch von der theoretischen Gleichgültigkeit des Praktikers, der die Begriffe verachtet und nötigenfalls jede beliebige Sache mit jeder beliebigen Vokabel deckt. Auch hoffte er insgeheim wohl, jenes Spiel zu wiederholen, das von Landsberg aus so erfolgreich gewesen war, als er die Rivalen ermuntert, die Antagonismen gefördert und seine Autorität gerade dadurch gesteigert hatte, daß er ihren Einsatz verringerte. Jetzt erst, mit dem Katastrophenkonzept Strassers, änderte sich die Situation für ihn schlagartig. Nicht ohne Grund mußte er in diesen Absichten eine vorbedachte persönliche Herausforderung erblicken, da sie, nicht anders als die Unternehmungen Röhms, seine Bewährungsfrist und damit seine politische Zukunft überhaupt in Frage stellten. Ungeduldig wartete er daher von nun an auf eine Chance, die sich formierenden Gegner zu zerschlagen und seine brüskierte Autorität wiederaufzurichten.

Im Rückblick schien es, als habe Hitlers ungeduldiges und herrisches Wesen die Partei nach dem gelungenen Wiederbeginn nicht weniger rasch zugrundegerichtet als der Vorstoß vom November 1923: sein Temperament narrte offenbar jedes taktische Konzept. Eine Ortsgruppe meldete im August 1925, daß von den einhundertachtunddreißig Mitgliedern im Januar nur noch zwanzig bis dreißig aktiv seien. In einem Beleidigungsprozeß, den Hitler zu dieser Zeit gegen Anton Drexler führte, trat einer seiner ehemaligen Anhänger als Zeuge gegen ihn auf und rief ihm im Schlußwort zu, die NSDAP werde mit seinen Methoden auf die Dauer keinen Erfolg haben: »Sie werden noch sehr traurig enden!«[86]

Nur Hitler selber schien von der nicht abreißenden Kette seiner Mißerfolge nach wie vor unbeeindruckt. Die Gewißheiten, die ihm die Formulierung seines Weltbildes verschafft hatte, sowie sein Eigensinn ließen ihn alle Krisen ohne Andeutung einer Entmutigung oder resignativen Stimmung überstehen, und fast schien es, als lasse er die Entwicklung wiederum und nicht ohne Genugtuung ihrem äußersten dramatischen Punkt entgegentreiben. Wie unberührt von den fatalen Geschehnissen um ihn herum zeichnete er zu jener Zeit in seinem Skizzenbuch oder auf kleinen Briefkarten antikisierende Repräsentationsbauten, Triumphbögen, pompöse Kuppelhallen: eine Theaterkulisse von erhaben gebändigter Leere, die seinen ungebrochenen Weltherrschaftsplänen und seiner Jahrhunderterwartung, allem Scheitern und aller Kläglichkeit seiner derzeitigen Umstände zum Trotz, anmaßend Ausdruck gab.[87]

Wie unberührt von den Rückschlägen der vergangenen Monate zeichnete er in seinem Skizzenbuch antikisierende Repräsentationsbauten: eine Theaterkulisse von erhaben gebändigter Leere, die seinen Weltherrschaftsplänen und seiner Jahrhunderterwartung ungebrochen Ausdruck gab: Hitler-Skizzen aus dem Jahre 1925.

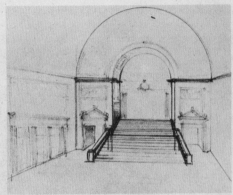

Neue Männer um Hitler: Gregor Strasser und Joseph Goebbels (oben); mit Pfeffer v. Salomon, dem neuen Chef der SA (unten).

III. KAPITEL: DIE AUFSTELLUNG ZUM KAMPF

> »Wollen wir einen Machtfaktor schaffen, dann brauchen wir Einheit, Autorität und Drill. Wir dürfen uns niemals leiten lassen von dem Gedanken, etwa ein Heer von Politikern zu schaffen, sondern ein Heer von Soldaten der neuen Weltanschauung.«
> Adolf Hitler, 1925

Die Situation, der Hitler sich gegenübersah, verlangte das nahezu Unmögliche. Die messianische Aura, die ihn nach seiner Rückkehr aus Landsberg getragen und seinen Herausforderungen, seinen Beleidigungen und Spaltungsmanövern das höhere Recht des Retters und Einigers verliehen hatte, war nach einem Jahr verflogen und die Partei offenkundig nicht in der Lage, ähnliche Belastungsproben noch einmal zu überstehen. Wollte er seine politischen Aussichten wahren, mußte er die Fronde zerschlagen und gleichzeitig zu sich herüberziehen, die sozialistischen Tendenzen sowie das Katastrophenkonzept der Norddeutschen zurückweisen und die Einheit der Partei wiederherstellen, vor allem aber Gregor Strasser ausbooten, gewinnen und außerdem mit der Münchener Kumpanei der Streicher, Esser und Amann versöhnen. Hitlers taktische Gewandtheit, seine im Nachhinein schwer entschlüsselbare Kunst der Menschenbehandlung, auch seine Magie sind selten überzeugender offenbar geworden.

Als Hebel diente ihm der Streit um die Enteignung der Fürstenhäuser. Denn der von den sozialistischen Parteien beantragte Volksentscheid hatte Gegensätze quer durch alle Fronten und politischen Zusammenhänge aufgetan und schien deshalb besonders geeignet, bestehende Gruppierungen zu zersprengen. Auch in Hannover war die Frage leidenschaftlich diskutiert und eine Einigung nur durch Kompromißformeln erzielt worden. Nicht nur die Arbeiterschaft, sondern auch der

Mittelstand, die kleinen Sparer und Vermögensinhaber, jener Urtypus des Parteigenossen, vermerkte mit spontaner Empörung, daß die Fürstenhäuser zurückerhalten sollten, was sie selber unwiderruflich verloren hatten. Gleichzeitig aber war gerade ihm und seinem nationalen Empfinden der Gedanke unerträglich, mit den Marxisten ein Bündnis gegen die ehemaligen Landesherren einzugehen und mit der Enteignung das Unrecht der Revolution teilweise doch zu sanktionieren: eine Kette von Streitigkeiten war die Folge.

Den taktischen Vorteil dieser Situation machte Hitler sich in einem raschen Entschluß zunutze. Für den 14. Februar 1926 rief er in Bamberg eine Führertagung der Gesamtpartei zusammen. Schon die Wahl der Stadt erfolgte nicht ohne Vorbedacht. Bamberg war eine der Hochburgen des ihm unbedingt ergebenen Julius Streicher, und erst wenige Wochen zuvor hatte Hitler die örtliche Parteigruppe durch seine Teilnahme an der Weihnachtsfeier ausgezeichnet. Überdies sorgte er dafür, daß die norddeutschen Gauleiter, die meist nur über unscheinbare lokale Organisationen verfügten, bei ihrer Ankunft durch Fahnenschmuck, auffällige Plakate sowie die Ankündigung massierter Großveranstaltungen beeindruckt und möglicherweise auch etwas entmutigt wurden. Darüber hinaus sicherte er sich und seinem Anhang durch die kurzfristige Einberufung sowie durch Manipulationen mit der Teilnehmerliste eine deutliche Mehrheit.[88] Mit einer nahezu fünfstündigen Rede eröffnete er die den ganzen Tag dauernde Auseinandersetzung. Er nannte die Befürworter der Fürstenenteignung verlogen, weil sie das Eigentum der jüdischen Bank- und Börsenfürsten verschonten; er beteuerte, die ehemaligen Landesherren sollten nichts erhalten, worauf sie keinen Anspruch hätten; doch dürfe ihnen auch nicht genommen werden, was ihnen gehöre: die Partei verteidige das Privateigentum und das Recht. Anschließend ging er Punkt für Punkt, unter dem wachsenden Beifall seiner süddeutschen Anhänger, denen sich, allmählich und zögernd, der eine oder andere der Norddeutschen anschloß, mit dem Programm der Strassergruppe ins Gericht und hielt ihr das Parteiprogramm von 1920 entgegen: dies sei »die Gründungsurkunde unserer Religion, unserer Weltanschauung. Daran zu rütteln, würde einen Verrat an jenen bedeuten, die im Glauben an unsere Idee gestorben sind«. Eine Tagebuchaufzeichnung von Goebbels spiegelt den Prozeß der wachsenden Irritation unter den Frondeuren: »Ich bin wie geschlagen. Welch ein Hitler? Ein Reaktionär? Fabelhaft ungeschickt und unsicher. Russische Frage: vollkommen daneben. Italien und England naturgegebene Bundesgenossen. Grauenhaft! Unsere Aufgabe ist die Zertrümmerung des Bolschewismus. Bolschewismus ist jüdische Mache! Wir müssen Rußland beerben! 180 Millionen!!! Fürstenabfindung! ... Grauenvoll! Programm genügt. Zufrieden damit. Feder nickt. Ley nickt. Streicher nickt. Esser nickt. Es tut mir in der Seele weh, wenn ich Dich in der Gesellschaft seh!!! Kurze Diskussion. Strasser spricht. Stockend, zitternd, ungeschickt, der gute, ehrliche Strasser, ach Gott, wie wenig sind wir diesen Schweinen da unten gewachsen! ... Ich kann kein Wort sagen! Ich bin wie vor den Kopf geschlagen.«[89]

Zwar gelang es Hitler nicht, die Gegenseite zum Widerruf zu zwingen. Strasser beharrte vielmehr darauf, den Antibolschewismus instinktlos zu nennen und als Musterfall für die Verwirrkunst des kapitalistischen Systems zu bezeichnen, dem es gelungen sei, die nationalen Kräfte seinen Ausbeuterinteressen dienstbar zu machen. Aber die Niederlage war doch vollständig. Otto Strasser hat später, um ihren schmählichen Charakter zu rechtfertigen, darauf verwiesen, daß Hitler arglistigerweise die Tagung an einem Werktag einberufen habe, um die unbesoldeten norddeutschen Gauleiter, die neben dem Parteiamt einem Beruf nachgingen, fernzuhalten, und nur Gregor Strasser und Goebbels seien in Bamberg gewesen; aber der 14. Februar war ein Sonntag, und die Strasserrunde mit fast allen namhaften Wortführern zur Stelle: mit Hinrich Lohse aus Schleswig-Holstein, Theodor Vahlen aus Pommern, Rust aus Hannover, Klant aus Hamburg. Keiner jedoch erhob sich, um die Idee des linken Nationalsozialismus zu verteidigen, verlegen sahen sie auf Joseph Goebbels, das rhetorische Naturtalent in ihren Reihen, und fühlten sich, nicht anders als er, wie vor den Kopf geschlagen. Und wie Goebbels von der suggestiven Gewalt Hitlers, von seinem glanzvoll arrangierten Auftritt, seiner Wagenkolonne, dem Apparat und materiellen Aufwand der Münchener bis zum Verstummen beeindruckt war, so erlag auch Gregor Strasser, für den Augenblick zumindest, dem Geschick und der Verführungsmacht Hitlers. Als die Angriffe auf den »Verräterkonzern«[90] zum Höhepunkt kamen, trat Hitler unvermittelt und demonstrativ zu ihm hin, um ihm den Arm um die Schulter zu legen, und wenn die Geste auch Strasser selber nicht bekehrte, so verfehlte sie doch ihren Eindruck auf die Versammelten nicht und zwang Strasser zu einer versöhnlichen Reaktion: die Arbeitsgemeinschaft der nord- und westdeutschen Gauleiter wurde praktisch aufgelöst, ihr Programmentwurf nicht einmal zur Diskussion zugelassen und die Fürstenenteignung abgelehnt. Drei Wochen später, am 5. März, ersuchte Gregor Strasser in hektographierten Schreiben seine Genossen dringend, den Programmentwurf zurückzusenden: »aus ganz bestimmten Gründen«, wie er schrieb, und weil er sich »Herrn Hitler gegenüber verpflichtet habe, die restlose Hereinholung des Entwurfs zu veranlassen«[91].

Man kann davon ausgehen, daß Hitlers energischer Widerspruch nicht so sehr gegen das linke Programm als vielmehr gegen die linke Mentalität des Strasseranhangs gerichtet war. Jedenfalls hat er die Vorzeichen einer Idee nicht höher eingeschätzt als diese selber und früher wie später beliebig sozialistische Vorstellungen übernommen oder doch dekorativ verwendet; nicht ohne Grund konnte Goebbels noch kurz vor der Bamberger Tagung hoffen, »Hitler auf unser Terrain (zu) lokken«[92]. Was er jedoch als eine Absurdität und tödliche Gefahr für die Bewegung betrachtete, war der diskutierende, problemverstrickte, von intellektuellen Rechenschaftsbedürfnissen und Zweifeln bewegte Nationalsozialist, wie er sich im Umkreis der Gebrüder Strasser entwickelte. In ihm fürchtete er die Wiederkehr jenes sektiererischen Typus, dessen zersetzende Kraft die völkische Bewegung zugrundegerichtet hatte, und in seiner bezeichnenden Neigung zu extremen Positionen setzte er kurzerhand allen Ideenstreit dem Sektierertum gleich. So sehr Hitler persönliche Konflikte unter seinen Gefolgsleuten schätzte und zuzeiten sogar förderte, so zuwider waren ihm programmatische Meinungsverschiedenheiten, die, wie er meinte, lediglich Energien verbrauchten und die Stoßkraft nach außen herabsetzten. Eines der Erfolgsgeheimnisse des Christentums, so pflegte er zu sagen, liege in der Unabänderlichkeit seiner Dogmen, und Hitlers »katholisches« Temperament wird selten greifbarer als in seinem Vertrauen auf den Halt starrer, unwandelbarer Formeln. Es komme einzig auf einen politischen Glauben an, »um den die ganze Welt sich im Kreise dreht«, äußerte er gelegentlich, ein Programm könne »noch so blödsinnig sein, in der Festigkeit, in der es vertreten wird, liegt die Ursache zum Geglaubtwerden«. Schon wenige Wochen später hat er denn auch eine Gelegenheit geschaffen und genutzt, das alte Parteiprogramm, allen erkennbaren Schwächen zum Trotz, für »unabänderlich« zu erklären. Gerade die überholten, altertümlichen Züge verwandelten es aus einem Gegenstand der Diskussion in einen der Verehrung, es sollte nicht Fragen beantworten, sondern Energien übermitteln; Verdeutlichung hieß, wie Hitler meinte, nur Zersplitterung. Daß er mit strikter Konsequenz auf der Identität von Führer und Idee bestand, entsprach überdies dem Prinzip des unfehlbaren Führers, dem des unabänderlichen Programms. »Blinder Glaube stürzt Berge um«, formulierte Hitler, während einer seiner Getreuen knapp versicherte: »Unser Programm lautet mit zwei Worten: ›Adolf Hitler‹.«[93]

Die Bamberger Tagung und die anschließende Demütigung Gregor Strassers bedeuteten nahezu schon das Ende des linken Nationalsozialismus, und allem lautstarken, insbesondere von Otto Strasser entfachten publizistischen Tumult zuwider, war er künftig nur noch eine störende Theorie, keine ernsthafte politische Alternative mehr. Der »Sozialismus« wurde durch die Parolen eines apolitischen Patriotismus ersetzt, und be-

zeichnenderweise machte in der Agitation der Partei die Figur des
»Schieberkapitalisten« mehr und mehr dem »Ausverkäufer nationaler
Interessen« wie Gustav Stresemann oder anderen Regierungsvertretern
Platz. Damit zugleich hat das Treffen aber auch die endgültige Wendung
der NSDAP zur reglementierten Führerpartei eingeleitet. Es gab von
nun an, bis ans Ende, keine ideologischen Richtungskämpfe mehr,
sondern nur noch den Kampf um Posten und Gunsterweise: »Die Assimilationskraft
unserer Bewegung ist eine ungeheure«, stellte Hitler
befriedigt fest. Zugleich verzichtete der Nationalsozialismus darauf, die
Ordnung der Republik mit einem eigenen gesellschaftlichen Entwurf
herauszufordern; statt einer Idee setzte er ihr eine einsatzwillige, disziplinierte,
vom Charisma des »Führers« dumpf beglückte Kampfgemeinschaft
entgegen: die »primitive Kraft der Einseitigkeit«, die »gerade
unseren Höherstehenden soviel Grauen abnötigt«, wie Hitler erklärte,
ehe er in einem nicht ganz gelungenen Bilde die »Mannesfaust« beschwor,
»die weiß, man kann Gift nur durch Gegengift brechen ... Entscheiden
muß der härtere Schädel, die größte Entschlossenheit und der
größere Idealismus«. Und an anderer Stelle versicherte er: »Ein solcher
Kampf wird nicht ausgefochten durch ›geistige‹ Waffen, sondern durch
den Fanatismus.«[94]

Es war dieser rücksichtslos instrumentale Charakter, der die NSDAP
alsbald von allen anderen Parteien und politischen Kampfbewegungen
unterschieden und ihr selbst gegenüber den gefügigen Kadern der
Kommunisten, in deren Reihen sich doch immer wieder Elemente von
Abweichung, Skepsis und intellektueller Verweigerung zeigten, einen
unverkennbaren disziplinären Vorsprung gesichert hat. Mit der
eigentümlich widerstandslosen Selbstauflösung der Fronde schien ein
breiter Unterwerfungswille zu erwachen, und gerade zahlreiche Anhänger
Strassers setzten nun ihren Ehrgeiz daran, die »Bewegung zu einem
handlichen, tadellos arbeitenden Werkzeug in der Hand des Führers«
zu machen.[95] Selbst seinen höchsten Führungsrängen gegenüber hat
Hitler fortan die absolute Befehlsstruktur mit knallender Reitpeitsche
zur Geltung gebracht und ihnen nicht einmal sachlich belanglose Entscheidungen
zugestanden. Als »Prototyp eines guten Nationalsozialisten«
galt nunmehr, wer »sich für seinen Führer jederzeit totschlagen
läßt«, während die Generalmitgliederversammlungen den statutenmäßig
eingebrachten Vorschlag, Hitler zum ersten Vorsitzenden zu
wählen, künftig nur noch als formale Farce mit Heiterkeit entgegennahmen:[96]
in der Tat zählte, wie Göring später versichert hat, neben der
überwältigenden Autorität des »Führers« keiner »mehr als der Stein, auf
dem er steht«. Hitler selber begründete seinen absoluten Führungsanspruch
historisch: »Man wirft uns vor, wir treiben Personenkult«,

äußerte er auf einer Mitgliederversammlung im März 1926; »das ist nicht wahr. In allen großen Zeiten tritt in der Geschichte immer nur eine Person in einer jeden Bewegung hervor; und nicht eine Bewegung, nur Personen werden in der Geschichte genannt.«

Den Erfolg von Bamberg verband Hitler, entgegen seiner üblichen Neigung zum exzessiven Triumph, mit entgegenkommenden Gesten. Als Gregor Strasser einen Autounfall erlitt, erschien er »mit einem Riesenblumenstrauß« an dessen Krankenbett und war, einem Brief des Patienten zufolge, »sehr nett«. Auch Goebbels, der in der Münchener Parteileitung als einer der Wortführer des Strasserkreises den schlechtesten Ruf hatte, sah sich unvermittelt von ihm umworben und als Hauptredner zu einer Veranstaltung im Münchener Bürgerbräu eingeladen, an deren Ende Hitler ihn überwältigt und mit Tränen in den Augen umarmte: »Er ist beschämend gut zu uns«, notierte Goebbels bewegt.[97] Gleichzeitig begann Hitler jedoch, seine neugewonnene Autorität ein für allemal institutionell abzusichern.

Eine Generalmitgliederversammlung am 22. Mai 1926 in München gab der NSDAP eine neue Satzung, die ganz unverhüllt auf ihn persönlich zugeschnitten war. Träger der Partei war danach der Nationalsozialistische Deutsche Arbeiterverein in München, seine Leitung bildete zugleich die Reichsleitung. Der Erste Vorsitzende wurde zwar, um dem Vereinsgesetz zu entsprechen, gewählt, doch Hitlers Hausmacht, die wenigen tausend Mitglieder der Münchener Ortsgruppe, stellten das Wahlgremium für die Gesamtpartei, die damit völlig entmündigt war. Da ebenfalls nur die Münchener Gruppe nach einem überdies höchst umständlich geregelten Verfahren das Recht besaß, den Ersten Vorsitzenden zur Rechenschaft zu ziehen, war dessen unbeschränkte, unkontrollierte Herrschaft über die Partei gesichert. Es gab keine Majoritätsbeschlüsse, die für ihn bindend waren. Auch die Gauleiter wurden, um die Bildung selbst machtloser Fraktionen zu verhindern, künftig nicht mehr von den lokalen Parteiversammlungen gewählt, sondern vom Ersten Vorsitzenden ernannt, desgleichen die Vorsitzenden der Ausschüsse. Um dieses System von Machtsicherungen noch einmal abzusichern, wurde überdies ein Untersuchungs- und Schlichtungsausschuß (USCHLA) geschaffen, eine Art Parteigericht, dessen eigentliche Bedeutung in dem Recht zum Ausschluß Einzelner oder auch ganzer Ortsgruppen aus der NSDAP bestand. Als sein erster Vorsitzender, der ehemalige Generalleutnant Heinemann, den Ausschuß als Instrument zur Bekämpfung innerparteilicher Korruption und Unmoral mißverstand, ersetzte Hitler ihn durch den fügsamen Major Walter Buch, zu Beisitzern ernannte er den dienstbaren Ulrich Graf sowie den jungen Rechtsanwalt Hans Frank.

Sechs Wochen später, in den ersten Julitagen, feierte Hitler in Weimar seinen Sieg auf einem Parteitag, der die Entwicklungen und Tendenzen der neuen Ära deutlich zum Vorschein brachte. Alle kritischen oder, wie Hitler verächtlich meinte, »geistreichen« Regungen, alle »ungegorenen und unsicheren Ideen« waren unterdrückt und erstmals die spätere Parteitagspraxis angewandt, nur solche Anträge zuzulassen, die »die Unterschrift des Ersten Vorsitzenden erhalten haben«. Statt einer debattierenden, in programmatische Meinungsverschiedenheiten und »Stänkereien« verstrickten Partei sollte der Öffentlichkeit das Bild »einer auf das äußerste zusammengeschweißten und in sich vergossenen Führung« vermittelt werden, die Vorsitzenden der einzelnen Sondertagungen hätten sich, wie Hitler in den »Grundsätzlichen Richtlinien« bestimmte, »als Führer zu fühlen und nicht als Vollzugs-Organ von Abstimmungsresultaten«; überhaupt seien Abstimmungen untersagt und »uferlose Diskussionen zu ersticken«, sie förderten nur den Irrtum, politische Fragen »von den Sitzplätzen eines Vereinstages aus lösen zu können«. Schließlich wurde auch die Redezeit im Plenum strikt begrenzt, damit nicht »das gesamte Programm durch einen einzelnen Herrn vernichtet« werden kann.[98] Es schien nicht ohne tiefere Bedeutung, daß Hitler nach der Veranstaltung im Nationaltheater, als er vom offenen Wagen aus, in Windjacke mit Ledergürtel und Gamaschenhosen, den Vorbeimarsch von 5000 Anhängern abnahm, erstmals mit dem ausgestreckten Arm der italienischen Faschisten grüßte. Und obwohl Goebbels angesichts der uniformierten SA-Kolonnen jubelnd das Dritte Reich heraufziehen und Deutschland erwachen sah, hat die Unterdrückung aller Spontaneität dem Parteitag, nach dem Urteil zeitgenössischer Beobachter, einen eher matten Anstrich gegeben, zumal die Fertigkeit, ideologische Armut und Meinungsöde durch blendendes Kundgebungsgloria zu überdecken, noch nicht zur Höhe späterer Jahre entwickelt war. Zwar fanden sich unter den Ehrengästen der Stahlhelm-Führer Theodor Düsterberg sowie der Kaisersohn Prinz August Wilhelm, der bald darauf zur SA übertrat; auch entschlossen sich einige völkische Gruppen, beeindruckt von der Einigkeit und Kraft der Partei, ihre Unabhängigkeit aufzugeben und sich der NSDAP anzuschließen; doch zugleich wurde in Weimar, aus dem Munde Gregor Strassers, die Formel vom »toten Nationalsozialismus« geprägt.

Als letztes Element der Unruhe und rebellischen Energie verblieb die SA, in deren Reihen die radikalen Parolen der Strasserrunde ein besonders nachhaltiges Echo gefunden hatten. Hitler ließ daher nach dem

Abgang Röhms über ein Jahr verstreichen, ehe er im Herbst 1926 den
ehemaligen Hauptmann Franz Pfeffer v. Salomon, der in verschiedene
Freikorps- und Femeaktivitäten verwickelt und zuletzt Gauleiter von
Westfalen gewesen war, zum Obersten Führer der neuen SA (OSAF)
bestellte. Mit ihm versuchte er das traditionelle Rollenproblem der SA
zu lösen und die Grundsätze einer Organisation zu entwickeln, die
weder militärischer Hilfsverband noch Geheimbund oder Prügelgarde
lokaler Parteiführer sein, sondern in der Hand der Zentrale zu einem
straff gelenkten Instrument der Propaganda und des Massenterrors werden sollte: die Umsetzung der nationalsozialistischen Idee in fanatische,
reine Kampfkraft. Um den Abschied von allen halbmilitärischen Sonderaufgaben und die endgültige Eingliederung der SA in die Partei zu
demonstrieren, übergab er den neuen Einheiten im Nationaltheater zu
Weimar »mit Treuverspruch« und mystischem Zeremoniell die von ihm
entworfenen Standarten. »Die Ausbildung der SA«, so formulierte er in
einem Schreiben an v. Pfeffer, »hat nicht nach militärischen Gesichtspunkten, sondern nach parteizweckmäßigen zu erfolgen.« Die einstigen
Wehrverbände wären zwar mächtig, aber ohne Idee gewesen und seien
deshalb gescheitert; die Geheimorganisationen und Attentatszirkel wiederum hätten nie begriffen, daß der Feind anonym in den Köpfen und
den Seelen wirke und nicht mit einzelnen seiner Wortführer auszurotten
sei: der Kampf müsse daher »aus der Atmosphäre kleiner Rache- und
Verschwörungsaktionen herausgehoben (werden) zur Größe eines weltanschaulichen Vernichtungskrieges gegen den Marxismus, seine Gebilde
und Drahtzieher ... Nicht in geheimen Konventikeln soll gearbeitet
werden, sondern in gewaltigen Massenaufzügen, und nicht durch Dolch
und Gift oder Pistole kann der Bewegung die Bahn frei gemacht werden, sondern durch die Eroberung der Straße.«[99]

In einer Folge von sogenannten SA-Befehlen und Grundsätzlichen
Anordnungen hat v. Pfeffer im Laufe der Zeit Eigenart und Wirkungsmöglichkeiten der SA weiter differenziert und dabei einen eigentümlichen Sinn für die massenpsychologische Wirksamkeit strenger, exerziermäßiger Mechanik entwickelt. In seinen Veranstaltungsbefehlen empfand er sich als Führer wie als Regisseur, der jeden Auftritt, jede
Marschbewegung, jedes Armaufheben oder Heilrufen geregelt und die
Wirkungen seiner Massenszenen sorgsam kalkuliert hat. Nicht selten besaßen seine Verlautbarungen den Charakter psychotechnischer Belehrungen: »Die einzige Form«, so erklärte er, »in der sich die SA an die
Öffentlichkeit wendet, ist das geschlossene Auftreten. Das ist zugleich
eine der stärksten Propagandaformen. Der Anblick einer starken Zahl
innerlich und äußerlich gleichmäßiger, disziplinierter Männer, deren
restloser Kampfwille unzweideutig zu sehen oder zu ahnen ist, macht auf

jeden Deutschen den tiefsten Eindruck und spricht zu seinem Herzen eine überzeugendere und mitreißendere Sprache, als Schrift und Rede und Logik je vermag. Ruhiges Gefaßtsein und Selbstverständlichkeit unterstreicht den Eindruck der Kraft – der Kraft der marschierenden Kolonnen.«

Doch der Versuch, die SA zu einem waffenlosen Heerhaufen der Propaganda umzuformen und ihr zwar den schaustellerischen Attraktionswert, nicht aber das anspruchsvolle Sonderbewußtsein des Militärs zu gestatten, blieb im ganzen erfolglos. Trotz aller entgegenwirkenden Bemühungen ist es Hitler nur in beschränktem Umfang gelungen, sie zum gehorsamen Werkzeug seiner politischen Zwecke zu machen. Die Ursachen dafür waren nicht nur die unideologische Landsknechtsgesinnung dieser Dauersoldaten, sondern auch die Tradition eines Landes, das der militärischen Instanz gegenüber der politischen stets eine besondere Kompetenz eingeräumt hatte. Die Umerziehungsparolen Pfeffers haben nie verwischen können, daß die SA sich als die »Kämpfende Bewegung« der Politischen Organisation (PO) als ihrem lediglich redenden Teil geradezu moralisch überlegen empfand und bezeichnenderweise weiterhin, nicht ohne offene Verachtung, von der P-Null zu sprechen pflegte. Ganz in diesem Sinne sah sie sich auch als »die Krönung unserer Organisation« herausgestrichen: »Den SA-Mann machen sie uns nicht nach«, hieß es mit geringschätzigem Blick auf die sogenannten Parlamentsparteien.[100] Allerdings sahen diese sich auch nicht den anhaltenden Schwierigkeiten gegenüber, die sich für die NSDAP aus der Existenz einer Parteiarmee ergaben und zuletzt aus dem Dilemma rührten, den komplexerfüllten Offizieren und Soldaten des Weltkriegs den heiklen Balanceakt eines unterwürfigen, eigentümlich mürben Herrenmenschentums abzuverlangen, dem erst die folgende Generation gewachsen war. Bald kam es denn auch zu den ersten Konflikten mit v. Pfeffer, der sich so widerspenstig wie Röhm erwies, dabei unabhängiger war, kälter und nicht wie sein Vorgänger durch Sentiments geschwächt; dieser »schlappe Österreicher« imponiere ihm nicht, erklärte der preußische Geheimratssohn.[101]

Besonders aufsässig gebärdete sich die Berliner SA, deren Unterorganisationen ihre eigene, von kriminellen Neigungen und Ganovenallüren geprägte Politik betrieben, ohne daß der Gauleiter Dr. Schlange sich dagegen durchsetzen konnte. Der Streit zwischen den Berliner Führern der Politischen Organisation und der SA führte gelegentlich zum Austausch von Ohrfeigen, doch stand dieser Lärm in einigem Gegensatz zur

Bedeutung der Berliner NSDAP. Sie hatte nicht einmal tausend Mitglieder und begann gerade erst Beachtung zu finden, da die Gebrüder Strasser im Frühsommer angefangen hatten, ihr Zeitungsunternehmen in der Stadt aufzubauen. »Die innerparteiliche Lage in diesem Monat«, hieß es in einem Situationsbericht vom Oktober 1926, »ist keine gute gewesen. Es haben sich in unserem Gau Zustände herausgebildet, die sich diesmal derartig zuspitzten, daß mit einer vollständigen Zerrüttung der Berliner Organisation gerechnet wurde. Es ist die Tragik des Gaues gewesen, daß er nie einen richtigen Führer besessen hatte.«[102]

Noch im gleichen Monat machte Hitler den unhaltbar gewordenen Zuständen ein Ende, und sein ganzes taktisches Raffinement wurde in der Art erkennbar, wie er den Wirrwarr benutzte, um gleichzeitig die lokale Parteiorganisation der Zuständigkeit Gregor Strassers zu entziehen sowie dessen fähigsten Gefolgsmann zu korrumpieren und auf seine Seite zu ziehen: er ernannte Joseph Goebbels zum neuen Gauleiter der Reichshauptstadt. Schon im Juli hatte der ehrgeizige Frondeur unter dem Eindruck der großzügigen Einladung nach München und Berchtesgaden die lebhaftesten Zweifel an seinen linksradikalen Überzeugungen bekommen und den verlästerten Hitler in seinem Tagebuch lapidar »ein Genie« genannt, »das selbstverständlich schaffende Instrument eines göttlichen Schicksals«, und schließlich bekannt: »Ich stehe vor ihm erschüttert. So ist er: wie ein Kind, lieb, gut barmherzig. Wie eine Katze, listig, klug und gewandt, wie ein Löwe, brüllend-groß und gigantisch. Ein Kerl, ein Mann ... Er verhätschelt mich wie ein Kind. Der gütige Freund und Meister!«[103] Der Überschwang verbarg nicht ohne Mühe die Skrupel, die der flinke Opportunist zunächst angesichts seiner Abkehr von Strasser empfand, über den es nunmehr an gleicher Stelle hieß: »Er kommt doch wohl zuletzt mit dem Verstand nicht mit. Mit dem Herzen immer. Ich liebe ihn manchmal sehr.« Hitler sorgte nun dafür, daß die Entfremdung rasch voranschritt.

Denn er erteilte Goebbels bei der Übernahme des Amtes besondere Vollmachten, die nicht nur die Position des neuen Gauleiters stärken, sondern zugleich auch Reibungsflächen mit Strasser schaffen sollten. Ausdrücklich unterstellte er Goebbels die SA, die überall sonst ihre Unabhängigkeit gegenüber den Gauleitern eifersüchtig verteidigte. Um Strasser zu besänftigen oder doch die Energie seines Widerspruchs zu lähmen, beförderte er ihn zum Reichspropagandaleiter der Partei, nahm jedoch Goebbels, um den Konflikt unausweichlich und dauerhaft zu machen, sogleich wieder aus der Zuständigkeit Strassers heraus. Die Freunde und Mitstreiter von einst haben dem neuen Berliner Gauleiter daraufhin schimpflichen Verrat vorgeworfen – doch haben seinen Verrat über kurz oder lang alle die Frondeure eines linken Nationalsozialismus begangen, sofern sie nicht statt dessen, wie die Gebrüder Strasser, die Kaltstellung und später die Flucht oder auch den Tod wählten.

Mit Goebbels als Berliner Gauleiter begann die schon zerrüttete Macht der Linken im norddeutschen Raum sichtbar zu zerfallen. Ahnungslos hatte Strasser die Berufung seines vermeintlichen Mitstreiters gegen den Widerstand Münchener Parteichargen wie Heß und Rosenberg noch gefördert, doch schien Goebbels die geheimen Intentionen Hitlers schärfer zu erfassen. Jedenfalls ging er schon bald zum offenen Kampf nicht nur gegen die Kommunisten, sondern auch gegen seine Kumpane von gestern über, inszenierte Schlägereien, eröffnete mit dem frechen Boulevardblatt ›Der Angriff‹ eine Konkurrenzzeitung gegen die Gebrüder Strasser und ließ sogar verbreiten, sie stammten von Juden ab und seien vom Großkapital gekauft: »A saublöder Obernarr« sei er gewesen, klagte Gregor später im Blick auf Goebbels.[104] Kaltblütig, frivol, ein Meister der rabulistischen wie der sentimentalen Beweisführung, leitete er eine neue Ära der politischen Demagogie ein, deren moderne Möglichkeiten er wie kein anderer erkannte und ausschöpfte. Um die namenlose Berliner Parteiorganisation ins Gerede zu bringen, stellte er einen wüsten Knüppelhaufen zusammen und veranstaltete unentwegt Saalschlachten, Krawalle, Schießereien, die, wie ein Polizeibericht vom März 1927 nach einer blutigen Schlacht mit Kommunisten auf dem Bahnhof Lichterfelde-Ost meldete, »alles bisher Dagewesene in den Schatten« stellten.[105] Zwar riskierte er auf diese Weise ein tatsächlich bald erteiltes Verbot der NSDAP in Berlin, doch verschaffte er seinem Anhang zugleich Märtyrerbewußtsein und Verschworenheitsgefühle. Aus der Zone der Bedeutungslosigkeit kam die Berliner Organisation jedenfalls bald heraus, und im Laufe der Zeit gelangen ihr sogar beträchtliche Einbrüche in die massiven Fronten des sogenannten »roten Berlin«.

Gleichzeitig mit diesen expansiven Bestrebungen nutzte Hitler die Zeit für den allmählichen, nunmehr aber konsequent vorangetriebenen Ausbau der Parteiorganisation im Innern. Er zielte auf eine geschlossene, zentrale Kommandostruktur unter der charismatisch beglaubigten Erscheinung des einzigartigen Führers. Im hierarchischen Instanzenzug, im strikten Befehls- und Anordnungston aller Verlautbarungen der Spitze sowie in der zunehmenden Uniformierung kam der paramilitärische Charakter einer Partei zum Ausdruck, deren Führungsgarnitur vom Kriegserlebnis geprägt war und der Goebbels gelegentlich die Aufgabe gestellt hatte, »im entscheidenden Augenblick in allen Gliedern dem leisesten Druck« zu gehorchen.[106] Die Beschränkungen und behördlichen Kontrollen, denen die Partei ausgesetzt war, haben diese Absichten noch gefördert, wie denn überhaupt das Bewußtsein der Anfeindungen von außen sowohl der Straffung des Apparats wie der totalen Führerschaft Hitlers entscheidend vorgearbeitet hat. Mühelos erweiterte die Münchener Zentrale ihren Einfluß bis in die untersten Instanzen. Und wie Hitler alsbald die in den ersten Auflagen von »Mein Kampf« noch zugestandenen, geringfügigen demokratischen Elemente beseitigt und die »germanische Demokratie« durch den »Grundsatz der unbedingten Führerautorität« ersetzt hatte, so warnte er jetzt auch vor »zu vielen Mitgliederversammlungen in den Ortsgruppen«, die »nur die Quelle von Streitigkeiten« bildeten.[107]

Neben der Parteiorganisation entstand eine durchgebildete, in zahlreiche Ressorts gegliederte Bürokratie, die der NSDAP rasch den einstigen, selbst in der stürmischen Aufstiegsphase der Putschpartei bewahrten provinziellen Vereinscharakter nahm. Obwohl Hitler im persönlichen Verhalten wie im Arbeitsstil eher den Typus des desorganisierten Menschen darstellte, war er überaus stolz auf das dreifache Registratursystem für Mitglieder und verfiel geradezu in schwärmerische Töne, wenn er vom Erwerb neuer Büromittel, neuer Karteien und Ordner berichtete. An die Stelle der primitiven Feldwebelbürokratie der frühen Jahre trat ein ausgedehntes Netz immer neuer Ämter und Unterabteilungen, allein im Verlauf des Jahres 1926 wurden die Räume der Münchener Zentrale dreimal beträchtlich erweitert. Zwar war der Apparat der NSDAP, der bald sogar die legendäre Parteiorganisation der SPD übertraf, für die geringe, nur langsam wachsende Mitgliederzahl unangemessen groß, zumal Hitler selber bedacht war, die Partei als einen kleinen und harten Kern geschulter Propaganda- und Gewaltspezialisten aufzubauen: immer wieder betonte er, daß eine Organisation von zehn Millionen zwangsläufig friedfertig sei und nicht aus sich selber, sondern nur durch fanatische Minoritäten in Bewegung versetzt werden könne.[108] Von den 55 000 Mitgliedern des Jahres 1923 hatte die NSDAP denn auch Ende 1925 erst knapp die Hälfte zurückgewonnen, zwei Jahre später waren es annähernd 100 000 Mitglieder. Aber das aufgebläht wirkende System bot Hitler nicht nur einen weitgespannten Rahmen für den nach wie vor mit unbedingter Zuversicht erwarteten Durchbruch zur Massenpartei, sondern verschaffte ihm zugleich vielfältige Möglichkeiten der Patronage und Aufteilung fremder Macht, durch die er die eigene ausdehnte und absicherte.

In die gleiche Zeit fallen auch die Ansätze zur Bildung eines Schattenstaates, die energisch vorangetrieben und ständig ausgebaut wurden. Be-

reits in »Mein Kampf« hatte Hitler als Voraussetzung für die geplante
Umwälzung eine Bewegung gefordert, die nicht nur »in sich selbst schon
den kommenden Staat trägt«, sondern »ihm auch bereits den vollendeten
Körper ihres eigenen Staates zur Verfügung stellen kann«. In diesem
Sinne dienten die innerparteilichen Ämter auch dazu, den Institutionen
des »Weimarer Unstaates« im Namen des wahren, angeblich unvertretenen Volkes Kompetenz und Legitimation zu bestreiten. Der ministerialen Bürokratie entsprechend entstanden die Ressorts des Schattenstaates, zum Beispiel das Außenpolitische, das Rechtspolitische oder Wehrpolitische Amt der NSDAP; andere Ämter beschäftigten sich mit den
Vorzugsthemen nationalsozialistischer Politik, der Volksgesundheit und
Rasse, der Propaganda, der Siedlung oder der Agrarpolitik, und bereiteten den neuen Staat in teilweise kühn dilettierenden Entwürfen und
Gesetzesplänen vor. Im Nationalsozialistischen Ärzte-, Rechtswahrer-,
Studenten-, Lehrer- oder Beamtenbund entstanden seit 1926 weitere
Hilfsorganisationen der Partei, selbst der Gartenbau und die Geflügelwirtschaft hatten in diesem Geflecht der Ämter und Gliederungen ihren
Platz. Nachdem 1927 die Bildung einer Frauen-SA kurz erwogen, doch
dann verworfen worden war, kam es im Jahr darauf zur Gründung des
»Roten Hakenkreuzes« (der späteren NS-Frauenschaft), das die wachsenden Mengen überschwenglich politisierter Frauen auffangen und ihnen gleichzeitig in der nach wie vor homoerotisch geprägten Männerpartei einen auf praktische Barmherzigkeit beschränkten Winkel zuweisen sollte. Und wenn es sich auch nicht verhielt, wie Goebbels in einer
geheimen Erklärung aus dem Jahre 1940 versichert hat: daß der Nationalsozialismus, als er 1933 zur Macht gelangte, »seine Organisation, seine Erfahrungen, seine geistigen und seelischen Grundsätze nur noch auf
den Staat zu übertragen« hatte und »ein Staat im Staate gewesen« ist, der
»alles vorbereitet und alles bedacht« hatte, so ist doch richtig, daß die
NSDAP ihren Anspruch auf die Macht wirksamer und herausfordernder
begründet hat als irgendeine andere Partei.[109] Reichs- und Gauleiter
traten lange vor 1933 mit dem Gebaren von Ministern auf, die SA usurpierte bei öffentlichen Veranstaltungen kurzerhand polizeiliche Aufgaben, und nicht selten ließ Hitler sich als Führer des »oppositionellen
Staates«[110] auf internationalen Konferenzen durch einen eigenen Beobachter vertreten. Die gleiche polemische Idee lag auch der ausgiebig
verwendeten, parteieigenen Symbolik zugrunde: Das Hakenkreuz
wurde zusehends als das Hoheitszeichen des wahren, ehrbewußten
Deutschland ausgegeben, mit dem Horst-Wessel-Lied die Hymne des
Schattenstaates geschaffen, während Braunhemd, Orden und Abzeichen
ebenso wie die Gedenktage der Partei ein dem Staate unversöhnlich
entgegengesetztes Zugehörigkeitsgefühl erzeugten.

Aller bürokratischen Manie zum Trotz, die der Nationalsozialismus in jenen Jahren entwickelt und später in labyrinthischen Zuständigkeitssystemen befriedigt hat, war sein Führungsstil jedoch von stark subjektiven Elementen durchsetzt. Sie überspielten immer wieder die sachliche Bindung an Normen und Kompetenzen, deren Verläßlichkeit im Ernstfall nicht weit reichte. Und wie eine Stellung innerhalb der Parteihierarchie weniger durch den Rang als durch die Zeichen der Gunst bestimmt war, die ihr Inhaber genoß, so waren alle Normen dem Gutdünken offen und das Gesetz der Laune anheimgegeben. Weit darüber stand der ungebundene, seinen impulsiven Eingebungen folgende »Wille des Führers« als die höchste und unanfechtbare Verfassungstatsache. Er bestellte und verabschiedete die Unterführer und Angestellten der Partei, setzte Kandidaturen oder Wahllisten fest, regelte ihre Einkünfte und kontrollierte selbst ihre privaten Verhältnisse: das Führerprinzip kannte dem Grundsatz nach keine Schranke. Als der Hamburger Gauleiter Albert Krebs Anfang 1928 nach einer Auseinandersetzung innerhalb des Gaues seinen Rücktritt erklärte, lehnte Hitler das Ersuchen zunächst ab und demonstrierte sodann der Partei mit Hilfe eines protokollarischen Verfahrens von großartiger Umständlichkeit, daß nicht das Vertrauen der Mitglieder, sondern das Vertrauen des Führers Machtstellungen gewähre oder entziehe; er allein lobte das Verdienst, tadelte das Versagen, schlichtete, dankte, verzieh. Dann sprach er den Rücktritt aus.[111]

Die immer dominierender hervortretende Person Hitlers prägte und bestimmte durch solche Mittel zunehmend die Strukturen: selbst der Apparat spiegelte charakteristische Züge seiner Biographie. Schon die exzessive bürokratische Leidenschaft in den weitläufigen und vertrackt gestaffelten Ämtern sowie der Kult mit Titeln und nichtssagenden Zuständigkeiten verriet das ununterdrückbare Erbe des K. k. Beamtensohnes; in ähnlicher Weise deutete die Vorherrschaft des subjektiv willkürlichen Elements auf die Herkunft Hitlers aus dem Untergrund gesetz- und bindungsloser Wehrverbände; auch die alten megalomanen Neigungen machten sich in den maßlos übertriebenen Größenordnungen erkennbar, nicht anders als die hochstaplerische Repräsentationslust, die noch den Institutionen von kümmerlichstem Gewicht prunkende Bezeichnungen verlieh.

Die Idee des Schattenstaats wie die Errichtung einer überdimensionalen Parteibürokratie waren darüber hinaus freilich zugleich ungeduldige Vorgriffe auf die Zukunft, Versuche vorweggenommener Realität. Nebenher lief eine unermüdliche Versammlungstätigkeit, allein im Jahre 1925 waren es nach einer von Hitler vorgelegten Bilanz fast 2400 Kundgebungen; doch die Öffentlichkeit zeigte ein nur mühsames Interesse daran, und aller Lärm, all diese erbitterten Schlägereien und Kämpfe um eine Schlagzeile, brachten der Partei nur geringe Erfolge. Mitunter schien selbst Hitler in jenen Jahren der sich festigenden Republik, als die NSDAP nach einem Wort von Goebbels nicht einmal den Haß ihrer Gegner besaß, am Erfolg zu zweifeln. Dann flüchtete er aus der Wirklichkeit in seine atemberaubenden Perspektiven und verlegte seine Gewißheit in die Zukunft: »Es mögen noch zwanzig oder hundert Jahre vergehen, ehe unsere Idee siegreich ist. Es mögen die, die heute an die Idee glauben, sterben – was bedeutet ein Mensch in der Entwicklung des Volks, der Menschheit?« fragte er dann. In anderen Stimmungen sah er sich den großen Krieg der Zukunft führen. Zu Hauptmann Stennes sagte er, vor einem Kuchenteller im Café Heck, mit lauter Stimme: »Und dann, Stennes, wenn wir dann gesiegt haben, dann bauen wir eine Siegesallee, von Döberitz bis zum Brandenburger Tor, sechzig Meter breit, rechts und links umsäumt von Trophäen und Beutestücken.«[112]

Unterdessen klagte die Zentrale, daß einige dreißig Ortsgruppen (von rund zweihundert) es versäumt hätten, die Plakate für den Mitte August 1927 anberaumten Parteitag zu bestellen, und sprach von Schwierigkeiten der Partei, Massenveranstaltungen zu organisieren. Nicht zuletzt aus diesem Grund verfiel Hitler darauf, den Parteitag erstmals vor der romantischen Kulisse der alten Reichsstadt Nürnberg zu veranstalten, wo Julius Streicher, ähnlich wie im benachbarten Bamberg, als lokale Zugfigur wirkte. Anders als in Weimar spürte man dieses Mal Hitlers Regie, die der Geschlossenheit und Kampfbereitschaft der Bewegung effektvoll Ausdruck gab; einer seiner frühen Anhänger hat ihn aus Anlaß dieses Tages einen »Zauberkünstler der Massenführung« genannt, und tatsächlich wurden auf dieser Veranstaltung auch die ersten Ansätze des später zum pompösen Ritual entwickelten Ablaufs erkennbar. In Sonderzügen, mit Fahnen, Wimpeln und Musikkapellen, rückten die SA- und Parteiformationen aus allen Gegenden des Reiches an, auch zahlreiche Delegationen aus dem Ausland traten auf, und erstmals zeigte sich die ein Jahr zuvor gegründete Hitlerjugend. Auch die in Weimar noch bunt und zufällig wirkende Uniformierung war fast verwirklicht, selbst Hitler trug das von Roßbach aus alten Schutztruppenbeständen übernommene und bei der SA eingeführte Braunhemd, das er freilich häßlich fand. Die große Kundgebung im Luitpoldhain wurde mit einer feierlichen Weihe von zwölf Standarten beschlossen, ehe Hitler auf dem Marktplatz, vom offenen Kraftwagen aus, mit unbewegt gerecktem Arm die Parade seiner Gefolgsleute abnahm. Die NS-Presse sprach von dreißigtausend, der ›Völkische Beobachter‹ gar von hunderttausend Teilnehmern, doch kühlere Schätzungen rechneten mit fünfzehntausend Paradierenden. Einige Frauen und Mädchen, die in braunen Phantasiekostümen erschienen waren, wurden zum Vorbeimarsch an Hitler nicht zugelassen. Der

Parteitag empfahl die Einberufung eines Kongresses für Gewerkschaftsfragen (der freilich nie stattfand), beschloß die Bildung eines »Opferringes« zur Überwindung der finanziellen Notlage der Partei und forderte die Gründung einer wissenschaftlichen Gesellschaft, um auch intellektuelle Kreise propagandistisch erfassen zu können.[113] Einige Zeit später sprach Hitler in Hamburg erstmals vor einigen tausend Bauern aus Schleswig-Holstein; die Stagnation zwang die Partei, ihre Anhängerschaft in neuen gesellschaftlichen Gruppen zu suchen.

In der Tat hatte der Staat inzwischen die Stabilisierungsansätze der Jahre 1923/24 erfolgreich fortgesetzt. Ein neues Reparationsabkommen, der Locarno-Vertrag und die Aufnahme Deutschlands in den Völkerbund, der Kelloggpakt sowie schließlich die vorerst noch im persönlichen Respekt zwischen Stresemann und Briand begründete, aber doch von einer wachsenden öffentlichen Stimmung getragene Verständigung mit Frankreich machten erkennbar, wie nachdrücklich die Zeittendenz auf Entspannung und internationalen Ausgleich gerichtet war. Die umfangreichen amerikanischen Anleihen hatten zwar zu einer nicht unerheblichen Verschuldung des Reiches geführt, gleichzeitig aber auch die Möglichkeit ausgedehnter Investitionen zur Rationalisierung und Modernisierung der Wirtschaft geschaffen. Die Steigerung der Indexzahlen zwischen 1923 und 1928 übertraf auf nahezu jedem Sektor nicht nur alle anderen europäischen Staaten, sondern, trotz des verkleinerten Reichsgebiets, auch die Vorkriegsleistungen des Landes. 1928 lag das Volkseinkommen rund zwölf Prozent über dem von 1913, die sozialen Verbesserungen waren beträchtlich und die Arbeitslosenziffern bis auf rund 400 000 herabgedrückt.[114]

Es war offenkundig, daß die Zeit dem Radikalismus der Nationalsozialisten entgegenstand. Hitler selber lebte zurückgezogen, oft für Wochen nahezu unsichtbar, auf dem Obersalzberg, doch sein Rückzug ließ erkennen, wie unangefochten er sich endlich wußte. Nur dann und wann, in offenbar berechneten Abständen, brachte er seine Autorität mit einer Zurechtweisung, einer Drohung ins Spiel. Gelegentlich reiste er, um Kontakte zu pflegen oder Geldgeber ausfindig zu machen. Am 10. Dezember 1926 war der zweite Band von »Mein Kampf« erschienen, doch auch damit blieb er ohne den erwarteten, durchschlagenden Erfolg. Hatte er von dem ersten Band 1925 noch fast zehntausend Exemplare und im Jahr darauf nahezu siebentausend verkauft, so ging der Absatz des Gesamtwerkes 1927 auf 5607 zurück, 1928 waren es sogar nur 3015.[115]

Immerhin erlaubten ihm die Einnahmen den Erwerb des Anwesens auf dem Obersalzberg. Frau Bechstein unterstützte ihn bei der Einrichtung, die Wagners aus Bayreuth steuerten das Haus mit Wäsche und Porzellan aus, später schickten sie ein Exemplar der Gesammelten Werke des Meisters sowie eine Seite aus der Originalpartitur des »Lohengrin«. Etwa zur gleichen Zeit erwarb Hitler für zwanzigtausend Mark einen sechssitzigen, offenen Mercedes-Kompressor, der seine technischen wie repräsentativen Bedürfnisse gleichermaßen befriedigte. Seine nach dem Krieg aufgefundenen Steuerunterlagen weisen aus, daß dieser Aufwand die gemeldeten Einkünfte erheblich überstieg, ein Sachverhalt, der dem Finanzamt nicht verborgen blieb. In einem Schreiben an die Behörde, das in seiner larmoyanten Schlauheit an den Brief des aufgespürten Wehrdienstflüchtigen an den Magistrat der Stadt Linz erinnert, beteuerte er seine Mittellosigkeit und die Bescheidenheit seines Lebensstils: »Besitztümer oder Kapitalvermögen, das ich mein eigen nennen könnte, besitze ich nirgendwo. Ich beschränke meine persönlichen Bedürfnisse auf das Notwendigste, und zwar derart, daß ich mich des Alkohols und Tabaks völlig enthalte, meine Mahlzeiten in bescheidensten Restaurants einnehme und abgesehen von meiner geringfügigen Wohnungsmiete keine Ausgaben habe, die nicht zu den Werbungskosten eines politischen Schriftstellers gehören ... Auch das Auto ist für mich nur ein Mittel zum Zweck. Nur mit seiner Hilfe ist es mir möglich, meine tägliche Arbeit zu leisten.«[116] Im September 1926 erklärte er sich außerstande, seine Steuern zu bezahlen und sprach wiederholt von seinen hohen Bankschulden. Noch Jahre später erinnerte er sich gelegentlich dieser Periode ständiger Geldverlegenheit und äußerte, er habe zeitweilig nur von Äpfeln gelebt. Seine Wohnung bei der Witwe Reichert in der Thierschstraße war in der Tat anspruchslos: ein kleines, dürftig möbliertes Zimmer, dessen Fußboden mit abgetretenem Linoleum ausgelegt war.

Um seine Einkünfte zu verbessern, gründete Hitler zusammen mit Hermann Esser und dem Fotografen Heinrich Hoffmann, dem er eine Art Exklusivrecht an seinem Bilde eingeräumt hatte, den ›Illustrierten Beobachter‹, für den er unter der Rubrik »Politik der Woche« künftig regelmäßig einen Artikel beisteuerte; die Monotonie und auffallende stilistische Blässe seiner Kommentare spiegelte die Themenverlegenheit jener Phase. Im Sommer 1928 begann er, inmitten dieser Zeit des Wartens, Planens und Stillhaltens, mit der Niederschrift eines zweiten, zu seinen Lebzeiten jedoch unveröffentlicht gebliebenen Buches, das die inzwischen abgerundete außenpolitische Konzeption im Zusammenhang darstellte. Nicht ohne Mühe und mit gewaltsam wirkenden Appellen hielt er die von divergierenden Kräften unruhig bewegte Partei zusammen, alle Unmutszeichen über den Legalitätskurs wies er zurück. Die

Festigung der Republik verführte ihn nicht zu den kurzatmigen Schlüssen mancher seiner Anhänger, sein Instinkt für alles Schwache und Brüchige gab seinen Ressentiments Geduld. In einer bezeichnenden Wendung entnahm er den Widerständen und Aussichtslosigkeiten der Lage die besondere Erfolgsgewißheit: »Gerade darin liegt der unbedingte, ich möchte sagen, der mathematisch berechenbare Grund für den künftigen Sieg unserer Bewegung«, rief er seinen Gefolgsleuten zu; »solange wir eine radikale Bewegung sind, solange die öffentliche Meinung uns ächtet, solange die momentanen Umstände im Staat gegen uns sind – so lange werden wir fortfahren, das wertvollste Menschenmaterial um uns zu versammeln, sogar in Zeiten, in denen, wie man sagt, alle Gründe der menschlichen Vernunft gegen uns sprechen.« Und auf der Weihnachtsfeier einer Münchener Sektion der NSDAP verbreitete er Zuversicht, indem er die Lage der Partei, ihre Verfolgungen und Nöte, wie schon verschiedentlich, mit der Lage des Urchristentums verglich: Der Nationalsozialismus, so erweiterte er die Parallele noch, mitgerissen von dem eigenen kühnen Bild und der weihnachtlichen Ergriffenheit der Runde, werde »die Ideale von Christus zur Tat werden lassen. Das Werk, welches Christus angefangen hatte, aber nicht beenden konnte, werde er – Hitler – zu Ende führen.«[117] Das voraufgegangene Laienspiel »Erlösung« hatte seinen Auftritt durch eine Darstellung der gegenwärtigen »Not und Knechtschaft« vorbereitet: »Der aufgehende Stern in der Weihnachtsnacht deutete auf den Erlöser«, hatte der ›Völkische Beobachter‹ den Ablauf geschildert; »der sich nun teilende Vorhang zeigte den neuen Erlöser, den Erretter des deutschen Volkes aus Schande und Not – unseren Führer Adolf Hitler.«

Für die Außenwelt verstärkten solche Verlautbarungen noch die befremdende Aura, die ihn umgab. Wie zu Beginn seiner Laufbahn ging ihm der Ruf einer eher bizarren Erscheinung voraus, die kaum ernstgenommen und deren Züge gern mit den pittoresken Eigenarten der bayerischen Politik erklärt wurden. Auch der Stil, den er pflegte und ausbaute, weckte vielfach ungläubiges Staunen: das Fahnentuch beispielsweise, das auf dem Marsch zur Feldherrnhalle mitgeführt worden war, ließ er als »Blutfahne« verehren, deren Zipfel bei jeder Standartenweihe durch Berührung mystische Kräfte übertrug, während sich die Parteigenossen zeitweilig, um ihr rassisch einwandfreies Pedigree kenntlich zu machen, im Schriftwechsel als »Euer Deutschgeboren« angesprochen sahen.[118] Andere Aktivitäten deuteten indessen auf den unverminderten Ernst und Anspruch, mit dem die NSDAP ihre Absichten verfolgte. Ende 1926 richtete die Partei eine Rednerschule ein, die den Anhängern Techniken, Kenntnisse und Material vermittelte und bis Ende 1932 nach eigenen Angaben rund 6000 Redner ausgebildet hat.

Vom Vertrauen in den neugewonnenen Grund und der Geringschätzung der NSDAP zeugten im Frühjahr 1927 der Beschluß der sächsischen und bayerischen Regierung, das Redeverbot für den Führer der Partei aufzuheben. Bereitwillig hatte Hitler die von ihm verlangte Erklärung abgegeben, daß er keinerlei gesetzwidrige Ziele verfolgen und keinerlei gesetzwidrige Mittel anwenden werde. Grellrote Plakate verkündeten daraufhin, daß er am 9. März um 20 Uhr im Zirkus Krone erstmals wieder zur Münchener Bevölkerung sprechen werde. Der Polizeibericht schildert einprägsam und wie im Modell den Verlauf der Veranstaltung:

»Der Zirkus ist bereits zehn Minuten nach 7 Uhr bis weit über die Hälfte angefüllt. Von der Bühne herunter hängt die rote Fahne mit dem Hakenkreuz im weißen Kreis. Die Bühne ist für hervorragende Parteimitglieder und den Redner reserviert. Auch die Logenplätze scheinen, da sie von Braunhemden verteilt werden, für besondere Parteileute vorgesehen zu sein. Auf der Tribüne hat sich eine Musikkapelle eingefunden. Sonstige Dekorationen waren nicht zu sehen.

Die Leute in den Bänken sind aufgeregt und mit Erwartungen angefüllt. Man spricht von Hitler, von seinen einstigen rednerischen Triumphen im Zirkus Krone. Die Frauen, von denen auffallend viele sich einfanden, scheinen noch immer für ihn begeistert zu sein. Man erzählt sich von früheren Tagen des Glanzes ... In der heißen süßlichen Luft liegt Sensationsgier. Die Musik spielt einige klangreiche Militärmärsche, während immer neue Scharen hereinströmen. Der ›Völkische Beobachter‹ wird herumgetragen und angepriesen. An der Kasse bekam man das Programm der Nationalsozialistischen Arbeiterpartei ausgehändigt, und im Eingang werden einem Zettel in die Hand gedrückt, auf denen ermahnt wird, sich zu keinen Provokationen hinreißen zu lassen und die Ordnung zu bewahren. Fähnchen werden verkauft: ›Begrüßungsfähnchen, das Stück 10 Pfennig.‹ Sie sind entweder schwarzweißrot oder ganz rot und haben das Hakenkreuzzeichen. Die Frauen sind die besten Käufer hierfür.

Unterdessen füllen sich die Reihen. ›Es muß so werden wie früher!‹ hört man sagen. Die Manege füllt sich ... Die meisten gehören den unteren Erwerbsschichten an, sind Arbeiter, Kleingewerbler, Kleinhändler. Viele Jugendliche in Windjacken und Wadenstrümpfen. Vertreter der radikalen Arbeiterschaft sieht man wenig, fast keine. Die Leute sind gut angezogen, einige Herren zeigen sich sogar im Frack. Man schätzt die Menschenmasse im Zirkus, der nahezu ganz voll ist, auf siebentausend Personen ...

So ist es halb neun Uhr geworden. Da brausen vom Eingang her Heilrufe, Braunhemden marschieren herein, die Musik spielt, der Zirkus spendet lärmenden Jubel, Hitler erscheint im braunen Regenmantel, geht rasch in Begleitung seiner Getreuen durch den ganzen Zirkus bis hinauf zur Bühne. Die Leute gebärden sich froh erregt und winken, rufen andauernd Heil, stehen auf den Bänken, Getrampel donnert. Dann ein Posaunenstoß, wie im Theater. Plötzliche Stille.

Unter der tosenden Begrüßung der Zuschauer marschieren nun

Braunhemden in Reih und Glied herein, voran zwei Reihen Trommler, dann die Fahne. Die Leute grüßen nach Faschistenart mit ausgestrecktem Arm. Das Publikum jubelt ihnen zu. Auf der Bühne hat Hitler in gleicher Weise den Arm zum Gruß gestreckt. Die Musik rauscht. Fahnen ziehen vorüber, blitzende Standarten mit Hakenkreuzen im Kranz und den Adlern, den altrömischen Feldzeichen nachgebildet. Es mögen ungefähr zweihundert Mann vorbeidefilieren. Sie füllen die Manege und stellen sich darin auf, während die Fahnen- und Standartenträger die Bühne bevölkern ...

Hitler tritt rasch in den Vordergrund der Bühne. Er spricht frei, zuerst mit langsamer Betonung, später überstürzen sich die Worte, bei mit übertriebenem Pathos vorgetragenen Stellen kommt die Stimme gepreßt und nicht mehr verständlich zu Gehör. Er gestikuliert mit den Armen und Händen, springt erregt hin und her und sucht das aufmerksam ihm lauschende, tausendköpfige Publikum stets zu faszinieren. Wenn der Beifall ihn unterbricht, streckt er theatralisch die Hände aus. Das Nein, das im späteren Fluß der Rede oft vorkommt, mutet schauspielerisch an, ist auch gewollt betont. Die rednerische Leistung an und für sich war ... dem Berichterstatter nichts Hervorragendes.«[119]

Die zurückgewonnene Redefreiheit löste die Schwierigkeiten nicht, denen die NSDAP sich gegenübersah, Hitler selber, so zeigte sich jetzt, war durch das Verbot eher begünstigt worden; denn es hatte seinem Namen in der Zeit belustigter Gleichgültigkeit, als auch er die Veranstaltungssäle nicht zu füllen vermochte, den Abnutzungsprozeß erspart. Infolgedessen hielt er sich alsbald selber zurück, 1927 sprach er noch sechsundfünfzig Mal öffentlich, zwei Jahre später hatte er seine Auftritte auf neunundzwanzig vermindert. Einiges spricht dafür, daß ihm erst zu diesem Zeitpunkt deutlich wurde, welche Vorzüge jener Zustand halbgöttlicher Entrücktheit ihm gewährt hatte. Im Augenblick der Rückkehr zu den Massen trat er in Konkurrenz mit der Übermacht ungünstiger Umstände, sogleich stellten die Mißerfolge sich ein und damit die Kritik. Sie richtete sich ebenso gegen seinen Führungsstil wie gegen die mit Strenge durchgehaltene Legalitätspolitik. Selbst Goebbels, der Hitler peinlich ergeben und einer der Propheten des divinatorischen Führerkults war, hatte in seinem Pamphlet von 1927 »Der Nazi-Sozi« den bedingungslos legalen Kurs kritisiert und auf die Frage, wie die Partei sich verhalten werde, wenn ihr Bemühen um eine Mehrheit scheitere, aufsässig versichert: »Was dann?! Dann beißen wir die Zähne aufeinander und machen uns bereit. Dann marschieren wir gegen diesen Staat, dann wagen wir den letzten großen Streich um Deutschland, aus Revolutionären des Wortes werden dann Revolutionäre der Tat. Dann machen wir Revolution!«

Kritik fand aber auch Hitlers persönliches Verhalten, sein geringschätziger Umgang mit verdienten Genossen, die »vielbesungene Mauer

Aus einem Polizeibericht nach Aufhebung des Redeverbots: »Er gestikuliert mit den Armen und Händen, springt erregt hin und her und sucht das Publikum stets zu faszinieren.«

Der erste Parteitag in Nürnberg zeigte unter Hitlers Regie Ansätze eines später vervollkommneten Huldigungsrituals: Hitler beim Vorbeimarsch anläßlich der Abschlußveranstaltung des Parteitags.

Noch weit von der Macht entfernt, legt Hitler sich die aufwendige Kulisse des Staatsmanns zu: Das Braune Haus in der Brienner Straße (unten), und Hitler am Schreibtisch des Braunen Hauses. Gleichzeitig öffnet ihm der Kontakt zu Hugenberg auch außerhalb Bayerns den Zugang zur guten Gesellschaft: Hitler mit Joseph und Magda Goebbels und Frau v. Dirksen.

um Herrn Hitler«, die ein alter Parteimann rügte, seine nachlässige
Geschäftsführung oder sein Eifersuchtskomplex gegenüber seiner Nichte. Als er im Frühsommer 1928 Emil Maurice im Zimmer Geli Raubals
überraschte, bedrohte er ihn dem Vernehmen nach so aufgebracht
mit der Reitpeitsche, daß Maurice sich nur durch einen Sprung aus
dem Fenster retten konnte. In »rückhaltloser Ergebenheit« sah sich der
Vorsitzende des Untersuchungs- und Schlichtungsausschusses, Walter
Buch, schließlich genötigt, seinen Eindruck vorzutragen, »daß Sie, Herr
Hitler, allmählich zu einer Menschenverachtung kommen, die mich mit
banger Sorge erfüllt«[120].

Angesichts der rumorenden Stimmungen in der Partei sagte Hitler
daher für 1928 den geplanten Parteitag ab und berief statt dessen eine
Führertagung nach München ein. Er verbot den Untergliederungen alle
vorbereitenden Sitzungen und rühmte, als er am 31. August das Treffen
eröffnete, erregt Gehorsam und Disziplin. Nur bedingungslos verschworene Eliten seien als »historische Minorität« in der Lage, die Geschichte
zu gestalten, die NSDAP dürfe höchstens sechs- bis achthunderttausend Mitglieder haben: »Das ist die Zahl, die etwas taugt!« Alle
anderen seien als bloße Anhänger zu sammeln und für die Zwecke
der Partei einzusetzen. »Eine kleine Gruppe Fanatischer zwingt die
Masse mit sich, siehe Rußland und Italien ... Den Kampf um die
Majorität ficht man erst dann durch, wenn man eine schlagkräftige
Minorität hat«, erklärte er.[121] Höhnisch verwarf er den Antrag, ihm
einen »Senat« an die Seite zu stellen, er halte nichts von Ratgebern; den
Antragsteller selber, den thüringischen Gauleiter Dinter, ließ er bald
darauf aus der Partei ausschließen. In einem voraufgegangenen Schriftwechsel hatte er ihm versichert, als Politiker »Unfehlbarkeit in Anspruch
zu nehmen«, und erklärt, daß er »den blinden Glauben besitze, einst zu
denen zu gehören, die Geschichte machen«. Als kurz darauf eine erneute
Tagung einberufen wurde, die nicht in der nun üblich werdenden Form
des Befehlsempfangs organisiert war, saß er während der Diskussion
schweigend, mit demonstrativ gelangweilter Miene herum und verbreitete allmählich ein so erdrückendes Gefühl der Nichtigkeit und Lähmung, daß die Tagung in allgemeiner Resignation zu Ende ging.
Einer der Teilnehmer hat später vermutet, Hitler habe der Durchführung der Veranstaltung nur zugestimmt, um sie auf diese Weise
nachdrücklich zu ruinieren.[122]

Als Führer einer unscheinbaren, aber straff organisierten Partei erwartete Hitler seine Chance. Er sah keinen Grund zur Entmutigung,
denn er hatte erstmals seine Unabhängigkeit nach innen wie nach außen
durchgesetzt. Gelegentlich trat die Partei von nun an auch offiziell als
»Hitler-Bewegung« auf. Ohne nennenswerte Unterstützung durch ein-

flußreiche Gönner und machtvolle Institutionen bewies sie immerhin, daß sie aus eigener Kraft, wenn auch nicht siegen, so doch überdauern konnte.

Als am 20. Mai 1928 ein neuer Reichstag gewählt wurde, plazierte sich die NSDAP mit 2,6 Prozent der Stimmen an neunter Stelle, unter ihren zwölf Abgeordneten befanden sich Gregor Strasser, Gottfried Feder, Goebbels, Frick sowie der inzwischen mit einer vermögenden Frau und weitreichenden Verbindungen aus Schweden zurückgekehrte Hermann Göring. Hitler selber hatte als »Staatenloser« nicht kandidiert. Doch mit der ihm eigenen Fähigkeit, seine Verlegenheiten und Nöte als Vorzüge darzustellen, nutzte er diese Behinderung, um erneut Distanz zu gewinnen und – fern von jedem Zugeständnis an das verächtliche parlamentarische System – die Rolle des einzigartigen, hoch über den Anstrengungen, den Geschäften und Begehrlichkeiten des Tages stehenden Führers auszubauen. Der erst nach längerem Schwanken gefaßte Beschluß, an den Wahlen teilzunehmen, war nicht zuletzt von der Überlegung beeinflußt worden, der Partei zu den Privilegien der Abgeordneten zu verhelfen. Goebbels versicherte denn auch eine Woche nach der Wahl in einem Artikel, der zugleich ein Licht auf die Legalitätsbeteuerungen der Partei warf: »Ich bin kein Mitglied des Reichstags. Ich bin ein IdI. Ein IdF. Ein Inhaber der Immunität, ein Inhaber der Freifahrkarte. Was geht uns der Reichstag an? Wir sind gegen den Reichstag gewählt worden, und wir werden auch unser Mandat im Sinne unserer Auftraggeber ausüben ... Ein IdI hat die Erlaubnis, einen Misthaufen Misthaufen zu nennen und braucht sich nicht mit der Umschreibung Staat herauszureden« – ein Eingeständnis, das er mit den Worten abschloß: »Jetzt staunt ihr, he? Aber glaubt nicht, daß wir bereits am Ende seien ... Ihr werdet noch manchen Spaß mit uns haben. Laßt das Theater nur mal anfangen.«[123]

Die schnöde Brillanz solcher Äußerungen verbarg indessen nicht ihren selbsterhitzten Charakter: die NSDAP blieb eine Splitterpartei der outrierten Gestik. Kühl, wohlvorbereitet, die Kader zum Einsatz bereit, wartete dagegen Hitler auf eine neuerliche Radikalisierung der Verhältnisse, von der er den Durchbruch zur Massenpartei erhoffte. Mit allem Eifer, aller organisierenden Unruhe war er bislang nicht aus dem Schatten der tüchtigen, wenn auch glanzlos operierenden Republik getreten. Sein Charisma, das sich so wirkungsvoll in pathetischen Wirrnissen bewährte, drohte in der Normalität der Verhältnisse zu zergehen. Denn mitunter schien es, als sei die Nation endlich bereit, ihren Frieden mit der Republik, mit den unansehnlichen grauen Verhältnissen zu machen und all die erfundenen Wirklichkeiten, die heroisch-romantischen Erinnerungen verloren zu geben und sich mit dem Alltag der Geschichte auszusöhnen. Zwar hatten die Reichstagswahlen den lautlosen Zersetzungsprozeß der bürgerlichen Mitte sichtbar gemacht und in den zahlreich auftauchenden Splitterparteien die verborgene Krise des Systems annonciert; auch war die Gefolgschaft der Partei auf annähernd 150 000 Mitglieder gestiegen. Doch noch zu Beginn des folgenden Jahres wies der in Bonn lehrende Soziologe Joseph P. Schumpeter auf »die sehr große und möglicherweise noch zunehmende Stabilität unserer sozialen Verhältnisse« hin und versicherte: »In keinem Sinn, auf keinem Gebiet, in keiner Richtung sind daher starke Ausschläge, Aufschwünge oder Katastrophen wahrscheinlich.«[124]

Schärfer, durchdringender, erfaßte Hitler die Lage. Zur Psychologie der Deutschen während dieser kurzen glücklichen Periode der Republik bemerkte er in einer Rede: »Wir haben einen dritten Wert: den Kampfsinn. Er ist da, nur begraben unter einem Wust von fremden Theorien und Doktrinen. Eine große mächtige Partei bemüht sich, das Gegenteil zu beweisen, bis plötzlich eine ganz gewöhnliche Militärkapelle kommt und spielt, dann erwacht der Nachläufer manchmal aus seinem Traumzustand, auf einmal beginnt er sich zu fühlen als Genosse des Volkes, das marschiert, mit dem er geht. So ist es heute. Es braucht unserem Volke dieses Bessere nur gezeigt zu werden – und Sie sehen: schon marschieren wir.«[125]

Seither wartete er auf das Zeichen zum Einsatz. Die Frage war, ob die Partei ihre Dynamik, ihre Hoffnungen, die Zielvorstellungen und das Bild des erwählten Führers: dieses ganze System der Fiktionen und Glaubensgespinste, auf denen sie stand, über die Zeit behaupten konnte. In einer Analyse der Wahlen vom Mai 1928 hatte Otto Strasser beklagt, daß die »Erlösungsbotschaft des Nationalsozialismus« keine Massenresonanz gefunden habe und insbesondere der Einbruch in die proletarischen Schichten mißglückt sei.[126] In der Tat bestand der Anhang der Partei vorwiegend aus Angestellten, kleinen Gewerbetreibenden, bäuerlichen Gruppen sowie der zu romantischem Protest gestimmten Jugend: einer Vorhut jener Schichten, die für den Erweckungston »ganz gewöhnlicher Militärkapellen« empfänglicher als andere waren. Doch nur wenige Monate später hatte sich die Szenerie gänzlich verändert.

VIERTES BUCH:

DIE ZEIT DES KAMPFES

I. KAPITEL: DER VORSTOSS
IN DIE GROSSE POLITIK

> »Nach unserer alten Methode nehmen wir den Kampf wieder auf und sagen Angreifen! Angreifen! Immer wieder angreifen! Wenn einer sagt, sie können doch nicht noch einmal, ich kann nicht nur noch einmal, ich kann noch zehnmal.«
> Adolf Hitler

Den ersten massiven Angriff auf das sich gerade festigende System der Republik eröffnete Hitler im Sommer 1929, und augenblicklich stieß er weit vor. Er hatte lange nach einer mobilisierenden Parole gesucht, als die Außenpolitik Stresemanns seiner Agitation plötzlich eine Einbruchsstelle bot. Mit allem Aufwand, über den er verfügte, nutzte er die erneut aufbrechende Auseinandersetzung über die Reparationen, um die NSDAP aus der Rolle der isolierten Splitterpartei zu befreien und an die Rampe der großen Politik zu führen. Zugute kam ihm dabei, daß sein Vorstoß zeitlich und psychologisch eng mit der darauffolgenden Weltwirtschaftskrise verknüpft war, so daß er Gelegenheit erhielt, seine Mittel, seine Organisationen sowie seine Taktiken wie in einem Vorspiel zu erproben: der Streit um die Reparationen bildete den Auftakt zu jener Dauerkrise, die nunmehr die Republik erfaßte und, von Hitler zugleich beschworen und einfallsreich gefördert, bis zu ihrem Ende nicht mehr losließ.

Den Wendepunkt markierte, strenggenommen, der Tod Gustav Stresemanns Anfang Oktober 1929. Der deutsche Außenminister hatte sich an den Widerständen eines komplizierten außenpolitischen Konzepts aufgerieben, das, als Erfüllungspolitik etikettiert, tatsächlich auf die schrittweise Beseitigung des Versailler Vertrages abzielte. Bis kurz vor seinem Ende war er, wenn auch nicht ohne innere Zweifel, für die Annahme einer Reparationsneuregelung eingetreten, die von einem Sachverständigenausschuß unter dem amerikanischen Bankier Owen D. Young entworfen worden war. Sie sah nicht nur eine nicht unerhebliche Verbesserung der geltenden Bedingungen vor, sondern war auch, dank der Hartnäckigkeit und diplomatischen Geschicklichkeit Stresemanns, mit einem Plan zur vorfristigen Räumung des Rheinlands von der alliierten Besatzung verknüpft.

Gleichwohl stieß das Abkommen auf heftige Gegenwehr und enttäuschte vielfach auch diejenigen, deren Einsicht der Zwangslage des Reiches Rechnung trug. Immerhin war es problematisch, für nahezu sechzig Jahre Zahlungsverpflichtungen einzugehen, während nicht einmal die ersten Jahresraten verfügbar waren. Zweihundertzwanzig namhafte Persönlichkeiten der Wirtschaft, der Wissenschaft und der Politik, darunter Carl Duisberg, Adolf Harnack, Max Planck, Konrad Adenauer und Hans Luther, äußerten sich denn auch mit großer Besorgnis in einer öffentlichen Erklärung. Elf Jahre nach dem Ende des Krieges schien der Plan die Idee der Völkerfamilie, in der sich das Pathos der Epoche artikulierte, höhnisch bloßzustellen und den hinter so vielen versöhnlichen Vordergrundgesten fortbestehenden Gegensatz von Siegern und Besiegten unnachsichtig aufzudecken, zumal er als Anspruchsgrundlage für die bis zum Jahre 1988 geforderten Lasten erneut den problematischen Kriegsschuldartikel 231 heranzog, der das Selbstbewußtsein der Nation schon einmal nachhaltig verletzt hatte. Eindrucksvoll konnten die radikal nationalistischen Gruppen an dem realitätsfremden Plan die vergiftende Wirkung der Formel »le boche payera tout« entfalten, und was ein weiterer Schritt im Prozeß der allmählichen Überwindung der Kriegsfolgen sein und damit der Stabilisierung der Republik dienen sollte, wurde nun im Gegenteil zum »Kristallisationspunkt der grundsätzlichen Opposition gegen das ›System‹ von Weimar«[1].

Am 9. Juli 1929 vereinigte sich die radikale Rechte zu einem Reichsausschuß für ein Volksbegehren gegen den Young-Plan. In einer wilden, pausenlos trommelnden Kampagne, die sich bis zur Unterzeichnung des Abkommens ein Dreivierteljahr später hinzog und in die von der äußersten Linken her auch die Kommunisten einstimmten, betrieb sie dessen Widerruf, indem sie das komplizierte Geflecht der Abhängigkeiten in wenige suggestive Schlagworte faßte und durch tausendfache Wiederholung den Haß auf die scharf entwickelten Feindbilder psychisch zu verwurzeln suchte: die Vereinbarung wurde zur »Todesstrafe gegen Ungeborene«, zum »Golgatha des deutschen Volkes«, das der Henker »hohnlachend ans Kreuz« schlage. Gleichzeitig aber verlangte die »Nationale Opposition«, die hier erstmals geschlossen aufmarschierte, auch die Streichung des Kriegsschuldartikels, das Ende aller Reparationen, die sofortige Räumung der besetzten Gebiete sowie schließlich die Bestrafung aller Minister und Regierungsvertreter, die der »Versklavung« des deutschen Volkes Beihilfe leisteten.

An der Spitze des Ausschusses stand der Geheimrat Alfred Hugenberg, ein ehrgeiziger, engstirniger und skrupelloser Mann von dreiundsechzig Jahren, der als Siedlungskommissar im Osten begonnen hatte, Direktoriumsmitglied der Firma Krupp gewesen war und schließlich ein weitverschachteltes Presseimperium aufgebaut hatte, das neben einem ausgedehnten Katalog von Zeitungen zugleich einen Annoncenverlag, eine Nachrichtenagentur sowie die UFA-Filmgesellschaft kontrollierte. Als politischer Vertrauensmann der Schwerindustrie gebot er außerdem über beträchtliche Gelder, und alle diese Mittel setzte er zielbewußt dazu ein, die »Sozialisten-Republik« zugrunde zu richten, die Gewerkschaften zu zerschlagen und den Klassenkampf von unten, wie er zu sagen pflegte, mit dem Klassenkampf der Oberschicht zu beantworten. Klein und rundlich, mit Schnauzbart und Borstenhaarschnitt, wirkte er wie die martialisch stilisierte Erscheinung eines pensionierten Portiers, nicht dagegen wie der Mann von stolzen und erbitterten Grundsätzen, der er sein wollte.

Im Herbst 1928 hatte Hugenberg als »Mann aus dem Dunkeln« die Führung der Deutschnationalen Volkspartei übernommen und sich sogleich zum Fürsprecher radikaler Ressentiments gemacht. Der Anschluß der Rechten an die Republik, der soeben ansatzweise zu gelingen schien, kam unverzüglich zum Erliegen. Sowohl methodisch als auch in einzelnen Programmpunkten begann die DNVP vielmehr, die Hitlerpartei zu kopieren, ohne freilich mehr als deren bürgerliche Karikatur zustandezubringen. Immerhin schreckte Hugenberg in seinem Kampf gegen die verhaßte Republik vor keinem Mittel zurück. Während der Auseinandersetzung über den Young-Plan warnte er dreitausend amerikanische Geschäftsleute in einem vervielfältigten Schreiben, dem gerade in die ersten Krisenstände geratenen Lande Kredite zu gewähren.[2] Zwar büßten die Deutschnationalen unter ihrem neuen Vorsitzenden rasch rund die Hälfte ihres Bestandes ein, doch Hugenberg versicherte unbeeindruckt, er wolle eher einen kleinen Block als einen großen Brei.

Das von ihm in die Wege geleitete Volksbegehren war nicht nur der erste Höhepunkt des neuen radikalen Kurses, sondern gleichzeitig der Versuch, die verstreute Rechte, vor allem den Stahlhelm, die Alldeutschen, den Landbund und die Nationalsozialisten, unter seiner Führung zu sammeln und zum Angriff zu organisieren, um der alten Oberschicht einen Teil ihres verlorenen Einflusses zurückzuerobern. Infolge der versäumten Revolution von 1918 verfügte sie zwar noch immer über Einfluß, Machtpositionen, materielle Mittel, hatte aber das Volk nicht mehr. Mit der ganzen Anmaßung des »besseren Herrn« gegenüber dem Führer einer ungebärdigen Pöbelpartei glaubte Hugenberg in Hitler die agitatorische Begabung gefunden zu haben, die geeignet sei, der in gesellschaftlichem Dünkel isolierten konservativen Sache wieder die Massen zuzuführen; zu gegebener Zeit, so war seine Absicht, würde er Hitler kurzerhand überspielen und bändigen.

Hitlers eigene Gedanken waren weit weniger hinterhältig. Als der Abgeordnete Hinrich Lohse von dem Bündnis hörte, äußerte er besorgt: »Man muß hoffen, daß der Führer schon weiß, wie er den Hugenberg hereinlegen wird.«[3] Doch Hitler dachte nicht an Täuschung. Von vornherein trat er mit unverkennbarer Überheblichkeit auf und verhehlte kaum sein verächtliches Urteil über den bourgeoisen Reaktionär Hugenberg und all die »grauen, vermotteten Adler«, wie Goebbels abfällig meinte. Die geforderten Zugeständnisse lehnte er, argwöhnisch von den »Linken« innerhalb der Partei beobachtet, nahezu durchweg ab: er allein nannte die Bedingungen, unter denen er sich vorwärtshelfen ließ. Zunächst schlug er getrenntes Marschieren vor, doch ließ er sich schließlich zum Bündnis überreden. Allerdings forderte er völlige Unabhängigkeit in der Propaganda sowie einen beträchtlichen Anteil an den bereitgestellten Mitteln; und als wolle er seine neuen Bundesgenossen bewußt verwirren oder demütigen, ernannte er den prominentesten Kapitalistengegner in seinen Reihen, Gregor Strasser, zu seinem Stellvertreter im gemeinsamen Finanzierungsausschuß.

Das Bündnis war der erste Erfolg in einer bemerkenswerten Kette taktischer Triumphe, die erheblich dazu beigetragen haben, Hitler vorwärts und schließlich ans Ziel zu bringen. Hitlers ungewöhnliche Fähigkeit, Situationen zu erkennen, Interessenlagen zu durchschauen, Schwächen ausfindig zu machen, Momentankoalitionen herbeizuführen: sein taktisches Sensorium, das durch seine Überredungsgabe noch wirksamer wurde, hat seinen Aufstieg mindestens ebenso begründet wie seine rhetorische Macht, die Hilfestellungen von Reichswehr, Industrie und Justiz oder der Terror der braunen Garden. Der einseitige Hinweis auf die magischen, konspirativen oder brachialen Elemente in Hitlers Aufstiegsgeschichte verrät nicht nur ein unzulängliches Verständnis der Vorgänge, sondern verharrt auch, ungeachtet aller Widerlegungen, bei der verhängnisvoll gewordenen Vorstellung vom Führer der NSDAP als dem Trommler oder Werkzeug und verkennt, daß Hitler sich auch auf dem eigentlichen Felde der Politik bewährte.

Hitlers taktischem Geschick, seinem Zögern zu Beginn, seiner teils herausfordernden, teils mürrischen Verhandlungsführung sowie dem Eindruck von Aufrichtigkeit, Ehrgeiz und Energie, den er zu verbreiten wußte, gelang es schließlich, seine Partner dergestalt zu manövrieren, daß sie ihm den Aufstieg auch noch förderten und finanzierten, den sie zugleich politisch bezahlen mußten. Gewiß wurde sein Erfolg durch den Widerstand aus den eigenen Reihen mitbewirkt, der ihm keine nennenswerten Zugeständnisse erlaubte, die Zeitungen des Strasserschen Kampfverlages veröffentlichten während der Verhandlungen, fett und mit breitem Balkenrand, das Hitlerwort: Die größte Gefahr für das deutsche Volk sei nicht der Marxismus, das seien vielmehr die bürgerlichen Parteien.[4] Desgleichen kann die Bewertung dieses taktischen Triumphes auch die machthungrige Blindheit des Konservatismus deutschnationaler Prägung nicht übersehen, der sich die Kraft und Vitalität der nationalsozialistischen Bewegung parasitär zu eigen machen und dank der Vereinigung mit dem heimlich verachteten, aber doch auch bewunderten Emporkömmling Hitler den längst besiegelten Abschied von der Geschichte zu verzögern trachtete. Gleichwohl bleibt Hitlers Erfolg bemerkenswert. Viereinhalb Jahre hatte er gewartet, sich vorbereitet und, wie es der unvergessenen Lehre Karl Luegers entsprach, auf das Bündnis mit jenen »mächtigen Einrichtungen«, den Inhabern des politischen und gesellschaftlichen Einflusses, hingearbeitet. Als das Angebot endlich eintraf, hatte er jeden Eindruck eines überstürzten Machthungers sorgfältig vermieden, vielmehr kühl, selbstbewußt reagiert und seine Bedingungen genannt, obwohl sein gesamtes Machteroberungskonzept darauf beruhte. Nur wer die Zumutung bedenkt, die für seinen individuellen wie politischen Ehrgeiz darin lag, jahrelang an der Spitze einer unscheinbaren, totgeschwiegenen oder dem Gespött ausgesetzten Extremistenpartei zu stehen, wird ganz ermessen können, wieviel das Protektionsverhältnis ihm bedeutete, das Hugenberg offerierte: es befreite ihn vom Ludergeruch des Revoluzzers und Putschisten und brachte ihm die Möglichkeit zurück, im Kreise einflußreicher bürgerlicher Gewährspersonen vor die Öffentlichkeit zu treten und sich den Leumund angesehener Honoratioren zunutze zu machen. Es war die Chance, die er schon einmal gehabt und verspielt hatte; nun deutete er seine Entschlossenheit an, sie umsichtiger wahrzunehmen.

Mit dem Abschluß des Bündnisses verfügte die NSDAP erstmals über die Mittel zur Entfaltung ihres überlegenen propagandistischen Apparats, und sogleich demonstrierte sie der Öffentlichkeit einen Propagandastil von bislang beispielloser Radikalität und Wucht. Etwas ähnliches sei in Deutschland noch nie dagewesen, äußerte Hitler in einem Brief aus jener Zeit: »Wir haben unser Volk durchgepflügt wie keine andere Partei es tut.«[5] Alle in den Jahren des Wartens gestaute Energie, der Zorn der aktionssüchtigen Gefolgsleute, schien in diesem Ansturm durchzubrechen. Keiner der nationalen Bündnispartner kam der NSDAP an Hemmungslosigkeit, Schärfe und agitatorischem Witz gleich. Von allem

Anfang an ließ sie keinen Zweifel daran, daß der Young-Plan nur der Anlaß der Kampagne war, und erweiterte ihre Agitation zu einem lärmenden Gericht über das angeblich in Unfähigkeit, Verrat und Geschäftemacherei versinkende »System«: »Es wird die Zeit kommen«, rief Hitler in einer Rede Ende November in Hersbruck, »da wird den Schuldigen an Deutschlands Zusammenbruch das Lachen vergehen. Es wird sie die Angst erfassen. Sie sollen dann wissen, daß der Richter kommt.« Fasziniert von der demagogischen Wildheit der Nationalsozialisten starrten Hugenberg und die übrigen konservativen Koalitionsgenossen auf die gewaltige Woge, die sie freigesetzt hatten, ermunterten, trieben sie immer erneut voran und glaubten sich in führungsgewisser Verblendung noch von ihr getragen, als sie längst davon verschlungen waren.

Unter diesen Umständen wog es für Hitler nicht schwer, daß der Kampagne der äußere Erfolg versagt blieb. Zwar erreichte der Entwurf zu einem »Gesetz gegen die Versklavung des deutschen Volkes« im Volksbegehren knapp die erforderliche Unterstützung von zehn Prozent der Stimmberechtigten; doch im Reichstag schlossen sich nur zweiundachtzig Abgeordnete gegen dreihundertachtzehn der Vorlage an, und auch der abschließende Volksentscheid vom 22. Dezember 1929 endete in einer Niederlage. Mit knapp vierzehn Prozent der Stimmen erhielten die Initiatoren des Unternehmens nur rund ein Viertel der erforderlichen Stimmen und blieben überdies um annähernd fünf Prozent unter dem Stimmenanteil, den NSDAP und DNVP in der Reichstagswahl ein Jahr zuvor erzielt hatten.

Für Hitler war es gleichwohl der endgültige Durchbruch in die große Politik. Dank der Unterstützung durch die vielfältigen Publikationsmittel des Hugenberg-Konzerns hatte er sich nicht nur mit einem Schlag einen populären Namen gemacht, sondern sich zugleich als die zielbewußteste Energie auf der richtungslosen und zerstrittenen Rechten vorgestellt. Er selber sprach von dem »sehr großen Umschwung« in der öffentlichen Meinung und nannte es »staunenswert, wie sich hier die vor wenigen Jahren noch selbstverständliche arrogante, hochnäsige oder dumme Ablehnung der Partei in eine erwartungsvolle Hoffnung verwandelt hat«[6]. Nach der Eröffnung der Kampagne, am 3. und 4. August 1929, hatte er einen Reichsparteitag nach Nürnberg einberufen, und die Vermutung liegt nahe, daß er damit vor allem seinen konservativen Partnern die Stärke und Schlagkraft der Bewegung zur Schau stellen wollte. Es war die erste Veranstaltung im Übergang vom traditionellen Parteitag zur militärisch geplanten, nach inszenatorischen und psychologischen Regeln durchgeführten Massendemonstration. Über dreißig Sonderzüge brachten, wenn die Zahlenangaben zutreffen, aus allen Teilen Deutschlands rund zweihunderttausend Anhänger herbei, deren Uniformen, Fahnen und Kapellen während mehrerer Tage das Bild der alten Reichsstadt aufdringlich beherrschten. Die Mehrzahl der vierundzwanzig neuen Standarten, die mit feierlichem Zeremoniell geweiht wurden, kam aus Bayern, Österreich und Schleswig-Holstein. In der großen Abschlußkundgebung zogen rund sechzigtausend SA-Leute, inzwischen einheitlich eingekleidet und in feldmarschmäßiger Ausrüstung, dreieinhalb Stunden lang zur Marschmusik an Hitler vorbei. Einige Einheiten drohten in der Euphorie dieser Tage mit gewaltsamen Aktionen, und die gleiche Stimmung lag einem Antrag des radikalen Flügels zugrunde, wonach jede Regierungsbeteiligung der NSDAP »für jetzt und immer verboten« sein sollte. Mit der ebenso lapidaren wie bezeichnenden Bemerkung, daß jeder Schritt gerechtfertigt sei, der die Bewegung »in den Besitz der politischen Macht führen« könne, wies Hitler den Antrag zurück. Immerhin drohten dem Legalitätskurs jetzt vor allem vom Selbstbewußtsein der rasch anwachsenden Parteiarmee neue Gefahren. Schon zu Ende des Jahres hatte die SA die Mannschaftsstärke der Reichswehr erreicht.[7]

Das Bündnis mit Hugenberg stellte auch zahlreiche Verbindungen zur Wirtschaft her, die im ganzen über Jahre hin Stresemanns Außenpolitik gestützt hatte, sich jedoch nun dem Young-Plan energisch widersetzte. Bis dahin hatte Hitler, abgesehen von einzelnen namhaften Ausnahmen wie Fritz Thyssen, nur beim kleineren Fabrikantentum materielle Unterstützung gefunden, auch seine antisozialistische, eigentumsfreundliche Haltung in der Frage der Fürstenenteignung hatte ihm keinen materiellen Gewinn gebracht. Jetzt dagegen öffneten sich ihm die Zugänge zu opulenteren Quellen. Schon die Zeit des Redeverbots hatte er genutzt, um vor allem das Ruhrgebiet systematisch zu bereisen und in geschlossenen Veranstaltungen vor oftmals mehreren hundert zumeist skeptisch gestimmten Unternehmern die Schrecken eines nationalen Sozialismus auszuräumen, der sich als energischer Verteidiger des Privateigentums verstand. Seiner Auffassung getreu, daß der Erfolg ein aristokratisches Indiz sei, feierte er den großen Unternehmer als Typus von höherer, führungsberufener Rasse und erweckte im ganzen den Eindruck, daß er »nichts verlange, was den Arbeitgebern unmöglich« sei.[8] Auch bewährten sich wiederum die Beziehungen zu den Münchener Salons, in denen er nach wie vor ein vielumworbener Gast war. Elsa Bruckmann, die es sich inzwischen, ihren eigenen Worten zufolge, zur »Lebensaufgabe« gemacht hatte, Hitler »mit den leitenden Männern der Schwerindustrie in Verbindung zu bringen«, hatte 1927 die Bekanntschaft mit dem alten Emil Kirdorf vermittelt. Und wie Hitler von dem rüden Greis, der zeitlebens nach oben frondiert und nach unten verachtet hatte, stark beeindruckt war, so zeigte auch Kirdorf sich von seinem Gegenüber fasziniert und wurde eine Zeitlang zu dessen wertvollem Fürsprecher. Er veranlaßte Hitler, seine Gedanken in einer Broschüre niederzulegen, die er als Privatdruck unter Industriellen verteilte. Am Parteitag in Nürnberg nahm er als Ehrengast teil und schrieb anschließend an Hitler, er werde nie das Gefühl der Überwältigung vergessen, das ihn in jenen Tagen erfüllt habe.[9]

In den regionalen Wahlen des Jahres 1929 setzten sich alle diese neuen Mittel und Beistände erstmals in nennenswerte Erfolge um. In Sachsen und Mecklenburg-Schwerin hatten die Nationalsozialisten schon im Frühjahr jeweils knapp fünf Prozent der Stimmen erobert, noch eindrucksvoller waren ihre Vorstöße in den preußischen Gemeindewahlen, in Coburg stellten sie den Bürgermeister, und Thüringen erlebte mit Wilhelm Frick den ersten Minister aus ihren Reihen, der auch sogleich von sich reden machte, indem er nationalsozialistische »Gebete« in den Schulen einführte und einen Konflikt mit der Reichsregierung entfesselte, obzwar er im ganzen bemüht blieb, die Koalitionsfähigkeit seiner Partei nachzuweisen.

Wie es seinem repräsentationshungrigen Temperament entsprach, ging Hitler unverzüglich daran, seinem Erfolg eine aufwendige Kulisse zu errichten, die ihrerseits wiederum den künftigen Erfolgen vorarbeiten sollte. Die Parteizentrale hatte seit Juni 1925 in einem einfachen, aber zweckmäßigen Gebäude in der Schellingstraße residiert. Jetzt übernahm Hitler mit Geldern, die vor allem von Fritz Thyssen und aus den Spenden der Mitglieder stammten, in der Briennerstraße in München das Palais Barlow und baute es zum »Braunen Haus« aus. Zusammen mit dem Architekten Paul Ludwig Troost widmete er sich anhaltend und wie in einer späten, selbstvergessenen Rückkehr zu den Jugendträumen vom hochherrschaftlichen Haus dem Entwurf der Inneneinrichtung und zeichnete Möbel, Türen und Intarsien. Eine große Freitreppe führte in seinen Arbeitsraum, der neben wenigen schwerfälligen Möbeln nur mit einem Bilde Friedrichs des Großen, einer Büste Mussolinis und dem Gemälde von einem Angriff des Regiments List in Flandern ausgestattet war. Daneben lag der sogenannte Senatssaal, um einen riesigen Tisch in Hufeisenform standen sechzig Sessel in rotem Maroquin-Leder, deren Rückseiten den Parteiadler zeigten. Bronzetafeln zu beiden Seiten des Eingangs verzeichneten die Namen der Opfer vom 9. November 1923, in dem Raum selber waren Büsten Bismarcks und Dietrich Eckarts aufgestellt. Indessen diente der Saal nie seiner

Bestimmung, sondern offenbar nur den theatralischen Bedürfnissen Hitlers, der seit je alle Vorschläge, ihm einen Senat an die Seite zu stellen, entschieden verworfen hatte. In der Wirtsstube im Keller des Braunen Hauses war ihm unter einem Bilde Dietrich Eckarts der »Führerplatz« reserviert, wo er stundenlang im Kreis von Adjutanten und andächtigen Chauffeuren zu sitzen pflegte und der ununterdrückbaren Schwatzsucht des Caféhausbesuchers in gewaltigen Tiraden nachgab.

Auch seinen persönlichen Lebenszuschnitt paßte er nun den kapitaleren Verhältnissen an, zu denen die Partei inzwischen gefunden hatte. Im Laufe des Jahres 1929 verschwanden aus seinen Unterlagen unvermittelt die Zinsen und Tilgungsraten für die beträchtlich angewachsenen Schulden. Zur gleichen Zeit bezog er eine großzügige Neunzimmerwohnung in der Prinzregentenstraße 16, in einem der gutbürgerlichen Wohnviertel Münchens. Seine Wirtin aus der Thierschstraße, Frau Reichert, und Frau Anny Winter führten ihm den Haushalt, während seine Halbschwester, Frau Raubal, nach wie vor das Haus Wachenfeld am Hang des Obersalzberges versorgte. In die Etage an der Prinzregentenstraße zog alsbald auch seine Nichte Geli ein, die inzwischen die Theaterneigung des Onkels in sich entdeckt hatte und seither Gesang- und Schauspielunterricht nahm. Die Gerüchte über das Verwandtenverhältnis störten ihn wohl, doch schätzte er auch die Aura unbürgerlicher Freiheit sowie großer und fataler Lebensverstrickung, die der Onkelneigung innewohnte.

Das neugewonnene politische Selbstbewußtsein bekundete Hitler sogleich nach dem Abschluß der Kampagne gegen den Young-Plan durch eine riskante, aber überaus wirkungsvolle Geste: er brach demonstrativ mit den konservativen Partnern um Hugenberg und bezichtigte sie, ihre Halbherzigkeit und bürgerliche Schwäche, der Schuld am Scheitern des Volksbegehrens. Seine bemerkenswerte Treulosigkeit, die durch kein Gefühl gemeinsamer Absichten und durchgestandener Kämpfe je behindert war, kam ihm wieder einmal taktisch zugute; denn die unvermutete Schwenkung brachte nicht nur die unruhigen Kritiker in den eigenen Reihen, die ihm das Bündnis mit dem »kapitalistischen Schweinehund Hugenberg« vorgeworfen hatten,[10] zum Verstummen, sondern festigte auch seinen Ruf als die einzig energische Kraft auf der antirepublikanischen Rechten und leugnete überdies den Anteil an einer Niederlage, die zweifellos auch die seine war.

Solche kühnen Gesten imponierten um so mehr, als sie der zahlenmäßigen Bedeutung der nach wie vor kleinen Partei kaum entsprachen. Doch Hitler hatte erkannt, daß nun alles darauf ankam, das einmal erfolgreich geweckte Interesse an der Bewegung wachzuhalten und zu verstärken. Den offensiveren Absichten entsprechend, nahm er eine

Neuorganisation der Parteizentrale vor, Gregor Strasser erhielt die Leitung der Organisationsabteilung I (Politische Organisation), während der ehemalige Oberst Konstantin Hierl die Organisationsabteilung II (Nationalsozialistischer Staat) übernahm; Goebbels wurde Reichspropagandaleiter. In einem Brief vom 2. Februar 1930 sagte Hitler »mit fast hellseherischer Sicherheit« voraus, daß »längstens in zweieinhalb bis drei Jahren ... der Sieg unserer Bewegung eintritt«.

Ohne Unterbrechung und in nahezu unverminderter Heftigkeit setzte er daher nach dem Bruch mit Hugenberg die Kampagne gegen die Republik auf eigene Faust fort. Schon ein Jahr zuvor hatte eine Anweisung der Parteizentrale, die von dem damaligen Propagandabeauftragten Heinrich Himmler unterzeichnet war, zur Durchführung sogenannter Propaganda-Aktionen aufgefordert, die eine neuartige Taktik politischer Werbung darstellten. In unerhörter Dichte, bis in die letzten Dörfer hinein, wurden die Gaue von sorgfältig vorbereiteten, überfallartigen Operationen heimgesucht, die im Verlauf einer Woche die gesamte Rednerelite der Partei in oft mehreren hundert Veranstaltungen »bis zur äußersten Grenze« ihres Leistungsvermögens massierte. Alle Städte und Ortschaften sahen sich während dieser Zeit mit Plakaten, Transparenten und Flugblättern, deren Auswahl nicht selten von Hitler selbst vorgenommen wurde, überschwemmt, und »Werbeabende« wurden organisiert, wo zur Musik der Spielmannszüge die SA zeigen sollte, wie es in der Anweisung hieß, »was sie aus eigenen Kräften zu leisten vermag, als da sind: sportliche Vorführungen, lebende Bilder, Theaterstücke, Singen von Liedern, Vorträge von SA-Leuten, Vorführung des Parteitagsfilms«[11]. Vor den sächsischen Landtagswahlen im Juni 1930 hielt die Partei nicht weniger als dreizehnhundert solcher Veranstaltungen ab.

Diese regionalen Einsätze waren begleitet von gezielten Bemühungen, innerhalb bestimmter gesellschaftlicher Gruppen Fuß zu fassen und insbesondere Teile der Angestelltenschaft sowie der bäuerlichen Bevölkerung zu gewinnen. Durch gezielte, kräftige Vorstöße eroberte die Partei die Führung in Genossenschaften, Innungen oder Berufsvereinen. Auf dem Lande konnte sie akuten Notständen, wie sie beispielsweise in der unter Schwarzen Fahnen aufmarschierenden bäuerlichen Protestbewegung Schleswig-Holsteins sichtbar wurden, mit der ungreifbaren Parole der »Bodenreform« entgegentreten und sich bei ihren Schuldsprüchen auf den latenten bäuerlichen Antisemitismus stützen, der, wie es in einem Schulungsbrief hieß, »bis zur Raserei aufgestachelt werden« müsse.[12] Ein junger Auslandsdeutscher namens Walter Darré, den Hitler durch Vermittlung von Rudolf Heß kennengelernt hatte, arbeitete unterdessen ein Agrarprogramm aus, das, als es Anfang März 1930 veröffentlicht wurde, ein umfangreiches Subventionsangebot mit reichlichen Huldigungen an den »vornehmsten Stand des Volkes« verband. Den Angestellten gegenüber machte die Partei sich das allgemeine Krisenbewußtsein zunutze, das die von Kriegsausgang, Verstädterung und dem Druck gesellschaftlicher Strukturveränderungen am härtesten betroffenen Schichten erfüllte. Die eigentliche Fabrikarbeiterschaft dagegen blieb der Partei zunächst fern; aber der mit dem Beginn des Jahres 1929 einsetzende Zustrom der Angestellten und Landarbeiter begründete doch ihren Anspruch als »Partei aller Schaffenden« und brachte im ganzen Land eine Fülle kleiner Zellen und Stützpunkte hervor, die den großen Durchbruch vorbereiteten.

Diese Erfolge gründeten sich indes nicht nur auf die Aktivität der von Hitler unermüdlich angetriebenen Partei und seine Fähigkeit, das wirre und sentimentbestimmte Gedankengut der traditionell zersplitterten Rechten zusammenzuhalten und taktisch zu härten; vielmehr kam ihm unterdessen auch die einsetzende Weltwirtschaftskrise zugute, die sich in Deutschland bereits mit dem Beginn des Jahres 1929 angekündigt hatte, als die Zahl der Arbeitslosen erstmals kurz die Drei-Millionen-Grenze überschritt. Im Verlauf des Frühjahrs begann die Anzahl der Geschäftszusammenbrüche in alarmierender Weise anzusteigen, ehe in den ersten fünf Novembertagen allein in Berlin fünfundfünfzig Konkursanmeldungen gezählt und täglich fünf- bis siebenhundert Offenbarungseide geleistet wurden.[13] Die Zahlen spiegelten zum Teil bereits die wirtschaftlichen und psychologischen Folgen des 25. Oktober 1929, der als berühmter »Schwarzer Freitag« mit dem Zusammenbruch der New Yorker Börse geendet und insbesondere in Deutschland verheerende Wirkungen hervorgerufen hatte.

Augenblicklich nämlich wurden die meist kurzfristig gewährten ausländischen Anleihen, die den wirtschaftlichen Aufschwung des Landes ermöglicht und mitunter auch einer leichtfertigen Ausgabenwirtschaft vor allem der Gemeinden Vorschub geleistet hatten, von den beunruhigten Gläubigern abgezogen. Der schlagartige Rückgang des Welthandels verdarb gleichzeitig alle Aussichten, die Einbußen durch gesteigerten Export wenigstens teilweise wettzumachen. Mit den sinkenden Weltmarktpreisen wurde auch die Landwirtschaft verstärkt in die Krise hineingezogen und bald nur noch mühsam durch Subventionen erhalten, die wiederum zu Lasten der Allgemeinheit gingen. Ein Verhängnis gab dem anderen in buchstäblicher Kettenreaktion die Hand. Dem alsbald auch in Deutschland einsetzenden Sturz der Aktienkurse entsprach der rapide Anstieg der Arbeitslosenziffern, der Betriebsstilllegungen und Pfändungen. Spaltenweise wurden in den Zeitungen Zwangsversteigerungen annonciert. Die politischen Rückwirkungen blieben nicht aus. Seit der Wahl von 1928 wurde das Land von einer nur unter Spannungen und Mühen zusammengehaltenen Großen Koalition mit dem sozialdemokratischen Kanzler Hermann Müller an der Spitze regiert. Als das verringerte Steueraufkommen jetzt zu rigorosen Einsparungen nötigte, kam es zwischen dem konservativen und dem linken Flügel innerhalb der Regierung zu einem hartnäckigen Streit, wer die Last der Krise vor allem zu tragen habe.

Schon zu diesem Zeitpunkt war freilich unverkennbar, daß niemand verschont bleiben werde. Das hervorstechendste Merkmal der Krise in Deutschland war ihre Totalität. Obwohl die ökonomischen und sozialen Begleitumstände beispielsweise in England sowie namentlich in den Vereinigten Staaten kaum weniger einschneidend waren, mündeten sie dort doch nicht in jene umfassende Bewußtseinskrise, die alle politischen, moralischen und intellektuellen Maßstäbe zerschlug und weit über ihre engeren Ursachen hinaus als Krise des Vertrauens in die bestehende Ordnung der Welt empfunden wurde. Die Wendung, die sie in Deutschland nahm, kann denn auch mit den objektiven wirtschaftlichen Bedingungen nicht zureichend erfaßt werden; vielmehr war die Krise vor allem ein psychologisches Phänomen. Müde der ewigen Bedrängnisse, in ihrer seelischen Widerstandskraft noch von Krieg, Niederlage und Inflation zermürbt, überdrüssig auch der demokratischen Schönrederei mit ihren fortwährenden Appellen an Vernunft und Nüchternheit, ergaben die Menschen sich nun ihren Affekten.

Sie reagierten zunächst freilich eher unpolitisch, resignierend angesichts der Fatalität und Undurchschaubarkeit der Katastrophe. Beherrschend waren die Sorgen persönlicher Existenzsicherung: der tägliche Weg zu den Arbeitsämtern, die Anstehere vor Lebensmittelläden oder öffentlichen Notküchen, die Plage mit den elenden Nichtigkeiten des Überlebens – und daneben das apathische und verzweifelte Herumlungern in verödeten Kneipen, an den Straßenecken oder in den dunklen Wohnungen, mit dem Gefühl vergeudeten Lebens. Im September 1930 überschritt die Zahl der Arbeitslosen erneut die Drei-Millionen-Grenze, ein Jahr später waren es fast viereinhalb und im September 1932 mehr als fünf Millionen, nachdem die Statistiken zu Beginn des Jahres schon über sechs Millionen Erwerbslose registriert hatten, die Kurzarbeiter nicht eingerechnet. Ungefähr jede zweite Familie war unmittelbar betroffen, und fünfzehn bis zwanzig Millionen Menschen sahen sich auf einen Unterstützungssatz angewiesen, der nach den Berechnungen des amerikanischen Journalisten H. R. Knickerbocker in gewissem Sinne zum Leben ausreichte, weil der Empfänger zehn Jahre brauchte, um damit zu verhungern.[14]

Das Gefühl gänzlicher Entmutigung und Sinnlosigkeit überlagerte alles. Zu den auffallenden Begleiterscheinungen der Krise zählte eine beispiellose Selbstmordwelle, deren Opfer anfangs vor allem fallierende Bankiers und Geschäftsleute, doch mit dem Voranschreiten der Krise immer häufiger Angehörige des Mittelstands und des Kleinbürgertums waren, die Inhaber kleiner Läden, Angestellte, Rentner, deren ausgeprägtes Statusempfinden Armut seit je nicht nur als Entbehrung, sondern weit eher noch als entwürdigendes Indiz sozialer Degradierung aufgefaßt hatte. Nicht selten gingen ganze Familien geschlossen in den Tod. Sinkende Geburtenziffern und steigende Sterberaten führten in zwanzig deutschen Großstädten zu abnehmenden Bevölkerungszahlen. Die Gesamtheit der chaotischen Bilder sowie die mitunter groteske Inhumanität eines krisenhaft entartenden Kapitalismus hat dem Bewußtsein vom Untergang eines Zeitalters vorgearbeitet und, wie immer in Endzeitstimmungen, wild wuchernde Hoffnungen und irrationale Sehnsüchte auf eine radikale Umwandlung des ganzen Weltzustandes wachgerufen. Scharlatane, Astrologen, Hellseher, Chiromanten und Spiritisten hatten eine große Zeit. Es war eine Not, die, wenn nicht beten, so doch pseudo-religiöse Empfindungen lehrte, und den Blick unwillkürlich auf offenbar begnadete Erscheinungen lenkte, die nicht Menschenwerk allein verrichteten und mehr als Normalität, Ordnung, »Politik« verhießen: nämlich Offenbarung des verlorenen Lebenssinns.

Instinktsicher wie kein anderer hat Hitler diese Bedürfnisse erfaßt und auf sich zu ziehen gewußt. In jedem Sinne war dies seine Stunde. Die phlegmatischen Anwandlungen, der Hang zum Rückzug ins Private, der sich in den zurückliegenden Jahren nicht selten bemerkbar gemacht hatte, waren wie mit einem Schlage überwunden. Lange hatten die Anlässe gefehlt, die seinem Pathos gerecht wurden. Dawes-Plan, Besatzerschikanen oder Stresemanns Außenpolitik bildeten keine angemessenen Verdammungsgegenstände, und vermutlich war ihm bewußt, daß das Mißverhältnis zwischen diesen Tatbeständen und der Exaltation, die er daran zu entfachen versucht hatte, nicht frei von absurden Wirkungen gewesen war. Jetzt dagegen sah er endlich die Katastrophenkulisse erstehen, die seiner demagogischen Durchgängerei den dramatischen Hintergrund gab. Zwar waren seine agitatorischen Fixpunkte nach wie vor Versailles und Stresemanns Außenpolitik, Parlamentarismus und Franzosenbesatzung, Kapitalismus, Marxismus und vor allem die jüdische Weltverschwörung; doch ließ sich nun jeder dieser Begriffe unschwer mit der herrschenden Malaise, dem Elend, das alle spürten, verknüpfen.

Hitlers Überlegenheit gegenüber seinen Konkurrenten zeigte sich vor allem in dem Vermögen, den persönlichen Wünschen und Verzweiflungsgefühlen der Massen die Farbe eines politischen Entschlusses zu geben und den widersprüchlichsten Erwartungen die eigenen Absichten zu soufflieren. Die Wortführer der anderen Parteien begegneten der Bevölkerung eher verlegen, mit zuredenden Gesten: indem sie ihre Ratlosigkeit eingestanden, bauten sie auf die Solidarität aller Ohnmächtigen im Angesicht der Katastrophe. Hitler dagegen gab sich optimistisch, aggressiv, zukunftsbewußt und pflegte seine Feindschaften: »Niemals in meinem Leben«, so hat er erklärt, »habe ich mich so wohl und innerlich zufrieden gefühlt wie in diesen Tagen.«[15] In variantenreichen Alarmrufen appellierte er an die verwirrten, von Deklassierungsängsten erfüllten Menschen, die sich von rechts wie von links, von Kapitalismus wie Kommunismus gleichermaßen bedrängt fühlten und der bestehenden Ordnung den unterlassenen Beistand zum Vorwurf machten. Seine Programmatik verwarf das eine und alles andere: sie war antikapitalistisch und antiproletarisch, revolutionär und restaurativ, sie beschwor ihre kalten Zukunftsvisionen zugleich mit den Heimwehbildern der guten alten Zeit und war suggestiv zugeschnitten auf das Paradox einer revolutionären Empörung, die auf Wiedereinsetzung in den einstigen Stand drängte. Bewußt überschnitt sie alle herkömmlichen Fronten. Doch indem Hitler sich weit und radikal außerhalb des »Systems« stellte, beteuerte er seine Unschuld an den herrschenden Notständen und legitimierte zugleich sein Verdikt über das Bestehende.

Wie um ihn zu bestätigen, versagten die parlamentarischen Institutionen schon angesichts der ersten Belastungsprobe. Noch vor dem Höhepunkt der Krise zerriß im Frühjahr 1930 die Große Koalition. Ihr Ende war bereits das Einsatzzeichen zum Abschied von der Republik. Im Vordergrund stand die schon lange schwelende, in der Sache eher geringfügige Meinungsverschiedenheit der Flügelparteien über die Lastenverteilung in der Arbeitslosenversicherung; tatsächlich jedoch zerbrach die Regierung Hermann Müller an dem in fast allen politischen Lagern schlagartig bemerkbar werdenden Hang zur Flucht in die Opposition, und die Bevölkerung, die zu den Radikalen überlief, wiederholte auf anderer Ebene nur, was vor allem Sozialdemokraten und Deutsche Volkspartei ihr vorgemacht hatten. Der Vorgang offenbarte, wie gering der Rückhalt war, den die Republik besaß, und wie unverläßlich das Fundament der Loyalitäten. Zwar hatte sie in wenigen Jahren Beachtliches erreicht; aber noch die Farbe ihrer Tüchtigkeit war grau gewesen, und selbst in ihren besten Jahren hatte sie die Menschen im Grunde nur gelangweilt. Erst Hitler hat die Triebkräfte mobilisiert, die von der bemühten Alltagstüchtigkeit der republikanischen Politiker weder er-

kannt noch aufgefangen worden waren: den Drang nach Utopie und
überpersönlichen Zielen, das Bedürfnis nach Appellen an Großmut und
Hingabewillen, die elementare Sehnsucht nach Führergestalten, in denen
die Undurchsichtigkeit moderner Machtprozesse anschaubar würde, sowie
das Verlangen nach heroisierender Deutung der aktuellen Notstände.

Weit mehr als die vagen wirtschaftlichen Versprechungen haben denn
auch diese Parolen des »dritten Werts« die desorientierten Mengen auf
den Weg zur NSDAP geführt. Hitler selber verdrängte nun seine Vorbehalte
gegen die Massenpartei, und erstmals bewährte sich die Elastizität
der weitgespannten Parteiorganisation. Unbehindert durch programmatische
Fesseln, aber auch frei von der Beschränkung auf eine einzelne
Klasse, war die NSDAP imstande, die entlegensten Elemente fast
mühelos aufzusaugen. Sie bot Raum für jede Herkunft, jedes Alter,
jedes Motiv, ihr Mitgliedsbild schien eigentümlich strukturlos und verleugnete
jeden strengeren Klassenbegriff. Man verkennt noch immer die
entscheidende Ursache für den Aufstieg der Hitlerpartei, wenn man sie
lediglich unter ökonomisch-sozialem Aspekt als Bewegung der rückständigen
bürgerlichen und bäuerlichen Massen begreift und ihre Dynamik
überwiegend aus den materiellen Interessen dieser Gefolgschaft zu erschließen
versucht.

Schon der vielgestaltige Gegensatz zwischen Kleingewerbe, Bauern,
Großunternehmern und Verbrauchern, die auf verschiedene Weise allesamt
für die Partei unentbehrlich waren, beschränkte die Möglichkeiten
zur Bildung einer Klassenbewegung. Es war dies die Grenze, an die bis
dahin jede Partei früher oder später gestoßen war. Sie schien unüberwindlich
und war gerade in einer Zeit schwersten wirtschaftlichen und
sozialen Elends nicht einfach durch die Taktik der leeren Versprechungen
nach allen Seiten zu lösen, die allzu viele Adepten hatte und bald
niemanden mehr narrte. Wer sich überhaupt auf die materiellen Wünsche
einließ, sah sich bald dem Dilemma gegenüber, daß er die Massen
nur gewinnen konnte, wenn er höhere Löhne und geringere Preise, mehr
Dividenden und weniger Steuern, bessere Renten, höhere Zölle und im
Hinblick auf die Landwirtschaftsprodukte sogar den Erzeugern höhere
und den Verbrauchern niedrigere Preise versprach. Es war aber gerade
Hitlers Kunstgriff, über die ökonomischen Gegensätze in tönenden Appellen
hinwegzureden und die materiellen Interessen vor allem zu benutzen,
um sich wirkungsvoll von seinen Gegnern abzusetzen: »Ich
verspreche nicht Glück und Wohlleben wie die anderen«, rief er
aus, »ich kann nur das eine sagen: wir wollen Nationalsozialisten
sein, wir wollen erkennen, daß wir kein Recht haben, national zu
sein und ›Deutschland, Deutschland über alles‹ zu schreien, wenn Millio-

nen von uns zum Stempeln gehen müssen und nichts zum Anziehen haben.«[16] Seine Überlegenheit beruhte nicht zuletzt auf der Einsicht, daß das Verhalten der Menschen nicht ausschließlich ökonomisch motiviert ist; er baute vielmehr auf ihr Bedürfnis, ein überpersönliches Motiv für das Dasein zu besitzen, und vertraute auf die klassensprengende Kraft des »dritten Wertes«: der Parolen von nationaler Ehre, Größe, Verschworenheit und Opferbereitschaft; von Hingabe ohne Vorteil: »Und Sie sehen – schon marschieren wir!«

Immerhin blieben Resonanz und Zulauf der Partei auch jetzt vor allem auf jene Mittelschichten beschränkt, die den Grund ihrer politischen Vorstellungen am ehesten bewahrt und seit je die Neigung gezeigt hatten, aus problematischen Existenzlagen in die Geborgenheit einer rücksichtslosen und unkomplizierten Ordnung zu flüchten. Ihre Wünsche, Ressentiments und Interessen waren im bestehenden Parteienfeld nur ungenau repräsentiert. Die ungeliebte Republik hatte sie der Politik entfremdet, doch Hunger und Angst brachten sie nun, ziellos fluktuierend, auf die Suche nach »ihrer« Partei. In der Begegnung mit Hitler erlagen sie nicht nur einer großen demagogischen Kraft, sondern in kaum geringerem Maße der suggestiven Gemeinsamkeit der Lebensschicksale: auch er ein Bürgerlicher mit der überwältigenden Deklassierungsangst und in seinen zivilen Ambitionen gescheitert, ehe er die Politik entdeckte, die ihn befreit, nach oben gebracht hatte und an ihnen nun die gleiche Zauberwirkung, so hofften sie, entfalten würde. Sein Schicksal schien die Apotheose ihres eigenen.

Es war dieser »versinkende Mittelstand«, der den Durchbruch der NSDAP zur Massenpartei eingeleitet und ihr soziologisches Bild während jener Jahre ganz überwiegend bestimmt hat. Freilich ist die Annahme irrig, daß die wirtschaftliche Not unmittelbar zu einer erhöhten Anfälligkeit für die Parolen der NSDAP geführt habe; denn nicht in den Großstädten und Industrierevieren, wo die Depression die bedrückendsten Ausmaße erreichte, erzielte die Hitlerpartei den größten Zulauf, sondern in den Kleinstädten sowie in den ländlichen Gegenden. Vor dem Hintergrund einer im ganzen noch immer intakten Ordnung wurde der Einbruch des Elends weitaus elementarer, katastrophenartiger empfunden als in den großen Städten, die mit der Not seit je auf vertrautem Fuß gelebt hatten; hier war der Begriff des Chaos nur ein anderes Wort für Kommunismus.[17]

Immerhin gelangen der NSDAP mit dem Fortgang der Krise auch die ersten Erfolge innerhalb der Arbeiterschaft. Zwar ist der von Gregor Strasser unternommene Versuch, mit Hilfe einer Betriebszellenorganisation (NSBO) den sogenannten »Betriebsmarxismus« zu überwinden (»Keine Arbeitsstelle ohne Nazizelle«, dichtete Goebbels), im ganzen

gescheitert, nicht zuletzt, weil Hitler gegenüber dem Gedanken einer
breiten nationalsozialistischen Gewerkschaftsorganisation stets reserviert
geblieben war: das Beispiel der SPD schien ihm zu demonstrieren, wie
eine Partei sich durch das Bündnis mit den Gewerkschaften die Idee der
Weltrevolution abkaufen lassen könne und in der Fixierung auf Lohntütenprobleme die Befreiung des Menschengeschlechts aus dem Blick
verlor. Jedenfalls unterstützte er die verbliebene NS-Linke kaum bei
deren Versuch, der Gefahr entgegenzuwirken, daß die sozialrevolutionäre Arbeiterpartei in die Niederungen einer »Nur-Antisemiten- und
Kleinbürgerpartei« abrutschte: »Die Gewinnung eines einzigen Arbeiters ist ungleich wertvoller als die Beitrittserklärungen von einem Dutzend Exzellenzen, überhaupt von ›gehobenen‹ Persönlichkeiten«, versicherte einer der ihren.[18] Doch wiederum hatte Hitler mit seiner Überlegung Erfolg: Was der NSDAP gegenüber der klassenbewußten Arbeiterschaft lange versagt geblieben war, erreichte sie nun unter den wachsenden Massen der Arbeitslosen. Als ideales Auffangbecken erwies sich
dabei vor allem die SA, in Hamburg waren von viertausendfünfhundert SA-Mitgliedern zweitausendsechshundert ohne Beschäftigung, es
waren annähernd sechzig Prozent, in Breslau konnte ein Sturm bei
heftigem Frost zu einer Besichtigung nicht antreten, weil er kein Schuhwerk hatte.

Vor den Stempelstellen, auf denen die Erwerbslosen sich zweimal
wöchentlich einfinden mußten, verteilten organisierte Werbetrupps das
auf die Sorgen und Nöte der Betroffenen geschickt zugeschnittene Propagandablatt ›Der Erwerbslose‹ und verwickelten die Herumstehenden
in anhaltende Diskussionen. Die Gegenaktivität der Kommunisten, die
sich von den Nazis auf ihrer eigensten Domäne herausgefordert sahen,
führte zu ersten Schlägereien und Straßenkämpfen, die bei schrittweise
gesteigerten Einsätzen allmählich in jenen »stillen Bürgerkrieg« übergingen, der bis in den Januar 1933 eine dünne, aber unablässig blutende
Spur zog und erst mit der Machteroberung der einen Seite abrupt
erstickt wurde. Den Anfang hatte schon im März 1929 ein erbittertes
Handgemenge in Dithmarschen gemacht, in dessen Verlauf zwei Angehörige der SA, der Bauer Hermann Schmidt sowie der Tischler Otto
Streibel, getötet und dreißig Personen teilweise schwer verletzt worden
waren. Nunmehr verlagerte sich die Auseinandersetzung zusehends in
die Großstädte, deren Arbeiterviertel und Hinterhofsysteme zur finsteren Kulisse eines Kleinkriegs wurden, der in Ecklokalen und Kellerkneipen seine Stützpunkte hatte, jenen sogenannten »Sturmlokalen«,
die, ganz in diesem Sinne, von einem der Mitlebenden als »befestigte Stellung in der Kampfzone« beschrieben wurden.[19] Vor allem
in den Großstädten kam es zwischen SA und Rotem Frontkämpferbund,

der Kampforganisation der Kommunisten, zu Feindseligkeiten, die nicht selten ganze Straßenzüge in lärmenden, kriegsähnlichen Aufruhr versetzten und zahlreiche Tote und Verletzte forderten. Häufig konnte erst das massierte Eingreifen gepanzerter Polizeiverbände Kampfhandlungen unterbinden.

Mehr und mehr rückte Berlin jetzt überhaupt in den Mittelpunkt der nationalsozialistischen Machtergreifungsstrategie. Die traditionell linksorientierte Stadt, in der die marxistischen Parteien seit je alle Rivalen weit hinter sich ließen, war nicht nur die Bastion, deren Eroberung von der Legalitätstaktik zwingend vorgeschrieben war; vielmehr gebot die NSDAP in Goebbels dort auch über den Mann, der Energie und Verwegenheit genug besaß, mit einem verschwindend kleinen Anhang die »Roten« mitten im Zentrum ihrer Macht, wo sie sich unangefochten glaubten, herauszufordern: »Adolf Hitler frißt Karl Marx!«, lautete eine der dreisten Parolen, mit denen er den Kampf eröffnete. Aus den bürgerlichen Vororten, in denen die NSDAP ein unbehelligtes, vom Selbstzank ausgefülltes Vereinsleben geführt hatte, dirigierte er sie mitten in die proletarischen Elendsquartiere des Nordens und Ostens der Stadt und machte erstmals den Linken die Straße und die Betriebe streitig. Blaß, übernächtigt, im zweireihigen, schwarzen Lederjackett, war er eine der charakteristischen Figuren aus der Typengalerie jener Zeit. Die Beunruhigung der Linken, die den enttäuschten Massen zu lange die Weltrevolution nur gemimt hatte, spiegelt die berühmt gewordene Formel wider, mit der die KPD-Bezirksleitung Berlin schon im August 1928 auf die Goebbels'sche Konkurrenz reagierte: »Jagt die Faschisten aus den Betrieben! Schlagt sie, wo ihr sie trefft!«

Dem Beispiel Hitlers folgend, entwickelte auch Goebbels seine Praktiken am Vorbild des Gegners: die Sprechchöre, Musikumzüge, die Werbetätigkeit am Arbeitsplatz oder das System der Straßenzellen, die Massendemonstrationen sowie die Kleinarbeit an der Wohnungstür griffen Methoden der sozialistischen Parteiwerbung auf und verknüpften sie mit dem von Hitler geprägten »großen Münchener Stil«. Der provinziellen Physiognomie der Partei gab Goebbels einige großstädtische und intellektuelle Züge, die ihr neue Schichten erschlossen. Er war auf jene Art geistreich, abgebrüht und zynisch, die dem Publikum imponiert. Aus dem republikanischen Slogan »Schützt alle die Republik!« schuf er die diffamierend jiddisch klingende Vokabel »Schadre«, machte die von der gegnerischen Agitation verwendete Bezeichnung »Oberbandit von Berlin« zu einer Art Ehrentitel, mit dem er sich ganovenhaft schmückte, oder ironisierte eine Formel aus den Revolutionstagen von 1918, die ein Leben in Schönheit und Würde verheißen hatte, indem er die mit penibler Rohheit geführte Selbstmörderspalte im ›Angriff‹ mit der stets wiederkehrenden Wendung überschrieb: »Das Glück dieses Lebens in Schönheit und Würde vermochten nicht länger zu ertragen«: dann folgten die Namen.[20]

Die unbegrenzte Bereitschaft, vom Gegner zu lernen, der Mangel an machttaktischer Arroganz und Besserwisserei, unterschied die Nationalsozialisten von den Konservativen alter Prägung und gab ihrer Rückwärtsgewandtheit die moderne Gestalt. Der linksradikalen Presse schenkten sie bezeichnenderweise weit größere Aufmerksamkeit als den bürgerlichen Blättern und druckten in ihren eigenen Publikationen nicht selten »beachtenswerte Abschnitte« aus kommunistischen Instruktionen zur Belehrung der eigenen Gefolgschaft ab.[21] Desgleichen trachteten sie, auch darin die Praxis der Kommunisten aufgreifend, den Gegner durch rüdes Auftreten zu demoralisieren, nicht ohne freilich die eigene Schwäche als Folge von Arglosigkeit und Idealismus darzustellen: »Heroen mit großem Kinderherzen«, »Christus-Sozialisten«, formulierte Goebbels unverfroren, als er Horst Wessel, den zumindest teilweise aus Eifersuchtsmotiven, im Streit um eine Dirne, von einem kommunistischen Rivalen erschossenen SA-Führer, zum Märtyrer stilisierte. Zu seinen wirksamsten Rühreffekten gehörte es, die bandagenvermummten Verwundeten der Straßenschlachten neben seiner Rednertribüne auf Tragbahren zur Schau zu stellen. Der Polizeibericht über den blutigen Zwischenfall in Dithmarschen hatte die Propagandawirkung Toter und Verwundeter beschrieben und der Hitlerbewegung bestätigt, wie vorteilhaft die Investition blutiger Opfer als Mittel der Agitation war: die Nationalsozialisten hätten rund dreißig Prozent Neuzugänge zu verzeichnen, meldete das Schreiben und teilte die Beobachtung mit, daß seither »einfache und alte Bauernfrauen an ihren blauen Arbeitsschürzen das Hakenkreuzabzeichen (tragen). Bei der Unterhaltung mit solchen alten Müttern fühlte man sofort, daß sie von den Zielen und Zwecken der nationalsozialistischen Partei gar keine Ahnung haben. Sie sind aber davon überzeugt, daß alle ehrlichen Leute in Deutschland heute ausgenutzt werden, daß die Regierung unfähig ist und... nur die Nationalsozialisten die Retter aus diesem angeblichen Elend sein können.«[22]

Der wohl bemerkenswerteste Einbruch gelang der NSDAP innerhalb der Jugend. Wie keine andere politische Partei vermochte sie sich sowohl die Erwartungen der jungen Generation selber als auch die verbreiteten Hoffnungen darauf zunutze zu machen. Naturgemäß war die Generation der Achtzehn- bis Dreißigjährigen, deren Ehrgeiz und Bewährungswille angesichts der herrschenden Massenarbeitslosigkeit ins Leere lief, von der Krise besonders betroffen. Radikal und wirklichkeitsflüchtig zugleich, bildeten sie ein riesiges aggressives Potential. Sie verachteten ihre Umwelt, die Elternhäuser, Erzieher und angestammten Autoritäten, die verzweifelt immer nur die alte bürgerliche Ordnung wiederhaben wollten, über die sie längst hinaus waren: »Wir können nicht mehr gläubig rückwärts blicken und sind doch zum Verneinen zu gesund!«, hieß es in einem Zeitgedicht.[23] Auf intellektuellerer Ebene äußerte sich die gleiche Stimmung beispielsweise in der Formel, daß Deutschland nicht nur den Krieg, sondern auch die Revolution verloren habe und sie nachholen müsse. In ihrer Mehrheit verachtete die Jugend die Republik, die ihre eigene Ohnmacht feierte und ihre Schwäche und Unentschiedenheit als demokratischen Kompromißwillen ideologisierte; sie verwarf aber auch ihren platten sozialstaatlichen Materialismus, ihre »epikureischen Ideale«, in denen sie nichts von der tragischen Lebensstimmung wiederfand, die sie erfüllte.

Zugleich mit der Republik lehnte sie auch den traditionellen Parteientypus ab, der das von der Jugendbewegung geweckte und im Krieg legendär bestätigte Verlangen nach »organischen« Gemeinschaftsformen unbefriedigt ließ. Das Ressentiment gegen die »Herrschaft der Alten« entzündete sich geradezu am Bilde des herkömmlichen Parteivorstandes in all seiner borniertem Rechtschaffenheit. Nichts auf diesen breiten, selbstzufriedenen Gesichtern spiegelte die Unruhe, das Bewußtsein der großen »Zeitenwende«, das diese bürgerliche Jugend erfüllte. Ein nicht unerheblicher Teil schloß sich den Kommunisten an, obwohl die klassenkämpferische Enge der Partei vielen den Zugang erschwerte; andere versuchten in der buntgewürfelten nationalbolschewistischen Bewegung ihrem eigentümlich gebrochenen Rigorismus Ausdruck zu geben; die Mehrheit indessen, insbesondere aus der akademischen Jugend, ging zu den Nationalsozialisten über, die NSDAP war ihre natürliche Alternative. Aus dem schillernden ideologischen Angebot der nationalsozialistischen Propaganda hörten sie vor allem die revolutionären Töne heraus, sie suchten Disziplin, Opfer und fühlten sich überdies von der Romantik einer Bewegung angezogen, die immer hart am Rande der Legalität operierte und dem rücksichtslosen Einsatzwillen auch den Schritt darüber hinaus erlaubte: weniger eine Partei als eine Kampfgemeinschaft, die den ganzen Mann verlangte und einer morschen und zerbrechenden Welt das Pathos einer martialischen neuen Ordnung entgegensetzte.

Unter dem Zulauf der jüngeren Jahrgänge gewann die NSDAP, vor allem bevor sie zur Massenpartei wurde, geradezu den Charakter einer Jugendbewegung eigenen Stils. Im Gau Hamburg beispielsweise waren 1925 rund zwei Drittel der Parteimitglieder jünger als dreißig Jahre, in Halle sogar sechsundachtzig Prozent, und in den übrigen Gauen lauteten die Zahlen durchweg ähnlich. Im Jahre 1931 waren siebzig Prozent der Berliner SA-Leute unter dreißig, in der Gesamtpartei gehörten immerhin noch annähernd vierzig Prozent dieser Altersgruppe an, in der SPD dagegen kaum halb soviele; und während rund zehn Prozent der SPD-Abgeordneten unter vierzig Jahre alt waren, waren es bei den Nationalsozialisten rund sechzig Prozent. Hitlers Bestreben, die jungen Menschen anzusprechen, zu stimulieren und mit Verantwortung zu betrauen, erwies sich als überaus wirksam. Goebbels wurde mit achtundzwanzig, Karl Kaufmann mit fünfundzwanzig Jahren Gauleiter, Baldur v. Schirach war sechsundzwanzig, als er zum Reichsjugendführer ernannt wurde, und Himmler nur zwei Jahre älter bei der Beförderung zum Reichsführer-SS. Die Unbedingtheit und ungeschwächte Glaubenskraft dieser jugendlichen Führungsleute, ihre »rein körperliche Energie und Rauflust«, so erinnerte sich einer von ihnen später, »verliehen der Partei eine Stoßkraft, der vor allem die bürgerlichen Parteien je länger, je weniger etwas Gleichwertiges entgegenzusetzen hatten«[24].

Alle diese Merkmale prägten die Zusammensetzung der Partei schon seit dem Jahre 1929, noch vor dem großen, sprunghaften Überlaufen. Allerdings blieb ihr soziologisches Bild immer undeutlich, nicht ohne Absicht vernebelt von anspruchsvollen Sammelparolen, hinter denen Hitler zu verbergen suchte, daß die Werbung um die politisch bewußte Arbeiterschaft nur geringe Erfolge zeitigte und die NSDAP überwiegend auf ihre Ursprungsschichten begrenzt blieb. Erstmals wurde auch ein staatlicher Widerstand spürbar. Am 5. Juni 1930 erließ Bayern ein Uniformverbot, eine Woche später untersagte Preußen das Braunhemd, so daß die SA künftig in weißen Hemden auftreten mußte, und wiederum vierzehn Tage später verbot das Land seinen Beamten die Zugehörigkeit zur NSDAP und KPD. Der Abwehrwille äußerte sich auch in einer wachsenden Anzahl von Gerichtsprozessen, bis 1933 fanden rund 40 000 Verfahren statt, in deren Verlauf 14 000 Jahre Haft und annähernd anderthalb Millionen Mark Geldstrafen verhängt wurden.[25]

Diese Gesten verdrängten gleichwohl den Eindruck der Schwäche nicht, der dem »System« unverlierbar anhaftete. Schon vor dem ruhmlosen Ende der Großen Koalition waren auch in die Umgebung des Reichspräsidenten v. Hindenburg, der bis dahin zwar verfassungsfremd, aber formal verfassungstreu amtiert hatte, Überlegungen gelangt, die zur Ablösung des unfähigen parlamentarischen Regimes durch ein autoritäres Präsidialregiment rieten; und wie weit auch immer der Präsident diesen Erwägungen jetzt schon entgegenkam: jedenfalls schaltete er sich bei der Bildung der neuen Regierung erstmals energisch und tonangebend in die Verhandlungen ein. Desgleichen deutete die Wahl Heinrich Brünings darauf hin, daß er sich künftig auch in die Regierungsgeschäfte einzumischen gedenke; denn die Person des neuen Kanzlers vereinte Loyalität, Charakterstrenge und Pflichtbewußtsein zu eigentümlich romantischer Nüchternheit, die allemal auch zu jenen stummen Selbstopferungen bereit schien, wie Hindenburg sie seit je von seiner Umgebung zu verlangen pflegte. Mit unangemessener Eile, und ohne die Kompromißmöglichkeiten auszuschöpfen, riskierte Brüning schon bald nach Übernahme seines Amtes, in einem Augenblick unablässig steigender Arbeitslosenzahlen und wachsender Krisenangst, eine parlamentarische Abstimmungsniederlage und löste den Reichstag auf. Vergeblich hatte der Reichsinnenminister Wirth die Gegenspieler beschworen, nachzugeben und die Krise des Parlaments nicht zu einer Krise des Systems zu erweitern; es schien, als sei die Demokratie ihrer selbst überdrüssig geworden. Für den September wurden Neuwahlen anberaumt.[26]

Sogleich flammte die ohnehin nur geringfügig abgeflaute nationalsozialistische Propaganda wieder auf und gewann jenen schrillen Kampagnenton zurück, der dem Feldzug gegen den Young-Plan das Gepräge gegeben hatte. Wieder schwärmten ihre Werbekommandos aus und fielen laut und turbulent in Städte und Landstriche ein, veranstalteten in nicht abreißender Folge Platzkonzerte, Sportfeste, Sternfahrten, Zapfenstreiche oder gemeinsame Kirchgänge. Sie wußten vernünftig, radikal oder begeistert und durchweg volkstümlicher als ihre Mitbewerber zu sein. »Heraus mit dem Geschmeiß! Reißt ihm die Masken von der Fratze herunter! Packt sie beim Genick, gebt ihnen am 14. September Fußtritte auf die Fettbäuche und fegt sie mit Glanz und Gloria zum Tempel hinaus!«, schrieb Goebbels, für den dieser Wahlkampf die erste Bewährungsprobe seit der Ernennung zum Reichspropagandaleiter war. Ernst Bloch hat abfällig von der »dummen Begeisterung« der Nationalsozialisten gesprochen; aber eben das machte einen Teil ihrer Überlegenheit aus, während die Kommunisten, aller hochtrabenden Siegesgewißheit zum Trotz, immer grau und mißmutig wirkten, als hätten sie nicht die Geschichte, sondern allenfalls den Alltag für sich. Auch die zwei- bis dreitausend Absolventen der Parteirednerschule kamen jetzt in gesteuerten Masseneinsätzen zum Zuge, und wenn der vielfach primitive und einstudiert wirkende Vortrag des ideologischen Weistums der Partei auch wenig neue Anhänger gewann, so festigte das scharenweise Auftreten zahlloser Kleinpropagandisten doch den Eindruck unermüdlicher und allesüberrollender Aktivität, dem nach der Auffassung Hitlers eine große Suggestivwirkung innewohnte. Zugleich traten die erprobten Gau- und Reichsredner im Rahmen aufwendig arrangierter

Veranstaltungen vor die Bevölkerung. »Versammlungen mit einer Besucherzahl von tausend bis fünftausend Personen«, vermerkte eine Denkschrift des preußischen Innenministeriums, »sind in größeren Städten eine tägliche Erscheinung; oft müssen sogar eine oder mehrere Parallelversammlungen stattfinden, weil die vorgesehenen Versammlungslokale die Zahl der Besucher nicht fassen können.«[27]

In jedem Sinne an der Spitze, als Führer, Star und Organisator der Kampagne, stand Hitler selber. Er hatte sie mit einer Großveranstaltung in Weimar eröffnet und war seither pausenlos, im Auto, im Flugzeug oder mit der Eisenbahn, unterwegs. Wo immer er auftauchte, setzte er die Massen in Bewegung, ohne daß er einen Plan, eine Theorie der Krise und ihrer Abwehr gehabt hätte. Aber er hatte eine Antwort; er wußte die Schuldigen zu nennen: die Alliierten, die korrupten Systempolitiker, die Marxisten und die Juden; und er kannte die Voraussetzungen zur Beendigung der Not: den Willen, das Selbstbewußtsein und die wiedergewonnene Macht. Seine Gefühlsappelle blieben immer im allgemeinen. »Schweigt mir mit Euren Tagesfragen!«, rechtfertigte er sich, das deutsche Volk sei darüber zugrunde gegangen: »Die Tagesfragen sind dazu angetan, den Blick für das Große zu trüben.« Er begründete die Krise des parlamentarischen Systems geradezu damit, daß die Parteien und ihre Ziele zu sehr auf den »Tageskram« fixiert seien, als daß »Menschen bereit wären, dafür Opfer zu bringen«[28]. Nach wie vor befolgte er das bewährte Rezept, die tausend Unglücke des Tages auf wenige, leicht faßliche Ursachen zurückzuführen, ihnen jedoch durch ein düsteres Weltenpanorama, das von unheimlichen Hintergrundfiguren verschwörerisch belebt war, Weite und dämonische Aura zu verleihen. Er wirkte durch das gewaltige Zeremoniell und die Entschiedenheit seines Auftretens nicht weniger als durch die rednerische Kraft. Immer blieb er darauf bedacht, daß seine Deutungen ins Schlagwort umsetzbar waren und viele grelle, haftende Begriffe hergaben, die noch lange nach seinen Auftritten, in den unkontrollierten Bewußtseinsschichten, selbsttätig ihre Wirkung entfalteten. In jenen Wochen gewann er, neben einer außerordentlichen organisatorischen Erfahrung, das psychotechnische Raffinement für die weit umfangreicher angelegten, ungestümeren Kampagnen, die er zwei Jahre später ins Werk setzte.

Die Programmverlegenheit, die in so auffallendem Kontrast zur Energie und Lautstärke der nationalsozialistischen Agitation stand, hat zu einer anhaltenden Unterschätzung der NSDAP geführt. Im Urteil gerade der kritischen Zeitgenossen behauptete sie sich überwiegend als eine geräuschvolle, lästige und leicht verrückte Erscheinung in geräuschvollen und leicht verrückten Zeitläuften. Eine eigentümlich treffende und gleichzeitig höchst irrtümliche Formulierung Kurt Tucholskys über

Hitler hat dieses Fehlurteil bewahrt: »Den Mann gibt es gar nicht; er ist nur der Lärm, den er verursacht.«[29] Eine Denkschrift des Reichsinnenministeriums, die den hinter formalen Legalitätsbeteuerungen kaum verhüllten verfassungsfeindlichen Charakter der Partei bloßlegte, blieb unbeachtet; statt dessen vertraute man auf die Sprengkraft, die den inneren Widersprüchen der überhastet anschwellenden Partei, dem intellektuellen Mittelmaß, der Rohheit und dem Ehrgeiz ihres Führerkorps innewohnte.

Diese Erwartungen sahen sich durch jene Krisen bestärkt, die im Sommer 1930 die NSDAP noch einmal nachhaltig zu erschüttern schienen und sich erst der späteren Betrachtung als Säuberungsaktionen zu erkennen gaben, die dem disziplinären Zusammenhalt der Partei und ihrer Stoßkraft zugute kamen. Getragen von dem anschwellenden Jubel zu allen Seiten, in dem immer betäubender heranrollenden Beben die unwiederholbare Chance witternd, rüstete Hitler sich, indem er die Partei von ihren letzten Kritikern und unabhängigen Oppositionellen reinigte.

Zunächst zwang er den Linken innerhalb der Partei, deren Stellung zusehends widersprüchlicher geworden war, die wiederholt hinausgeschobene Auseinandersetzung auf. Solange die NSDAP als Randpartei und nur durch den Lärm, den sie verursachte, in Erscheinung getreten war, ohne in Parlamenten oder Regierungen ihre Grundsätze in die Praxis umsetzen zu müssen, hatte sie ihre ideologischen Meinungsverschiedenheiten unschwer verbergen können; die regionalen Wahlerfolge der jüngsten Zeit zwangen sie unaufhörlich zu verbindlicher Selbstauslegung. Hartnäckig hatten Otto Strasser und sein um den Kampfverlag gruppierter Anhang immer wieder Hitlers Legalitätskurs in Frage gestellt und eine aggressive »Katastrophentaktik« befürwortet; sie hatten einen ungebärdigen Antikapitalismus herausgekehrt, für umfangreiche Verstaatlichungen plädiert, ein Bündnis mit der Sowjetunion gefordert oder, abweichend von der Parteilinie, lokale Streikbewegungen unterstützt. Naturgemäß setzten sie damit nicht nur die soeben hergestellten gewinnträchtigen Beziehungen der Partei zur Wirtschaft aufs Spiel, sondern durchkreuzten mit ihrer unbekümmerten Neigung zu programmatischen Festlegungen auch Hitlers Taktik des Ausweichens und der Offenheit nach allen Seiten. Schon im Januar hatte der Führer der NSDAP von Otto Strasser die Auslieferung des Kampfverlages gefordert. Doppelzüngig, die Schmeicheleien mit Drohungen und Korruptionsversuchen durchsetzend, dann wieder mit Tränen in den Augen, hatte er dem widerspenstigen Genossen das Amt des Pressechefs in der Münchener Zentrale angetragen und für den Verlag rund achtzigtausend Mark geboten. Er hatte ihn als alten Soldaten und langjährigen Nationalsozialisten beschworen – doch Strasser, der sich als Siegelbewahrer der wahren nationalsozialistischen Idee ansah, hatte alle Angebote mitsamt den Einschüchterungen zurückgewiesen. Zu einer grundsätzlichen Unterredung kam es daraufhin am 21./22. Mai 1930 in Hitlers damaligem Berliner Quartier, dem Hotel »Sanssouci« in der Linkstraße. Im Beisein von Max Amann, Rudolf Heß und Otto Strassers Bruder Gregor tauschten die Kontrahenten sieben Stunden lang erregt ihre Argumente aus.

Der weiträumigen Manier des Autodidakten entsprechend, die später die stumme Verzweiflung seiner Tischrunden war, eröffnete Hitler das in einer Aufzeichnung Strassers überlieferte Gespräch mit dozierenden Auslassungen über die Kunst (sie kenne keine revolutionären Brüche, sondern bestehe nur als »ewige Kunst«, und was überhaupt diesen Namen verdiene, sei griechisch-nordischer Art, alles andere sei Irreführung), erging sich über die Rolle der Persönlichkeit, über Probleme der Rasse, der Weltwirtschaft, des italienischen Faschismus und wandte sich dann dem Sozialismus zu, der »Pilatusfrage«[30], die freilich von Beginn an präsent gewesen war. Er warf Strasser vor, daß er die Idee höher setze als den Führer und »jedem Parteigenossen das Recht geben wolle, über die Idee zu entscheiden, sogar darüber zu entscheiden, ob der Führer noch der sogenannten Idee treu ist oder nicht. Das ist schlimmste Demokratie, für die es eben bei uns keinen Platz gibt«, rief er aufgebracht. »Bei uns ist Führer und Idee eins und jeder Parteigenosse hat das zu tun, was der Führer befiehlt, der die Idee verkörpert und allein ihr letztes Ziel kennt.« Er habe keine Lust, die Partei-Organisation, die auf der Disziplin der Mitglieder aufgebaut sei, »von einigen größenwahnsinnigen Literaten zerschlagen zu lassen«.

Hitlers Unvermögen, menschliche Beziehungen anders als unter hierarchischem Aspekt zu sehen, ist selten greifbarer geworden als im Verlauf dieser Auseinandersetzung. Jeder Überlegung, jedem Einwand hielt er, wie in einer intellektuellen Reflexbewegung, die Machtfrage entgegen: wer hat die Anordnungsgewalt, wer ist der Befehlende und wer der Unterworfene? Alles war unnachsichtig auf den Gegensatz von Herren und Knechten reduziert; es gab die rohe, ungebildete Masse und die große Persönlichkeit, deren Instrument und Manipulationsmaterial sie war. Die Befriedigung der legitimen Schutz- und Fürsorgebedürfnisse dieser Masse: das war, seiner Vorstellung zufolge, Sozialismus. Als Strasser ihm vorwarf, er versuche, den revolutionären Sozialismus der Partei im Interesse seiner neuen Verbindungen zur bürgerlichen Reaktion abzudrosseln, erwiderte Hitler heftig: »Ich bin Sozialist, ganz anders als z. B. der hochvermögende Herr Graf Reventlow. Ich habe als einfacher Arbeiter angefangen. Ich kann heute noch nicht sehen, wenn mein Chauffeur ein anderes Essen hat als ich. Aber was Sie unter Sozialismus verstehen, das ist einfach krasser Marxismus. Sehen Sie, die große Masse der Arbeiter will nichts anderes als Brot und Spiele, die hat kein Verständnis für irgendwelche Ideale und wir werden nie damit rechnen können, die Arbeiter in erheblichem Maße zu gewinnen. Wir wollen eine Auswahl der neuen Herrenschicht, die nicht von irgendeiner Mitleidsmoral getrieben wird, sondern die sich darüber klar ist, daß sie auf Grund ihrer besseren Rasse das Recht hat, zu herrschen und die diese Herrschaft über die breite Masse rücksichtslos aufrechterhält und sichert. ... Ihr ganzes System (ist) eine Schreibtischarbeit, die mit dem wirklichen Leben nichts zu tun hat.« Er wandte sich an seinen Verleger: »Herr Amann, würden Sie es sich gefallen lassen, wenn plötzlich Ihre Stenotypistinnen Ihnen dreinreden würden? Der Unternehmer, der die Verantwortung für die Produktion trägt, der schafft auch den Arbeitern Brot. Gerade unseren großen Unternehmern kommt es nicht auf das Zusammenraffen von Geld an, auf Wohlleben usw., sondern denen ist die Verantwortung und die Macht das wichtigste. Sie haben sich auf Grund ihrer Tüchtigkeit an die Spitze gearbeitet und auf Grund dieser Auslese, die wiederum nur die höhere Rasse beweise, haben sie ein Recht zu führen.« Als Strasser ihm nach bewegter Diskussion die Kardinalfrage stellte, ob im Falle einer Machtübernahme die Produktionsverhältnisse unverändert blieben, antwortete Hitler: »Aber selbstverständlich. Glauben Sie denn, ich bin so wahnsinnig, die Wirtschaft zu zerstören? Nur wenn die Leute nicht im Interesse der Nation handeln würden, dann würde der Staat eingreifen. Dazu bedarf es aber keiner Enteignung und keines Mitbestimmungsrechtes.« Denn in Wirklichkeit gebe es immer nur ein System: »Verantwortung nach oben, Autorität nach unten«, das sei seit Jahrtausenden so gewesen und könne gar nicht anders sein.[31]

Sichtlich sind im Sozialismus-Begriff Hitlers weder ein humanitärer Antrieb noch das Bedürfnis nach einem Neuentwurf der Gesellschaft spürbar, sein Sozialismus, so hat er selber versichert, habe mit einer »mechanischen Konstruktion des Wirtschaftslebens gar nichts zu tun«; vielmehr sei er der Komplementärbegriff zum Wort »Nationalismus«: er bedeute die Verantwortung des Ganzen für den einzelnen, während »Nationalismus« die Hingabe des einzelnen für das Ganze sei; im Nationalsozialismus fänden die beiden Elemente zusammen. Der Kunstgriff verhalf allen Interessen zu ihrem Recht und degradierte die Begriffe zu reinen Spielmarken: der Kapitalismus fand erst im hitlerschen Sozialismus seine Erfüllung, während der Sozialismus nur realisierbar war unter dem kapitalistischen Wirtschaftssystem. Das linke Etikett trug diese Ideologie vor allem aus machttaktischen Erwägungen. Sie forderte den nach innen wie nach außen machtvollen Staat, eine unangefochtene Führung über der »großen Masse der Anonymen«, dem »Kollektiv der ewig Unmündigen«[32]; und was immer der Ausgangspunkt der Parteigeschichte gewesen war: im Jahre 1930 war die NSDAP nach der Vorstellung Hitlers »sozialistisch«, um sich den Stimmungswert einer populären Vokabel zunutze zu machen, und »Arbeiterpartei«, um sich der energischsten gesellschaftlichen Kraft zu vergewissern. Wie das Bekenntnis zur Tradition, zu konservativen Wertvorstellungen oder zum Christentum gehörten die sozialistischen Parolen ins manipulationsfähige ideologische Vorfeld, das der Tarnung, der Verwirrung diente und nach Opportunitätsmotiven mit wechselnden Schlagworten bestückt war. Wie zynisch zumindest an der Spitze die Programmgrundsätze mißachtet wurden, erfuhr einer der jungen enthusiastischen Überläufer zur Partei im Gespräch mit Goebbels; auf die Bemerkung, daß Feders Brechung der Zinsknechtschaft doch ein Element Sozialismus enthalte, bekam er zur Antwort, brechen müsse höchstens der, der diesen Unsinn anhöre.[33]

Die Unbefangenheit, mit der Otto Strasser die Ungereimtheiten und Begriffsmanöver in der Argumentation seines Gegenübers aufdeckte, traf Hitler sehr. Verstimmt reiste er nach München zurück und ließ, wie es in solchen Auseinandersetzungen seiner Art entsprach, wochenlang nichts von sich hören, so daß Strasser ganz im Ungewissen blieb. Erst als er in einem Pamphlet mit dem Titel »Ministersessel oder Revolution?« den Verlauf des Disputs schilderte und den Parteiführer des Verrats am sozialistischen Kernstück der gemeinsamen Idee bezichtigte, schlug Hitler zurück. In einem Schreiben, dessen stilistische Mißgriffe den Grad seiner Ungehaltenheit kenntlich machten, befahl er seinem Berliner Gauleiter den rücksichtslosen Ausschluß Strassers und seiner Gefolgsleute. Er schrieb:

»Seit Monaten verfolge ich als verantwortlicher Leiter der NSDAP Versuche, in die Reihen der Bewegung Uneinigkeit, Verwirrung und Disziplinlosigkeit hineinzutragen. Unter der Maske, für den Sozialismus kämpfen zu wollen, wird eine Politik zu vertreten versucht, die vollkommen der Politik unserer jüdisch-liberal-marxistischen Gegner entspricht. Was von diesen Kreisen gefordert wird, ist der Wunsch unserer Feinde ... Ich halte es nunmehr für notwendig, diese destruktiven Elemente rücksichtslos und ausnahmslos aus der Partei hinauszuwerfen. Den Wesensinhalt unserer Bewegung haben wir geformt und bestimmt, die wir diese Bewegung gründeten und die wir für sie kämpften, für sie in den Gefängnissen litten, und die wir sie aus dem Zusammenbruch auch wieder zu ihrer heutigen Höhe emporgeführt haben. Wem dieser von uns und in erster Linie von mir der Bewegung zugrunde gelegte Wesensinhalt nicht paßt, soll in die Bewegung nicht kommen oder hat sie wieder zu verlassen. Die Nationalsozialistische Partei wird, so lange ich sie führe, kein Debattierklub wurzelloser Literaten oder chaotischer Salonbolschewisten werden, sondern sie wird bleiben, was sie heute ist: eine Organisation der Disziplin, die nicht für doktrinäre Narreteien politischer Wandervögel geschaffen wurde, sondern zum Kampf für eine Zukunft Deutschlands, in der die Klassenbegriffe zerbrochen sein werden.«[34]

Am 30. Juni rief Goebbels daraufhin eine Gaumitgliederversammlung in der Berliner Hasenheide zusammen. »Wer sich nicht einordnet«, rief er den Versammelten zu, »der wird hinausgefeuert!« Otto Strasser und sein Anhang, die gekommen waren, um ihre Auffassung vorzutragen, wurden von der SA gewaltsam aus dem Saal entfernt. Die Strassergruppe sprach daraufhin von »Stalinismus in Reinkultur« und gezielter »Sozialistenverfolgung« durch die Parteileitung, doch geriet sie immer offenkundiger auf den Rückzug. Schon am folgenden Tage legte Gregor Strasser die Herausgeberschaft der Kampfverlags-Presse nieder und distanzierte sich in scharfer Form von seinem Bruder, desgleichen ließen v. Reventlow und andere prominente linke Flügelleute die Rebellen im Stich: viele wohl aus wirtschaftlichen Überlegungen, da sie Hitler ein Amt, eine Pfründe, ein Mandat verdankten, die Mehrzahl aber zweifellos infolge jener »fast perversen persönlichen Loyalität«, die Hitler in ihnen zu wecken und über zahllose Akte der Untreue hinweg zu erhalten verstand. Zuversichtlich äußerte Goebbels, die Partei werde »diesen Sabotageversuch ausschwitzen«[35]. Am 4. Juli verkündeten daraufhin Otto Strassers Zeitungen: »Die Sozialisten verlassen die NSDAP!« Aber kaum jemand folgte ihm, die Partei besaß, so stellte sich heraus, fast keine Sozialisten und überhaupt kaum Menschen, die ihr politisches Verhalten theoretisch gedeutet wissen wollten. Otto Strasser gründete eine neue Partei, die sich zunächst »Revolutionäre Nationalsozialisten« nannte und später »Schwarze Front«, doch vom Geruch einer literarischen Sektierergruppe nie loskam. Die Lektüre der Kampfverlags-Blätter wurde dem Hitleranhang verboten, aber ihre Vorzugsthematik fand ohnehin bald kaum noch Beachtung: die Enthüllungen aus der Intimsphäre des Führungsapparats wirkten pedantisch und unangemessen gegenüber einer Partei, die gerade den Appell der Geschichte zu vernehmen schien und entschlossen den Kampf gegen die Weltkatastrophe aufnahm; und für den theoretischen Begriffsstreit interessierte sich niemand; die Massen setzten ihre Hoffnungen und Heilserwartungen auf Hitler, nicht auf ein Programm.

Das Ausscheiden Otto Strassers beendete nicht nur ein für allemal den sozialistischen Grundsatzstreit innerhalb der NSDAP, es bedeutete auch einen erheblichen Machtverlust für Gregor Strasser, der seither keine Hausmacht und keine Zeitung mehr besaß. Zwar war er nach wie vor Reichsorganisationsleiter der Partei, residierte in München und hielt zahlreiche Fäden in der Hand; aber den Mitgliedern und der Öffentlichkeit entrückte er immer mehr. Noch ein halbes Jahr zuvor hatte die ›Weltbühne‹ vermutet, er werde »eines nicht sehr fernen Tages seinen Herrn und Meister Hitler in die Ecke« stellen und selbst die Macht über die Partei ergreifen;[36] jetzt hatte er sie schon verloren und damit bereits die Niederlage zwei Jahre später besiegelt, als er seine Resignation in einer letzten widersetzlichen Geste überwand, ehe er müde und gebrochen der Partei den Rücken kehrte.

Zu den Nachwehen der Strasserkrise zählte der Aufruhr der Berliner SA unter dem OSAF-Stellvertreter Ost, dem früheren Polizeihauptmann Stennes. Der Unmut der Parteitruppe hatte weniger mit dem Sozialismus-Streit zu tun als mit den immer neuen Anzeichen für Bonzentum und Cliquenwirtschaft in der PO sowie mit der schlechten Löhnung für den anstrengenden Wahlkampfdienst. Während die SA, abgerissen und erschöpft, Abend für Abend ihre »Knochen hinhalten« mußte, errichtete sich die Politische Organisation einen luxuriösen, verschwenderisch ausgestatteten Palast, lautete ein häufiger Vorwurf, und den Einwand, daß im Braunen Haus doch gerade der SA ein Denkmal in Marmor und Bronze geschaffen worden sei, fertigte sie mit der Erwiderung ab, so sehe eher ein Grabmal aus. Überhaupt sei in der PO die Überzeugung verbreitet, »daß SA nur zum Sterben da« sei, schrieb ein Oberführer. Ratlos erbat Goebbels von Schlesien aus die Hilfe Hitlers und der SS. Als die aufsässige SA wenige Tage später das Gaubüro in der Hedemannstraße stürmte, kam es zum ersten blutigen Zusammenstoß mit der Himmlerschen schwarzen Garde. Es wirft ein Licht auf die Autorität Hitlers, daß die Rebellion mit seinem Erscheinen augenblicklich ihr Ende fand. Bezeichnenderweise allerdings trachtete er zunächst, die Aussprache mit Stennes zu vermeiden und statt dessen die Mannschaften unmittelbar zum Einlenken zu überreden. Von einem Ecklokal zum anderen ziehend, suchte er, begleitet von bewaffneten SS-Leuten, die Stammtische und Wachstuben der SA auf, beschwor die Einheiten, brach gelegentlich sogar in Tränen aus, sprach von bevorstehenden Siegen und dem reichen Lohn, der ihnen, den Soldaten der Revolution, am Ende gebühre; für den Augenblick sicherte er ihnen Rechtsschutz und bessere Bezahlung zu, die Mittel beschaffte er durch eine SA-Sondersteuer von zwanzig Pfennigen je Mitglied. Zum Dank für ihre Dienste erhielt die SS ihre Devise: »Deine Ehre heißt Treue!«

Das Ende der Rebellion bedeutete zugleich das Ausscheiden v. Pfeffers. Anfangs widerstrebend, doch allmählich resignierend, hatte der

OSAF den ständigen Machtzuwachs der PO beobachtet, der mit einem spürbaren Einflußverlust der SA einhergegangen war. Zu den Ursachen dieser Gewichtsverschiebung zählte offenkundig vor allem der zunehmend byzantinische Stil, den Hitler in seiner Umgebung entfaltete. Im anwachsenden Bewußtsein der Begnadung, das der Massenjubel täglich neu bekräftigte und auflud, entwickelte er Huldigungsbedürfnisse, denen der kleinbürgerliche Funktionärstypus der PO weit eher gerecht zu werden vermochte als die von militärischem Rangbewußtsein erfüllten Führer der SA. Infolgedessen sah sich die PO bei der Verteilung der knappen Geldmittel ebenso wie bei der Aufstellung der Abgeordnetenliste und anderer Akten der Patronage deutlich bevorzugt. Hinter den Spannungen stand aber auch das Gefühl gänzlicher Fremdheit zwischen dem Halbkünstler und süddeutschen Bohémien auf der einen und dem strengeren, »preußischen« Typus auf der anderen Seite, was immer davon in der Person v. Pfeffers oder seinem engeren Führungskorps überdauert haben mochte. Mit gereiztem Blick auf die Standesarroganz seines OSAF meinte Hitler gelegentlich, er hätte, genaugenommen, nicht v. Pfeffer, sondern v. Kümmel heißen müssen.[37]

Wie später, 1938 und 1941, in den Konflikten mit der Wehrmacht, übernahm Hitler Ende August, mit der Ablösung v. Pfeffers, selber das Amt des Obersten SA-Führers, für die tägliche Führungsarbeit rief er den inzwischen als Militärinstrukteur in Bolivien tätigen Ernst Röhm zurück. Er war damit endgültig Herr über die Bewegung, in seiner Person liefen nun auch die von v. Pfeffer erwirkten und behaupteten Sonderrechte der SA zusammen. Schon wenige Tage später ließ Hitler sich jeden SA-Führer durch »unbedingtes Treuegelöbnis« persönlich verpflichten und die gleiche Bindung bald darauf jedem SA-Angehörigen auferlegen; eine zusätzliche Verpflichtung lag in dem beim Eintritt geforderten Versprechen, »alle Befehle unverdrossen und gewissenhaft zu vollziehen, da ich weiß, daß meine Führer nichts Ungesetzliches von mir fordern«. Der Artikel im ›Völkischen Beobachter‹, in dem Hitler die Bilanz der Krise zog und sein Verhalten begründete, enthielt einhundertdreiunddreißig Mal das Wort »ich«[38].

Es war bezeichnend, daß der unbedingte Anspruch Hitlers inzwischen selbst in der SA kaum noch auf Widerspruch stieß: institutionell wie psychologisch hatte sich die Bewegung damit endgültig instrumental organisiert, während Hitler es verstanden hatte, auch aus diesem Angriff, wie aus allen Konflikten der Vergangenheit, eine Stärkung von Stellung und Prestige zu gewinnen. Schon im Juni hatte er einigen ausgesuchten Parteijournalisten im Senatorensaal des neuen Braunen Hauses den totalen Führungsanspruch offenbart, indem er mit scharfen Strichen ein Bild von der Hierarchie und Organisation der Katholischen Kirche entwarf. Nach ihrem Vorbild, so hatte er versichert, müsse auch die Partei auf einem »breiten Sockel von im Volke stehenden ... politischen Seelsorgern« ihre Führungspyramide errichten, die »über die Stockwerke der Kreisleiter und Gauleiter zur Senatorenschaft und schließlich zu ihrem Führer-Papst aufsteigen«. Er scheute, wie einer der Teilnehmer berichtet hat, den Vergleich zwischen Gauleitern und Bischöfen, zwischen zukünftigen Senatoren und Kardinälen nicht und übertrug unbedenklich die Begriffe Autorität, Gehorsam oder Glauben in verwirrenden Parallelen aus dem geistlichen in den weltlichen Bereich. Ohne jede Ironie beendete er seine Rede mit dem Bemerken, er wolle »dem Heiligen Vater in Rom seinen Anspruch auf geistige – oder heißt es geistliche – Unfehlbarkeit in Glaubensfragen nicht bestreiten. Davon verstehe ich nicht viel. Desto mehr aber glaube ich, von der Politik zu verstehen. Darum hoffe ich, daß der Heilige Vater nunmehr auch meinen Anspruch nicht bestreitet. Und somit proklamiere ich jetzt für mich und meine Nachfolger in der Führung der Nationalsozialistischen Deutschen Arbeiterpartei den Anspruch auf politische Unfehlbarkeit. Ich hoffe, daß sich die Welt daran so schnell und widerspruchslos gewöhnt, wie sie sich an den Anspruch des Heiligen Vaters gewöhnt hat.«[39]

Aufschlußreicher als die Bemerkung war wiederum die Reaktion, die weder Verblüffung noch gar Widerspruch erkennen ließ und den Erfolg des von Hitler zähe und mit pedantischer Energie verfolgten innerparteilichen Unterwerfungskurses deutlich machte. Zahlreiche Voraussetzungen hatten ihn gefördert. Die Bewegung hatte sich immer als charismatische, auf Führertum und gläubige Disziplin gegründete Kampfgemeinschaft verstanden und gerade daraus ihre dynamische Zuversicht gegenüber den traditionellen Parteien der Interessen und Programme geschöpft. Zugleich konnte sie auf Herkunft und Erfahrungshintergrund gerade der »Alten Kämpfer« bauen. Fast alle von ihnen hatten am Ersten Weltkrieg teilgenommen und ihr Bildungserlebnis in einer strikten Kommandowelt gehabt, viele stammten zudem aus Elternhäusern, deren pädagogische Leitbilder vom rigiden Ethos der Kadettenanstalten geprägt waren, wie Hitler überhaupt von den Eigenarten eines autoritären Erziehungssystems profitierte. Es ist sicherlich mehr als ein Zufall, daß von dreiundsiebzig Gauleitern nicht weniger als zwanzig aus dem Lehrerberuf stammten.[40]

Mit der vergleichsweise mühelosen Bewältigung der beiden innerparteilichen Krisen des Sommers 1930 gab es in der NSDAP keine Amtsmacht und keine Autorität mehr, die nicht von Hitler abgeleitet war. So gering die von Otto Strasser, von Stennes oder von v. Pfeffer drohende Gefahr gewesen sein mag – ihre Namen bedeuteten eine theoretische Alternative, die dem absoluten Machtanspruch Schranken setzte. Jetzt verkündete der süddeutsche SA-Befehlshaber August Schneidhuber in einer Denkschrift, die wachsende Bedeutung und Anziehungskraft der Bewegung sei nicht das Verdienst ihrer Funktionäre, sondern »allein das des Kennwortes ›Hitler‹, unter dem alles zusammenhält«[41]. Umschwärmt von geschäftigen Propagandisten, unter immer bewußter betriebener Vermischung von religiöser und profaner Sphäre, wuchs »der Führer« nunmehr in Bereiche einsamer Monumentalität empor, unerreichbar für alle Reflexion, für Kritik oder innerparteiliche Abstimmungsergebnisse. Einem seiner Gefolgsleute, der sich in einem Konflikt mit seinem zuständigen Gauleiter an ihn wandte, hielt er in einem beleidigten Brief entgegen, er sei nicht der »Lakai« der Partei, sondern ihr Gründer und Führer; jede Beschwerde zeuge von »Dummheit« oder »Rücksichtslosigkeit« sowie von der »unverschämten Anmaßung, mich für blinder zu halten als den nächstbesten Parteistänkerer«. Die Presse der NSDAP bestehe eigentlich nur noch aus Hitlerverhimmelungen und Judenattacken, schrieb um diese Zeit ein Beobachter.[42]

Naturgemäß tauchten damit verstärkt auch die Klagen wieder auf, daß Hitler sich seinen Anhängern entziehe und den Abstand über Gebühr betone. Schneidhuber klagte über das Gefühl der Entfremdung, das »fast jeden SA-Mann« erfülle: »Die SA ringt mit dem Führer um seine Seele und hat sie bisher nicht. Aber sie muß sie haben«, äußerte er und sprach vom »Schrei nach dem Führer«, der unerwidert geblieben sei. Nicht zufällig setzte sich nun auch die schon früher vereinzelt nachweisbare, dann von Goebbels in Berlin eingeführte Gruß- und Kampfparole »Heil Hitler!« allgemein durch. Gleichzeitig kündigten die Veranstaltungsplakate immer seltener den Redner »Adolf Hitler« an, sondern statt dessen, namenlos und in die Distanz des Begrifflichen entrückt, nur noch den »Führer«. Auf seinen Reisen nahm er von den Mitgliedern, die ihn in Hotelhallen oder Geschäftsstellen aufgeregt umdrängten, höchst unwillig Kenntnis, bedrückt über soviel Nähe und subalternen Mitteilungseifer. Nur widerstrebend ließ er sich bewährte Parteigenossen vorstellen, er scheute gesellige Umstände mit fremden Menschen.

Gewiß konnte er, zumal nach Überwindung einiger linkischer Eigenarten, auch gewinnende Züge hervorkehren und nach Gutdünken ein liebenswürdiger Plauderer im Kreis der Damen sein, ein Arbeitskollege mit der rauhen Allüre des schlichten Mannes oder auch ein väterlicher Kamerad, freundlich herabgeneigt zu blonden Kinderköpfen: »In feierlichen Händedrücken und Augenaufschlägen ist er unerreicht«, vermerkte ein zeitgenössischer Beobachter;[42] doch der engeren Umgebung blieb nicht verborgen, wieviel absichtsvolle Schaustellerei dabei im Spiel war. Unentwegt dachte er an Wirkungen und kalkulierte das Volkstümliche, die rührende ebenso wie die große Geste. Niemand verwandte so viel Aufmerksamkeit auf das eigene Bild, keiner hat so bewußt wie er den Zwang empfunden, sich interessant zu machen. Genauer als alle anderen hatte er erfaßt, was der Typus des Stars für die Zeit bedeutete und daß der Politiker den gleichen Gesetzen unterworfen war. Seine empfindliche Gesundheit hatte ihm schon vor geraumer Zeit das Rauchen untersagt, inzwischen hatte er auch den Alkoholgenuß aufgeben müssen; beides nutzte er nun, den Ruf asketischer Lebensferne zu gewinnen. Mit seinem Rollenbewußtsein war er gewiß die modernste Erscheinung der deutschen Politik jener Zeit. Den Erfordernissen einer demokratischen Massengesellschaft wurde er jedenfalls weit besser gerecht als seine Gegenspieler von Hugenberg bis Brüning, die den öffentlichen Effekt nicht beherrschten und auch dadurch zu erkennen gaben, wie sehr sie nach Herkunft und Verwurzelung zu vergangenen Verhältnissen rechneten.

Niemand konnte seit dieser Zeit behaupten, einen nennenswerten, überprüfbaren Einfluß auf Hitler auszuüben, die Tage Dietrich Eckarts, selbst diejenigen Alfred Rosenbergs, lagen weit zurück. »Ich irre mich nie! Jedes meiner Worte ist historisch«, hatte er Otto Strasser im Verlauf ihrer ersten Auseinandersetzung angeschrien. Sein Lernbedürfnis ging schon zu dieser Zeit, je mehr er sich zur Figur des »Führer-Papstes« stilisierte, zurück. Immer nur von Bewunderern und schlichtem Troß umgeben, geriet er allmählich auch intellektuell in einen Zustand wachsender Isolierung. An dem bewunderten Vorbild Karl Lueger hatte er nicht zuletzt das pessimistische Urteil über die Menschen gerühmt, nun machte er selber aus seiner Geringschätzung kaum einen Hehl, unterschiedslos gegenüber Anhängern wie Gegnern. Seinem konservativen Grundinstinkt entsprechend, beharrte er darauf, daß der Mensch von Natur aus böse sei, »Zeug, das sich auf der Erde herumtreibt«, wie er in einem Brief formulierte; und: »Die breite Masse ist blind und dumm und weiß nicht, was sie tut.«[43]

Sein Menschenverschleiß war so groß wie seine Menschenverachtung. Unablässig stürzte, maßregelte oder beförderte er, tauschte Menschen und Positionen – darin lag gewiß eine der Voraussetzungen seiner Erfolge; aber seine Erfahrung hatte ihn auch gelehrt, daß Gefolgschaften rücksichtslos behandelt und überfordert werden wollen. Unnachsichtig trieb er seine Agitatoren in den Wahlkampf. Der Kern der Funktionäre und Helfer der Partei kam aus den traditionell unpolitischen Schichten der Bevölkerung: sie waren unverbraucht, bedenkenlos und machten den permanenten Wahlkampf begeistert zu ihrem Beruf.

Ihre Draufgängerei überbot eindrucksvoll die matte Routine, mit der die etablierten Parteien sich ihrer Wahlkampfpflichten entledigten. Allein in den letzten beiden Tagen vor der Wahl fanden in Berlin vierundzwanzig Großkundgebungen der Nationalsozialisten statt; ihre Plakate klebten noch einmal an allen Häuserwänden, Mauern und Gartenzäunen und tauchten die Stadt in grelles Rot; die Parteizeitungen wurden in Riesenauflagen für einen Pfennig das Stück an die Genossen zur Verteilung an der Wohnungstür oder in den Betrieben ausgegeben. Hitler selber trat zwischen dem 3. August und dem 13. September in mehr als zwanzig Großkundgebungen als Hauptredner auf. Die agitatorischen Anstrengungen seines Anhangs betrachtete er als eine Art Ausleseverfahren: »Jetzt wird einfach ein Magnet an einem Misthaufen vorbeigezogen, und nachher werden wir sehen, wieviel Eisen in dem Misthaufen war und an dem Magnet hängen geblieben ist.«[44]

Die Wahlen waren auf den 14. September 1930 angesetzt. Hitler rechnete mit fünfzig, in überschwenglichen Stimmungen auch mit sechzig bis achtzig Mandaten. Er baute auf die Wähler der zerbröckelnden bürgerlichen Mitte, auf die Jugendlichen, die erstmals zur Urne gingen, sowie auf die langjährigen Nichtwähler, die ihm nach aller politischen Logik zufallen mußten; vorausgesetzt, sie würden überhaupt zur Wahl gehen.

II. KAPITEL: DER ERDRUTSCH

> »Im richtigen Moment muß auch die richtige Waffe geführt werden. Eine Etappe ist die der Erforschung des Gegners, eine andere die der Vorbereitung, eine dritte die des Ansturmes.«
> Adolf Hitler

Der 14. September 1930 wurde einer der Wendepunkte in der Geschichte der Weimarer Republik: er bedeutete das Ende des demokratischen Parteienregimes und kündigte die beginnende Agonie des Staates im ganzen an. Als morgens gegen drei Uhr die Ergebnisse vorlagen, war alles anders. Die NSDAP befand sich mit einem Schlage im Vorraum der Macht, und ihr Führer, der trommelnde, bewunderte, belächelte Adolf Hitler, war eine der Schlüsselfiguren der politischen Szene. Das Schicksal der Republik sei besiegelt, jubelte die nationalsozialistische Presse, jetzt beginne die Verfolgungsschlacht.

Nicht weniger als achtzehn Prozent der Wähler waren dem Appell der NSDAP gefolgt. Die Partei hatte ihre Stimmenzahl in den rund zwei Jahren seit der letzten Wahl von 810 000 auf 6,4 Millionen erhöhen können, statt zwölf Mandaten besaß sie nun nicht fünfzig wie Hitler vermutet hatte, sondern einhundertsieben und war nach der SPD die zweitstärkste Partei: die Parteiengeschichte kennt keinen vergleichbaren Durchbruch. Von den bürgerlichen Parteien hatte nur das katholische Zentrum seine Position behaupten können, alle anderen hatten empfindliche Einbußen hinnehmen müssen. Die vier Mittelparteien verfügten künftig nur noch über dreiundsiebzig Sitze, während Hugenbergs Deutschnationale Volkspartei ziemlich genau halbiert worden war, von 14,3 Prozent hatte sie nicht mehr als 7 Prozent behalten können: die Verbindung mit ihrem radikaleren Partner hatte selbstmörderische Wirkungen gehabt. Mit nur noch 41 Reichstagssitzen war sie der NSDAP nun auch äußerlich unterlegen und Hitlers Führungsanspruch auf der Rechten eindrucksvoll bestätigt. Auch die Sozialdemokraten hatten erhebliche Verluste hinnehmen müssen, und nur die Kommunisten waren, als einzige Partei neben der NSDAP überhaupt, mit Gewinnen in freilich bescheidenem Umfang aus der Wahl hervorgegangen, ihr Anteil war von 10,6 auf 13,1 Prozent gestiegen. Nichtsdestoweniger feierten sie, geschichtsgläubig und in leiernder Selbstvergötterung, das Ergebnis als ausschließlich ihren Erfolg: »Der einzige Sieger bei den Septemberwahlen ist die Kommunistische Partei.«[45]

Die historische Bedeutung des Ereignisses ist von den Zeitgenossen überwiegend verstanden worden. Unter wechselndem Akzent sah es sich mit der tiefen Krise des Parteiensystems erklärt, als Ausdruck einer um sich greifenden Skepsis in die Lebenskraft der liberalen und kapitalistischen Ordnung, die einhergehe mit einer wachsenden Sehnsucht nach gründlicher Änderung aller Verhältnisse: »Die meisten Wähler, denen die extremen Parteien ihren Mandatszuwachs verdanken, sind gar nicht radikal, nur ohne Glauben an das Alte.« Nicht weniger als ein Drittel hatte die bestehende Ordnung im Grundsatz verworfen, ohne zu wissen oder zu fragen, was danach kommen würde. Man sprach von »Erbitterungswahlen«[46].

Es ist nützlich, sich an dieser Stelle noch einmal der Zwangslagen, aber auch der Halbherzigkeit zu erinnern, die zehn Jahre zuvor der Entstehung der Republik das Gepräge gegeben und sie eigentlich zu niemandes Staat gemacht hatten: das schlug jetzt auf sie zurück. Im Grunde hatte sie nie mehr als die Duldung der Nation erwirkt und schien im Bewußtsein vieler von der Geschichte nur als Interregnum gedacht: eine Erscheinung des Übergangs, die »kein mächtiger Anblick« war, »nichts Begeisterndes«, »keinen kühnen Frevel«, »kein bleibendes Wort« und »keinen großen Mann« hervorgebracht hatte, wie einer ihrer romantischen Kritiker formulierte.[47] Mit ihm warteten, links wie rechts, zusehends breitere Schichten darauf, daß der Staat sich wieder auf seinen Begriff besinne und zu seiner traditionellen Gestalt zurückfinde. Alle die unterdrückten Zweifel am demokratischen Parteienregime, die schlummernde Geringschätzung des »undeutschen« Parlamentarismus, kamen nun, in den krisenhaften Verzweiflungsstimmungen, wieder zum Vorschein und gewannen eine Überredungsmacht, der kein Argument gewachsen war. Hitlers tausendfach wiederholte These, daß dieser Staat nur eine Form der Tributleistung an die Feinde und die schlimmste Fessel des Versailler Vertrages sei, war nicht ohne breite Resonanz geblieben.

Auf einen ähnlichen Ton waren bemerkenswerterweise auch zahlreiche ausländische Urteile gestimmt, vor allem englische und amerikanische Blätter deuteten das Wahlresultat als Reaktion auf den brutalen

Widersinn der Friedensbestimmungen und die doppelzüngige Praxis der Siegermächte. Nur Frankreich war im ganzen indigniert, wenn auch nicht ohne heimliche Hoffnung, die rechtsextremen Tendenzen könnten einer rigoroseren Politik gegen den Nachbarn über dem Rhein Vorwände und Rechtfertigungen liefern. Aus dem Chor aufgeregter Reaktionen wurde zugleich erstmals eine jener Stimmen vernehmbar, die von nun an rund zehn Jahre lang Hitlers Politik begleitet und seine Übergriffe sowie seine moralischen Herausforderungen gedeckt haben, indem sie ihn als Instrument eigener Zwecke auslobten. In der ›Daily Mail‹ schrieb Lord Rothermere, man solle den Sieg dieses Mannes nicht nur als Gefahr betrachten, sondern erkennen, daß er »allerlei Vorteile« biete: »Er errichtet nämlich einen verstärkten Wall gegen den Bolschewismus. Er schaltet die schwere Gefahr aus, daß der Sowjetfeldzug gegen die europäische Zivilisation nach Deutschland vordringt.«[48]

Der Erfolg der NSDAP war zu einem erheblichen Teil auf die gelungene Mobilisierung der Jugendlichen sowie der unpolitischen Nichtwähler zurückzuführen: die Wahlbeteiligung war gegenüber 1928 um über viereinhalb Millionen auf 80,2 Prozent angestiegen. In freilich geringerem Umfang stützten sich auch die Kommunisten auf diese Wählerschichten, sie hatten ihren Wahlkampf bemerkenswerterweise mit entschieden nationalen Parolen geführt. In welchem Maß die Nationalsozialisten von ihrem Sieg überrascht worden waren, beleuchtet die Tatsache, daß sie bei weitem nicht die geforderten einhundertsieben Kandidaten aufgestellt und offenbar zunächst auch nicht zur Verfügung hatten.[49] Hitler selber hatte nicht kandidiert, da er noch immer nicht im Besitz der deutschen Staatsangehörigkeit war.

Das Wahlergebnis ist vielfach als »Erdrutsch« beschrieben worden, doch seine Wirkungen waren fast noch verhängnisvoller. In der Bestürzung der Wahlnacht waren wilde Gerüchte über nationalsozialistische Putschprojekte aufgetaucht, die zu erheblichen Rückzugsbewegungen ausländischer Gelder führten und die ohnehin katastrophale Kreditkrise weiter verschärften. Gleichzeitig wendeten sich wie in einer ruckartigen Bewegung das Interesse und die Neugier der Öffentlichkeit der neuen Partei zu. Die Konjunkturritter, die Besorgten, die ahnungsvollen Opportunisten richteten sich auf die veränderten Machtverhältnisse ein, insbesondere das Heer der immerwachen Journalisten suchte nun eilig Anschluß an die Welle der Zukunft und glich durch umfassende Berichterstattung die traditionelle Schwäche der NS-Presse aus, »the wave of the future«. Vielfach wurde es jetzt »modern«, der NSDAP anzugehören. Schon im Frühjahr war Prinz August Wilhelm (»Auwi«), einer der Kaisersöhne, ihr beigetreten und hatte dazu bemerkt, wo ein Hitler führe, könne sich jeder einordnen; jetzt kam Hjalmar Schacht, der den Young-Plan mitverfaßt und anfangs gegen die Kritik der Nationalsozialisten verteidigt hatte, viele andere folgten. Allein in den zweieinhalb Monaten bis zum Jahresende stieg die Mitgliederzahl der NSDAP um fast genau hunderttausend auf 389 000. Auch die Interessenverbände suchten der Machtverschiebung sowie der offenkundig gewordenen Tendenz gerecht zu werden, und »fast automatisch wuchsen der NSDAP jetzt Querverbindungen und Positionen zu, die der weiteren Ausbreitung und Festigung der Bewegung erheblich Vorschub leisteten«[50].

»Wenn erst die große Masse mit Hurra bei uns einschwenkt, sind wir verloren«, hatte Hitler zwei Jahre zuvor, auf der Münchener Führertagung 1928, versichert, und Goebbels sprach nun verächtlich von den »Septemberlingen«; oft, so meinte er, denke er »mit Wehmut und Rührung an die schönen Zeiten zurück, da wir noch im ganzen Reich eine kleine Sekte bildeten und der Nationalsozialismus in der Reichshauptstadt kaum ein Bäckerdutzend Anhänger besaß«[51].

Die Sorge ging dahin, daß die gesinnungslose Masse die Partei überfluten und ihren revolutionären Willen korrumpieren werde, um schließlich bei den ersten Rückschlägen, wie die unvergessenen »Inflationsgewinne« des Jahres 1923, eilig auseinanderzulaufen: »Wir dürfen uns nicht mit den Leichnamen eines abgewirtschafteten Bürgertums belasten«, hieß es in einer Denkschrift fünf Tage nach der Wahl.[52] Doch wider Erwarten hatte die Partei kaum Mühe, den Zulauf, wie Gregor Strasser schrieb, »in den großen Topf der nationalsozialistischen Idee hereinzuholen« und einzuschmelzen; und während die Gegenspieler der Bewegung noch nach beschwichtigenden Formeln suchten, drang sie stürmisch weiter vor. Der psychologischen Maxime Hitlers getreu, daß die günstigste Zeit für den Angriff unmittelbar nach dem Siege sei, eröffnete er sogleich nach dem 14. September eine Veranstaltungswelle, die der Partei neue Erfolge einbrachte. In der Bremer Bürgerschaftswahl vom 30. November konnte sie ihre Stimmenzahl gegenüber der Reichstagswahl fast verdoppeln und mehr als fünfundzwanzig Prozent der Mandate erringen, alle anderen Parteien mußten Verluste hinnehmen; ähnlich waren die Ergebnisse in Danzig, Baden und Mecklenburg. Im Rausch dieser Erfolge schien Hitler gelegentlich zu glauben, daß man das Regime nun doch, ohne alle Hilfe von außen, »totwählen« könne.

Am 13. Oktober wurde unter Tumulten der Reichstag eröffnet. Aus Protest gegen das anhaltende preußische Uniformverbot hatten sich die Abgeordneten der NSDAP im Parlamentsgebäude umgezogen und den Sitzungssaal johlend und mit unmißverständlichen Gesten des Protests im Braunhemd betreten. In einer leidenschaftlichen Rede formulierte Gregor Strasser die Kampfansage gegen »das System der Schamlosigkeit, der Korruption und des Verbrechens«, seine Partei scheue als letztes Mittel auch den Bürgerkrieg nicht, meinte er, der Reichstag werde ihre Ziele nicht vereiteln; entscheidend sei das Volk, und das sei auf ihrer Seite. Draußen wurden unterdessen Schlägereien mit den Kommunisten inszeniert sowie das erste von Goebbels organisierte Pogrom gegen jüdische Geschäfte und Passanten. Auf Befragen äußerte Hitler, die Ausschreitungen seien von Rowdys, Ladendieben und kommunistischen Provokateuren veranstaltet worden. Der ›Völkische Beobachter‹ fügte hinzu, im Dritten Reich würden die Schaufenster jüdischer Geschäfte besser geschützt sein als jetzt unter der marxistischen Polizei. Gleichzeitig streikten, gemeinsam von Kommunisten und Nationalsozialisten unterstützt, weit über hunderttausend Metallarbeiter: es waren Bilder einer zerfallenden Ordnung.

Hitler selber schien in der Frage seines taktischen Verhaltens auch jetzt nicht einen Augenblick zu schwanken: zu den unvergessenen Lehren des November 1923 rechnete er die Erfahrung, daß auch eine zersetzte, in Auflösung begriffene Ordnung der Attacke von der Straße her hoch überlegen ist. Den romantischen Revoluzzern in der Partei, die sich eine Revolution ohne Pulverdampf nicht vorstellen konnten und sogleich nach dem Triumph vom 14. September wieder vom Marsch nach Berlin, von Revolution und Schlachtengetümmel sprachen, hielt er unbeirrt das Legalitätskonzept entgegen, allerdings nicht ohne dessen rein taktisches Motiv zu offenbaren: »Im Prinzip sind wir keine parlamentarische Partei«, erklärte er in München, »denn damit stünden wir im Widerspruch zu unserer ganzen Auffassung; wir sind nur zwangsweise eine parlamentarische Partei, und was uns zwingt, ist die Verfassung... Der Sieg, den wir gerade errungen haben, (ist) nichts anderes als der Gewinn einer neuen Waffe für unseren Kampf.« Zynischer, doch in der Sache übereinstimmend, erklärte Göring: »Wir kämpfen gegen diesen Staat und das gegenwärtige System, weil wir sie restlos vernichten wollen, aber auf legalem Wege. Ehe wir das Gesetz zum Schutz der Republik hatten, haben wir gesagt, wir haßten diesen Staat; seitdem wir es haben, sagen wir, wir lieben ihn – und immer noch weiß jedermann, was wir meinen.«[53]

Der strenge Legalitätskurs Hitlers war nicht zuletzt vom Blick auf die Reichswehr bestimmt, ihretwegen, so hat er später gestanden, habe er sich den Gedanken an einen Staatsstreich versagen müssen.[54] Denn je sichtbarer die öffentliche Ordnung zerfiel, desto ausschlaggebender wurden Macht und Einfluß der Reichswehr. Der Putsch und das an die neugegründete SA ergangene Kontaktverbot hatten die gegenseitigen Beziehungen erheblich getrübt. Schon im März 1929 hatte Hitler daher der bewaffneten Macht eine erste vorsichtige Offerte gemacht. In einer gezielten Rede hatte er die von General v. Seeckt entwickelte Maxime vom »Unpolitischen Soldaten« verworfen und den Offizieren nach einem Sieg der Linken eine Zukunft als »Henker und politische Kommissare« vorausgesagt, vor der sich die eigenen, auf die Größe und Waffenehre der Nation gerichteten Absichten um so strahlender abhoben.[55] Dank ihrer genauen Psychologie hatte die Rede vor allem im jüngeren Offizierskorps ihre Wirkung nicht verfehlt. Wenige Tage nach der Septemberwahl kam es vor dem Reichsgericht in Leipzig zu einem Prozeß gegen drei Offiziere der Ulmer Garnison, die, einem Erlaß des Reichswehrministeriums zuwider, Verbindung zur NSDAP aufgenommen und innerhalb der Reichswehr für sie geworben hatten. Auf Antrag seines Anwalts Hans Frank wurde Hitler als Zeuge geladen. Der als Sensation gewertete Prozeß gab ihm Gelegenheit, seine Annäherungsbemühungen gegenüber der Reichswehr vor großem Publikum fortzusetzen und gleichzeitig seine politischen Ziele wirksam darzutun. Am dritten Verhandlungstag, dem 25. September 1930, trat er mit dem Selbstbewußtsein des erfolgsgewissen, soeben erst mit einem Sieg verwöhnten Parteiführers vor das Gericht.

Während der Vernehmung erklärte Hitler, seine Überzeugung sei dreifach motiviert: durch die überall zutage tretende Gefahr der völkischen Überfremdung, des Internationalismus; sodann durch die Entwertung der Persönlichkeit und den Aufstieg des demokratischen Gedankens sowie durch die drohende Vergiftung des deutschen Volkes mit pazifistischem Geist. Er habe 1918 den Kampf aufgenommen, um diesen beunruhigenden Tendenzen mit einer Partei des fanatischen Deutschtums, der absoluten Führerautorität und des unbedingten Kampfwillens entgegenzutreten; keineswegs aber wende er sich gegen die bewaffnete Macht. Wer das Heer zersetze, sei ein Feind des Volkes; die SA sei weder gedacht, den Staat anzugreifen noch der Reichswehr Konkurrenz zu machen.

Dann wurde er zur Legalität seines Kampfes befragt. Kühn beteuerte Hitler, die NSDAP habe Gewalt nicht nötig: »Noch zwei bis drei Wahlen, und die nationalsozialistische Bewegung hat im Reichstag die Mehrheit, und dann werden wir die nationale Revolution machen.« Auf die Frage, was damit gemeint sei, erwiderte Hitler:

»Der Begriff ›Nationale Revolution‹ wird immer als ein rein innenpolitischer aufgefaßt. Für die Nationalsozialisten ist das aber lediglich eine Erhebung des geknechteten Deutschtums. Deutschland ist durch die Friedensverträge geknebelt. Die ganze deutsche Gesetzgebung ist heute nichts anderes als der Versuch, die Friedensverträge im

deutschen Volk zu verankern. Die Nationalsozialisten sehen diese
Verträge nicht als Gesetz an, sondern als etwas Aufgezwungenes. Wir
erkennen unsere Schuld am Krieg nicht an, vor allem nicht, künftige
Geschlechter, die völlig unschuldig sind, damit zu belasten. Wir werden gegen diese Verträge vorgehen, sowohl auf diplomatischem Wege
wie durch ihre restlose Umgehung. Wenn wir uns dagegen mit allen
Mitteln wehren, befinden wir uns auf dem Weg der Revolution.«

Die Entgegnung, die den Revolutionsbegriff gegen die Außenwelt
kehrte, verschwieg allerdings die Absichten im Innern. Auf die Frage
des Vorsitzenden, ob die Revolution nach außen auch mit illegalen
Mitteln betrieben werden solle, bestätigte Hitler ohne Zögern: »Mit
sämtlichen, vom Angesicht der Welt aus gesehen auch mit illegalen
Mitteln.« Zu den zahlreichen Drohungen gegen die sogenannten Verräter im Innern befragt, entgegnete Hitler:

»Ich stehe hier unter dem Eid vor Gott dem Allmächtigen. Ich sage
Ihnen, daß, wenn ich legal zur Macht gekommen sein werde, dann
will ich in legaler Regierung Staatsgerichte einsetzen, die die Verantwortlichen an dem Unglück unseres Volkes gesetzmäßig aburteilen
sollen. Dann werden möglicherweise legal einige Köpfe rollen.«[56]

Der Beifall von der Galerie, der daraufhin laut wurde, kennzeichnete die
Stimmung im Gerichtssaal. Die Gegenvorstellungen des Reichsinnenministeriums, das reichliche Beweise für die verfassungsfeindliche Aktivität der NSDAP anbot, blieben ungehört. Ohne sichtbare Reaktion
nahm das Gericht Hitlers anschließende Erklärung entgegen, er fühle
sich nur während des Kampfes um die Macht an die Verfassung gebunden, als Inhaber der verfassungsmäßigen Rechte werde er sie ab-
schaffen oder doch ersetzen. Tatsächlich widersprach die Verfassungsbe-
seitigung mit legalen Mitteln, der herrschenden Lehre zufolge, nicht der
strikten demokratischen Verfassungsidee; die Souveränität des Volkes
deckte auch den Verzicht des Volkes auf die Souveränität. Hier lag eines
der Einfallstore, durch die Hitler ungehindert vorrücken, allen Widerstand lähmen und den Staat erobern und sich unterwerfen konnte.

Doch stand hinter Hitlers Verfassungsbeteuerung nicht nur der in seinem höhnisch formalen Charakter offen erkennbare Wille, auf die Gewalt nur solange zu verzichten, bis er ihr einen Mantel aus Paragraphen-
werk überwerfen konnte; vielmehr hat Hitler sich durchweg bestrebt
gezeigt, den Legalitätsbekenntnissen eine beunruhigende Zweideutigkeit
zu verschaffen. Während er noch versicherte, er stehe »granithart auf
dem Boden der Legalität«, ermunterte er zugleich seinen Anhang zu
wilden und zügellosen Reden, in denen die Gewalt freilich vor allem in
Bildern und beängstigenden Metaphern auftauchte: »Wir kommen als
Feinde! Wie der Wolf in die Schafherde einbricht, so kommen wir.«
Legal im strengen Sinne waren überhaupt nur die Deklamationen der

Parteispitze, während weiter unten, in den Hinterhöfen des Berliner Wedding, in den nächtlichen Straßen Altonas oder Essens, Mord, Totschlag sowie jene Gesetzesverachtung herrschten, deren Zeugnisse als »Übergriffe örtlicher Einheiten« achselzuckend abgetan wurden. Den lediglich rhetorischen Charakter der Zusagen enthüllte Goebbels gegenüber einem der in Leipzig schließlich verurteilten jungen Offiziere; dem Leutnant Scheringer erklärte er belustigt: »Ich halte diesen Eid (Hitlers) für einen genialen Schachzug. Was wollen die Brüder danach noch gegen uns machen? Sie haben doch nur darauf gewartet, zupacken zu können. Nun sind wir streng legal, egal legal.«[57]

Gerade die Ungewißheit über Hitlers Absichten, der ständige Wechsel von Verfassungsschwüren und Drohungen, hat seiner Sache, wie es der Absicht entsprach, nach vielen Seiten genutzt. Denn sein Verhalten besänftigte das breite Publikum, ohne ihm doch ganz jenes Gefühl der Unruhe zu nehmen, das so viele Überläufer und Renegaten macht; zugleich enthielt es für diejenigen, die über die Zugänge zur Macht verfügten, vor allem für Hindenburg und die Reichswehr, ein Bündnisangebot, aber doch auch wiederum eine Warnung vor unzumutbaren Bedingungen; und es beschäftigte schließlich die Phantasie derjenigen Anhänger, die noch immer den Marsch nach Berlin erwarteten, und schien sie augenzwinkernd ins Einvernehmen darüber zu ziehen, daß der Führer in seiner Genialität noch jeden Gegner hinters Licht zu führen verstand. In diesem Sinne hat der Leipziger Eid Hitlers eine nicht abzuschätzende Wirkung geübt. Aufs Ganze gesehen offenbarte jedoch Hitlers Taktik, die nach allen Seiten Türen offenließ, nicht nur ein ausgepichtes, scharfes Kalkül, sondern auch einen Charakter; denn sie entsprach der tiefen Unschlüssigkeit seines Wesens. Zugleich freilich war sie überaus waghalsig, erforderte ein hohes Balancegefühl und kam darin seinem Risikobedürfnis entgegen; denn scheiterte er, blieb nur der übereilte und nahezu aussichtslose Putsch oder der Rückzug aus der Politik.

Die Idee der von Hitler befolgten Taktik, aber auch deren Risiken und Schwierigkeiten, verkörperte aufs anschaulichste die SA; denn Hitlers kompliziertes Konzept sah vor, innerhalb der braunen Parteiarmee die formale Achtung vor dem Gesetz mit der Romantik politischen Kämpfertums zu verbinden, der Waffe abzuschwören, doch ihrem Geist zu huldigen. Es war nicht zuletzt diese paradoxe Forderung, an der v. Pfeffer gescheitert war. Anfang 1931 übernahm Ernst Röhm sein Amt als Stabschef, und sogleich orientierte er die SA wieder stärker am militärischen Vorbild: das Reichsgebiet wurde in fünf Obergruppen und achtzehn Gruppen unterteilt, die Standarten – die den Regimentern entsprachen – erhielten die Nummern ehemaliger Regimenter aus der Kaiserzeit, und ein System von Sondereinheiten, wie die Flieger-SA, die Marine-,

Pionier- oder Sanitäts-SA, machte die militärähnliche Struktur des Verbandes noch deutlicher. Gleichzeitig ließ Röhm die unübersehbar gewordenen Einzelbestimmungen v. Pfeffers in einer »SA-Dienstvorschrift« zusammenfassen. Als gehorche er einem mechanischen Zwang, zielten seine Planungen immer wieder auf die alte Idee der Bürgerkriegsarmee. Wenn Hitler ihn diesmal, anders als im Jahre 1925, gewähren ließ, so hatte das nicht nur mit seinem inzwischen gefestigten Vertrauen in die eigene Autorität zu tun; vielmehr kam Röhms Konzept auch dem Kurs der Zweideutigkeit entgegen. Überblickt man die mit der Ablösung v. Pfeffers eingeleitete Reform der SA im ganzen, erkennt man daran alle Merkmale hitlerscher Scheinreformen: statt einer Entscheidung in der Sache wurden einige Führungsfiguren ausgewechselt, Treuegelöbnisse geleistet und eine konkurrierende Institution geschaffen;[58] denn unter dem Eindruck der anhaltenden Schwierigkeiten mit der SA begann Hitler vorsichtig, die SS, die als eine Art Elite, Stoßtrupp und »innere Parteipolizei« ein Schattendasein führte und Anfang 1929 bis auf zweihundertachtzig Mann abgesunken war, in zunehmender Unabhängigkeit von Röhm auszubauen. Und auch der spätere Abschluß der Reform glich dem Ende aller anderen: die Lösung der unvermeidlich zum Konflikt drängenden Tendenzen in einem blutigen und maßlosen Überraschungscoup.

Erst unter Röhm begann die Entwicklung der SA zu jenem Massenheer, das dank der ungewöhnlichen Organisationsgabe des neuen Stabschefs bis Ende 1932 auf über eine halbe Million anwuchs. Von den SA-Heimen und SA-Küchen angezogen, strömten den braunen Formationen unzählige arbeitslose Bewerber zu, deren antigesellschaftliche Haßgefühle sich mit den Ressentiments der abenteuernden Aktivisten zu außerordentlicher Aggressivität aufluden. Röhm selber machte sich unverzüglich daran, die SA-Führungsränge in einem umfassenden Personalschub von v. Pfeffers Offizieren zu säubern und statt dessen mit seinen homosexuellen Freunden zu besetzen. Hinter ihnen her zog eine breite, anrüchige Kumpanei, Röhm baue, so hieß es bald, eine »Privatarmee innerhalb der Privatarmee« auf. Der heftigen Opposition, die dagegen laut wurde, trat Hitler selber mit einem berühmt gewordenen Befehl entgegen, in dem er die Berichte über das strafwürdige Treiben der Obersten SA-Führung als »Zumutung grundsätzlich und in aller Schärfe« zurückwies; die SA sei eine »Zusammenfassung von Männern zu einem politischen Zweck, ... keine moralische Anstalt zur Erziehung von höheren Töchtern«; entscheidend sei, ob der Einzelne seine Pflicht erfülle oder nicht. »Das Privatleben kann nur dann Gegenstand der Betrachtung sein, wenn es wesentlichen Grundsätzen der nationalsozialistischen Weltanschauung zuwiderläuft.«[59]

Dieser Freibrief erst besiegelte die Herrschaft des gesetzlosen Elements innerhalb der SA. Allen Legalitätsgelübden zum Trotz verbreitete Hitlers Armee bald eine beispiellose Atmosphäre der Lähmung und der Angst, die wiederum der unentwegten Forderung nach Errichtung der Diktatur zur Begründung diente. Nach den Feststellungen der Polizei fanden sich in den Waffenlagern der SA alle klassischen Verbrecherwaffen: Totschläger, Schlagringe und Gummischläuche, während für die Pistolen, in Situationen drohender Entdeckung, nach dem Vorbild der Ringvereine, die »Mädels« als Waffenträger eingesetzt wurden. Auch der verwendete Jargon deutete den Stil der Unterwelt an, ob nun Münchener Einheiten die mitgeführte Pistole als »Feuerzeug« und den Gummiknüppel als »Radiergummi« bezeichneten oder die Berliner SA sich mit dem pervertierten Stolz des Mob Spitznamen zulegte, die alle Beteuerungen über den angeblich revolutionären Impuls dieser Kampfgemeinschaften als propagandistische Verbrämungen enthüllten: ein SA-Sturm am Wedding hieß »Räubersturm«, ein Trupp aus dem Bezirk Mitte »Tanzgilde«, einer der Männer »Mollenkönig«, ein anderer »Schießmüller«, wiederum ein anderer »Revolverschnauze«[60]. Die charakteristische Mischung von proletarischem Dünkel, Gewaltentschlossenheit und dürftiger Ideologie veranschaulicht das »Berliner S.A.-Lied«, in dem es heißt: »Im Arbeitsschweiß die Stirne / den Magen hungerleer: / Die Hand voll Ruß und Schwielen / umspannet das Gewehr. / So stehn die Sturmkolonnen / zum Rassenkampf bereit. / Erst wenn die Juden bluten / erst dann sind wir befreit.«

Doch war das die abschreckende, nur augenblicksweise in Erscheinung tretende Rückseite des Bildes; die Vorderansicht war beherrscht vom strengen Gleichmaß marschierender Kolonnen, von Uniformen und hallenden Kommandos, die der Nation als Symbol der Ordnung vertraut waren: Deutschland, so meinte Hitler später, habe in jenen Jahren des Chaos nach Ordnung gelechzt und sie um jeden Preis wiederhergestellt wissen wollen.[61] Immer häufiger bogen in die eigentümlich ausgestorben wirkenden Straßen, hinter Fahnen und Kapellen, die selbstbewußt paradierenden braunen Kolonnen ein, deren Disziplin so suggestiv gegen die grauen Elendszüge der Kommunisten abstach, die schlecht geordnet hinter dem aufreizenden Näselton einer Schalmeienkapelle herliefen und mit geballter Faust die Parole »Hunger!« ausstießen: ein pathetisches Bild, das die Not der Ärmsten nur zum Bewußtsein brachte, doch eigentlich nie darüber hinauswies. Welches Maß an Hingabebereitschaft und verbissener Uneigennützigkeit der politische Kleinkrieg jener Jahre auf allen Seiten aktivierte, geht aus dem Schreiben eines vierunddreißigjährigen SA-Standartenführers an Gregor Strasser hervor:

»... Ich habe in meiner Arbeit für die N.S.D.A.P. mehr als dreißigmal vor Gericht gestanden und bin achtmal wegen Körperverletzung, Widerstandsleistung und ähnlicher für einen Nazi selbstverständlicher Delikte vorbestraft. An der Abzahlung der Geldstrafen trage ich heute noch und habe zudem noch weitere Verfahren laufen. Ich bin ferner mindestens zwanzigmal mehr oder weniger schwer verletzt worden. Ich trage Messerstichnarben am Hinterkopf, an der linken Schulter, an der Unterlippe und am rechten Oberarm. Ich habe ferner noch nie einen Pfennig Parteigeld beansprucht oder bekommen, habe aber auf Kosten meines mir von meinem Vater hinterlassenen guten Geschäfts meine Zeit unserer Bewegung geopfert. Ich stehe heute vor dem wirtschaftlichen Ruin ...«[62]

Gegen eine Entschlossenheit wie diese war die Republik ohne Mittel. Auch hatte sie nach dem Durchbruch der Hitlerbewegung nicht mehr die Kraft, einen energischen Gegenkurs ohne die Gefahr bürgerkriegsähnlicher Zustände einzuschlagen. Ihre Verteidiger klammerten sich an die Hoffnung, den Ansturm des Irrationalismus durch die Kraft des Arguments brechen zu können, und vertrauten auf die erzieherische Wirkung demokratischer Institutionen, auf die unumkehrbare Entwicklung zu humaneren gesellschaftlichen Zuständen. Doch schon zu diesem Zeitpunkt erwiesen sich solche Vorstellungen, in denen Spuren des alten Fortschrittsglaubens wirksam waren, als irrig, weil sie dort noch Vernunft und Unterscheidungsvermögen voraussetzten, wo nur noch ein unentwirrbares Gemisch von Angst, Panik und Aggressivität herrschte. Der geringe Sachverstand der Hitlerpropagandisten, ihre unzureichenden Antworten auf die Schrecknisse der Krise, die öden antisemitischen Deutungen irritierten die wenigsten, und unbeirrt durch die selbstgewissen Widerlegungen der Fachleute setzten die Nationalsozialisten ihren Aufstieg fort. Brüning dagegen wurde, als er im Frühjahr 1931 eine Reise durch Ostpreußen und die schlesischen Elendsgebiete unternahm, überall kühl und nahezu feindselig empfangen, aus der Menge wurden ihm Transparente mit der Aufschrift »Hungerdiktator« entgegengehalten, verschiedentlich wurden Pfiffe laut.

Unterdessen spielten die Nationalsozialisten im Reichstag ihre Doppelrolle als Zerstörer und Richter des »Systems« mit wachsender Meisterschaft. Ganz anders als bisher waren sie dank der Stärke ihrer Fraktion in der Lage, das Parlament lahmzulegen und dessen Ruf als »Schwatzbude« durch eine johlende, disziplinlose Aufführung zu bestätigen. Jedem ernsthaften Stabilisierungsbemühen dagegen widersetzten sie sich mit der Begründung, die Besserung der Verhältnisse diene nur der Erfüllungspolitik, jedes Opfer, das die Regierung dem Volk abverlange, sei ein Akt des Landesverrats. Daneben nutzten sie die Mittel der technischen Obstruktion: Lärm, Geschäftsordnungsdebatten oder den geschlossenen Auszug aus dem Saal, sobald ein »Marxist« das Wort ergriff. Es wirft ein Licht auf die alle Konventionen verachtende Aggressivität der Fraktion, daß, nach einem Bericht des Geschäftsordnungsausschusses, gegen ihre einhundertsieben Abgeordneten vierhundert Strafanträge vorlagen. Als im Februar 1931 ein Gesetz verabschiedet wurde, das die Mißbrauchsmöglichkeiten der Abgeordnetenimmunität einschränkte, zogen sich die Nationalsozialisten, gefolgt von den Deutschnationalen und zunächst auch von den Kommunisten, gänzlich aus dem Reichstag zurück. Stärker noch als bisher verlegten sie ihre Aktivität auf die Straße und in die Versammlungsarenen, wo sie nicht zu Unrecht die weit größeren Aussichten vermuteten, Profil und Anhängerschaft zu gewinnen. Den Zurückgebliebenen höhnte Goebbels das Wort von den »Gesäßparteien« nach und rechnete ihnen vor, daß er in vier Tagen, statt vor einem machtlosen Parlament, vor über 50 000 Menschen gesprochen habe.[63] Die demagogische Absicht allerdings, mit Hilfe des thüringischen Innenministers Frick in Weimar einen Gegen-Reichstag der nationalen Opposition zu organisieren, wurde fallengelassen, als das Reich die Exekution gegen das Land androhte.

Der Exodus der Nationalsozialisten aus dem Parlament war freilich eine Entscheidung nicht ohne Folgerichtigkeit. Zwar hatten die Nationalsozialisten zur Lähmung des Reichstags und zum Niedergang seines Ansehens alles Erdenkliche getan; aber auch unabhängig davon war er nicht mehr der Ort der politischen Entscheidung. Schon vor den Wahlen vom September 1930 hatte Brüning über das zerstrittene Parlament hinweg mit dem Notverordnungsrecht des Reichspräsidenten nach Art. 48 der Weimarer Verfassung regiert. Seit aber die Wege normaler parlamentarischer Mehrheitsbildung blockiert waren, bediente er sich fast ausschließlich der Ausnahmegewalt des Präsidenten, um ein halbdiktatorisches Regierungsverfahren zu praktizieren. Wer darin bereits »die Todesstunde der Weimarer Republik« erblickt,[64] sollte freilich bedenken, daß diese Machtverschiebung nur möglich war, weil sie dem Hang nahezu aller Parteien zur Flucht aus der politischen Verantwortung entgegenkam. Noch immer besteht die Neigung, die »unpolitischen Massen« für die autoritäre Wendung des Geschehens verantwortlich zu machen; doch wenn irgendwo »obrigkeitsstaatliche Strukturen« in Erscheinung traten, dann in der resignierten Eile, mit der die Parteien von rechts bis links im Augenblick der Krise dem präsidialen »Ersatzkaiser« die Verantwortung zuschoben und danach trachteten, mit den durchweg unpopulären Entscheidungen, die zu treffen waren, nicht unmittelbar verknüpft zu erscheinen. Die Nationalsozialisten hatten, als sie den Reichstag verließen, den übrigen Parteien lediglich die größere Konsequenz voraus. Das »Geheimnis« ihres Aufstiegs hat auch damit zu tun.

Der Überdruß an dem Parteienstaat, der nahezu keiner mehr war, wurde noch gesteigert durch die offensichtliche Erfolglosigkeit der Regierung nach innen wie nach außen. Brünings weitgesteckte und mit selbstquälerischer Gewißheit verfolgte Politik strengster Sparsamkeit vermochte weder die Finanzschwierigkeiten noch die Absatzkrise zu beseitigen; auch das unübersehbare Heer der Arbeitslosen wurde dadurch nicht verringert; desgleichen blieben alle Erfolge in der Reparations- und Abrüstungsfrage aus. Vor allem Frankreich sperrte sich, durch das Wahlergebnis vom September alarmiert, gegen jedes Zugeständnis und pflegte seine Hysterien.

Anfang 1931 gerieten auch die Ansätze, den mit der Krise ausgebrochenen allgemeinen Wirtschaftskrieg der Staaten durch eine Handelsvereinbarung zu beenden und die Zollgrenzen abzubauen, ins Stocken. Als Deutschland und Österreich daraufhin aus eigener Initiative einen Zollvertrag schlossen, der die wirtschaftspolitische Selbständigkeit beider Partner unberührt ließ und ausdrücklich weitere Länder zum Beitritt aufforderte, erklärte wiederum Frankreich, darin einen Versuch zu sehen, den Versailler Vertrag an entscheidender Stelle aufzubrechen, und befand, wie einer seiner diplomatischen Vertreter noch rückblickend schrieb, nicht weniger, als daß »der Friede auf dem alten Kontinent erneut gefährdet« sei.[65] Augenblicklich präsentierten die französischen Banken in Deutschland wie in Österreich ihre kurzfristigen Wechsel und rissen beide Länder »in einen Riesenbankerott«, der sie zwang, den Plan im Herbst unter demütigenden Umständen aufzugeben. Österreich mußte beträchtliche wirtschaftliche Zugeständnisse leisten, während in Deutschland Hitler und die radikale Rechte den Prestigeverlust der Regierung ausgelassen feierten und die zwangsläufig fortgesetzten Bemühungen zur Verständigung dem Hohn und der Verachtung aller preisgaben. Als der amerikanische Präsident Hoover am 20. Juni den Aufschub der Reparationszahlungen für die Dauer eines Jahres vorschlug, herrschte in der Pariser Kammer »eine Stimmung wie bei Kriegsausbruch«[66]. Anschließend zögerte Frankreich, das von dem Plan allerdings besonders betroffen war, die Verhandlungen darüber solange hinaus, bis eine Kette von Zusammenbrüchen in Deutschland die Krise über jedes für denkbar gehaltene Maß verschärft hatte. Auch in Berlin fühlte ein zeitgenössischer Beobachter sich an die Tage vor dem Ausbruch des Krieges erinnert, doch war es mehr die Leere in den Straßen, die große Stille über der Stadt und deren äußerst gespannte Atmosphäre, was seine Erinnerung bewegte.[67] Nach wie vor fanden an den

Wochenenden heftige Zusammenstöße und Straßenschlachten statt. Ende
1931 gab Hitler mit großer Aufrundungsgeste bekannt, die Partei habe
im zurückliegenden Jahr fünfzig Tote und viertausend Verletzte gehabt.

Wie in der Wirklichkeit, vollzog sich jetzt auch in der Theorie
immer spürbarer die Abkehr vom demokratischen Parteiensystem. Die
Selbstaufgabe des Parlaments, seine Ohnmacht gegenüber der Krise, das
Zurückweichen der staatlichen Autorität vor der Straße belebte zwangsläufig
die Erörterung neuer Verfassungsprojekte. In einer Überfülle
von Reformentwürfen verband sich die Geringschätzung der unzulänglichen
parlamentarischen Demokratie mit der Sorge vor den totalitären
Konzepten der Extremen von rechts und von links. Dunstiges Ideengemenge,
wie es vor allem von seiten konservativer Tagesschriftsteller in
den Theorien des »Neuen Staates« oder einer »Rechtsstaatlichen Diktatur«
entwickelt wurde, zielte darauf ab, die radikale Alternative Hitler
durch eine mittlere Alternative abzufangen.

Die gleichen Absichten verfolgten die autoritär-restaurativen Verfassungskonzepte,
die in der Umgebung des Reichspräsidenten angesichts
der wachsenden Ermüdung der Demokratie erörtert wurden. Die
gewichtigsten Wortführer dieser Pläne, die darauf abzielten, durch
schrittweise Wiederherstellung der Monarchie das demokratische Regime
mit der Tradition und den rückwärtsgerichteten Sehnsüchten der Bevölkerung
zu versöhnen, waren Brüning selber, der Reichswehrminister
Groener sowie dessen politischer Vertrauter, der Chef des Ministeramts,
General Kurt v. Schleicher, der inzwischen dank seiner engen
Beziehung zu Hindenburg zur bestimmenden Hintergrundfigur der politischen
Szene aufgerückt war.

Schon bei der Berufung Brünings zum Kanzler hatte er sich mit Nachdruck
bemerkbar gemacht und seinen Einfluß durch Geschick, Scharfsinn
und Verschlagenheit so weit ausgebaut, daß seit dieser Zeit kein
Kanzler oder Minister ohne seine Zustimmung ernannt oder entlassen
werden konnte. Seine Neigung zum Zwielicht, wo die Umrisse des politischen
Charakters verschwimmen und die feingesponnenen Netze der
Intrige unsichtbar werden, hatte ihm bald den Ruf einer »feldgrauen
Eminenz« eingetragen. Er war zynisch nach der Art sensibler Naturen,
impulsiv, vorurteilsfrei und besaß ein seiltänzerisches Temperament auch
insoweit, als er überall Gefahren witterte. Selbst Freunde und Nachbarn
ließ er mit den Mitteln der Abwehr überwachen. Die eigentümliche Verbindung
von Leichtsinn, Verantwortungsbewußtsein und intriganter Lust
machte ihn zu einer der problematischsten Erscheinungen in der Endphase
der Republik.

Schleichers Überlegungen gingen davon aus, daß eine so breite Volksbewegung, wie Hitler sie mobilisiert hatte, nicht mit den Machtmitteln des Staates zu überwinden sei. Die Schockerfahrung der Revolution, als das Offizierskorps unvermittelt der grauen, aufrührerischen und unheimlichen Masse konfrontiert worden war, hatte gerade die aufgeschlossenen Ränge der Reichswehrführung zu der Erkenntnis gebracht, daß das Heer nie mehr gegen das Volk stehen dürfe. Auch wenn Schleicher den Führer der NSDAP kaum ernst nahm und ihn als »Visionär und Götzen der Dummheit« verspottete, erkannte und respektierte er doch die Motive, die ihm den gewaltigen Zulauf verschafften. Zwar übersah er keineswegs die fragwürdigen Seiten der Bewegung, jene Verbindung aus Gesetzlosigkeit, Ressentiment und ideologischem Fanatismus, die einer seiner Offizierskameraden den »russischen Charakter« der Partei genannt hatte;[68] doch sie gerade veranlaßten ihn, seine Pläne zu beschleunigen. Solange Hindenburg noch lebte und die Reichswehr im ganzen frei von Zersetzungserscheinungen war, glaubte er an eine Chance, Hitler zu »erziehen« und an die Kette politischer Verantwortung zu nehmen, während das Massenheer seiner Gefolgschaft, angesichts der Beschränkungen des Versailler Vertrages, zur Stärkung des »Wehrwillens« genutzt werden konnte. Vorsichtig begann er, auf dem Umweg über Röhm und Gregor Strasser, den Kontakt zu Hitler zu suchen.

Ähnliche Überlegungen, die vom Bestreben konservativer Kräfte zeugten, die verlorengegangene Macht in der Form eines pädagogischen Führungsanspruchs über den ungehobelten Herrn der Arenen und Versammlungshallen zurückzuholen, bewegten auch Alfred Hugenberg. Als Hindenburg sich im Sommer 1931 bei ihm über »diese verhetzten jungen Leute« Hitlers beklagte und versicherte, er halte die NSDAP »nicht für eine zuverlässige nationale Partei«, bekam er von Hugenberg die selbstgewisse Antwort, gerade deshalb sei es notwendig, das Bündnis zu schließen, und überdies glaube er, zur politischen Erziehung der Nationalsozialisten bereits beigetragen zu haben.[69] Auch er suchte nun, allen mißlichen Erfahrungen zum Trotz, die gestörte Verbindung zu Hitler wiederherzustellen.

Die von mehreren Seiten vorgetragenen Annäherungsversuche trafen sich mit den Vorstößen, die der irritierte Führer der NSDAP zu gleicher Zeit unternahm; denn bislang war sein Erfolg vom September ohne Folgen geblieben. Der Wahlausgang hatte ihn zwar zu einem der Hauptakteure auf der politischen Bühne gemacht, doch spielte er, solange seine Isolierung anhielt, gewissermaßen eine stumme Rolle. »Hitler hat viele Monate verloren«, schrieb ein Beobachter, »er hat seine Zeit untätig verbraucht, die ihm keine Ewigkeit wieder zurückbringen wird. Diesen 15. September mit dem Zittern der Besiegten und der amtlichen Ratlosigkeit wird ihm keine Macht der Welt mehr wiedergeben.

Damals war die Stunde für den deutschen Duce da, legal oder illegal,
wer fragte danach? Aber dieser deutsche Duce ist eine feige, verweich-
lichte Pyjamaexistenz, ein schnell feist gewordener Kleinbürgerrebell,
der sich's wohl sein läßt und nur sehr langsam begreift, wenn ihn das
Schicksal samt seinen Lorbeeren in beizenden Essig legt. Dieser Trommler haut nur in der Etappe aufs Kalbfell ... Brutus schläft.«[70]

Angesichts einer Anhängerschaft, die weniger von politischen Überzeugungen als von labilen, augenblicksbestimmten Affekten zusammengehalten wurde, war Hitler tatsächlich in höherem Maße als andere auf
immer neue, spektakuläre Erfolge angewiesen. Zwar setzte die Partei
auch 1931 ihren Siegeszug fort: Anfang Mai erzielte sie in Schaumburg-
Lippe bei der Landtagswahl 26,9 Prozent, vierzehn Tage später in
Oldenburg sogar 37,2 Prozent und stellte damit erstmals in einem Landtag die stärkste Fraktion. Doch im Grunde wiederholten diese Erfolge
nur im kleinen, was der Partei im September schon auf größerer Ebene
gelungen war. Der Macht kam sie dadurch nicht näher, und wenn ihre
Anhänger auf Plätzen oder durch die engen Straßen dröhnend ihr »Hitler vor den Toren!« skandierten, so klang es, als wollten sie ihn erst
dorthin bringen, wo der Ruf ihn zu wissen vorgab. Auch in den Parlamenten selber konnte die NSDAP, ihrer paralysierenden Taktik entsprechend, naturgemäß kaum Erfolge vorweisen. So blieb nur der
rasch fade werdende, zusehends angestrengtere Jubel über ständig wachsende Mitgliederzahlen, immer neue Versammlungsrekorde oder, mit
salbungsvollem Unterton, immer neue Märtyrer. In einer Revolte der
Ungeduld machte sich im Frühjahr, wiederum in der Berliner SA unter
Walter Stennes, der Groll über die anhaltende Stagnation Luft. Doch
noch bevor der SA-Führer den offenen Abfall von der Partei organisieren und den schwankenden Goebbels auf seine Seite ziehen konnte, traf
die Absetzungsverfügung Hitlers ein, und unter erneuten Zusicherungen,
neuen Treuegelöbnissen zerging der Unmut der Verschwörer.

Entgegen seinen Versicherungen, das »System« in einer Folge von
Wahlschlachten niederzuringen, war Hitler seit dem Frühjahr offenbar
bestrebt, in einer umfassenden Aktion das Vertrauen und die Unterstützung aller einflußreichen Kräfte zu gewinnen. Deutlicher denn je war
ihm bewußt geworden, daß er, nur gestützt auf den Erfolg bei den
Massen, die Regierungsgewalt nie erringen würde. Der Artikel 48, der
die Macht auf den Präsidenten und seine engste Umgebung verlagerte,
minderte mit der Macht des Parlaments auch die Bedeutung eines
Wahlsiegs: nicht die Zahl der Stimmen, sondern der Wille des Präsidenten begründete den Anspruch auf die Kanzlerschaft. In gewissem Sinne
war es daher wichtiger, Hindenburg zu gewinnen als die Mehrheit.

Wie immer ging Hitler auf mehreren Ebenen gleichzeitig vor. Schon der

Leipziger Legalitätseid hatte eine verborgene Wohlverhaltens- und
Bündnisofferte enthalten. Zu Beginn des Jahres war ihm ein Fingerzeig
v. Schleichers zugegangen und die Mitwirkung von Nationalsozialisten
im Grenzschutz freigegeben worden. Als Gegenleistung untersagte Hitler
der SA durch Erlaß vom 20. Februar die Teilnahme an Straßenschlachten
und ließ eine Kasseler Einheit kurzerhand auflösen, weil
sie sich befehlswidrig Waffen beschafft hatte, während Röhm in
einer Denkschrift vom April sogar erklären mußte, daß die SA-Abteilungen
unter der Kanzlerschaft Hitlers »vielleicht überflüssig« sein
würden: »Der schöne Adolf trieft vor Loyalität«, schrieb Groener zur
gleichen Zeit einem Freund, Hitler mache keine Kopfschmerzen
mehr.[71] Als die katholischen Bischöfe in einer scharfen Verlautbarung
vor der NSDAP warnten, entsandte Hitler augenblicklich Hermann
Göring, seinen vertrauenerweckenden Verbindungsmann, vermittelnd
nach Rom. In einem Interview für den ›Daily Express‹ sprach er sich
für eine intensive deutsch-englische Zusammenarbeit bei Aufhebung der
Reparationen aus, er gab sich einsichtig und gereift und betonte das Verbindende.
Als der kommunistische Reichstagsabgeordnete Wilhelm
Pieck äußerte, daß die Rote Armee bereit stehe, um den revolutionären
Befreiungsheeren im Innern zu Hilfe zu eilen, erklärte Hitler einer
amerikanischen Zeitung, die NSDAP sei der Damm gegen den heranrückenden
Weltbolschewismus. »Er schimpft sehr viel weniger«, bemerkte
eine zeitgenössische Darstellung, »er frühstückt gar keine
Juden mehr« und legt offenbar Wert darauf, »nicht mehr für monoman
zu gelten«[72]. Seine Sorge um einen bürgerlichen Ruf bezog auch
Äußerlichkeiten mit ein. Er verließ das kleine, bescheidene Hotel »Sanssouci«,
wo er bei seinen Aufenthalten in Berlin bisher abgestiegen war,
und nahm künftig, nicht ohne herausfordernde Absicht, im angesehenen
»Kaiserhof« am Wilhelmsplatz, schräg gegenüber der Reichskanzlei,
Quartier. Die Wortführer der Rechten, das Bändigungskonzept bereit,
versicherten sich gegenseitig, Hitler sei endlich auf dem Wege zum
Staat.

Auch um die Unternehmer, die sich im ganzen noch immer reserviert
zeigten, bemühte er sich auf breiter Ebene. In Frau v. Dirksen, die im
»Kaiserhof« Cercle hielt und einflußreiche Verbindungen hatte, stellte
sich zur rechten Zeit wiederum eine jener ältlichen Freundinnen ein,
deren eifernder Rührigkeit er so viel verdankte, auch Frau Bechstein
war nach wie vor für ihn geschäftig. Andere Kontakte kamen über Göring,
der ein großes Haus führte, sowie über den Wirtschaftsjournalisten
Walter Funk zustande. Auch Wilhelm Keppler, ein von der Krise
mitgenommener Unternehmer, führte sympathisierende Industrielle
an die Bewegung heran und gründete den »Freundeskreis der Wirt-

schaft«, der durch die spätere Verbindung zu Himmler einen monströsen Ruf erwarb. Otto Dietrich, der über weitläufige familiäre Industriebeziehungen verfügte und seit August als Reichspressechef der NSDAP amtierte, vermerkte: »Im Sommer 1931 faßte der Führer in München plötzlich den Entschluß, die im Zentrum des Widerstandes stehenden maßgebenden Persönlichkeiten der Wirtschaft und der von ihnen getragenen bürgerlichen Mittelparteien systematisch zu bearbeiten.« In einer ausgedehnten Tournee durchquerte er mit seinem Mercedes-Kompressor ganz Deutschland zu vertraulichen Besprechungen, einige davon fanden, um keinen Verdacht zu erwecken, »auf einsamen Waldwiesen in Gottes freier Natur« statt, auf Kirdorfs Besitzung »Streithof« sprach er zu über dreißig führenden Schwerindustriellen.[73] Ostentativ nötigte er Gregor Strasser und Gottfried Feder, die in einer Reverenz vor den preisgegebenen sozialistischen Zielsetzungen im Reichstag die Enteignung der »Bank- und Börsenfürsten« gefordert hatten, den Antrag zurückzuziehen, und als die kommunistische Fraktion sich ein Vergnügen daraus machte, die Vorlage im Wortlaut noch einmal einzubringen, zwang er die Abgeordneten, dagegen zu stimmen. Über sein Wirtschaftsprogramm äußerte er sich künftig nur noch in dunklen Andeutungen, zugleich distanzierte er sich von dem starrköpfigen Gottfried Feder und verbot ihm gelegentlich sogar das öffentliche Auftreten.

In den ersten Julitagen traf Hitler sich schließlich in Berlin mit Hugenberg, bald darauf hatte er eine Unterredung mit den Stahlhelmführern Seldte und Duesterberg, die ihn erneut für ein Bündnis gewinnen wollten; dann kam er mit v. Schleicher und dem Chef der Heeresleitung, General v. Hammerstein-Equord, zusammen, er konferierte mit Brüning, Groener und noch einmal mit Schleicher sowie mit Brüning. Die Gespräche dienten der Absichtserkundung sowie der Annäherung mit dem Ziel, Hitler in das von ihm prinzipiell bekämpfte System hineinzuholen, durch taktische Bündnisse einzufangen und, wie General Groener meinte, »jetzt doppelt und dreifach an den Legalitätspfahl« zu binden.[74] Doch hatte keiner der Kontrahenten einen zutreffenden Begriff von der Härte und Intransigenz Hitlers, und sie alle täuschten sich über sein Verstellungsvermögen. Das Ergebnis war daher nur, daß der Führer der NSDAP aus seiner Isolierung geriet und den Rang eines Partners gewann: die Unterredungen stimulierten die Anhänger, verwirrten die Gegner und beeindruckten die Wähler. Wie verzweifelt Hitler auf diese Wendung gewartet hatte, zeigte seine Reaktion, als er zur Unterredung mit Brüning nach Berlin gerufen wurde. Heß, Rosenberg und dessen Stellvertreter Weiß waren bei ihm, als in München das Telegramm eintraf, das er hastig überflog und den Anwesenden erregt entgegenhielt: »Jetzt habe ich sie in der Tasche! Sie haben mich als Verhandlungspart-

ner anerkannt.« Das Bild, das er zu erzeugen vermochte, spiegelt das
Urteil Groeners: »Absichten und Ziele Hitlers sind gut, aber Schwarm-
geist, glühend, vielseitig. Sympathischer Eindruck, bescheidener, ordent-
licher Mensch und im Auftreten Typ des strebsamen Autodidakten.«
Im vertraulichen Meinungsaustausch der führenden Akteure erschien
er von nun an bezeichnenderweise, wenn auch nicht ohne einen Unterton geringschätziger Ironie, als »Adolf«[75]. Das Entree war gelungen.

Lediglich die Unterredung mit Hindenburg, die auf Vermittlung
Schleichers am 10. Oktober zustandekam, endete mit einem Mißerfolg.
Tatsächlich bestanden im Präsidentenpalais die entschiedensten Vorbehalte, und Oskar, der Sohn Hindenburgs, hatte das Ersuchen Hitlers um
eine Unterredung zunächst mit der bissigen Bemerkung glossiert: »Der
will wohl einen Schnaps haben.« Im Verlauf der Begegnung selber
schien Hitler, der zusammen mit Göring gekommen war, nervös und
überging die Empfehlung des Präsidenten, die Regierung angesichts der
schwierigen Lage des Landes zu unterstützen, mit weitschweifigen Ausführungen über die Ziele seiner Partei. Auch auf die Vorhaltungen über
die sich häufenden Gewalttaten reagierte er mit wortreichen Beteuerungen, ohne offenbar sein Gegenüber zufriedenzustellen. Aus der Umgebung Hindenburgs sickerte später die Bemerkung durch, der Präsident
sei allenfalls bereit, diesen »böhmischen Gefreiten« zum Postminister zu
machen; zum Reichskanzler sicherlich nicht.[76]

Im Anschluß an die Unterredung mit Hindenburg begab Hitler sich
nach Bad Harzburg, wo schon am folgenden Tage die Nationale Opposition in einer machtvollen Kundgebung ihren Zusammenschluß feiern
und sich zum Generalangriff auf das »System« formieren wollte. Noch
einmal hatte Hugenberg zur umfassenden Heerschau alles zusammenge-
holt, was auf der Rechten Macht, Geld oder Prestige besaß: die Führungsspitzen der Nationalsozialisten und der Deutschnationalen einschließlich der Fraktionen des Reichstags und des preußischen Landtags,
die Vertreter der Deutschen Volkspartei, der Wirtschaftspartei, des Stahl-
helms und des Reichslandbundes; ferner zahlreiche prominente Gönner,
Angehörige ehemals regierender Häuser mit zwei Hohenzollernprinzen
an der Spitze, Justizrat Class mit dem Vorstand der Alldeutschen, pensio-
nierte Generale wie v. Lüttwitz und v. Seeckt sowie zahlreiche renom-
mierte Namen der Finanz und der Industrie, darunter Hjalmar Schacht,
Ernst Poensgen von den Vereinigten Stahlwerken, Louis Ravené vom
Eisengroßhandelsverband, Blohm aus Hamburg sowie v. Strauß, Regen-
danz und Sogemeier. Es war, die Kommunisten ausgenommen, der

Aufmarsch aller Gegner der Republik, ein buntes Heer von Unzufriedenen, die durch ein Ressentiment, weniger durch ein gemeinsames Ziel geeint waren.

Hitler selber zeigte sich aufs äußerste verstimmt. Nur mit großem Widerstreben hatte er überhaupt seine Teilnahme zugesagt, und der fehlgeschlagene Besuch bei Hindenburg hatte seinen Unmut noch verstärkt. Wie schon beim Bündnis gegen den Young-Plan mußte er wiederum mit starker Kritik aus den eigenen Reihen rechnen, und auch ihm selber war diese bourgeoise Liaison unbehaglich. Kurz vor Beginn der Veranstaltung ließ er daher seine Gefolgschaft zu einer geschlossenen Sitzung zusammenrufen und durch Frick das Bündnis mit dem »bürgerlichen Mischmasch« durch rein taktische Überlegungen rechtfertigen; auch Mussolini habe die Macht auf dem Umweg über eine nationale Koalition erringen müssen. Im effektvollen Überrumpelungsstil betrat er, kaum daß Frick geendet hatte, zusammen mit seiner persönlichen Begleitung den Saal und verpflichtete sich die Teilnehmer mit feierlichem Zeremoniell. Die »Nationale Einheitsfront« wartete unterdessen im Kursaal auf sein Erscheinen.

Für Hugenberg, der dem Führer der NSDAP schon während der Vorbereitungen zahlreiche Zugeständnisse geleistet hatte, war dies nicht die letzte Demütigung im Verlauf des Treffens. Herausfordernd und ohne Rücksicht auf die Empfindlichkeiten der einflußreichen Partner zerbrach Hitler ihm das ehrgeizige Bündniskonzept. Schon am Vorabend hatte er die Sitzung des gemeinsamen Redaktionskomitees versäumt und dessen Arbeit für reine Zeitverschwendung erklärt. Als in der Abschlußparade, die den begeisternden Höhepunkt der Veranstaltung bilden sollte, die SA-Formationen vorbeigezogen waren und der Stahlhelm heranrückte, verließ er demonstrativ die Tribüne, auch an dem gemeinsamen Essen nahm er nicht teil und ließ wissen, er sei dazu außerstande, solange Tausende seiner Anhänger »mit hungrigem Magen Dienst« leisteten. Nur »die Rücksicht auf die allen Beteiligten unerwünschten Presseauswirkungen«, so klagte Hugenberg enttäuscht, hätte den »Bruch auf offener Szene« verhindert.[77]

Für Hitler war die Mißgestimmtheit von Harzburg keineswegs taktische Finesse, nicht nur Primadonnenrezept, wonach erst die mürrische Laune Anbeter macht; vielmehr stellte ihm das Treffen, dringlicher denn je, die Machtfrage. Hugenbergs Einigkeitsphrasen täuschten nicht über den Führungsanspruch hinweg, den er als Arrangeur der Festivität geltend machte. Mit der ihm eigentümlichen Konsequenz erfaßte Hitler, daß jede Gemeinsamkeit nur Unterordnung bedeuten konnte, allenfalls auch, daß Deutschland absurderweise künftig auf zwei »Retter« blicken müsse. Um den irrigen Eindruck zu verdrängen, veranstaltete er schon

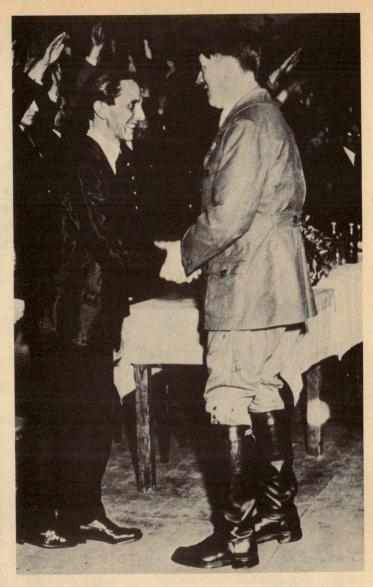

Triumphe im Berliner Sportpalast: Hitler und Goebbels.

Die Massen reagierten auf die allgemeine Not zunächst unpolitisch. Die Mühen des bloßen Überlebens verbrauchten alle Energien.

Die beiden Rettungsideologien der großen Krise: Kommunistische und nationalsozialistische Fahne in einem Berliner Hinterhof.

Erst die radikalen Demagogen von links und rechts mobilisierten die Verzweiflung (oben Goebbels und unten Thälmann).

Das Harzburger Treffen aller nationalen Rechten endete durch Hitlers brüskierendes Auftreten mit einem Fehlschlag. Demonstrativ und um die Konservativen noch einmal zu provozieren, veranstaltete der Führer der NSDAP acht Tage später im benachbarten Braunschweig eine Heerschau des eigenen Lagers. Er erklärte dabei, die Bewegung stehe einen Meter vor dem Ziel: Hitler in Bad Harzburg (oben) und beim Vorbeimarsch in Braunschweig (rechts).

eine Woche nach der Harzburger Tagung eine machtvolle Demonstration auf dem Franzschen Feld in Braunschweig. Über hunderttausend SA-Leute waren in Sonderzügen herantransportiert worden, während der sechsstündigen Parade kreisten Flugzeuge mit riesigen Hakenkreuzschleppen über dem Feld, und Hitler erklärte während der Standartenweihe, es sei die letzte vor der Machtergreifung, die Bewegung stehe »einen Meter vor dem Ziel«; und um alle Zweifel zu beschwichtigen, erklärte der ›Angriff‹ am 21. Oktober: »Harzburg war ein taktisches Teilziel, Braunschweig die Verkündigung des unveränderlichen Endziels. Am Ende liegt Braunschweig, nicht Harzburg.«

Indessen kam in Hitlers schroffem Harzburger Auftritt zugleich etwas von seinem Affekt gegen die bürgerliche Welt zum Vorschein, den er zu keiner Zeit gänzlich beherrscht hat. Schon der Anblick der Zylinder, Gehröcke und gesteiften Hemdbrüste irritierte ihn, desgleichen die Titel, die Orden und der Dünkel, den sie anzeigten: es war eine Welt, die ihren Herrschaftsanspruch gleichsam in der sittlichen Idee selber verankert glaubte und gern von ihrer »geschichtsbefugten Rolle« sprach. Hitlers untrügliches Gefühl für Schwäche und Fäulnis witterte hingegen die Gebrechlichkeit hinter der stämmigen Willensallüre, das verhaßte Vorgestern in diesen Mumienschwärmen mit Mittelstandsmanieren.

Zwar war es die gleiche bürgerliche Welt, die die Sehnsucht des jungen Caféhaus-Elegant, des verbummelten Kunstadepten gewesen war, der trotz aller Zurückweisung ihre sozialen, ideologischen und ästhetischen Wertvorstellungen unkritisch übernommen und lange bewahrt hatte; doch hatte diese Welt inzwischen ihren Offenbarungseid geleistet, und anders als ihre Repräsentanten vergaß er das nicht. In Hugenberg begegnete ihm noch einmal der schlaue, arrogante und schwächliche Herr v. Kahr, der das Bild des bürgerlichen Honoratioren unwiderlegbar in ihm fixiert hatte: eine Gruppe mit dem Anspruch von Herrschaft und dem Wesen von Personal. Schon der Gedanke daran löste seither nahezu reflexartig das herabsetzende Epitheton aus, insbesondere »feige«, »blöde«, »idiotisch« und »verfault«: »Keine Bevölkerungsschicht sei in politischen Dingen blöder als dieses sogenannte Bürgertum«, betonte er häufig und fügte einmal hinzu, er habe es durch schreiende Propaganda und inkorrekte Manieren lange Zeit bewußt von der Partei fernzuhalten versucht. Als Richard Breiting, der Chefredakteur der ›Leipziger Neuesten Nachrichten‹, ihn im Mai 1931 zu einer Unterredung aufsuchte, begann er das Gespräch mit der Bemerkung: »Sie sind ein Repräsentant des Bürgertums, das wir bekämpfen«, und versicherte, er sei bestimmt nicht ausgezogen, das sterbende Bürgertum zu retten, er werde es im Gegenteil ausschalten und jedenfalls viel eher mit ihm fertig werden als mit dem Marxismus.[78] Mit Vorliebe, wenn auch nicht ohne Angestrengtheit, betonte er zu jener Zeit auch seine Distanz zu den kulturbürgerlichen Anfängen von einst: »Wenn mir heute ein Prolet brutal seine Meinung sagt, habe ich die Hoffnung, daß diese Brutalität eines Tages nach außen gekehrt werden könnte. Wenn ein Bürger traumverloren daherwandelt und nur von Kultur, Zivilisation und ästhetischer Weltbefriedigung redet, dann sage ich ihm: ›Du bist für die deutsche Nation verloren! Du paßt in den Berliner Westen! Gehe dorthin, hopse Deine Negertänze zu Ende und verrecke!‹«[79] Er hat sich denn auch gelegentlich als »Proletarier« bezeichnet, dabei jedoch nie den Eindruck vermeiden können, er formuliere weniger eine soziale Zugehörigkeit als vielmehr eine soziale Absage: »Ich bin niemals unter dem Aspekt des Bürgerlichen zu verstehen«, versicherte er. Noch in der Hoffnung auf die Arbeiterschaft, die er verschiedentlich zum Ausdruck brachte, in den bewundernden Äußerungen über diesen »wahren Adel«, schien keineswegs die Sympathie für die eine Klasse am Werk, sondern der unverwundene Haß auf die andere, die ihn verschmäht hatte: sein Bürgerhaß war nicht ohne inzestuöse Beimischung. Immer wieder schlugen die Enttäuschungen eines erst abgewiesenen, dann hintergangenen Tendenzbürgers durch. Auch der bevorzugte Spießgesellen-Typus in seiner engsten persönlichen Umgebung, die derbe und primitive »Chauffeureska« der Schaub, Schreck, Graf oder Maurice, spiegelte forciert dieses Ressentiment, das nur von wenigen einzelnen auf Zeit durchbrochen werden konnte; von Ernst Hanfstaengl beispielsweise oder von Albert Speer. Zum Völkerbundskommissar für Danzig, Carl Jacob Burckhardt, sagte Hitler 1939 »traurig«: »Sie kommen aus einer Welt, die mir fremd ist.«[80]

Zu dieser fremden Welt gab es keine Verbindung, nicht einmal eine haltbare taktische Beziehung war herstellbar, wie das Harzburger Treffen erwies. Weder das gemeinsame Oppositionskonzept noch das zuvor vielfach erörterte Schattenkabinett oder die Einigung über einen gemeinsamen Kandidaten in der bevorstehenden Wahl zum Reichspräsidenten kamen zustande, und auch die Vorstellung einer Kampfgemeinschaft, die das bürgerliche Lager beim Blick auf die braunen Sturmabteilungen so sehr beflügelte, wurde von den selbstbewußten Hitlerleuten nur verspottet. Hugenberg hatte gehofft, in Harzburg das Bündnis zwischen der NSDAP, den übrigen Rechtsgruppen und den Kreisen von Geld und Prestige zustandezubringen, und sich selber, im Hintergrund manövrierend und mit füchsischer Schlauheit wirkend, als den großen Spielmeister der nationalen Opposition gesehen; doch hatte Hitler ihn statt dessen brüsk vor die Alternative gestellt, sich zu unterwerfen oder auf die Idee einer nationalen Einheitsfront überhaupt zu verzichten. Wie alle voraufgegangenen »Probeehen«[81] zwischen den Nationalsozialisten und der bürgerlichen Rechten war damit auch diese gescheitert und das Treffen

eher ein Ende als ein Anfang: jedenfalls bedeutete es für Hugenberg den
Abschied von seinen Führungsillusionen, von jenem Bild des Trommlers, des Bierhausagitators und Anstreichers, das der deutschnationale
Herrschaftshochmut sich von Hitler geschaffen hatte. Doch war es noch
nicht der Abschied von der Bündnisidee überhaupt. »Wir haben«,
protestierte Hugenberg nur, »nicht die Absicht, uns als ›Mischmasch‹ zu
fühlen, als Vorspann benützen zu lassen und uns dann einen Fußtritt
geben zu lassen.« Aber sein Kurs ging weiterhin gegen seine Absicht.

So ist die vielbeschworene »Harzburger Front« eher ein Begriff der
politischen Mythologie als einer der wirklichen Geschichte. Sie gilt als
eines der grandiosen Beweisstücke für jene Verschwörungstheorie, die in
der Vorgeschichte des Dritten Reiches eine Kette finsterer Machinationen sieht und sich dabei vornehmlich von jenen ordensbesternten
Brüsten, den Gehröcken und Standesallüren blenden läßt, die Hitler mit
so viel besserem Recht verachtete; vor allem gilt sie als die Selbstenthüllung des Komplotts zwischen Hitler und dem Großkapital.

Unstreitig gab es ein Netz von Verbindungen zwischen dem Führer
der NSDAP und einer Anzahl einflußgebietender Unternehmer, und
ebenso sicher ist, daß die Partei materiellen Nutzen sowie ein gesteigertes Prestige aus diesen Beziehungen erlangte. Aber was ihr zugute kam,
wurde den zerbröckelnden Parteien der Mitte früher, ebensolange und
in erheblich höherem Maße zuteil. Weder die Stimmengewinne der
einen noch die Verluste der anderen werden durch diese vermögenden
Gönnerschaften erklärt. Wiederholt hat Hitler die Zurückhaltung der
Unternehmer beklagt, Mussolini habe es, so meinte er, »in seinem
Kampfe viel leichter gehabt, da er die italienische Industrie auf seiner
Seite gehabt hat... Was tut die deutsche Industrie für die Wiedergeburt des deutschen Volkes – nichts!«[82] Noch im April 1932 zeigte er
sich bestürzt darüber, daß die zusammengeschmolzene DVP höhere
Beträge von der Industrie bezog als seine eigene Partei, und als Walter
Funk gegen Ende des Jahres eine Bettelreise durch das Ruhrgebiet
unternahm, erhielt er nur einen einzigen Betrag zwischen zwanzig- und
dreißigtausend Mark. Überhaupt wird der Umfang dieser Hilfeleistungen häufig weitaus zu hoch angesetzt. Wer die Schätzung von rund sechs
Millionen zwischen 1930 und dem 30. Januar 1933 für realistisch hält,
würde selbst mit dem doppelten Betrag keine Parteiorganisation mit
rund zehntausend Ortsgruppen und einem ausgedehnten Funktionärskorps, einer Privatarmee von annähernd einer halben Million Mann
sowie die zwölf aufwendig geführten Wahlkämpfe des Jahres 1932

finanzieren können: der Jahresetat der NSDAP lag tatsächlich, wie Konrad Heiden ermittelt hat, zu dieser Zeit bei siebzig bis neunzig Millionen Mark, und solche Größenordnungen waren es, die Hitler veranlaßten, sich gelegentlich ironisch als einen der größten deutschen Wirtschaftsführer zu bezeichnen.[83]

Keineswegs zufällig neigt die Verschwörungstheorie, selbst in ihren seriösen Zeugnissen, zu breiten und unscharfen Begriffen, um »das« Großkapital und die NSDAP zusammenzuführen, während auf der Ebene pseudo-wissenschaftlicher Polemik Hitler allen Ernstes zum »mühselig hochgespielten und teuer bezahlten politischen Kandidaten« einer im Hintergrund wirkenden kapitalistischen »Nazi-Clique«, zu ihrem »Public-Relations«-Manager, wird.[84] Im Gegensatz dazu gab es deutlich divergierende Interessen zwischen den einzelnen Unternehmern sowie den Unternehmenszweigen. Sowohl die Exportunternehmer, die Börsenkreise und die Inhaber großer Warenhäuser als auch die chemische Industrie und die alten Familienunternehmen wie Krupp, Hoesch, Bosch oder Klöckner standen der Hitlerpartei zumindest vor 1933 mit beträchtlichem, zumeist durch wirtschaftliche Überlegungen motiviertem Vorbehalt gegenüber, ganz abgesehen von der nicht unerheblichen Zahl jüdischer Unternehmen. Otto Dietrich, der Hitler zu einem Teil seiner Kontakte mit der rheinisch-westfälischen Großindustrie verholfen hat, beklagte in einem zeitgenössischen Bericht die Weigerung der Wirtschaft, »in der Zeit unseres härtesten Kampfes ... an Hitler zu glauben«. Noch Anfang 1932 seien »starke Herde des wirtschaftlichen Widerstandes« spürbar gewesen, und Hitlers berühmte Rede vor dem Düsseldorfer Industrieklub vom 26. Januar 1932 sollte gerade ihrer Überwindung dienen.[85] Die finanziellen Mittel, die der Partei im Anschluß daran gewährt wurden, beseitigten zwar die dringendsten Sorgen, erreichten aber nicht den erwarteten Umfang. Nicht einmal eine Ende 1932 von Schacht, dem Bankier v. Schroeder und Albert Vögler aufgesetzte Petition an Hindenburg, Hitler zum Kanzler zu ernennen, hatte Erfolg; die Mehrzahl der aufgeforderten Unternehmer weigerte sich, ihre Unterschrift herzugeben. Die Schwerindustrie, klagte Schacht in einem Brief an Hitler, trage ihren Namen zu Recht; denn sie entschließe sich schwer.[86]

Die Theorie vom engen instrumentalen Bündnis zwischen Hitler und dem Großkapital weiß aber auch nicht zu begründen, warum die Millionen Wähler sich so erhebliche Zeit vor den Millionen der Industrie einfanden; als Hitler die Düsseldorfer Rede hielt, hatte seine Partei weit über 800 000 Mitglieder und schätzungsweise über zehn Millionen Wähler. Sie waren seine Basis, und die »große antikapitalistische Sehnsucht«, die sie erfüllte, zwang ihn stärker als die eigenwilligen und widerspenstigen Unternehmer zur Rücksichtnahme. Den Industriellen opferte er nicht viel mehr als den Räsoneur Otto Strasser, der auch ihm verhaßt war, und begründete ihnen gegenüber die Teilnahme seiner Anhänger am Berliner Metallarbeiterstreik brüsk damit, daß streikende Nationalsozialisten immer noch besser seien als streikende Marxisten.[87] Am wenigsten vermag die These von der Hitlerpartei im Solde des Kapitals jedoch die Frage zu klären, auf die sie eigentlich die Antwort sein will: warum diese neuartige, aus dem Nichts aufgetauchte Massenbewegung die traditionsreiche und hervorragend organisierte deutsche Linke so mühelos überflügeln konnte; die These ist denn auch eher eine Sache des Dämonenglaubens oder der marxistischen Orthodoxie, und im einen wie im anderen Falle ein Ausdruck linken Rationalitätsverlusts, gleichsam »der Antisemitismus der Linken«[88].

Doch ist es eines, von einer verschwörerischen Verflechtung »der« Industrie mit dem Nationalsozialismus zu sprechen, ein anderes aber, die Atmosphäre von »Geneigtheit« oder gar Sympathie zu vermerken, die den Nationalsozialismus umgab. Erhebliche Kräfte innerhalb der Industrie zeigten ein unverhohlenes, wenn auch ungern aktiviertes Interesse an der Kanzlerschaft Hitlers, und viele, die keineswegs bereit waren, ihn materiell zu unterstützen, betrachteten doch sein Programm nicht ohne Zustimmung. Sie verbanden damit keine konkreten wirtschaftspolitischen Erwartungen und verloren nie ganz ihr Mißtrauen gegenüber den sozialistischen antibürgerlichen Stimmungen innerhalb der NSDAP; eine kleine Gruppe industrieller Sympathisanten errichtete im Sommer 1932 sogar eine Arbeitsstelle, um dem Wirtschaftsradikalismus des linken Parteiflügels entgegenzuwirken. Insgesamt aber hatten die Unternehmer die bürgerliche Demokratie mit deren Folgen, den Ansprüchen und Rechten der Massen, nie wirklich angenommen, die Republik war in all den Jahren nicht ihr Staat geworden. Die Vorstellung von Ordnung im Lande, wie Hitler sie herzustellen versprach, war für viele von ihnen mit unternehmerischer Autonomie, Steuerprivilegien und dem Ende der Gewerkschaftsmacht verbunden. Das Schlagwort der »Rettung von diesem System!«, von einem der Wortführer der Industrie ausgegeben, wurde immer vor dem Hintergrund autoritärer Ordnungsentwürfe artikuliert.[89] Kaum irgendwo sonst in der deutschen Gesellschaftsstruktur haben die obrigkeitsstaatlichen Petrefakte so hartnäckig überdauert wie in der Unternehmerschaft, deren technologische Modernität mit einer geradezu vorkapitalistischen Sozialgesinnung einherging. Nicht in gemeinsamen Zielsetzungen, schon gar nicht in einem dunklen Komplott, sondern in dem antidemokratischen, auf Überwindung des »Systems« gerichteten Klima, das von ihm ausging, liegt die eigentliche Mitverantwortung »des« Kapitals für den Aufstieg der NSDAP. Freilich täuschten seine Wortführer sich in Hitler; sie sahen nur seine Ordnungsmanie, den steifen Autoritätskult, den er übte, seine rückwärtsgewandten Züge. Darüber entging ihnen die eigenartige Zukunftsstimmung, die zugleich um ihn war.

Hitler hat die autoritären, macht- und ordnungsstaatlichen Vorstellungen der Unternehmer mit ungewöhnlichem Einfühlungsvermögen in seiner schon erwähnten Rede vor dem Düsseldorfer Industrieclub, die zu den eindrucksvollsten Zeugnissen seiner Redekunst zählt, erfaßt und auf sich gezogen. Im zweireihigen dunklen Anzug, mit gewandten und zugleich korrekten Manieren, entwickelte er vor den zunächst unverkennbar reservierten Großindustriellen die ideologischen Grundlagen seiner Politik. In Anspruch, Tonlage und Akzentuierung war jedes Wort des zweieinhalbstündigen Auftritts sorgfältig auf sein Publikum zugeschnitten.

An den Anfang rückte Hitler seine These vom Primat der Innenpolitik und widersprach nachdrücklich der von Brüning zu einer Art Doktrin erhobenen Auffassung, daß Deutschlands Schicksal überwiegend von seinen außenpolitischen Beziehungen abhängig sei. Die Außenpolitik, so erklärte er, werde vielmehr »bestimmt durch die innere Verfassung« eines Volkes; alles andere sei Resignation, nationaler Selbstverzicht oder Ausflucht schlechter Regierungen. In Deutschland sei die innere Verfassung der Nation allerdings durch die nivellierenden Wirkungen der Demokratie untergraben: »Wenn die immer in der Minderzahl befindlichen fähigen Köpfe einer Nation wertmäßig gleichgesetzt werden all den anderen, (muß) damit langsam eine Majorisierung des Genies, eine Majorisierung der Fähigkeit und des Persönlichkeitswertes eintreten, eine Majorisierung, die man fälschlicherweise dann mit Volksherrschaft bezeichnet. Denn dies ist nicht Volksherrschaft, sondern in Wirklichkeit Herrschaft der Dummheit, der Mittelmäßigkeit, der Halbheit, der Feigheit, der Schwäche, der Unzulänglichkeit. Es ist mehr Volksherrschaft, ein Volk auf allen Gebieten des Lebens von seinen fähigsten, dafür geborenen Einzelwesen regieren und leiten zu lassen, als ... von einer jeweils diesen Gebieten naturnotwendigerweise fremd gegenüberstehenden Majorität.«

Der demokratische Gleichheitsgrundsatz, fuhr er fort, sei aber keine belanglose, nur theoretisch bedeutsame Idee, er wirke vielmehr über kurz oder lang in alle Lebensbereiche hinein und sei in der Lage, langsam ein Volk zu vergiften. Das Privateigentum, hielt er den Unternehmern entgegen, sei im Grunde mit dem Prinzip der Demokratie unvereinbar. Denn seine logische und moralische Rechtfertigung sei in der Überzeugung begründet, daß die Menschen und ihre Leistungen verschieden sind. Dann kam er zum Kern seines Angriffs:

»Dies zugegeben, ist es jedoch Wahnsinn zu sagen: Auf wirtschaftlichem Gebiet sind unbedingt Wertunterschiede vorhanden, auf politischem Gebiete aber nicht! Es ist ein Widersinn, wirtschaftlich das Leben auf dem Gedanken der Leistung, des Persönlichkeitswertes, damit praktisch auf der Autorität der Persönlichkeit aufzubauen, politisch aber diese Autorität der Persönlichkeit zu leugnen und das Gesetz der größeren Zahl, die Demokratie, an dessen Stelle zu schieben. Es muß damit langsam ein Zwiespalt zwischen der wirtschaftlichen und der politischen Auffassung entstehen, den zu überbrücken man durch Angleichung der ersteren an die letztere versuchen wird ... Der politischen Demokratie analog ist auf wirtschaftlichem Gebiet aber der Kommunismus. Wir befinden uns heute in einer Periode, in der diese beiden Grundprinzipien in allen Grenzgebieten miteinander ringen ...

Im Staat steht eine Organisation – das Heer – die überhaupt nicht irgendwie demokratisiert werden kann, ohne daß sie sich selbst aufgibt ... Die Armee kann nur bestehen unter Aufrechterhaltung des absolut antidemokratischen Grundsatzes unbedingter Autorität nach unten und absoluter Verantwortlichkeit nach oben. Das Ergebnis aber ist, daß in einem Staat, in dem das ganze politische Leben – angefangen bei der Gemeinde und endigend im Reichstag – sich auf dem Gedanken der Demokratie aufbaut, die Armee allmählich ein Fremdkörper werden muß.«

Hitler demonstrierte diesen strukturellen Widerspruch an zahlreichen weiteren Beispielen und beschrieb dann die bedrohliche Verbreitung, die der demokratische und damit kommunistische Gedanke in Deutschland gefunden habe. Ausführlich beschwor er die Angst vor dem Bolschewismus, der »nicht nur eine in Deutschland auf einigen Straßen herumtobende Rotte« sei, sondern »eine Weltauffassung, die im Begriffe steht, sich den ganzen asiatischen Kontinent zu unterwerfen, und ... die ganze Welt langsam erschüttern und zum Einsturz bringen« werde. Er fuhr fort:

»Der Bolschewismus wird, wenn sein Weg nicht unterbrochen wird, die Welt genauso einer vollständigen Umwandlung aussetzen wie einst das Christentum ... 30 und 50 Jahre spielen dabei, da es sich um Weltanschauungen handelt, gar keine Rolle. 300 Jahre nach Christus hat das Christentum erst langsam begonnen, den ganzen Süden Europas zu durchsetzen.«

In Deutschland habe sich der Kommunismus infolge der besonderen geistigen Verirrung und inneren Zersetzung schon weiter ausgebreitet als in anderen Ländern. Millionen Menschen seien dahin gebracht, im Kommunismus die »weltanschauliche Ergänzung ihrer tatsächlichen praktischen wirtschaftlichen Situation« zu sehen. Deshalb sei es verfehlt, die Ursachen der herrschenden Not in äußeren Umständen zu suchen und sie mit äußeren Mitteln zu bekämpfen; wirtschaftliche Maßnahmen oder »noch 20 Notverordnungen« könnten den Zerfall der Nation nicht aufhalten; die Gründe des Niedergangs seien politischer Natur, sie verlangten daher politische Entscheidungen, und zwar »eine grundsätzliche Lösung«:

> »Sie beruht auf der Erkenntnis, daß zusammenbrechende Wirtschaften immer als Vorläufer den zusammenbrechenden Staat haben, und nicht umgekehrt; daß es keine blühende Wirtschaft gibt, die nicht vor sich und hinter sich den blühenden mächtigen Staat als Schutz hat, daß es keine karthagische Wirtschaft gab ohne karthagische Flotte.«

Macht und Wohlergehen der Staaten aber seien eine Folge ihrer inneren Organisation, der »Festigkeit gemeinsamer Anschauungen über gewisse grundsätzliche Fragen«. Deutschland befinde sich heute im Zustand großer innerer Zerrissenheit, rund die Hälfte des Volkes sei im weiteren Sinne bolschewistisch, die andere Hälfte national gesinnt; die einen bekennten sich zum Privateigentum, die anderen erblickten darin eine Art Diebstahl, die einen hielten Landesverrat für ein Verbrechen, die anderen für eine Pflicht. Um dieser Zerrissenheit Herr zu werden und die Ohnmacht Deutschlands zu überwinden, habe er eine Bewegung und eine Weltanschauung geschaffen:

> »Sie sehen hier eine Organisation vor sich ... erfüllt von eminentestem nationalem Gefühl, aufgebaut auf dem Gedanken einer absoluten Autorität der Führung auf allen Gebieten, in allen Instanzen – die einzige Partei, die in sich nicht nur den internationalen, sondern auch den demokratischen Gedanken restlos überwunden hat, die Befehl und Gehorsam kennt und die damit zum erstenmal in das politische Leben Deutschlands eine Millionen-Erscheinung eingliedert, die nach dem Leistungsprinzip aufgebaut ist. Eine Organisation, die ihre Anhänger mit unbändigem Kampfsinn erfüllt, zum ersten Male eine Organisation, die, wenn der politische Gegner erklärt: ›Euer Auftreten bedeutet für uns eine Provokation‹, es nicht für gut befindet, sich dann plötzlich zurückzuziehen, sondern die brutal ihren Willen durchsetzt und ihm entgegenschleudert: Wir kämpfen heute! Wir kämpfen morgen! Und haltet Ihr unsere Versammlung heute für eine Provokation, so werden wir nächste Woche wieder eine abhalten ... Und wenn Ihr sagt: ›Ihr dürft nicht auf die Straße‹ – wir gehen trotzdem auf die Straße! Und wenn Ihr sagt: ›Dann schlagen wir Euch!‹ – so viele Opfer Ihr uns auch aufbürdet, dieses junge Deutschland wird immer wieder marschieren ... Und wenn man uns unsere Unduldsamkeit vorwirft, so bekennen wir uns stolz zu ihr – ja, wir haben den unerbittlichen Entschluß gefaßt, den Marxismus bis zur letzten Wurzel in Deutschland auszurotten. Wir faßten diesen Entschluß nicht etwa aus Rauflust, denn ich könnte mir an sich ein schöneres Leben denken, als durch Deutschland gehetzt zu werden ...

(Aber) heute stehen wir an der Wende des deutschen Schicksals. Nimmt die derzeitige Entwicklung ihren Fortgang, so wird Deutsch-

land eines Tages zwangsläufig im bolschewistischen Chaos landen,
wird diese Entwicklung aber abgebrochen, so muß unser Volk in eine
Schule eiserner Disziplin genommen werden ... Entweder es gelingt,
aus diesem Konglomerat von Parteien, Verbänden, Vereinigungen,
Weltauffassungen, Standesdünkel und Klassenwahnsinn wieder
einen eisenharten Volkskörper herauszuarbeiten, oder Deutschland
wird am Fehlen dieser inneren Konsolidierung endgültig zugrunde
gehen ...

Man sagt mir so oft: ›Sie sind nur der Trommler des nationalen
Deutschland!‹ Und wenn ich nur der Trommler wäre?! Es würde
heute eine größere staatsmännische Tat sein, in dieses deutsche Volk
wieder einen neuen Glauben hineinzutrommeln, als den vorhandenen
langsam zu verwirtschaften. (Lebhafte Zustimmung) ... Ich weiß sehr
wohl, meine Herren, wenn Nationalsozialisten durch die Straßen
marschieren, und es gibt plötzlich abends Tumult und Radau, dann
zieht der Bürger den Vorhang zurück, sieht hinaus und sagt: ›Schon
wieder bin ich in meiner Nachtruhe gestört und kann nicht schlafen...‹ Aber vergessen Sie nicht, daß es Opfer sind, wenn heute
viele Hunderttausende von SA- und SS-Männern der nationalsozialistischen Bewegung jeden Tag auf den Lastwagen steigen, Versammlungen schützen, Märsche machen müssen, Nacht um Nacht opfern,
um beim Morgengrauen zurückzukommen – entweder wieder zur
Werkstatt und in die Fabrik, oder aber als Arbeitslose die paar
Stempelgroschen entgegenzunehmen ... Wenn die ganze Nation
heute den gleichen Glauben an ihre Berufung hätte wie diese Hunderttausende, wenn die ganze Nation diesen Idealismus besäße:
Deutschland würde der Welt gegenüber heute anders dastehen!
(Lebhafter Beifall).«[90]

Bei allem Beifall, durch den Hitlers Plädoyer für den imperialen
Machtstaat und unternehmerische Privilegien im Namen der »Autorität
der Persönlichkeit« unterbrochen wurde, wollte am Ende der Veranstaltung doch nur etwa ein Drittel der Teilnehmer in Fritz Thyssens Ruf
»Heil, Herr Hitler!« einstimmen. Und wenn auch die materielle Ausbeute dieses Auftritts hinter den Erwartungen zurückblieb, so war der entscheidende Gewinn, daß Hitler endlich jener langanhaltenden Isolierung
entkam, in die nun statt dessen mehr und mehr der Staat geriet. Von
allen Seiten belagerten die anwachsenden Heere der Gegner die zerrütteten Stellungen der Republik. Der Versuch, die Machtverhältnisse in
dem noch immer von einer Koalition unter sozialdemokratischer
Führung regierten Land Preußen durch einen Volksentscheid zur Auflösung des Landtages umzuwerfen, fand Stahlhelm, DNVP, NSDAP,
DVP und sogar die Kommunisten zu gemeinsamer Aktion vereint; auch
wenn sie alle gemeinsam nur 37 Prozent der Stimmen erhielten, blieb der

Eindruck der breiten Front umsturzgewillter Gegner nicht ohne nachhaltige Wirkung.

Auch die erbitterten Zusammenstöße, die sich die halbmilitärischen Kampfformationen vor allem der Kommunisten und Nationalsozialisten sowie beide zusammen der Polizei lieferten, das Chaos auf den Straßen, die blutigen Ausschreitungen an den Wochenenden, waren Symptome der ramponierten Autorität des Staates. Am jüdischen Neujahrsfest veranstaltete die Berliner SA unter Graf Helldorf eine Reihe wilder Tumulte, an den Universitäten kam es zu Krawallen gegen mißliebige Professoren, die Prozesse gegen Parteiangehörige waren Schauplatz beispielloser Szenen. Zwar herrschte in der Tat kein Bürgerkrieg. Aber noch immer hallte die Bemerkung Hitlers, daß einst Köpfe rollen würden, der Nation laut in den Ohren, und zusehends breitete die Vorstellung sich aus, daß auf den Straßen mehr im Gange sei als die gelegentlich blutige Balgerei konkurrierender Parteien um Wählersympathien und Parlamentssitze. »Den bürgerlichen Parteien schwebt als Ziel nicht die Vernichtung (des Gegners) vor, sondern nur ein Wahlsieg«, hatte Hitler einige Zeit zuvor versichert und hinzugefügt: »Wir erkennen ganz genau, daß, wenn der Marxismus siegt, wir vernichtet werden; wir erwarten auch gar nichts anderes; allein, wenn wir siegen, wird der Marxismus vernichtet, und zwar auch restlos; auch wir kennen keine Toleranz. Wir haben nicht eher Ruhe, bis die letzte Zeitung vernichtet ist, die letzte Organisation erledigt ist, die letzte Bildungsstätte beseitigt ist und der letzte Marxist bekehrt oder ausgerottet ist. Es gibt kein Mittelding.«[91] Was auf den Straßen begann, waren die Vorgefechte eines Bürgerkriegs, der die Entscheidung über die 1919 abgebrochene Revolution nachholte und erst im Frühjahr 1933 in den »Heldenkellern« und Konzentrationslagern der SA zu Ende geführt werden sollte.

In der hochgespannten Atmosphäre beherrschte die Sorge, Hitler zum Äußersten zu treiben, das Verhalten seiner Gegenspieler. Ende November 1931, zehn Tage nach den hessischen Landtagswahlen, in denen die NSDAP mit 38,5 Prozent der Mandate zur weitaus stärksten Partei aufgestiegen war, wurde dem Frankfurter Polizeipräsidenten von einem nationalsozialistischen Überläufer ein Aktionsplan hessischer Nationalsozialisten für den Fall eines kommunistischen Aufstandsversuchs überbracht. Dieses »Boxheimer Dokument«, das nach einem bei Worms gelegenen Gutshof benannt war, auf dem die hochverräterischen Zusammenkünfte der Hitlerleute stattgefunden hatten, sah die Übernahme der Macht durch die SA und verwandte Organisationen vor, sprach von »rücksichtslosem Durchgreifen«, um die »schärfste Disziplin der Bevölkerung« zu erzielen, und setzte für jeden Akt des Widerstandes oder auch des Ungehorsams generell die Todesstrafe fest, die unter bestimmten Voraussetzungen »ohne Verfahren auf der Stelle« zu vollstrecken war. Das Privateigentum sowie alle Zinsverpflichtungen sollten suspendiert, die Bevölkerung öffentlich gespeist und eine Arbeitsdienstpflicht eingeführt werden; Juden freilich waren von Dienst wie Speisung ausgenommen.[92]

Hitlers Reaktion auf diese Entdeckung ließ erkennen, daß er immer bewußter die Besorgnisse seiner Gegenspieler sowie die Furcht der Öffentlichkeit in seine taktischen Überlegungen einbezog. Jedenfalls sah er, anders als noch bei den Legalitätsverstößen ein halbes Jahr zuvor, von allen disziplinarischen Maßnahmen gegen die Verfasser des Aktionsprogramms ab und wies lediglich die Verantwortung dafür zurück. Mochte es auch in Einzelheiten von seinen Überlegungen abweichen und vor allem in seinen halbsozialistischen Elementen dem neuen Kurs widersprechen, so erfaßte es doch überaus genau die von ihm stets erstrebte ideale Ausgangslage der Machteroberung: wie dieses Konzept, so ging auch seine Vorstellung von einem kommunistischen Aufstandsversuch aus, der den Hilferuf der bedrohten Staatsgewalt auslösen und ihn mit der SA auf den Plan bringen sollte, so daß er die Gewalt im Namen und mit dem Schein des Rechts üben konnte. Es war der Ruf, den er schon in der Nacht vom 8. zum 9. November 1923 vergeblich Herrn v. Kahr abzunötigen versucht hatte: nie wollte er nur die Macht gewinnen, ein Politiker wie zahllose andere auch, sondern stets als Retter vor der tödlichen Umklammerung des Kommunismus inmitten rettender Heerscharen erscheinen und die Herrschaft ergreifen. Diese Ausgangssituation entsprach sowohl seinem dramatischen als auch seinem eschatologischen Temperament, das sich stets in ein erdumfassendes Ringen mit den Mächten der Finsternis eingeordnet sah; wagnerische Motive, das Bild vom weißen Ritter, von Lohengrin, dem Gral und der bedrohten blonden Frau, spielten vage und halbbewußt hinein. Als später die Umstände diese Konstellation nicht zuwege brachten und der kommunistische Putschversuch nicht, wie Goebbels schrieb, »aufflammte«, hat er sie annähernd zu konstruieren versucht.

Die Bekanntgabe der Boxheimer Pläne blieb ohne Folgen. Es wirft ein bezeichnendes Licht auf den nun von allen Seiten einsetzenden rapiden Loyalitätsverfall, daß nicht nur Bürokratie und Justiz die Verfolgung der schwerwiegenden Hochverratssache offensichtlich verschleppten, sondern auch die politischen Instanzen den Vorfall achselzuckend und resigniert abtaten und die Gelegenheit verstreichen ließen, ihn zum Ausgangspunkt einer durchgreifenden Aktion in letzter Stunde zu machen. Statt Hitler angesichts des durchaus hinreichenden Belastungsmaterials zu verhaften und ihm den Prozeß zu machen, hielten sie vielmehr an ihrer Verhandlungsbereitschaft fest und verstärkten sogar, von seinen Drohungen beunruhigt, ihre Bemühungen noch: erstmals erwies sich nun, wie wichtig es gewesen war, daß er von Schleicher und Hindenburg empfangen, von einflußreichen Politikern, Unternehmern und Honoratioren als Partner akzeptiert worden, kurzum: wieder in die Nähe des »Herrn Präsidenten« gelangt war. So schien es inzwischen auch fraglich, ob polizeiliche oder juristische Maßnahmen die nationalsozialistische Bewegung zu dieser Zeit noch ernsthaft gefährden konnten oder nicht gerade einen höchst unerwünschten psychologischen Effekt erzielen mußten. Der preußische Innenminister Severing verzichtete jedenfalls im Dezember 1931 auf den Plan, Hitler aus einer Pressekonferenz im Hotel Kaiserhof heraus polizeilich festnehmen und aus Preußen ausweisen zu lassen, und General v. Schleicher antwortete um die gleiche Zeit, als im Verlauf einer Konferenz die Forderung nach energischen Maßnahmen gegen die Nationalsozialisten laut wurde: »Dazu sind wir nicht mehr stark genug. Wenn wir das probieren, dann werden wir einfach hinweggefegt!«[93]

Unvermittelt begann die selbstgewisse Vorstellung, daß die Hitlerpartei lediglich ein Haufen kleinbürgerlichen Unrats und demagogischer Windmacherei sei, umzuschlagen. Vereinzelt nur, aber doch unverkennbar, breitete ein Gefühl der Lähmung sich aus, nicht unähnlich der Apathie gegenüber einer Naturgewalt. »It is the ›Jugendbewegung‹, it can't be stopped«, notierte der britische Militärattaché die herrschende Auffassung im deutschen Offizierskorps. Die Geschichte vom Aufstieg der NSDAP, die wir hier verfolgen, ist ebenso sehr die Geschichte von Auszehrung und Verfall der Republik. Zum Widerstand fehlte ihr nicht nur die Kraft, sondern auch ein suggestives Bild von der Zukunft, wie Hitler es in seinen rhetorischen Exzessen entwarf. Wenige glaubten noch, daß die Republik überdauern werde.

»Armes System!«[94], vermerkte Goebbels ironisch in seinem Tagebuch.

III. KAPITEL: VOR DEN TOREN ZUR MACHT

> »Wählen, wählen! Heran ans Volk!
> Wir sind alle sehr glücklich.«
> Joseph Goebbels

Es war nicht nur Hitlers demagogische Virtuosität, nicht nur taktisches Geschick und radikale Verve, die ihm zum Aufstieg verhalfen; die List der Widervernunft selber schien am Werk, ihm alle Wege zu ebnen. Fünf große Wahlgänge, die weitgehend auf den Zufall der Termine zurückgingen, spielten ihm im Verlauf des Jahres 1932 die Chance zu, seine Überlegenheit auf dem ihm eigensten Feld der Agitation eindrucksvoll zu entfalten.

Im Frühjahr lief die Amtsperiode des Reichspräsidenten aus. Um die Risiken und Radikalisierungseffekte einer Wahl zu vermeiden, hatte Brüning schon frühzeitig den Plan entwickelt, durch eine Verfassungsänderung die Amtszeit Hindenburgs auf Lebenszeit zu verlängern. Alle seine Überlegungen zielten darauf, Zeit zu gewinnen. Der Winter hatte eine neue, kaum für vorstellbar gehaltene Verschärfung der Krise gebracht. Im Februar 1932 stieg die Zahl der Arbeitslosen auf über sechs Millionen. Doch mit der sachlichen Starre des Fachmanns, der seine Grundsätze aller niedrigen Anpassungsbereitschaft des Politikers hoch überlegen weiß, hielt Brüning an seinem Kurs fest: er setzte auf den endgültigen Erlaß der Reparationen, auf einen Erfolg in der Abrüstungskonferenz, auf Deutschlands Gleichberechtigung sowie allenfalls auf den Frühling und auf sein Konzept des rigorosen Durchhungerns.

Aber die Menschen teilten weder seine Strenge noch seine Hoffnungen; sie litten an Hunger, Kälte und den entwürdigenden Begleiterscheinungen des Elends. Sie haßten die ständigen Notverordnungen mit den formelhaften Begleitappellen an den Opfersinn: Die Regierung verwalte die Not nur, statt ihr abzuhelfen, lautete der verbreitete Vorwurf.[95] Wie problematisch Brünings Politik der unerbittlichen Sparsamkeit unter volkswirtschaftlichen Überlegungen auch war: als weitaus problematischer erwies es sich, daß sie politisch unwirksam blieb und die Verzweiflung der Menschen nicht erreichte, weil der Kanzler in seiner sachlichen Kühle über den pathetischen Opferton nicht gebot, der noch aus Blut, Schweiß und Tränen umjubelte Zugnummern macht. Niemand findet sich leicht damit ab, daß das Elend nur einfach das Elend ist. Die wachsende Abwendung von der Republik war auch in deren Unvermögen begründet, der Not eine Deutung und den immer erneut geforderten Opfern einen Sinn zu geben.

Brünings Politik des Zeitgewinns war abhängig von der Stützung, die er selber beim Reichspräsidenten fand. Doch überraschenderweise widersetzte Hindenburg sich nun der Absicht, seine Amtszeit zu verlängern. Er war inzwischen vierundachtzig Jahre alt, längst amtsmüde geworden und fürchtete überdies, daß die mit dem Plan unvermeidliche Diskussion über seine Person neuerliche Angriffe seiner ohnehin enttäuschten Freunde auf der Rechten auslösen würde.[96] Erst als die Amtsverlängerung auf zwei Jahre begrenzt wurde, stimmte er endlich, nach langwierigen Bemühungen von vielen Seiten und bezeichnenderweise beeindruckt durch den Hinweis auf Wilhelm I., der noch mit einundneunzig Jahren erklärt hatte, er habe keine Zeit, müde zu sein, zögernd zu; es geschah aber um den Preis seines Vertrauens zu Brüning, den er als Motor hinter aller Bedrängung erkannte: der Kanzler hatte mit seinem Erfolg im Grunde gerade verloren, was er sich davon erwartet hatte.

Die Verhandlungen, die Brüning mit den Parteien aufnahm, machten Hitler zwangsläufig zum umworbenen Mittelpunkt, weil jede Verfassungsänderung seine Zustimmung voraussetzte. Gleichzeitig aber stellten sie ihn vor eine überaus gefährliche Alternative: denn entweder mußte er mit den »Systemträgern« gemeinsame Sache machen und auf diese Weise sowohl Brünings Stellung festigen als auch seinen eigenen Radikalismus verleugnen – oder aber gegen den von vielfältigen Erbauungsgefühlen umgebenen greisen Reichspräsidenten, den getreuen Eckart und Ersatzkaiser der Nation, einen Wahlkampf führen, der die Erfolgslegende der Bewegung ernstlich aufs Spiel setzen und überdies Gegensätze zu Hindenburg aufreißen konnte, die angesichts der so entscheidenden Präsidialbefugnisse über den Zugang zur Macht unabsehbare Folgen haben mußten. Während Gregor Strasser dazu riet, Brünings Vorschlag anzunehmen, wandten sich Röhm und vor allem Goebbels strikt dagegen: »Es handelt sich ja hier nicht um den Reichspräsidenten«, notierte Goebbels in seinem Tagebuch; »Herr Brüning möchte seine eigene Position und die seines Kabinetts auf unabsehbare Zeit stabilisieren. Der Führer hat um Bedenkzeit gebeten. Die Situation muß nach allen Seiten geklärt werden ... Das Schachspiel um die Macht beginnt. Vielleicht wird es das ganze Jahr andauern. Eine Partie, die mit

Tempo, Klugheit und zum Teil auch mit Raffinement durchgespielt werden wird. Hauptsache ist, daß wir stark bleiben und keine Kompromisse schließen.«[97]

Durch Brünings Schachzug in eine fatale Lage manövriert, war Hitler lange Zeit ratlos. Während Hugenberg das Angebot mit einer prompten und plumpen Ablehnung zurückwies, schwankte Hitler noch, und die Antwort, die er schließlich gab, spiegelte nicht nur seinen Zweifel, sondern auch seine Vorsicht wider. Die beiden Reaktionen deckten den ganzen Unterschied auf zwischen dem borniertetn taktischen Verstande Hugenbergs, der unentwegt hinter dem Radikalismus des Partners herlief und ihn atemlos zu überbieten suchte, und Hitler selber, der seinen Radikalismus instrumental einsetzte und mit einem Element verschlagener Rationalität untermischte. Jedenfalls verband er seine Zurückweisung mit so vielen Bedingungen, daß sie streckenweise wie ein Angebot zu weiterführenden Verhandlungen wirkte. Vor allem aber versuchte er, die mit sicherem Instinkt erspürte Entfremdung zwischen Hindenburg und dem Kanzler ein Stück voranzutreiben. Mit einer rabulistischen Wendung warf er sich zum Hüter der Verfassung auf und erhob in langatmigen Ausführungen, die sich skrupelvoll um die Eidestreue des Präsidenten zu sorgen schienen, zahlreiche juristische Einwände gegen den Plan des Kanzlers.

Obwohl Hitler sich damit im Grunde entschieden hatte, gegen Hindenburg zu kandidieren, zögerte er noch einige Wochen, den Entschluß zu verlautbaren. Denn sein Lebenskonzept hatte stets die »Geneigtheit«, nicht die Gegnerschaft des Herrn Präsidenten vorgesehen. Auch erfaßte er schärfer als seine Trabanten, wie riskant die Herausforderung des Hindenburgmythos war. Vergeblich bestürmten ihn daher Goebbels und andere, die Kandidatur zu verkünden. Immerhin stimmte er einstweilen dem Vorschlag zu, ihm mit Hilfe des braunschweigischen Innenministers Klagges, der den Nationalsozialisten angehörte, die deutsche Staatsangehörigkeit zu verschaffen, die er für seine Kandidatur benötigte.[98] Seine vielbeschriebene Unschlüssigkeit, seine Entscheidungsscheu und die zum Bild des nachtwandlerisch sicheren Führers eigentümlich kontrastierende Neigung, sich die Entschlüsse im letzten Augenblick von den fatalistisch erwarteten Umständen abnötigen zu lassen, wird an diesem Beispiel besonders greifbar, weil strenggenommen die Entscheidung längst gefallen war. Das Goebbels'sche Tagebuch enthüllt Schritt um Schritt Hitlers quälenden, fast bizarren Wankelmut:

> »9. Januar 1932. Alles in Wirrwarr. Großes Rätselraten, was der Führer tun wird. Man soll sich wundern! – 19. Januar 1932. Mit dem Führer die Reichspräsidentschaftsfrage durchgesprochen. Ich berichte über meine Unterredungen. Noch ist keine Entscheidung gefallen. Ich

plädiere stark für seine eigene Kandidatur. Es kommt wohl im Ernst auch nichts anderes mehr in Frage. Wir stellen Berechnungen mit Zahlen an. – 21. Januar. Es bleibt in dieser Situation gar nichts anderes übrig, als daß wir unseren eigenen Kandidaten aufstellen. Ein schwerer und unangenehmer Kampf, aber auch der muß durchgestanden werden. – 25. Januar. Die Partei bebt jetzt vor Kampfesstimmung. – 27. Januar. Die Wahlparole für oder gegen Hindenburg scheint unvermeidlich geworden zu sein. Jetzt müssen wir mit unserem Kandidaten heraus. – 29. Januar. Der Hindenburg-Ausschuß tagt. Wir müssen jetzt Farbe bekennen. – 31. Januar. Die Entscheidung des Führers fällt am Mittwoch. Sie kann nicht mehr zweifelhaft sein. – 2. Februar. Die Argumente für die Kandidatur des Führers sind so durchschlagend, daß gar nichts anderes mehr in Frage kommt ... Mittags lange mit dem Führer beraten. Er entwickelt seine Ansicht zur Präsidentenwahl. Er entschließt sich, selbst die Kandidatur zu übernehmen. Aber zuerst muß die Gegenseite festgelegt sein. SPD gibt hier den Ausschlag. Dann wird unsere Entscheidung der Öffentlichkeit mitgeteilt. Es ist ein Kampf der Peinlichkeiten ohne Maßen; aber er muß durchgestanden werden. Der Führer zieht seine Züge ohne jede Übereilung und mit klarem Kopf. – 3. Februar. Die Gauleiter warten auf die Verkündigung des Entschlusses für die Präsidentschaftskandidatur. Sie warten vergebens. Es wird Schach gespielt. Da sagt man nicht vorher, welche Züge man machen wird ... Die Partei ist voll Unruhe, gespannt, aber trotzdem verharrt alles noch in Schweigen ... Der Führer beschäftigt sich in seinen Mußestunden mit Bauplänen für ein neues Parteihaus sowohl als auch für einen grandiosen Umbau der Reichshauptstadt. Er hat das im Projekt fix und fertig, und man staunt immer wieder, mit wie vielen Fragen er sich fachmännisch auseinandersetzt. In der Nacht kommen noch viele treue, alte Parteigenossen zu mir. Sie sind deprimiert, weil sie noch keinen Entschluß wissen. Sie haben Sorge, daß der Führer zu lange wartet. – 9. Februar. Alles bleibt noch in der Schwebe. – 10. Februar. Draußen klirrend-kalter Wintertag. In der klaren Luft liegen klare Entscheidungen. Sie werden nicht lange mehr auf sich warten lassen. – 12. Februar. Ich kalkuliere mit dem Führer im Kaiserhof noch einmal alle Zahlen durch. Es ist ein Risiko, aber es muß gewagt werden. Die Entscheidung ist nun gefallen ... Der Führer ist wieder in München; die offene Entscheidung um einige Tage verzögert. – 13. Februar. In dieser Woche soll nun die öffentliche Entscheidung in der Präsidentschaftsfrage gefällt werden. – 15. Februar. Nun brauchen wir mit unserer Entscheidung nicht mehr hinter dem Berge zu halten. – 16. Februar. Ich arbeite so, als wäre der Wahlkampf schon im Gange. Das bereitet einige Schwierigkeiten, da der Führer noch nicht offiziell als Kandidat proklamiert ist. – 19. Februar. Beim Führer im Kaiserhof. Ich sprach mit ihm lange unter vier Augen. Die Entscheidung ist gefallen. – 21. Februar. Das ewige Warten wirkt fast zermürbend.«

Für den folgenden Abend hatte Goebbels im Berliner Sportpalast eine Mitgliederversammlung zusammengerufen. Es war sein erster Auftritt, seit am 25. Januar ein Redeverbot über ihn verhängt worden war. Der

Wahltermin war inzwischen auf drei Wochen herangerückt, doch noch immer zögerte Hitler. Im Laufe des Tages begab Goebbels sich in den »Kaiserhof«, um ihm den Gedankengang seiner geplanten Rede zu entwickeln. Als er die Frage der Kandidatur zur Sprache brachte, erhielt er unvermittelt die verzweifelt erwartete Erlaubnis, Hitlers Entschluß zu verkünden. »Gott sei Dank!«, notierte Goebbels, und dann: »Sportpalast überfüllt. General-Mitgliederversammlung der Bezirke Westen, Osten und Norden. Gleich bei Beginn stürmische Ovationen. Als ich nach einer Stunde vorbereitender Rede die Kandidatur des Führers öffentlich proklamiere, tobt fast 10 Minuten lang der Begeisterungssturm. Wilde Kundgebungen für den Führer. Die Menschen stehen auf und jubeln und rufen. Das Gewölbe droht zu brechen. Ein überwältigender Anblick. Das ist wirklich eine Bewegung, die siegen muß. Es herrscht ein unbeschreiblicher Taumel der Verzückung. Spätabends ruft der Führer noch an. Ich gebe ihm Bericht, und er kommt dann noch zu uns nach Hause. Er freut sich, daß die Proklamierung seiner Kandidatur so eingeschlagen hat. Er ist und bleibt doch unser Führer.«[99]

Der letzte Satz deckte die Zweifel auf, die Goebbels in den zurückliegenden Wochen angesichts der Führungsschwäche Hitlers ganz offenbar empfunden hat. Doch wenn der Vorgang zu den erhellendsten Zeugnissen für Hitlers Entscheidungsphlegma zählt, so ist ebenso kennzeichnend die plötzliche, gewissermaßen aus dem Stand entfaltete vehemente Energie, mit der er nach getroffenem Entschluß die Auseinandersetzung aufnahm. Am 26. Februar ließ er sich in einer Zeremonie im Hotel »Kaiserhof« für eine Woche zum braunschweigischen Regierungsrat ernennen und erwarb dadurch die deutsche Staatsangehörigkeit. Einen Tag danach rief er im Sportpalast seinen Gegnern zu: »Ich kenne Eure Parole! Ihr sagt: ›Wir bleiben um jeden Preis‹, und ich sage Euch: Wir stürzen Euch auf alle Fälle! ... Ich bin glücklich, daß ich jetzt mit meinen Kameraden schlagen kann, so oder so.« Er griff eine Bemerkung des Berliner Polizeipräsidenten Grzesinski auf, der gedroht hatte, ihn mit der Hundepeitsche aus Deutschland zu jagen: »Sie können mir ruhig mit der Hundepeitsche drohen. Wir werden sehen, ob am Ende dieses Kampfes die Peitsche sich noch in Euren Händen befindet.« Gleichzeitig versuchte er, die ihm von Brüning aufgenötigte Gegnerschaft zu Hindenburg zu umgehen, und sprach von seiner Pflicht, dem Generalfeldmarschall, dessen »Name dem deutschen Volk als Führer des großen Ringens erhalten bleiben« solle, zuzurufen: »Alter Mann, du bist uns zu verehrungswürdig, als daß wir es dulden können, daß hinter dich sich die stellen, die wir vernichten wollen. So leid es uns daher tut, du mußt zur Seite treten, denn sie wollen den Kampf, und wir wollen ihn auch.«[100] Überglücklich notierte Goebbels, der Führer stehe »wieder auf der Höhe der Situation«.

In welchem Maß Hitler und die Nationalsozialisten inzwischen die politische Szene beherrschten, wurde damit sichtbar. Denn obwohl sich in Hindenburg, dem kommunistischen Bewerber Ernst Thälmann und Theodor Duesterberg, dem Kandidaten der radikalen bürgerlichen Rechten, bereits drei Konkurrenten seit geraumer Zeit gegenüberstanden, setzte nun erst der Wahlkampf ein. Wiederum entwickelten die Nationalsozialisten eine wilde, alles überrennende Gewalt. Die schlagartig einsetzende Versammlungstätigkeit bezeugte nicht nur die verbesserte Kassenlage der Partei, sondern auch das immer dichter geknüpfte Netz agitatorischer Stützpunkte. Schon im Februar hatte Goebbels die Reichspropagandaleitung nach Berlin verlegt und einen Wahlkampf vorhergesagt, »wie ihn die Welt noch niemals gesehen hat«. Die gesamte Rednerelite der Partei war aufgeboten, Hitler selber reiste vom 1. bis 11. März im Auto kreuz und quer durch Deutschland und sprach angeblich vor rund fünfhunderttausend Menschen. Dem »Demagogen größten Stils« zur Seite stand, wie er gefordert hatte, jene »Armee von Hetzern, die die Leidenschaften des an sich gequälten Volkes aufpeitschten«[101]. Ihr Witz und ihr Einfallsreichtum, der erstmals auch die modernen technischen Medien einsetzte, erwies sich erneut allen Konkurrenten hoch überlegen. In einer Auflage von fünfzigtausend Stück wurden eine Grammophonplatte verschickt, Tonfilme angefertigt und den Kinobesitzern für das Vorprogramm aufgenötigt, ferner eine Wahlillustrierte hergestellt und ein, wie Goebbels es nannte, Plakat- und Fahnenkrieg entfesselt, der ganze Städte oder Stadtteile über Nacht mit schreiendem, blutigem Rot überzog. Tagelang fuhren, oft kolonnenweise, Lastwagen durch die Straßen, unter wehenden Fahnen standen, die Sturmriemen heruntergezogen, die SA-Einheiten und sangen oder schrien ihr »Deutschland erwache!« Der dröhnende Propagandafeldzug erzeugte innerhalb der Partei alsbald eine autosuggestive Siegesstimmung, die in einer Dienstanweisung Himmlers zum Ausdruck kam, durch die der Alkoholverbrauch auf den Siegesfeiern der SS limitiert wurde.[102]

Auf der Gegenseite stand, merkwürdig einsam wirkend, im Grunde nur Brüning, der seiner Verehrung für den Präsidenten das Opfer eines aufreibenden Wahlkampfes brachte; denn das Engagement der Sozialdemokraten verriet allzu deutlich, daß sie Hindenburg nur stützten, um Hitler zu schlagen, und ihr Unbehagen wurde von Hindenburg selber erwidert, der sich in der einzigen Rundfunkansprache, mit der er in den Wahlkampf eingriff, bekümmert gegen den Vorwurf verwahrte, er sei der Kandidat einer »schwarz-roten Koalition«. Immerhin zeigte sich, daß die Wahl, die alle Fronten vertauschte und alle Loyalitäten spaltete, nur zwischen Hindenburg und Hitler entschieden wurde. Am Vorabend des 13. März verkündete der Berliner ›Angriff‹ selbstbewußt: »Morgen wird Hitler Reichspräsident.«

Angesichts so hochgestimmter Erwartungen war das Ergebnis jedoch ein schwerer schockartiger Schlag. Es erbrachte einen eindrucksvollen Sieg Hindenburgs, der mit 49,6 Prozent der Stimmen Hitler über Erwarten eindeutig distanzierte (30,1 Prozent). Triumphierend ließ Otto Strasser in den Straßen Plakate kleben, die Hitler in der Rolle Napoleons auf dem Rückzug von Moskau zeigten: »Die große Armee ist vernichtet«, stand darunter, »Seine Majestät der Kaiser befinden sich wohl.« Weit abgeschlagen, mit 6,8 Prozent der Wähler hinter sich, endete Duesterberg, dessen Niederlage immerhin die Rivalität innerhalb des nationalen Lagers ein für allemal zugunsten Hitlers entschied. Thälmann erzielte 13,2 Prozent der Stimmen. An verschiedenen Orten setzten die Nationalsozialisten die Hakenkreuzfahnen auf Halbmast.

Da Hindenburg jedoch die vorgeschriebene absolute Mehrheit knapp verfehlt hatte, war eine Wiederholung der Wahl erforderlich, und wiederum war bezeichnend, wie Hitler sich der Situation stellte. Während sich in der Partei die befürchtete Depression breitmachte und vereinzelt schon der Verzicht auf den zweifellos aussichtslosen zweiten Wahlgang erwogen wurde, zeigte Hitler keine Gefühlsregung und trieb noch am Abend des 13. März in Aufrufen an die Partei, an SA, SS, Hitlerjugend und NS-Kraftfahrer-Korps zu neuer, vermehrter Aktivität an: »Der erste Wahlkampf ist beendet, der zweite hat mit dem heutigen Tage begonnen. Ich werde auch ihn mit meiner Person führen«, verkündete er und richtete, wie Goebbels hymnisch schrieb, die Partei »in einer einzigen Symphonie des Offensivgeistes« wieder auf. Doch einer seiner engen Begleiter traf ihn zu später Nachtzeit in der dunklen Wohnung in dumpfes Brüten versunken, »das Bild eines enttäuschten, mutlos gewordenen Spielers, der über seine Verhältnisse gewettet hatte«[103].

Alfred Rosenberg rüttelte unterdessen die entmutigten Anhänger im ›Völkischen Beobachter‹ auf: »Jetzt geht es weiter, mit einer Erbitterung, einer Rücksichtslosigkeit, die Deutschland noch nicht erlebt haben soll ... Grund unseres Kämpfens ist der Haß gegen alles, was gegen uns steht. Jetzt wird kein Pardon gegeben.« Wenige Tage später erklärten sich nahezu fünfzig angesehene Persönlichkeiten in einem Aufruf für Hitler, Adlige, Generäle, Hamburger Patrizier und Professoren. Als Tag der Wahl wurde der 10. April festgesetzt. In der Absicht, die aufwühlende, von Haß, Ressentiments und Bürgerkriegsparolen genährte Agitation der Radikalen von rechts und links einzudämmen, verordnete jedoch die Regierung unter Hinweis auf das bevorstehende Osterfest einen »Burgfrieden«, der den Wahlkampf auf annähernd eine Woche beschränkte. Aber wie stets, wenn er sich mit dem Rücken gegen die

Wand gedrängt sah, entwickelte Hitler gerade aus dieser Behinderung einen seiner wirkungsvollsten propagandistischen Einfälle. Um sein rhetorisches Vermögen möglichst umfangreich einsetzen und denkbar große Menschenmassen persönlich erreichen zu können, charterte er für sich und seine engste Umgebung, Schreck, Schaub, Brückner, Hanfstaengl, Otto Dietrich und Heinrich Hoffmann, ein Flugzeug. Am 3. April startete er zum ersten jener berühmt gewordenen Deutschlandflüge, die ihn Tag für Tag auf vier oder fünf generalstabsmäßig organisierte Kundgebungen in insgesamt einundzwanzig Städte führte; und wie sehr die Parteipropaganda das Unternehmen auch legendär verbrämt hat: die Flüge haben doch weithin den Eindruck von Einfallsreichtum, verwegener Modernität, von Angriffslust und nicht ganz geheurer Allgegenwart gemacht. »Hitler über Deutschland!« war der wirkungsvolle Slogan, dessen Doppelsinn millionenfachen Erwartungen und millionenfachen Ängsten gleichermaßen Ausdruck gab. Selbstergriffen meinte Hitler angesichts des Jubels rings um ihn, er glaube, daß er ein Werkzeug Gottes sei und dazu ausersehen, Deutschland zu befreien.[104]

Den Voraussagen entsprechend, erreichte Hindenburg in der Wahl mit 53 Prozent und knapp zwanzig Millionen Wählern ohne Mühe die erforderliche absolute Mehrheit. Immerhin jedoch erzielte Hitler einen größeren Stimmenzuwachs, die dreizehneinhalb Millionen Wähler, die er auf sich vereinigte, entsprachen einem Anteil von 36,7 Prozent. Duesterberg hatte nicht mehr kandidiert, während Thälmann nur noch wenig mehr als zehn Prozent der Stimmen erhalten hatte.

Noch am gleichen Tage, in einer von Erschöpfung, Hektik und Erfolgsrausch geprägten Stimmung, traf Hitler die Anordnungen für die vierzehn Tage später stattfindenden Landtagswahlen in Preußen, Anhalt, Württemberg, Bayern und Hamburg, die erneut nahezu das ganze Land, vier Fünftel der Bevölkerung, erfaßten: »Wir ruhen keinen Augenblick und fassen gleich die Entschlüsse«, notierte Goebbels.[105] Wiederum begab Hitler sich auf einen Deutschlandflug und sprach in acht Tagen in fünfundzwanzig Städten, seine Umgebung sprach prahlerisch von einem »Weltrekord« der persönlichen Begegnungen. Aber gerade das ereignete sich nicht. Vielmehr verlor sich Hitlers individuelle Erscheinung hinter der pausenlosen Aktivität, als sei nur noch ein dynamisches Prinzip am Werk: »Unser ganzes Leben ist jetzt eine Hetzjagd nach dem Erfolg und nach der Macht.«

Über weite Strecken verflüchtigt sich damit auch die ohnehin schwer greifbare Person dieses Mannes und widersetzt sich dem biographischen

Zugriff. Vergebens hat Hitlers Umgebung sich bemüht, der Erscheinung Farbe, Eigenart und Menschenaura zu verleihen. Selbst das propagandistische Alleskönnertum, das beinahe jeden Effekt beherrschte, geriet angesichts dieser Aufgabe bald an seine Grenze, die Tagebücher und Erlebnisberichte von Goebbels und Otto Dietrich sind beredte Beispiele dafür. Die unablässig in Umlauf gesetzten Anekdoten über den Kinderfreund, den instinktsicheren Navigator im verirrten Flugzeug, den »absolut sicheren« Pistolenschützen oder geistesgegenwärtigen Kopf inmitten des »roten Janhagel« wirkten stets angestrengt und verstärkten den Eindruck der Lebensferne noch, den sie gerade zu verdrängen suchten. Nur die Requisiten, die er sich zugelegt hatte, verliehen ihm einigen individuellen Umriß: Regenmantel, Filzhut oder Lederkappe, die schnippende Peitsche, der krasse schwarze Schnurrbart und das unverwechselbar in die Stirn gestrichene Haar. Doch gleichbleibend, wie sie waren, entpersönlichten sie ihn auch. Goebbels hat die jedes Profil verzehrende Unrast, die alle führenden Mitglieder der Partei während dieser Zeit erfüllte, anschaulich beschrieben:

»Es beginnt die Reiserei wieder. Die Arbeit muß im Stehen, Gehen, Fahren und Fliegen erledigt werden. Die wichtigsten Unterredungen hält man auf der Treppe, im Hausflur, an der Türe, auf der Fahrt zum Bahnhof ab. Man kommt kaum zur Besinnung. Man wird von Eisenbahn, Auto und Flugzeug kreuz und quer durch Deutschland getragen. Eine halbe Stunde vor Beginn kommt man in einer Stadt an, manchmal auch später, dann steigt man auf die Rednertribüne und spricht ... Wenn die Rede zu Ende ist, befindet man sich in einem Zustande, als ob man in vollen Kleidern eben aus einem heißen Bad herausgezogen würde. Dann steigt man ins Auto, fährt wieder zwei Stunden ...«[106]

Einige wenige Male nur in den letzten anderthalb Jahren, bevor dieser atemlose Dauereinsatz zum Erfolg führt, zerrten die Umstände Hitler aus seinen unpersönlichen Verhältnissen und warfen einen Augenblick lang ein Licht auf den individuellen Charakter.

Schon Mitte September des vorangegangen Jahres, in der gerade anhebenden Hetzjagd quer durch Deutschland, hatte ihn auf einer Wahlreise nach Hamburg, kurz hinter Nürnberg, die Nachricht erreicht, daß seine Nichte Geli Raubal sich in ihrer gemeinsamen Wohnung in der Prinzregentenstraße das Leben genommen habe. Tief getroffen, den Berichten zufolge in fassungslosem Erschrecken, machte Hitler unverzüglich kehrt, und wenn nicht alle Zeichen trügen, hat kaum ein Ereignis seines persönlichen Lebens ihn je wieder so getroffen wie dieses. Wochenlang schien er einem Nervenzusammenbruch nahe und wiederholt entschlossen, die Politik aufzugeben. In den Stimmungsverdüsterungen, die ihn befielen, deutete er einmal mehr die Absicht an, mit dem

Leben Schluß zu machen: es war wieder die ins Bodenlose abstürzende, alles wegwerfende Bewegung, die so auffällig die Unglücksschläge seines Lebens begleitet. Sie offenbarte erneut den hochgespannten Zustand seiner Existenz, die permanente Willensmühe, die er aufbrachte, um derjenige zu sein, der er scheinen wollte. Die Energie, die von ihm ausging, war nicht im Wesen eines kraftvollen Charakters begründet, sondern der Kraftakt eines neurotischen Charakters. Und wie es seiner Auffassung entsprach, daß die Größe keine Gefühle hat, zog er sich, um den Menschen auszuweichen, für mehrere Tage in ein Haus am Tegernsee zurück. Auch später noch hatte er, seiner engeren Umgebung zufolge, nicht selten Tränen in den Augen, wenn er von seiner Nichte zu sprechen begann; niemand sonst durfte, einer ungeschriebenen Regel folgend, ihre Erinnerung beschwören. Seinem pathetischen Temperament entsprechend, das die Feier des Todes liebte, machte er auch ihr Andenken zum Gegenstand eines exzessiven Kults. Ihr Zimmer auf dem Berghof blieb so erhalten, wie sie es zurückgelassen hatte, während in dem Raum, wo sie am Boden liegend aufgefunden worden war, ihre Büste aufgestellt wurde, vor der Hitler sich Jahr für Jahr am Todestag zu stundenlanger Meditation einschloß.[107]

Ein merkwürdig überschwenglicher, verhimmelnder Zug, der zu aller sonstigen Beziehungsarmut und Gefühlskälte Hitlers einen bezeichnenden Hintergrund bildet, ist seinen Reaktionen auf den Tod der Nichte durchweg eigentümlich. Einiges spricht dafür, daß nicht nur Theaterbedürfnis und Selbstmitleid sein Verhalten bestimmt haben, sondern in dem Vorfall eines der Schlüsselereignisse seines individuellen Lebens zu suchen ist, das nicht zuletzt sein ohnehin komplexreiches Verhältnis zum anderen Geschlecht für immer fixiert hat.

Seit dem Tode der Mutter hatten Frauen, wenn die vorhandenen Zeugnisse glaubwürdig sind, nur ersatzweise oder beiläufige Rollen gespielt. Das Männerheim, die Zufallsnachbarschaften in den Münchener Bierkellern, der Unterstand, die Kaserne und die von Uniform und Männerkumpanei geprägte Partei waren seine Welt und ihr Komplementärbereich eher das, wenn auch verabscheute Bordell, die frivolen und flüchtigen Verhältnisse, in die sein schweres, stockiges Temperament sich allerdings nur mühsam fand. Schon in der Neigung zu dem Jugendidol Stefanie kam der eigenartig verengte Charakter seiner Beziehung zu den Frauen zum Ausdruck, unter den Kameraden im Feld galt er als »Weiberfeind«[108]; und obwohl er sich immer in dichten sozialen Verhältnissen befand, immer in Gegenwart zahlloser Menschen, ist seine Biographie auf geradezu unheimliche Weise menschenleer: es gibt in ihr keine einzelnen, individuellen Beziehungen. Die für ihn charakteristische Angst vor allen selbstentäußerten Haltungen schloß, einem

Bemerken aus seiner Umgebung zufolge, auch die ständige Sorge ein, »mit einer Frau ins Gerede zu kommen«.

Erst mit dem Erscheinen Geli Raubals, ihrer schwärmerischen, anfangs offenbar eher halbkindlichen Zuneigung zu »Onkel Alf«, schienen die Komplexe sich zu lockern. Es mag immerhin sein, daß die Furcht vor unstilisierten Haltungen, vor dem Verzicht auf die Staatsmannsposen und vor den Akten der Selbstentblößung durch das Verwandtschaftsbewußtsein gemindert wurde; nicht ausgeschlossen ist allerdings auch, daß die Empfindungen für Geli aus problematischeren Schichten stammten: auch die Neigung des Vaters für das Mädchen, das er sechzehnjährig in sein Haus genommen und zunächst zu seiner Geliebten gemacht hatte, ehe sie Adolf Hitlers Mutter wurde, war nicht ohne inzestuöses Element. Unter den zahlreichen Frauen, die Hitlers Weg gekreuzt haben: von Jenny Haug, der Schwester seines ersten Chauffeurs, über Helena Hanfstaengl, Unity Mitford und allen jenen, die er im österreichischen Intimstil »Mein Prinzeßchen«, »Meine kleine Gräfin«, »Tschapperl« oder »Flietscherl« anzureden oder zu bezeichnen pflegte, bis hin zu Eva Braun, hat sicherlich keine die Bedeutung Geli Raubals gehabt. Sie war seine einzige und, so eigentümlich unangemessen es klingen mag, große Liebe, voll der Verbotsgefühle, der Tristanstimmungen und der tragischen Sentimentalität.

Um so bemerkenswerter ist, daß er mit allem psychologischen Spürsinn, der ihm zu Gebote stand, die problematische Situation des unausgeglichenen und impulsiven jungen Mädchens offenbar nicht durchschaut hat. Ungeklärt ist, ob sie Hitlers Geliebte war: einige Berichte wollen es so wissen und deuten den Selbstmord als verzweifelten Ausweg aus den unerträglich gewordenen Bedrückungen der Onkelbeziehung; andere behaupten darüber hinaus, erst gewisse perverse Zumutungen des abartig veranlagten Hitler hätten das Mädchen zu seiner Tat gedrängt, während eine dritte Version jede sexuelle Verbindung zwischen beiden bestreitet, freilich die eher wahllose Promiskuität der Nichte gegenüber dem gestiefelten Personal Hitlers betont.[109] Ziemlich sicher ist, daß sie den Ruhm des Onkels genossen und an seiner Starrolle naiv partizipiert hat.

Doch die Beziehung, die jahrelang von gemeinsamen Schwärmereien, von Opernvergnügen und den Seligkeiten von Landpartie und Caféhausbummel getragen war, hatte allmählich unverkennbar beklemmende Züge entwickelt. Hitlers schwerer Schatten: seine quälende Eifersucht, die ständigen Überforderungen, wenn er beispielsweise die mäßig begabte und kaum ehrgeizige junge Nichte zu berühmten Gesangslehrern schickte, um sie zur Wagner-Heroine auszubilden, die unablässigen Eingriffe überhaupt beschränkten zusehends ihre Möglichkeiten, ein eigenes Leben zu führen. Aus Hitlers Umgebung verlautete denn auch, es sei unmittelbar vor der Abreise nach Hamburg zu einer heftigen, laut geführten Auseinandersetzung gekommen, die sich an dem Wunsch des Mädchens entzündet habe, für einige Zeit nach Wien zu gehen; und wenn nicht alles täuscht, sind es diese verwickelten, im ganzen ausweglos erscheinenden Umstände gewesen, die sie schließlich zur Tat getrieben haben. Abenteuerlich waren dagegen die von der politischen Gegnerschaft inspirierten Gerüchte, die augenblicklich die Runde machten: sie unterstellten, das Mädchen habe sich erschossen, weil es ein Kind von Hitler erwartete, bezichtigten Hitler selber des Mordes oder wußten von einem Femegericht der SS, da Geli Raubal ihren Onkel seiner historischen Mission entfremdet habe. Hitler klagte gelegentlich, dieser »furchtbare Schmutz« bringe ihn um, und äußerte düster, er werde seinen Gegnern die Nachreden jener Wochen nicht vergessen.[110]

Kaum hatte er seine Haltung zurückgewonnen, reiste er doch noch nach Hamburg und hielt, unter dem Jubel Tausender, eine jener aufpeitschenden Reden, in deren Verlauf das Publikum wie zu kollektiver Ausschweifung zusammenschmolz: begierig auf den Augenblick der Enthemmung, der großen Lustauslösung, der sich im überschnappenden Aufschrei anzeigte. Der Zusammenhang ist zu offensichtlich, um übergangen zu werden: er erlaubt es, die rhetorischen Triumphe Hitlers als Ersatzhandlungen einer ins Leere laufenden Sexualität zu deuten. Wohl nicht ohne tieferen Grund pflegte Hitler die Masse schon begrifflich »dem Weibe« gleichzusetzen, und es bedarf nur eines Blickes auf die entsprechenden Seiten seines Buches »Mein Kampf«, auf die durchaus erotische Inbrunst, die Idee und Vorstellung der Masse in ihm wecken, ihm die Sprache zu immerhin bemerkenswerter stilistischer Freiheit lösen, um zu erkennen, was dieser Kontaktgestörte, Einsame in den immer süchtiger begehrten Kollektivvereinigungen, hoch auf dem Podium über seiner Masse, suchte und fand: in einer enthüllenden Wendung hat er sie denn auch, wenn wir der Quelle Glauben schenken können, seine »einzige Braut« genannt.[111] Die Unwiderstehlichkeit seiner triebhaften rhetorischen Selbstentladungen rührte nicht zuletzt gerade daher, daß sie in der von der anhaltenden Not entnervten, auf wenige elementare Bedürfnisse reduzierten, eben »triebhaft« reagierenden Massen ein gleichgestimmtes Publikum fanden. Die Tondokumente der Zeit geben den eigentümlichen obszönen Kopulationscharakter der Veranstaltungen deutlich wider: die atemverhaltende Stille zu Beginn, die kurzen schrillen Aufschreie, die Steigerungen und ersten

Hitlers Nichte Geli Raubal (Mitte) empfand eine schwärmerische, naive Bewunderung für »Onkel Alf« und wurde dessen einzige große Liebe. Nach ihrem mysteriösen Selbstmord suchte Hitler Zuflucht in einer ausgedehnten Reise- und Redekampagne.

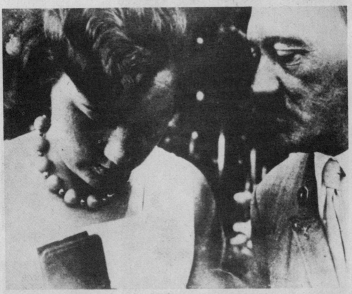

Reden als Experimente zur »Beeinträchtigung der Willensfreiheit des Menschen«: in allen rhetorischen Exzessen war er der wache Kontrolleur seiner Emotionen und ein Methodiker der Instinkte.

Sein Adjutant Brückner schirmte Hitler nach großen Redeauftritten ab: »Lassen Sie ihn doch in Ruhe, sehen Sie nicht, der Mann ist fertig!«. Hitler beim Verlassen von Massenkundgebungen, auf dem oberen Bild hinter ihm Julius Schaub.

Befreiungslaute der Menge, schließlich der Taumel, neue Steigerungen und dann die ekstatischen Verzückungen angesichts der endlich enthemmt dahinströmenden Redeorgasmen: der Dichter René Schickele hat gelegentlich von den Reden Hitlers gesprochen, »die wie Lustmorde sind«, und zahlreiche andere zeitgenössische Beobachter haben das scharfe, sinnlich aufgeladene Fluidum dieser Kundgebungen, dem Sinne nach gleich, mit dem Vokabular von Walpurgisnacht und Blocksberg zu fassen versucht.

Gleichwohl täuschte sich, wer in der triebhaften, aufs sexuelle Surrogat abzielenden Ausschweifung das ganze Erfolgsrezept des Redners Hitler erblickte; vielmehr war es auch hier wieder das eigentümlich verwobene Nebeneinander von Rausch und Rationalität, das ihn kennzeichnete: Im Scheinwerferlicht gestikulierend, bleich und mit rauher, sonorer Stimme die Anklagen, Ausbrüche und Haßtiraden herausschleudernd, war er doch stets der wache Kontrolleur seiner Emotionen, und alle Besinnungslosigkeit hinderte ihn nicht, seinen Instinkten Methode zu geben. Es ist das gleiche Doppelwesen, das alle seine Verhaltensweisen geprägt hat und zu den Grundtatsachen seines Charakters zählt: die rhetorische Technik war davon so spürbar geprägt wie die Legalitätstaktik und später die Methodik der Machteroberung oder das außenpolitische Manövrieren, ja das Regime selber, das er errichtete, hat diesen Zug angenommen und ist geradezu als »Doppelstaat« definiert worden.[112]

Gerade die zusehends planvoller ausgebildete Rationalität der psychischen Überwältigungskunst, das erweiterte technische Instrumentarium, unterschied die Triumphe dieser Phase von denen früherer Jahre. Nach wie vor beruhte Hitlers Erfolg im wesentlichen darauf, daß er stets bis an die äußerste Grenze ging; doch war er radikaler nicht nur in seinen Emotionen, sondern auch in seinem rationalen Kalkül. Wenn er es schon in einer Rede vom August 1920 als seine Aufgabe definiert hatte, vom Grunde nüchterner Erkenntnis her »das Instinktmäßige... zu wecken und aufzupeitschen und aufzuwiegeln«[113], so stand dahinter zwar bereits ein Begriff vom Geheimnis seiner eigenen Massenerfolge während dieser Zeit; doch nun erst, unter den unendlich verschärften Bedingungen der Weltwirtschaftskrise, diktierte diese Einsicht seinem Agitationsstil die kühl ermittelten und zur Anwendung gebrachten Methoden für jene psychische »Kapitulation«, die er als Ziel aller Propaganda bezeichnet hat. In der Planung seiner Kampagnen war jede Einzelheit, wie Goebbels schrieb, »bis ins Kleinste organisiert« und nichts dem Zufall überlassen: die Route, die Massierung der Einsätze, die Größe der Versammlungen, das genau bestimmte Mischungsverhältnis des Publikums oder das zur Spannungssteigerung durch eine Regie der

Fahnenaufzüge, Marschrhythmen und ekstatisch angestimmten Heilrufe immer wieder künstlich hinausgezögerte Erscheinen des Redners, der dann plötzlich, unter aufflammenden Lichteffekten, vor eine zielbewußt hungrig gemachte, zum Taumel präparierte Menge tritt. Seit Hitler einmal, in der Frühzeit der Partei, eine Vormittagskundgebung veranstaltet und trotz überfülltem Saal, »tief unglücklich, keine Verbindung, nicht den leisesten Kontakt« mit seinen Zuhörern hatte herstellen können, setzte er die Veranstaltungen nur noch in den Abendstunden an, selbst während der Deutschlandflüge hielt er sich nach Möglichkeit daran, obwohl die Massierung der ohnehin zusammengedrängten Einsätze auf wenige Stunden zahlreiche Schwierigkeiten bereitete. So konnte es geschehen, daß er sich, wie auf einem Flug nach Stralsund, verspätete und erst nachts gegen halb drei Uhr zu der Kundgebung erschien; doch 40 000 Menschen hatten nahezu sieben Stunden ausgeharrt, und als er seine Rede beendete, zog der Morgen herauf. Und wie der Zeit, so wies er auch dem Raum ausschlaggebende Bedeutung zu. Der »geheimnisvolle Zauber« des dunklen Bayreuther Festspielhauses während einer Parsifalaufführung oder »der künstlich gemachte und doch geheimnisvolle Dämmerschein katholischer Kirchen« waren, wie er selber meinte, kaum überbietbare Modellfälle psychologischer Räume, die der Propagandistenabsicht zur »Beeinträchtigung der Willensfreiheit des Menschen« schon ein erhebliches Stück vorarbeiteten.[114]

»Denn wahrlich«, so hat er gelegentlich im feierlichen Verkündigungston seiner Grunderkenntnisse bemerkt, »stellt jede solche Versammlung einen Ringkampf zweier entgegengesetzter Kräfte dar«; und wie es seiner Auffassung von der Natur kämpferischer Auseinandersetzungen entsprach, waren dem Agitator alle Mittel zur Überwältigung erlaubt. Jede seiner Überlegungen hatte der »Ausschaltung des Denkens«, der »suggestiven Lähmung«, der Erzeugung eines »aufnahmewilligen Zustandes fanatischer Hingabe« zu dienen. Nicht anders als Raum, Zeit, Marschmusik und Lichterspiel war die Massenversammlung selber ein Instrument psychotechnischer Kampfführung: Wenn der einzelne, so hat Hitler erläuternd bemerkt, aus seiner »Arbeitsstätte oder aus dem großen Betrieb, in dem er sich recht klein fühlt, zum ersten Male in die Massenversammlung hineintritt und nun Tausende und Tausende von Menschen gleicher Gesinnung um sich hat, wenn er als Suchender in die gewaltige Wirkung des suggestiven Rausches und der Begeisterung von drei- bis viertausend anderen mitgerissen wird, wenn der sichtbare Erfolg und die Zustimmung von Tausenden ihm die Richtigkeit der neuen Lehre bestätigen und zum erstenmal den Zweifel an der Wahrheit seiner bisherigen Überzeugungen erwecken – dann unterliegt er selbst dem zauberhaften Einfluß dessen, was wir mit dem Wort

Massensuggestion bezeichnen. Das Wollen, die Sehnsucht, aber auch die Kraft von Tausenden akkumuliert sich in jedem einzelnen. Der Mann, der zweifelnd und schwankend eine solche Versammlung betritt, verläßt sie innerlich gefestigt: er ist zum Glied einer Gemeinschaft geworden.«[115]

Seinen Einfällen und demagogischen Maximen, denen er die »genaue Berechnung aller menschlichen Schwächen« nachrühmte, billigte er eine geradezu »mathematische« Erfolgsgewißheit zu. Als er im Verlauf des zweiten Deutschlandfluges nach einer Rede in Görlitz die magische Wirkung entdeckt hatte, die das erleuchtete Flugzeug am Nachthimmel, kreisend über Zehntausenden gebannt starrender Menschen erzeugte,[116] wendete er das Mittel wieder und wieder an, um jene Stimmung der Hingabe und Führungssehnsucht zu erzeugen, der er sich als Idol und Abgott anbot. Unverhohlen pries er in aller Öffentlichkeit die Gnade des Allmächtigen, der die Bewegung mit Blutzeugen und Märtyrern bedacht habe. Nach der ersten Niederlage in der Präsidentschaftswahl warf er der Parteipresse »Langweiligkeit, Gleichförmigkeit, Unselbständigkeit, laue Leidenschaftslosigkeit« vor und stellte ihr ungehalten die Frage, was sie aus dem Tod der zahlreichen SA-Männer gemacht habe. Man habe die toten Kameraden, so hat sich einer der Teilnehmer seiner Worte erinnert, »mit Trommeln und Pfeifen begraben, und die Parteiblättchen hätten einen geschwollenen und wehleidigen Sermon dazu geschrieben. Warum habe man die Toten mit zertrümmerter Hirnschale, mit von Messern zerfetzten blutigen Hemden nicht hinter den Schaufenstern der Parteizeitungen dem Volke gezeigt? Warum hätten diese Zeitungen selbst nicht das Volk an den Bahren der Toten zum Aufruhr, zur Erhebung gegen die Mörder und ihre Hintermänner zusammengetrommelt, anstatt lächerliche politische Halbweisheiten von sich zu geben? Die Matrosen vom Panzerkreuzer Potemkin hätten aus einem schlechten Fraß eine Revolution gemacht, wir aber könnten aus dem Tod der Kameraden keinen nationalen Befreiungskampf machen.«[117]

Doch kehrten alle seine Überlegungen, seine ganze psychologische Leidenschaft immer wieder zu den Massenversammlungen zurück, die »dem kleinen armseligen Menschen die stolze Überzeugung einbrannten, als kleiner Wurm dennoch Glied eines großen Drachens zu sein, unter dessen glühendem Atem die verhaßte bürgerliche Welt dereinst in Feuer und Flammen aufgehen« werde.[118] Dem Ablauf der Veranstaltung lag eine gleichbleibende, taktische und liturgische Ordnung zugrunde, die er immer wirkungsvoller auf die Erhöhung der eigenen Erscheinung zuschnitt. Während die Fahnen, die Marschrhythmen und Erwartungsschreie die Massen in einen Zustand aufgelockerter Unruhe ver-

setzten, saß er selber nervös, pausenlos Mineralwasser trinkend, in einem
Hotelzimmer, einer Parteigeschäftsstelle, und ließ sich in kurzen Abständen mit Stimmungsberichten aus dem Saal versorgen. Nicht selten erteilte er letzte Anweisungen oder regte pointierte Durchsagen an und
erst, wenn die Ungeduld der Massen abzusinken, der kunstvoll hochgetriebene Empfängniskoller zu erlahmen drohte, machte er sich auf.

Er war auf lange, spannungssteigernde Gänge bedacht und betrat
die Versammlungsarenen grundsätzlich von hinten. Im »Badenweiler
Marsch« hatte er eine eigene, nur ihm vorbehaltene Auftrittsmusik,
deren fern sich ankündigender Klang das Geraune verstummen ließ
und die Menschen, mit erhobenem Arm ins Leere schreiend, von den
Sitzen holte – überwältigt in jenem Doppelsinn manipulierter und beseligter Existenz: ER war nun da. Zahlreiche Filme der Zeit haben
bewahrt, wie er im Lichtband der Scheinwerfer durch tobende, schluchzende Spaliere schreitet, eine »Via triumphalis ... aus lebenden Menschenleibern«, wie Goebbels überschwenglich schrieb,[119] nicht selten
Frauen vornean, und er selber einsam, verschlossen, entrückt solcher
Gier nach seelischer Vergewaltigung. Er verbat sich Einleitungsreden
oder Begrüßungen, die nur von seiner Person wegführten. Einige Augenblicke blieb er vor dem Podium, mechanisch Hände schüttelnd,
stumm, abwesend, mit ruhelosem Blick, doch medial bereit, sich von der
Kraft erfüllen und emporführen zu lassen, die sich im Schrei der Massen ankündigte.

Die ersten Worte fielen gedämpft und tastend in die atemlose Stille,
oft ging ihnen eine minutenlange und bis ins Unerträgliche gesteigerte
Sammlungspause voraus. Der Anfang blieb eintönig, trivial, meist verharrend bei der Legende seines Aufstiegs: »Als ich im Jahre 1918 als
namenloser Frontsoldat ...« Mit diesem formelhaften Beginn verlängerte er nicht nur die Spannung noch einmal bis in die Rede selbst
hinein, er diente ihm vielmehr auch dazu, Witterung zu nehmen, sich
einzustimmen. Ein Zwischenruf konnte ihn dann unvermittelt inspirieren: zu einer Antwort, einer zuspitzenden Bemerkung, bis der erste
begierig erwartete Beifall aufbrandete, der ihm Kontakt verschaffte,
ihn rauschhaft steigerte, und »nach etwa fünfzehn Minuten tritt ein«,
wie ein zeitgenössischer Beobachter bemerkt hat, »was sich nur mit dem
alten primitiven Bilde sagen läßt: Der Geist fährt in ihn«[120]. Mit wilden, explosiven Bewegungen, die metallisch verwandelte Stimme unnachsichtig in die Höhe treibend, schleuderte er dann die Worte aus
sich heraus, nicht selten zog er, im Furor der Beschwörung, die geballten Fäuste vor das Gesicht und schloß die Augen, hingegeben den
Exaltationen seiner versetzten Sexualität.

Obwohl seine Reden sorgfältig präpariert waren und streng den Notizen folgten, die er stets vor sich hatte, entstanden sie doch durchweg im engen, kommunizierenden Austausch mit den Massen. Einem seiner zeitweiligen Anhänger schien es, als atme er geradezu die Empfindungen seiner Zuhörer ein, und diese ungemeine Sensibilität, die ihm eigen war und eine unverwechselbare feminine Aura um ihn her verbreitete, hat jene orgiastischen Zusammenschlüsse mit seinem Publikum ermöglicht, das sich im biblischen Wortsinne »in ihm erkannte«. Weder psychologischer Spürsinn noch die Rationalität seiner Kundgebungsregie hätten ihm eine so große Verzauberungsmacht verschafft, wenn er die geheimsten Regungen der Masse nicht geteilt und ihre Gestörtheiten auf eine exemplarische Weise in sich vereint hätte. Vor seiner Rednertribüne begegnete, feierte und vergötzte sie sich selbst, es war ein Austausch der Pathologien, die Vereinigung von individuellen und kollektiven Krisenkomplexen in rauschhaften Verdrängungsfesten.

So trifft denn auch die immer wiederkehrende Behauptung, Hitler habe jeder Versammlung nur gesagt, was sie hören wollte, den wahren Sachverhalt nur auf höchst vordergründige Weise. Er war gewiß nicht der opportunistische Schönredner der Menge, sondern Mundstück abertausender Gefühle der Überwältigung, der Angst, des Hasses, die er gleichzeitig integrierte und in politische Dynamik verwandelte. Der amerikanische Journalist H. R. Knickerbocker notierte nach einer Massenversammlung in München: »Hitler sprach im Zirkus. Er war ein Evangelist, der vor einem Meeting spricht, der Billy Sunday der deutschen Politik. Seine Bekehrten gingen mit ihm, lachten mit ihm, empfanden mit ihm. Mit ihm verhöhnten sie die Franzosen. Mit ihm zischten sie die Republik aus«: in solchen Zusammenschlüssen vermochte er »die eigene Neurose als allgemeine Wahrheit zu erleben und die kollektive Neurose zum Resonanzboden der eigenen Besessenheit zu machen«[121]. Aus keinem anderen Grunde war er auch in so hohem Maße von seinen Wirkungen abhängig, er brauchte den Beifall, um seine Rhetorenmacht voll zur Entfaltung zu bringen. Schon eine widerstrebende Stimmung im Saal irritierte ihn, und die SA, die er seit Anfangszeiten bei jedem Auftritt um sich hatte, diente ihm nicht so sehr als Ordnerdienst, sondern um allen Widerspruch, alle Resistenzgefühle, mundtot zu machen und dem Jubel durch die Drohung aufzuhelfen. Verschiedentlich wird berichtet, Hitler habe angesichts eines unfreundlichen Publikums unvermittelt den Faden verloren, die Rede abgebrochen und verstimmt auf dem Absatz den Raum verlassen.

Er brauchte aber den Massenjubel auch in einem ganz konstitutionellen Sinne; denn dieser Jubel hatte ihn einst geweckt, jetzt hielt er ihn in seinen Spannungszuständen und trieb ihn weiter vorwärts. Er selber hat gesagt, er werde inmitten des Taumels »ein anderer Mensch«. Schon der Historiker Karl Alexander v. Müller hatte angesichts der frühen Redeübungen seines Kursusteilnehmers das Gefühl, als vermittle er den Zuhörern eine Erregung, die ihm selber zugleich die Stimme gebe. Gewiß war er ein überragender Taktiker, ein fähiger Organisator der Macht, ein genauer Psychologe und mit allen Brüchen, Leerstellen und inferioren Zügen eine der ungewöhnlichen öffentlichen Erscheinungen jener Zeit; aber jene unbezwinglich anmutende Genialität, die ihn weit forttrug aus allen Niederungen, erreichte er nur in den Massenvereinigungen, wenn er die Plattheit zum machtvollen Prophetenwort erhob und sich wirklich in jenen Führer zu verwandeln schien, den er in seinen Alltagszuständen nicht ganz mühelos posierte. Sein Grundzustand war apathisch, von »österreichischen« Müdigkeiten durchsetzt, und stets schien er versucht, sich mit allerlei Kinoschlendrian, mit der »Lustigen Witwe«, den Mohrenköpfen der Carlton-Teestuben oder uferlosen Architekturgesprächen zufriedenzugeben. Das emphatische Tohuwabohu um ihn herum erst lieh ihm die Impulse für jenen permanenten Willensakt, der ihm Tatenlust, Beharrlichkeit sowie selbstsichere Aggressivität verschaffte und ihm auch psychische Ausdauer während der ungemein strapaziösen Kampagnen und Deutschlandflüge gab: es war die Droge, deren seine hochgetriebene Existenz ständig bedurfte. Als er sich Anfang Oktober 1931 erstmals privat mit Brüning traf, setzte er nach den Ausführungen des Kanzlers zu einer einstündigen Rede an, in deren Verlauf er zusehends heftiger und ungebärdiger auftrat: stimuliert durch eine SA-Einheit, der er befohlen hatte, in regelmäßigen Abständen singend unter den Fenstern vorbeizumarschieren, und dies offenbar ebenso zur Einschüchterung Brünings wie zur eigenen Aufladung.[122]

Es war jene tiefe Verbindung mit den Massen, die aus Hitler mehr als einen effektsicheren Demagogen gemacht und beispielsweise seinen unbestrittenen Vorsprung gegenüber dem pointierter und gerissener agierenden Goebbels allezeit sichergestellt hat. Der Einfall, für seine Wahlreisen ein Flugzeug zu benutzen, gewann erst vor diesem Hintergrund seinen ingeniösen Zug; denn er gab den Auftritten messianischen Schimmer. Wie ein Retter senkte Hitler sich über die brodelnden, geduldig Stunde um Stunde ausharrenden Menschenansammlungen herab und riß sie aus ihrer Dumpfheit und Verzweiflung zu, wie er selber es nannte, »vorwärtstreibender Hysterie« hin. »Gottesdienste unserer politischen Arbeit«, hat Goebbels diese Kundgebungen genannt, und eine Hamburger Lehrerin schrieb im April 1932, nach einer von 120 000 Menschen besuchten Wahlversammlung, von Bildern »ergreifender Gläubigkeit«, die Hitler »als den Helfer, Erretter, als den Erlöser aus übergroßer Not« zeigten; ähnlich äußerte Elisabeth Förster-Nietzsche, die Schwester des Philosophen, nach einem Besuch Hitlers in

Weimar, er habe »mehr den Eindruck eines religiös als politisch bedeutenden Menschen« gemacht.[123]

Es waren denn auch weit mehr diese metaphysischen Attribute als alle ideologischen Elemente, die ihm den Zulauf verschafft und die sich steigernden Triumphe jener Phase ermöglicht haben: der Massenerfolg Hitlers war vor allem ein religionspsychologisches Phänomen, es machte weniger politische Überzeugungen als seelische Zustände sichtbar. Gewiß konnte Hitler an ein ausgedehntes System traditioneller Denk- und Reaktionsweisen anknüpfen: an die deutsche Disposition für autoritäre Zustände, für irreale Gedankengebilde, an tiefe Gefolgschaftsbedürfnisse oder an das eigentümliche Unverhältnis zur Politik. Doch kurz hinter solchen ziemlich allgemeinen Anschlußstellen endete die Übereinstimmung zumeist schon. Es war nicht etwa ein besonders ungestümer deutscher Antisemitismus, der Hitlers Haßparolen die Resonanz verlieh, sondern der wirkungsvolle Rückgriff auf die alte demagogische Spielfigur des anschaubaren Feindes; und es war nicht die ganz einzigartige kriegerische Laune der Deutschen, die er mobilisierte, sondern die lange ignorierten Gefühle der Selbstachtung und des nationalen Trotzes; auch folgten die Massen ihm nicht, weil er die ungezügelte imperialistische Begehrlichkeit der Nation mit den Bildern der ukrainischen Ebene lockte, sondern um des vermißten Stolzes willen, wieder an der Geschichte beteiligt zu sein. Die auffallend geringe Leserschaft, die »Mein Kampf« trotz aller Auflagenrekorde bis zuletzt gefunden hat, deutet etwas von der anhaltenden ideologischen Indolenz an, der die konkrete Programmatik Hitlers stets begegnet ist.

Der Aufstieg und Machtgewinn der NSDAP war denn auch nicht, wie man im Rückblick oft gemeint hat, die große Verschwörung der Deutschen gegen die Welt im Zeichen imperialistischer und antisemitischer Zielsetzungen. Die Reden Hitlers in den Jahren seines großen Massenzulaufs enthalten bemerkenswerterweise nur ein ganz geringes Maß konkreter Absichtserklärungen und vernachlässigen selbst seine ideologischen Fixpunkte, den Antisemitismus und den Lebensraum. Ihr auffallendstes Merkmal sind vielmehr ihre vage, allgemeine Thematik und der häufige Rückgriff auf unverbindliche weltanschauliche Metaphern; in der faßbaren Zielbeschreibung dagegen blieben sie weit hinter der Offenheit von »Mein Kampf« zurück. Hitler selbst hat sich einige Monate vor Ausbruch des Zweiten Weltkrieges, inmitten einer der von ihm entfesselten Krisen, zu seiner jahrelangen Verharmlosungstaktik bekannt und versichert, die Umstände hätten ihn zu Maskeraden der Friedwilligkeit gezwungen.[124]

Mit dem Selbstgefühl des großen Redners machte er sich jedoch gleichzeitig mehr und mehr von Inhalten und konkreter Begrifflichkeit überhaupt frei. Er setzte auf seine Stärke im Formalen. Seine anhaltenden Erfolge demonstrierten, wie sehr der Nationalsozialismus eine charismatische, wie wenig er eine ideologische Bewegung war; daß er nicht auf ein Programm, sondern auf einen Führer blickte. Erst durch ihn erhielt das diffuse Ideengemenge im Vordergrund Umriß und Zusammenhang, er verhalf ihm überhaupt erst aus dumpfen, chimärischen Zuständen zur Erscheinung. Es war ein Ton, dem die Menschen folgten, eine suggestive Stimme, und so unverkennbar Hitler sich unerledigte Sehnsüchte und hegemoniale Träume dienstbar machen konnte: die Mehrheit derer, die ihm zujubelten, suchte vor seiner Rednertribüne ihre Erschöpfung und ihre Panik zu vergessen und dachte gewiß nicht an Minsk oder Kiew und sicherlich auch nicht an Auschwitz. Sie wollte vor allem, daß es anders werde. Ihr politisches Bekenntnis reichte über die blinde Verneinung des Bestehenden kaum hinaus.

Schärfer als alle Konkurrenten von links bis rechts hat Hitler die in diesen Verneinungskomplexen liegenden Möglichkeiten erkannt. Seine agitatorische Taktik bestand eigentlich nur aus Diffamierung und Vision, der haßerfüllten Bezichtigung der Gegenwart und der Verheißung einer machtvollen Zukunft; es war die beständig variierte Anpreisung des starken Staates, die Verherrlichung der Nation, die Forderung völkischer Wiedergeburt sowie politischer Handlungsfreiheit; mit Vorliebe appellierte er an das deutsche Einigkeitsbedürfnis, beklagte die »Selbstzerfleischung« der Nation, nannte den Klassenkampf die »Religion der Minderwertigen«, feierte die Bewegung als »Brückenschlag der Nation« oder beschwor die Angst, die Deutschen könnten einmal mehr zum »Kulturdünger« der Welt werden.

Sein eigentliches Dauerthema aber, Mittel der Selbsterregung und der Massenmobilisierung, war die Abwertung der Gegenwart: der »Ruin des Reiches«, die Verelendung der Nation, die Gefahr des Marxismus, die »widernatürliche Unzucht des Parteienstaats«, die »Tragödie der kleinen Sparer«, Hunger, Arbeitslosigkeit, Selbstmorde. Die bewußt allgemein gehaltenen Elendsbeschreibungen sicherten ihm nicht nur den größten gemeinsamen Nenner für seine Massengefolgschaft; vielmehr hatte Hitler auch erkannt, daß die innere Zwietracht der Parteien stets eine Folge präziser Absichtserklärungen ist und die Stoßkraft einer Bewegung mit der Unklarheit ihrer Ziele wächst. Die Massen, und am Ende auch die Macht, mußten demjenigen zufallen, dem es gelang, die radikalste Verneinung der Gegenwart mit der unbestimmtesten Zukunftsverheißung zu verbinden. So äußerte er in einer dieser bezeichnenden, tausendfach abgewandelten Verknüpfungen von Bild und Gegenbild, von Verdammung und Utopie: »Ist das vielleicht deutsch, wenn unser Volk in dreißig Parteien zerrissen ist, wenn nicht eine mit der anderen sich vertragen kann? Ich sage aber allen diesen traurigen Politikern: ›Deutschland wird eine einzige Partei werden, die Partei eines heldischen großen Volkes!‹«[125]

Gleichzeitig gab ihm die strikte agitatorische Wendung gegen das Bestehende aber auch die Chance zur Einfachheit, in der er selber eine der Ursachen seines Erfolges und überdies die glänzende Bestätigung seiner propagandistischen Maximen gesehen hat: »Jede Propaganda hat volkstümlich zu sein und ihr geistiges Niveau einzustellen nach der Aufnahmefähigkeit des Beschränktesten.« Als Beispiel kann eine Passage aus einer Rede vom März 1932 dienen, in der er dem Regime vorhielt, es habe dreizehn Jahre Zeit zur Bewährung gehabt, doch nur eine »Katastrophenreihe« hervorgebracht:

> »Angefangen vom Tage der Revolution bis in die Epoche der Unterjochung und Versklavung, bis in die Zeit der Verträge und Notverordnungen sehen wir Fehlschlag auf Fehlschlag, Zusammenbruch auf Zusammenbruch, Elend über Elend, Verzagtheit, Lethargie, Hoffnungslosigkeit sind überall die Meilensteine dieser Katastrophen ... Der Bauernstand liegt heute am Boden, das Gewerbe bricht zusammen, Millionen haben ihre Spargroschen verloren, Millionen andere sind arbeitslos. Alles, was früher war, hat sich gewendet, alles, was früher groß schien, ist gestürzt worden. Nur etwas ist uns erhalten geblieben: Die Männer und die Parteien, die das Unglück verschuldet haben. Sie sind auch heute noch da.«[126]

Mit solchen tausendfach wiederholten und abgewandelten, nur zu plausibel klingenden Anklageformeln, mit den aufpeitschenden Parolen der Empörung, den vagen Rezepturen von Vaterland, Ehre, Größe, Macht und Rache hat er die Massen mobilisiert. Seine Sorge war, daß der Aufruhr der Affekte das Chaos auch nachhaltig förderte, das er so anklagend und erbittert beschwor; er baute auf alles, was die bestehenden Verhältnisse zersetzte, in Bewegung brachte, weil alle Dynamik sich von dem vorhandenen System fortentwickeln und zuletzt ihm zugute kommen mußte. Denn niemand formulierte glaubwürdiger, entschiedener und massenwirksamer das unerträglich wachsende Verlangen nach Änderung. Die Menschen seien so verzweifelt, notierte Harold Nicolson Anfang 1932 in seinem Tagebuch anläßlich eines Berlin-Besuchs, daß sie »alles hinnehmen würden, was wie eine Alternative aussähe«[127].

Die unbestimmte, vornehmlich auf die Entfesselung gesellschaftlicher Schubkraft gerichtete Agitation Hitlers hat ihn aber auch in die Lage versetzt, über alle sozialen Konflikte hinwegzureden und die Gegensätze wortreich zu verschleiern. Zu einer mitternächtlichen Rede Hitlers im Berliner Bezirk Friedrichshain notierte Goebbels: »Dort sind die ganz kleinen Leute. Die sind nach der Rede des Führers ganz gerührt.« Doch die ganz großen waren es nicht weniger und die Grup-

pen im Zwischenfeld auch. Ein Professor Burmeister empfahl ihn als
»Kandidaten der deutschen Künstler« und rühmte »die menschlich
packenden Herzenstöne seiner Redekunst«. Nach einem zweistündigen
Auftritt Hitlers vor den Führern des Landbundes und des märkischen
Adels bat einer der Agrarier »im Namen aller«, keine Diskussion zu
veranstalten; zwar ging es um Krisen, Interessen, soziale Konflikte;
aber »die Weihestunde des eben Erlebten soll durch nichts gestört werden«.
Mit Skeptikern, so begründete Hitler selber die immer wieder erhobene
Forderung nach gläubiger Hinnahme seines Vortrags, könne
man »natürlich keine Welt erobern, mit denen kann man weder ein
Himmelreich noch einen Staat stürmen«[128]. Dem Sammelsurium seiner
Schlagworte, eklektischen Philosophismen und scharfsinnig unterbauten
Affekte konnte jeder entnehmen, was er hineinlegte: das verängstigte
Bürgertum die Verheißung von Ordnung und wiedergewonnener
Sozialgeltung; die revolutionär gestimmten Jugendlichen den
Entwurf einer neuen, romantischen Gesellschaft; die demoralisierten
Arbeiter Sicherheit und Brot; die Angehörigen des Hunderttausend-
Mann-Heeres die Aussicht auf Karrieren und dekorierte Uniformen
oder die Intellektuellen eine kühne und vitale Antwort auf die modischen
Stimmungen der Vernunftsverachtung und Lebensvergötzung: dieser
Vieldeutigkeit lag weniger eine Verlogenheit nach allen Seiten zugrunde
als vielmehr die Fähigkeit, den Grundton einer unpolitischen
Haltung zu treffen. Wie Napoleon konnte er von sich sagen, jeder sei
ihm ins Garn gelaufen und es habe, als er zur Macht gelangte, keine
Gruppe gegeben, die nicht irgendeine Hoffnung auf ihn baute.[129]

Das Jahr 1932 war im ganzen zweifellos die Zeit der größten rednerischen
Triumphe Hitlers. Zwar hat er, vereinzelten Bekundungen aus
seiner nächsten Umgebung zufolge, in früheren Jahren reicher, glaubwürdiger
gesprochen und später, in den perfekt ritualisierten Massenveranstaltungen
der Kanzlerjahre, die größeren, inzwischen fast unüberschaubar
gewordenen Mengen erreicht. Aber nie wieder kamen Erlösungssehnsucht,
das persönliche Bewußtsein charismatischer Bekehrungskraft,
die äußerste Anspannung auf ein Ziel hin und der Glaube
an die eigene Erwähltheit vor einer pathetischen Elendskulisse zu
einer so »alchemistischen« Verbindung zusammen. Für Hitler selber
ist jener Zeitabschnitt eines der prägenden Urerlebnisse gewesen, das
immer wieder beispielgebend seine Entscheidungen beeinflußt hat. Im
Mythos der »Kampfzeit«, die als »Heldenepos«, als »durchkämpfte
Hölle« oder »Titanenkampf der Charaktere« verherrlicht wurde[130], hat
dieses Gefühl überdauert.

Dem sorgfältig berechneten Ritual der Veranstaltungseröffnung entsprach
der Abschluß. In den Lärm und den Jubel hinein intonierte die

Musikkapelle das Deutschlandlied oder eine der Parteihymnen, die
nicht nur den Eindruck von Geschlossenheit und verschworener Zustimmung erzeugen, sondern auch die Versammelten festhalten sollten,
bis Hitler, noch benommen und von der Anstrengung am ganzen Körper durchnäßt, den Raum verlassen und den wartenden Wagen bestiegen hatte. Mitunter stand er noch Augenblicke lang grüßend, mechanisch lächelnd, neben dem Fahrer, während die Menge herandrängte
oder SA und SS sich in breiten Kolonnen zum Fackelzug formierten. Er
selber dagegen begab sich müde, entkräftet, ausgegeben in sein Hotelzimmer zurück, und es ist dieser eigentümliche Zustand taumeliger
Dumpfheit nach den Reden, der das Bild vom Ausschweifungscharakter
seiner großen Massenauftritte erst abrundet. Einem Beobachter, der ihn
in einem solchen Augenblick still und mit verglastem Blick vor sich hinstarrend, angetroffen hatte, wurde vom Adjutanten Brückner der Weg
mit den Worten versperrt: »Lassen Sie ihn doch in Ruhe; der Mann ist
fertig!« Und einer seiner Gauleiter fand ihn noch am Morgen nach
einer Rede im letzten Raum der von ihm und seinem Gefolge bewohnten Zimmerflucht des Hotels, wie er »allein, mit krummem Rücken,
müde und melancholisch wirkend, an einem runden Tisch hockte und
langsam seine Gemüsesuppe schlürfte«[131].

Der von Hitler entfesselte agitatorische Aufruhr allein hätte ihn freilich
nie zur Macht geführt. Die Landtagswahlen in Preußen hatten der
NSDAP zwar 36,3 Prozent der Stimmen gebracht und das Übergewicht
der bisherigen Koalition aus Sozialdemokraten und Mittelparteien beseitigt. Aber die erhoffte absolute Mehrheit war dabei ebenso ausgeblieben wie drei Monate später in den Reichstagswahlen vom 31. Juli.
Immerhin hatte die Partei mit 230 Sitzen ihre bisherige Mandatszahl
mehr als verdoppeln und zur weitaus stärksten Partei aufrücken können. Gleichzeitig aber deutete alles darauf hin, daß Hitler an die Grenze
seiner Ausdehnungsmöglichkeiten gestoßen war. Zwar hatte er die
bürgerlichen Parteien der Mitte und der Rechten dezimiert oder gänzlich aufgesogen, doch der Einbruch in das Zentrum, in die Sozialdemokratische und die Kommunistische Partei war ihm nicht gelungen. Der
riesige agitatorische Aufwand, all die pausenlosen Massenveranstaltungen, Aufmärsche, Plakat- und Flugblattaktionen, die bis zur Erschöpfung getriebenen Einsätze der Parteiredner und schließlich Hitlers dritter Deutschlandflug, in dessen Verlauf er innerhalb von fünfzehn Tagen
in fünfzig Städten sprach, hatten der Partei gegenüber der preußischen
Landtagswahl nur eine Steigerung von rund einem Prozent gebracht.

Schon damals hatte Goebbels das Ergebnis mit den Worten kommentiert: »Jetzt muß irgend etwas geschehen. Wir müssen in absehbarer Zeit an die Macht kommen. Sonst siegen wir uns in Wahlen tot.«[132]

Für diese Erwartungen fanden sich alsbald erste Anknüpfungspunkte. Mit dem Übergang zum reinen Notverordnungssystem und insbesondere seit seiner Wiederwahl hatte Hindenburg seinem Amt eine zunehmend persönliche Auslegung gegeben und immer eigenwilliger und nachdrücklicher seine Wünsche mit dem Wohl des Staates gleichgesetzt. Er war darin von der kleinen Gruppe unverantwortlicher Ratgeber bestärkt worden, von denen nicht nur sein eigener Sohn Oskar, einem populären Spottwort der Zeit zufolge, »in der Verfassung nicht vorgesehen war«: dazu gehörten vor allem der Staatssekretär Meißner und General Schleicher, der junge konservative Abgeordnete Dr. Gereke oder auch Hindenburgs Gutsnachbar v. Oldenburg-Januschau, der schon seit Kaisers Zeiten mit Vorliebe den »reaktionären Grobian« spielte und beispielsweise die Öffentlichkeit durch die Behauptung in helle Aufregung versetzte, man müsse jederzeit in der Lage sein, das Parlament durch einen Leutnant und zehn Mann aufzulösen; ferner einige andere ostelbische Standesgenossen, später auch Franz v. Papen. Die folgenden Monate sind erfüllt von ihren Hintergrundaktivitäten. Nicht immer ist die Bestimmung ihrer Motive und Interessen eindeutig. Wie ein gewaltiger, herausfordernder Block war Hitler in der politischen Szenerie aufgetaucht, und ihre Absicht ging dahin, ihn zu integrieren, zu binden, auch als Mittel der Drohung gegen links zu benutzen. Es war der letzte, von illusionärem Führungshochmut geprägte Versuch des alten Deutschland, die verlorene Rolle in der Geschichte wiederaufzunehmen.

Ihr erstes Opfer war ironischerweise Brüning selber. Der Kanzler hatte sich, im Vertrauen auf seinen Rückhalt beim Reichspräsidenten, einige jener »mächtigen Institutionen« zum Gegner gemacht, um deren Wohlwollen sein Widersacher Hitler so viel beharrlicher und erfolgreicher warb. Die mangelnde Bereitschaft, den verschiedentlich vorgetragenen Forderungen der Industrie Rechnung zu tragen, hatte deren Abwendung weiter verstärkt, als nun auch die agrarischen Standesgenossen Hindenburgs der Regierung grollend den Rücken kehrten. Sie waren insbesondere über die Absicht Brünings empört, die materielle Hilfe für die in Schwierigkeiten geratenen Güter von einer Rentabilitätsprüfung abhängig zu machen und die hoffnungslos verschuldeten Besitzungen einer großzügigen Siedlungsaktion zur Milderung der Arbeitslosigkeit zur Verfügung zu stellen. Die sogleich massiv einsetzenden Angriffe der Interessentengruppen gipfelten in dem Vorwurf, der Kanzler hege bolschewistische Neigungen, und wenn die motivierende Bedeu-

tung der ausgedehnten Pressionen für den alten und urteilsschwachen
Reichspräsidenten auch nicht im einzelnen nachzuweisen ist, so kann
doch kein Zweifel bestehen, daß sie seinen Entschluß, sich von Brüning
zu trennen, mitgetragen haben. Überdies sah Hindenburg in dem Kanzler
nach wie vor den Mann, der ihn anläßlich seiner Wiederwahl vor die
falsche Front geführt hatte, und er war, von den Einflüsterungen seiner
Umgebung gelenkt, nicht bereit, ihm den tiefen persönlichen Konflikt
zu vergessen, in den er damit geraten war. Brünings Ende kam, als
er schließlich das Vertrauen Schleichers verlor, der vorgab, im Namen
der Reichswehr zu sprechen.

Den Auftakt bildete ein Ereignis, das wie eine Energietat der Regierung aussah, in Wirklichkeit jedoch die verborgenen Gegensätze innerhalb der Führung des Reiches zum Ausbruch trieb und damit die Agonie der Republik einleitete: das Verbot von SA und SS. Seit der Entdeckung der Boxheimer Dokumente waren neuerliche Anhaltspunkte aufgetaucht, daß die Nationalsozialisten einen gewaltsamen Umsturz auch weiterhin in ihre Überlegungen einbezogen. Die Parteiarmee trat zusehends ungeduldiger und selbstbewußter auf, und zur Zweideutigkeit der von Hitler geübten Legalitätstaktik gehörte es, daß er von Zeit zu Zeit nicht ohne gespielte Besorgnis öffentlich darüber nachdachte, wie lange es ihm wohl noch gelingen werde, die braunen Sturmtruppen im Zaum zu halten. Gereizt bezeichnete Ludendorff Deutschland gelegentlich als »besetztes Gebiet der SA«. Zwei Tage vor der ersten Präsidentschaftswahl hatte Goebbels in seinem Tagebuch notiert: »Mit SA- und SS-Führung Verhaltungsmaßregeln für die nächsten Tage durchgesprochen. Überall herrscht eine tolle Unruhe. Das Wort Putsch geistert um.«[133] Und am Wahltage selbst hatte Röhm seinen Verbänden Alarmbereitschaft befohlen und Berlin von den Braunhemden einschließen lassen. Als die preußische Polizei einige Organisationszentren der SA aushob, war sie auf Unterlagen gestoßen, die zwar keine Umsturzaktion großen Stils, wohl aber detaillierte Alarm- und Gewaltmaßnahmen für den Fall eines Hitlerschen Wahlsiegs erwiesen und wiederum die geheime Putschparole enthielten: »Großmutter gestorben.«[134] Überdies waren Befehle aufgefunden worden, in denen die SA der östlichen Gebiete angewiesen wurde, im Falle eines polnischen Angriffs jede Teilnahme an der Landesverteidigung abzulehnen, eine Entdeckung, die insbesondere auf Hindenburg ihren Eindruck nicht verfehlte. Der Entschluß zum Verbot, der nicht zuletzt auf ultimatives Drängen einiger Länderregierungen zustande kam, wurde denn auch einmütig gefaßt und brachte lange gehegte und immer wieder verschobene Überlegungen zum Abschluß.

Doch wenige Tage vor der Verkündung des Verbots nahmen die
Ereignisse eine dramatische Wendung. Schleicher, der dem Vorhaben

zunächst zugestimmt und sich sogar der Urheberschaft dafür gerühmt hatte, warf »über Nacht« alle Auffassungen um und entwickelte, als er nicht sogleich auf Zustimmung stieß, eine rastlose Gegenaktivität, in die sich alsbald auch Hindenburg einbezogen sah, dem er die Sorge suggerierte, er werde sich mit dem Verbot bei seinen ohnehin enttäuschten Anhängern auf der Rechten noch unbeliebter machen. Schleichers Opposition ging von der Überlegung aus, es sei vorzuziehen, zusammen mit der SA alle Wehrverbände wie beispielsweise den Stahlhelm oder das republiktreue Reichsbanner aufzulösen und in einen umfassenden, der Reichswehr unterstellten Miliz- oder Wehrsportverband einzubringen. Darüber hinaus hatte sie aber auch mit seinem intriganten Temperament zu tun, dem das grobe Mittel des Verbots tief zuwider und nur feiner Eingefädeltes sympathisch war; sein Gegenvorschlag ging bezeichnenderweise dahin, Hitler eine Anzahl ultimativer Forderungen zur Entmilitarisierung der SA zuzuschieben, die so unerfüllbar waren, daß er sich durch ihre Zurückweisung ins Unrecht setzen mußte.

Nicht ohne Skrupel und mit besorgtem Seitenblick auf die in der SA und SS dienenden »alten Kriegskameraden« unterschrieb Hindenburg schließlich das Verbot, und am 14. April wurde in einer umfassenden Polizeiaktion die Privatarmee Hitlers aufgelöst, ihre Stabsquartiere, Heime, Schulen und Zeugmeistereien besetzt. Es war der energischste Schlag, den die staatliche Gewalt seit dem November 1923 gegen den Nationalsozialismus führte. Die amtliche Begründung, die nicht einzelne Vorkommnisse, sondern die Existenz einer Privatarmee an sich als Verbotsmotiv nannte, verriet erstmals wieder einen staatlichen Willen zur Selbstbehauptung: »Es ist ausschließlich Sache des Staates, eine organisierte Macht zu unterhalten. Sobald eine solche Macht von privater Seite organisiert wird und der Staat dies duldet, besteht bereits Gefahr für Ruhe und Ordnung ... Unzweifelhaft (ist), daß in einem Rechtsstaat die Gewalt lediglich bei den verfassungsmäßigen Organen des Staates selbst organisiert sein darf. Jede private Gewaltorganisation kann deshalb ihrem Wesen nach keine legale Einrichtung sein ... Die Maßnahme der Auflösung dient der Staatserhaltung selbst.«[135]

Gestützt auf die Aggressivität und Stärke seiner 400 000 Mann schien Röhm im ersten Augenblick zur Kraftprobe entschlossen; doch Hitler blieb unnachgiebig. Kurzerhand nahm er die SA in die PO hinein und hielt auf diese Weise ihre Organisation intakt. Wiederum erwies sich, daß faschistische Bewegungen beim ersten Widerstand des Staates kampflos das Feld räumen: so hatte Gabriele d'Annunzio im Jahre 1920 auf einen einzigen Kanonenschuß hin die Stadt Fiume geräumt, so ordnete Hitler jetzt in einem Legalitätsappell die strikte Befolgung der Verbotsmaßnahmen an; nicht aus Furcht, sondern weil ein Schuß mehr bedeutete als ein Schuß und ein Verbot etwas anderes war als eine begrenzte Abwehrmaßnahme, nämlich die Außerkraftsetzung der »faschistischen Konstellation«, des Bündnisses von konservativer Herrschaft und revolutionärer Volksbewegung.

Hitlers Bereitschaft zum Nachgeben mochte freilich erleichtert worden sein, seit ihm über Schleicher oder dessen Umgebung Informationen über die Meinungsverschiedenheiten innerhalb der Regierung zugeleitet worden waren. Darauf baute er nun seine weitere Taktik. Er gab sich zuversichtlich. Noch am Abend des Tages, der den Überwältigungsprozeß der Hitlerbewegung einleiten sollte, notierte Goebbels über eine Unterredung mit Hitler im Kaiserhof: »Wir bereden Personalfragen für die Machtübernahme, als wenn wir schon an der Regierung wären. Ich glaube, niemals ist eine Bewegung in der Opposition ihres Erfolges so sicher gewesen wie die unsere!«[136]

Schon am folgenden Tage gab ein auffallend frostiges Schreiben Hindenburgs an Groener das Signal zu einer großangelegten Intrige. Sie war begleitet von einer leidenschaftlichen Kampagne der Rechtsblätter, der sich ein Chor prominenter Stimmen des nationalen Lagers anschloß. Der Kronprinz fand es »auch unverständlich«, daß gerade der Reichswehrminister »das wunderbare Menschenmaterial, das in der SA und SS vereinigt ist und das dort eine wertvolle Erziehung genießt, zerschlagen« helfe, Schleicher selber riet seinem vorgesetzten Minister, der ihn noch immer als seinen »Wahlsohn« betrachtete, zum Rücktritt und brachte böswillige Verleumdungen in Umlauf oder ließ sie doch unwidersprochen: Groener sei krank, Pazifist oder habe die Armee durch die vorzeitige Geburt eines Kindes aus zweiter Ehe in Verruf gebracht; dem Präsidenten erzählte er, das Kind werde in der Reichswehr nach dem finnischen Läufer und Spurtphänomen »Nurmi« genannt.[137]

Gleichzeitig informierte Schleicher die Führung der NSDAP, daß er persönlich mit dem SA-Verbot keineswegs einverstanden sei. Nach wie vor hielt er an dem Konzept fest, den Nationalsozialisten durch Beteiligung an der Macht den Donner zu stehlen, sie durch ein Kabinett einflußreicher Fachleute »einzurahmen«, wie das Zauberwort der Stunde lautete, obwohl doch das Beispiel Mussolinis hätte zeigen können, daß an Volkstribunen, die überdies eine Privatarmee besitzen, dieser Zauber vergeblich seine Macht erprobt. Ende April traf er sich zu einer ersten Unterredung mit Hitler. »Das Gespräch verlief gut«, notierte Goebbels, und bald darauf, nach der zweiten Begegnung, zu der sich auch Meißner und Oskar v. Hindenburg hinzugezogen sahen, um nun nicht nur den Sturz Groeners, sondern den des ganzen Kabinetts Brüning zu erörtern: »Alles geht gut ... Beglückend das Gefühl, daß noch kein Mensch etwas ahnt, am wenigsten Brüning selbst.«

Nach rund einem Monat unausgesetzter Unterminierarbeit kamen die Dinge schließlich zur Entscheidung. Am 10. Mai verteidigte Groener im Reichstag das SA-Verbot gegen die wütenden Angriffe der Rechten. Doch der Protest des ohnehin schwachen Redners gegen den nationalsozialistischen »Staat im Staat«, diesen »Staat gegen den Staat«, kam angesichts des wüsten Tumults, den die Nationalsozialisten entfesselten, über Ansätze kaum hinaus, so daß mit dem irritierten, hilflosen und wohl erschöpften Minister auch die Sache, die er verfocht, eine Niederlage erlitt. Jedenfalls traten ihm schon kurz darauf Schleicher und General v. Hammerstein, der Chef der Heeresleitung, entgegen, um ihm kühl mitzuteilen, daß er nicht mehr das Vertrauen der Reichswehr genieße und zurücktreten müsse. Zwei Tage später reichte Groener, nach einem vergeblichen Appell an Hindenburg, seine Demission ein.

Sie war in der Tat, den Plänen der Kamarilla entsprechend, nur das Vorspiel, dem Mantel folgte bald der Herzog nach. Am 12. Mai fuhr Hindenburg für annähernd vierzehn Tage nach Neudeck, und als Brüning den Wunsch nach einer Unterredung äußerte, winkte der Präsident unwillig ab. Er stand damals unverkennbar unter dem Druck seiner Standesgenossen, die nun zum Ansturm auf die wankende Position des Kanzlers ansetzten. Wie immer die Argumente gelautet haben mögen: sie wurden sicherlich »mit der Großagrariern und alten Offizieren eigenen Massivität ohne Rücksicht auf Redlichkeit und Prinzipientreue« vorgetragen. Als Hindenburg daher Ende des Monats nach Berlin zurückkehrte, war er entschlossen, sich von seinem Kanzler zu trennen. Zwar glaubte sich Brüning unmittelbar vor außenpolitischen Erfolgen, und noch am Morgen des 30. Mai, kurz bevor er sich auf den Weg zu Hindenburg machte, waren ihm Informationen zugegangen, die ihm eine entscheidende Wende in der Abrüstungsfrage versprachen. Doch ein intrigenreiches Protokoll verwehrte ihm die Chance, den Präsidenten in letzter Minute davon zu unterrichten. Noch ein Jahr zuvor hatte Hindenburg ihm versichert, er sei sein letzter Kanzler, er werde sich nicht von ihm trennen. Nun sah er sich in einer beleidigend brüsken Szene von wenigen Minuten verabschiedet, weil Hindenburg den Aufzug der Marinewache aus Anlaß des Tages der Schlacht vom Skagerrak nicht versäumen wollte. Eine Kriegserinnerung und ein militärisches Schauspiel von minderer Bedeutung erhielten den Vorrang gegenüber einer Erwägung, die das Schicksal der Republik entschied.[138]

Als Nachfolger Brünings schwatzte General v. Schleicher dem Reichspräsidenten einen Mann auf, dessen politische Karriere nicht ohne

Grund so lange im Dunkel dilettierender Bemühung verblieben war: Franz v. Papen entstammte einer alten westfälischen Adelsfamilie, hatte in einem feudalen Kavallerieregiment gedient und zum erstenmal eine gewisse und sogleich bezeichnende Publizität erlangt, als er 1915, während des Ersten Weltkrieges, wegen konspirativer Unternehmungen als Militärattaché aus den Vereinigten Staaten ausgewiesen worden war, auf der Überfahrt nach Europa jedoch leichtfertigerweise britischen Behörden wichtige Unterlagen über seine geheimdienstliche Tätigkeit in die Hände fallen ließ. Seine Heirat mit der Tochter eines führenden Saar-Industriellen hatte ihm zu nicht unerheblichem Reichtum und zu guten Beziehungen zur Industrie verholfen. Zugleich gebot er als katholischer Adliger ebenso über Verbindungen zum hohen Klerus wie als ehemaliger Generalstabsoffizier über vielfältige Kontakte zur Reichswehr, und es mag dieser Standort im Schnittpunkt zahlreicher Interessen gewesen sein, der Schleichers Aufmerksamkeit erregt hatte. Papen wirkte auf fast groteske Weise antiquiert, und in all seiner langbeinigen Steifheit, Überheblichkeit und meckernden Arroganz beinahe wie die Karikatur seiner selbst, eine Figur aus »Alice in Wonderland«, wie ein zeitgenössischer Beobachter treffend bemerkt hat. Dabei galt er als leichtfertig, vorschnell, niemand nahm ihn ganz ernst: »Wenn ihm eine Sache gelingt, ist er sehr vergnügt, mißlingt sie ihm, macht er sich nichts daraus.«[139]

Doch war es offenbar gerade die flotte und beherzte Unbekümmertheit des »Herrenreiters«, die in den Augen Schleichers die besondere Eignung Papens begründete; denn sie mochte ihn befähigen, die zusehends konkreter erwogenen Pläne zur Beseitigung des schwer angeschlagenen parlamentarischen Systems im Zeichen »gemäßigter« Diktaturkonzepte voranzutreiben. Darüber hinaus hat zweifellos zugleich die Vermutung eine Rolle gespielt, der unerfahrene und aufs Äußere bedachte Papen werde seine Eitelkeit mit dem Amte selbst und den damit verbundenen repräsentativen Funktionen befriedigt sehen und im übrigen ein gefügiges Werkzeug sein. Gerade diese Erwägung entsprach dem ebenso ehrgeizigen wie öffentlichkeitsscheuen Temperament Schleichers. Als Freunde ihm mit ungläubigem Staunen entgegenhielten, Papen sei doch kein Kopf, erwiderte der General denn auch: »Das soll er ja auch nicht sein, aber er ist ein Hut.«

Wenn Schleicher freilich geglaubt hatte, Papen werde dank seiner weitreichenden Beziehungen eine Koalition oder doch die parlamentarische Tolerierung aller Parteien rechts von der Sozialdemokratie zustandebringen, so sah er sich bald getäuscht. Der neue Kanzler war ohne jede politische Grundlage. Das Zentrum trat, erbittert über den Verrat an Brüning, in schroffe Opposition, und auch Hugenberg zeigte sich

indigniert, weil er seine eigenen Ambitionen einmal mehr übergangen
sah. Desgleichen stieß Papen in der Öffentlichkeit auf feindselige Zurückweisung. Selbst als er gleich zu Beginn seiner Amtszeit den noch von
Brüning vorbereiteten Erfolg einstrich und auf der Konferenz in Lausanne den Abschluß der Reparationsfrage erreichte, blieb das ohne die
erhoffte Wirkung. In der Tat konnte sein Kabinett in keinem Betracht
als demokratisch oder fachlich legitimierte Lösung gelten, es waren
durchweg Männer von Stand und Familie, die sich dem vaterländischen Appell des Präsidenten nicht hatten versagen können und Hindenburg nun »umstanden wie Offiziere ihren General«[140]: sieben Adlige, zwei Konzerndirektoren, dazu Hitlers Protektor aus Münchener
Tagen, Franz Gürtner, sowie ein General, jedoch kein Vertreter des
Mittelstands oder der Arbeiterschaft, bildeten die Regierung. Es schien,
als kehrten die Schatten wieder. Daß die massierte Empörung, der
Hohn und Protest der Bevölkerung nichts bewirkten, offenbarte das
Maß des Realitätsverlustes, den die alten Führungsschichten erlitten
hatten. Das »Kabinett der Barone«, wie es bald genannt wurde, stützte
sich lediglich auf die Autorität Hindenburgs und die Macht der Reichswehr.

Die außerordentliche Unpopularität der Regierung veranlaßte auch
Hitler zu vorsichtiger Zurückhaltung. In den Unterhandlungen mit
Schleicher hatte er zugesagt, die Regierung zu tolerieren, falls Neuwahlen ausgeschrieben, die Verbotsmaßnahmen gegen die SA aufgehoben und der NSDAP volle Agitationsfreiheit eingeräumt würden. Noch
am Nachmittag des 30. Mai, wenige Stunden nach Brünings Entlassung,
hatte er dem Reichspräsidenten auf die Frage, ob er der Ernennung
Papens beipflichte, mit »Ja« geantwortet. Und obwohl der Kanzler
schon am 4. Juni die Reihe seiner verhängnisvollen Konzessionen mit
der Auflösung des Reichstags eröffnete und gleichzeitig die Aufhebung
des SA-Verbots nahe in Aussicht stellte, begannen die Nationalsozialisten sich von ihm zu lösen. »Wir müssen uns von dem bürgerlichen
Übergangskabinett so schnell wie möglich absentieren«, notierte
Goebbels; »das alles sind Fragen des Fingerspitzengefühls.« Und wenige
Tage später: »Es liegt an uns, uns möglichst schnell aus der kompromittierenden Nachbarschaft dieser bürgerlichen Halbstarken zu verdrücken. Sonst sind wir verloren. Ich reite im ›Angriff‹ eine neue
Attacke gegen das Papen-Kabinett.« Als das SA-Verbot nicht, wie erwartet, gleich in den ersten Tagen fiel, zog er eines Abends »mit vierzig,
fünfzig SA-Führern, die in voller Uniform trotz Verbot aufkreuzen, in
ein großes Café am Potsdamer Platz, um zu provozieren. Wir haben nur
den einen sehnlichen Wunsch, daß die Polizei uns verhaftet ... Ganz
langsam spazieren wir um Mitternacht über Potsdamer Platz und Pots-

damer Straße. Aber kein Aas rührt sich. Die Wachtmeister schauen uns ganz verdutzt an und wenden dann beschämt den Blick zur Seite«.[141]

Zwei Tage später, am 16. Juni, wurde das Verbot schließlich aufgehoben, doch hatte das Zögern unterdessen den Eindruck eines »förmlichen Kniefalls der Staatsautorität vor der kommenden neuen Macht« erzeugt.[142] Papens durchsichtiger Versuch, für sein Entgegenkommen im letzten Augenblick eine Zusage auf spätere Regierungsbeteiligung der Nationalsozialisten einzuhandeln, kam angesichts der von Schleicher besorgten Vorleistungen nicht nur taktisch zu spät, sondern bekundete auch ein geradezu groteskes Unverständnis für Umfang und Vehemenz des weitgespannten Machthungers Hitlers. So sah er sich von seinem kühl und unnachgiebig argumentierenden Partner mit allen Gegenforderungen auf die Zeit nach der Reichstagswahl vertröstet.

Schlagartig lebten damit auch die bürgerkriegsähnlichen Auseinandersetzungen auf den Straßen wieder auf und erreichten jetzt erst ihren eigentlichen Höhepunkt. In den fünf Wochen bis zum 20. Juli waren allein in Preußen bei nahezu fünfhundert Zusammenstößen 99 Tote und 1125 Verletzte zu verzeichnen, der 10. Juli forderte im gesamten Reichsgebiet 17 Tote, an zahlreichen Orten mußte die Reichswehr in die erbitterten Straßenkämpfe eingreifen. Zu Recht definierte Ernst Thälmann die Aufhebung des SA-Verbots als offene Aufforderung zum Mord, auch wenn er verschwieg, ob seine Bemerkung die eigenen Kampfeinheiten in aktiver oder passiver Rolle sah. Am 17. Juli kam es in Hamburg-Altona zu dem blutigsten Konflikt dieses Sommers. Einen Provokationszug von rund 7000 Nationalsozialisten durch die Straßen des roten Arbeiterviertels beantworteten die Kommunisten mit einem Feuerüberfall von den Dächern und aus den Fenstern, der wiederum wütende Gegenwehr auslöste und eine erbitterte Schlacht über eilig errichtete Barrikaden hinweg zur Folge hatte. Am Ende gab es siebzehn Tote und zahlreiche Schwerverletzte. Von den 68 Personen, die im Juli 1932 in politischen Auseinandersetzungen ums Leben kamen, hatten 30 auf seiten der Kommunisten, 38 auf seiten der Nationalsozialisten gestanden. »Es wird geprügelt und geschossen«, bemerkte Goebbels; »letzte Schaustellung des Regimes.«[143]

Blind gegenüber der Einsicht, daß gerade die Zugeständnisse das Selbstbewußtsein der Nationalsozialisten gestärkt hatten, ging Papen noch einen Schritt weiter. In der Hoffnung, das Prestige seiner nahezu isolierten Regierung durch einen grandiosen Akt autoritären Auftrumpfens zu stärken und zugleich Hitler und seine Gefolgschaft versöhnlich zu stimmen, bestellte er am Vormittag des 20. Juli drei Angehörige der geschäftsführenden preußischen Regierung in die Reichskanzlei und eröffnete ihnen abrupt, daß er den Ministerpräsidenten Braun und den anwesenden Innenminister Severing durch Notverordnung abgesetzt habe, er selber werde als Reichskommissar die Geschäfte des Ministerpräsidenten übernehmen. Als Severing erklärte, er werde nur der Gewalt weichen, erwiderte Papen, »Kavalier auch im Staatsstreich«, ob er erfahren dürfe, was darunter zu verstehen sei, und der Minister versicherte, sein Amtszimmer nur unter Druck zu räumen. So kam es zu der vielglossierten »Verabredung«, die Gewalt am Abend in Form eines einseitigen Polizeiaktes auszuüben. Vermittels einer vorbereiteten zweiten Notverordnung verhängte Papen inzwischen den militärischen Ausnahmezustand über Berlin und Brandenburg und zog auf diese Weise die polizeiliche Gewalt an sich. Auf Ersuchen dreier Polizeioffiziere, die am Abend im Innenministerium erschienen, räumte Severing mit dem Bemerken, er weiche jetzt also der Gewalt, seinen Platz und begab sich in seine anstoßende Wohnung. Schon am Nachmittag waren auf ähnlich widerstandslose Weise die Führungsspitzen der gefürchteten preußischen Polizei überwältigt worden. Als der Berliner Polizeipräsident Grzesinski, sein Vizepräsident Weiß sowie der Polizeikommandeur Heimannsberg zu einer kurzen Internierung über den Hof des Präsidiums geführt wurden, riefen, wie erzählt wird, einige der Beamten ihrem Chef zum Abschied die Parole des Reichsbanners nach; sie riefen »Freiheit!«, und man hat nicht unzutreffend bemerkt, daß es der Abschiedsruf für die schon lange hinfällige, unbegehrte und nun resigniert aufgegebene Freiheit von Weimar war.[144]

Gewiß war ein Widerstand auf breiter Ebene erwogen worden und einem zeitgenössischen Beobachter zufolge sollen Grzesinski und Heimannsberg im Verein mit dem Ministerialdirektor Klausener bei Severing auf die »Durchführung des Kampfes mit allen Mitteln« gedrungen und insbesondere »den sofortigen rücksichtslosen Einsatz der Berliner Polizei, die Ausrufung des Generalstreiks, die sofortige Verhaftung der Reichsregierung und des Präsidenten (sowie) dessen Unmündigkeitserklärung« verlangt haben, doch sei der Vorschlag abgelehnt worden.[145] Über wirkungslose publizistische Proteste und die Anrufung des Staatsgerichtshofs kam die Gegenwehr nicht hinaus. Dabei verfügte die preußische Regierung immerhin über 90 000 Mann vorzüglich ausgebildeter Polizeitruppen, über das Reichsbanner, die Anhängerschaft der republikanischen Parteien, die Gewerkschaften und war überdies im Besitz aller wichtigen Schlüsselstellungen. Doch die Sorge vor der Gefahr eines Bürgerkrieges, der Respekt vor der Verfassung, der Zweifel an der Wirksamkeit eines Generalstreiks angesichts der herrschenden Arbeitslosigkeit und zahlreiche ähnlich geartete Erwägungen haben alle Widerstandspläne schließlich blockiert. Ungestört und nur dem passiven Verzichtsblick seiner Gegner ausgesetzt, konnte Papen die Macht im

»stärksten Bollwerk der Republik« ergreifen. Zwar kann man den Motiven der preußischen Politiker Gewicht und Respekt schwerlich versagen, und die Abwägung aller Umstände macht wahrscheinlich, daß ihre Entscheidung vernünftig war. Aber vor der Geschichte zählt ihre Vernünftigkeit wenig. Nicht einmal der Gedanke an eine Demonstration des Trotzes tauchte auf, und in keiner Phase des Geschehens dachten Severing und seine entnervten, moralisch gebrochenen Mitstreiter daran, durch ein Ende in Ehren nicht nur die Halbheiten und Versäumnisse der vergangenen dreizehn Jahre vergessen zu machen, sondern auch den Impuls für ein erneuertes demokratisches Selbstbewußtsein zu gewinnen. In den psychologischen Folgen liegt denn auch die eigentliche, gar nicht zu unterschätzende Bedeutung des 20. Juli 1932: er entmutigte die einen und lehrte die anderen, wie wenig Gegenwehr von den Verteidigern der Republik zu erwarten sei.

Infolgedessen steigerte auch dieses Ereignis nur die Ungeduld der Nationalsozialisten. Im Kampf um die Macht standen sich nunmehr drei scharf getrennte Lager gegenüber: die national-autoritäre Gruppe um Papen, die parlamentarisch kaum 10 Prozent der Wähler repräsentierte, doch über die Deckung durch Hindenburg und die Reichswehr gebot; ferner die ausgespielten demokratischen Gruppen, die freilich noch immer auf beträchtlichen Rückhalt in der Öffentlichkeit bauen konnten, sowie schließlich die totalitären Gegenspieler nationalsozialistischer und kommunistischer Prägung, die zusammen über eine negative Mehrheit von 52 Prozent verfügten. Wie diese beiden, so blockierten und lähmten sich alle diese Gruppen wechselseitig. Der Sommer und Herbst des Jahres 1932 ist von pausenlosen Versuchen bestimmt, die kontrovers erstarrten Fronten durch immmer neu angesetzte taktische Manöver aufzubrechen.[146]

Am 5. August traf Hitler sich in Fürstenberg, unweit von Berlin, mit Schleicher und forderte erstmals die ganze Macht: das Amt des Kanzlers für sich selber, ferner die Ministerien für Inneres, für Justiz, Landwirtschaft und Luftfahrt, ein neu zu errichtendes Propagandaministerium sowie aufgrund des 20. Juli auch das Amt des preußischen Ministerpräsidenten und des Innenministers; zugleich ein Ermächtigungsgesetz mit der uneingeschränkten Befugnis, durch Erlasse zu regieren. Denn »haben wir die Macht«, so bemerkte Goebbels, »dann werden wir sie nie wieder aufgeben, es sei denn, man trägt uns als Leichen aus unseren Ämtern heraus«.

In der Überzeugung, unmittelbar vor der Übernahme der Macht zu stehen, trennte sich Hitler von Schleicher. Gutgelaunt schlug er beim Abschied vor, zur Erinnerung an die Begegnung an dem Hause in Fürstenberg eine Gedenktafel anbringen zu lassen. Um seinen Forderungen Nachdruck zu verleihen und zugleich die rumorende SA zu beruhigen, deren Mitglieder schon ihre Arbeitsplätze verließen und sich auf den Tag des Sieges: seine Feiern, seine Ausschreitungen und die verheißenen Machtpositionen vorbereiteten, ließ er die Einheiten um Berlin herum aufmarschieren und die Stadt durch einen immer dichteren Ring einschließen: es schien, als ziehe er im letzten Augenblick wiederum, wie schon 1923 im Bürgerbräu, die Pistole. Im ganzen Reichsgebiet, vor allem aber in Schlesien und Ostpreußen, mehrten sich die blutigen Zusammenstöße. Am 9. August drohte daraufhin eine Verordnung gegen den politischen Terror jedem die Todesstrafe an, der »in der Leidenschaft des politischen Kampfes aus Zorn und Haß einen tödlichen Angriff auf seinen Gegner unternimmt«. Schon in der folgenden Nacht drangen fünf uniformierte SA-Männer in Potempa, einem Dorf in Oberschlesien, in die Wohnung eines kommunistischen Arbeiters ein, zerrten ihn aus dem Bett und traten ihn vor den Augen seiner Mutter buchstäblich zu Tode.

Noch ist ungeklärt, inwieweit diese Vorgänge die Wendung mitbewirkt haben, die den nationalsozialistischen Machterwartungen jetzt einen Riegel vorschob. Möglicherweise rückte Schleicher selbständig von seinem Zähmungskonzept ab; jedenfalls stieß sein Plan, Hitler als Kanzler einer Rechtskoalition in der Verantwortung zu fesseln und auf diese Weise seine Popularität zu untergraben, zum erstenmal auf den energischen Widerstand des Reichspräsidenten, der inzwischen an der Fixigkeit und dem frivolen Charme Papens ein väterliches Gefallen gefunden hatte und ihn nicht für den böhmischen Fanatiker und Pseudomessias Hitler, der ihm überdies die liebgewonnene Rolle des Ersatzkaisers streitig machte, eintauschen wollte. Auch als es am 13. August zu einer ausgedehnten Verhandlungsrunde mit der nationalsozialistischen Führung kam, lehnte er im Verein mit Papen alle Ansprüche Hitlers auf die ganze Macht ab und bot ihm statt dessen an, als Vizekanzler dem bestehenden Kabinett beizutreten. Wutentbrannt, in der Alles-oder Nichts-Stimmung dieser Tage, wies Hitler das Ansinnen zurück und blieb bei seiner Weigerung, auch als Papen diesen Vorschlag durch das ehrenwörtliche Angebot erweiterte, nach einer begrenzten Zeit der »vertrauensvollen und fruchtbringenden Zusammenarbeit« zugunsten Hitlers auf das Kanzleramt zu verzichten. Man kann als gewiß ansehen, daß seine Theaterphantasie bereits antizipiert hatte, wie er einer benommenen, in den Staub sinkenden Welt das Schauspiel seiner Herrschaftsberufung bot; auf der Fahrt nach Berlin hatte er in einer Gastwirtschaft am Chiemsee seinen Führern schon, »von einem großen Eierkuchen essend«, das Blutbad ausgemalt, das man unter den Marxisten anrichten werde; statt dessen sah er sich plötzlich übertölpelt. Und wie immer in den Rückschlägen seines Lebens folgte der Enttäuschung die große Verzweiflungsgeste. Als er noch am Nachmittag des gleichen Tages zu Hindenburg gerufen wurde, schien er zunächst zur Absage entschlossen, und erst die ausdrückliche Versicherung aus dem Präsidentenpalais, es sei noch nichts entschieden, gab ihm noch einmal Hoffnung. Doch Hindenburg begnügte sich mit der knappen, von Hitler verneinten Frage, ob er bereit sei, die gegenwärtige Regierung zu unterstützen. Auch der Appell an den Patriotismus, mit dem der alte Mann seine personellen Berufungen mit Vorliebe durchzusetzen pflegte, verfing Hitler gegenüber nicht. So blieb es bei Ermahnungen und einem »eisigen Abschied«. Auf dem Gang prophezeite Hitler erregt den Sturz des Reichspräsidenten.[147]

Hitlers Erbitterung wuchs noch, als er sich unmittelbar darauf durch die eilig veröffentlichte amtliche Verlautbarung erneut überspielt sah. Hindenburg, so hieß es darin, habe Hitlers Forderung »sehr bestimmt mit der Begründung (abgelehnt), daß er es vor seinem Gewissen und seinen Pflichten dem Vaterland gegenüber nicht verantworten könne, die gesamte Regierungsgewalt ausschließlich der nationalsozialistischen Bewegung zu übertragen, die diese Macht einseitig anzuwenden gewillt sei«. Auch war ein offizielles Bedauern darüber ausgedrückt, daß Hitler sich nicht in der Lage sehe, entsprechend seinen früheren Zusagen eine vom Vertrauen des Reichspräsidenten berufene nationale Regierung zu unterstützen: ein Hinweis, der in gedämpftem Amtsdeutsch nichts weniger als den Vorwurf des Wortbruchs erhob und die Gestalten der Vergangenheit, Seisser und den verhaßten Herrn v. Kahr, wieder heraufbeschwor. Schon wenige Monate später freilich waren diese Einsichten vergessen.

Unverzüglich gingen die Nationalsozialisten nun zu erbitterter Opposition über und machten Papen deutlich, wie unbedacht und vergeblich die Politik der permanenten Vorleistungen gewesen war. Als am 22. August aufgrund der Verordnung gegen den politischen Terror die Mörder von Potempa zum Tode verurteilt wurden, kam es in dem vorwiegend von Nationalsozialisten besetzten Gerichtssaal zu wilden Szenen. Der in voller Uniform erschienene schlesische SA-Führer Edmund Heines drohte dem Gericht lärmend Vergeltung an, und Hitler richtete an die Verurteilten ein Telegramm, das die »Kameraden angesichts dieses ungeheuerlichen Bluturteils« seiner »unbegrenzten Treue« versicherte und baldige Befreiung versprach. Die unmißverständliche Radikalität, mit der er die seit zwei Jahren sorgsam gewahrte Maske bürgerlichen Wohlverhaltens abwarf und wieder die in frühen, wilden Tagen geübte Solidarität mit Mördern offenbarte, enthüllt das ganze Ausmaß seiner Empörung, auch wenn ihn dabei gewiß die Rücksicht auf die Erregung seiner Anhänger mitbestimmt hat. Wiederum war vor allem die SA tief enttäuscht. Sie bildete die bei weitem zahlenstärkste Kampforganisation des Landes, besaß ein ungestümes Selbstbewußtsein und verachtete die befrackten Bourgeois der Wilhelmstraße: für sie war es unbegreiflich, wie Hitler die unablässigen Demütigungen ungerührt hinnehmen konnte, statt seinen treuesten Kämpfern endlich die Straße zu jenem blutigen Karneval freizugeben, auf den sie ein gutes Anrecht zu haben glaubten.

Immerhin brachte Hitler die SA nun drohender denn je ins Spiel. Und am 2. September, nach zehn Tagen einer nahezu pausenlosen Kampagne, wich Papen tatsächlich zurück und opferte den geringen Rest seines Prestiges: er empfahl dem Reichspräsidenten die Begnadigung der Verurteilten zu lebenslänglichem Zuchthaus, aus dem sie dann wenige Monate später, als verdiente Kämpfer gefeiert, entlassen wurden. Noch in einer Rede, die Hitler am 4. September hielt, klangen Zorn und Entrüstung des Düpierten durch:

> »Ich weiß, was die Herren im Sinne haben: sie möchten uns jetzt mit einigen Posten versehen und mundtot machen. Lange werden sie mit diesem uralten Vehikel nicht kutschieren ... Nein, meine Herren, zum Verfeilschen, zum Verkaufen, zum Verschachern habe ich die Partei nicht gebildet! Sie ist keine Löwenhaut, die sich irgendein Schaf umstülpen kann. Die Partei ist die Partei und damit Schluß! ... Glaubt Ihr wirklich, daß Ihr mich mit ein paar Ministersesseln ködern könnt? Ich will ja gar nicht in Eurer Gesellschaft verkehren! Wie wurschtig mir das alles ist, stellen sich die Herren gar nicht vor. Wenn der liebe Gott gewollt hätte, daß es so sein soll, wie es ist, dann wären wir mit einem Monokel auf die Welt gekommen. Fällt uns gar nicht ein! Die Ämter können sie behalten, weil sie ihnen gar nicht gehören.«[148]

Hitlers Erregung über die demütigende Zurückweisung durch Hindenburg und Papen war so stark, daß er erstmals die Versuchung zu spüren schien, den Legalitätskurs zu verlassen und sich mit Hilfe einer blutigen Erhebung in den Besitz der Macht zu bringen. Denn der Affront hatte ihn nicht nur politisch zurückgeworfen, sondern auch seine bürgerlichen Zugehörigkeitsbedürfnisse gekränkt. Häufiger denn je hallte die drohende Formel durch die Kundgebungsstätten: »Die Stunde der Abrechnung kommt!« Er knüpfte Verhandlungen mit dem Zentrum an in der Absicht, die Regierung Papen zu stürzen, und einmal tauchte währenddessen sogar der abenteuerliche Vorschlag auf, Hindenburg mit Hilfe der enttäuschten Linken durch Reichstagsbeschluß mit anschließender Volksabstimmung absetzen zu lassen. Dann wiederum, in den

Rachestimmungen jener Wochen, malte er sich und seiner Umgebung die Umstände und Chancen einer revolutionären Inbesitznahme der Schlüsselstellungen aus und verweilte erneut ausführlich bei der gewaltsamen Niederringung der marxistischen Gegner. Ohnehin entsprach der legale Weg, dem er seit Jahren angestrengt gefolgt war, nur der kühlen, vorsichtigen, von Anlehnungsinstinkten bestimmten Seite seines Wesens; dagegen standen seine Aggressivität, seine überspannte Phantasie sowie die Vorstellung, daß die historische Größe nicht ohne Blutvergießen denkbar sei.

Dieser Zwiespalt bewegte ihn, als Hermann Rauschning, der nationalsozialistische Danziger Senatspräsident, ihn um diese Zeit auf dem Obersalzberg besuchte – verblüfft über den kleinbürgerlichen Lebenszuschnitt des gewaltigen Volkstribunen, die Kattunvorhänge an den Fenstern, die sogenannten Bauernmöbel, die piepsenden Singvögel im verhängten Käfig sowie die Gesellschaft stark überreifter Damen. In heftigen Ausfällen entrüstete sich Hitler über Papen und bezeichnete das nationale Bürgertum als den »eigentlichen Feind Deutschlands«. Seinem Protest gegen das Potempa-Urteil gab er eine große pädagogische Rechtfertigung: »Wir müssen grausam sein. Wir müssen das gute Gewissen zur Grausamkeit wiedergewinnen. Nur so können wir unserem Volk die Weichmütigkeit und sentimentale Philiströsität austreiben, diese ›Gemütlichkeit‹ und Dämmerschoppenseligkeit. Wir haben keine Zeit mehr zu schönen Gefühlen. Wir müssen unser Volk zur Größe zwingen, wenn es seine historische Aufgabe erfüllen soll.«

Und während er sich wortreich in der Vision solcher geschichtlichen Herausforderungen verlor und sich mit Bismarck verglich, fragte er unvermittelt, ob zwischen Danzig und dem Deutschen Reich ein gerichtlicher Auslieferungsvertrag bestehe. Als Rauschning die Frage nicht verstand, fügte Hitler erläuternd hinzu, daß er gegebenenfalls eine Zufluchtsstätte benötige.[149]

Dann wieder gab er sich, seinen Stimmungen folgend, zuversichtlich. Papens Leichtfertigkeit, Einfalt und Konzessionsbereitschaft, aber auch die skrupelvolle Unsicherheit des Reichspräsidenten gegenüber allen nationalen Elementen sowie dessen Alter, das ihn lachen mache, wie er öffentlich versicherte: das alles stärkte seine Ausdauer und gab ihm hartnäckige Sicherheiten. Wenige Tage, nachdem er die Mörder von Potempa als »Kameraden« bezeichnet hatte, war ihm eine Botschaft Hjalmar Schachts übermittelt worden. Sie versicherte den »lieben Herrn Hitler« der »unveränderlichen Sympathie« des Absenders, sprach die Überzeugung aus, daß ihm die Macht eines Tages so oder so zufallen werde, gab ihm den Rat, sich vorerst nicht auf ein Wirtschaftsprogramm festzulegen, und schloß mit dem Bemerken: »Wo immer mich die Arbeit in der nächsten Zeit hinführt – auch wenn Sie mich einmal innerhalb der Festung erblicken sollten – Sie können auf mich zählen als Ihren zuverlässigen Helfer.«

Als ein Vertreter des amerikanischen Nachrichtenbüros Associated Press Hitler um diese Zeit fragte, ob er nun nicht doch, ähnlich wie Mussolini, auf Berlin marschieren wolle, antwortete er doppelsinnig: »Warum soll ich auf Berlin marschieren? Ich bin ja schon dort!«[150]

IV. KAPITEL: AM ZIEL

»Du siehst, Republik, Senat, Würde
lebte in keinem von uns.«
Cicero an seinen Bruder Quintus

Den Regeln des klassischen Dramas folgend, nahmen die Ereignisse vom Herbst 1932 an eine Wendung, die nicht unbegründete Hoffnungen auf eine Überwindung der Krise wachrief: als sei eine inszenatorische Phantasie am Werk, gerieten die Voraussetzungen, denen der Nationalsozialismus seinen Aufstieg wesentlich verdankte, noch einmal durcheinander. Einen ironischen Augenblick lang schien das Spiel sich auf allen Ebenen umzukehren und die überdehnten Machterwartungen Hitlers bloßzustellen – ehe die Szene jäh zusammenstürzte.

Seit dem 13. August war Papen offenbar entschlossen, Hitler nicht länger entgegenzukommen. Wenn die Motive, die ihn dabei leiteten, angesichts der geringen Glaubwürdigkeit seiner Selbstverlautbarungen im einzelnen auch schwer faßbar sind, kann man doch davon ausgehen, daß der doppelzüngige Täuschungskurs der Nationalsozialisten, den Goebbels später treffend als »Scheintoleranz« gekennzeichnet hat,[151] den entscheidenden Anstoß zu der verspäteten Einsicht gegeben hat. Die prekäre Situation, der die vom Erfolgszwang beherrschte Partei sich augenblicklich gegenübersah, machte deutlich, welche Chancen noch immer in einer Taktik beharrlicher Zurückweisung lagen. Zwar hatte die schmale Autoritätsbasis der Regierung den Kanzler gezwungen, das Potempa-Urteil aufzuheben; doch am Ende hatte Hitler sich, nervös geworden, durch sein Grußtelegramm an die Mörder selber bloßgestellt. Kurze Zeit darauf unterlief ihm erneut ein gravierender Fehler.

Denn in der ersten Arbeitssitzung, zu der Papen den Reichstag am 12. September zusammengerufen hatte, ließ er sich dazu verleiten, die Auflösung des Parlaments hinzunehmen, obwohl ihm daraus schwere taktische Nachteile erwuchsen. Aber sein Bedürfnis, sich an Papen zu rächen, überwand alle Bedenken. Mit Hilfe Hermann Görings, der inzwischen zum Präsidenten des Hauses gewählt worden war, bereitete er dem Kanzler denn auch die schwerste Niederlage der deutschen Parlamentsgeschichte (42:512); doch im Gegenzug gelang es Papen, dem Reichstag die berühmte rote Mappe mit einer schon vor der Sitzung erwirkten Auflösungsorder zu präsentieren: ein in der Tat einzigartiger Vorgang, der die inzwischen eingetretene Verhunzung von parlamentarischem Betrieb und Prestige schlagartig erhellte. Nach einer rund einstündigen Sitzung war das soeben erst gewählte Parlament aufgelöst, die Neuwahlen wurden auf den 6. November festgesetzt.

Wenn nicht alles trügt, hatte Hitler ursprünglich eben diese Wendung vermeiden wollen, weil sie ganz offensichtlich seinen Interessen zuwiderlief: »Alles ist noch wie konsterniert«, notierte Goebbels; »kein Mensch hat es für möglich gehalten, daß wir den Mut hätten, diese Entscheidung herbeizuführen. Nur wir freuen uns.« Doch die euphorische Kampfeslaune verflog schon bald und machte einer seit Jahren ungewohnten Niedergeschlagenheit Platz. Hitler selber war sich nur zu genau bewußt, daß gerade bei den Stimmungswählern, denen die Partei ihren Zulauf verdankte, erst der Nimbus der Unwiderstehlichkeit ihn so unwiderstehlich gemacht hatte. Deutlich spürte er, daß das Debakel vom 13. August, der erneute Schritt in die Opposition, die Affäre Potempa sowie der Konflikt mit Hindenburg dem Glauben an seine Erwählung und an die Unvergleichlichkeit seiner Rolle abträglich waren. Schlug jedoch die Erfolgstendenz erst einmal um, war nach dem inneren Gesetz der Partei auch ihre Anziehungskraft dahin und der Absturz ins Bodenlose möglich.

Auch von den internen Folgen der Zermürbungsstrategie Papens zeigte Hitler sich beunruhigt. Denn nach den aufwendigen Kampagnen des zurückliegenden Jahres schien die Bewegung erstmals an die Grenzen ihrer Leistungskraft gelangt; desgleichen waren ihre Mittel erschöpft. »Unsere Gegner rechnen auch damit«, schrieb Hitlers Paladin in den zusehends deprimierter klingenden Aufzeichnungen, »daß wir in diesem Kampf die Nerven verlieren und mürbe werden.« Vier Wochen später sprach er von den Reibereien unter den Anhängern, dem Streit um Geld und Mandate und meinte, »daß die Organisation natürlich durch die vielen Wahlkämpfe sehr nervös geworden ist. Sie ist überarbeitet wie eine Kompanie, die zu lange im Schützengraben lag«. Nicht ohne Mühe behauptete er seinen Optimismus: »Unsere Chancen bessern sich von Tag zu Tag. Wenn auch die Aussichten noch ziemlich faul sind, jedenfalls können sie nicht mit unseren trostlosen Aussichten vor wenigen Wochen verglichen werden.«[152]

Nur Hitler schien wiederum, wie immer nach getroffener Entscheidung, zuversichtlich und frei von Stimmungen. In der ersten Oktoberhälfte begab er sich auf seinen vierten Deutschlandflug und erhöhte erneut, dem Zwang zu ständigen Steigerungen folgend, die Zahl der Reden und Flugkilometer. Vor Kurt Luedecke, der ihn kurz zuvor besucht und in der martialischen Mercedes-Kavalkade, umgeben von schwerbewaffneten »Marsmenschen«, zum Reichsjugendtag nach Potsdam begleitet hatte, entwickelte er Überlegungen, in denen Hoffnungen und Wirklichkeit eigentümlich vermischt waren und er selber schon als Kanzler in Erscheinung trat. Doch auch er schien am Ende seiner Kräfte. Während der Autofahrt mußte der Begleiter ihn durch Berichte über Amerika wachhalten, das in seiner Vorstellung durchsetzt war von den Reminiszenzen des Karl-May-Lesers, der den Geschichten Winnetous und Old Shatterhands, wie er versicherte, nach wie vor hohe Spannung abgewann. Immer wenn ihm die Augen zufielen, raffte er sich auf und murmelte: »Weiter, weiter, ich darf nicht einschlafen!« Als Luedecke sich zwei Tage später, nach einer eindrucksvollen Propaganda-Schau mit siebzigtausend Hitlerjungen und stundenlangen Vorbeimärschen, auf dem Bahnhof von Hitler verabschiedete, fand er ihn erschöpft, nur noch matter und kraftloser Gesten fähig, in der Ecke seines Abteils.[153]

Lediglich die Exaltationen des Kampfes, die Verheißung der Macht, das Theater der Auftritte, Huldigungen und Kollektivdelirien hielten ihn aufrecht. Auf einer Führertagung in München zeigte er sich drei Tage später »ganz groß in Form«, wie Goebbels notierte, und gab »einen fabelhaften Umriß über Entwicklung und Stand unseres Kampfes auf ganz weite Sicht. Er ist in der Tat der Große über uns allen. Er reißt die Partei aus jeder verzweifelten Stimmung wieder hoch.« Die Schwierigkeiten, denen sie sich gegenübersah, wuchsen tatsächlich zusehends und schienen inzwischen zu groß für ihr politisches Gewicht. Lähmend machte sich vor allem der Mangel an Geld bemerkbar. Die Frontstellungen gegen Papen und dessen »Kabinett der Reaktion« brachte sie zwangsläufig in Gegensatz zu den kapitalkräftigen Kreisen der Nationalen Opposition, deren Beiträge spärlicher denn je flossen: »Die Geldbeschaffung ist außerordentlich schwer. Die Herren von ›Besitz und Bildung‹ stehen alle bei der Regierung.«[154]

Auch der Wahlkampf wurde vornehmlich gegen die »Adelsclique«, die »bürgerlichen Halbstarken«, das »verrottete Herrenclubregime« geführt, und eine Propagandaanweisung der Partei gab Mund-zu-Mund-Parolen aus, die das Ziel verfolgten, »eine direkte Panikstimmung gegen Papen und sein Kabinett« zu entfachen.[155] Noch einmal hatten Gregor Strasser und sein zusammengeschmolzener Anhang eine Zeit großer, wenn auch trügerischer Hoffnungen. »Gegen die Reaktion!«, lautete die offizielle, von Hitler ausgegebene Wahlparole, die in leidenschaftlichen Angriffen auf die unternehmerfreundliche Wirtschaftspolitik der Regierung, in der Sprengung deutschnationaler Versammlungen und organisierten Überfällen auf Stahlhelmführer ihren sichtbaren Ausdruck fand. Zwar blieb der Sozialismus der NSDAP nach wie vor programmlos und definierte sich nur in der beschwörerischen Bildersprache eines vorwissenschaftlichen Bewußtseins: er war »das Leistungsprinzip des preußischen Offiziers, des deutschen unbestechlichen Berufsbeamten, die Mauern, das Rathaus, der Dom, das Spital einer freien Reichsstadt, das alles«; er war auch die »Überführung von der Arbeiterschaft zum Arbeitertum«; doch gerade seine aufrichtige Vieldeutigkeit machte ihn volkstümlich. »Ehrliches Auskommen für ehrliche Arbeit«: das leuchtete eher ein als eine Heilsgewißheit, die in der Abendschule erworben wurde. »Wenn der Verteilungsapparat des weltwirtschaftlichen Systems von heute es nicht versteht, den Ertragsreichtum der Natur richtig zu verteilen, dann ist dieses System falsch und muß geändert werden«: das entsprach dem Grundgefühl, daß alles anders werden müsse. Bezeichnenderweise ist denn auch nicht den Kommunisten, sondern Gregor Strasser die populärste, sogleich zum Schlagwort avancierte Formel für diese breite, an theoretischen Konzepten irregewordene Zeitstimmung geglückt, als er in einer Rede von der »antikapitalistischen Sehnsucht« sprach, die weithin durch die Öffentlichkeit gehe und der Beweis einer großen Epochenwende sei.[156]

Wenige Tage vor der Wahl, als der mit deutlichem Überdruß und versagender Kraft geführte Wahlkampf seinem Ende zuging, bot sich der Partei eine Gelegenheit, die Ernsthaftigkeit ihrer linken Parolen zu demonstrieren. Anfang November brach in den Berliner Verkehrsbetrieben ein Streik aus, der von den Kommunisten gegen das Votum der Gewerkschaften veranlaßt worden war, und tatsächlich schlossen sich ihm, wider alles Erwarten, die Nationalsozialisten sogleich an. Gemeinsam legten SA und Rotfront fünf Tage lang die öffentlichen Verkehrsmittel still, rissen Schienenstränge auf, bildeten Streikposten, schlugen Arbeitswillige zusammen und unterbanden gewaltsam den notdürftig organisierten Aushilfsverkehr. Die Aktionseinheit ist stets als Beweis für die fatale Gemeinsamkeit linker und rechter Radikalismen bewertet worden; aber unabhängig davon bot sich der NSDAP in diesem Augenblick schwerlich eine andere Wahl, auch wenn das Entsetzen unter ihren bürgerlichen Wählern groß war und die finanziellen Zuwendungen daraufhin nahezu gänzlich versiegten. »Die ganze Presse schimpft toll auf uns«, notierte Goebbels. »Sie nennt das Bolschewismus; und dabei blieb uns eigentlich gar nichts anderes übrig. Wenn wir uns diesem Streik, der um die primitivsten Lebensrechte der Straßenbahnarbeiter geht, entzogen hätten, dann wäre damit unsere feste Position im arbeitenden Volk ins Wanken gekommen. Hier haben wir vor der Wahl noch einmal die große Gelegenheit, der Öffentlichkeit zu zeigen, daß unser anti-

reaktionärer Kurs wirklich von innen heraus gemeint und gewollt ist.«
Und wenige Tage später, am 5. November: »Letzter Ansturm. Verzweifeltes Aufbäumen der Partei gegen die Niederlage ... Es gelingt uns in letzter Minute noch, RM 10 000.– aufzutreiben, die wir am Sonnabendnachmittag noch in die Propaganda hineinpfeffern. Was getan werden konnte, das haben wir getan. Nun muß das Schicksal entscheiden.«[157]

Das Schicksal entschied zum erstenmal seit 1930 nachdrücklich gegen die Machtansprüche der Nationalsozialisten: sie verloren zwei Millionen Stimmen und vierunddreißig Mandate. Auch die SPD hatte zwölf Sitze eingebüßt, während vor allem die Deutschnationalen mit vierzehn und die Kommunisten mit elf zusätzlichen Mandaten aus der Wahl hervorgegangen waren. Im ganzen schien es, als sei der seit Jahren anhaltende Zerfall der bürgerlichen Mittelparteien zum Stillstand gekommen. Auffallend am Rückgang der NSDAP war insbesondere, daß er überall nahezu gleichmäßig eingetreten und folglich nicht regionale Rückschläge, sondern eine Ermüdung im ganzen widerspiegelte. Selbst in den vorwiegend landwirtschaftlichen Gebieten wie Schleswig-Holstein, Niedersachsen oder Pommern, die in den vorangegangenen Wahlen den stärksten und verläßlichsten Wählerstamm beigesteuert und das Bild der ursprünglich großstädtischen Kleinbürgerpartei längst verändert hatten, erlitt die NSDAP beträchtliche Verluste.[158] Und obwohl ihre Führer gelobten, sie würden »schuften und kämpfen, bis diese Scharte wieder ausgewetzt« sei, flaute die Welle in den lokalen Wahlen der folgenden Wochen weiter ab: der Siegeszug der Partei schien endgültig gebrochen, und wenn sie auch noch immer groß heißen konnte, so war sie doch kein Mythos mehr; die Frage lautete aber gerade, ob sie als gewöhnliche große Partei oder nur als Mythos bestehen konnte.

Befriedigt über den Ausgang der Wahl war vor allem Papen. Im Bewußtsein eines großen persönlichen Erfolges wandte er sich mit dem Vorschlag an Hitler, die alten Streitigkeiten nunmehr zu begraben und erneut den Zusammenschluß aller nationalen Kräfte zu versuchen. Doch Hitler, dem der selbstsichere Ton des Kanzlers nur zu deutlich die eigene Schwäche zum Bewußtsein brachte, hielt sich tagelang ganz von Berlin fern und machte sich unauffindbar. Schon am Abend nach der Wahl hatte er in einem Aufruf an die Partei jeden Gedanken an eine Verständigung mit der Regierung zurückgewiesen und die »rücksichtslose Fortsetzung des Kampfes bis zur Niederringung dieser teils offenen, teils vertarnten Gegner« proklamiert, deren reaktionäre

Politik das Land dem Bolschewismus in die Arme treibe. Erst als Papen
sich mit einem offiziellen Schreiben erneut an ihn wandte, erteilte er ihm
nach einem wohlberechneten Zögern von mehreren Tagen eine ableh-
nende Antwort, die er wiederum in eine Reihe unerfüllbarer Bedingungen kleidete. Desgleichen holte der Kanzler sich bei den übrigen
Parteien schneidende Absagen.

Damit trieb die Regierung, von den Mißfallensbekundungen nahezu
des gesamten Landes begleitet, auf die einzig verbleibende Alternative
zu: entweder den Reichstag erneut aufzulösen und sich auf diese Weise
noch einmal eine ebenso riskante wie kostspielige politische Schonfrist zu
verschaffen – oder aber endlich doch den lange erwogenen offenen
Schritt gegen die Verfassung zu tun und unter dem Einsatz der präsidialen und militärischen Machtmittel zunächst NSDAP, KPD und
möglicherweise auch die anderen Parteien zu verbieten, sodann die
Rechte des Parlaments drastisch zu beschneiden, ein neues Wahlrecht
einzuführen und Hindenburg als eine Art Überautorität inmitten der von
ihm berufenen Vertreter der alten Führungsschichten zu etablieren.
Nach der offensichtlich gescheiterten demokratisch-parlamentarischen
»Herrschaft der Minderwertigen« sollte der in Papens Umgebung
entworfene Neue Staat die »Herrschaft der Besten« gewährleisten und
damit zugleich die wilden Diktaturkonzepte nationalsozialistischer
Prägung abfangen. Auch wenn manche Einzelheit dieser Lösung, von
der Papen einige Stücke in einer Rede vom 12. Oktober durchblicken
ließ, noch nebelhaft und bloße Absichtsbekundung war, reichte sie im
ganzen doch über das Stadium unverbindlicher Gedankenspielerei weit
hinaus. In seiner reaktionären Ungeschminktheit äußerte Hindenburgs
Nachbar und Vertrauensmann, der alte Oldenburg-Januschau, er und
seine Freunde würden in Kürze »dem deutschen Volk eine Verfassung
einbrennen, daß ihm Hören und Sehen vergeht«[159].

Während Papen noch sein Vorhaben verkündete, eine machtvolle
Staatsgewalt zu schaffen, »die nicht als Spielball von den politischen und
gesellschaftlichen Kräften hin und her getrieben wird, sondern über
ihnen unerschütterlich steht«[160], fand er jedoch plötzlich unvermuteten
Widerstand von seiten Schleichers. Der General war, wie man weiß, ursprünglich auf Papen verfallen, weil er in ihm ein willfähriges und be-
hendes Instrument für die Bändigung der Hitlerpartei in einer breiten
nationalen Koalition gesehen hatte. Statt dessen war Papen nicht nur in
einen fruchtlosen persönlichen Streit mit Hitler geraten, sondern hatte
auch, gestützt auf seine beharrlich ausgebaute Vertrauensstellung bei
Hindenburg, jene Lenkbarkeit vermissen lassen, die ihn für den
öffentlichkeitsscheuen General überhaupt erst nützlich machte. »Was
sagen Sie nun«, spottete er gelegentlich gegenüber einem Besucher,

»Fränzchen hat sich selbst entdeckt.«[161] Anders als Papen sah er die Probleme eines krisengeschüttelten Industriestaates des Jahres 1932 nicht aus der Kavaliersperspektive und war nicht so beschränkt zu glauben, daß ein Staat nichts anderes als stark sein müsse. Infolgedessen irritierten ihn die abenteuerlichen Reformpläne des Kanzlers, für die er die Reichswehr unter keinen Umständen herzugeben gedachte; denn sie mußten die Truppe in eine bürgerkriegsähnliche Auseinandersetzung mit Nationalsozialisten und Kommunisten verwickeln, die zusammen über nahezu achtzehn Millionen Wähler und jedenfalls eine nach Millionen zählende, militante Gefolgschaft verfügten. Entscheidend für Schleichers Abwendung war aber wohl, daß er inzwischen doch noch eine ernsthafte Chance zu erkennen glaubte, in einer veränderten Konstellation seinen Plan zur Zähmung und allmählichen Abnutzung der NSDAP zu verwirklichen.

Nicht ohne Hintergedanken gab er Papen daher den Rat, formell zurückzutreten und Hindenburg selber die Verhandlungen mit den Parteiführern über ein »Kabinett der nationalen Konzentration« zu überlassen. Als Papen am 17. November dieser Empfehlung nachkam, hoffte er freilich insgeheim, nach dem Scheitern der Gespräche erneut berufen zu werden. Zwei Tage später fuhr Hitler, von einer eilig aufgebotenen Menge umjubelt, die wenigen Meter vom Kaiserhof zum Präsidentenpalais hinüber. Doch sowohl dieses Gespräch als auch eine zweite Zusammenkunft blieben ergebnislos. Hartnäckig forderte Hitler ein Präsidialkabinett mit besonderen Vollmachten, während Hindenburg, von Papen aus dem Hintergrund gelenkt, ihm gerade dies nicht zugestehen wollte. Wenn das Land auch weiterhin im Wege der Notverordnungen regiert werden solle, bestehe keine Veranlassung, so meinte er, Papen zu verabschieden; Hitler könne nur Kanzler einer Regierung mit parlamentarischer Mehrheit werden. Da der Führer der NSDAP dazu offenkundig nicht in der Lage war, schrieb ihm Hindenburgs Staatssekretär Meißner in einem abschließenden Brief vom 24. November:

»Der Herr Reichspräsident dankt Ihnen, sehr verehrter Herr Hitler, für Ihre Bereitwilligkeit, die Führung eines Präsidialkabinetts zu übernehmen. Er glaubt aber, es vor dem deutschen Volk nicht vertreten zu können, dem Führer einer Partei seine präsidialen Vollmachten zu geben, die immer erneut ihre Ausschließlichkeit betont hat, und die gegen ihn persönlich wie auch gegenüber den von ihm für notwendig erachteten politischen und wirtschaftlichen Maßnahmen überwiegend verneinend eingestellt war. Der Herr Reichspräsident muß unter diesen Umständen befürchten, daß ein von Ihnen geführtes Präsidialkabinett sich zwangsläufig zu einer Parteidiktatur mit allen ihren Folgen für eine außerordentliche Verschärfung der Gegensätze im deutschen Volke entwickeln würde, die herbeigeführt zu haben er vor seinem Eid und seinem Gewissen nicht verantworten könnte.«[162]

Es war eine neuerliche, empfindliche Zurechtweisung, »die Revolution steht wieder vor verschlossenen Türen«, notierte Goebbels erbost. Immerhin aber war es Hitler diesmal gelungen, die Niederlage publizistisch zu verschleiern. In einem ausführlichen Schreiben analysierte er nicht ohne Scharfsinn die inneren Widersprüche der von Hindenburg erhobenen Bedingungen und umriß dabei erstmals die Grundzüge der am 30. Januar verabschiedeten Lösung. Besondere Aufmerksamkeit erregte im Präsidentenpalais vor allem sein Vorschlag, das Regierungsverfahren nach Artikel 48 durch ein verfassungsmäßig verabschiedetes Ermächtigungsgesetz zu ersetzen, das Hindenburg aus der Verquickung in das politische Tagesgeschäft befreien und von unleidlicher Verantwortung entlasten konnte: eine Anregung, deren Gewicht für den weiteren Gang der Entwicklung kaum überschätzt werden darf und gewiß erheblich dazu beigetragen hat, den im Briefe Meißners noch so unbeirrbar abweisend wirkenden Präsidenten zur Kapitulation vor den Machtansprüchen jenes Mannes zu bringen, dem er, nicht lange zurück, allenfalls das Postministerium übertragen wollte.

Wenn Papen freilich geglaubt hatte, er selber werde nach dem Scheitern aller Verhandlungen wiederum ins Kanzleramt zurückkehren, so sah er sich getäuscht. Denn inzwischen hatte Schleicher über Gregor Strasser Kontakte zur NSDAP aufgenommen und die Möglichkeiten geprüft, die Nationalsozialisten an einem Kabinett unter seiner Führung zu beteiligen. Dem ausgepichten Plan lag die Überlegung zugrunde, daß ein großzügiges Regierungsangebot unter den Hitlerleuten einen Konflikt von sprengender Wirkung erzeugen müsse. So wie Strasser angesichts der jüngsten Rückschläge der Partei wiederholt für eine nachgiebige Taktik eingetreten war, hatten vor allem Goebbels und Göring unnachsichtig jeder »halben Lösung« widersprochen und auf der Forderung nach der ungeteilten Macht bestanden.

Noch während Schleicher seine Sondierungen vorantrieb, wurde er am Abend des 1. Dezember zusammen mit Papen ins Präsidentenpalais gerufen. Von Hindenburg um eine Stellungnahme gebeten, entwickelte Papen nunmehr seinen Plan einer staatsstreichförmigen Verfassungsreform. Der nach den monatelangen offenen Erörterungen ohnehin wohl nur noch förmlich erbetenen Zustimmung des Präsidenten kam Schleicher jedoch mit einem dramatischen Einwurf zuvor. Er bezeichnete Papens Absichten als überflüssig und gefährlich zugleich, malte die Gefahr eines Bürgerkrieges aus und trug sein eigenes Konzept vor, das den Strasserflügel aus der NSDAP herausbrechen und alle konstruktiven Kräfte über den Stahlhelm und die Gewerkschaften bis hin zur Sozialdemokratie in einem überparteilichen Kabinett unter seiner Führung zusammenfassen sollte. Doch starrsinnig und ohne sich lange mit Gründen aufzuhalten, lehnte Hindenburg den Vorschlag ab. Auch Schleichers Hinweis, daß sein Plan dem Präsidenten die Not eines Eidbruchs erspare, vermochte die nun über alle Verfassungsfragen längst hinausgewachsene Neigung des knarrenden alten Mannes für seinen Lieblingskanzler nicht mehr zu irritieren.

Doch gab sich Schleicher noch nicht geschlagen. Als Papen sich im Anschluß an die Unterredung vergewissern wollte, ob die Reichswehr zum Einsatz für die gewaltsame Verfassungsreform bereitstehe, lehnte Schleicher rundheraus ab. Er verwies jetzt sowie in der Kabinettssitzung vom folgenden Tag auf eine Studie seines Ministeriums, die das Ergebnis eines dreitägigen Kriegsspiels zusammenfaßte und das Unvermögen der Armee bezeugte, einer gemeinsamen Aufstandsaktion von Nationalsozialisten und Kommunisten, wie sie nach dem Berliner Verkehrsstreik nicht mehr auszuschließen sei, erfolgversprechend entgegenzutreten, zumal wenn ein gleichzeitiger Generalstreik sowie polnische Übergriffe an der Ostgrenze in Rechnung gestellt würden. Überdies ließ er sein Bedenken spürbar werden, das überparteiliche Instrument der Reichswehr zur Stützung eines nur von einer verschwindenden Minderheit getragenen Kanzlers und dessen tollkühner Restaurationsvorhaben einzusetzen. Angesichts des starken Eindrucks, den Schleichers Erklärungen auf die Kabinettsmitglieder machten, blieb dem empörten Papen, der sich hintergangen und bloßgestellt sah, nichts anderes übrig, als unverzüglich den Reichspräsidenten aufzusuchen, um ihn über die neue Lage zu informieren. Einen Augenblick schien er entschlossen, die Abberufung Schleichers zu fordern, um mit einem neuen Reichswehrminister seine Pläne doch noch weiterzutreiben. Nun aber widersetzte sich ihm auch Hindenburg. Papen selber hat die Rührszene, die daran schloß, nicht ohne Anschaulichkeit beschrieben:

»Mit einer Stimme, die fast gequält klang ... wandte er sich zu mir: ›Sie werden mich, lieber Papen, für einen Schuft halten, wenn ich jetzt meine Meinung ändere. Aber ich bin zu alt geworden, um am Ende meines Lebens noch die Verantwortung für einen Bürgerkrieg zu übernehmen. Dann müssen wir in Gottes Namen Herrn v. Schleicher sein Glück versuchen lassen.‹

Zwei dicke Tränen rollten über seine Wangen, als der große starke Mann mir seine Hände zum Abschied reichte. Unsere Zusammenarbeit war beendet. Das Maß der seelischen Übereinstimmung, ... mag auch für den Außenstehenden wohl erkennbar sein aus der Widmung, die der Feldmarschall unter das Bild setzte, das er mir wenige Stunden später zum Abschied überreichte: ›Ich hatt' einen Kameraden!‹«[163]

Doch war es für Papen, der ebenso schnell das Herz des Präsidenten zu gewinnen wie »die letzten Chancen einer besonnenen Überbrückung der politischen Krise zu verspielen vermocht hatte«[164], ein Abgang ohne

Abschied. Sein Gefühl der Kränkung über den unvermuteten Sturz wurde schon gemildert durch die Gewißheit, daß Schleicher nun aus seinen Hintergründen und Verstecken hervortreten und deckungslos ins Rampenlicht mußte, während er selber beim Präsidenten die nahezu allmächtige Flüsterrolle seines Nachfolgers übernehmen konnte. Nicht minder wichtig als die »seelische Übereinstimmung« mit Hindenburg war, daß Papen auch nach seinem Ausscheiden aus dem Regierungsamt mit dem Anspruchsbewußtsein dessen, der über den Staat wie über ein Besitztum verfügt, sein Dienstappartement weiterbewohnte, von dem aus ein Gartenweg zum benachbarten Wohnsitz Hindenburgs führte. Es war eine Art Hausgemeinschaft, Meißner und Oskar v. Hindenburg noch dazu, die die Bemühungen des gewandten Generals mit kalten beleidigten Blicken verfolgte, konterkarierte und endlich um einen hohen Preis scheitern ließ.

Der Zeitpunkt war für Schleichers Absichten im Grunde überaus günstig. Denn die Krise, der Hitler sich gegenübersah, erreichte gerade jetzt ihren Höhepunkt und war gravierender als irgendein anderer Rückschlag in seiner bisherigen Laufbahn. Ungeduld und die enttäuschten Hoffnungen seiner Gefolgschaft machten sich auf breiter Ebene Luft, und überdies schien es zeitweilig, als werde die Partei von ihrer Schuldenlast erdrückt. Waren bislang nur die Spenden vermögender Gönner ausgeblieben, so begannen nun auch die Gläubiger unruhig zu werden, die Drucker der Parteiblätter, die Uniformschneider, Zeuglieferanten, die Vermieter der Geschäftsstellen sowie die zahllosen Wechselbesitzer. Hitler hat später mit frivoler Logik bekannt, er habe damals zahllose Schuldverschreibungen unterzeichnet und keine Bedenken dabei verspürt, weil der Sieg die Bezahlung leicht, die Niederlage sie dagegen überflüssig gemacht haben würde.[165] Überall an den Straßenecken lungerten SA-Trupps und streckten den Passanten gestempelte Sammelbüchsen entgegen, »wie abgedankte Soldaten, denen der Kriegsherr statt der Rente einen Erlaubnisschein zum Betteln« ausgestellt hat: »Für die bösen Nazis!«, riefen sie ironisch. Konrad Heiden hat überliefert, wie zahlreiche verzweifelte SA-Unterführer zu den gegnerischen Parteien und Zeitungen gelaufen kamen, um ihnen gegen bares Geld angebliche Geheimnisse zu verraten. Zu den Zeichen des Zerfalls rechnete auch, daß sich das bunte Heer der Opportunisten, das die aufsteigende Bewegung laut und unruhig umschwärmt hatte, allmählich zu verlaufen und, unsicher noch, neue Witterung zu nehmen begann. Bei den Landtagswahlen in Thüringen, das ehedem eine der Hochburgen Hitlers gewesen war, erlebte die NSDAP ihren bislang empfindlichsten Rückschlag. Goebbels notierte am 6. Dezember in seinem Tagebuch: »Die Lage im Reich ist katastrophal. In Thüringen haben wir seit dem 31. Juli nahezu 40 Prozent Verluste erlitten.«[166] Später hat er öffentlich gestanden, er sei zu jener Zeit mitunter vom Zweifel erfaßt worden, ob die Bewegung nicht doch zugrunde gehen werde. In Gregor Strassers Geschäftsstellen häuften sich die Austrittserklärungen.

Die Skepsis wandte sich nun doch sichtlich gegen Hitlers Konzept. Unbeugsam hatte er immer wieder die halbe Macht abgelehnt, die ganze jedoch nicht zu erringen vermocht. Die Betrauung Schleichers enthielt eine erneute Zurückweisung seines maximalen, auf Sieg oder Untergang setzenden Anspruchs. Gewiß war dieses Festhalten an der radikalen Alternative über alle Rückschläge, Enttäuschungen und Krisen hinweg nicht ohne imponierende Konsequenz. Aber mit einem zeitgenössischen Kommentator war doch zu fragen, ob Hitlers Starrheit unterdessen nicht zur Narrheit wurde.[167] Einer beträchtlichen Gruppe seines Anhangs, an deren Spitze Strasser, Frick und Feder standen, schien jedenfalls der günstigste Augenblick, an die »Macht« zu kommen, nahezu verpaßt. Zwar war die Wirtschaftskrise, der die Partei so viel verdankte, noch immer nicht überwunden, die Gesamtzahl der Arbeitslosen, einschließlich der »unsichtbaren« Teile, war schon im Oktober 1932 mit 8,75 Millionen angegeben worden, und das Land ging soeben in einen neuen Elendswinter mit all den unabsehbaren demoralisierenden und radikalisierenden Wirkungen; doch dem Urteil der Sachverständigen zufolge deuteten erstmals einigermaßen verläßliche Anzeichen auf eine Wende, und auch außenpolitisch schritt der so lange verschleppte Prozeß des Ausgleichs weiter voran. Hitlers Devise des Alles oder Nichts war, wie die Strassergruppe zutreffend erkannte, im Grunde revolutionärer Natur und stand daher im Widerspruch zur Legalitätstaktik. Die konkreten Befürchtungen gingen insbesondere dahin, Schleicher könnte erneut den Reichstag auflösen und Wahlen veranstalten, denen die Partei weder materiell noch psychologisch gewachsen war.

Es ist nicht mehr genau auszumachen, über welchen Anhang Strasser gebot und, vor allem, wie groß dessen Bereitschaft war, dem Organisationsleiter auch gegen das Votum ihres Führers zu folgen.[168] Eine der Versionen will wissen, Hitler habe zunächst nachgeben und dem Eintritt Strassers ins Kabinett zustimmen wollen, da eine solche Lösung zumindest seinen eigenen Unbedingtheitsanspruch gewahrt und gleichzeitig die Partei an die Macht gebracht hätte; erst Göring und Goebbels hätten Hitler auf den unnachgiebigen Kurs zurückgedrängt, den er, wiederum anderen Gewährsleuten zufolge, durchweg »schroff und klar« eingehalten haben soll. Ungesichert ist des weiteren, ob Schleicher in den Verhandlungen über die Bildung seines »Kabinetts der antikapitalistischen Sehnsucht«[169] Strasser den Posten des Vizekanzlers und Arbeitsministers angeboten und als Gegenleistung eine Zusage über die Spaltung der Partei erhalten hat. Gewißheit besteht nicht einmal darüber, ob Strasser überhaupt daran gedacht hat, Hitler zu überspielen, oder ob er nicht nur, aus dem selbstbewußten Anspruch des zweiten Mannes in der Partei, Verhandlungen aufgenommen hat, nicht anders möglicherweise als Göring, der sich, nach einer wiederum abweichenden Version, Schleicher als Minister für Luftfahrt empfohlen haben soll. Aus dem Gewirr der vertraulichen Absprachen, der angedeuteten Zusicherungen und Angebereien ist kaum ein verläßliches Dokument überliefert,[170] belegt sind lediglich das intrigante Durcheinander, die Kabalen, Verdächtigungen und erbitterten Rivalitäten selber. Es war dies die Kehrseite der ideologisch so mobilen, auf Führeridee und Treueprinzip gestellten Partei, daß niemals sachliche, sondern immer nur persönliche Überlegungen den Ausschlag gaben und das Führungskorps um Hitler bis zuletzt eine wütend und aufgebracht sich befehdende Trabantenschaft blieb, in der jeder irgendwann gegen jeden stand.

Am 5. Dezember, nach der verlustreichen Wahl in Thüringen, kam es auf einer Führertagung im Hotel Kaiserhof zu einer heftigen Auseinandersetzung, in deren Verlauf sich Strasser offenbar schon von Frick im Stich gelassen und angesichts der alles überrollenden Redemacht Hitlers in die Isolierung gedrängt sah. Zwei Tage später stand er Hitler an gleicher Stelle noch einmal gegenüber, konfrontiert mit einer Flut von Vorwürfen und der Hinterhältigkeit, des Verrats und der mißbrauchten Treue bezichtigt. Möglicherweise hat schon die Reaktion der Versammlung auf Hitlers Anklage und auf seine eigene, zornige Erwiderung Strasser von der Aussichtslosigkeit seiner Bestrebungen überzeugt. Jedenfalls räumte er, während ein wilder Tumult ausbrach, seine Sachen zusammen und verließ schweigend und grußlos den Raum. In seinem Hotelzimmer angekommen, schrieb er Hitler einen langen Brief, der die Summe ihrer jahrelangen Beziehungen zog, die demagogische Desperadopolitik der von Goebbels und Göring unheilvoll beeinflußten Partei beklagte, Hitlers Unbeständigkeit kritisierte und ihm schließlich prophezeite, daß er auf »Gewaltakte und einen deutschen Trümmerhaufen« hinsteuere.[171] Dann erklärte er resigniert und angewidert seinen Rücktritt von sämtlichen Parteiämtern.

Der Brief versetzte die Partei in einen Zustand verzweifelter Depression, zumal er keine Andeutungen über Strassers weitere Absichten enthielt. Nicht nur die engste Gefolgschaft Strassers wie Erich Koch, Kube, Kaufmann, Graf Reventlow, Feder, Frick und Stöhr wartete offenbar auf ein Zeichen, auch Hitler schien nervös geworden und be-

Die Schlußphase im Kampf um die Macht: lediglich die Exaltationen der Massenversammlungen, das Theater der Auftritte, Huldigungen und Kollektivdelirien hielten ihn aufrecht: Hitler zusammen mit Goebbels auf Wahlreise in Weimar (rechts) und bei einem seiner Deutschlandflüge.

Oben: Die Repräsentanten der untergehenden Republik: Reichskanzler v. Papen und sein Nachfolger, General v. Schleicher, bei einem Pferderennen im Sommer 1932 in Karlshorst. Links der französische Botschafter François-Poncet.

Die Strasserkrise droht die Partei zu sprengen: Führertagung vom 5. Dezember 1932 im Hotel Kaiserhof. Von links: Göring, Frick, Hitler, Gregor Strasser.

reit, die Meinungsverschiedenheiten in einer offenen Aussprache zu
überbrücken. Die Unruhe wuchs noch, als Strasser unauffindbar blieb.
»Abends ist der Führer bei uns zu Hause«, notierte Goebbels. »Es will
keine rechte Stimmung aufkommen. Wir sind alle sehr deprimiert, vor
allem im Hinblick darauf, daß nun die Gefahr besteht, daß die ganze
Partei auseinanderfällt und alle unsere Arbeit umsonst getan ist. Wir
stehen vor der entscheidenden Probe.« Später, in seinem Hotelzimmer,
brach Hitler abrupt aus seinem Schweigen und sagte: »Wenn die Partei
einmal zerfällt, dann mache ich in drei Minuten mit der Pistole
Schluß.«[172]

Doch Strasser, der gesuchte und gefürchtete Strasser, der einen
historischen Augenblick lang das Schicksal der Bewegung in den Händen
zu halten schien, verbrachte den Nachmittag in der Gesellschaft eines
Freundes bei einem Glas Bier. Resigniert und erleichtert zugleich ließ er
dem jahrelang unterdrückten Ärger freien Lauf, schimpfte, seufzte und
trank, ehe er abends den Zug bestieg und zermürbt von der aufreibenden
Nähe Hitlers in Urlaub fuhr. Seinen Anhang ließ er ratlos zurück.
Wer nach den Gründen dieses Versagens sucht, wird sie vor allem in der
korrumpierenden Wirkung jahrelanger bedingungsloser Anhänglichkeit
suchen müssen: Gregor Strasser war zu lange treu gewesen, um noch
selbständig zu sein. Schon am folgenden Tag machte Hitler sich, kaum
daß Strassers Abgang bekannt wurde, daran, dessen Apparat zu zerschlagen.
Blitzartig, mit einer eigentümlich hektischen Sicherheit, formulierte
er eine Serie von Erlassen und Appellen. Wie es dem Lösungsmodell
der SA-Krise entsprach, übernahm er die Reichsorganisationsleitung
selber und ernannte Robert Ley, der sich schon vor Jahren in Hannover
durch blinde Loyalität bewährt hatte, zu seinem Stabschef. Seinen
Privatsekretär Rudolf Heß beförderte er zum Leiter eines politischen
Zentralsekretariats, das offenbar überwiegend als rivalisierende Instanz
gegen den Machthunger Dritter gedacht war. Darüber hinaus wurden
die Ressorts Landwirtschaft und Volksbildung selbständig gemacht und
Darré beziehungsweise Goebbels zugeschlagen.

Anschließend rief Hitler die Funktionäre und Abgeordneten der
NSDAP im Palais des Reichstagspräsidenten, dem Dienstgebäude
Hermann Görings, zu einer bewegenden Treuekundgebung zusammen.
Er wies darauf hin, wie er Strasser immer die Treue gehalten, der andere
dagegen sie ihm immer wieder gebrochen und die Partei, so unmittelbar
vor dem Siege, an den Rand des Ruins gebracht habe. Und wenn auch
nicht mehr einwandfrei auszumachen ist, ob er tatsächlich den Kopf
schluchzend auf die Tischplatte gelegt und eine Komödie der Verzweiflung
vorgespielt hat, so fand doch Goebbels die Ansprache von
einer »so starken persönlichen Note, daß einem ganz heiß ums Herz

wird... Alte Parteigenossen, die seit Jahren in der Bewegung unbeirrt kämpften und arbeiteten, haben Tränen in den Augen vor Wut, Schmerz und Scham. Der Abend ist ein ganz großer Erfolg für die Einheit der Bewegung.« Keinen der Strasseranhänger ließ Hitler jetzt aus den Fängen pathetischer Überwältigung, von allen verlangte er unnachsichtig den Akt öffentlicher Unterwerfung: »Alle geben ihm die Hand und versprechen, komme, was komme, mit ihm weiterzukämpfen und, wenn es ihr Leben kosten sollte, nicht von der großen Sache zu weichen. Strasser ist nun vollkommen isoliert. Ein toter Mann.«

Erneut hatte Hitler damit eine der großen Krisen seiner Laufbahn bewältigt und wiederum sein erstaunliches Talent bewährt, Zerfall und Auflösung in Antriebe für eine verstärkte Härtung der Gefolgschaft umzusetzen. Gewiß hatte ihm Strasser, der ihm weder Kampf noch Kompromiß aufzwang, den Erfolg leicht gemacht und bequemerweise gleich einen Sündenbock für die Mißerfolge der vergangenen Monate verschafft. Aber zu den Begleitumständen im Aufstieg Hitlers hatte stets gehört, daß seine Gegenspieler nicht zu kämpfen wußten und angesichts seiner Verbissenheit resigniert und achselzuckend zur Aufgabe neigten: Brüning kapitulierte, kaum daß er die Abwendung Hindenburgs spürte, so rasch wie Severing oder Grzesinski am 20. Juli; jetzt waren es Strasser und sein Anhang, dann Hugenberg und andere: sie alle warfen vor seiner Rage den Büttel hin und gingen. Im Unterschied zu Hitler fehlte ihnen die Leidenschaft zur Macht. Eine Krise bedeutete für sie soviel wie eine Niederlage, während sie für ihn die Gelegenheit zum Kampf und der Ausgangspunkt neuer Gewißheiten war. »Machen wir uns nichts vor«, so hat er den Typus seines bürgerlichen Gegenspielers mit scharfsinniger Verächtlichkeit erfaßt, »man will uns ja gar nicht mehr Widerstand leisten. Das Bedürfnis, mit uns zu paktieren, schreit einem aus jedem Wort, was aus jenem Lager kommt, entgegen... Das sind ja alles keine Männer, die Macht begehren und Genuß im Besitz der Macht verspüren. Sie reden nur von Pflicht und Verantwortung, und sie wären hochbeglückt, wenn sie in Ruhe ihre Blumen pflegen, wenn sie zur gewohnten Stunde angeln gehen und im übrigen ihr Leben in frommer Betrachtung verbringen könnten.«[173] Gerade die Dezemberkrise 1932 hat dieses überhebliche Bild bestärkt und bis in die Kriegsjahre als stimulierendes Beispiel gedient, wenn es darum ging, aus Niederlagen und Zusammenbrüchen erhöhte Siegessicherheit zu gewinnen: er habe damals, pflegte Hitler sich rückblickend zu ermutigen, »zwischen ganz anderen Abgründen hindurch müssen und mehr als einmal vor Alternativen des Seins oder Nichtseins gestanden«.

Mit der Strasseraffäre war allerdings die politische Krise der NSDAP noch keineswegs überwunden. Das von Goebbels geführte Tagebuch ist auch in den folgenden Wochen noch voll von Äußerungen der Niedergeschlagenheit und verzeichnet »sehr viel Stunk und Mißhelligkeit«. Die Führungsspitze der Partei, insbesondere Hitler, Goebbels, Göring und Ley, bereisten an jedem Wochenende die einzelnen Gaue, um Stimmung und Vertrauen der Gefolgschaft wiederherzustellen, und wie in der Zeit der großen Kampagnen sprach Hitler bis zu viermal am Tage in weit entfernten Städten. Auch die Geldkalamitäten nahmen kein Ende. Im Gau Berlin mußten die Gehälter der Parteibeamten gekürzt werden, und die preußische Landtagsfraktion der NSDAP sah sich sogar gezwungen, das weihnachtliche Trinkgeld für die Parlamentsdiener zurückzuhalten. Am 23. Dezember notierte Goebbels: »Die furchtbarste Einsamkeit fällt wie eine dumpfe Trostlosigkeit über mich herein!« Zur Jahreswende feierte die ›Frankfurter Zeitung‹ bereits die »Entzauberung der NSDAP«, während Harold Laski, einer der führenden Intellektuellen der englischen Linken, versicherte: »Der Tag, da die Nationalsozialisten eine Lebensbedrohung darstellten, ist vorbei ... Von Zufälligkeiten abgesehen, ist es heute nicht unwahrscheinlich, daß Hitler seine Laufbahn als ein alter Mann in einem bayerischen Dorf beschließen wird, der abends im Biergarten seinen Vertrauten erzählt, wie er einmal beinahe das Deutsche Reich umgestürzt hätte.«[174] Wie eine Erwiderung darauf, mit mißmutiger Geste, schrieb Goebbels: »Das Jahr 1932 war eine ewige Pechsträhne. Man muß es in Scherben schlagen ... Alle Aussichten und Hoffnungen vollends entschwunden.«

In diesem Augenblick kam es, von allen unvermutet, zu einer plötzlichen Wende. Denn wie klug auch immer Schleicher seine Partie als Kanzler eröffnet hatte, sah er sich doch schon bald zwischen alle Stühle geraten. In seiner Regierungserklärung hatte er sich zwar als »sozialer General« vorgestellt, doch seine Zugeständnisse an die Arbeitnehmer vermochten die Sozialdemokratie nicht zu gewinnen, während die Unternehmer sie ihm übelnahmen. Die Bauern waren erbittert über die Bevorzugung der Arbeiterschaft, und die Großgrundbesitzer traten dem angekündigten Siedlungsprogramm mit jenem massiven Kastenbewußtsein entgegen, das schon Brüning zum Verhängnis geworden war. Auch kamen seine Einigungsbestrebungen zu unvermittelt und hatten in der intrigenumwitterten Person des Generals einen denkbar unglaubwürdigen Anwalt. Die planwirtschaftlichen Ideen, die er verkündete, seine Annäherungsversuche an die Gewerkschaften oder die Ansätze zur Wiederherstellung parlamentarischer Zustände: das alles mochte aufrichtig gemeint sein, doch trug es ihm nur Mißtrauen und Widerstände ein. Der

Optimismus, den Schleicher gleichwohl bekundete, beruhte auf der Erwägung, daß seine verschiedenen Gegner nicht in der Lage seien, sich gegen ihn zu verbünden. Gewiß war die Intrige, die er mit Gregor Strasser eingeleitet hatte, vorerst gescheitert; aber die Affäre hatte doch dem Zusammenhalt der tief demoralisierten und verschuldeten NSDAP schweren Schaden zugefügt und bewirkt, daß Hitler, ohne dessen Beteiligung eine Front gegen die Regierung ohne Stoßkraft bleiben mußte, kaum noch als bündnisfähiger Partner betrachtet wurde.

Es war niemand anderes als Franz v. Papen, der alle Überlegungen Schleichers durcheinanderwarf und der NSDAP zu ihrer unerwarteten Chance verhalf. In ihm fanden die rivalisierenden Gegner Schleichers schließlich doch noch einen »gemeinsamen Anwalt«[175].

Schon zwei Wochen nach dem Regierungsantritt des Generals hatte Papen dem Kölner Bankier Kurt v. Schroeder sein Interesse an einem Zusammentreffen mit dem Führer der NSDAP bekundet. Es traf sich, daß die Fühlungnahme mit dem Ausscheiden Gregor Strassers zusammenfiel, das doch gleichzeitig als Hinweis für die industriellen Gönner gedeutet werden konnte, daß die revolutionären, antikapitalistischen Stimmungen in der Partei wenn nicht überwunden, so doch ihres Kopfes beraubt seien. Auch hatte der anhaltende Zuwachs kommunistischer Stimmen, den die Reichstagswahl vom November erneut bestätigt hatte, dazu beigetragen, bestehende Vorbehalte der Unternehmer gegen Hitler zu zersetzen, zumal die Propaganda der NSDAP mit der Parole operierte: Wenn die Partei morgen zerbricht, hat Deutschland übermorgen zehn Millionen mehr Kommunisten. Als Leiter des Kölner Herrenclubs verfügte Schroeder über ausgedehnte Beziehungen zur rheinischen Schwerindustrie. Er war verschiedentlich aktiv für Hitler eingetreten, hatte Pläne für die nationalsozialistische Wirtschaftspolitik entworfen und im November 1932 die von Hjalmar Schacht aufgesetzte Petition unterzeichnet, die sich unverhüllt für die Machtansprüche Hitlers verwandte. Damals hatte Papen den Vorstoß in einer scharfen Erklärung als unstatthaft bezeichnet, jetzt dagegen sagte er erfreut zu, als Schroeder ihn für den 4. Januar zu einem Zusammentreffen mit Hitler einlud.

Das Gespräch, das unter strengsten Geheimhaltungsmaßnahmen stattfand, wurde von Hitler mit einem bitteren und vorwurfsvollen Monolog eröffnet, der vor allem die Demütigung des 13. August zum Gegenstand hatte. Erst nach einiger Zeit gelang es Papen, das Einvernehmen herzustellen, indem er alle Schuld an der Weigerung des Präsidenten, Hitler zum Kanzler zu ernennen, auf Schleicher schob. Dann schlug er eine Koalition zwischen Deutschnationalen und Nationalsozialisten vor, an deren Spitze eine Art Duumvirat zwischen ihm und Hitler denkbar sei. Erneut hielt Hitler daraufhin »eine lange Rede«, so hat v. Schroeder in

Nürnberg ausgesagt, »in der er versicherte, er könne, falls er zum Kanzler ernannt werde, nicht davon abgehen, allein an der Spitze der Regierung zu stehen. Immerhin könnten Papens Leute als Minister in seine Regierung eintreten, sofern sie sich bereit zeigten, eine Politik mitzumachen, die vieles ändern würde. Zu den Änderungen, die er andeutete, zählten die Entfernung der Sozialdemokraten, Kommunisten und Juden aus den führenden Stellungen in Deutschland und die Wiederherstellung der Ordnung im öffentlichen Leben. Papen und Hitler einigten sich grundsätzlich.«[176] Im weiteren Verlauf der Unterredung erhielt Hitler die überaus wertvolle Information, daß Schleicher keine Ermächtigung besitze, den Reichstag aufzulösen, und die NSDAP infolgedessen vorerst keine Neuwahlen zu befürchten habe.

Mit gutem Grund ist die Zusammenkunft als »Geburtsstunde des Dritten Reiches« bezeichnet worden;[177] denn von ihr führt eine unmittelbare kausale Geschehensfolge bis zum 30. Januar, der denn auch im Zeichen jener Koalition stand, die in Köln erstmals Umriß gewann. Zugleich warf die Unterredung erneut ein Licht auf die Unternehmerkreise, die Hitlers Ambitionen unterstützten. Zwar ist noch immer nicht geklärt, ob gegen Ende des Gesprächs auch die katastrophale Finanzlage der Partei besprochen und konkrete Maßnahmen zur Begleichung der Schulden erörtert wurden; aber zweifellos hat bereits die Unterredung als solche die Kreditfähigkeit der Partei wiederhergestellt, sie überhaupt ins Spiel zurückgebracht. Noch am 2. Januar hatte ein Steuerberater der NSDAP bei einem Berliner Finanzamt zu Protokoll gegeben, daß die Partei nur unter Aufgabe ihrer Unabhängigkeit zur Zahlung ihrer Steuern in der Lage sei; jetzt notierte Goebbels, daß die Partei »wieder hoch im Kurs« stehe, und wenn er auch nicht, wie häufig behauptet wird, eine »plötzliche Besserung« ihrer materiellen Situation vermerkte, so schrieb er doch, er habe »kaum noch die Lust, sich um die schlechte Finanzlage der Organisation zu kümmern. Kommen wir diesmal zum Streich, dann spielt das alles keine Rolle mehr.«[178]

In eben dem Maße, in dem das Kölner Treffen Selbstvertrauen und Siegeserwartung der Nationalsozialisten wiederherstellte, fügte es Schleicher und seiner Regierung den wohl schon entscheidenden Schlag zu. Der heraufziehenden Gefahr bewußt, informierte der Kanzler umgehend die Presse und wurde anschließend bei Hindenburg vorstellig. Doch auf sein Ersuchen, der Präsident möge Papen künftig nur noch in seiner Gegenwart empfangen, erhielt er einen ausweichenden Bescheid, der ihm erstmals die ganze Schwäche seiner Position offenbarte: Hindenburg war nicht mehr bereit, die Institutionen des Staates sowie die Grundsätze korrekter Amtsführung der Zuneigung zu seinem »jungen

Freund« Papen voranzustellen, der soviel kecken Charme besaß und ein
so guter Anekdotenerzähler war.

Das wurde abschließend in der Unterredung deutlich, die Papen seinerseits
mit Hindenburg hatte. Wahrheitswidrig berichtete er dem Präsidenten,
Hitler sei endlich nachgiebig geworden und habe seine Forderung
auf Übertragung der ausschließlichen Regierungsgewalt aufgegeben.
Doch anstatt Papens Eigenmacht zu rügen, erklärte Hindenburg
nur, er habe sich »ja gleich gedacht, daß diese Darstellung (Schleichers)
nicht stimmen« könne, und beauftragte ihn sogar, persönlich
und streng vertraulich mit Hitler in Fühlung zu bleiben. Schließlich
ersuchte er auch seinen Staatssekretär Meißner, Schleicher gegenüber
nichts von dem Auftrag Papens zu erwähnen: der Präsident selber
schwenkte damit in das Komplott gegen seinen Kanzler ein.[179]

Die sich formierende Front Papen-Hitler erhielt schon bald darauf
wirksame Verstärkung. Während Schleicher sich mit nachlassender Zuversicht
noch immer um Strasser, die Gewerkschaften und die Parteien
bemühte, erschien am 11. Januar im Präsidentenpalais eine Delegation
des Reichslandbundes und führte lebhaft Klage über die Untätigkeit der
Regierung vor allem in der Schutzzollpolitik. Dahinter stand die Sorge
der Agrarier vor dem wiederaufgegriffenen, noch von Brüning stammenden
Siedlungsprogramm sowie offenkundig auch vor der parlamentarischen
Überprüfung der Osthilfe, deren Etat zahlreichen Standesgenossen
Hindenburgs nicht nur dazu gedient hatte, sich ungerechtfertigt
zu bereichern, sondern auch der verhaßten Republik durch ausbeuterische
Akte die grundsatzfeste Unversöhnlichkeit zu beweisen.
In Gegenwart der hinzugezogenen Kabinettsmitglieder ergriff Hindenburg
sogleich die Partei der großagrarischen Interessenvertreter. Als
Schleicher nicht augenblicklich bindende Zusagen machte, schlug der
Gutsherr von Neudeck, dem Bericht eines Augenzeugen zufolge, mit
der Faust auf den Tisch und erklärte ultimativ: »Ich ersuche Sie, Herr
Reichskanzler v. Schleicher, und als alter Soldat wissen Sie ja, daß das
Ersuchen nur die höfliche Form eines Befehls ist, daß noch heute nacht
das Kabinett zusammentritt, Gesetze in dem dargelegten Sinne beschließt
und mir morgen vormittag zur Unterschrift vorlegt.«[180]

Zunächst schien Schleicher bereit, dem Druck des Präsidenten nachzugeben.
Wenige Stunden später wurde jedoch eine demagogische Entschließung
des Reichslandbundes bekannt, die ihn veranlaßte, die
Herausforderung anzunehmen und kurzerhand die Verhandlungen abzubrechen.
Als er zwei Tage darauf dem reaktionären Hugenberg auch
noch das Wirtschaftsministerium verweigerte und seine sozialpolitischen
Überlegungen ausdrücklich bekräftigte, geriet alles ins Wanken; jetzt
stand auch die Rechte gegen ihn auf. Die Sozialdemokratie hatte dem

»leibhaftigen General« von vornherein jede Unterstützung versagt und sogar dem Gewerkschaftsführer Leipart die Verhandlungen mit Schleicher verwehrt. In der Beurteilung Hitlers erlag sie ihren platten, von ideologischen Klischees und Halbgedanken selbstbewußt verbrämten Vorstellungen. Wie auf der Gegenseite die konservativen Honoratioren mit dem »geschichtsbefugten« Sonderbewußtsein, baute sie in ihrer geschichtsphilosophisch unterbauten Selbstzufriedenheit auf einen mechanisch wirkenden Fortschritt und vermochte in Hitler allenfalls einen kurzen Umweg, eine dramatische Pointe vor dem endgültigen Durchbruch zur befreiten Ordnung zu sehen. Gewiß hatte Schleicher durch zahllose Intrigen und institutionswidrige Machenschaften seinen Kredit nahezu verspielt; aber dies war nicht Grund genug, ihm mehr zu mißtrauen als Hitler. In dem Gleichmut, mit dem die sozialdemokratische Führung den General untergehen ließ, kam denn auch etwas von der traditionellen Reserve gegen diesen Staat selber zum Vorschein, der nie wirklich ihren Vorstellungen entsprochen hatte, und jedenfalls ging in allen diesen Reserven, Mißgefühlen und Einwänden die Erkenntnis unter, daß Schleicher die letzte verbliebene Alternative zu dem ungeduldig vor den Toren zur Macht wartenden Hitler war. In den Jahren seit dem Zusammenbruch der Großen Koalition hatte die SPD kaum je eine Initiative entwickelt; jetzt raffte sie sich noch einmal auf, doch nur, um die letzte geringe Chance der Republik zunichtezumachen.[181]

Rascher als erwartet fand sich der listenreiche Kanzler damit vor einer Situation ohne Ausweg: er war nicht der Mann für sein im Grunde zutreffendes Konzept. Sein Arbeitsbeschaffungsprogramm brachte die Unternehmer, sein Siedlungsprogramm die Agrarier, seine Herkunft die Sozialdemokraten, seine Offerte an Strasser die Nationalsozialisten gegen ihn auf; die Verfassungsreform erwies sich als so undurchführbar wie die Regierung mit dem Parlament, ohne das Parlament oder der Griff nach der Gewalt: die Politik selber schien mit ihm an ihr Ende gekommen. Wenn Schleicher zunächst noch im Amt verbleiben konnte, so lediglich, weil ein neues Kabinett von den Verschwörern noch nicht ausgehandelt war. Eben diese Fragen aber wurden jetzt zum Gegenstand einer fieberhaft im Halblicht einsetzenden Aktivität.

Hitler selber konzentrierte, um seine Verhandlungsposition zu stärken und die Machtansprüche der NSDAP zu unterbauen, alle Kräfte auf die am 15. Januar stattfindenden Landtagswahlen in dem Zwergstaat Lippe. In einer der aufwendigsten Wahlschlachten zog er noch einmal alle bekannten Parteiredner im Schloß des Barons v. Oeynhausen zusammen und überschwemmte mit ihnen Abend für Abend das Land: Am ersten Tag, so notierte Goebbels, »rede ich dreimal zum Teil in ganz kleinen Bauerndörfern«, Hitler selber sprach in wenigen Tagen auf achtzehn Kundgebungen. Mit jenem sicheren psychologischen Blick, der auf so viel ahnungslose oder blasierte Geringschätzung stieß, erfaßte er die Chance dieser Wahl: von vornherein war die Agitation ganz darauf eingestellt, das Ergebnis als die entscheidende Probe im Kampf um die Herrschaft darzutun, und tatsächlich ließ sich die Öffentlichkeit diese Betrachtungsweise aufnötigen: sie erwartete dieses Randereignis, das Votum von rund hunderttausend Wählern, wie eine Art Gottesgericht über »die politische Zukunft eines 68-Millionen-Volkes«[182].

Dem massiven Einsatz entsprechend, konnte Hitler am 15. Januar seinen ersten Erfolg seit den Juliwahlen verzeichnen. Zwar blieb die Partei mit 39,5 Prozent hinter dem damals in Lippe erzielten Stimmenanteil zurück; überdies erzielten die demokratischen Parteien, insbesondere die SPD, in ihrer Gesamtheit einen höheren Gewinn als die Hitlerpartei. Doch statt den Erfolg als Ergebnis einer unverhältnismäßigen Bemühung zu deuten und auch die Gunst der Umstände in Rechnung zu stellen, die der erschöpften, zu keiner großen Kampagne mehr fähigen NSDAP die Gelegenheit einer kleinen Wahl zugespielt hatten, betrachtete die Öffentlichkeit mitsamt der präsidialen Spitze den Wahlausgang als Beweis für den zurückgewonnenen Unwiderstehlichkeitsnimbus der Hitlerbewegung.

Als Hitler sich daher am 18. Januar in der Wohnung des erst kürzlich zu ihm gestoßenen Spirituosenkaufmanns Joachim v. Ribbentrop in Berlin-Dahlem mit Franz v. Papen traf, verlangte er mit gesteigertem Selbstbewußtsein für sich persönlich die Kanzlerschaft. Papens Erwiderung, dies durchzusetzen übersteige seinen Einfluß beim Reichspräsidenten, drohte jetzt endgültig die Verhandlungen zu blockieren, und erst der schon wenige Tage später unter peniblen Geheimhaltungsmaßnahmen verwirklichte Einfall, den Sohn Hindenburgs einzuschalten, brachte sie wieder voran. Während Hitler und seine Begleiter die Wohnung v. Ribbentrops bei Dunkelheit von der Gartenseite her betraten, zeigten sich Oskar v. Hindenburg und der Staatssekretär Meißner zunächst demonstrativ in der Oper, ehe sie kurz nach der Pause heimlich die Loge verließen. Papen wiederum wurde im Wagen Ribbentrops herbeigeholt.

Kaum waren alle Beteiligten versammelt, als Hitler den Sohn des Präsidenten in einen Nebenraum bat. Unvermittelt sah sich Oskar v. Hindenburg, der auf der Teilnahme Meißners bestanden hatte, damit isoliert. Bis heute herrscht keine Gewißheit darüber, was in der etwa zweistündigen Aussprache unter vier Augen verhandelt worden ist. Seiner taktischen Methode entsprechend, hat Hitler vermutlich versucht, sich den Beistand des Präsidentensohnes durch die bewährte Kombination von Drohungen und Bestechung zu sichern. Zu den Drohungen dürfte die von nationalsozialistischer Seite schon wiederholt in Aussicht gestellte Anklage Hindenburgs wegen der Staatsstreichaktion gegen Preußen gehört haben, und nicht undenkbar ist auch, daß Oskar mit der Andeutung unter Druck gesetzt wurde, die NSDAP werde die skandalöse Steuerhinterziehung des Hauses Hindenburg bei der Übertragung des Gutes Neudeck enthüllen.[183] Darüber hinaus hat die suggestive Überredungsmacht Hitlers ihren Eindruck auf den opportunistischen Präsidentensohn gewiß nicht verfehlt. Jedenfalls äußerte Oskar, der das Haus Ribbentrops voller Vorbehalte gegen Hitler betreten hatte, auf dem Heimweg zu Meißner, es gebe jetzt keine andere Möglichkeit mehr, Hitler müsse Kanzler werden, zumal Papen inzwischen selber mit der Vizekanzlerschaft einverstanden sei.[184]

Um die gleiche Zeit schien Schleicher erstmals die ganze Gefährlichkeit der Situation zu durchschauen. Am 23. Januar erschien er bei Hindenburg und räumte freimütig ein, daß seine Absicht, die NSDAP zu spalten und dem Kabinett eine parlamentarische Basis zu verschaffen, gescheitert sei. Doch als er anschließend den Präsidenten um die Vollmacht bat, den Reichstag aufzulösen, den Staatsnotstand zu verkünden und ein allgemeines Verbot von NSDAP und KPD zu erlassen, erinnerte Hindenburg ihn an die Auseinandersetzung vom 2. Dezember. Damals hatte Papen eine ähnliche Lösung vorgeschlagen, war jedoch am Widerstand Schleichers gescheitert. Den Hinweis des Kanzlers auf die veränderten Umstände ließ der alte Mann nicht gelten und wies nach einer Rücksprache mit Meißner Schleichers Vorschlag zurück.

Erwartungsgemäß sorgte die Kamarilla dafür, daß die Öffentlichkeit unverzüglich von den Absichten Schleichers erfuhr. Alle Seiten äußerten sogleich energischen Protest. Die Nationalsozialisten klagten mit gespielter Empörung über die Staatsstreichpläne »Primo de Schleicheros«, auch die Kommunisten entrüsteten sich verständlicherweise, während der Kanzler bei den demokratischen Mittelparteien nunmehr den Rest seines Prestiges einbüßte. Die einhellige Reaktion verfehlte ihren Eindruck auf Hindenburg nicht und mag dazu beigetragen haben, ihn den Plänen für ein Kabinett Hitler geneigter zu machen. Am 27. Januar erschien überdies Göring im Palais bei Meißner und ließ »dem verehrungswürdigen Generalfeldmarschall« erklären, daß Hitler im Gegensatz zu Schleicher das Gewissen des Präsidenten nicht mit einem Rechtsbruch zu belasten gedenke, sondern strikte Verfassungstreue üben werde.[185]

Inzwischen trieb der unermüdliche Papen die Entwicklung weiter voran. Seine Bemühungen richteten sich zu diesem Zeitpunkt vor allem darauf, das geplante Kabinett durch eine Beteiligung der Deutschnationalen und der dem Präsidenten nahestehenden Stahlhelm-Führer für Hindenburg annehmbarer zu machen. Während Duesterberg der angeblich »zwingenden Notwendigkeit« eines Kabinetts Hitler entschieden widersprach, stimmten Seldte und Hugenberg den Plänen Papens zu. Unbelehrt von den Erfahrungen der zurückliegenden Jahre erklärte Hugenberg, »daß ja nichts passieren könne«: Hindenburg bleibe Reichspräsident und Oberbefehlshaber der Reichswehr, Papen würde Vizekanzler, er selber übernehme die ganze Wirtschaft und Seldte das Arbeitsministerium: »Wir rahmen also Hitler ein.«[186]

Hindenburg selber, müde, verwirrt und nur noch zeitweise fähig, die Dinge zu übersehen, dachte freilich auch zu diesem Zeitpunkt offenbar noch immer an ein Kabinett v. Papen mit Hitler als Vizekanzler. Als General v. Hammerstein, der Chef der Heeresleitung, ihm am Vormittag des 26. Januar seine Bedenken wegen der politischen Entwicklung vortrug, verbat sich Hindenburg zwar »äußerst empfindlich jede politische Beeinflussung, sagte dann aber, anscheinend um mich zu beruhigen, ›er dächte gar nicht daran, den österreichischen Gefreiten zum Wehrminister oder Reichskanzler zu machen‹«[187]. Doch schon am folgenden Tage erschien Papen beim Präsidenten und erklärte, ein Kabinett v. Papen sei zur Zeit unmöglich. Hindenburg stand mit seinem Widerstand gegen die Betrauung Hitlers nunmehr allein.

Welche Umstände im Laufe des folgenden Tages die Wendung herbeiführten, ist im einzelnen nur schwer greifbar. Gewiß sind die massiven Einwirkungsversuche der Kamarilla so wenig ohne Erfolg geblieben wie die Drohungen der NSDAP oder die Interventionen der großagrarischen und nationalen Interessengruppen; eine Rolle hat auch gespielt, daß der Name Schleichers inzwischen für niemanden mehr eine Alternative darstellte; und nicht ohne Wirkung ist auf den Präsidenten auch geblieben, daß die von dem verhätschelten Allerweltskerl Papen versprochene neue Regierung ohne Ausnahme aus Vertretern der Rechten bestehen sollte. Denn daß endlich nach rechts regiert und Schluß gemacht werde mit jenen Zuständen, die der müde Geist Hindenburgs als »Herrschaft der Gewerkschaftsfunktionäre« begriff, war schon eines der entscheidenden Motive für die Verabschiedung Brünings gewesen, ehe es sich jetzt gegen Schleicher richtete. Auch die Führer der Parteien, die Hindenburg noch einmal konsultierte, wandten sich nun gegen den Kanzlergeneral, verwarfen aber auch den erneuten Versuch mit Papen; sie gaben vielmehr zu verstehen, daß endlich die Zeit gekommen sei, Hitler mit allen gebührenden Sicherungen zu berufen und in der Verantwortung jenem Verschleißprozeß auszusetzen, dem sie alle so lange Tribut geleistet hatten: die Republik war in der Tat am Ende.

Am Morgen des 28. Januar ließ Schleicher in einem letzten Versuch, das Spiel noch einmal in die Hand zu bekommen, erklären, er werde Hindenburg um die Vollmacht zur Auflösung des Reichstags bitten oder sein Amt zur Verfügung stellen. Gegen Mittag begab er sich ins Präsidentenpalais, und es enthüllt das ganze Ausmaß seines Einflußverlustes, daß er offensichtlich selbst zu diesem Zeitpunkt nicht über die sich anbahnende Kanzlerschaft Hitlers informiert war. Ganz im Gegenteil scheint er bis zuletzt darauf vertraut zu haben, daß Hindenburg zu ihm halten und sein früheres Versprechen einlösen werde, ihm jederzeit die Auflösungsvollmacht zu erteilen.[188] Als der Präsident daher die erneut vorgetragenen Forderungen knapp ablehnte, war er offenbar auch persönlich gekränkt und soll mit scharfer Stimme geäußert haben: »Ich gestehe Ihnen, Herr Reichspräsident, das Recht zu, mit meiner Amtsführung unzufrieden zu sein, obwohl Sie mir vor vier Wochen schriftlich das Gegenteil versicherten. Ich gestehe Ihnen auch das Recht zu, mich abzusetzen. Aber das Recht, hinter dem Rücken des von Ihnen berufenen Kanzlers mit einem anderen zu paktieren, gestehe ich Ihnen nicht zu. Das ist Treubruch.« Und als Hindenburg entgegnete, er stehe mit einem Fuß ohnedies im Grabe und wisse nicht recht, ob er seine Entscheidung dereinst im Himmel bereuen werde, soll Schleicher kalt und empört erwidert haben: »Nach diesem Vertrauensbruch, Exzellenz, bin ich nicht sicher, ob Sie in den Himmel kommen werden.«[189]

Unmittelbar nach dem Abgang Schleichers bedrängte Papen im Verein mit Oskar v. Hindenburg und Meißner den Reichspräsidenten erneut, Hitler zum Reichskanzler zu ernennen. Zögernd, noch immer schwankend, unternahm Hindenburg schließlich einen letzten Versuch, der Last dieser Entscheidung zu entgehen. Entgegen der Gepflogenheit ersuchte er Hitler nicht persönlich zur Bildung der neuen Regierung, sondern ernannte Papen zu seinem »homo regius« mit dem Auftrag, »durch Verhandlungen mit den Parteien die politische Lage zu klären und die vorhandenen Möglichkeiten festzustellen«.

Schon am Nachmittag des Tages konnte sich Papen die Beteiligung Hugenbergs durch die Zusage zweier Kabinettssitze sichern. Sodann ließ er den Führer der NSDAP suchen. In den umfangreichen Vorverhandlungen war bereits Einigkeit darüber erzielt worden, daß die Hitlerleute neben dem Amt des Reichskanzlers das Reichsinnenministerium und eigens für Göring ein neu zu schaffendes Ministerium für zivile Luftfahrt erhalten sollten. Jetzt verlangte Hitler darüber hinaus das Reichskommissariat für Preußen sowie das Preußische Innenministerium, das ihm die Kontrolle über die preußische Polizei sichern sollte; außerdem forderte er Neuwahlen.

Wieder geriet alles ins Wanken. Als Hindenburg von Hitlers Zusatzwünschen hörte, schien er erneut von schlimmen Ahnungen befallen und beruhigte sich erst, als ihm die, freilich doppelsinnige, Zusicherung Hitlers hinterbracht wurde, »daß dies die letzten Wahlen seien«. Nun endlich ließ er den Ereignissen ihren Lauf: mit Ausnahme des für Papen selber reservierten Reichskommissariats für Preußen wurden alle Forderungen Hitlers erfüllt. Die Entscheidung war gefallen.

Sie wurde noch beschleunigt, als sich am Nachmittag des 29. Januar das Gerücht verbreitete, Schleicher habe zusammen mit Hammerstein die Potsdamer Garnison alarmiert, um den Reichspräsidenten festzusetzen, den Staatsnotstand zu verkünden und mit der Reichswehr die Macht an sich zu reißen: Im »plombierten Viehwagen«, so erzählte die Frau Oskar v. Hindenburgs noch tagelang empört, habe man den greisen Präsidenten nach Neudeck schaffen wollen. Hitler, der in der Goebbels'schen Wohnung am Reichskanzlerplatz von dem Gerücht erfuhr, reagierte mit einer verwegenen Demagogengeste: er alarmierte nicht nur augenblicklich die Berliner SA, sondern veranlaßte im pathetischen Vorgriff auf die erwartete Macht, sechs gar nicht existierende Polizeibataillone zur Besetzung der Wilhelmstraße bereitzustellen.[190]

Anders als der Urheber dieses Gerüchts, der bis heute nicht ausfindig gemacht werden konnte, ist doch dessen Nutznießer eindeutig greifbar. Niemand anderes als Papen machte sich jetzt das Gespenst einer drohenden Militärdiktatur zu eigen, um seine Pläne voranzutreiben. Den von Genf herbeigerufenen General v. Blomberg ließ er in der Frühe des 30. Januar, noch vor dem übrigen Kabinett, als Reichswehrminister vereidigen, offenbar um einer letzten verzweifelten Initiative Schleichers zuvorzukommen, der von sich aus Verbindung zu Hitler aufgenommen hatte. Desgleichen sah sich Hugenberg, der Hitlers Zusatzverlangen nach Neuwahlen hartnäckig abgelehnt hatte, mit dieser Drohung erpreßt. Nicht zuletzt in der Absicht, ihm jede Möglichkeit zur Aufklärung der mysteriösen Putschmeldungen abzuschneiden, ließ Papen ihn am 30. Januar bereits um sieben Uhr morgens zu sich rufen, um ihn in »größter Erregung« umzustimmen: »Wenn nicht bis 11 Uhr eine neue Regierung gebildet ist«, rief er aus, »marschiert die Reichswehr!« Doch Hugenberg durchschaute schärfer als Papen die machttaktische Absicht Hitlers, der sich schon jetzt die Chance sichern wollte, das Wahlergebnis vom 6. November unter Einsatz staatlicher und unbeschränkter materieller Mittel zu verbessern. Infolgedessen blieb er bei seiner Weigerung.

Sie schien noch einmal alles zu gefährden, als Papen um viertel vor zehn Uhr die Mitglieder der geplanten Regierung durch die verschneiten Ministergärten hinüber zum Präsidenten führte und im Amtszimmer Meißners Hitler feierlich als neuen Reichskanzler begrüßte. Hitler verband seinen Dank mit der Erklärung, daß »nunmehr das deutsche

Volk durch allgemeine Wahlen die vollzogene Kabinettsbildung bestätigen müsse«, doch stieß nun auch er auf den entschiedenen Widerspruch Hugenbergs. In der alsbald mit großer Heftigkeit geführten Auseinandersetzung trat Hitler schließlich auf seinen Gegenspieler zu und gab ihm sein »feierliches Ehrenwort«, daß die Neuwahlen nichts an der personellen Zusammensetzung des Kabinetts ändern würden, er werde sich »von keinem der hier Anwesenden jemals trennen«. Besorgt stieß Papen nach: »Herr Geheimrat, wollen Sie die unter solchen Erschwernissen vollzogene Einigung gefährden? Sie können doch nicht an dem feierlichen Ehrenwort eines deutschen Mannes zweifeln!«[191]

Das hochgemute Einrahmungs- und Bändigungskonzept enthüllte damit schon bei der ersten Bewährungsprobe seine ganze Schwäche. Zwar war es rein rechnerisch gelungen, Hitler in die Minderheit zu drängen, drei Nationalsozialisten standen acut konservative Minister gegenüber, und nahezu alle entscheidenden Schlüsselstellungen des Staates waren in den Händen einer sozial und ideologisch eng verbundenen Gesinnungsgruppe; nur hätten die Einrahmer nicht Papen, Neurath, Seldte oder Schwerin-Krosigk heißen dürfen, die weder ein Wertbewußtsein noch die Energie zu dessen Verteidigung besaßen. Tatsächlich wußten sie sich zu nichts anderem aufgerufen als zur Bewahrung überkommener Vorrechte. Es bezeugt das ganze Selbstbewußtsein, aber auch die tödliche Verachtung Hitlers für seine konservativen Gegenspieler, daß er die numerisch so ungünstige Regelung bereitwillig akzeptierte. In einer Fensternische des Raumes bestürmten seine Bändiger jetzt vereint den weiterhin widerstrebenden Hugenberg, während nebenan der Reichspräsident seinen Staatssekretär rufen ließ und ungeduldig fragte, was die Verzögerung zu bedeuten habe. »Mit der Uhr in der Hand« kam Meißner zu den Streitenden zurück: »Meine Herren, die Vereidigung durch den Herrn Reichspräsidenten war um 11 Uhr angesetzt. Es ist 11.15 Uhr. Sie können den Herrn Reichspräsidenten nicht länger warten lassen.« Und was der Ansturm der konservativen Freunde, die Überredungskünste Hitlers, die Beschwörungen Papens nicht vermocht hatten, bewirkte nun noch einmal, zum letzten Mal im Leben und Sterben der Republik, der legendäre Name des Feldmarschall-Präsidenten. Mit unverhohlenem Stolz und nicht ohne Grund pflegte Hugenberg sich selber einen »sturen Bock« zu nennen; noch im August hatte er Hindenburg erklärt, er habe »nicht viel Vertragstreue bei Hitler« gefunden; jetzt dagegen lenkte er ein, wohl wissend, was auf dem Spiele stand, in tiefem Respekt vor dem Terminkalender Hindenburgs. Wenige Minuten später war das Kabinett vereidigt.[192]

Tatsächlich scheint Papen geglaubt zu haben, er habe nichts Geringeres als ein politisches Meisterstück geliefert: er hatte sich an Schleicher gerächt und zugleich dessen Bändigungskonzept verwirklicht, den eigenen, seit der unvermuteten Kanzlerschaft absurd aufgeblähten Ehrgeiz durch die Rückkehr in die Regierung befriedigt, aber auch Hitler in die Verantwortung geholt, ohne ihm den Staat auszuliefern. Denn der Führer der NSDAP war nicht einmal Kanzler eines Präsidialkabinetts, sondern hatte eine parlamentarische Mehrheit zusagen müssen; er besaß auch nicht das besondere Vertrauen Hindenburgs, das gehörte vielmehr weiterhin Franz v. Papen, der zu seinen stolzesten Verhandlungserfolgen überdies den eigens ausbedungenen Anspruch rechnete, an allen Unterredungen Hitlers mit dem Präsidenten teilzunehmen. Schließlich aber war er auch noch Vizekanzler und Herr über Preußen, im Kabinett hatten die Nazis wohlgemerkt nur das Innenministerium, dem die Landespolizei nicht unterstand, sowie ein weiteres Ministerium, das lediglich Görings Eitelkeit befriedigen, aber keinen Geschäftsbereich besitzen sollte. Zwar würde Göring gleichzeitig preußischer Innenminister sein, aber da wollte er selber, Franz v. Papen, sich ihm schon entschieden in den Weg stellen. Zu guter Letzt aber befanden sich im Kabinett selber Außenpolitik, Finanzen, Wirtschaft, Arbeit und Landwirtschaft in bewährten konservativen Händen, und über die Reichswehr gebot nach wie vor der Herr Präsident: es war schon eine scharfsinnige, famose Kombination, die überdies den fatalen Herrn Hitler nicht nur den Bestrebungen von Unternehmern und Großgrundbesitzern, sondern auch Papens eigenen Plänen für den autoritären Neuen Staat dienstbar machte. Aus der mißglückten Episode seiner Kanzlerschaft schien Papen immerhin gelernt zu haben, daß eine moderne Industrienation im Zustand krisenhafter Erschütterung nicht offenherzig von den verabschiedeten Repräsentanten einer überholten Epoche regiert werden könne. Mit der leicht anrüchigen Person jenes Massendompteurs schien das alte Problem einer Führungsschicht ohne Volk endlich der Überwindung nahe, und ganz in diesem Sinne, mit dem Vokabular des politischen Impresarios, hat Papen denn auch allen Warnern selbstbewußt entgegengehalten: »Sie irren sich, wir haben ihn uns engagiert.«[193]

Zweifellos hat Hitler selber diese Absichten von Beginn an erfaßt, und seine Forderung nach Neuwahlen war gerade als taktischer Gegenzug darauf gemeint: in einem Wahltriumph ohnegleichen wollte er den von Papen gezimmerten Rahmen durchbrechen und die ihm zugedachte Rolle des Scheinkanzlers, allen billigen Ehrenworten zuwider, plebiszitär überwinden. Als ein System überkreuzlaufender Hintergedanken präsentierte sich das »Kabinett der nationalen Konzentration«, ehe Hindenburg es mit den Worten verabschiedete: »Und nun, meine Herren, mit Gott vorwärts!«[194]

Die Wilhelmstraße hatte sich unterdessen mit einer von Goebbels aufgebotenen, schweigenden Menschenmenge gefüllt. »Hin- und hergerissen zwischen Zweifel, Hoffnung, Glück und Mutlosigkeit« warteten im gegenüberliegenden Hotel Kaiserhof die Gefolgsleute Hitlers. Mit einem Feldstecher beobachtete Ernst Röhm nervös den Eingang der Reichskanzlei. Als erster kam Göring und rief den Wartenden die Neuigkeit zu, unmittelbar darauf verließ der Wagen Hitlers die Einfahrt. Stehend nahm er die Huldigungen der Menge entgegen. Als er wenige Minuten später im Kaiserhof unter seine Anhänger trat, hatte er Tränen in den Augen, wie einer der Beteiligten überliefert hat. Er werde sich die Macht nicht mehr wegnehmen lassen, so wahr ihm Gott helfe, hatte er einige Zeit zuvor öffentlich erklärt. Noch am Nachmittag dieses 30. Januar sicherte er diese Absicht durch einen ersten Schritt. In einer unverzüglich anberaumten Kabinettssitzung ließ er gegen den nunmehr unwirksamen Widerstand Hugenbergs auch formell die Auflösung des Reichstags und Neuwahlen beschließen. Papen selber war es, der Hindenburgs letzte Bedenken überwand, indem er die Einwände Hugenbergs psychologisch geschickt auf die dem Präsidenten verhaßten »parteitaktischen Erwägungen« zurückführte; daraufhin unterschrieb Hindenburg.[195]

Den Abend des Tages feierten die Nationalsozialisten mit einem gewaltigen Fackelzug. Die Bannmeile im Regierungsviertel war aufgehoben, auf den Bürgersteigen stauten sich die Schaulustigen, aufgeregt, lärmend, »Berlin ist heute nacht in einer reinen Faschingsstimmung«[196], und dazwischen, ordnend und eingreifend in wichtigtuerischem Glück, das Korps der Amtswalter. Von sieben Uhr abends bis nach Mitternacht marschierten 25 000 uniformierte Hitleranhänger zusammen mit Stahlhelm-Einheiten durch das Brandenburger Tor und vorbei an der Reichskanzlei: ein pathetisches Feuerband, das unruhige Schatten auf Gesichter und Häuserwände warf. In einem der erleuchteten Fenster war, nervös und tänzelnd, die Gestalt Hitlers zu sehen, von Zeit zu Zeit schnellte der Oberkörper mit grüßend erhobenem Arm über die Brüstung, neben ihm Göring, Goebbels und Heß. Einige Fenster weiter starrte Hindenburg versonnen auf die vorbeimarschierenden Formationen und schlug mit dem Stock nachdenklich den Takt zur Musik der Kapellen. Gegen den Protest der Verantwortlichen hatte Goebbels die Übertragung der Kundgebung durch den Reichsrundfunk erzwungen, nur der Sender München blieb, wie Hitler mißgestimmt vermerkte, bei seiner Weigerung. Erst nach Mitternacht zogen die letzten Kolonnen durch das Regierungsviertel, und während Goebbels die ausharrende Menge mit einem Heilruf auf Hindenburg und Hitler verabschiedete, ging »in einem sinnlosen Taumel der Begeisterung ... diese Nacht des großen Wunders zu Ende«.

Als »Wunder«, auch als »Märchen«, ist die sogenannte Machtergreifung von den Nationalsozialisten alsbald lautstark gefeiert worden, und Wortgebilde aus der magischen Sphäre haben den Propagandaspezialisten des Regimes mit Vorliebe dazu gedient, dem Vorgang die Aura übernatürlicher Weihe zu verschaffen. Hitler selber hat am 30. Januar einem Anhänger anvertraut, er sei nur durch göttliche Fügung gerettet worden, »als ich im Angesicht des Hafens zu scheitern schien, erstickt unter den Intrigen, den finanziellen Schwierigkeiten, unter dem Gewicht von zwölf Millionen Menschen, die hin- und herwogten«. Solche Formeln konnten um so eher auf Widerhall rechnen, als dem Geschehen unstreitig etwas eigentümlich Versetztes, kaum Glaubliches anhaftete: auf der politischen Ebene als der plötzliche Schritt von der nahezu parteisprengenden Krise ins Zimmer des Präsidenten, und im individuellen Bereich der Sprung aus trübseligen Anfängen, aus Lethargie und Heruntergekommenheit, an die Macht – in der Tat: »Märchenzüge sind darin kenntlich, wenn auch verhunzt.«[197]

Doch hat der Wundergedanke, einmal von Goebbels eingeführt, der Interpretation des Ereignisses bis auf den heutigen Tag einige prägende Züge vermittelt. Er ist in allen Deutungsversuchen wirksam, die Hitler dämonisch stilisieren, seinen Erfolg auf das Hintergrundwirken anonymer Mächte zurückführen oder der Intrige des rachsüchtigen Kavaliers v. Papen das Riesengewicht einer historischen Wende zuerkennen. Der Gedanke enthält, mehr oder minder stark in den verschiedenen Varianten, die Vorstellung, daß die Machtergreifung historisch zufällig war.

Gewiß hätte es, bis zuletzt wohl, Möglichkeiten gegeben, Hitler den Weg zu versperren. Sie gingen in Zufall, Leichtsinn und Unglück verloren. Aber deshalb wurde die Geschichte doch nicht um ihren Gang betrogen. Eine Fülle machtvoller Tendenzen teils historischer, teils politischer Natur hat auf den 30. Januar hingedrängt, und das wirkliche Wunder wäre der Entschluß zum Widerstand gewesen. Wer je sich klarmachte, daß spätestens seit der Entlassung Brünings nichts anderes mehr zwischen der Republik und Hitler stand als der wankelmütige Wille eines verdämmernden Greises, der Kabalenwitz Schleichers und die verblendete Einfalt Franz v. Papens, der kann den Machenschaften des Hintergrunds, den Interventionen der Interessengruppen und den selbstherrlichen Intrigen nur vergleichsweise beiläufige Bedeutung beimessen; sie haben lediglich die Umstände beeinflußt, unter denen die Republik scheiterte, nicht aber das Scheitern selber bewirkt.

Das kann freilich keineswegs heißen, daß Hitler auch bei entschlosseneren Gegenspielern zum Erfolg gekommen wäre. Selten in der modernen Staatengeschichte ist eine Wendung von so unabsehbarem Gewicht stärker von persönlichen Faktoren, von den Launen, Vorurteilen und

Affekten einer winzigen Minderheit bestimmt worden, selten nur waren die Institutionen im Augenblick der Entscheidung unsichtbarer. Ohne die präsidiale Kamarilla ist die Kanzlerschaft Hitlers tatsächlich kaum denkbar, und wie kurz der Schritt auch immer war, der ihn vom Sommer 1932 an von der Macht trennte: er war zu groß für seine eigene Kraft. Erst seine Gegenspieler schoben ihm alles zu: die Ausschaltung von Parteien und Parlament, die Serie der Wahlkämpfe, die Gewöhnung an den Verfassungsmißbrauch. Wann immer einer von ihnen sich zum Widerstand entschloß, stand unvermeidlicherweise ein anderer auf, um die Aktion zu durchkreuzen. Im ganzen waren die Kräfte der Gegenseite bis zuletzt zweifellos größer als die seinen; doch indem sie sich gegeneinander kehrten, hoben sie sich selber auf. Unschwer war zu erkennen, daß der Nationalsozialismus der Feind aller war: der Bürger, der Kommunisten und Marxisten, der Juden, der Republikaner; aber daraus folgerten, in Blindheit und Schwäche, die wenigsten, daß alle auch der Feind der Nationalsozialisten sein mußten.[198]

Noch immer taucht in den Apologien Beteiligter der Einwand auf, Hitlers Berufung zum Kanzleramt sei mit dem Aufstieg der NSDAP zur stärksten Partei unumgänglich geworden. Doch übersieht das Argument, daß die Sozialdemokratie in allen Jahren der Republik, bis wenige Monate vor dem 30. Januar 1933, das gleiche Übergewicht besaß, doch an der Mehrzahl der Kabinette nicht beteiligt war. Dann aber geht es auch daran vorbei, daß Hitler sich durchweg als der erklärte Feind jener Verfassung gezeigt hatte, deren Geist solche Auffassungen beschwören. Die Kommunisten hätten weit mehr Stimmen gewinnen können als je die Nationalsozialisten und wären doch auf jeden denkbaren Widerstand gestoßen. In Wahrheit glaubten die konservativen Helfershelfer Hitlers ihre Absichten bei ihm auf eine zwar vulgäre, aber wirksame Weise aufgehoben, und viel zu spät erst wurden sie gewahr, daß er ihnen und der Welt, die sie zu bewahren hofften, nur auf andere, doch nicht weniger radikale Weise entgegengesetzt war als Thälmann auch. Der namenlose bayerische Kriminalsekretär, der im Sommer 1921, nach dem Besuch einer Kundgebung der NSDAP, seiner Dienststelle berichtet hatte, Hitler sei »nichts anderes ... als der Anführer einer zweiten Roten Armee«, erfaßte dessen Wesen schärfer als die korrumpierten Honoratioren des Jahres 1933.[199]

Man mag angesichts so vieler begünstigender Kräfte und Umstände fragen, worin die besondere Leistung Hitlers in jenen Wochen eigentlich bestanden habe. Tatsächlich treten seine eigentlichen Fähigkeiten in dem Zeitraum, der dem 30. Januar 1933 unmittelbar vorausgeht, kaum überzeugend in Erscheinung. Seine eigentliche Leistung war passiver Natur: daß er trotz aller Ungeduld warten, die widerspenstige Gefolgschaft bändigen, im Debakel gefaßt bleiben konnte und selbst im letzten Augenblick noch, im Vorzimmer des Präsidenten, seine Partie mit der Kälte des großen Spielers gegen alle Risiken durchzuhalten wußte. Der Rückblick auf die Jahre seit dem Volksbegehren gegen den Young-Plan macht sichtbar, wie sehr er über die Krawall- und Propagandaphase hinaus und als Politiker gewachsen war. Gleichzeitig bestätigte die Erfahrung jener Wochen erneut sein Hasardeurwesen: es sei das Erstaunliche in seinem Leben, äußerte er in diesen Tagen, daß er immer dann gerettet würde, wenn er sich selbst schon aufgegeben habe.[200]

In jener Nacht, nachdem der Jubel verstummt, die Musik und die Marschtritte verhallt waren, blieb Hitler noch bis zum frühen Morgen in dem kleinen Zimmer, das neben dem Empfangsraum des Kanzlers lag. Tief bewegt verlor er sich, wie einer der Anwesenden berichtet hat, in einen seiner endlos ausschweifenden Monologe: er rief die Vereidigungsszene des Vormittags in die Erinnerung zurück, memorierte glücklich seine Erfolge, vermerkte die Sprachlosigkeit des »roten« Gegners und lenkte dann zu seinen Propagandamaximen über; auf keinen Wahlkampf habe er sich so gefreut wie auf diesen, versicherte er. Manche meinten, so sagte er dann, es werde Krieg geben. Sein Wirken, fuhr er fort, eröffne den Schlußkampf des weißen Mannes, des Ariers, um die Herrschaft über die Erde. Die Nichtarier, die Farbigen, die Mongolen, seien schon in vollem Aufbruch, um unter dem Bolschewismus die Herrschaft an sich zu reißen, doch mit diesem Tag beginne »die größte germanische Rassenrevolution der Weltgeschichte«. Die eschatologischen Visionen überschnitten sich mit Architekturprojekten: als erstes, meinte er, werde er die Reichskanzlei umbauen, sie sei die »reinste Zigarrenkiste«[201]. Erst gegen Morgen verließ er durch ein rückwärtiges Mauertürchen das Gebäude und begab sich hinüber in sein Hotel.

Die betäubenden Erfahrungen dieses Tages, die Genugtuungen und Kompensationserlebnisse, die er enthielt, waren noch nicht das Ziel, sie waren nur eine Etappe auf dem Wege dahin. Wie ungesichert die Eröffnungen aus der Dauerrede dieser Nacht auch sein mögen: sein Vorsatz zielte jetzt, aussichtsreicher denn je, auf die immer wieder angekündigte Revolution. Wie jeder wirkliche Umstürzler glaubte er, daß mit ihm ein neuer Tag der Geschichte beginne.

Bezeichnenderweise gab er diesem Gedanken eine negative Fassung. »Die Letzten«, erklärte er um diese Zeit, »die in Deutschland Geschichte machen, sind wir.«[202]

ZWISCHENBETRACHTUNG:

DEUTSCHE KATASTROPHE
ODER
DEUTSCHE KONSEQUENZ?

»Die Idee ist nicht so ohnmächtig,
es nur bis zur Idee zu bringen.«
G. W. F. Hegel

»Der Gedanke geht der Tat voraus
wie der Blitz dem Donner. Der
deutsche Donner ist freilich auch
ein Deutscher und nicht sehr ge-
lenkig, und kommt etwas langsam
herangerollt; aber kommen wird er,
und wenn ihr es einst krachen hört,
wie es noch niemals in der Weltgeschichte gekracht hat, so wißt: der
deutsche Donner hat endlich sein
Ziel erreicht.«
Heinrich Heine, 1834

Das dramatische, von Fackelzügen, Massenaufmärschen und Appellen begleitete Zeremoniell, mit dem Hitler die Kanzlerschaft übernahm, entsprach keineswegs der verfassungstechnischen Bedeutung des Geschehens. Denn strenggenommen hatte der 30. Januar 1933 nichts anderes als einen Regierungswechsel gebracht. Gleichwohl empfand die Öffentlichkeit, daß die Ernennung Hitlers zum Reichskanzler mit den Kabinettsneubildungen früherer Jahre nicht zu vergleichen war. Allen prahlerisch verkündeten Absichten des deutschnationalen Koalitionspartners zum Trotz, den »verunglückten österreichischen Maler an die Leine zu nehmen«[1], demonstrierten die Nationalsozialisten von Beginn an ihre Entschlossenheit, die ganze Macht zu erobern. Ihre taktische Zielstrebigkeit und die von einer planmäßigen Regie hochgetriebene Druckwelle der Begeisterung erzeugten einen Sog des Neubeginns, der binnen kurzer Zeit die konservativen Domänen erfaßte und hinwegriß. Alle Versuche Papens und seiner Nebenmänner mitzureden, mitzufeiern, mitzulenken, machten nur den Eindruck einer atemlos nachlaufenden Bemühung. Die zahlenmäßige Überlegenheit im Kabinett, der Einfluß beim Reichspräsidenten, bei Wirtschaft, Armee und Beamtenkorps, täuschten nicht darüber hinweg, daß dies die Stunde des Rivalen war.

Wie auf ein geheimes Stichwort hin setzte mit dem 30. Januar ein großes Überlaufen ins Lager der Nationalsozialisten ein. Gewiß bewahrheitete sich auch hier wieder, daß in revolutionären Zeiten die Gesinnungen billig zu haben sind und Treulosigkeit, Berechnung und Furcht die Stunde regieren. Aber es waren doch nicht nur Charakterlosigkeit und Liebedienerei, die sich in den massenweisen politischen Kehrtwendungen bekundeten, sondern nicht selten der spontan hervorbrechende Wille, alten Vorurteilen, Ideologien und Gesellschaftsschranken abzuschwören und gemeinsam einen neuen Anlauf zu nehmen: »Wir waren nicht alle Opportunisten«, hat Gottfried Benn, einer aus dem kaum übersehbaren Heer derer, die von der turbulent um sich greifenden Aufbruchsstimmung mitgerissen wurden, rückblickend bekundet.[2] Mächtige, traditionsreiche Parteien und Verbände knickten unter dem Ansturm zusammen und überließen, noch vor Zwangsauflösung und Verbot, den führungslosen Anhang sich selbst. Die Vergangenheit: Republik, Zerrissenheit, Ohnmacht, war vorüber. Die rasch zusammenschmelzende Minderheit derer, die dem hektischen Bekenntnisdrang zum Neuen nicht verfiel, geriet zusehends in die Isolierung und sah sich ausgeschlossen von den überwältigenden Kundgebungen des neuen Gemeinschaftsgefühls mit Massenschwüren unter Lichterdomen, Führeransprachen, nächtlichen Höhenfeuern und Choralgesang von Hunderttausenden. Selbst die ersten Anzeichen des Terrors vermochten den Jubel nicht zu dämpfen, sie trugen ihn vielmehr mit. Denn das öffentliche Bewußtsein deutete sie als Ausdruck einer durchgreifenden Energie, die es allzu lange vermißt hatte, und bald schon übertönte der anschwellende Lärm die Schreie, die in den »Heldenkellern« der SA-Stabswachen laut wurden.

Es sind diese enthusiastischen Begleitumstände, die der Machtergreifung Hitlers den eigentlich beunruhigenden Charakter gegeben haben. Denn sie entkräften alle Thesen, die sie als historischen Unfall, als Intrigenstück oder finstere Verschwörung ausgeben. Mit unverkennbarer Irritation hat sich die Deutung des Geschehens jener Jahre immer wieder der Frage gegenübergesehen, wie der Nationalsozialismus in einem alten, erfahrenen Kulturvolk, das geistige und seelische Abenteuer hinter sich hatte wie das deutsche, so rasch und mühelos nicht nur die Macht, sondern auch die Mehrheit erobern und in einen eigentümlich hysterischen Zustand aus Begeisterung, Gläubigkeit und Hingabe versetzen konnte; wie die politischen, gesellschaftlichen und moralischen Sicherungen, über die ein zum »Hochadel der Nationen«[3] rechnendes Land doch verfügt, so eklatant versagen konnten. Ein zeitgenössischer Beobachter hat vor dem Machtantritt Hitlers beschrieben, was unvermeidlicherweise die Folgen wären: »Diktatur, Abschaffung des Parlaments, Knebelung aller geistigen Freiheiten, Inflation, Terror, Bürgerkrieg; denn die Opposition wäre nicht einfach auszuschalten; ein Generalstreik wäre die Folge. Die Gewerkschaften gäben den Rückhalt des erbittertsten Widerstandes; dazu kämen das Reichsbanner und die Mithilfe aller für die Zukunft Besorgten. Und wenn Hitler selbst die Reichswehr gewänne, Geschütze aufführe – er würde Millionen Entschlossener finden.«[4] Doch es gab keine Millionen Entschlossener und folglich auch keine blutige Überrumpelung. Hitler kam aber auch nicht wie der Dieb in der Nacht. Wie kaum ein anderer Politiker hat er in all seiner Histrionen-Schwatzhaftigkeit aufgedeckt, was er über viele Umwege und taktische Manöver unverrückbar angesteuert hat: die Diktatur, Antisemitismus, Lebensraumeroberung.

Die Euphorien der Machtergreifung haben bei vielen Beobachtern begreiflicherweise die Vorstellung geweckt, als sei Deutschland in jenen Wochen zu sich selber heimgekehrt; obwohl die Verfassung und die Spielregeln der Republik vorerst gültig blieben, wirkten sie doch auf eigentümliche Weise überholt, abgeworfen wie etwas Fremdes; und es war dieses Bild einer Nation, die in der bejubelten Abkehr von den europäischen Traditionen der Vernunft und des Fortschritts den Anschluß an das eigene Wesen wiedergefunden zu haben schien, das über Jahrzehnte hin das Verständnis des Geschehens bestimmt hat.

Schon in den dreißiger Jahren erschienen die ersten Deutungsversuche, die den Erfolg des Nationalsozialismus mit einer besonderen, in deutscher Geschichte und deutscher Mentalität begründeten Andersartigkeit erklärt haben: einem schwer entschlüsselbaren Wesen, das voller Kehrseiten war und seinen Abstand zu Zivilisation und Gesittung nicht ohne ein Gefühl renitenten Stolzes als »Weltanstößigkeit« eines erwählten Kulturvolkes ideologisierte. In waghalsigen Ahnenreihen, die über Bismarck und Friedrich den Großen bis zurück zu Luther oder ins Mittelalter reichten und gelegentlich sogar den Germanenfürsten Arminius erfaßten, der im Jahre 9 n. Chr. in der Schlacht vom Teutoburger Wald die lateinische Durchdringung des deutschen Raumes verhindert habe, konstruierten sie eine Tradition des latenten Hitlertums lange vor Hitler. Ihre wirksamste Formulierung hat diese Auffassung in einigen Werken des französischen Germanisten Edmond Vermeil gefunden und dann eine Zeitlang zahlreiche angelsächsische Interpretationsbemühungen gekennzeichnet; noch William L. Shirers Arbeit über das Dritte Reich, die dem Deutschlandbild in aller Welt einige prägende Züge verschafft hat, stützte sich darauf: »In verschiedenen Stadien ihrer Geschichte«, schrieb Vermeil, »haben die Deutschen mit einer verzweifelten Gewißheit, die entweder aus innerer Zerrissenheit und Schwäche oder, im Gegenteil, aus der Vorstellung unübertrefflicher und unbesiegbarer Kraft herrührte, geglaubt, sie hätten eine göttliche Mission zu erfüllen und Deutschland sei von der Vorsehung auserwählt.«[5] Die Usurpation des Römischen Reiches, die Hanse, die Reformation, die deutsche Mystik, der Aufstieg Preußens oder die Romantik waren sämtlich mehr oder minder verdeckte Erscheinungsformen dieses Sendungsdranges, der mit der Blut-und-Eisen-Politik Bismarcks und dem Weltmachtwillen des Kaiserreichs eine zunehmend offenere machtpolitische Wendung zu nehmen begann. Im strengen Sinne gab es keine »unschuldigen« Erscheinungen der deutschen Geschichte, selbst in der Idylle waren die Gespenster des Gehorsams, des Militarismus, der Expansionslust greifbar und die deutsche Sehnsucht ins Unendliche nichts anderes als der Versuch, im Reich der Geister eine Herrschaft auszuüben, der es in der Wirklichkeit an Machtmitteln noch gebrach: am Ende lief alles auf Hitler zu, er war keineswegs eine »deutsche Katastrophe«, wie ein bekannter Buchtitel behauptete,[6] sondern eine deutsche Konsequenz.

Zweifellos hat es unverwechselbar deutsche Züge im Nationalsozialismus gegeben, doch sind die anderer, komplexerer Art als Vermeil oder Shirer meinen. Kein Stammbaum des Bösen, keine Einzelerklärung kann der Natur des Phänomens gerecht werden, wie es auch irrig wäre, seine Herkunft nur in Erscheinungen zu verfolgen, deren Katastrophentendenz, wie der Blitz in der dunklen Wolke, unverkennbar war; zahlreiche naive oder doch generationenlang unproblematische Haltungen, ja selbst Tugenden und Wertbegriffe haben den Erfolg des Nationalsozialismus möglich gemacht. Zu den Lehren der Epoche zählt gerade, daß ein totalitäres Machtsystem nicht auf den abartigen oder gar kriminellen Neigungen eines Volkes aufgebaut werden, ein Volk auch nicht, wie Richard III., beschließen kann, ein Bösewicht zu werden. In zahlreichen Ländern existierten historische, psychologische, auch soziale Bedingungen, die denen in Deutschland vergleichbar waren, und oft trennte nur ein schmaler Grat die Völker von der faschistischen Herrschaft. Ein Nationalbewußtsein, das verspätet war wie das deutsche und es nicht vermocht hatte, sich wirklich und wirksam mit den demokratischen Tendenzen zu verbinden, war keine deutsche Eigentümlichkeit, desgleichen nicht die unüberbrückbare Distanz zwischen liberalen und sozialen Kräften, zwischen Bürgertum und Arbeiterschaft. Auch ist es fraglich, ob Revanchebedürfnisse, Kampfideologien oder Großmachtträume in Deutschland stärkeres Gewicht besaßen als in einigen der europäischen Nachbarnationen, und selbst der Antisemitismus, so entscheidend er Hitlers Denken bestimmt hat, war gewiß keine spezifisch deutsche Erscheinung, vielmehr unter Deutschen eher schwächer als in vielen anderen Ländern; die Massen jedenfalls und ihren Enthusiasmus hat der Rasseaffekt dem Nationalsozialismus nicht gewonnen, und wie genau sich Hitler dessen bewußt war, haben die rhetorischen Verheimlichungsbemühungen in der Endphase seines Machtkampfes gezeigt.[7] Infolgedessen sind denn auch in jener Epoche zahlreiche faschistische oder doch faschistoide Regime an die Macht gelangt, in Italien, in der Türkei, in Polen, Österreich oder Spanien. Was am Nationalsozialismus eigenartig deutsch war, tritt am unverwechselbarsten gerade beim Blick auf die vergleichbaren Systeme in diesen und anderen Ländern hervor: er war die radikalste, unbedingteste Erscheinungsform des Faschismus.

Diese prinzipielle Schärfe, die auf der intellektuellen wie auf der exekutive Ebene zum Vorschein kam, war Hitlers eigenster Beitrag zum Wesen des Nationalsozialismus. In seiner Art, einen Gedanken schroff gegen die Wirklichkeit zu stellen, ihm Macht einzuräumen gegenüber der Realität, war er eigentlich deutsch: der gescheiterte Lokalpolitiker war es, der sich als Untermieter in der Thierschstraße die Triumphbögen und Kuppelhallen seines Nachruhms entwarf; der Kanzler, der nicht in Menschenaltern, sondern, ungeachtet allen Hohns, in tausend Jahren rechnete; der nicht Versailles und die Ohnmacht Deutschlands, sondern im Grunde die Ergebnisse der Völkerwanderung ungeschehen machen wollte. Während Mussolinis Ehrgeiz dahin ging, eine historische Größe wiederherzustellen, Maurras das Ancien Régime, die »gloire de la Déesse France« beschwor und auch die übrigen Faschismen der Verführung durch einen gewesenen, wenn auch verklärt erinnerten Zustand erlagen, dachte Hitler an die Verwirklichung eines konstruierten, aus der Vorstellung entwickelten und durch die Realität ungedeckten Ziels: ein aus rassischem Selbstbehauptungswillen erkämpftes Weltreich vom Atlantik bis zum Ural und von Narvik bis Suez. Die Staaten stemmten sich dagegen? – er würde sie niederwerfen; die Völker siedelten seinen Plänen zuwider? – er würde sie umquartieren; die Rassen entsprachen seinem Bilde nicht? – er würde sie selektieren, höherzüchten, vernichten, bis die Wirklichkeit seiner Vorstellung gerecht würde. Durchweg hat er das Unausdenkbare gedacht, in seinen Äußerungen schlug stets ein Element äußerster Unerschrockenheit vor der Wirklichkeit durch, das nicht frei von wahnhaften Zügen war: »Ich stehe allem mit einer ungeheuren, eiskalten Vorurteilslosigkeit gegenüber«, hat er erklärt.[8] Nur in der äußersten Radikalität schien er der, der er wirklich war. Insofern kann der Nationalsozialismus ohne ihn nicht gedacht werden.

Zu den unverwechselbar nationalen Zügen, die den Nationalsozialismus von den faschistischen Bewegungen anderer Länder unterscheidbar gemacht haben, rechnet aber auch, daß Hitler für seinen exzentrischen Radikalismus jederzeit die gehorsamen Vollstrecker fand. Keine humane Regung löste den Ausdruck konzentrierter Härte und Gewissenhaftigkeit, der die Physiognomie des Regimes so unverwechselbar geprägt hat. Man hat seine erschreckenden Züge vielfach der planmäßig zum Einsatz gebrachten Grausamkeit von Mördern und Schindernaturen zugeschrieben, und diese eindeutig kriminellen Elemente sind es auch, die das populäre Verständnis unvermindert beherrschen; bis auf den heutigen Tag chargieren sie in literarischen oder unterhaltenden Darbietungen mit der Peitsche in der Faust als Personifizierungen des Nationalsozialismus.

Das Regime selber jedoch hat sich in solchen Erscheinungen typologisch gerade nicht verkörpert gesehen. Zwar hat es sich ihrer, vor allem in seiner Anfangsphase, durchaus bedient, doch bald auch erkannt, daß eine dauerhafte Herrschaft mit der Freisetzung verbrecherischer Instinkte nicht begründet werden kann. Die Radikalität, die das eigentliche Wesen des Nationalsozialismus ausmacht, hat denn auch wenig mit der Mobilisierung von Affekten und den Verheißungen rechenschaftsloser Triebbefriedigung zu tun; sie ist kein Problem der kriminellen, sondern eines der pervertierten moralischen Energie.

Es waren vor allem Menschen mit einem starken, wenn auch zugleich richtungslosen Moralverlangen, an die der Nationalsozialismus appelliert hat. Vor allem durch die SS hat er diesen Typus heranzuziehen und elitär zu organisieren versucht. Das Postulat der »inneren Werte«, wie es für diese Ordensgemeinschaft unaufhörlich gepredigt und in nächtlichen Feierstunden bei Fackellicht romantisch bekräftigt wurde, umfaßte nach den Vorstellungen Heinrich Himmlers: Treue, Ehrlichkeit, Gehorsam, Härte, Anständigkeit, Armut und Tapferkeit, allerdings losgelöst von jedem übergreifenden Bezugssystem und gänzlich auf die Zwecke des Regimes ausgerichtet. Unter dem Kommando solcher Imperative wurde ein Typus emotionsloser Exekutoren herangezogen, der sich »kalte, ja steinerne Haltungen« abverlangte, wie einer von ihnen geschrieben hat, und »aufgehört (hatte), menschliche Gefühle zu haben«[9]. Aus der Härte gegen sich selber bezog er die Rechtfertigung zur Härte gegen andere, und vor der buchstäblich geforderten Fähigkeit, über Leichen zu gehen, stand die Abtötung des eigenen Ich. Es ist diese unbewegte, mechanische Konsequenz, die auf den Betrachter bezeichnenderweise weit radikaler wirkt als der kriminelle Affekt, in dessen lustvoller Brutalität doch immerhin ein überwältigendes soziales, intellektuelles oder menschliches Ressentiment, wie schwach auch immer, um Verständnis wirbt.

Der moralische Anspruch war ergänzt und überbaut von der Vorstellung einer besonderen Mission: dem Gefühl, in einer apokalyptischen Auseinandersetzung zu stehen, einem »Höheren Gesetz« zu gehorchen, Agent einer Idee zu sein, oder was sonst auch immer die Bilder und Parolen einer eigentlich metaphysischen Gewißheit waren. Sie erst verlieh der Unerbittlichkeit die besondere Weihe, und ganz in diesem Sinne hat Hitler diejenigen, die seine Mission störten, als »Feinde des Volkes« bezeichnet.[10] In diesem Rigorismus, der sich unentwegt auf seine tiefere Einsicht und seine höhere Sendung berief, spiegelte sich nicht nur das traditionelle deutsche Unverhältnis zur Politik, sondern weit darüber hinaus das eigentümlich gestörte Verhältnis der Nation zur Realität überhaupt. Die Wirklichkeit, in der Ideen Gestalt annehmen und von Menschen erlebt werden, in der Gedanken sich in Verzweiflung, Angst, Haß, Schrecken umsetzen, existierte schlechthin nicht: es gab das Programm und in seiner Verwirklichung, wie Hitler gelegentlich bemerkt hat, nur noch positive oder negative Aktivität.[11] Der Mangel an humaner Vorstellungskraft, der seit den Nürnberger Prozessen in allen Verfahren gegen die Akteure jener Jahre deutlich geworden ist, war nichts anderes als der Ausdruck dieses Wirklichkeitsverlustes. Er war das eigentlich unverwechselbare, charakteristisch deutsche Element im Nationalsozialismus, und einiges spricht dafür, daß von ihm aus manche Verbindungswege weit zurück in die deutsche Geschichte führen.

Einer paradoxen Pointe zufolge war das folgenreichste Ereignis der neueren deutschen Geschichte »die Revolution, die nicht stattfand«[12]. Ihr Ausbleiben hat dem Lande eine eigentümlich stockige Idylle und einen ständigen Rückstand zum politischen Charakter der jeweiligen Epoche beschert. Nicht selten hat man in diesem revolutionären Unvermögen den Ausdruck eines besonders unterwerfungswilligen Charakters gesehen, und der Typus des gutwilligen, unkriegerischen, träumerischen Deutschen galt lange als eine Art Spottfigur der selbstbewußteren Nachbarn. In Wirklichkeit aber war der tiefe Soupçon gegen alle Revolution nur die Reaktion eines Volkes, dessen historische Erfahrungen nahezu durchweg vom Gefühl der Bedrohung geprägt waren. Aus seiner geographischen Mittellage hatte es schon frühzeitig Einkreisungs- und Abwehrkomplexe entwickelt, die sich in der nie verwundenen Greuelerfahrung des Dreißigjährigen Krieges, als das Land in eine menschenarme Wüste verwandelt wurde, furchtbar bestätigt sahen. Die folgenreichste Hinterlassenschaft des Krieges war ein traumatisches Gefühl des Ausgeliefertseins sowie eine tiefsitzende Angst vor allen chaotischen

Zuständen, die generationenlang von einheimischen wie fremden Landesherren erhalten und ausgebeutet worden sind. Die Ruhe, die als die erste Bürgerpflicht galt, war zugleich immer auch der erste Bürgeranspruch an die Obrigkeit, Angst und Not vom Lande fernzuhalten, und das protestantische Obrigkeitsverständnis hat diese Vorstellung noch ideologisch abgestützt. Selbst die Aufklärung, die sich überall in Europa als Herausforderung bestehender Autoritäten begriff, hat in Deutschland das Landesfürstentum vielfach geschont und vereinzelt sogar gefeiert, zu tief saßen die Schrecken der Vergangenheit. Die für das deutsche Bewußtsein so ungemein suggestiven Kategorien der Ordnung, Disziplin und Strenge gegen sich selbst, die Idolisierung des Staates als unanfechtbarer Instanz und »Aufhalter des Bösen« oder auch der Führerglaube haben in solchen unvergessenen Erfahrungen der Geschichte ihren Ursprung. Die Schutzbedürfnisse, die sich darin offenbarten, hat Hitler wirksam aufgreifen und durch eine nur gering stilisierende Wendung seinen Herrschaftsabsichten nutzbar machen können: im Führer-Gefolgschaftskult, der seinen Unterwerfungsanspruch ideologisierte, oder durch die Geometrie militärähnlicher Aufmärsche, die den eingewurzelten Abwehrinstinkt gegen chaotische Zustände anschaulich beschwor.

Die Pointe von der ausgebliebenen deutschen Revolution enthält allerdings nur die halbe Wahrheit. Denn die Nation, deren Gedächtnis weder geköpfte Könige noch siegreiche Volkserhebungen kennt, hat zur revolutionären Mobilisierung der Welt mehr als jede andere beigetragen. Dem sogenannten Zeitalter der Revolutionen hat sie die provozierendsten Erkenntnisse, die schneidendsten revolutionären Parolen geliefert und, nach dem hochgreifenden Wort Fichtes, Felsmassen von Gedanken verschleudert, aus denen die künftigen Zeitalter sich Wohnungen errichteten. Deutschlands intellektuelle Radikalität hatte nicht ihresgleichen, und es war diese Eigenart, die dem deutschen Geist Größe und eine charakteristische Bravour verliehen hat. Doch von der Seite der Wirklichkeit her war es wenig anderes als das Unvermögen zu pragmatischen Haltungen, in denen Denken und Leben sich versöhnt zeigten und die Vernunft vernünftig wurde. Den deutschen Geist kümmerte das wenig; er war im Wortsinne asozial und hat denn auch nie rechts oder links gestanden, sondern vornehmlich im gefeierten Gegensatz zum Leben: unbedingt und konzentriert, immer in der Haltung des Ich-kann-nicht-anders, mit einer nahezu apokalyptischen »Tendenz zum intellektuellen Abgrund«[13], an dessen Rändern weniger die banale Wirklichkeit der Menschen sichtbar wurde, als vielmehr Äonen im Weltengewitter versanken – was ging ihn das Leben an, Gott mochte ihm helfen.

Doch hat diese kennzeichnende Trennung der spekulativen von der politischen Ebene immer auch den Charakter einer Ersatzhandlung ge-

habt: die Radikalität der Idee verdeckte zugleich die Ohnmacht des
Willens. Hegels Bemerkung, daß das Denken eine Gewalt gegen das
Bestehende geworden sei, war zwar triumphierend doch zugleich auch
tröstend gemeint. Nicht nur das jahrhundertealte Dilemma der verwinkelten deutschen Miniaturwelt mit ihrer Lebensschwere und Provinzialität ermunterte den Gedanken, sich in ungehinderte Weiten zu
erheben, sondern auch die lange mißachtete Rolle, zu der er sich durch
ein geistloses oder frankomanes Landesherrentum verurteilt sah. Von
den krudesten Texten des frühen 19. Jahrhunderts bis in die politische
Tagesschriftstellerei der zwanziger Jahre ist, wie subaltern, angelesen
oder verkümmert auch immer, etwas von der bezeichnenden Grundbewegung eines Geistes spürbar, der »das Säkulum sich selbst überließ«,
um an jenem idealen inneren Reich zu bauen, das sich dem äußeren
ungetrübt entgegengesetzt wußte. Nie hat er den Vergeltungswillen
ganz verheimlichen können, der in der Radikalität seines Urteilens am
Werke war: das subtile Rachegefühl an einer Realität, die geglaubt
hatte, seiner nicht zu bedürfen, und nun an ihm zuschanden wurde.

Der Prozeß der Wirklichkeitsentfremdung ist durch die zahlreichen
Enttäuschungen, die das bürgerliche Bewußtsein im Verlauf seiner politischen Emanzipationsbemühungen während des 19. Jahrhunderts erlebt hat, noch verschärft worden, und die Spuren dieses Prozesses sind
auf nahezu allen Ebenen greifbar: im fiktiven Charakter des politischen
Denkens, in den mythologisierenden Ideologien von Winckelmann bis
Wagner oder auch im eigentümlich realitätslosen deutschen Bildungsbegriff, der entschlossen das Geisterreich der Kunst und des Erhabenen
zu seinem Element machte; das Politische lag abseits davon, es war kein
Teil der nationalen Kultur.

Der gesellschaftliche Typus, in dem sich diese Tendenzen verdichtet
haben, hat das deutsche Wesen so genau dargestellt, daß er sich bis heute
das höchste soziale Prestige bewahrt hat: jene weltscheuen, gedankenvollen Männer auf alten Porträts, deren professorale Mienen so viel
idealische Strenge und Grundsatztreue mit grüblerischer Emphase verbanden und deren Biederkeit nicht ohne Abgründe war. Sie dachten in
großen Verhältnissen, stürzten oder errichteten Systeme, ihr Blick kam
von weit her. Zugleich war um sie eine Atmosphäre von Intimität und
enger Häuslichkeit, der unverwechselbare Geruch privater Lebensform.
»Bücher und Träume« waren, wie Paul de Lagarde geäußert hat,[14] ihr
Element, sie lebten in ihren erfundenen Wirklichkeiten, ihr Inventionsgenie schuf ihnen reichlich Ausgleich für den Mangel an realer Realität,
ihr Selbstbewußtsein kam aus geistigem Beruf und zeugte vom Behagen
an der Kultur sowie dem eigenen Beitrag dazu.

Der Verachtung für die Realität entsprach eine zusehends deutlicher hervortretende Geringschätzung der Politik; sie war die Wirklichkeit im strengsten, aufdringlichsten Sinne: ein gemeines Element, die »Herrschaft der Minderwertigen«, wie ein berühmter Buchtitel der zwanziger Jahre formulierte,[15] und bis auf den heutigen Tag hat der politische Gedanke in Deutschland etwas von jener feierlichen Tonlage bewahrt, durch die er sich moralisch wie intellektuell gleichermaßen über die gemeine Wirklichkeit erhoben weiß. Dahinter war stets, damals wie später auch, das Bedürfnis nach der idealen »unpolitischen Politik« wirksam, das die Gebrochenheit aus unverändert anhaltender politischer Ohnmacht reflektierte. Von einer dünnen, immer wieder in die Isolierung geratenden Minderheit abgesehen, hat die Öffentlichkeit in Deutschland der Politik beziehungslos, nicht selten verlegen gegenübergestanden, sie blieb immer eine Angelegenheit des mühsamen Interesses, der Selbstüberredung und, nach verbreiteter Anschauung, auch der Selbstentfremdung. Die deutsche Welt war an privaten Begriffen, Zwecken, Tugenden orientiert. Keine soziale Verheißung war dem suggestiven Pathos der privaten Welt vergleichbar, dem Glück der Familie, der Ergriffenheit vor der Natur, dem stillen Fieber gelehrter Erkenntnis – diesem ganzen Bereich überschaubarer Daseinsbefriedigung, den man nicht verließ, wenn für das Geheimnis der Wälder nur der »Lärm des Marktes« und für die Freiheit der Träume nur Verfassungsrechte einzutauschen waren.

Auch dieses Gefühl radikalisierte sich. »Ein politischer Mensch ist widerlich«, schrieb Richard Wagner an Franz Liszt, und einer seiner Bewunderer hat bemerkt: »Wenn Wagner irgendwie ein Ausdruck seines Volkes, wenn er irgendworin deutsch war, deutsch-human, deutschbürgerlich im höchsten und reinsten Sinne, so war er es in seinem Haß auf die Politik.«[16] Mit Vorliebe stilisierte sich der antipolitische Affekt als Verteidigung der Moral gegen die Macht, der Menschlichkeit gegen das Soziale, des Geistes gegen die Politik, und aus diesen Gegensatzpaaren entwickelten sich in immer neuen, tiefsinnigen und polemischen Grübeleien die Vorzugsthemen bürgerlicher Selbstreflexion. Seinen geistvollen Höhepunkt, voll komplizierten Bekennertums, fand der Affekt in Thomas Manns 1918 erschienenen »Betrachtungen eines Unpolitischen«, die sich als Verteidigung einer kulturstolzen deutschen Bürgerlichkeit gegen den aufklärerischen, westlichen »Terrorismus der Politik« verstanden und schon im Titel auf ihre romantische, wirklichkeitsabgewandte Zielsetzung, die traditionelle Sehnsucht nach unpolitischer Politik, verwiesen.

Das ästhetisch-intellektuelle Ressentiment gegen die Politik, das sich zusehends auch in einer breiten, labyrinthischen Traktatliteratur vernehmbar machte, hat seinen extremsten Ausdruck in einer eigentümlichen Heilsvorstellung gefunden, die seit der Mitte des 19. Jahrhunderts eine ungemeine Wirkung entfaltete: dem Gedanken der Erlösung durch die Kunst. Alle unerfüllten Hoffnungen, alle enttäuschten Sehnsüchte der Nation sind in ihn eingegangen. Er tauchte ansatzweise schon in der Romantik als Postulat der engen Durchdringung von Politik und Poesie auf, Schopenhauer gab ihm in der Erlösung vor allem durch die Musik von den tragischen Verstrickungen des Lebenskampfes eine subjektive Wendung, ehe er bei Richard Wagner in den »Kulturträumen vom ›Ende der Politik‹ und vom Anbruch der Menschlichkeit«[17] durch das erneuerte Theater auf seinen Höhepunkt kam. Die Politik müsse zum großen Schauspiel werden, der Staat zum Kunstwerk, der Künstler an die Stelle des Staatsmannes treten, verlangte er; die Kunst war Mysterium, ihr Tempel Bayreuth, das Sakrament die kostbare Schale arischen Blutes, das dem gefallenen Amfortas Genesung geschenkt und die in Klingsor verkörperte Gegenkraft von Judentum, Politik, Sexualität unter die Trümmer des Phantasieschlosses verbannt hatte. Mit einem Erfolg, der demjenigen Wagners kaum nachstand, hat Julius Langbehn gegen Ende des Jahrhunderts dann den Namen Rembrandts als Symbol der Erneuerungssehnsucht verwendet: Die Kunst, so proklamierte er, müsse der in die Irre gegangenen Welt Einfachheit, Natürlichkeit und Intuition zurückbringen, den Handel und die Technik beseitigen, die Klassen versöhnen, das Volk zusammenführen, die verlorene Einheit in der befriedeten Welt wiederbringen: sie war die große Überwinderin. Am Ende stand die Abschaffung aller Politik überhaupt und ihre Rückverwandlung in Rausch, Macht, Charisma, Genialität. Konsequenterweise hat er denn auch die Herrschaft im ersehnten neuen Zeitalter dem begnadeten Genie vorbehalten, seinem »großen Kunsthelden«, der »cäsaristisch-künstlerischen Einzelpersönlichkeit«[18].

Alle diese Motive waren auch in der Ausweichbewegung wirksam, mit der die Deutschen, heftiger als je zuvor, reagierten, als sie durch Krieg und Nachkrieg kategorischer denn je mit der Politik konfrontiert wurden. Der traditionelle Fluchtweg verwies sie in ästhetische oder mythologische Ersatzbereiche. Im Affekt gegen die »schmutzige« Revolution war der Abwehrwille gegen die Politik ebenso spürbar wie in den vielfältigen Verschwörungstheorien, die den Horizont der Weimarer Jahre verdüsterten: in der Dolchstoßlegende beispielsweise oder in der Theorie von der Doppelbedrohung durch eine rote (kommunistische) und eine goldene (kapitalistische) Internationale, im Antisemitismus oder in den verbreiteten Angstkomplexen vor Freimaurern und Jesuiten, kurzum, in den vielfältigen Symptomen des Rückzugs aus der Wirklichkeit in eine imaginäre Scheinwelt voll der romantischen Kategorien des Verrats, der Einsamkeit und der getäuschten Größe.

Auch das begleitende politische Denken war von unpolitischen Bildern und Kategorien beherrscht, von Ideologien des Kriegserlebnisses, der »Jungen Völker«, der »Totalen Mobilmachung« oder eines »Barbarischen Cäsarismus« – dieser nahezu unübersehbaren Flut nationalutopischer Entwürfe und Schlagwortphilosophien der sogenannten Konservativen Revolution, die es sich unter wechselnden Vorzeichen zum Ziel gesetzt hatten, der Welt, in Umkehrung eines Wortes von Fichte, gleichsam die Uniform des Irrationalismus anzuziehen. Dem mühevollen Ausgleichscharakter der politischen Wirklichkeit setzten sie ihre unbedingten Parolen entgegen und richteten den Alltag im Namen grandioser Mythen. Zwar übten sie kaum direkten Einfluß, doch als verwirrende romantische Alternativen haben sie zur intellektuellen Aushungerung der Republik nicht unwesentlich beigetragen, zumal der »Ekel vor der Politik« inzwischen weitaus wirksamer als je zuvor an einer verhaßten Realität entzündet werden konnte. Während die Anwälte von Weimar oft wie die Apologeten eines korrupten, hoffnungslosen Systems wirkten und außerstande waren, den Abstand zwischen dem eigenen Pathos und der vor aller Augen sichtbaren Malaise zu überbrücken, gaben die Angreifer gerade auf der Rechten sich phantasievoll, projektenreich und errichteten aus Mythos, Schwärmerei und feinem Bitterstoff das Gegenbild zur Republik. Zu ihren verächtlichsten Vorwürfen an die Adresse des »Systems« gehörte, daß es die Nation an »das kleine Glück« gewöhne, an Konsum und kleinbürgerliches Epikuräertum.[19] Abenteuer, Tragik, Untergang bildeten statt dessen das Faszinationsvokabular der Zeit, und während Carl v. Ossietzky unter den Intellektuellen des Landes zahlreiche »uneigennützige Liebhaber jeder Katastrophe, Feinschmecker weltpolitischer Mißgeschicke« entdeckte, fragte ein französischer Beobachter zu Beginn der dreißiger Jahre, ob Deutschland nicht »seine Krise mit zuviel Leidenschaft und Radikalismus« durchmache.[20] In der Tat war die alte »Tendenz zum intellektuellen Abgrund« mitverantwortlich dafür, daß die Krise in Deutschland den gänzlich ausweglosen, verzweifelten Charakter angenommen hat, der das Bedürfnis zur Flucht aus der Realität zu einem Massenphänomen und die Idee eines romantisch-heroischen Sprungs ins Ungewisse zum vertrautesten aller Gedanken gemacht hat.

Vor diesem ideologischen Hintergrund ist die Erscheinung Hitlers zu sehen, er wirkt mitunter geradezu wie das vulgäre Kunstprodukt dieser Haltungen und Komplexe: die Verbindung von mythologischem und rationalem Denken in der äußersten Radikalität des sozial entfremdeten

Intellektuellen. In seinen Reden tauchten fast alle bekannten rhetorischen Figuren des antipolitischen Affekts auf: der Haß gegen die Parteien, gegen den Kompromißcharakter des »Systems«, gegen seinen Mangel an »Größe«; stets sah er die Politik als Nachbarbegriff des Schicksals, unfähig aus sich selber, der Befreiung durch den starken Mann bedürftig, durch die Kunst oder eine als »Vorsehung« bezeichnete höhere Macht. In einer der zentralen Reden im Verlauf der Machtergreifung, am 21. März anläßlich des Tages von Potsdam, hat er den Zusammenhang von politischer Ohnmacht, Ersatzträumerei und Erlösung durch die Kunst mit den Worten formuliert:

> »Der Deutsche, in sich selbst zerfallen, uneinig im Geist, zersplittert in seinem Wollen und damit ohnmächtig in der Tat, wird kraftlos in der Behauptung des eigenen Lebens. Er träumt vom Recht in den Sternen und verliert den Boden auf der Erde ... Am Ende blieb den deutschen Menschen dann immer nur der Weg nach innen offen. Als Volk der Sänger, Dichter und Denker träumte es dann von einer Welt, in der die anderen lebten, und erst, wenn die Not und das Elend es unmenschlich schlugen, erwuchs vielleicht aus der Kunst die Sehnsucht nach einer neuen Erhebung, nach einem neuen Reich und damit nach neuem Leben.«[21]

Als eben diese Erscheinung des Retters hat er sich selber verstanden, nachdem er einmal seinen Künstlerträumen entlaufen war. Im Zusammenhang der geistigen Tradition fühlte er sich Langbehns »großem Kunsthelden« zweifellos näher als beispielsweise Bismarck, in dem er, wie verschiedene seiner Äußerungen erkennen lassen, weniger den Politiker als vielmehr das ästhetische Phänomen des großen Mannes bewunderte.[22] Auch ihm selber hat die Politik vor allem ein Vehikel zur Größe bedeutet, die unvergleichliche Chance, das unzureichende künstlerische Talent in einer grandiosen Ersatzrolle zu kompensieren. Alles, was er selber vom Politiker besaß, hatte er sich angeeignet oder als Rolle auf Zeit übernommen; in seinen impulsiven Eingebungen dagegen hat er durchweg mythisch, ästhetisch, realitätsfern, kurzum unpolitisch gedacht. Während er Tränen über die Kunst vergoß, wie ein Zeitgenosse beobachtet hat,[23] ließen »humanities« ihn, seiner Umgebung zufolge, gleichgültig, und die spontanen Dokumente seines Lebens, die frühen Reden sowie die Tischgespräche aus dem Führerhauptquartier, sind ein überzeugender Beleg dafür. Möglicherweise hat ihm denn auch selten eine Huldigung mehr bedeutet als die Bemerkung H. St. Chamberlains in dem Schreiben vom Oktober 1923, die ihn als »das Gegenteil eines Politikers« feierte; Chamberlain hatte hinzugefügt: »Das Ideal der Politik wäre, keine zu haben; aber diese Nichtpolitik müßte freimütig bekannt und der Welt aufgedrungen werden.«[24] In diesem Sinne hat Hitler tatsächlich keine Politik gehabt, vielmehr eine große, suggestive

Welt- und Schicksalsidee, deren Verwirklichung er mit manischer Beharrlichkeit zum Ziel seines Lebens gemacht hat.

Walter Benjamin hat den Faschismus die »Ästhetisierung der Politik« genannt, und als ein Volk, dessen Politikvorstellung schon immer ästhetisch durchsetzt war, hat der Faschismus die Deutschen mit so besonderer Vehemenz erfassen können. Es hat das Scheitern der Weimarer Republik mitverursacht, daß sie die deutsche Psychologie nicht begriff und Politik nur als Politik verstand. Erst Hitler hat den öffentlichen Angelegenheiten durch unentwegte Vernebelungspraktiken, durch theatralische Szenerien, Rausch und Vergötzungstumult die vertraute Gestalt zurückgegeben. Ihr treffendes Symbol waren die Strahlendome: Wände aus Magie und Licht gegen die finstere, drohende Außenwelt. Und wenn die Deutschen Hitlers Raumhunger, seinen Antisemitismus, die vulgären und brutalen Züge, die ihm anhafteten, nicht teilten: daß er der Politik wieder den großen Schicksalston gegeben und sie mit einem Element des Schauders gemischt hat, das hat ihm Beifall und Anhängerschaft eingetragen.

Es entsprach nur der Ideologie des unpolitischen »Schönheitsstaats«, daß Hitler seine künstlerischen und politischen Vorstellungen als eine Einheit betrachtete und das Regime mit Vorliebe als die endliche Versöhnung von Kunst und Politik gefeiert hat.[25] Er sah sich in der Nachfolge des Perikles und entwickelte gern die Parallelen dazu; die Autobahnen, hat Albert Speer überliefert, sah er gleichsam als sein Parthenon.[26] Allen Ernstes hat er geäußert, weder der Reichsführer-SS, Heinrich Himmler, noch Rudolf Heß seien als »unmusische Menschen« wirklich geeignet, einst seine Nachfolge anzutreten, während umgekehrt Speer nicht zuletzt deshalb so hoch stieg und zeitweilig sogar als vorgesehener Führernachfolger galt, weil er, in der Vorstellungswelt Hitlers, »musischer Mensch«, »Künstler«, »Genie« war. Bezeichnenderweise ließ Hitler bei Kriegsbeginn zwar die Künstler freistellen, nicht aber die Wissenschaftler, Techniker, selbst bei der Vorführung neuer Waffen hat er die ästhetische Form selten übersehen und beispielsweise die »Eleganz« eines Geschützrohres loben können. Außerhalb der Kunst war schlechthin nichts, sogar als Feldherr, pflegte er zu sagen, könne nur ein musischer Mensch erfolgreich sein.[27] Er zog es denn auch vor, Paris nach dem Sieg über Frankreich nicht als Eroberer, sondern als eine Art Museumsbesucher zu betreten, und auch seine frühzeitig einsetzenden, später immer ungeduldiger geäußerten, privaten Rückzugsnostalgien kamen aus diesem Wesensgrund: »Gegen meinen Willen bin ich Politiker geworden«, hat er, so oder ähnlich, immer wieder bemerkt, »die Politik ist mir nur ein Mittel zum Zweck. Es gibt Leute, die glauben, es werde mir einmal hart ankommen, nicht mehr wie jetzt tätig zu

sein. Nein! Das soll der schönste Tag meines Lebens werden, wenn
ich aus dem politischen Leben ausscheide und alle die Kümmernisse, die Plage und den Ärger hinter mir lasse... Kriege kommen
und vergehen. Was bleibt, sind einzig die Werte der Kultur«; und für
Hans Frank nahmen solche Empfindungen sogar den Charakter einer
Epochentendenz an, »alles, was mit Staaten, Krieg, Politik usw. zusammenhängt, wieder bannen und dem hohen Ideal kulturellen Wirkens
hintanstellen zu können«[28]. Es ist für diesen Zusammenhang nicht ohne
Bedeutung, daß die nationalsozialistische Führungsspitze einen unverhältnismäßig hohen Anteil an verhinderten, nicht zum Zuge gekommenen oder gescheiterten Halbkünstlern aufwies: neben Hitler selber gehört Dietrich Eckart dazu, Goebbels hatte sich erfolglos als Romancier
versucht, Rosenberg als Architekt begonnen, v. Schirach und Hans Frank
als Dichter, Funk als Musiker dilettiert; auch Speer, in seinem unpolitischen Isolierungswillen, rechnet dazu, desgleichen jener Intellektuellen-Typus, der mit ästhetisierenden Pronunciamentos, vage und unerbittlich
zugleich, den Aufstieg des Nationalsozialismus begleitet und gefördert hat.

Der verzerrte Wirklichkeitsbegriff der sozial entfremdeten Intellektuellen hat dann auch Hitlers Ideenwelt wesentlich geprägt. Viele Zeitgenossen stellten seine Neigung fest, sich im Gespräch »in höhere Regionen« zu versteigen, aus denen man ihn immer wieder »auf den Boden
der Tatsachen herunterziehen müsse«, wie einer von ihnen schrieb.[29]
Bezeichnenderweise hing Hitler seinen Gedankengespinsten mit Vorliebe auf dem Obersalzberg nach oder aber in dem Adlernest, das er oberhalb des Berghofs auf dem zweitausend Meter hohen Kehlstein hatte
errichten lassen. Hier, in dünnerer Luft, vor der Schicksalskulisse der
Berge, überdachte er seine Projekte, hier, so äußerte er gelegentlich,
habe er alle großen Entscheidungen getroffen.[30] Doch die Phantasien
von einem Riesenreich bis zum Ural, das geopolitische Exzeßdenken in
Großräumen und Weltenteilungen, die genetischen Visionen mit dem
Massenmord an ganzen Völkern und Rassen, die Übermenschenträume
und Phantasmagorien von Blutreinheit und Heiligem Gral sowie schließlich dieses ganze, kontinentenweit gedachte System der Rollbahnen, Militäranlagen und Wehrdörfer: das alles war der Sache nach keineswegs
»deutsch«, sondern stammte aus nahen oder weitentfernten Quellen;
deutsch daran war nur die intellektuelle, wilde Konsequenz, mit der er
die Bruchstücke zusammendachte, und deutsch der unnachsichtige, vor
keiner Folgerung zurückschreckende Rigorismus. Gewiß hatte Hitlers
Härte mit den Voraussetzungen eines monströsen Charakters zu tun;
auch war in seiner Radikalität immer etwas von der Radikalität und Unerschrockenheit der Gosse mitenthalten; darüber hinaus jedoch demon-

strierte sie jenes apolitische, wirklichkeitsfeindliche Weltverhalten, das
zur intellektuellen Tradition des Landes gehört. Nicht mit seinen rassen-
kämpferischen oder expansiven Zielsetzungen steht er im Fluchtpunkt
der deutschen Geschichte, sondern als einer jener Intellektuellen, die, erfüllt von theoretischen Gewißheiten, die Realität aus großer Höhe ihren
kategorischen Prinzipien unterwarfen.

Was ihn von allen seinesgleichen unterschied, war die Fähigkeit politischen Verhaltens: er war der Ausnahmefall des Intellektuellen mit prak-
tischem Machtverstand. In den Texten seiner Vorläufer, bis hin in die
literarischen Geröllhalden des völkischen Schrifttums, lassen sich unschwer weit radikalere Postulate ausfindig machen, als er sie vertrat; es
gibt, von deutscher wie von europäischer Herkunft, entschieden hefti-
gere Zeugnisse der Gegenwartsangst und ästhetisierenden Realitäts-
verneinung. Marinetti beispielsweise beschwor die Erlösung von der
»infamen Wirklichkeit« und verlangte 1920 in einem Manifest, »Alle
Macht den Künstlern« zu überlassen, die Herrschaft gebühre dem
»weitreichenden Proletariat der Geniusse«; aber diese und andere parallele Verlautbarungen kokettierten nur pompös mit der Ohnmacht der
Intellektuellen und gefielen sich darin – Marinetti hatte seine Beschwörungen gegen die Wirklichkeit bezeichnenderweise an die »rächende
See« gerichtet.[31] Was Hitler auch hier wiederum zur Ausnahmeerschei-
nung machte, war die Bereitschaft, seine intellektuellen Fiktionen buchstäblich zu nehmen und gleichsam die Phrasen einer hundertjährigen
gedanklichen Exaltation zu essen.

Darin war er ohne Beispiel. Gewiß ist es richtig, daß die Deutschen
von ihm nicht, wie die Athener vom Tyrannen Peisistratos, überrascht
wurden, als sie gerade zu Tische saßen. Wie alle Welt hätten sie gewarnt
sein können, da Hitler seine Absichten, fast ohne jede intellektuelle Reserve, immer wieder offengelegt hatte. Aber die traditionelle Trennung
von erdachter und sozialer Realität hatte längst die Vorstellung geweckt,
daß Worte wenig kosteten, und keine schienen billiger als die seinen.
Nur so ist das große Fehlurteil über ihn zu erklären, das zugleich das
Fehlurteil der Zeit war. Der Fraktionsvorsitzende der SPD im Reichstag, Rudolf Breitscheid, der im Konzentrationslager Buchenwald endete,
klatschte vor Vergnügen in die Hände, als er die Nachricht von der
Ernennung Hitlers zum Reichskanzler erhielt, endlich werde er sich
zugrunde richten; andere stellten Berechnungen an, daß Hitler jederzeit
überstimmt werden und nie die verfassungsändernde Zweidrittelmehr-
heit erzielen könne; Julius Leber, auch er ein führender Sozialdemokrat,
meinte herablassend, er warte wie alle Welt darauf, endlich die »geistigen Grundlagen dieser Bewegung zu erfahren«[32].

Niemand schien zu erfassen, wer Hitler wirklich war. Nur verschiedentlich schärfte die Distanz den Blick. Zwar blieben die erwarteten Sanktionen des Auslands aus; vielmehr rüsteten die Hauptstädte sich in der gleichen Verkettung von Blindheit, Bändigungshoffnung und Schwäche wie Deutschland zu den Abmachungen und Pakten der kommenden Jahre. Aber vereinzelt meldeten sich doch, von einer eigentümlichen Faszination durchsetzt, beunruhigte Ahnungen. Ein deutscher Beobachter in Paris registrierte unter Franzosen »ein Gefühl, als ob sich in ihrer nächsten Nachbarschaft ein Vulkan aufgetan hätte, dessen Ausbruch jeden Tag ihre Felder und Städte verwüsten könnte und dessen kleinste Regungen sie daher mit Staunen und Angst verfolgen. Ein Naturereignis, dem sie fast hilflos gegenüberstehen. Deutschland ist heute wieder ... der große internationale Star, der in jeder Zeitung, in jedem Kino die Massen fasziniert aus einer Mischung von Furcht, Nichtverstehen, widerwilliger Bewunderung, in die sich auch nicht wenig Schadenfreude mischt; die große tragische, unheimliche, gefährliche Abenteurerfigur.«[33]

Kaum eine der Ideen, in deren Zeichen das Land dieses Abenteuer begann, gehörte ihm allein; deutsch war indessen der inhumane Ernst, mit dem es aus seiner Existenz im Imaginären hervortrat. Die beschriebenen Tendenzen und Affekte, verstärkt durch die inzwischen unerträglich überzogene Spannung zwischen einem jahrhundertelang formulierten revolutionären Gedanken und der Immobilität der gesellschaftlichen Verhältnisse, gaben seinem Auftritt eine beispiellose Wucht, den extremen Charakter verspäteter Reaktion: der deutsche Donner hatte endlich sein Ziel erreicht. In seinem Grollen ging der verzweifelte Versuch unter, die Realität im Zeichen einer rückwärtsgerichteten Utopie zu verneinen.

Doch ist die Zurückweisung der Wirklichkeit im Namen radikal idealisierter Vorstellungen schwerlich zu unterdrücken; sie hat mit der Spontaneität der Phantasie zu tun und mit dem Risiko des Denkens. Ihre politische Problematik ist unverkennbar. Aber der deutsche Geist verdankt seinen realitätsverweigernden Haltungen nicht zuletzt, was er gewesen ist, und nicht alle seine Wege führen, wie so manche meinen, einfallsloserweise nur immer nach Auschwitz.

**Bitte beachten Sie
die folgenden Seiten**

Propyläen Weltgeschichte in 22 Taschenbuchbänden

Eine Universalgeschichte, herausgegeben von Golo Mann, Alfred Heuss und August Nitschke

Vorgeschichte · Frühe Hochkulturen
Hochkulturen des mittleren und östlichen Asiens
Griechenland · Die hellenistische Welt
Rom · Die römische Welt
Islam · Die Entstehung Europas
Weltkulturen · Renaissance in Europa
Von der Reformation bis zur Revolution
Das neunzehnte Jahrhundert
Das zwanzigste Jahrhundert
Die Welt von heute
Summa Historica

Elf Bände in zweiundzwanzig Halbbänden. Text identisch mit der Originalausgabe. Im Text Karten, graphische Darstellungen und Zeichnungen. Namen- und Sachregister in jedem 2. Halbband. 9032 Seiten, davon 1022 Seiten mit 1140 Schwarzweiß-Abbildungen. Dazu Karten und Faksimiles.

Kassette 4720 / DM 270,–
Das Werk wird nur geschlossen abgegeben.
Das Werk wird nur geschlossen abgegeben.

»Diese Weltgeschichte erscheint nicht mehr als die auf einer weltweiten Bühne sich abspielende Historie Europas, sondern als das Abenteuer des Menschen im Ringen um die unbekannte Menschheit. Als ›Geschichte in weltbürgerlicher Absicht‹ ist sie ein Wagnis und eine Tat.«

ein Ullstein Buch

Geschichte des Sozialismus

Herausgegeben von
Jacques Droz

Band I
Das utopische Denken
bis zur industriellen
Revolution
Ullstein Buch 3093

Band II
Der utopische Sozialismus
bis 1848
Ullstein Buch 3107

Band III
Sozialismus und Arbeiter-
bewegung bis zum Ende
der I. Internationale
Ullstein Buch 3122

Band IV
Die sozialistischen Parteien
Europas: Deutschland,
Österreich-Ungarn,
Skandinavien, Niederlande
Ullstein Buch 3143

Band V
Die sozialistischen Parteien
Europas: Frankreich
Ullstein Buch 3169

ein Ullstein Buch

Geschichte des Sozialismus

Herausgegeben von
Jacques Droz

Band VI
Die sozialistischen Parteien
Europas: Italien, Spanien,
Belgien, Schweiz
Ullstein Buch 3190

Band VII
Die sozialistischen Parteien
Europas: Großbritannien,
Rußland, Balkanländer
Ullstein Buch 3206

Band VIII
Der Sozialismus in Amerika,
Asien, Afrika
Ullstein Buch 3226

Band IX
Sozialismus, Zweite
Internationale und
Erster Weltkrieg
Ullstein Buch 3245

Band X
Die sowjetische Welt
Ullstein Buch 3341

ein Ullstein Buch

Albert Speer

Erinnerungen

Ullstein Buch 3026

»Sagte man, diese Erinnerungen seien die lesenswertesten unter allen, die wir Überlebenden des Dritten Reiches verdanken, so sagt man nicht genug. Man wird sie unter die Spitzen der politischen Memoiren-Literatur rechnen.« Golo Mann

»Anders als bei anderen Memoiren ehemaliger Größen des Dritten Reiches, denen es nur um Selbstrechtfertigung geht, verspürt man hier ein ehrliches Ringen um Erkenntnis der eigenen Schwäche und des eigenen Versagens.«
Neue Züricher Zeitung

ein Ullstein Buch

Ernst Nolte

Der National-
sozialismus

Ullstein Buch 2756

Einem breiten Leserkreis wird mit dieser Publikation ein wichtiger Beitrag zur Geschichte leicht zugänglich gemacht. Professor Nolte analysiert in seiner Studie, die dem großen Werk »Der Faschismus in seiner Epoche« entnommen wurde, das Wesen des Nationalsozialismus im europäischen Rahmen. Durch die vergleichende Betrachtungsweise tritt das Unvergleichliche ans Licht – der Kern der Hitlerschen Politik wird im Vernichtungswillen erkannt.

ein Ullstein Buch